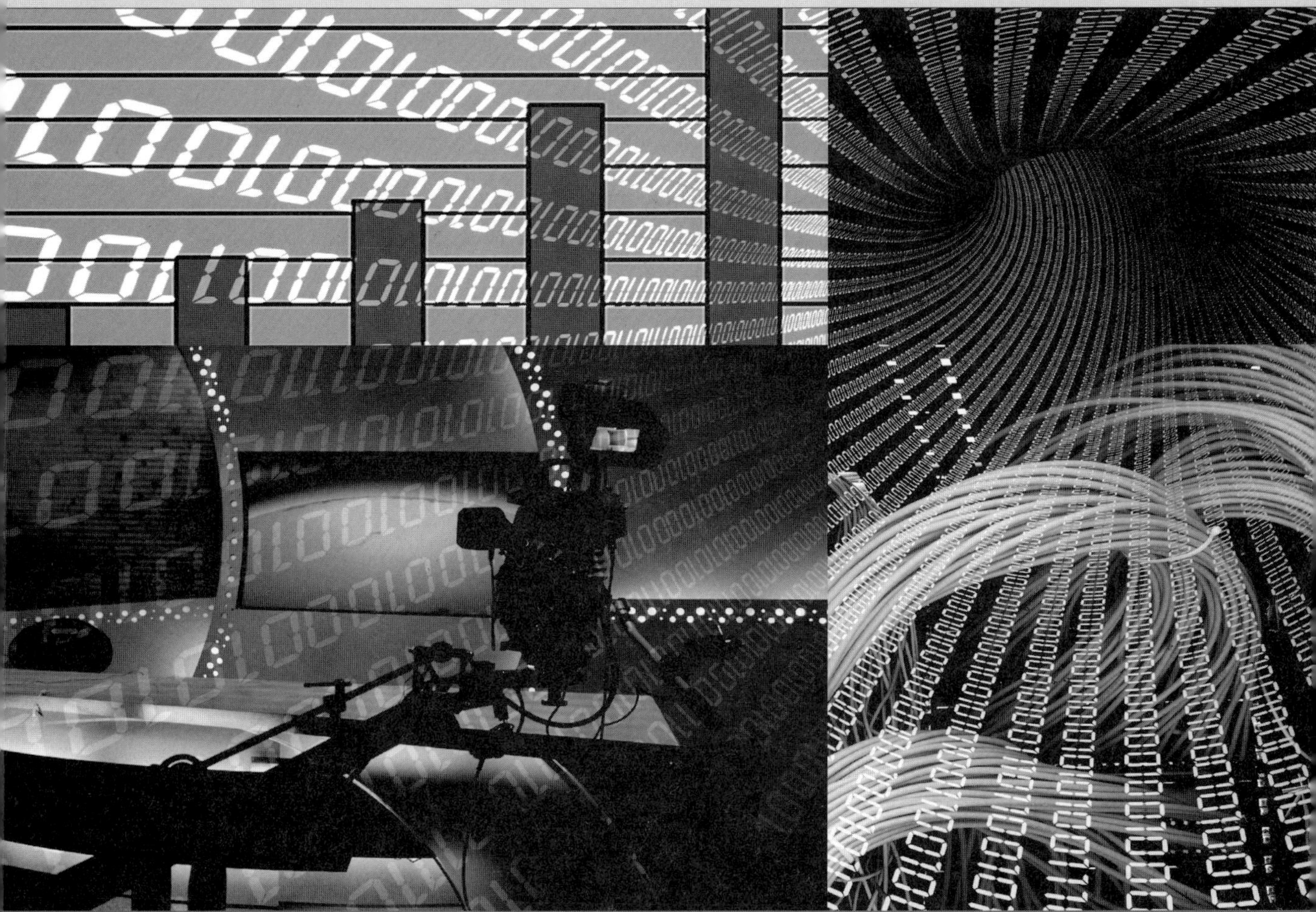

차세대 IPTV 서비스와 기술

NEXT GENERATION IPTV SERVICES AND TECHNOLOGIES

Gerard O'Driscoll 저

최 종 원 역

Human Science
휴먼싸이언스

NEXT GENERATION IPTV SERVICES AND TECHNOLOGIES

GERARD O'DRISCOLL

머리말

오랫동안 기대하던 IPTV 산업이 현실화되었다. 통신 회사들의 상업적 IPTV 서비스 구축이 전 세계적으로 증가하고 있다.

IPTV는 통신 회사들이 고품질 멀티캐스트 IPTV 채널, IP 기반 HDTV, 그리고 WHMN(Whole Home Media Networking) 서비스와 같은 고급 서비스를 구축하도록 하는 입증된 기술일 뿐만 아니라 서비스 제공자들에게 새로운 매출 기회를 제공한다. IPTV 서비스 진화의 다른 이점들로는 다양한 주문형 디지털 콘텐츠에 대한 개인화와 즉각적인 액세스를 포함한다.

이미 비디오 서비스 영역으로 이동한 유선 및 무선 통신회사의 경우, IPTV는 추가적인 매출 스트림을 창출할 수 있는 잠재력을 갖고 있다.

비록 케이블과 위성 서비스 제공자들이 이미 비-IP 기반 셋톱박스, 네트워킹 기반구조, 그리고 헤드엔드 장치에 많은 투자를 했지만, IPTV 플랫폼으로의 이전은 다음 10년 동안 더욱 가속화될 것으로 예상된다.

IPTV 서비스 구축은 통신회사, 케이블, 그리고 위성 TV 제공자들에게 여러 고유한 운영 과제를 제기한다. 첫째, 서비스 제공자들은 많은 인코딩, DRM(Digital Right Management), 셋톱박스, 네트워킹 기반구조, 그리고 보안 솔루션을 선택할 때 어려운 결정을 해야만 한다.

둘째, 상업적으로 성공 가능한 IPTV 시스템은 간결해야하고 매일 매일 효율적으로 지원되어야 한다.

마지막으로, 오늘날의 IPTV 시스템은 TV 서비스 동안에 고품질의 체험 수준을 제공하도록 비디오 콘텐츠를 종단사용자에게 전달하는 기술을 요구한다.

이들 세 가지 주요 과제는 소비자 기대치가 항상 높다고 하는 것에 직면하고 있다.

이 책의 사명은 독자들에게 이러한 과제들을 설명하고 종단 간 IPTV 시스템의 설계, 구현 그리고 지원에 대한 요구사항들 알 수 있도록 돕는 것이다.

더 나아가서, 이 책은 종단 간 IPTV 시스템의 구축과 관리를 위한 상세한 기술적 분석을 제공한다.

책 구성 및 주제

IPTV는 디지털 비디오와 오디오 콘텐츠를 IP 광대역 네트워크를 통해 전달하는 새로운 방법이다. 1장은 IPTV를 정의하고 IP 기반 비디오 서비스가 사용하는 네트워킹 기반구조의 개요를 제공한다. 성장 동력, 향후 5년 간의 시장 전망, 그리고 IPTV 산업 분야의 주도 기관들도 서술된다.

매우 다양한 네트워크 전달 기술들이 IPTV 서비스를 종단사용자들에게 제공한다. 2장은 IPTV 서비스와 응용을 전달하는데 공통적으로 사용되는 6가지 유형의 광대역 액세스 네트워크에 초점을 맞추고 있다.

인코딩은 IP 네트워크를 통한 비디오 콘텐츠 전송과 관련된 주요 기능 중 하나이다. 3장은 IPTV 시스템이 사용하는 여러 압축 기술들에 대한 깊이 있는 이해를 원하는 독자들에게 도움이 될 것이다. 이 장은 또한 종단 간 IPTV 네트워킹 시스템이 사용하는 통신 프로토콜들에 대해서도 상세히 설명한다.

멀티캐스팅에서 여러 사용자들은 라우터와 산업계 표준 프로토콜의 도움으로 하나의 스트림을 통해 같은 비디오를 수신할 수 있다. 5장은 IPv4와 IPv6 네트워크에서 멀티캐스팅 서비스를 구축하는데 필요한 여러 논리적 그리고 물리적 요소들을 다룬다. 이 장의 마지막 절은 채널 변경 프로세스에 영향을 주는 이슈들을 다루고 서비스 제공자들이 채널 변경 시간을 줄이는데 사용할 수 있는 여러 기술들을 기술한다.

최신의 IPTVCD(IPTV Consumer Device)는 멀티코어 프로세서, 그리고 하드 디스크, 고성능 홈 네트워킹 인터페이스를 포함하는 여러 새로운 기술들을 포함하고 있다. 이 책의 다섯 번째 장은 IPTVCD 시장에서의 여러 경쟁자들을 심도 있게 다룬다 - 댁내 게이트웨이, IP 셋톱박스, 게임 콘솔, 그리고 미디어 서버.

개방형 대화식 그리고 IPTV 표준 개발은 다양한 차세대 대화식 IPTV 기반 서비스 구축을 위한 기반을 닦기 시작하였다. 여러 기존 대화식 TV 표준들이 IPTV 서비스 전달을 지원하도록 확장되고 있다. 6장은 이들 표준들에 대하여 기술한다 - DVB의 MHP, 케이블랩의 OCAP, GEM 명세서, 그리고 ATSC의 디지털 ACAP.

콘텐츠 보안은 IPTV 산업에서 중요한 이슈이다. 서비스 제공자의 관점에서 권한을 가진 가입자만이 IPTV VoD와 방송 TV 서비스를 액세스할 수 있도록 보증하기 위해 단순히 CAS(Conditional Access System)만을 구축하는 것은 더 이상 받아들여질 수 없는 것이다. 콘텐츠 제공자는 이제 서비스 제공자들이 최신의 DRM 시스템을 그들의 종단 간 IPTV 네트워킹 플랫폼에 통합하도록 요구하고 있다. 이 DRM은 가입자에게 콘텐츠가 보호된 포맷으로 전달되도록 보장한다. DRM 시스템은 IPTV 콘텐츠 분배에 대한 통제를 유지하기 위해 서비스 제공자가 사용한다. 7장은 이 두 가지 보안 시스템을 구현하는데 필요한 하드웨어와 소프트웨어 구조를 살펴본다.

WHMN 응용이 홈 네트워크에 추가됨으로써 고속 전송 속도에 대한 요구가 극적으로 증가되고 있다. 서비스 제공자들이 WHMN 서비스를 그들의 가입자 댁내 네트워크에 효율적으로 구현할 수 있도록 하는 여러 상호연동 기술들이 있다. 8장은 6가지 경쟁 기술들에 대한 상세한 설명을 제공하고 있다 – GigE, 802.11N, 홈플러그AV, UPS-DHA, 홈 PNA, 그리고 MoCA.

IP-VoD는 종단사용자들이 주문형 콘텐츠들을 액세스할 수 있도록 하는 주요 IPTV

서비스이다. 여러 주문형 타이틀에 대한 즉각적인 액세스 이외에, IP-VoD는 또한 종단사용자가 비디오스트림에 대해 VCR 기능을 수행할 수 있도록 한다. IP-VoD는 IPTV 서비스 제공자가 제공하는 가장 중요한 서비스 중 하나이고 9장에서 다룬다.

증대된 소비자의 요구사항과 결합하여 압축, 백엔드 서버, 보안, 그리고 IP 셋톱박스에서의 기술적 발전은 전 세계적으로 IP 광대역 네트워크에서의 HDTV 수를 증대시키고 있다. 10장은 종단 간 IP HDTV 시스템을 구성하는 빌딩 블록들을 기술한다.

차세대 IPTV 네트워크의 양방향 기능은 다양한 대화식 TV 응용 구축을 허용한다. 11장은 TV에서의 발신자 ID, EPG, 그리고 IPTV 전자메일 서비스를 포함하는 가장 인기 있는 대화식 IPTV 응용들 중 16가지에 대하여 기술한다.

IPTV 서비스가 기존 유료 TV 제공자들에 비해 우위에 있음과 IPTV 서비스의 종단사용자들이 겪는 시청 경험 품질이 높음을 보장하기 위해, IPTV 제공자는 그들의 네트워킹 기반구조를 효율적으로 관리할 필요가 있다. 이는 주요 과제이며, 고급 네트워크 관리 방법을 사용하여 만족할 필요가 있다. 12장은 종단사용자들에게 고품질 비디오 서비스를 전달하는 주요 부분인 여러 공학적 그리고 운영 기능을 제시한다.

이 책을 읽어야 하는 사람

직 업	조직 내에서의 역할
SI(System Integrator)	알카텔, 모토롤라 그리고 루슨트와 같은 대형 전기통신 제조업자에서부터 작은 전화회사에게 전문적인 서비스를 제공하는 작은 소프트웨어 기반 회사에 이르기까지 턴키(turnkey) IPTV 시스템 통합 서비스를 제공하는 많은 회사들이 있음 이들 회사들과 일하는 기술자들의 전형적인 직업 기능은 헤드엔드에 인코더와 CAS를 통합하는 것에서부터 비디오 서버와 IP비디오 모니터링 도구들을 구축하는 것에 이르기까지 다양함
기술책임자 및 관리자	이들은 IPTV 네트워킹 기반구조 구축과 관련된 기술 및 운영 측면을 감독하는 책임을 가진 전화 그리고 케이블 TV 회사에 근무함
기사 및 기술 스태프	"차세대 IPTV 서비스 및 기술"은 IPTV 제품의 하드웨어와 소프트웨어 기능을 설치, 유지관리, 수리, 그리고 문제 해결에 관련된 기사들에게 유용한 참고 도서임
IPTV 프로젝트 관리자	광대역 네트워크에서 IPTV와 대화식 텔레비전 응용을 개발하고 설치하는 책임을 짐
소프트웨어 엔지니어	IP 기반 네트워크에서의 전달을 위해 콘텐츠를 제작하는 영화 및 TV 회사들을 위한 대화식 TV 응용을 개발하는데 포함되는 기술자 그룹임

전기통신, 특히 네트워킹 혹은 IP 프로토콜과 관련된 수업을 듣는 학생들에게도 보충 교재로서 이 책이 도움이 될 것이다.

감사의 말씀

이 기회를 빌어 이 책의 탄생에 많은 도움을 주신 여러분들에게 감사의 말씀을 전하고자 합니다:

Paul Petralia, *Senior Editor at Wiley Interscience*
Shaheed Haque, *Director of Development at Microsoft TV EMEA*
Joel E. Welch, *Director Certification & Program Development at the SCTE*
Mark Rooney, *Head of IPTV at Pace Micro Technology plc*
Robert Gelphman, *Chair of MoCA Marketing Work Group*
Mike Schwartz, *Senior VP of communications for CableLabs*
Allen R. Gordon, *Senior Software Engineer at CableLabs*
Greg White, *Engineer at CableLabs*
Stuart Hoggan, *Engineer at CableLabs*
Richard Nesin, *President of the HomePNA alliance*
Brian Donnelly, *VP Marketing at Corinex*
Bruce Watkins, *President at Pulse~LINK, Inc.*
Prof. Dr.-Ing. Ulrich H. Reimers, *Chairman of the Technical Module of the DVB*
Dotan Rosenberg, *Product manager at Bitband*
Karthik Ranjan, *VP of InternetTV at Amino*
Karen Moore, *Executive Director at Coral Consortium*
Bill Foote Chair, *DVB-MUG Blu-ray Java Architect, Sun Microsystems*
Meredith Dundas, *Marketing Communications Manager at Espial IPTV*
Ekta Handa, *Project Manager for Thomson Digital and production team*
Danielle Lacourciere, *Associate Managing Editor at John Wiley & Sons, Inc*

참고문헌

The Internet Engineering Task Force (IETF) Request for Comments Repository — www.ietf.org

Alliance for telecommunications Industry Solutions (ATIS) technical documents — www.atis.org

Internet Streaming Media Alliance technical documents — www.isma.tv

CableLabs standard specification documents — www.cablelabs.com

Juniper Networks white papers — www.juniper.net

WiMAX Forum technical documents — www.wimaxforum.org

Ixia product datasheets — www.ixiacom.com

Home Gateway Initiative technical requirements documents — www.homegatewayinitiative.org

HomePlug Powerline Alliance technology white papers — www.homeplug.org

Multimedia over Coax Alliance (MoCA™) presentations and white papers — www.mocalliance. org

Universal Powerline Association (UPA) technical documentation — www.upaplc.org

UPnPForum standards and specifications — www.upnp.org

IneoQuest application notes — www.ineoquest.com

Cisco IPTV implementation guides and manuals — www.cisco.com

International Telecommunication Union Focus Group on IPTV output documents — www.itu.int/ITU-T/IPTV/

DSL forum technical reports — www.dslforum.org

Envivio product whitepapers — www.envivio.com

Espial product and technical documentation — www.espial.com

European Telecommunications Standards Institute (ETSI) technical specifications — www.etsi.org

저자 소개

제라드 오드리스콜은 기량이 뛰어난 국제적인 전기통신 전문가, 기업가, 그리고 새롭게 등장하는 기술들에 대한 세계적으로 유명한 작가이다. 지난 15년 간 제라드는 다양한 관리, 기술, 그리고 상업 직위에서 일해 왔다. 그는 광대역, 디지털 TV 헤드엔드 시스템, IP 네트워크, 홈 네트워킹, 그리고 기업 IT 시스템을 포함하는 다양한 기술 장비와 서비스 분야에서 노력해왔다.

오드리스콜은 케이블, 전기통신 그리고 디지털 홈 산업에서의 동향에 관한 빠른 해설자이며 여러 주요한 비즈니스 간행물에서 인용되고 있다. 추가적으로, 그는 주도적인 전기통신 산업 이벤트에서 자주 연사로 활동하고 있다. 제라드의 다른 전문적인 업적은 셋톱박스에서부터 홈 네트워킹 기술에 이르는 주제들에 대한 책을 저술하는 것과 IPTV 산업계와 관련된 여러 시장 연구 보고서 발간을 포함한다.

제라드는 아일랜드의 리머릭 대학교에서 전자공학과 정보기술에 대한 학위를 갖고 있다. 저자의 자세한 연락처는 www.tvmentors.com에서 찾을 수 있다.

역자 머리말

10여년 전에 시스코에서 개발한 IPTV 응용 프로그램을 처음으로 보고 인터넷을 통해 전 세계 TV 프로그램을 볼 수 있다는 것에 커다란 흥미를 느꼈던 적이 있다. 그러나 당시에는 멀티미디어 데이터를 전송하기에 적합한 네트워크 인프라고 잘 갖추어지지 않아서 인터넷에서 동영상을 본다고 하는 것이 매우 어렵고 동영상이 재생 도중에 자주 끊기는 현상이 발생하여 그 품질이 매우 낮았다. 그러나 기술의 발전에 따라 지금은 동영상을 전송하기에 충분한 대역폭을 갖춘 광대역 네트워크 기반이 마련되었고 특히 IPTV 서비스를 계획 또는 진행하고 있는 서비스 제공자들은 서비스 품질 향상을 위하여 자신들의 네트워크를 항상 업그레이드하고 QoS 보장을 위한 노력을 하고 있다. 국내에서도 통신회사들을 비롯하여 여러 회사들이 IPTV 상용 서비스를 시작하였고, 따라서 몇 년 후에는 가입자 증가에 따라 IPTV 서비스가 일반화될 것으로 기대된다.

2009년 초에 아직 국내에 IPTV에 대한 학생 또는 그 분야에 종사하는 사람들이 읽기에 적당한 책이 없어서 외국 서적을 찾아보던 중에 “Next Generation IPTV Service and Technologies”라고 하는 제라드 오드리스콜(Gerard O'Driscoll)의 책을 발견하게 되었다. IPTV와 관련된 다양한 기술과 서비스, 그리고 이러한 기술들을 주도하고 있는 표준기관들 등 다양한 주제를 다루고 있어서 학생들과 이 분야 종사자들이 읽기에 쉽도록 번역서를 내게 되었다. 항상 번역서를 내면서 어려운 점은 새롭게 소개되는 기술들에 대한 적절한 용어가 아직 정립되지 못하여 원어의 뜻을 전달하기가 쉽지 않다는 것이다. 본서를 읽으면서 혹시라도 용어의 뜻이 잘 이해되지 않는다면 원서를 참고하기를 바란다. 아울러 IPTV에 대한 관심이 높아지고 있는 시점에 이에 대한 기본적인 지식을 얻고자 하는 독자들에게는 매우 유용한 참고서가 될 것이라고 믿는다.

최근 들어 출판계의 어려움 속에서도 선뜻 이 책을 출간할 수 있도록 허락해 주신 도서출판 휴먼싸이언스의 신 선 사장님과 편집 작업을 도와주신 직원 여러분들께 감사를 드립니다.

2010년 2월

역자 최종원

목 차

Chapter 11 대화식 IPTV 응용

Chapter 12 IPTV 네트워크 관리

C/h/a/p/t/e/r

1

IPTV : 최고의 시청 체험

디지털 텔레비전(또는 디지털 TV)은 텔레비전 미디어가 지난 백여 년 전에 탄생한 이후 텔레비전 기술에서의 가장 진화된 것이다. 디지털 TV는 가입자들에게 더욱 다양한 선택을 제공하고 대화식의 시청 방식을 제공한다. 아날로그 텔레비전 방송 시스템은 지난 60여 년간 잘 운영되어 오고 있다. 이 기간 동안, 시청자들은 흑백텔레비전 수상기에서 컬러 TV 수상기로의 전환을 경험하였다. 흑백텔레비전에서 컬러텔레비전으로의 이전은 시청자들이 새로운 TV 수상기를 구입해야 했고, 방송사들은 새로운 전송장비, 사전 그리고 사후 프로덕션 장비를 구입해야 했다. 오늘날, 이 산업은 기존의 TV에서 새로운 디지털 기술의 시대로 이동하는 커다란 전환기를 겪고 있다. 대부분의 TV 운영자들은 그들의 현 네트워크를 업그레이드하였고 가입자들이 전통적인 아날로그 서비스에서 더욱 세련된 디지털 서비스로 이동하게 하기 위한 노력의 일환으로 개선된 디지털 플랫폼들을 구축하였다. 인터넷 프로토콜 기반 텔레비전(IPTV)이라고 부르는 새로운 기술이 전 세계적으로 IP 기반 서비스상에서 비디오를 배달하는 여러 대형 텔레커뮤니케이션, 케이블, 위성, 지상 그리고 많은 인터넷 벤처기업들에 관한 이야기와 함께 이름이 제시하는 바와 같이, IPTV는 IP 네트워킹 프로토콜을 사용하는 네트워크상에서 비디오 콘텐츠 스트림을 전송하기 위한 방식을 기술하고 있다. TV 신호를 전달하는 이 방식의 이점은 상호작용에 대한 개선된 지원에서부터 보다 빠른 채널 변경시간과 현존하는 홈 네트워크와의 개선된 상호작용에 이르기까지 다양하다. 종단 간 IPTV 시스템을 구성하는 여러 기술들을 이야기하기에 앞서, 이 장에서는 IPTV를 정의하는 것으로부터 시작할 것이다. 다음에 이 산업군에서의 성장 동력을 설명하고 이 산업에 대한 표준을 개발하는 주요 기관들을 개괄하는 것으로 이 장을 마치도록 한다.

1.1 IPTV 정의

지금 IPTV에 관한 많은 흥미로운 이야기들이 나오고 있다. 이 기술의 중요성이 증가하고 있고 전통적인 유료(pay) TV 네트워크 운영자들의 비즈니스 모델에 대한 위험요인들이 나타나고 있다.

IPTV 약자는 무엇을 의미하고 TV 시청에 어떤 영향을 미칠 것인가? 인터넷 프로토콜 텔레비전, 텔코 TV, 혹은 브로드밴드 TV라고도 불리는 IPTV는 고화질 방송 텔레비전과/혹은 온-디멘드 비디오와 오디오를 브로드밴드 네트워크상으로 안전하게 전달하는 것에 관한 것이다. IPTV는 일반적으로 전통적인 TV 채널, 영화 그리고 비디오-온-디멘드 콘텐츠를 사설 네트워크상으로 전달하는데 적용되는 용어이다. 종단사용자 관점에서 IPTV는 표준 유료 TV 서비스와 같이 보이고 그렇게 운영된다. IPTV에 관한 국제전기통신연합(ITU) 포커스 그룹(ITU-T FG IPTV)의 공식적인 정의는 다음과 같다:

> IPTV는 서비스 품질과 경험의 요구 수준, 보안, 상호작용 및 신뢰성을 제공하기 위해 관리되는 IP 기반 네트워크를 통해 전달되는 텔레비전/비디오/오디오/텍스트/그래픽/데이터와 같은 멀티미디어 서비스로 정의된다.

서비스 제공자의 관점에서, IPTV는 IP 기반 네트워킹 기반구조상에서 비디오 콘텐츠의 획득, 처리 그리고 안전한 전달 등을 망라한다. IPTV 서비스를 구축하는데 포함되는 서비스 제공자 유형은 전 세계 여러 지역의 케이블 그리고 위성 TV 공급자부터 대형 전화회사와 사설 네트워크 운영자 등에 이른다.

IPTV는 여러 특성을 갖고 있다:

- **상호작용 TV 지원** — IPTV 시스템의 양방향성은 서비스 제공자가 많은 상호작용 TV 응용을 제공할 수 있게 해준다. IPTV 서비스를 통해 전달되는 서비스 유형은 표준 라이브 TV, 고화질 TV(HDTV), 상호작용 게임, 그리고 고속 인터넷 브라우징 등을 포함한다.
- **타임 시프팅** — 디지털 비디오 녹화기와 결합된 IPTV는 프로그램 콘텐츠의 타임 시프팅을 허용한다 — 나중에 시청하기 위해 IPTV 콘텐츠를 녹화하고 저장하는 방식이다.
- **개인화** — 종단 간 IPTV 시스템은 양방향 통신을 지원하고 종단사용자들이 어떤 프로그램을 보기를 원하고 언제 시청하기를 원하는지를 결정하도록 함으로써 종단사용자가 자신의 TV 시청 습관을 개인화하도록 허용한다.
- **낮은 대역폭 요구** — 모든 종단사용자에게 모든 채널을 전달하는 대신에 IPTV 기술은 서비스 제공자가 단지 종단사용자가 요청한 채널만을 전송하도록 한다. 이러한 매력적인 특성이 네트워크 운영자로 하여금 네크워크상의 대역폭을 절약할 수 있게 해준다.
- **다양한 장치로 접속 가능** — IPTV 콘텐츠 시청은 텔레비전만으로 제한되지 않는다. 가입자들은 IPTV 서비스를 액세스하기 위해 흔히 자신의 PC와 모바일 장치를 사용한다.

1.2 IPTV와 인터넷 TV의 차이

IPTV는 자주 인터넷 TV 전달과 혼동된다. 두 가지 환경 모두 같은 코어 기술을 사용하지만, IP 기반 비디오를 전달하는 방식은 다음과 같은 차이가 있다.

1.2.1 다른 플랫폼

그 이름이 나타내는 것처럼 인터넷 TV는 비디오 콘텐츠를 종단사용자에게 전달하는데 공중 인터넷을 이용한다. 반면에 IPTV는 비디오 콘텐츠를 소비자에게 전달하는데 안전한 전용 사설 네트워크를 이용한다.

1.2.2 지리적 도달성

전화회사가 소유하고 제어하는 네트워크는 인터넷 사용자가 접속할 수 없으며 고정된 지리적 영역에 위치한다. 반면에 인터넷은 지리적 제한이 없어서 텔레비전 서비스 접속이 지구 상 어디에서나 가능하다.

1.2.3 네트워킹 인프라 소유권

비디오가 공중 인터넷으로 보내질 때, 이 비디오를 운반하는데 사용되는 인터넷 프로토콜 패킷의 일부는 공중 인터넷을 구성하는 여러 네트워크를 통과하면서 지연되거나 손실될 수 있다. 그 결과, 인터넷상에서 비디오 콘텐츠 제공자는 전통적인 지상, 케이블 혹은 위성 TV 시청 체험과 비교되는 TV 시청 체험을 보장할 수 없다. 사실, 인터넷상으로 스트림되는 비디오는 TV 화면 상에 때때로 이상하게 나타나고 화면의 해상도 또한 매우 낮기도 한다. 비디오 콘텐츠는 일반적으로 "최선형(best-effort)" 형식으로 종단사용자에게 전달된다.

이러한 체험과 비교하여 IPTV는 전형적으로 서비스 제공자가 소유하는 네트워킹 인프라 상에서 전달된다. 네트워킹 인프라의 소유는 전화회사들이 시스템을 잘 감독하여 고화질의 비디오를 종단 간 전송하도록 지원한다.

1.2.4 접속 방식

PC가 주로 인터넷 TV 서비스를 접속하는데 사용되는 반면에 디지털 셋톱박스가 일반적으로 IPTV 시스템을 통해 전달되는 비디오 콘텐츠를 접속하고 해독하는데 사용된다. PC에서 사용되는 소프트웨어 유형은 인터넷 TV 콘텐츠 유형에 따른다. 예를 들어,

인터넷 TV 포털 사이트에서 콘텐츠를 소유하기 위해 다운로드하는 것은 그 내용을 보기 위해 지정된 미디어 플레이어를 설치해야만 한다. 또한 신뢰성 있는 DRM(Digital Rights Management) 시스템이 이 접속 방식을 지원하기 위해 요구된다.

1.2.5 비용

공중 인터넷상에서 전달되는 상당한 부분의 비디오 콘텐츠는 가입자들에게 무료로 제공된다. 그러나 증가하는 미디어 회사들이 유료 인터넷 TV 서비스를 제공하기 시작하면서 이러한 현상은 변화하고 있다. IPTV 서비스에 적용되는 비용 구조는 전통적인 유료 TV 제공자들이 채택하고 있는 월별 가입 모델과 유사하다. 시간이 지남에 따라, 많은 분석가들은 인터넷 TV와 IPTV가 궁극적으로 주류 응용이 되는 중심적인 엔터테인먼트 서비스로 융합될 것이라고 기대하고 있다.

1.2.6 콘텐츠 생성 방법론

인터넷 TV 제공자들이 생성하는 상당한 양의 비디오 콘텐츠는 사용자가 생성한 것이며 틈새 채널인 반면에 IPTV 제공자들은 일반적으로 대형 미디어 회사들이 제공하는 전통적인 텔레비전 쇼와 영화를 제공한다.

1.3 IPTV 네트워킹 인프라 개요

그림 1.1은 종단 IPTV 시스템의 전형적인 상위 수준의 기능적 요구사항들을 보여주고 있다.

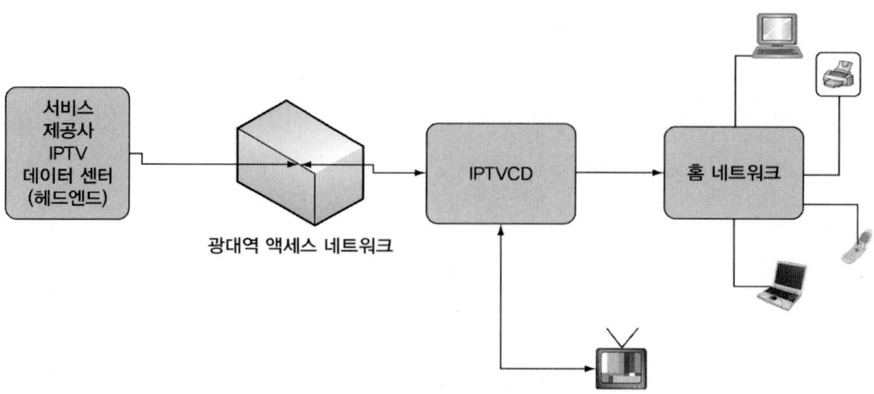

그림 1.1 종단 간 IPTV 시스템의 간략한 블록 다이어그램

1.3.1 IPTV 데이터 센터

"헤드엔드"라고도 알려진 IPTV 데이터 센터는 지역 비디오, 콘텐츠 통합회사, 콘텐츠 생산자, 케이블, 지상파 그리고 위성 채널을 포함하는 여러 소스로부터 콘텐츠를 수신한다. 일단 콘텐츠를 수신하면 인코더와 비디오 서버로부터 IP 라우터와 지정 보안 하드웨어에 이르는 여러 서로 다른 하드웨어 요소들이 IP 기반 네트워크상으로 전달되는 비디오 콘텐츠를 준비하는데 사용된다. 추가적으로, 가입자 관리 시스템이 IPTV 가입자 프로파일과 과금문제를 관리하는데 요구된다. IPTV 데이터 센터의 물리적 위치는 서비스 제공자가 사용하는 네트워킹 인프라에 따른다는 점에 유의하라.

1.3.2 브로드밴드 전달 네트워크

IPTV 서비스의 전달은 일대일 연결을 요구한다. 대형 IPTV 구축의 경우, 일대일 연결의 수는 많이 증가되고 네트워킹 인프라에 관한 대역폭 요구 수준은 매우 클 수 있다. 지난 몇 년간의 네트워크 기술의 개선은 이제 전화회사들이 광대역 네트워크에 대한 이러한 요구를 충족시켜주고 있다. HFC 기반 케이블 TV 인프라와 광 기반 전화망들이 IPTV 콘텐츠 전달에 잘 맞는다고 할 수 있다.

1.3.3 IPTVCD

IPTV 가입자 장치(IPTVCD)는 사람들이 IPTV 서비스를 액세스하는데 중요한 요소이다. IPTVCD는 브로드밴드 네트워크에 연결하고 수신되는 IP 기반 비디오스트림을 해독하고 처리하는 책임을 맡고 있다. IPTVCD는 IPTV 콘텐츠를 처리할 때 네트워크 문제의 효과를 최소화하거나 완전히 제거하는 발전된 기술을 지원한다. 가장 인기 있는 IPTVCD 유형(댁내 게이트웨이, IP 셋톱박스, 게임 콘솔, 그리고 미디어 서버)은 5장에서 자세히 다룰 것이다.

1.3.4 홈 네트워크

홈 네트워크는 작은 지리적 범위내에 있는 여러 디지털 장치들을 연결한다. 홈 네트워크는 통신을 개선하고 가족 구성원 간에 값비싼 디지털 자원들을 공유할 수 있도록 해준다. 홈 네트워크의 목적은 댁내의 서로 다른 디지털 장치들 간에 음성, 오디오 데이터 그리고 엔터테인먼트와 같은 정보에 대한 접근을 제공하는 것이다. 홈 네트워킹으로 가입자들은 브로드밴드 인터넷 연결뿐만 아니라 프린터와 스캐너 같은 주변기기들을 쉽게 공유할 수 있기 때문에 금전과 시간을 절약할 수 있다. 홈 네트워킹 시장은 다양한 여러 기술들로 나누어져 있는데 8장에서 다루게 될 것이다.

1.4 주요 IPTV 응용과 서비스

서비스 제공자들이 공급하는 주요 두 가지 IPTV 응용은 브로드캐스트 디지털 TV와 비디오 온 디멘드(VoD)이다.

1.4.1 브로드캐스트 디지털 TV

1과 0의 세계로 들어가기에 앞서, 텔레비전이 지난 과거 어디로부터 왔는지에 대한 배경을 살펴보는 것도 중요하다. 텔레비전의 역사는 1884년에 시작되었는데 폴 고틀리프(Paul Gottlieb)라고 하는 독일 학생이 첫 번째 기계적 텔레비전 시스템에 대한 특허를 출원하였다. 이 시스템은 렌즈와 회전식 디스크(니프코우(Nipkow) 디스크)를 통해 이미지를 비추는 방식으로 작동하였다. 사각 구멍이 디스크에 뚫려 있으며, 전체 이미지를 스캔할 때까지 이미지 라인들을 투사(trace)하였다. 더 많은 구멍이 있을수록 더 많은 라인들을 투사하였고 따라서 이미지는 더욱 자세하였다.

1923년 블라디미르 코스마 쯔워리킨(Vladimir Kosma Zworykin)이 니프코우 디스크를 전자 요소로 대체하였다. 이는 이미지를 여러 많은 라인들로 나눌 수 있게 하였고 초당 스캔 수를 증가하지 않고도 이미지를 보다 높은 수준으로 자세히 표현할 수 있게 해주었다. 이미지는 또한 전자 스캔 사이에 저장될 수 있었다. 이 전자 시스템은 1925년에 특허가 발행되었고 아이코노스코프(Iconoscope)라고 명명되었다.

베어드(J. L. Baird)는 1928년에 첫 (기계식) 컬러텔레비전을 시범으로 선보였다. 첫 기계식 텔레비전은 3개의 나선을 (각각은 주요 컬러 : 빨강, 녹색 그리고 파랑) 가진 니프코우 디스크를 사용하였다. 당시에는 매우 적은 사람들만이 텔레비전 수상기를 소유하였고 시청 체험도 인상적이지 못하였다. 작은 수의 시청자들은 뚜렷하지 않은 2 혹은 3인치 화면을 시청하였다.

1935년에 첫 번째 전자식 텔레비전 시스템이 EMI(Electric Musical Industries)라고 하는 회사에 의해 탄생되었다. 1939년 후반경 미국에서 16개 회사들이 전자식 텔레비전 수상기를 제조하고 있었거나 제조 계획을 하고 있었다.

1941년 NTSC(National Television System Committee)은 전자식 텔레비전의 전송에 대한 지침을 개발하였다. FCC(Federal Communications Commission)은 이 새로운 지침을 채택하였고 미국에서 TV 브로드캐스트가 시작되었다. 텔레비전은 레이더에 관해 진행된 작업들이 많이 텔레비전 수상기 설계에 직접적으로 이전되었다는 점에서 세계 제2차 대전으로부터 수혜를 입었다. 크게 개선된 한 분야가 CRT(Cathode Ray Tube)이다.

1950년대는 흥미로운 시대였고 텔레비전의 황금시대를 예고하였다. 흑백텔레비전 시대는 1956년에 시작되었고 TV 수상기 가격은 급격히 하락하였다. 1950년대 말에 미국 제조업자들은 다양한 특성과 디자인의 제품들을 실험하고 있었다.

1960년대는 일본이 NTSC 표준을 채택하기 시작하였다. 1960년대 말에 유럽은 두 가지 새로운 텔레비전 전송 표준을 소개하였다.

(1) SECAM(Systeme Electronique Couleur Avec Memoire)은 프랑스, 중동, 그리고 동유럽 일부에서 사용되는 텔레비전 브로드캐스트 표준이다.
(2) PAL(Phase Alternating Line)은 유럽에서 주로 사용되는 텔레비전 표준이다.

통합 디지털 신호처리 기술을 사용한 첫 번째 컬러텔레비전은 1983년에 출시되었다. MPEG(Moving Picture Experts Group)은 1993년 미팅에서 MPEG-2 비디오, MPEG-2 오디오 그리고 MPEG-2 시스템에 대한 정의를 완료하였다.

또한 1993년에 DVB(European Digital Video Broadcasting) 프로젝트가 탄생되었다. 1996년에 FCC는 ATSC(Advanced Television Systems Committee) 디지털 표준을 채택함으로써 미국에서의 디지털 텔레비전 전송 표준을 수립하였다. 1999년 현재 많은 통신 매체들이 디지털 기술로 전환되었다. 최근에 여러 나라들이 표준화질과 고화질 TV 서비스를 시작하였고 새로운 유형의 텔레비전 시스템의 주요 성장 동력으로서 기능을 하고 있다 — LCD 패널과 PDP. 주요한 역사적 TV 개발에 대한 요약이 표 1.1에 나타나 있고 그림 1.2에 설명되어 있다.

1.4.1.1 DTV 포맷 표준

대부분의 북미 지역에서의 아날로그 텔레비전 방송 표준은 NTSC이다. 지구상의 다른 지역에서의 표준은 PAL과 SECAM이다. NTSC, PAL 그리고 SECAM 표준은 앞으로 10년 내에 디지털 텔레비전과 연관된 새로운 표준으로 대체될 것이다. 디지털 텔레비전을 실현하기 위해서는 여러 산업과 기업들이 많은 새로운 표준을 개발해가면서 서로의

표 1.1 TV 개발 역사

년도	역사적 사건
1884	폴 고틀리프, 첫 기계적 텔레비전 시스템 특허
1923	블라디미르 코스마 쯔워리킨이 니프코우 디스크를 전자 요소로 대체
1925	첫 TV 전자 시스템 특허
1935	EMI가 첫 전자 텔레비전 시스템 데모
1941	NTSC가 전자 텔레비전 전소의 가이드라인 개발
1956	흑백텔레비전 시대 시작
1993	유럽 DVB 프로젝트 구축
1996	FCC가 미국에서의 디지털 텔레비전 전송 표준 설정
1999	전 세계적으로 디지털 TV 시스템 구현

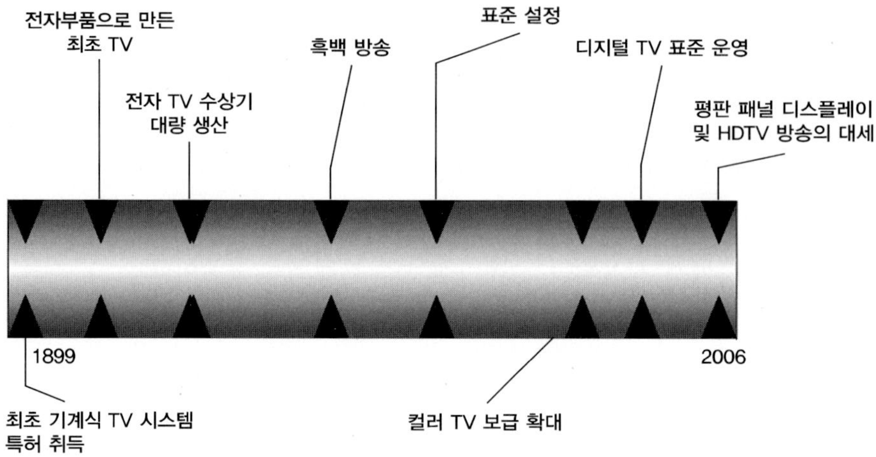

그림 1.2 TV의 진화

협조를 필요로 한다. 여러 국제기구들이 지난 몇 년간 디지털 TV 표준화에 기여를 하였다. 대부분의 기관들은 특정한 프로세스를 통해 공식적인 표준을 생성하였다: 아이디어 구성, 해결방법 토론, 드래프트 표준 개발, 표준의 모두 혹은 일부에 대한 투표, 그리고 나서 대중에게 공식적으로 완성된 표준을 배포. 디지털 텔레비전의 표준화에 기여한 몇 가지 잘 알려진 국제기구는 다음과 같다:

- ATSC
- DVB
- ARIB (Association of Radio Industries and Business)

ATSC ATSC는 미국에서 텔레비전 신호를 방송하기 위한 기술적 표준들을 수립하기 위해 형성된 기관이다. ATSC 디지털 TV 표준은 고화질, 표준화질, 그리고 위성 DTH(Direct-To-Home) 신호를 미국 전 지역의 가정으로 전달하는 것을 포함하는 여러 주요 방송 기술을 다루고 있다. ATSC는 1982년 JCIC(Joint Committee on Intersociety Coordination) 소속 기관들이 구성하였다: EIA(Electronic Industries Association), IEEE (Institute of Electrical and Electronic Engineers), NAB(National Association of Broadcasters), NCTA(National Cable and Telecommunications Association), and SMPTE (Society of Motion Picture and Television Engineers). 현재, 약 200여 기관들이 구성원으로 있으며 방송, 방송 장비, 동영상, 가전, 컴퓨터, 케이블, 위성 그리고 반도체 회사들이 포함된다. ATSC는 미국에서 공식적으로 채택되었으며 이미 공격적인 디지털 TV 구현이 시작되었다. 추가적으로 캐나다, 대한민국, 타이완, 그리고 아르헨티나가 이 그룹이 추천한 이 포맷과 전송 방식을 사용하기로 동의하였다. 이 기구가 발간한 여러 표준과

명세서들에 대한 자세한 정보는 www.atsc.org를 방문하면 얻을 수 있다.

DVB DVB 프로젝트는 1991년에 계획되었고 공식적으로 약 80여 기관의 멤버들로 1993년에 시작되었다. 현재 DVB는 방송, 제조, 네트워크 운영, 그리고 규정 등의 분야에 속하는 약 300개 회사들의 컨소시엄으로 되어 있다. 이들은 아날로그에서 디지털 방송으로 전환하기 위한 공통 국제 표준을 수립하기 위해 모인 것이다. DVB 프로젝트 작업은 여러 다양한 환경에서 디지털 텔레비전을 구현하기 위한 솔루션을 기술하는 포괄적인 표준과 명세서를 만들어 내었다. DVB 표준은 인터페이싱을 통한 전송, 디지털 비디오, 오디오와 데이터에 대한 보안과 상호작용 등 디지털 텔레비전의 여러 부분을 포함하고 있다.

DVB 표준은 개방되어 있기 때문에, 표준을 따르는 시스템을 만드는 모든 제조업자들은 그들의 디지털 TV 장비가 다른 제조업자의 장비와 호환됨을 보장할 수 있다. 현재, 지구 상에는 DVB 표준을 이용하는 많은 방송 서비스들이 있다. 세계적으로 이미 사용되고 있는 표준을 따르는 DVB 장비를 제공하는 수백 개의 제조업자들이 있다. DVB는 유럽에서 상당한 성공을 거두었다; 이 표준은 북미와 남미, 중국, 아프리카, 아시아 그리고 오스트레일리아에서도 구현되었다. 이 기구가 생성한 여러 표준과 명세서들에 대한 자세한 사항은 www.dvb.org에서 찾을 수 있다.

ARIB ARIB 웹 사이트에 따르면, ARIB는 연구와 개발을 수행하고, 표준을 개발하고 라디오 스펙트럼 조정을 위한 컨설팅 서비스를 제공하고, 다른 해외 기관들과 협조를 하며 디지털 지상파 텔레비전 방송의 자연스런 소개를 위한 주파수 변화 지원 서비스를 제공한다. 이 기관은 디지털 방송을 위한 비디오 코딩, 오디오 코딩 그리고 다중화 명세(ARIB STD-B32)를 포함하는 디지털 TV 분야에 관련된 여러 표준들을 생성하였다. 이 기관이 생성한 여러 표준과 명세에 관한 자세한 정보는 http://www.arib.or.jp/english/에서 찾을 수 있다.

1.4.1.2 디지털 TV 전송의 이점

아날로그 기술과 비교해볼 때 컴퓨터 데이터 포맷으로의 텔레비전 방송은 디지털 TV 시청자와 서비스 제공자에게 여러 가지 이점을 제공한다.

개선된 시청 체험 시청 체험은 영화 품질의 영상, CD 품질의 사운드, 수백 가지의 새로운 채널, 카메라 앵글 변환 능력, 여러 흥미롭고 새로운 엔터테인먼트 서비스에 대한 개선된 액세스를 통해 개선되며, 추가적으로 아날로그 시스템에 있는 여러 영상의 결점들이 새로운 디지털 환경에서는 제거된다.

개선된 시청 범위 아날로그와 디지털 신호는 거리에 따라 그 세기가 감소된다. 그러나 아날로그 TV 시스템상의 영상은 방송사업자로부터 거리가 멀어짐에 따라 시청자에게 점차로 나빠지는 반면에 디지털 시스템에서의 영상은 신호가 아주 약해져서 수신할 수 없을 때까지 완벽하게 유지된다.

개선된 용량과 새로운 서비스 제공 텔레비전을 전송하는데 디지털 기술을 사용함으로써, 서비스 제공자는 아날로그 시스템에서 현재 가능한 것보다 더 많은 정보를 전달할 수 있다. 디지털 TV에서 영화를 전송할 때 아날로그 시스템에서 요구하는 대역폭보다 훨씬 적은 양을 차지하는 정도로 영화가 압축된다. 그 남는 대역폭은 다음과 같은 프로그램 혹은 데이터 서비스로 채워질 수 있다:

- 주문형 비디오
- 전자메일과 인터넷 서비스
- 대화형 교육
- 대화형 TV 상거래

개선된 접속 유연성 전통적으로 방송 품질 아날로그 콘텐츠는 TV 수상기로만 시청할 수 있었다. 디지털 기술의 소개에 따라 비디오는 이동전화기부터 표준 PC에 이르기까지 다양한 장치를 통해 접속할 수 있다.

궁극적으로 모든 아날로그 시스템은 디지털 TV로 대체될 것이라는 점에 유의하라. 아날로그에서 디지털로의 전환은 서비스 제공자들이 그들의 전송 네트워크를 업그레이드하고 제조업자들이 일반인들이 구매를 할 수 있도록 디지털 제품들을 대량생산할 수 있도록 점진적으로 이루어질 것이다. 십여 년의 개발에 있어서 오늘날 진화된 디지털 TV 시스템은 과학자, 기술자, 방송사업자, 제조업자 그리고 여러 국제 표준화 기구에 의한 노력의 직접적 결과이다. 지난 몇 년 전까지만 해도 디지털 TV를 가입자들에게 전달하기 위해서는 라디오 주파수(RF) 기반 신호 기술을 사용하는 것만이 실용적이었다. 그러나 최근의 압축과 브로드밴드 기술에서의 발전은 이러한 상황을 변화시키고 있고 많은 서비스 제공자들이 방송 디지털 TV 서비스를 고객들에게 전달하기 위해 IP 기반 네트워크를 이용하기 시작하였다.

1.4.2 주문형 비디오

전화회사들이 순차적 TV 채널들을 가입자들에게 전달하도록 하는 것뿐만 아니라 IPTV는 다운로드할 수 있고 다양한 VoD 기반 콘텐츠에 대한 접근을 제공하고 있다. 비디오 프로그램들이 미리 정해진 스케줄에 따라 방송되는 전통적인 TV 서비스와는 대조적으로 VoD는 IPTV 종단사용자들에게 사용자 편의대로 콘텐츠를 선택하고 다운로드하고 시청할 수 있는 능력을 제공한다. IPTV VoD 응용을 통해 전달된 콘텐츠는 전형적으로 많은 주문형 영화와 저장된 프로그램 콘텐츠의 선택 등이 포함된다.

VoD를 위한 접속을 쉽게 하는 것이 모든 전화회사들의 주요 과제이다. 먼저, 규칙적으로 주문형 콘텐츠를 액세스하는 브로드밴드 가입자들은 많은 양의 대역폭을 소비한다. 게다가 다중 가입자들에게 비디오 콘텐츠를 스트리밍하는데 요구되는 서버 구조는 매우 크다.

9장에서 차세대 IPTV 시스템이 지원하는 여러 VoD 유형에 대한 보다 자세한 사항들을 다루게 될 것이다.

1.5 IPTV 성장 동력

여러 동력들로 인해 현재에 이르게 되었다.

1.5.1 텔레비전의 디지털화

대부분의 위성, 지상파 그리고 케이블 TV 제공자들은 그들의 전달 플랫폼을 아날로그에서 디지털로 전환하기 시작하였다. 추가로 대부분의 비디오 제작 스튜디오들은 콘텐츠를 녹화하고 저장하는데 디지털 기술을 사용하고 있다. 이러한 요인들이 기존 아날로그 기술을 지원해야 하는 필요성을 줄였으며 IP 기반 비디오 콘텐츠의 채택을 시작하게 되었다.

1.5.2 압축 기술의 강화

IP 네트워크상에서의 비디오 콘텐츠 전달은 새로운 것이 아니다. 즉 현재 몇 년 동안 여러 인터넷 스트리밍 비디오 사이트들이 운영되어 오고 있다. 전통적으로 인터넷상으로 스트림 되는 것들의 품질은 제한된 대역폭 용량으로 인해 매우 좋지 않았다. 최근 들어 디지털 비디오 콘텐츠에 대한 압축 기술의 개선과 더불어 점증하는 브로드밴드 가입자 수는 IP 연결을 통한 TV 콘텐츠의 송신 역할을 전면적으로 변경하였다.

1.5.3 비즈니스와 상업적 동력

경쟁이 많아짐에 따른 매출 감소는 많은 전화회사들이 가입자들에게 IPTV 서비스를 제공하도록 하는 압력으로 작용하였다. 이러한 새로운 IPTV 서비스는 현재의 브로드밴드를 확장하여 트리플 플레이라고 하는 번들 상품을 전화회사가 제공하게 하였다. 고정 그리고 무선 전화회사들의 경우 IP 기반 상품의 트리플 플레이 번들은 앞으로 사업 성장의 주요 부분으로 인식되고 있다.

1.5.4 브로드밴드 사용의 성장

인터넷의 많은 보급은 고속, 항상 인터넷에 접속(always on), 가정으로의 접속에 대한 필요성을 야기하였다. 이러한 필요성은 DSL, 케이블, 광섬유 그리고 고정 무선 네트워크와 같은 광대역 접속 기술을 통해 만족되고 있다. 많은 가정의 브로드밴드 인터넷 접속의 채택은 소비자들이 IPTV 서비스에 가입하기 시작하는 매우 강력한 동기가 되었다.

1.5.5 통합 디지털 홈의 출현

사람들의 가정과 생활방식이 여러 가지 긍정적인 변화로 진화되고 있다. 이러한 변화들은 소비자들을 즐겁게 하는 것뿐만 아니라 삶을 보다 쉽게 하는데 도움이 되는 여러 새로운 기술들에 의해 지지되고 있다. 게임 콘솔, 멀티룸 오디오 시스템, 디지털 셋톱박스, 그리고 평면 스크린 텔레비전과 같은 디지털 엔터테인먼트 장치들이 매우 흔하게 되었다. 추가적으로, PC 가격의 극적인 하락은 여러 대의 PC를 소유하는 가정의 수를 증가하게 하였다. 이러한 모든 기술들이 궁극적으로 "디지털 홈"이라고 분류될 수 있는 여러 가정을 탄생하게 하였다. 이러한 유형의 가정의 증가는 IPTV와 같은 WHMN(Whole Home Media Networking) 서비스에 대한 요구가 시작되었다.

1.5.6 많은 기업들이 IPTV를 구축하고 있음

전통적인 전화회사들이 그들의 상품 목록에 비디오 서비스를 추가하는 것뿐만 아니라 IPTV는 또한 위성과 지상파 기업들이 그들 고객들에게 IP 기반 유료 TV 서비스를 제공하는 하도록 한다.

1.5.7 표준화질 텔레비전에서 고화질 텔레비전으로의 이동

HDTV가 현재 서비스되고 있다. 소비자들로부터의 요구가 폭발적이고 디지털 네트워킹 기술의 채택은 다중서비스 네트워크 운영자들이 자신들의 프로그램 목록에 HDTV 채널 제공을 추가하기 시작하였다. 추가적으로 IP 광대역망을 통한 HDTV 전달은 전화 서비스 제공자들의 필요사항이 되었다.

이러한 동력의 동시적 결합은 IPTV를 상업적으로 그리고 기술적으로 성공적인 실제적 현실로 만들었다.

표 1.2 글로벌 IPTV 시장전망(수백만 가입자), 2005–2010

	2005A	2006A	2007E	2008E	2009E	2010E	5년 CAGR
단위 (백만)	3.22	4.84	10.12	16.4	26.8	37.4	63.31%

제공: TVMentor (글로벌 IPTV 산업의 선도적 시장 조사 기관)

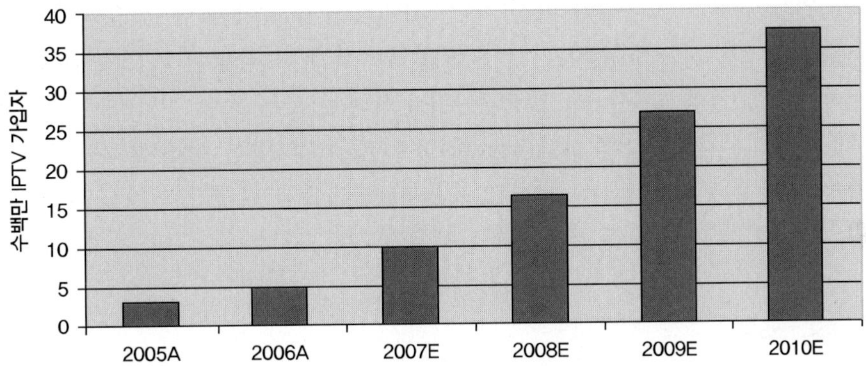

그림 1.3 전 세계적 IPTV 가입자 전망(2005–2010)

1.6 시장 데이터

IPTV는 차후 5 ~ 10년간 매우 빠르게 성장하는 분야로 예상되고 있다. 자세한 시장 조사 자료가 표 1.2에 나타나 있고 그림 1.3에 그래프로 설명되고 있다.

1.6.1 데이터의 의미

표 1.1과 그림 1.3 그리고 관련 데이터의 분석으로부터 다음과 같은 점을 유의하여야 한다:

- 글로벌 IPTV 시장에 대한 CAGR(Compound Annual Growth Rate)은 이 기간 동안에 약 63.31%로 추정된다.
- 2006년 말에 TVMentors는 전 세계적으로 약 4백80만 가구가 IPTV에 가입한 것으로 산정하였다. TVMentors는 네트워크 사업자가 제공하는 IPTV 서비스에 가입하는 가구의 수가 전 세계적으로 2010년에 3천7백40만 가구가 될 것으로 예상하였다.
- 오랜 기간에 걸쳐 IPTV에 가입하는 가정의 수는 지속적으로 증가할 것이다. 사실, TVMentors는 IPTV 서비스가 2009년에 주요 상품이 될 것으로 믿고 있다.

TVMentors는 현재를 기초로 글로벌 IPTV 가입자 수를 예상하는 보고서와 데이터베이스를 주기적 및 방법론적으로 출판하고 있다. 이러한 수준의 정보에 관심 있는 독자는 보다 자세한 사항을 위해 www.tvmentors.com을 방문해보기를 권한다.

1.7 IPTV 표준화를 위한 산업 기구

케이블과 위성 유료 TV 분야와 마찬가지로 IPTV 산업 분야 또한 가입자를 위한 낮은 가격과 경쟁을 진흥하고, 시장에서의 혼란을 최소화하며 강력한 IPTV 서비스의 전달을 개선하는 표준들을 요구한다. IPTV를 표준화하는 것은 종단 간 IPTV 시스템을 구축하는데 관여되는 서로 다른 벤더(vendor)들로부터의 다양한 여러 부품들과 시스템들이 있기 때문에 쉬운 작업이 아니다. 그러나 다른 새롭게 나타나는 기술들과 마찬가지로 여러 표준화 기구와 산업 컨소시엄들이 IPTV를 표준화하는 데 기여하고 있다.

1.7.1 DSL 포럼

DSL 포럼은 DSL 네트워크 시스템 개발과 설치에 대한 지침을 만들기 위해 조직된 비영리 법인이다. 이 기구는 여러 가지의 권고안을 만들었으며, 이들은 특히 IPTV 산업 분야와 관련된 것들이다. 보다 자세한 사항은 www.dslforum.org를 참조한다.

1.7.2 MPEG (Moving Pictures Experts Group)

MPEG은 동영상, 오디오의 압축, 압축풀기, 처리 그리고 표현에 대한 국제 표준의 개발을 책임지는 ISO/IEC의 작업 그룹이다. MPEG 그룹은 IPTV와 관련된 여러 명세서들을 처리하고 있다. 여러 비디오 코딩 표준뿐만 아니라, 이 그룹은 멀티미디어 미들웨어 ISO/IEC 23004(MPEG-E M3W) 표준도 개발하였다. MPEG-E는 8개의 부분으로 정의된 여러 API들로 구성되어 있다(표 1.3 참조).

표 1.3 MPEG-E 표준 구성

번 호	설 명
ISO/IEC 23004-1	구조
ISO/IEC 23004-2	멀티미디어 API
ISO/IEC 23004-3	요소 모델
ISO/IEC 23004-4	자원 및 품질 관리
ISO/IEC 23004-5	요소 다운로드
ISO/IEC 23004-6	장애 관리
ISO/IEC 23004-7	시스템 무결성 관리
ISO/IEC 23004-8	참조 소프트웨어

1.7.3 ETSI (European Telecommunications Standards Institute)

ETSI는 차세대 무선과 고정 네트워크 인프라를 위한 명세서를 개발하기 위해 TISPAN (Telecoms & Internet converged Services & Protocols for Advanced Networks)라고 부르는 그룹을 2003년에 구성하였다. TISPAN은 다음에 홈 네트워크와 보안부터 네트워크 관리와 주소에 이르기까지 IPTV 산업 분야에 걸쳐 중요한 토픽들에 관한 명세서를 개발하기 위해 작업하는 그룹들과 재조직하였다. TISPAN 명세서들에 관한 자세한 사항은 www.etsi.org/tispan/을 참조하면 된다.

1.7.4 개방형 IPTV 포럼

이 책을 쓰고 있을 즈음에 네트워크 운영자, 네트워크 기반 장비 제공자, 그리고 가전제품 제공자들은 '개방형 IPTV 포럼'이라고 하는 IPTV 표준화 컨소시엄을 구성하였다. 이 그룹의 목적은 다양한 네트워킹 구조에서 IPTV 서비스를 전달하기 위한 종단간 명세서를 정의하는 기존 표준화 기구들과 함께 일하는 것이다. 자세한 사항은 www.openiptvforum.org를 참조하면 된다.

1.7.5 BSF (Broadband Services Forum)

이 기구 웹 사이트에 따르면, "BSF는 브로드밴드 산업의 성장과 활력에 필요한 기초적인 사업과 기술 문제들을 다루기위한 도구들과 정보들을 제공하면서 대화와 개발을 위한 토론의 장을 제공하는 국제 산업 자원이다." 이 기업들의 컨소시엄은 IPTV에 초점을 맞추고 있으며 여러 산업 콘퍼런스와 무역전시의 참여를 통해 산업을 진흥하고 있다. 보다 자세한 사항은 www.broadbandservicesfourm.org를 참조하면 된다.

1.7.6 WirelessHD 컨소시엄

WirelessHD 컨소시엄은 2006년에 구성된 기술과 가전회사들의 그룹이다. 이 책을 쓰고 있을 때 이 그룹은 압축되지 않은 IP 그리고 RF 기반 고화질 TV를 HD 화면 패널에 보내는 무선 디지털 인터페이스 명세서 작업을 시작하였다. 이 작업이 끝나면 이 기술은 IP 셋톱박스와 HD 평판 디스플레이 패널을 포함하는 여러 오디오-비디오 장치들에 통합될 것이다.

1.7.7 SARFT (State Administration of Radio, Film, and Television)

정보부와 함께 중국 정부가 운영하는 SARFT는 중국의 IPTV 기술 구축과 연관된 표준들을 발행하는 책임을 맡고 있다.

1.7.8 ITU-T FG IPTV

2006년 봄, ITU는 글로벌 IPTV 표준의 개발을 조정하고 진흥하기 위해 IPTV FG라고 알려진 IPTV에 관한 포커스 그룹을 설립하였다. 이 그룹은 다음 5가지 주요 분야에 집중하고 있다:

- 구조
- DRM
- QoS 척도
- 메타데이터 (Metadata)
- 상호작용성과 테스트

자세한 사항은 http://www.itu.int/ITU-T/IPTV/index.phtml을 참조하면 된다.

1.7.9 ATIS (Alliance for Telecommunications Industry Standard)

ATIS는 주요 서비스 제공자를 포함하는 350개 이상의 회사들로 구성된 전화 산업 기구이다. IPTV 산업 분야에 대한 표준화 작업을 위해 ATIS는 IPTV 상호작용성 포럼(interoperability forum)이라 부르는 소집단을 발족하였다. 그룹의 웹 사이트에 따르면 IIF의 주요 기능은 IPTV 서비스 구축을 위한 전체적인 참조 구조를 제시하는 것이며, 인프라 장비, 콘텐츠 보안, 상호작용성 테스트, 그리고 서비스 품질과 같은 4가지 주요 분야에 초점을 맞추고 있다. 이 회사는 최근에 IPTV DRM과 구조 분야에 대한 여러 지침서를 출판하였다.

- *ATIS-0800001* : 이 문서는 IPTV DRM 시스템을 구현하는데 연관되는 상호작용성 명세를 정의하고 있다. 이 기관은 이 문서를 미래에 IPTV DRM/보안 상호작용성 명세를 만들기 위한 기초로 사용할 계획을 가지고 있다.
- *ATIS-0800002* : 이 문서는 콘텐츠와 서비스 제공자들에게 IPTV 서비스 전달에 필요한 구조에 관한 지침을 제공한다.
- *ATIS-0800003* : 이 문서는 2006년에 출판되었고 IPTV 시스템의 구조를 표준화하기 위한 여러 단계로 구성된 로드맵을 제시하고 있다.
- *ATIS-0800004* : 이 문서는 여러 유형의 IPTV 서비스에 대한 QoS를 모니터링하기 위한 프레임워크를 정의하고 있다.
- *ATIS-0800005* : 이 기술 문서는 IPTV 네트워킹 인프라에 걸쳐 패킷 손실에 대한 토픽들을 다루고 있다. 패킷 손실의 여러 원인을 식별하는 것 외에 이 문서는 독자들에게 실시간 IPTV 네트워킹 환경에서의 패킷 손실의 영향을 줄이기 위한 여러 권고안을 제공하고 있다.

이 기관은 여러 기술들 간에 상호작용성을 보장하기 위해 ITU-T FG IPTV와 같은 다른 IPTV 표준화 기관들과 이들 문서를 공유하기로 동의하였다. 또한 이 기관은 미래에 IPTV 하드웨어와 소프트웨어 벤더들을 위한 인증 과정을 시작할 계획이다. 자세한 사항은 www.atis.org를 참조한다.

1.7.10 IPDR (Internet Protocol Detail Record Organization)

IPDR.org는 서비스 제공자와 전 세계적으로 차세대 IP 서비스 표준 개발과 채택을 추진하는데 초점을 맞추고 있는 장비 공급자들의 산업 컨소시엄이다. 이 기관은 IPTV 과금, 네트워크 관리 그리고 백오피스 시스템에 대한 상호작용 표준을 정의하는 책임을 갖고 있다. 자세한 사항은 www.ipdr.org를 참조한다.

1.7.11 ISMA (Internet Streaming Media Alliance)

2000년에 설립된 ISMA는 회사들로 구성된 비영리 산업 협력체이며 설립 이래로, 폭넓은 산업계의 지지를 받고 있다. 이 기구의 사명은 IP 네트워크상에서 오디오와 비디오를 스트리밍하기 위한 개방형 구조 채택을 증진하는 것이다. 이 기구는 IPTV 시스템에서의 채널 변경 시간 개선으로부터 그래픽과 데이터를 스트리밍 비디오 콘텐츠와 동기화하는 것에 이르기까지 여러 명세서들을 개발해오고 있다. 지금까지 개발된 모든 명세서들은 IETF가 만든 개방형 인터넷 표준을 많이 이용하고 있다. 자세한 사항은 www.isma.tv를 참조한다.

1.7.12 DVB-IPI

IP 광대역 네트워크상에서 디지털 TV 서비스를 전송하기 위한 표준을 개발하기 위해 DVB 기구는 DVB-IPI(DVB Technical Module Ad Hoc Group on IP Infrastructure)라고 하는 그룹을 구성하였다. IPI 그룹의 목적은 소비자들이 임의의 상점에서 DVB-IP 셋톱박스를 구입하여, 광대역 네트워크에 연결하고, 전원을 켜서 바로 IP 기반 네트워크상에서 DVB 서비스를 수신할 수 있도록 하는 기술을 명시하는 것이다. 그림 1.4에 나타난 바와 같이, DVB-IPI는 DVB-IPI의 전반적인 목적을 지원하는 프레임워크를 구축하기 위해 이미 존재하는 성숙된 기술들을 사용한다.

그림 1.4에 나타난 모든 기술과 프로토콜들은 이 책에서 나중에 설명될 것이다.

1.7.13 CEA IPTV 원칙

여러 미국 전화회사들과 협력하여 CEA(Consumer Electronics Association)는 다섯 가지의 원칙을 정의하였는데, 이들은 IPTV 서비스를 제공하는 네트워크에 연결되는

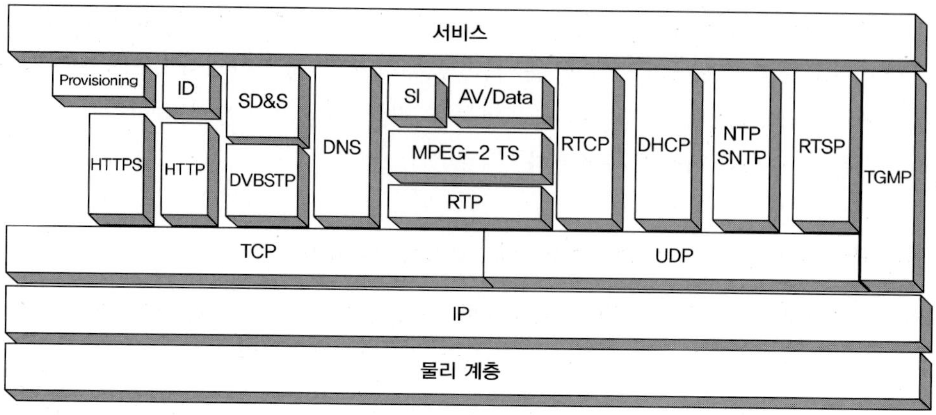

그림 1.4 DVB-IPI 프로토콜 프레임워크

표 1.4 CEA와 미국 전화회사가 설정한 5가지 IPTV 원칙

원리 명칭	설 명
국가적 호환성	이 원리는 소비자 전자제품(CE) 제조업자들이 IPTV 서비스를 수행하는 모든 홈 네트워크와 상호작용하는 장치들을 제조할 수 있도록 하는 국가적(초기에는 미국) 공통 프로토콜을 정의
개방형 표준	산업 영역에 개방형 표준 채택을 독려하는 포럼 구성
적당한 라이센스 약정	이 원리는 CE 제조업자와 비디오 서비스 제공자들이 그들의 IP 기반 제품에 개선된 특성들을 포함하도록 하는 적당하고 비차별적인 라이센싱 약정을 제안하기를 희망함
적절한 테스팅과 인증 과정	이 그룹은 IPTV 서비스를 지원하는 제품에 대한 테스팅과 인증 과정을 설정함
소비자에 대한 적절한 서비스 약정	이 원리는 소비자가 IPTV 서비스 액세스를 위해 디지털 장치를 결정할 때 선택을 제공하는 것을 목적으로 함

디지털 장치들의 가용성을 보장하기 위해 고안되었다. 이 5가지 원칙들은 표 1.4에 나타나 있다.

전 세계적으로 IPTV 구조의 다양성과 IPTV와 연관된 다양한 기술들로 인해, 위에서 기술된 표준들을 구현하는 것은 각각의 네트워크마다 서로 다를 것이다.

요약

디지털 TV 기술은 아날로그 서비스에 비해 근본적으로 개선된 점들을 제공한다. 예로서, 아날로그 신호는 거리에 따라 신호가 감쇄되는데 디지털 신호는 그 신호를 수신할 수 있는 한 일정하고 완전하게 유지된다. 디지털 TV의 출현은 일반 대중들에게 수정같이 맑은 화면, CD 품질의 사운드 그리고 다양한 새로운 엔터테인먼트 서비스 액세스와 같은 이점들을 제공한다. 지리적 위치에 따라, 아날로그 텔레비전 시스템은 NTSC, PAL 혹은 SECAM 표준에 기반을 두고 있다. 두 가지 주요 세계적 디지털 TV 표준, 즉 DVB와 ATSC가 있다. 텔레비전을 전송하는데 디지털 기술을 사용함으로써, 서비스 제공자들은 아날로그 시스템으로 가능한 것보다 많은 정보를 전달할 수 있다.

IPTV는 네트워크로 디지털 TV 콘텐츠를 전송하는 새로운 방법이고 세계적으로 네트워크 운영자들이 TPS(Triple Play Service) 번들의 한 부분으로서 현재 제공되고 있다. IPTV는 IP 기반 네트워크상으로 실시간 텔레비전 프로그램, 영화, 그리고 다른 유형의 상호작용 비디오 콘텐츠의 전달을 가능하게 하는 시스템을 기술하는 용어이다.

흔히 소비자들은 간단한 종단사용자 IPTV 환경의 뒤에 광대역 네트워크상에서 TV의 전달을 가능하게하기 위해 함께 작동하는 여러 강력한 요소들이 있다는 것을 인식하지 못한다. 이들 요소들 혹은 부 시스템들은 비디오 처리, 보안, 그리고 전달 플랫폼 등을 포함한다. 종단 간 IP 비디오 네트워크 인프라는 다음 요소들을 포함하고 있다:

- 광대역 네트워크를 통해 분배되는 콘텐츠를 처리하고 준비하는 책임을 맡고 있는 IPTV 데이터 센터
- 데이터 센터에서 종단사용자를 IPTV 콘텐츠를 전달하는 여러 기술들로 구성된 IPTV 분배 네트워크
- 가입자의 가정에 설치되어 TV와 IP 기반 액세스 네트워크 사이의 연결을 제공하는 IP 디지털 셋톱박스 혹은 댁내 게이트웨이
- 다른 가전 장치들 사이에 데이터, 음성, 그리고 비디오의 분배를 가능하게 하는 홈 네트워크

압축 기술의 발전과 함께 증가된 광대역 채택 그리고 전화회사들의 고객들에 대한 비디오 서비스 제공은 전 세계적인 IPTV 시장의 크기를 넓히는데 도움을 주고 있다. SARFT, ITU, ATIS, DVB, IPDR, ISMA 그리고 CEA 등을 포함하는 여러 기관들이 소비자들로 하여금 IPTV 서비스를 채택하도록 독려하기 위해 기술적 표준과 제품들을 개발하는데 참여하고 있다.

C/h/a/p/t/e/r

2

IPTV 네트워크 분배 기술

IPTV가 소비자들에게 디지털 TV 서비스 전달을 위한 인기 있는 수단이 되는 것처럼 보인다. IPTV의 본래의 특성 때문에, IP 기반 콘텐츠 전달을 지원하기 위해 고속 분배 네트워킹 플랫폼이 요구된다. 이 네트워크의 목적은 데이터 비트를 IPTV 가입자 장치와 서비스 제공자의 IPTV 데이터 센터 사이에 왕복으로 이동하도록 하는 것이다. IPTV 가입자에게 전달되는 비디오스트림의 품질에 영향을 미치지 않는 방식으로 하여야 하고 IPTV 서비스를 지원하는데 필요한 네트워크 구조의 형태와 정교함을 결정하는 것은 각 IPVT 제공자에 따른다. IPTV 네트워크 구조는 "라스트 마일(last mile)" 광대역 분배와 집중 혹은 코어 백본의 두 부분으로 구성된다. 케이블 시스템, 동선 전화, 무선 그리고 위성 네트워크를 포함하는 다양한 네트워크들이 네트워크의 라스트 마일 부분에서 발전된 IPTV 네트워크 서비스를 전달하는데 사용될 수 있다. 이러한 모든 서로 다른 유형의 네트워크에서 비디오를 전달하는 것은 자체적으로 여러 과제들을 안고 있다. 이 장의 많은 부분은 주요 기술 플랫폼을 기술하는데 초점을 두고 있다. 일단 주요 전달 플랫폼을 다루고 나면 두 가지 주요 코어 네트워킹 기술의 분석과 IPTV 서비스 구축에 영향을 미치는 네트워크 요인들에 대한 개요를 설명하면서 이 장을 마치도록 한다.

2.1 "라스트 마일" 광대역 분배 네트워크 유형

IPTV 서비스 제공자들이 직면하는 주요 과제들 중 하나가 코어 백본과 종단사용자 홈 사이에 놓인 네트워크 세그먼트에 충분한 대역폭 용량을 제공하는 것이다. 이 세그먼트를 기술하는데 여러 가지 용어가 사용되는데 "로컬 루프(local loop)"와 "라스트 마일"에서부터 가장자리(edge) 그리고 광대역 액세스 네트워크에 이르기까지 다양하다. IPTV의 대역폭 요구사항을 만족할 정도로 확장성이 있는 네트워크로 6가지의 다른 유형의 광대역 액세스 네트워크가 있다.

- 광섬유로 구축된 네트워크를 통해

- DSL 네트워크를 통해
- 케이블 네트워크를 통해
- 위성 기반 네트워크를 통해
- 고정 무선 광대역 연결을 통해
- 인터넷을 통해

서로 다른 서비스 제공자들은 각 각의 시스템을 운영한다. 다음 절에서는 IPTV 종단 네트워킹 인프라에서 사용될 때 이들 플랫폼의 기술적 개요를 제공한다.

2.2 광접속망에서의 IPTV

운영 비용의 절감과 전자파 간섭으로부터의 면역과 함께 대역폭에 대한 증가하는 요구는 광섬유 기반 접속망 구축을 촉진하는 요인으로 작용하고 있다. 광섬유를 이용하는 네트워크는 MSO(Multiple Service Operators)가 몇 십 년 동안 네트워크를 구축하는데 사용해 오고 있다. 지난 몇 년간의 장비와 구축비용의 감소로 인해 IPTV와 같은 새롭게 나타나는 IP 기반 서비스를 전달하기 위해 광섬유 기반 네트워크를 이용하는 것에 대한 관심이 매우 증가되고 있다. 추가적으로 광섬유 링크는 종단사용자들에게 IPTV 콘텐츠 전달에 잘 맞는 전용의 연결을 제공한다. 사용자에게 광섬유 기술과 고대역폭 성능을 가져다주는 것은 다음 네트워크 구조를 사용하여 구현될 수 있다:

FTTRO (Fiber to the Regional Office) — 이 방식은 IPTV 데이터 센터에서 전화회사 혹은 케이블 회사가 소유한 지역 사무소까지 광섬유를 설치하는 것을 의미한다. 그 다음 기존 동선들이 지역 사무소에서 IPTV 종단사용자까지 신호를 전달하는데 이용된다.

FTTN (Fiber to the Neighborhood 혹은 Node) — FTTN은 IPTV 데이터 센터에서부터 이웃 분배기(splitter)까지 광섬유를 설치하는 것을 필요로 한다. 이 노드는 일반적으로 가입자로부터 5000피트보다 가까운 곳에 위치한다. 그다음 동선에서의 DSL과 같은 다른 방식이 가입자로의 마지막 링크를 제공하는데 이용된다. FTTN 구축은 종단사용자에게 IPTV 기반 TV, 고화질 TV, 그리고 VoD를 포함하는 번들 형태의 유료 서비스를 받도록 해준다.

FTTC (Fiber to the Curb) — FTTC 네트워킹 인프라는 가정 혹은 사업체로부터 천 피트 내까지 광섬유를 설치하는 것을 의미한다. 동축 케이블 혹은 동선이 전형적으로 거리의 "커브(curb)"에 위치한 캐비닛에서 끝나는 광 케이블로부터 IPTV 가입자의 가정에 위치하는 댁내 게이트웨이까지 연결하는데 사용된다. 이러한 형상은

보통 새로운 주택 개발에 따른 주택 건설을 하는 동안에 설치된다.

FTTH (Fiber to the Home) — IPTV 데이터 센터에서부터 가정 내에까지 전체 경로가 광섬유로 연결되는 것을 의미한다. FTTH 기반 광 네트워크는 매우 고용량의 데이터를 시스템의 종단사용자에게 전달할 수 있다. 이 구조는 또한 광섬유를 포설하는데 드는 비용이 상대적으로 동 케이블을 설치하는 비용과 비슷하기 때문에 새롭게 구축되는 사이트에서 매우 인기가 있다. FTTH는 전이중 통신시스템이고 IPTV 서비스의 대화형 특성을 지원한다.

FTTA (Fiber to the Apartment) — FTTA 네트워크 구축은 중앙 게이트웨이 허브(아파트의 지하에 일반적으로 위치함)와 각 가정 사이에 여러 광 케이블을 설치하는 것을 필요로 한다.

이들 구조에서의 전달은 전형적으로 서로 다른 PON과 AON의 변형된 형태를 통해서 구현된다.

2.2.1 PON 네트워크

PON(Passive Optical Network)은 광섬유 케이블링과 광학적 구성요소들을 이용하는 일대다 네트워킹 위상을 나타낸다. PON은 네트워크로 데이터를 전달하는데 다른 컬러의 파장을 사용하고 IPTV 데이터 센터와 목적지 사이에 전기적 구성요소들을 필요로 하지 않는다.

PON 기반 FTTx 네트워크를 구축하는데 사용되는 네트워크 구조는 전형적으로 국제표준을 따른다. ITU(International Telecommunication Union)에서 개발한 G.983 명세는 이 책을 쓰는 시점에서 가장 인기 있는 선택사항이다.

G.983을 따르는 PON은 전형적으로 IPTV 데이터 센터에 위치하는 OLT(Optical Line Termination)와 종단사용자 쪽에 설치되는 여러 ONT(Optical Network Terminal)로 구성된다. ONT는 광 케이블이 끝나는 서로 다른 이웃 지역에 설치될 수도 있음에 유의하라. 이러한 경우에, DSL과 같은 동선을 이용한 고속의 데이터 전송 기술이 종단사용자 가정으로 IPTV 신호를 전달하는데 사용된다.

OLT는 네트워크 트래픽을 ONT로 라우트하기 위해 광 케이블과 광학분배기와 같은 구성요소를 사용한다.

- *광 케이블* — OLT와 여러 ONT들이 광섬유 케이블링으로 연결되어 있다. 전송 손실이 거의 없고, 간섭이 낮으며, 높은 대역폭으로 인해 광섬유는 가장 이상적인 전송매체이다. 광섬유 케이블의 코어(core)는 유리로 만들어졌으며 데이터를 파장 신호의 형태로 전달한다. 광섬유 케이블의 지름은 상당히 작으며 네트워크 공학자들이 물리적 경로를 따라 여러 위치에서 케이블을 절체할 수 있도록 설계되었다.

오늘날 유리섬유의 순도는 장거리에 걸쳐 고속의 전송 서비스가 가능하게 한다. 사실, G.983 표준은 PON이 디지털화된 빛 신호를 최대 20km까지 증폭하지 않고 보낼 수 있도록 한다.

- *광학 분배기* — 광학 분배기는 싱글 광학 신호를 다중 신호로 분배하는데 사용된다. 분배기는 신호의 상태를 변경하지 않으면서 이러한 기능을 수행한다; 다시 말하면, 신호를 전기적 펄스로 변환하지 않는다. 광학분배기는 또한 다중 광학 신호를 다시 싱글 광학신호로 통합하는데도 사용된다. 이들 분배기는 32개의 가정이 FTTx 네트워크 대역폭을 공유하도록 하며 접근 가능한 기계적 장치 안에 위치한다.

섬유 케이블과 광 분배기는 "수동적" 광 구성요소이다. 네트워크를 통해 파장을 유도하는 수동적 구성요소를 사용하는 것은 원격 전원에 대한 필요성을 제거하는데 이는 운영과 유지 비용을 절감해준다.

ONT의 주요 목적은 IPTV 가입자들에게 PON에 대한 인터페이스를 제공하는 것이다. ONT는 광 형태로 트래픽을 수신하고 네트워크 패킷 내의 주소를 조사하고, 전기적 신호로 변환한다. ONT는 가정의 내부 혹은 밖에 위치할 수 있고 전형적으로 지역 소스로부터 전력을 공급받고 전화가 전력공급이 안되는 경우에도 동작하도록 우회(bypass) 회로를 포함하고 있다. 대부분의 ONT는 데이터 트래픽을 위한 이더넷 인터페이스, 가정 전화 시스템과의 연결을 위한 RJ-11 연결, 그리고 TV와의 연결을 제공하는 동축 인터페이스를 포함한다. 또한 ONT는 PON으로 전송을 위해 데이터를 광신호로 변환하는 책임을 갖고 있다.

그림 2.1은 기본 PON 네트워크 인프라가 IPTV 전달과 고속 인터넷 서비스를 여섯 가정에 어떻게 지원하는지를 보여주고 있다.

보이는 바와 같이 한 개의 광섬유가 백엔드 오피스로부터 가입자 가정의 가까운 곳에 위치한 광분배기까지 연결되어 있다. 이 광섬유상의 대역폭은 공유되고 622Mbps로부터 초당 수 기가바이트까지의 고대역 용량을 지원할 수 있다.

PON의 물리적 구성요소들 뿐만 아니라, 그림 2.1은 또한 네트워크상에서 3개의 서로 다른 파장(채널)의 전송을 설명하고 있다. 첫 번째 파장은 고속 인터넷 트래픽을 전달하는데 사용된다. 두 번째 파장은 IP 비디오 서비스를 전달하는데 할당되고 세 번째 파장은 가입자 홈 네트워크로부터 서비스 제공자의 백엔드 장비로의 상호작용 트래픽을 전달하는데 사용된다. WDM(Wavelength Division Multiplexer)라고 하는 특별한 필터 장치가 데이터 센터와 OLT 내에 설치되어 PON이 한 가닥의 광섬유 상에서 다중의 채널 또는 파장을 동시에 이용하여 전송할 수 있도록 한다. 따라서 싱글 광섬유 상에서 여러 개의 가상 광채널을 생성하는 것이 가능하다. WDM 하에서 광소스로부터 나오는 신호를 광전송 스펙트럼의 특정 파장에 배정함으로써 네트워크의 용량이 증가된다.

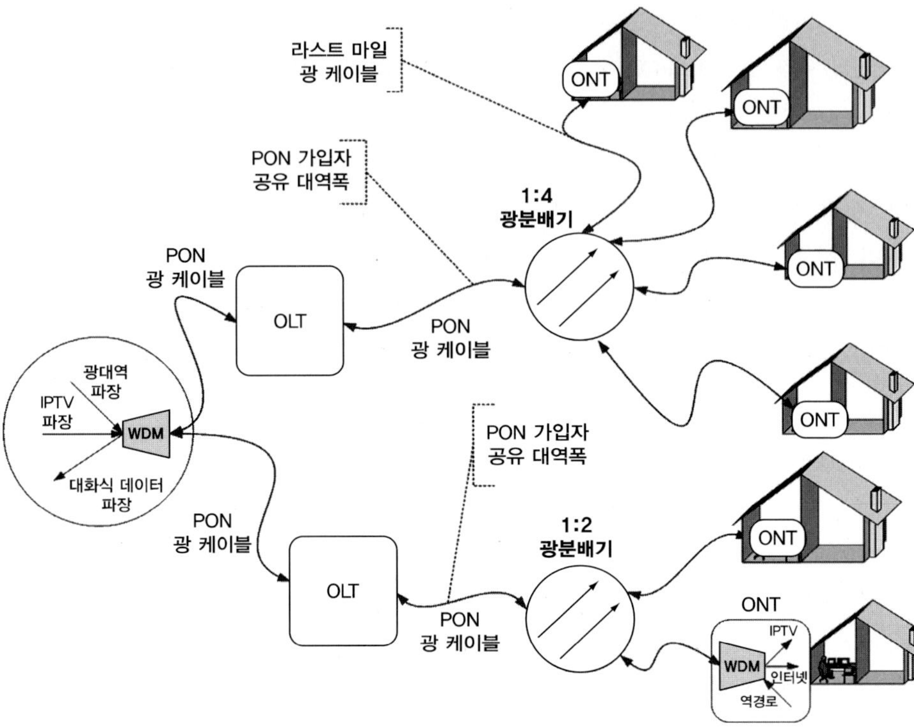

그림 2.1 PON 기술을 사용하는 IPTV FTTH 네트워크

BPON, EPON 그리고 전통적인 RF 기반 TV 서비스와 IPTV 서비스를 지원하는 GPON 등을 포함하는 여러 유형의 PON 기술이 있다. 이들 기술의 각각에 대한 자세한 사항은 다음 절에서 제공될 것이다.

2.2.1.1 BPON

광대역 PON 혹은 BPON은 ITU-T G.983 명세서를 기초로 하고 있다. 이러한 유형의 FTTx 네트워킹 위상은 하향 최대 622Mbps 그리고 상향 최대 155Mbps의 데이터 전송률을 지원한다. 따라서, 이 방식은 비대칭 전송 방식이다. 다시 말하면 하향 통신 속도가 상향 속도보다 빠르다. 이는 상향 데이터 전송의 경우 각 OT에게 데이터 전송을 위한 타임 슬롯이 주어지는 반면 하향 데이터의 경우는 OLT와 각 ONT 사이에 일대일 형태로 전송되기 때문이다. 타임 슬롯을 할당함으로써 네트워크에서 ONT 사이의 트래픽 충돌 가능성을 줄일 수 있으나 상향 통신 채널의 전체적인 데이터 전송률을 감소시킨다. PON은 대칭형 데이터 트래픽을 지원하도록 설정될 수도 있음에 유의하라.

BPON은 전송 프로토콜로 ATM(Asynchronous Transfer Mode)를 사용한다. ATM 기반 네트워크는 고속 데이터, 음성 그리고 비디오 응용을 전달하는데 매우 인기가 있다. ARM은 고속의 셀 릴레이 기술이다. ATM은 전송되는 모든 정보를 셀(cell)이라고 하는 블록으로 분할한다. 이 셀들은 크기가 고정되어 있다 — 각 셀은 5바이트의 헤더와 48바이트의 데이터를 포함하는 정보 필드를 갖고 있다. ATM 셀의 정보 필드는 IPTV 콘텐츠를 담고 있으며 헤더는 ATM 프로토콜의 기능과 관련된 정보를 포함한다.

ATM은 연결지형 프로토콜로 분류된다. 다시 말하면, 수신자와 송신자 사이에 연결이 네트워크를 통해 IP 비디오 데이터를 보내기 전에 설정되어야 한다. 시간 민감 응용을 위해 대역폭을 예약하는 기능은 ATM 네트워크의 또 다른 특성이다. 이는 특히 IPTV 서비스를 전달하는데 매우 유용한 특성이다. 특정 채널들을 다른 서비스에 할당하면 간섭을 제거하는데 도움이 된다.

2.2.1.2 EPON

이더넷 PON 혹은 EPON은 EFM(Ethernet in the first mile) 그룹이라고 하는 IEEE의 부그룹이 개발하여 2004년도에 채택된 광학 기반 접속 기술이다. 이름이 나타내는 것처럼, 이러한 유형의 PON은 이더넷을 전송 방식으로 사용한다. 지원되는 전송률은 OLT와 ONT 사이의 거리에 좌우된다. EPON은 이더넷 네트워크 트래픽만을 지원한다.

2.2.1.3 GPON

기가비트 PON 혹은 GPON은 ITU-T G.984 명세서에 기반한 광학 접속 시스템이다. GPON은 기본적으로 BPON 명세서를 갱신한 것이고 다음을 지원한다.

- 고속의 전송률 — 2.5Gbps의 하향 전송률과 1.5Gbps의 상향 전송률. 이 전송률은 최대 20km의 거리까지 지원된다.
- 이더넷, ATM 그리고 SONET과 같은 프로토콜들이 지원된다.
- 강화된 보안 특성

GPON이 제공하는 다중프로토콜 지원은 네트워킹 인프라에서 IPTV와 같은 새로운 서비스를 도입할 수 있는 시설들을 유지하면서 네트워크 운영자들이 고객들에게 전통적인 전화 서비스를 지속적으로 제공할 수 있도록 한다. 표 2.1은 IPTV 신호를 전달하는데 사용되는 여러 PON 기술들의 특성들을 요약하고 있다.

FTTx 네트워크에서의 많은 사용뿐만 아니라 PON은 HFC(Hybrid Fiber Coaxial)와 무선 방송 네트워크를 위한 백본 인프라로도 이용된다.

PON 기술의 미래 개발과 관련하여 FSAN(Full Service Access Network) 컨소시엄은 IEEE와 함께 차세대 PON 기술 개발을 계속하고 있다. 이 책을 쓰는 시점에 GPON의 두 가지 가능한 후속 기술 — 즉, WDM-PON과 10G-PON — 에 대한 예비 연구가 시작되었다.

표 2.1 PON 기술 비교: BPON, EPON, 그리고 GPON

	ITU-T 명세서	데이터 전송률	전송 프로토콜
BPON	G.983	622Mbps 다운스트림 및 155Mbps 업스트림	주로 ATM 그러나 IPoE도 이더넷과 SONET에서 동작
GPON	G.984	2.5Gbps 다운스트림 및 1.5Gbps 업스트림	이더넷과 SONET
EPON	P802.3ah	1.25Gbps 다운스트림 및 1.25Gbps 업스트림	기가비트 이더넷

2.2.2 AON 네트워크

AON(Active Optical Network)는 IPTV 종단사용자와 데이터 센터 사이에 전기적 구성 요소들을 이용한다. 특히, AON 네트워킹 구조는 IPTV 데이터 센터와 광섬유 네트워크의 종단 사이에 있는 이더넷 스위치를 활용한다.

2.3 ADSL 네트워크에서의 IPTV

지난 몇 년간 세계의 여러 전화회사들은 IPTV 시장으로 진입하였다. 이 시장으로의 진입은 다양한 인터넷 접속 서비스와 전화 서비스를 시작한 케이블 텔레비전 회사와 무선 광대역 회사에게 그들의 시장을 잠식당하는 위협에 대응하기 위한 노력의 일환이다. 이러한 과제에 대한 대응으로, 전화회사들은 가입자들에게 차세대 텔레비전 서비스를 제공하기 위해 DSL 기반 네트워킹 인프라를 이용하고 있다. DSL은 전화회사들이 기존의 동선의 전화회선을 통해 높은 대역폭 서비스를 전달하도록 하는 기술이다. 지역 전화 교환국과 고객의 전화 소켓 사이의 기존 전화 케이블링 인프라를 고속의 디지털 회선으로 전환한다. 이러한 역량은 전화회사들이 가입자들에게 고속의 인터넷 데이터 서비스를 제공하는데 그들의 기존 네트워크를 이용할 수 있도록 한다.

대역폭은 차세대 IPTV 서비스를 전달하는데 주요한 이슈이다. 이는 특히 로컬 DSL 루프의 경우에 사실이다. 현존하는 많은 DSL 기반 광대역 네트워크는 고속의 비디오 서비스를 지원하기 위한 점증하는 요구를 만족할 수 없는 전통적인 DSL 표준을 바탕으로 구축되었다. 대부분의 이러한 네트워크는 각 가정으로 하나의 IP 비디오스트림을 전달하는 것으로 제한된다. 어떤 경우에는 이들 DSL 접속 네트워크를 통해 표준 품질의 TV 신호를 보내는 것이 불가능하다. 그러나 IPTV에 요구되는 성능 향상은 ADSL, ADSL2+ 그리고 VDSL과 같은 DSL 기술의 구축을 통해서 얻을 수 있다.

2.3.1 ADSL

ADSL(Asymmetric Digital Subscriber Line)은 현재 지구 상에서 전화망에 구축된 가장 인기 있는 유형의 DSL이다. DSL은 가정 대상 시장을 상당히 잠식하였고 이 시장에서 고속의 광대역 연결을 찾는 고객들을 놓고 케이블 모뎀과 경쟁을 하고 있다.

ADSL은 점대점 연결 기술이다. 이 특성은 전화회사들로 하여금 기존 동선의 전화 회선을 통해 IP 비디오와 같은 높은 대역폭 서비스를 전달할 수 있도록 해준다. 중심 데이터 센터 혹은 지역국에서 IPTVCD까지의 정보 전송이 IPTVCD로부터 중심 데이터 센터까지의 정보 전송보다 빠르기 때문에 "비대칭"이라고 부른다. 또한 ADSL의 점대점 특성은 공유 네트워킹 환경에서의 대역폭 용량의 가변성을 없애 준다.

특별한 기술을 사용하여 ADSL은 보통 8Mbps의 하향 전송률 그리고 1.5Mbps의 상향 전송률을 제공한다. 따라서 하나의 ADSL 연결은 2개의 MPEG-2 표준화질의 방송 TV 채널과 고속의 인터넷 연결을 동시에 지원하기에 충분하다.

ADSL의 주요 결점은 가용성이 서비스 회사의 중심국(CO : Central Office)으로부터의 거리에 따라 다르다는 것이다. ADSL은 거리에 민감한 기술이기 때문에 중심 데이터 센터에서 가까운 가입자들은 거리가 먼 가입자들에 비해 더 좋은 품질의 서비스를 제공받는다. 기본적인 ADSL 서비스는 가장 가까운 전화 교환국 혹은 지역국으로부터 18,000피트 내에 있는 가정으로 제한된다.

기술적 관점에서 전화선은 원래 낮은 주파수의 음성 트래픽의 전송을 지원하도록 설계되었다. 고주파로 전화선을 통해 보내지는 트래픽은 보통 찌그러짐과 간섭을 경험한다. 전화선의 대역폭을 분배하여 간섭을 최소화하고 데이터 전송률을 높일 수 있다. ADSL 회선의 주파수 할당은 기존 전화 서비스를 위해 낮은 4kHz를 배정하고 상향과 하향 데이터 채널은 26kHz부터 1.1MHz 주파수 영역을 배정한다(그림 2.2).

ADSL 장비는 PSTN 네트워크상에서 디지털 연결을 제공한다; 그러나 이 연결로 전송되는 신호는 아날로그 신호로 변조된다. ADSL 회선은 로컬 루프 네트워크가 디지털 형식으로 코드화된 신호를 전달할 수 없기 때문에 아날로그 신호를 사용해야만 한다. 따라서, IPTV 데이터 센터의 모뎀은 디지털 데이터를 전송에 적합한 아날로그 신호로 변환하는 책임이 있다. IPTVCD에 연결된 댁내 모뎀은 ADSL 회선을 통해 수신한

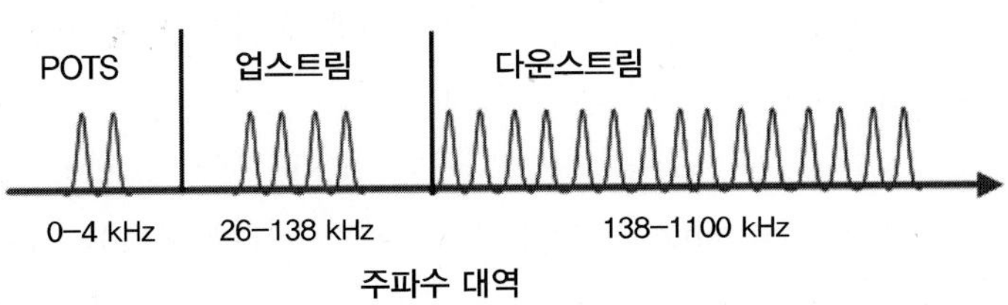

그림 2.2 ADSL 주파수 할당

아날로그 신호를 다시 적당한 디지털 신호로 변환한다.

디지털 IPTV 데이터를 ADSL 전송에 맞는 아날로그 신호로 변조하는데 사용되는 두 가지 주요 기술은 CAP(carrierless amplitude and phase)와 DMT(discrete multitone)이다.

CAP — CAP는 ADSL 전송을 위해 디지털 데이터를 아날로그 신호로 변조하는데 사용되는 변조 방식이다. 이 방식의 이름은 변조가 "캐리어가 없는" 방식을 나타내지만 실제로는 단일 캐리어가 전화망을 통해 데이터를 전송하는데 사용된다. CAP은 QAM(Quadrature Amplitude Modulation) 방식과 밀접하게 연관되어 있다. QAM은 오랫동안 위성과 케이블 TV 응용에서 공통적으로 널리 사용되어온 잘 알려진 기술이다.

DMT — DMT는 CAP을 대체하여 선호되는 변조 방식이며 현대 DSL 기술에서 사용된다. 이 기술은 DSL 신호 주파수 범위를 여러 작은 부채널들 혹은 주파수 톤(tone)으로 분리한다. 전송하는 동안, 이들 각 부채널들은 전체 데이터 전송률의 일정 부분을 사용하여 데이터를 보낸다. 전송 대역폭을 여러 개의 부채널들로 나눔으로써 DMT는 각 전화선의 서로 다른 특성에 적응할 수 있고 데이터 전송률을 최대화할 수 있다. DMT는 OFDM(Orthogonal Frequency Division Multiplexing) 혹은 C-OFDM(Coded OFM)과 밀접한 관계를 갖고 있다. COFDM은 유럽의 DVB 텔레비전 표준에서 사용된다.

2.3.1.1 ADSL 장비

ADS은 기존 전화선의 가용 대역폭을 확장할 수 있는 기술이다. 최대 전송률의 ADSL 서비스를 설치하는데 사용되는 장비가 그림 2.3에 나타나 있으며 구성은 다음과 같다:

ADSL 모뎀 — 가입자 댁내에 ADSL 트랜시버 또는 모뎀이 있다. 이 모뎀은 보통 USB 또는 이더넷을 통해 홈 네트워크 혹은 PC와 DSL 회선을 연결한다. 또한 지금은 많은 모뎀들이 고속 인터넷 접속과 데이터 서비스를 제공하는 라우터에 통합되어 있다.

POTS 분배기 — ADSL 초고속 연결로 인터넷에 접속하는 사용자들은 데이터 신호와 음성 신호를 구분하기 위해 POTS 분배기라고 하는 장비를 사용한다. 분배기는 수신 신호를 전화로 보내기 위한 저주파수와 데이터를 홈 네트워크로 보내기 위한 고주파수로 나눈다.

DSLAM (Digital Subscriber Line Access Multiplexer) — IPTV 서비스 제공자의 지역국에서 DSLAM은 동선(copper cable)의 가입자 연결을 받아서 이들을 통합하고 다시 고속의 광 기반 네트워크 백본을 통해 중앙 IPTV 데이터 센터에 연결한다. IPTV 구축을 위해 전형적으로 DSLAM은 멀티캐스트 전송을 지원한다. 이는 각 IPTV

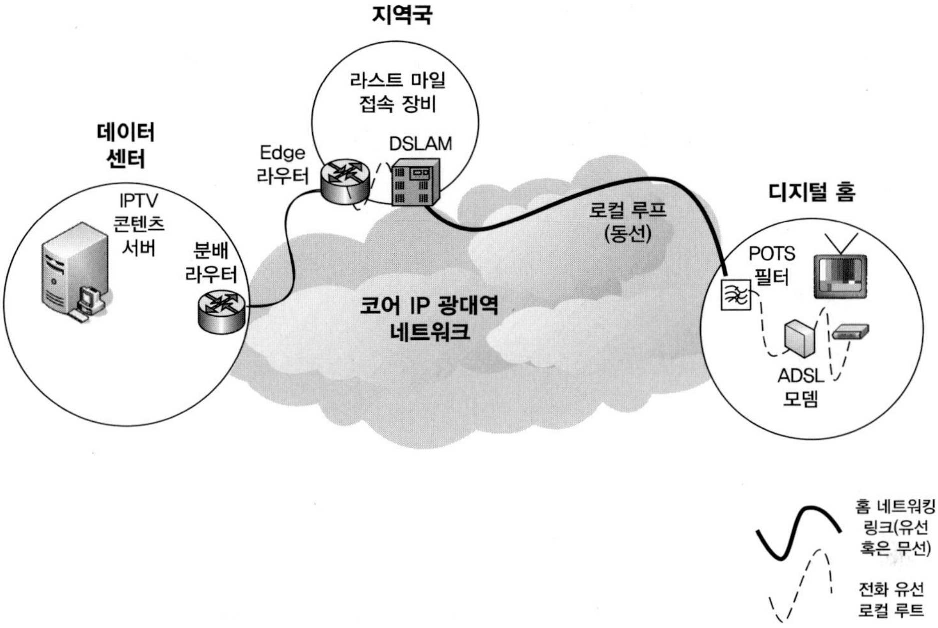

그림 2.3 IPo ADSL 장비 구조

시청자로부터 오는 각각의 요구에 대한 채널을 복제할 필요가 없게 해준다. DSLAM은 "라스트 마일(last mile)"에서 IPTV 가입자에게 IPTV 콘텐츠를 배분하는 전반적인 책임을 지고 있다. DSLAM은 "2계층"과 "IP 인식"의 2가지로 크게 나눌 수 있다.

(1) *2계층 DSLAM*은 OSI 통신 모델의 2계층에서 동작하고 이더넷과 ATM 사이의 트래픽 스위칭, 네트워크 트래픽을 업스트림으로 전달 그리고 IPTV 가입자 간의 간섭을 방지하는 등의 기능을 수행한다. ATM 가상회선과 업스트림 이더넷 패킷 사이의 스위칭은 브리징 방식의 사용을 통해 수행된다.

(2) *IP 인식 DSLAM*은 3계층의 IP 네트워킹 프로토콜에 대한 제한된 지원을 포함한다. 이 범주의 DSLAM이 지원하는 고급 기능은 방송 TV 채널의 복제와 채널 변경 명령의 수행을 포함한다.

ADSL 기술은 여러 서로 다른 대화형 서비스에 이상적이다: 그러나 다음과 같은 이유로 IPTV 콘텐츠 전달에는 최적의 솔루션이 아니다:

데이터 전송률 — ADSL은 최대 약 8Mbps의 전송률을 제공하며, 이는 두 개의 SD 채널과 인터넷 트래픽을 지원한다; 그러나 가입자들에게 고화질 프로그램을 제공하고자 하는 IPTV 제공자들의 요구를 만족시킬 수 없다.

상호작용 — 이 기술이 ADSL이기 때문에 업로드 데이터 전송률은 다운로드 전송률

보다 낮다. 이러한 제한은 ADSL이 다운로드 대역폭만큼의 충분한 업스트림 대역폭을 요구하는 P2P 서비스와 같은 응용에는 적합하지 않다.

따라서, 네트워크 서비스 제공자는 이러한 제한점을 극복할 수 있는 보다 개선된 DSL 기술을 선보이기 시작했다.

2.3.2 ADSL2

ADSL2 관련 표준들은 IPTV와 같은 대역폭을 많이 요구하는 응용들을 지원하기 위해 개발되었다. ADSL2 관련 표준들에는 여러 가지가 있다:

ADSL2 — ADSL2 초기 버전은 2003년에 ITU가 승인하였고 고속의 다운스트림 데이터 전송률과 CO로부터 가입자의 모뎀까지의 장거리 지원 같은 원래의 ADSL 표준을 개선한 기능들을 포함한다.

ADSL2+ — ADSL2 표준 개발 이후 곧 ADSL2+가 ITU에서 채택되었다. 이 표준은 ADSL2를 기반으로 하고 네트워크 서비스 제공자가 CO로부터 약 1.5km 떨어진 지역 내의 가입자들에게 최대 20Mbps까지의 전송 속도를 제공할 수 있게 한다. ADSL2+는 138kHz에서 2.208MHZ 사이의 신호 대역폭에서 동작한다.

ADSL-RE (Reach Extended) — ADSL2+는 CO로부터 1.5km 이상 떨어진 지역에 사는 가입자들에게는 소용이 없다. 따라서, RE-ADSL2라고 하는 기술이 2003년에 표준화되어 IPTV 서비스 제공자들은 CO로부터 최대 6km까지 떨어진 가입자들에게도 서비스를 제공할 수 있게 되었다. 이 기술은 긴 동선 상에서 거리와 속도 측면에서 좋은 성능을 보여준다.

2.3.3 VDSL

VDSL(Very High Speed Digital Subscriber Lines)은 ADSL2+와 같은 기반 기술에 기초하고 있다. 이 책을 집필하는 시점에서 이 기술이 최신이고 가장 개선된 DSL 기술이며 이전 여러 버전의 ADSL 접속 기술의 단점을 극복하기 위해 개발되었다. 이 기술은 라스트 마일에서의 병목현상을 제거하였고 서비스 제공자들이 IPTV 가입자들에게 다양한 서비스들을 — 주문형 비디오와 다중 고화질 TV 방송 — 안전하게 제공할 수 있는 고속의 데이터 전송 속도를 지원한다. VDSL은 또한 전통적인 ATM 네트워크를 IP 기반 네트워크로 이전하고자 하는 서비스 제공자들에게 매우 유용한 동선 루프(copper loop) 상으로 ATM와 IP 기반 트래픽 전송을 지원하도록 설계되었다. 여러 가지의 VDSL 버전이 있다:

VDSL1 — 이 DSL 유형은 2004에 인가되었다. 이것은 다운스트림의 경우 최대 55 Mbps로 업스트림의 경우 15Mbps로 동작한다. 그러나 서비스 거리가 매우 짧고 보통 여러 가구가 모여 사는 단지에 구축된다.

VDSL2 — VDSL의 확장 버전이고 ITU-T 권고안 G.993.2에 정의되어 있다. VDSL2(장거리 서비스)와 VDSL2(단거리 서비스)로 나누어진다.

VDSL2 (장거리 서비스) — DSL이 로컬 루프의 거리에 크게 좌우된다는 사실로 인해 새로운 VDSL 버전이 VDSL 광대역 액세스 플랫폼의 고속 성능을 유지하면서 가능한 많은 고객에서 VDSL 서비스를 제공하기 위해 만들어졌다. 사실 서비스 거리가 증가된 VDSL은 IPTV 가입자들에게 중심국(CO : Central Office)로부터 4,000 ~ 5,000ft(1.2 ~ 1.5km) 떨어진 거리에서 30Mbps의 광대역 액세스를 제공할 수 있다. 이러한 장거리 서비스는 데이터를 전송할 때 상대적으로 높은 전력을 사용함으로써 가능하다. 높은 성능을 얻기 위해 VDSL1이 12MHz 주파수 대역을 사용하는 것에 반해 이 방식은 30MHz 대역의 주파수 스펙트럼을 이용한다. 개선된 오류 정정 방식도 종단 간 VDSL2 연결의 신뢰성을 높이는데 도움을 준다.

VDSL2 (단거리 서비스) — DMT 변조 방식에 기초하여 이 기술은 4와 8kHz 주파수 대역으로 분리된 4,096개의 음색(tone)을 사용한다. VDSL2 표준은 원래의 ADSL 표준 속도에 12배로 동작하도록 하기 위해 채널 결합 기술을 사용한다. 그 결과 약 1,200ft(350m)의 비교적 짧은 거리에서 다운로드 스트림에 최대 100Mbps를 제공한다. 비록 업스트림의 데이터 전송률이 100Mbps에 이르지는 않지만 이 전송률은 ADSL+2 기반 네트워크의 업스트림 데이터 전송률보다 높다. 이러한 성능 수준은 동선 케이블에 간섭이 없고 케이블의 품질이 상당히 좋다고 하는 가정을 하고 있다. IPTV 가입자에게 100Mbps 접속 서비스를 제공하는 성능은 네트워크 운영자가 고객들에게 다양한 최신의 대화식 서비스를 제공하기 시작하게 하였다.

고급 QoS, 이중 지연(IPTV 멀티캐스트 트래픽과 같은 지연 민감 데이터를 분리하는 역량), 그리고 개선된 코딩 기술과 같은 새로운 VDSL2 특성들은 TP(Triple Play) 응용 전달에 적합하다. 궁극적인 DSL 기술로 자리매김하게 하는 VDSL의 마지막 이점은 이전 ADSL 버전과의 호환성과 상호운용성이다. 이것은 IPTV 제공자가 VDSL 기반 차세대 네트워크로 부드럽고 효과적으로 이전할 수 있게 해준다.

VDSL2를 기존 네트워킹 기반구조에 통합할 때 IPTV 서비스 제공자가 사용하는 두 가지 주요 방법이 있다. 첫 번째 방법은 새로운 VDSL2 장비를 지역국에 추가하고 이 DSLAM을 기존 ADSL과 ADSL2 DSLAM 시스템과 병행하여 수행하도록 하는 것이다. 여러 가지 유형의 DSL이 계속해서 운용될 것이다. 두 번째 방식은 VDSL2 장비를 IPTV 가입자에 가깝게 위치시키는 것이다. 새로운 장비의 가능한 위치로는 길거리

표 2.2 여러 유형의 DSL 기술 시스템의 특성 비교

DSL 종류	최대 다운스트림 대역폭 (Mbit/s)	최대 업스트림 대역폭 (Mbit/s)	최대 거리 (근사값과 동선품질 종속)	지원 서비스 유형
ADSL	8	1	18,000ft (5.5km)	1 SD MPEG-2 압축 비디오 채널, 고속 인터넷 액세스 및 VoIP 서비스
ADSL2	12	1	18,000ft (5.5km)	2 SD MPEG-2 압축 비디오 채널 혹은 1 HD 채널, 고속 인터넷 액세스 및 VoIP 서비스
ADSL2+	25	1	5,000ft (1.5km)	5 SD MPEG-2 압축 비디오 채널 혹은 2 HD MPEG-4 압축 채널, 고속 인터넷 액세스 및 VoIP 서비스
ADSL-Reach Extended	25	1	20,000ft (6km)	5 SD MPEG-2 압축 비디오 채널 혹은 2 HD MPEG-4 압축 채널, 고속 인터넷 액세스 및 VoIP 서비스
VDSL1	55	15	MDU(Multiple Dwelling Units)를 대상으로 하고 수백 미터 거리 지원	12 SD MPEG-2 압축 비디오 채널 혹은 5 HD MPEG-4 압축 채널, 고속 인터넷 액세스 및 VoIP 서비스
VDSL2 (Long Reach)	30	30	4,000—5,000 (1.2—1.5km)	7 SD MPEG-2 압축 비디오 채널 혹은 3 HD MPEG-4 압축 채널, 고속 인터넷 액세스 및 VoIP 서비스
VDSL2 (Short Reach)	100	100	1,200ft (350m)	25 SD MPEG-2 압축 비디오 채널 혹은 10 HD MPEG-4 압축 채널, 고속 인터넷 액세스 및 VoIP 서비스

캐비닛과 새로운 주거지의 지하공간이 될 수 있다. 표 2.2는 IPTV 신호를 전달하는데 사용되는 여러 유형의 DSL 기술들 사이의 특성들을 비교한 것이다.

IPTV 시스템을 위한 DSL의 주요 이점은 전 세계적으로 이미 대부분의 가정에 가설되어 있는 기존 케이블을 활용할 수 있다는 점이다. 부정적인 측면은 모든 DSL 시스템이 거리와 대역폭 성능 사이에 장단점이 있다는 것이다. 다시 말하면 DSL 접속 속도는 IPTV 가입자와 CO 사이의 거리가 증가됨에 따라 줄어든다.

2.4 차세대 케이블 TV 네트워크에서의 IPTV

케이블 TV 운영자들은 최근에 IPTV와 같은 고급 통신 서비스를 지원하기 위해 기존

네트워크를 업그레이드하는데 상당한 투자를 해오고 있다. 케이블 TV 네트워크에서의 IPTV 콘텐츠 전달을 이해하기 위해 하이브리드 광섬유 네트워크의 기본 원리와 전통적인 디지털 TV 전송 기술을 다시 살펴보는 것이 먼저 필요하다.

2.4.1 HFC 기술의 개요

케이블 텔레비전 네트워크가 특정 지역에서 가용하면 가입자들은 HFC(Hybrid Fiber/Coax) 기반 네트워크를 통해 IPTV를 액세스할 수 있다. HFC 기술은 다양한 디지털 TV 서비스를 재분배하는데 이용되는 광섬유와 동축 케이블의 네트워크 형상을 의미한다. 대부분의 케이블 텔레비전 회사들은 이미 이것을 이용하고 있다. HFC 기술을 이용한 네트워크는 차세대 통신 서비스를 최선으로 다룰 수 있는 여러 특성을 갖고 있다:

- HFC 네트워크는 동시에 아날로그와 디지털 서비스를 전송할 수 있다. 이것은 디지털과 IPTV를 가입자들에게 제공하는 네트워크 운영자에게는 매우 중요하다.
- HFC는 IPTV 시스템의 확장성과 신뢰성 요구사항을 만족한다. HFC 기반 시스템의 확장성은 네트워크 운영자가 전체적인 네트워크 기반구조에 커다란 변화를 주지 않고도 점진적으로 서비스를 추가하는 것이 가능하다.
- HFC는 기반구조 투자와 새로운 매출 스트림, 운영비 절약과 신뢰성 강화를 일치시키는 구조이다.
- 동축 케이블과 광섬유 케이블의 물리적 특성은 수 기가 비트 속도의 네트워크 운영을 지원한다.

종단 간 HFC 네트워크 위상이 그림 2.4에 나타나 있다.

이 다이어그램으로부터 HFC 네트워크 구조가 광 노드를 통해 동축 네트워크에 연결된 광섬유 기반 백본으로 구성된 것을 볼 수 있다. 광 노드는 광섬유 네트워크를 통과하는 업스트림과 다운스트림 신호를 동축 케이블에 연결하는 인터페이스로 동작한다. HFC 네트워크의 동축 케이블 부분은 트리 구조 위상을 이용하고 탭(tap)이라고 하는 특별한 장치를 통해 케이블 TV 가입자를 HFC 네트워크에 연결하는데 사용된다. 디지털 TV 신호는 스타 형식의 헤드엔드에서 광섬유 노드들에게 전송된다. 그 다음 광섬유 노드는 이 신호를 동축 케이블, 증폭기 그리고 탭을 통해 고객 서비스 지역으로 분배한다.

2.4.2 케이블 TV 네트워크에 IPTV 구축

IP 기반구조에 비디오 트래픽을 전달하기 위한 케이블 TV 산업 내에서의 논쟁은 이 책을 쓰는 동안에도 계속되고 있다. IP 전달 기법에서의 대역폭 효율성을 가진 전화

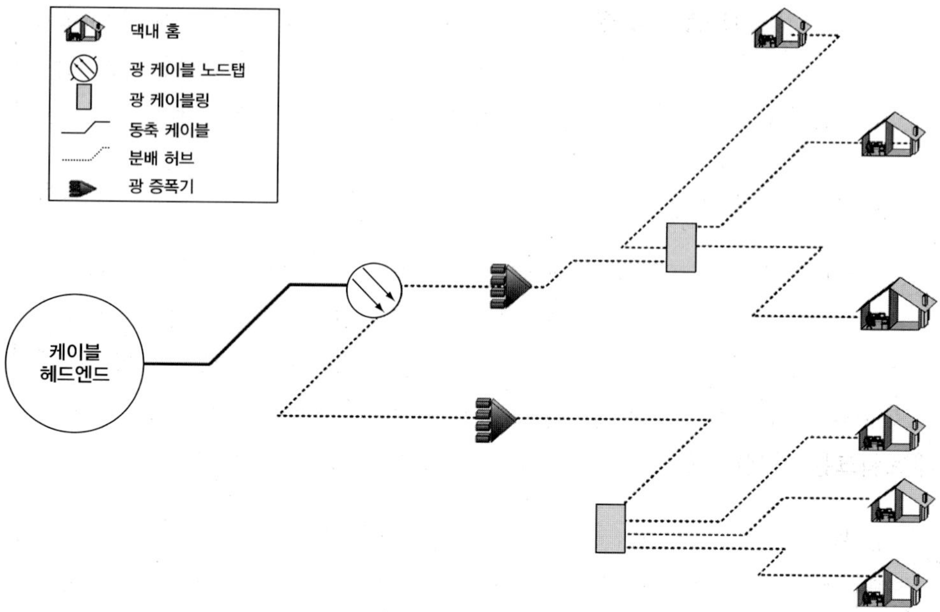

그림 2.4 종단 간 HFC 네트워크

회사들로부터의 케이블 TV 사업에 대한 위협은 케이블 운영자들이 종단사용자들에게 IP 중심의 비디오 콘텐츠 전달 모델로 나아가게 하는 두 가지 주요 요인이 있다.

그러나 라디오 주파수 기반 네트워크에서 IP 기반 교환 디지털 비디오(SDV) 환경으로의 전환은 라우터에서부터 IP 셋톱박스 그리고 고속 네트워킹 교환기에 이르기까지 많은 새로운 장비들의 구축을 필요로 한다. SDV 환경 구축과 관련된 여러 장점들은 다음을 포함한다:

- 운영자가 단일 TV 채널만을 가입자 IP 셋톱박스로 전송한다는 사실로 인해 많은 양의 네트워크 대역폭이 필요하지 않다. 이것은 운영자 프로그램 전체 채널을 네트워크로 방송하고 사용되지 않는 채널이 여전히 대역폭을 소비하고 있는 전통적인 시스템과 커다란 대조를 이룬다.
- 여분의 대역폭은 케이블 운영자가 고급 IPTV 콘텐츠와 서비스를 가입자에게 전달하도록 한다.
- 케이블 운영자는 각각의 가입자가 어떤 비디오 콘텐츠를 시청하고 있는지를 정확히 측정하고 모니터할 수 있다. 이것은 광고를 통해 매출을 생성하고자 하는 운영자에게 중요한 특성이다.

기술적 관점에서 전형적인 케이블 IPTV 시스템은 네트워크 기반구조를 통해 비디오 신호를 전달하는데 이용되는 IP와 RF 기반 하드웨어 장비들의 혼합으로 구성된다. 그림 2.5는 IP와 RF 기술의 혼합으로 구성된 케이블 IPTV 구조의 한 예를 보여주고 있다.

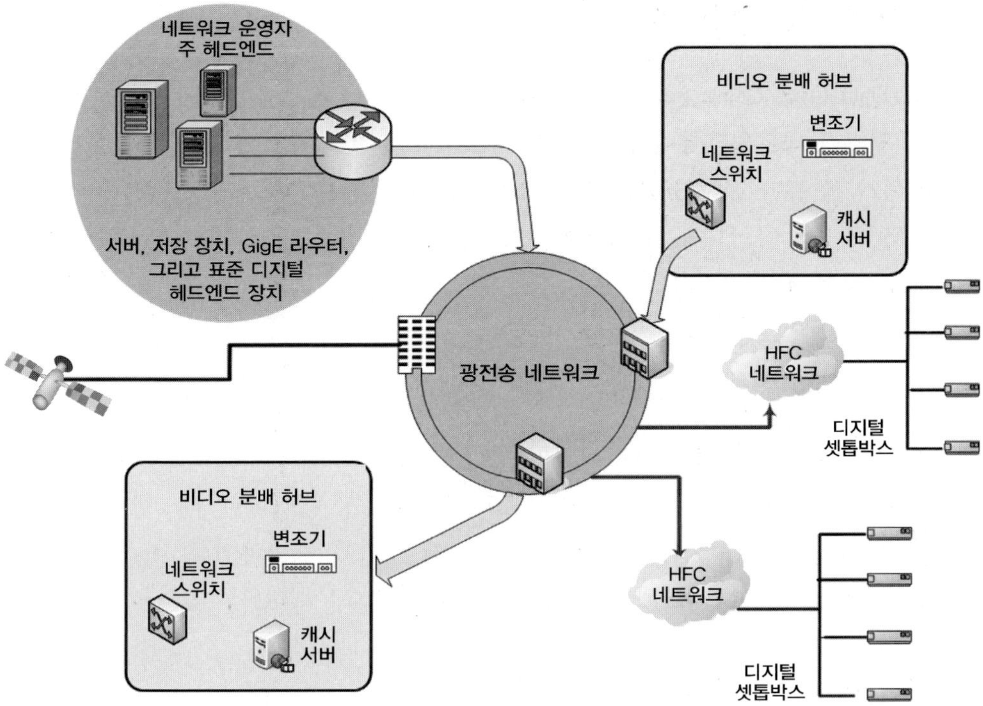

그림 2.5 혼합 IP와 RF 기반 케이블 IPTV 구조의 구축 예

보이는 바와 같이 네트워크는 여러 하드웨어 장치들로 구성되며 다음을 포함한다:

- *GigE 라우터 혹은 스위치* — 기가비트 이더넷(GigE)이 IP 네트워킹 요소들을 연결하기 위한 전송 프로토콜로서 등장하고 있다. GigE는 VoD와 같은 고성능 응용에 사용된다. GigE 라우터는 IPTV 트래픽을 결집하고 코어 액세스 네트워크로의 연결을 제공한다.
- *광전송 네트워크* — 코어 네트워크는 헤드엔드의 비디오 서버와 네트워크 가장자리에 있는 변복조 장치(modulator) 사이의 네트워크 경로를 제공한다. SONET (Synchronous Optical Network), ATM 그리고 DWDM(Dense Wave Length Division Multiplexing)은 코어 네트워크에서 사용되는 기술들이다.
- *변복조 장치* — 지역국에 위치한 변복조 장치는 코어 네트워크로부터 IPTV 콘텐츠를 수신하고 IP 기반 패킷에서 RF로 비디오 콘텐츠를 변환하고, 이를 HFC 네트워크를 통해 셋톱박스로 분배한다.

이것은 대형 케이블 IPTV 구축의 한 예이고 지역 분배 헤드엔드 설립을 통해 계층적 구조를 이용한다.

2.4.3 DOCSIS를 통한 IPTV

DOCSIS(Data Over Cable Service Interface Specification)과 유럽 명세서인 EuroDOCSIS는 원래 원거리 네트워크에서 고속 인터넷 트래픽을 전달하기 위해 고안되었다. 이 명세서는 여러 해 동안 진화되었고 최신의 DOCSIS 버전은 IPTV 서비스를 HFC 네트워크를 통해시 전달할 수 있도록 하기에 충분한 성능을 제공한다. DOCSIS와 EuroDOCSIS에 대하여 다음 절에서 기술한다:

2.4.3.1 DOCSIS 이해

고속 광대역 서비스를 지원하는 미국의 양방향 케이블 TV 네트워크는 DOCSIS라고 하는 명세서를 사용한다. 미주 지역을 대표하는 케이블 텔레비전 시스템 운영자들의 연구 개발 컨소시엄인 케이블랩(CableLabs)이 이 기술을 개발하였다. 이 명세서는 케이블 TV 네트워크상에서 IP 광대역 서비스를 전달하는데 사용되는 프로토콜과 변복조 포맷을 정의하고 있다.

DOCSIS 1.0으로 알려진 첫 번째 버전은 ITU가 1998년에 표준으로 승인하였고 지난 8년간 여러 관련 DOCSIS 명세서들이 발간되었다. DOCSIS 기술들이 지원하는 기술적 특성에 대한 개요가 표 2.3에 나타나 있다.

표 2.3에 보이는 바와 같이 DOCSIS 2.0까지의 DOCSIS 버전은 다운스트림으로 약 40Mbps의 데이터 전송률을 지원한다. 이 대역폭 양은 여러 고속 인터넷 액세스 가입자를 서비스하는데 이용된다. 만약에 이 대역폭이 IPTV 멀티캐스트 TV 채널을 전달하는데 활용된다면 10개 혹은 15개까지의 IPTV 스트림이 동시에 각각의 다운스트림 채널에 제공될 수 있다. 이러한 계산은 각각이 2.4와 4Mpbs의 대역폭을 차지하는 10~15개의 표준 품질 IPTV 채널에 기초한 것이다. 일단 채널들이 설정되면 케이블 운영자는 다중 사용자들에게 각각의 IPTV 스트림을 할당하기 위해 멀티캐스팅(5장에서 기술됨)이라고 하는 네트워킹 기술을 사용한다.

최신 버전인 DOCSIS 3.0은 IP-VoD와 IPTV 멀티캐스트 서비스를 고객에게 전달하는 케이블 TV 운영자의 능력을 높여준다. DOCSIS 3.0은 케이블 운영자가 수 백 Mbps의 속도로 동작하는 고속 IP 파이프를 구성하도록 여러 채널을 묶을 수 있게 해주는 차세대 광대역 기술이다. 북미 지역에서 6MHz 채널들이 묶여지고 유럽에서는 8MHz의 용량으로 결합된다. 결합 특성은 업스트림과 다운스트림 채널 모두에게 적용됨에 유의하라. DOCSIS 3.0의 다른 특성들은 차세대 IPv6 관리 주소를 위한 지원을 포함한다. 개선된 네트워크 보안, IP 멀티캐스팅과 관련 QoS 방식들이 DOCSIS 3.0의 주요 특성들이다.

표 2.3 DOCSIS 기술 특성

	DOCSIS 1.0	DOCSIS 1.1	DOCSIS 2.0	DOCSIS 3.0
최대 다운스트림 대역폭(Mbps)	40 및 55	40 및 55	40 및 55	160
다운스트림 주파수 범위(MHz)	50—750	50—750	88—870	88—1002
최대 업스트림 대역폭(Mbps)	10	10	30	120 이상
업스트림 주파수 범위(MHz)	5—42	5—42	5—42	5—42MHz 지원 필수 5—85MHz 주파수 범위 선택사항
변조 방식	QPSK 및 16 QAM	QPSK 및 16 QAM	QPSK, 8 QAM, 16 QAM, 32 QAM, 64 QAM, 그리고 128 QAM	QPSK, 8 QAM, 16 QAM, 32 QAM, 64 QAM, 그리고 128 QAM
업스트림 채널폭	200kHz, 400kHz, 800kHz, 1.6MHz, 3.2MHz	200kHz, 400kHz, 800kHz, 1.6MHz, 3.2MHz	200kHz, 400kHz, 800kHz, 1.6MHz, 3.2MHz, 6.4MHz	1.6, 3.2 그리고 6.4MHz. 0.2, 0.4 그리고 0.8MHz 채널은 선택사항
IP 주소 체계의 버전 6 지원	아니오	아니오	아니오	예

2.4.3.2 DOCSIS 3.0 기술 명세서

DOCSIS 기술 명세서를 논의하기에 앞서, 종단 간 DOCSIS 3.0 시스템이 어떻게 동작하는지를 이해하는 것이 도움이 된다. 종단 간 DOCSIS 3.0 시스템의 간략한 도식적 개요가 그림 2.6에 나타나 있다.

보이는 바와 같이 케이블 모뎀이 양방향 HFC 네트워크를 통해 CMTS(Cable Modem Termination System)이라고 하는 헤드엔드에 있는 장치와 통신한다. DOCSIS는 두 가지 종류의 CMTS를 정의한다 — 통합 CMTS와 모듈 CMTS. 통합 CMTS는 RF 인터페이스를 가진 단일 유닛과 업스트림 네트워크 인터페이스로 구성된다. 모듈 CMTS(M-CMTS)는 업스트림 RF 인터페이스와 네트워크 인터페이스를 구현한다; 그러나 다운스트림 트래픽은 케이블 변복조 장치에 의해 분리해서 처리된다.

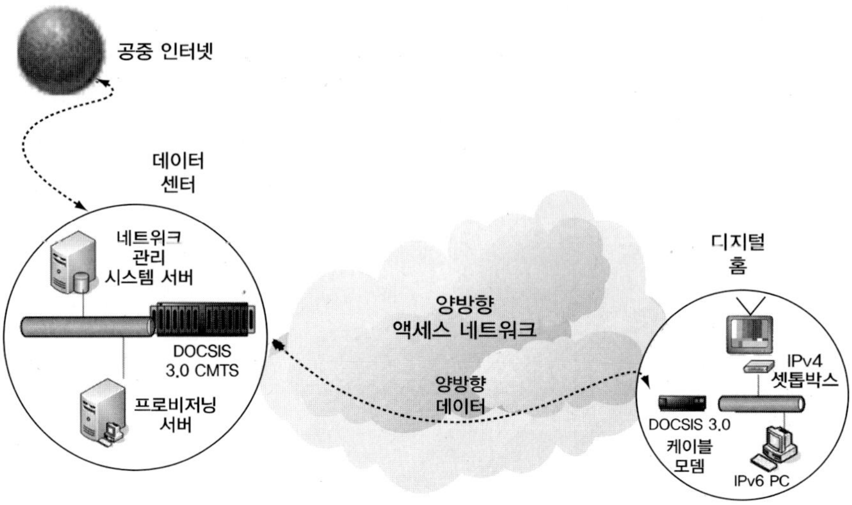

그림 2.6 DOCSIS 3.0 네트워킹 기반구조에 대한 뷰

그림 2.6은 또한 CMTS의 네트워크 관리 시스템(NMS)과 보조 시스템으로의 연결도 포함하고 있다. 보조 시스템은 DHCP(Dynamic Host Configuration Protocol) IP 주소 할당, 케이블 모뎀 형상 파라미터, 그리고 시간 서비스를 포함하는 여러 유형의 기능을 제공하는 여러 서버들로 구성된다. NMS는 종단 간 네트워킹 구조에서 모니터링과 관리 서비스를 제공한다. 인터넷으로의 연결은 고속 인터넷 접속 서비스에 대한 가입자의 접속을 쉽게 하기 위해 제공된다. DOCSIS 3.0 기술은 다음 4가지 명세서로 나눌 수 있는 중요한 표준이다.

(1) *CM-SP-PHYv3.0* — 이 명세서는 이 기술의 물리 계층을 다룬다.
(2) *CM-SP-MULPIv3.0* — 이 명세서는 MAC(Media Access Control)을 위한 구현 상세사항과 종단 간 DOCSIS 3.0 시스템에서 사용되는 상위 계층 프로토콜들을 포함한다.
(3) *CM-SP-OSSIv3.0* — 이 명세서는 DOCSIS 3.0에 소개된 형상과 관리 특성에 대한 요구사항들을 정의한다.
(4) *CM-SP-SECv3.0* — 이 명세서는 DOCSIS 3.0 종단 시스템을 안전하게 하기 위해 요구되는 필요한 상세사항들을 제공한다.

다음 절에서는 IPTV 네트워킹 환경에서 사용될 때 DOCSIS 3.0 문서에서 다루고 있는 기술들의 간략한 개요들을 설명한다.

DOCSIS 3.0 물리 계층 고찰 DOCSIS 3.0에 정의된 물리 계층 명세서는 CM-SP-PHYv 3.0 문서에 정의되어 있으며 케이블랩 웹 사이트에서 다운로드 할 수 있다. 이

문서는 두 가지 네트워크 유형에 대한 기술적 구현 상세사항들을 제공한다:

- 북미 지역 시스템 : 멀티프로그램 TV 신호 전송을 위해 6MHz 채널 사용
- 유럽 시스템 : 멀티프로그램 TV 신호 전송을 위해 8MHz 채널 사용

이 책에 기술된 모든 설명은 두 가지 기술 유형 모두에 적용된다. DOCSIS 3.0 케이블 모뎀과 CMTS는 IPTV와 같은 다운스트림 전송 서비스를 위해 50 ~ 1002MHz 주파수 대역에서 동작한다. 업스트림 통신의 경우에는 5 ~ 42MHz 혹은 85MHz 주파수 대역이 이용된다. DOCSIS 3.0 주파수 운영은 구현마다 다르다. 이 문서의 물리적 매체 부분은 데이터 센터에 구축된 케이블 모뎀과 CMTS 간에 사용되는 전기적 특성과 신호처리 동작을 정의한다. 물리적 네트워크 액세스와 관련하여 DOCSIS 3.0은 두 가지 주요 방법을 정의한다: TDMA(Time Division Multiple Access)와 SCDMA(Synchronous Code Division Multiple Access). 이들 채널로의 IPTV 데이터의 변조는 여러 다양한 변조 기법을 이용하여 달성할 수 있다. 변조 기법은 액세스 방식과 네트워크 트래픽의 방향, 즉 업스트림 혹은 다운스트림에 좌우된다. 이 방식들은 IPTV와 같은 실시간 데이터 트래픽을 전달하기 위해 사용될 때 HFC 네트워크상에서 흔히 발생하는 문제들을 다룬다.

DOCSIS 3.0 MAC 계층 고찰 DOCSIS 3.0은 이전의 DOCSIS 버전에 있던 것을 개선한 여러 특성들을 소개한다. 이들 개선된 특성들은 CM-SP-MULPIv3.0 문서에 상세하게 기술되어 있으며, 다음 절에서 설명한다.

새로운 특성들을 지원하기 위한 개선된 프레임 구조 DOCSIS 3.0은 이 기술에 통합된 새로운 특성들을 지원하기 위해 MAC 프레임을 활용하는 새로운 방법들을 정의한다. 프레임은 MAC 계층에서 CMTS와 케이블 모뎀 간의 통신을 위해 사용되는 기본적인 통신 단위이다. 프레임의 길이는 가변적이고 두 개의 부분으로 구성된다 — 헤더와 비디오 페이로드. DOCSIS 3.0 패킷 헤더의 구조는 그림 2.7에 나타나 있으며, 표 2.4에 설명되어 있다.

DOCSIS 3.0 패킷은 프로토콜 스택의 상위 계층들이 사용하는 오버헤드 상세사항들도 포함함에 유의하라.

채널 결합 HFC 네트워크에서 데이터 처리량을 증가시키기 위해 채널 결합(channel bonding)이라고 하는 기술을 사용하는 DOCSIS 3.0 장치의 기능은 케이블 운영자가 IPTV 서비스를 구현할 수 있게 해준다. 이러한 방식은 여러 작은 채널들이 결합되어 커다란 논리적 채널을 형성하여 높은 대역폭 성능을 갖게 해준다. 단일 채널에 비교하여 보다 큰 처리율을 제공하는 것 이외에, 이 방식은 단일 채널로 패킷을 전송할 때

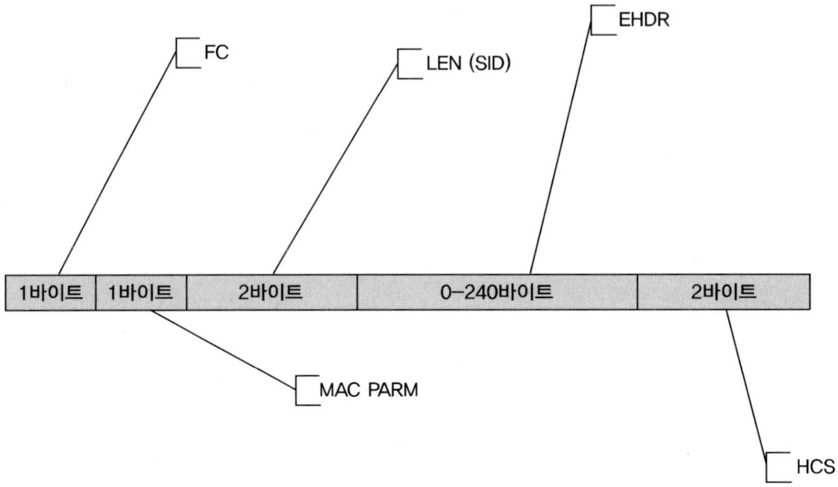

그림 2.7 DOCSIS 3.0 MAC 계층 프레임 구조

표 2.4 DOCSIS 3.0 MAC 계층 필드 설명

필드 이름	크기(바이트)	기능 설명
FC	1	프레임 제어의 약자. 이 필드는 헤더 타입을 식별하고 DHDR이 있는지 없는지를 식별함
MAC_PARM	1	EHDR 순서 필드가 있을 때, 이것은 EHDR 길이를 제공 이것은 프레임 길이를 정의
LEN (SID)	2	이 확장 MAC 헤더는 여러 기능을 지원하는데, 멀티캐스트
EHDR	0—240	IPTV 패킷 태깅과 순서가 지켜지지 않은 패킷을 순서화 하는 기능이 포함됨
HCS	2	Head Check Sequence의 약자. 헤더에 영향을 주는 전송 오류를 식별하는데 이용됨

발생하는 혼잡 지연도 줄여 준다. DOCSIS 케이블 모뎀은 다중 튜너(tuner)를 포함하며 이는 결합된 채널 그룹의 부분으로 가용한 여러 채널을 액세스하는 데 이용된다.

이 방식은 여러 채널에 동시에 IPTV 패킷을 분배함으로써 운용되고 이 패킷들은 케이블 모델로 전달된다. 다중 채널을 통한 패킷의 분배는 어떤 채널은 지터와 지연을 겪기 때문에 케이블 모뎀에 문제를 야기한다. 이러한 경우가 발생하면 패킷은 순서대로 도착하지 않는다. 이러한 문제를 해결하기 위해 DOCSIS 3.0은 각 패킷에 특정 순서 번호로 태깅 혹은 마킹하는 방식을 사용하며, 이것은 케이블 모뎀이 IP 셋톱박스로 전달하기 전에 원래의 IPTV 스트림으로 재조립하는 데 이용된다. 패킷 순서 번호는 2바이트 길이이며 다운스트림 트래픽의 경우 MAC 헤더의 DS-EHDR 필드에 포함된다.

결합 채널의 전체적인 관리와 할당은 CMTS의 책임이다. 채널 결합 방식은 케이블 TV 네트워크에서 업스트림과 다운스트림으로 데이터를 전송하는 데 사용된다.

부하 균형 DOCSIS 3.0은 이전 기술 버전이 사용하는 부하 균형 방식을 기반으로 구축된다. 부하 균형은 수백 혹은 수천 개의 케이블 모뎀을 지원하는 커다란 케이블 TV 네트워크의 중요한 특성이다. DOCSIS 3.0 명세서의 부하 균형에 관한 절은 IPTV와 같은 멀티미디어 응용이 생성하는 대용량의 트래픽을 다룰 수 있도록 해준다.

멀티캐스팅 DOCSIS 3.0은 케이블 운영자가 IP 멀티캐스팅을 IPTV 세션과 서비스를 가입자들에게 전달하는 방법으로 사용하도록 한다. 멀티캐스팅 사용은 케이블 TV 제공자에게 매우 매력적인데 그 이유는 이 방법이 다중 채널 유료 TV 서비스를 전달하는데 요구되는 네트워크 대역폭 양을 줄여주기 때문이다.

멀티캐스팅 사용을 수월하게 하기 위해 DOCSIS 3.0는 MDSID(Multicast Down-Stream Service ID)라고 하는 식별자를 가지고 있다. MDSID는 특정 IPTV 멀티캐스트 스트림을 시청할 수 있는 권한을 가진 케이블 모뎀이 효율적으로 그 스트림과 연관된 패킷들을 식별하도록 허용한다. 이것은 20비트의 길이를 가지며 CMTS가 패킷 헤더에 추가한다. MDSID를 여러 패킷에 적용하면 케이블 모뎀은 홈 네트워킹 포트에 연결된 IPTVCD로 전달되어야 하는 멀티캐스트와 IP-VoD 스트림만을 처리할 수 있다. 네트워크 트래픽에 태그를 달고 여러 채널을 결합하는 것 이외에 DOCSIS 3.0은 또한 다음과 같은 멀티캐스트 통신 모델과 프로토콜을 지원한다.

- SSM (Source Specific Multicast)
- IGMPv3 (Internet Group Management Protocol version 3)
- MLD (Multicast Listener Discovery) 버전 1과 버전 2

4장에서 이들 기술에 대한 자세한 사항을 제시한다.

DOCSIS 3.0 모뎀의 초기화 DOCSIS 3.0에서 케이블 모뎀은 네트워크에서의 사용을 위해 CMTS에 의해 권한이 부여되고 프로비저닝 서버로부터 전달된 파라미터에 따라 모뎀 자신을 설정한다. 일련의 이벤트가 사용자의 개입 없이 자동으로 발생한다. HFC 네트워크에서 DOCSIS 3.0 모뎀의 초기화 과정은 다음 단계들로 나누어진다:

(1) 케이블 모뎀에 전원이 공급되면, 데이터 전송을 지원하는 다운스트림과 업스트림 채널을 위한 네트워크를 스캔(scan)한다.
(2) 채널 찾기가 끝나면, 케이블 모뎀은 CMTS로 여러 가지 파라미터들을 보냄으로써 광대역 네트워크에 자신의 존재를 헤드엔드에게 알린다.
(3) 일단 케이블 모뎀에게 네트워크 위상이 할당되면 케이블 모뎀을 인증한다. 이를 위해 보통 케이블 모뎀이 제조과정에서 설치된 디지털 인증서를 CMTS에게로 확인을 위해 보낸다. 일단 확인이 끝나면 일련의 키를 생성하고 네트워크를 통해 전송되는 데이터를 암호화하는 데 사용한다.

(4) 모뎀이 케이블 네트워크에 연결된 후에 운영자가 권한을 가진 주소 공간의 일부인 IP 주소를 얻기 위한 DHCP를 동작시킨다. DOCSIS 3.0은 IPTV 네트워크 운영자가 IPv4와 IPv6 주소 포맷 모두를 위해 케이블 모뎀을 설정하도록 허용함에 유의하라.

(5) 일단 모뎀이 IP 주소를 받으면 모뎀은 케이블 모뎀이 자신을 설정하는데 필요한 파라미터들을 포함하고 있는 설정 파일을 다운로드한다. 시간 정보도 모뎀으로 다운로드된다.

(6) 모뎀이 설정되고 권한이 부여되면, CMTS는 MAC 계층에 자원을 제공하고 케이블 모뎀은 표준 이더넷 네트워크 장치와 같은 네트워크를 이용할 수 있다.

61개의 관리 메시지 유형 지원 DOCSIS 3.0 명세서는 케이블 모뎀과 CMTS 사이에 관리 데이터 교환을 위한 61개의 메시지를 정의하였다. 명세서는 또한 이 수를 255개로 확장할 수 있는 방안도 제공한다. IPTV 구현과 관련된 관리 메시지는 동적 채널 결합 요청, 응답, 그리고 확인 명령을 포함한다. 61개 관리 메시지 타입에 대한 상세한 설명은 케이블랩 웹 사이트의 명세서에서 찾아볼 수 있다.

DOCSIS 3.0 OSSI (Operations Support System Interface) CM-SP-OSSIv3.0 문서는 여러 OSSI 기술에 관한 상세사항들을 제공한다. DOCSIS 3.0 OSSI 명세서는 장애, 설정, 성능, 보안 그리고 계정 관리 기능을 지원하는 요구사항들을 정의한다.

장애 관리 장애를 식별하고, 모니터하고, 정정하고 기록하기 위해 이전 DOCSIS 버전이 사용한 여러 방식들 이외에 DOCSIS 3.0은 새로운 특성들을 제공한다:

- 반복된 케이블 모뎀 초기화 및 등록 사항과 같은 운용 문제를 기록하는 진단 로그(log)
- DOCSIS 3.0으로 통합된 새로운 기능과 연관된 문제들을 식별하고 해결하는 개선사항

DOCSIS 3.0에서의 장애 관리는 SNMP(Simple Network Management Protocol)과 여러 다른 유형의 이벤트 로그와 기록 방식의 결합과 같은 프로토콜 사용을 요구한다. IPTV 네트워크 관리에 관한 11장에서는 SNMP 프로토콜에 대한 설명을 제시한다.

형상(Configuration) 관리 이 기능은 형상 파라미터들을 최신의 것으로 유지하며 네트워크의 정상적인 운용에 적절하도록 보장한다. 이전 버전과 비교했을 때 이 관리 기능과의 주요 차이점 중 하나가 갱신된 형상 파일 구조이다. 이 파일 내의 파라미터들은 IPv6, 멀티캐스팅, 그리고 채널 결합과 같은 DOCSIS 3.0 기술을 지원하는 것이다. 케이블랩은 DOCSIS 3.0 네트워킹 기반구조에서 형상 관리 수행을 지원하기 위해 기존

표준 프로토콜을 채택하였다.

성능 관리 이 기능의 목적은 DOCSIS 프로토콜 스택의 PHY, MAC, 그리고 IP 계층에서 이벤트와 오류 데이터를 수집하기 위해 IPDR이나 SNMP 프로토콜을 사용하는 것이다. 이 정보는 엔지니어가 네트워킹 기반구조의 전체적인 상태를 결정하는데 도움을 준다.

보안 관리 이 기능은 SNMP 트래픽 액세스와 관련한 여러 유형의 데이터를 보호하는 책임을 진다. 이는 케이블 제공자의 네트워킹 기반구조에 해를 끼치기 위한 방법으로 SNMP를 사용하는 해커의 위협을 최소화함으로써 DOCSIS의 보안 기능을 강화하는 것이다.

계정 관리 이 기능은 CMTS가 수행하고 주요 임무는 고속 인터넷 액세스와 같은 가용한 서비스에 가입한 개인 및 사업체에 대한 네트워크 사용 통계를 수집하는 것이다. 일단 이러한 정보가 수집되면 이 사용 정보는 과금 시스템에 전달된다. 가입자 사용 과금 기록 전달을 위한 방식은 IPDR 기구가 개발한 스트리밍 프로토콜 사용을 포함하는 기법을 통해서 달성된다. 이 네트워킹 프로토콜은 대용량의 XML 기반 사용 과금 기록을 TCP 네트워크 연결을 통해서 효율적으로 전송하도록 설계되었다. 이들 기록의 양을 줄이기 위해 케이블랩은 추가적으로 IPDR/XDR이라고 하는 압축 기법 사용을 제시하였다. 이 인코딩 포맷은 IPDR 기구가 개발하였고 RFC 1832에 정의된 XDR(External Data Representation) 표준 코딩 포맷을 사용한다.

DOCSIS 3.0 보안 방식 DOCSIS 3.0 기반구조에서 다른 장치들 간에 통신을 지원하기 위한 보안 방식은 CM-SP-SECv3.0에 기술되어 있다. 이들 방식은 가입자의 비밀이 침해당하지 않도록 보장하고 IPTV와 같은 서비스의 불법사용을 막아준다. DOCSIS 3.0 보안 시스템의 주요 부분은 BPI+(Baseline Privacy Plus)에 기반을 두고 있다. 이 방식의 구조는 논리적으로 두 개 프로토콜로 나누어져 있다.

캡슐화 프로토콜 이 프로토콜은 IPTV 패킷이 케이블 TV 네트워크에서 전달될 때 이들을 암호화한다. IPTV와 TPS 사용자로 가는 패킷을 암호화하는 것 이외에, BPI+ 캡슐화 프로토콜은 케이블 모뎀에 사용되는 DHCP, TFTP(Trivial File Transfer Protocol), 그리고 MAC 계층으로 전송되는 여러 유형의 관리 메시지들인 프로토콜 정보들을 암호화하는데도 사용된다. DOCSIS 3.0은 이전 버전들과 비교했을 때 128비트 AES (Advanced Encryption Standard) 알고리즘을 통해 보다 강력한 네트워크 트래픽 암호화를 제공한다.

키 관리 프로토콜 CMTS와 케이블 모뎀 간에 키 데이터 분배를 안전하게 하기 위해

표 2.5 BP+ 인증 정보 메시지 구조

항 목	목 적
식별자	이 식별자는 케이블 모뎀 하드웨어 주소와 제조업자에 대한 상세사항을 포함
공중 키	이 보안 요소는 제조과정에서 장치에 내포됨
디지털 인증서	디지털 인증서 사용은 CMTS가 모뎀을 인증하도록 하고 장치로의 네트워크 액세스를 제한한다. 디지털 인증서는 제조과정에서 DOCSIS 모뎀에 인증서를 포함시키는 "신뢰적인 벤더"에게 제공됨
암호 알고리즘 서술자	이것은 CMTS에게 인증과 케이블 모뎀이 지원하는 데이터 암호 알고리즘에 관한 정보를 제공함
SAID(Security Association IDentifier)	이 정보요소는 보안 정보를 식별하는데, 이는 CMTS와 하나 이상의 클라이언트 케이블 모뎀 사이에 공유됨

케이블랩이 설계한 프로토콜을 BPKM(Baseline Privacy Key Management)라고 한다. BPKM은 HFC 네트워크에서의 키 통신을 안전하게 하기 위해 디지털 인증서와 공중 키 암호화 알고리즘 같은 표준 기술들을 사용한다. 이전에 논의한 MAC 관리 메시지가 BPKM 프로토콜 정보 전송에 이용됨에 유의하라.

DOCSIS 3.0은 네트워크상의 케이블 모뎀 초기화를 안전하게 하기 위해 BPI+를 사용한다. BPI+ 보안 프로세스는 모뎀이 통신 채널을 식별하면 시작한다. 이 단계에서 모뎀은 인증 정보 메시지를 CMTS에게 보낸다. 이 메시지에 포함된 자세한 사항은 표 2.5에 나타나 있다.

일단 인증 정보 메시지가 CMTS에 도착하면 CMTS는 이를 확인하고 권한부여(authorization) 응답 메시지를 사용하여 케이블 모뎀으로 응답한다. 이 메시지는 식별에 관한 상세사항과 암호 키를 포함한다.

BPI+는 홈 네트워킹 장치에 의한 IP 스푸핑(spoofing)을 제거하기 위해 소스 주소 확인이라는 기술을 이용한다. 이러한 보안 정책을 수행하기 위해 DOCSIS 3.0은 IPTV 서비스 제공자가 할당하지 않은 IP 소스 주소를 가진 장치로부터 보내진 네트워크 패킷은 폐기하도록 명시하고 있다.

2.4.3.3 EuroDOCSIS

유럽 케이블 산업계는 케이블 네트워크에서의 고속 데이터 전송을 위한 표준을 개발하였다. 기술적 사항은 DOCSIS 시스템과 매우 유사하다. 두 표준 간의 주요 차이점은 채널폭의 차이이다. 유럽 케이블 셋톱박스는 8MHz 튜너를 사용하고 미국에 구축된 셋톱박스들은 6MHz 라디오 스펙트럼을 사용하는 채널을 액세스하도록 최적화되어 있다. 보다 넓은 채널 폭은 케이블 운영자가 전형적인 DOCSIS를 따르는 시스템보다 약 33% 넓은 대역폭으로 광대역 서비스를 구축할 수 있도록 허용한다.

HFC 네트워크의 경우, MPEG-2 표준이 가장 널리 이용되는 비디오 콘텐츠 압축 기법임에 유의하라. 따라서, IP 케이블 광대역 네트워크에서 MPEG-2로 인코드된 전송 스트림을 전송하기 위해 헤드엔드에 추가적인 하드웨어가 설치될 필요가 있다.

2.4.4 위성 기반 네트워크에서의 IPTV

IP는 위성 링크를 통한 비디오 콘텐츠 분배의 선호되는 방법으로 떠오르고 있다. 위성 링크는 지상파 전송 네트워크보다 높은 대역폭을 제공하고 디지털 비디오 콘텐츠, VoIP, 그리고 고속 인터넷 액세스로 구성된 IP 기반 TPS에 사용되기 시작하였다.

많은 위성 네트워크 제공자는 위성 기반 네트워킹 플랫폼을 케이블 헤드엔드와 IPTV 데이터 센터에 IP 비디오 콘텐츠를 전달하는데 이용하기 시작하였다. IPTV 분배를 위한 이러한 방식을 지원하는 네트워킹 기반구조가 그림 2.8에 나타나 있다.

보이는 바와 같이 원래의 콘텐츠는 MPEG-2, MPEG-4 혹은 윈도 미디어 포맷으로 수신, 수집, 인코드되고 위성 운영자의 비디오 운용 센터에서 암호화된다. 일단 운용 센터에서 처리되면 이 콘텐츠는 위성으로 보내지고 다시 위성에서 여러 비디오 허브로 보내진다. 이들 비디오 허브는 케이블과 전화회사가 운용하고 IPTV 서비스를 댁내

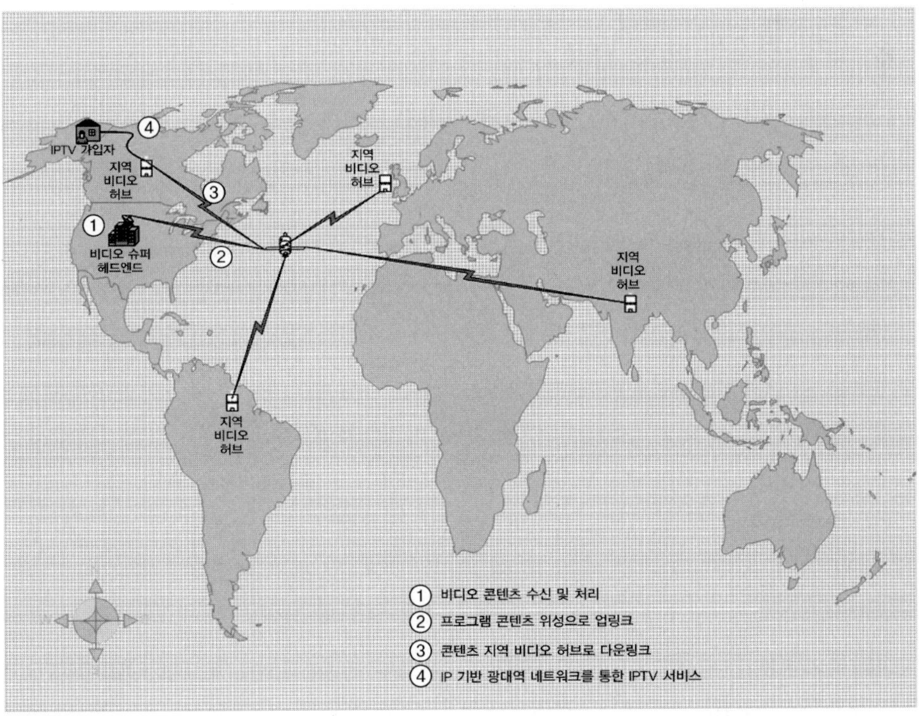

그림 2.8 종단 간 위성 중심의 IPTV 분배 시스템

가입자들에게 전달하기 위해 자신의 기존 네트워킹 기반구조를 이용한다.

IPTV 서비스를 직접 고객에게 전달하기 위한 여러 선택사양들이 있다.

2.4.4.1 하이브리드 위성 IP 셋톱박스 구축

하이브리드 IP 셋톱박스 구축은 가입자가 위성 링크를 통해 전통적인 위성 서비스를 액세스하고 표준 광대역 연결을 통해 IPTV 서비스를 액세스하도록 한다.

2.4.4.2 표준 IP 셋톱박스 활용

이 모델은 표준 위성 전송 기술을 이용하여 많은 가정으로 프로그램 채널을 전달한다. 이때 채널은 IP로 전환되고, IP 셋톱박스로 스트리밍된다.

2.4.4.3 가입자에게 하드 디스크를 포함하는 셋톱박스 제공

대부분의 위성 시스템의 경우 주문형 콘텐츠 전달을 위한 커다란 대역폭 요구는 IP-VoD 기반 응용 실행을 어렵게 한다. 그러나 위성 서비스 제공자들은 하드 디스크를 통합한 셋톱박스를 보급함으로써 위성 기반 전달 시스템의 한계를 극복하기 시작하였다. 가입자 가정에 일단 설치가 되면, IP-VoD 콘텐츠는 자동으로 하드 디스크에 다운로드된다. 이는 IPTV 종단사용자가 자신의 편리에 따라 콘텐츠를 시청할 수 있도록 한다.

2.4.4.4 위성 광대역 모뎀 사용

광대역 모뎀이 위성 IPTV 서비스 전달에 사용될 수도 있다. 이들 모뎀은 세 가지 국제 표준 중 하나를 따른다:

(1) *IPoS* (IP over Satallite) — 이 표준은 미국 기반의 TIA(Telecommunication Industry Association)과 ETSI에 의해 인증되었다. 이는 DVB-S2(DVB-S2에 대한 상세사항은 5장을 참고하라)라고 하는 기술을 이용하고 최대 120Mbps의 데이터 처리율을 지원한다.

(2) *DVB-RCS* (DVB Return Channel via Satellite) — DVB-RCS는 유럽 기반 DVB가 개발하였다. 이는 40Mbps의 순방향 링크 데이터 전송 속도와 2Mbps의 역방향 채널 용량을 정의하고 있다. DVB-RCS는 공식적으로 ETSI EN 301 790에 정의되어 있다.

(3) *DOCSIS-S* (DOCSIS over Satellite) — 위성 링크에서의 IPTV 콘텐츠 전송을 위한 이 방식은 DOCSIS 표준의 수정 버전에 기반을 두고 있다. 케이블 DOCSIS와 위성 DOCSIS 간의 주요 차이는 HFC 네트워크에 맞도록 설계된 QAM 대신에 QPSK (Quadrature Phase Shift Keying) 변조 방식을 사용한다는 것이다. 이 프로토콜의

이전 버전은 1.5Mbps의 속도를 지원하며 새로운 버전은 이보다 훨씬 높은 데이터 전송 속도를 달성할 수 있다. 이 새로운 데이터 전송률은 위성 운영자가 네트워크를 통해 비디오 콘텐츠 전달에 IP 기반 기술을 이용하게 되었음을 의미한다.

2.5 무선 네트워크에서의 IPTV

새로운 광대역 무선 네트워크는 전화회사에게 가정으로 IPTV 서비스 전달을 위한 또 다른 분배 플랫폼을 제공한다. 여러 선택 사양들이 있으며 다음 절에서 기술하기로 한다.

2.5.1 고정 WiMAX

WiMAX를 IPTV 콘텐츠 전달을 위한 플랫폼으로 사용하고자 하는 가입자와 전기통신 분야에서의 요구가 지속적으로 증가하고 있다. WiMAX(Worldwide Interoperability for Microwave Access)는 고성능 IP 광대역 무선 기술로서 산업계는 무선 표준인 Wi-Fi의 자매 기술로 생각하고 있다. 이는 IEEE 802.16 기술 표준을 따르는 여러 서비스들을 정의하고 있다. 산업체 연합인 WiMAX 포럼은 WiMAX 명세서 개발, 기술 진흥, 그리고 WiMAX 제품에 대한 인증의 책임을 맡고 있다. 이 기구는 이 책을 집필하는 시점에 370개 이상의 회사들을 회원으로 갖고 있었다. 그림 2.9는 서로 연결되어 여러 IPTV

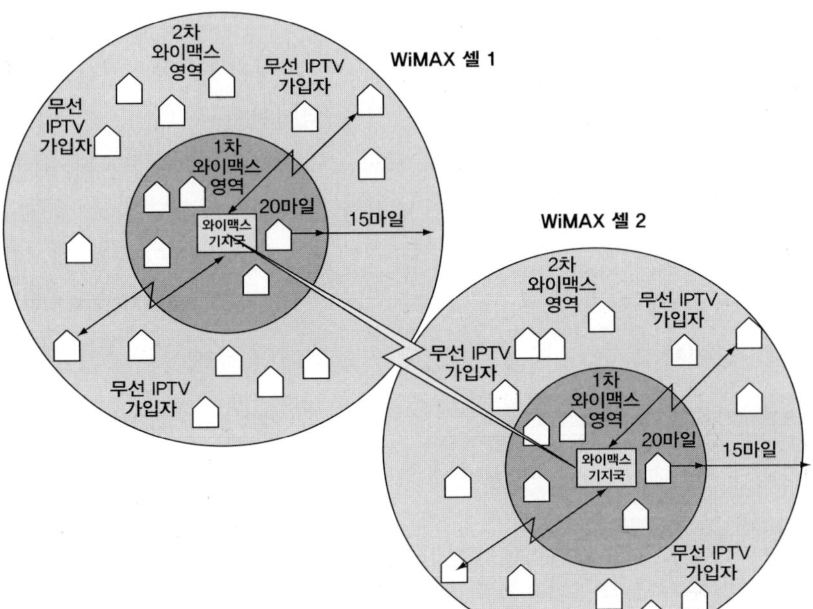

그림 2.9 IPTV 트래픽을 전달하는 간략한 WiMAX 시스템 블록 다이어그램

종단사용자들에게 비디오 콘텐츠를 전달하는 두 개의 WiMAX 방송 셀의 간략한 다이어그램을 보여주고 있다.

고정 WiMAX 버전의 기술적 특성은 다음과 같다.

2.5.1.1 운용 주파수

WiMAX는 라이센스가 필요한 그리고 라이센스가 필요없는 두 가지 주파수 대역에서 동작한다. 이들 대역은 세계적으로 여러 통신 규제 기구에 의해 할당된다. 라이센스가 필요한 대역은 IPTV와 같은 실시간 응용을 위한 선호되는 운용 주파수 선택사양이며, 간섭이 발생한 가능성이 적다. 고정 WiMAX는 3400 ~ 3600MHz 주파수에서 동작한다.

2.5.1.2 물리 및 MAC 계층 프로토콜

그림 2.10에 보이는 바와 같이, 802.16 통신 모델은 3개의 계층을 정의하고 있다: 물리, MAC, 그리고 전송.

WiMAX 물리 계층 특성 WiMAX 표준에서 장비 제조업자들은 제품을 만들 때 3가지 PHY 선택사양을 갖는다:

(1) *단일 반송파*(Single Carrier) 물리 계층 선택사양은 간단한 LoS(Line of Sight) 응용을 목적으로 하고 있다.
(2) *OFDM*(Orthogonal Frequency Division Multiplexing) 선택사양은 다중 경로 전파(multi-path propagation) 문제를 다룰 수 있기 때문에 대부분의 WiMAX 장비 제조업자가 가장 많이 선택하는 물리 계층이다. 이 특성은 OFDM 기반 WiMAX 기술이 IPTV 서비스 전달에 적당하다는 것을 의미한다.
(3) *OFDMA* (Orthogonal Frequency Division Multiple Access)는 가장 정교한 선택사양이며 업스트림 주파수 채널에서 사용자 연결을 분리할 수 있다.

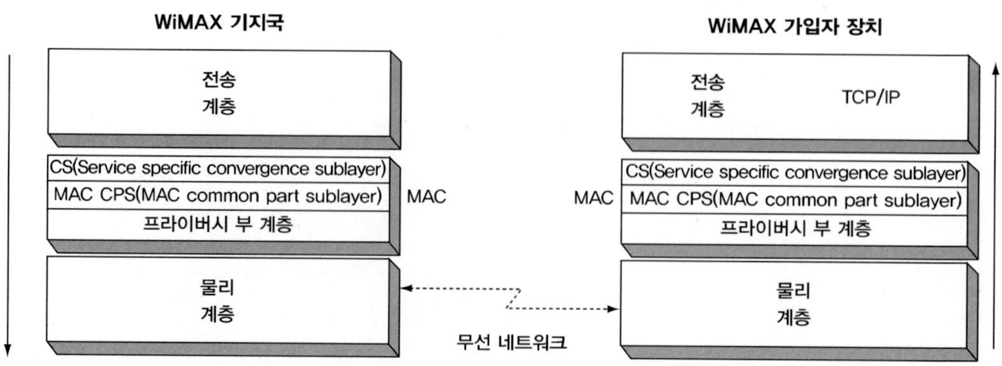

그림 2.10 WiMAX 통신 모델

WiMAX MAX 계층 특성 MAC 계층은 3개의 부 계층으로 나누어진다:

(1) *CS* (service specific Convergence Sublayer) — 이 부 계층의 주요 목적은 WiMAX 통신 모델에서 상위 계층들과 인터페이스를 하는 것이다.
(2) *MAC CPS* (MAC Common Part Sublayer) — 이 부 계층은 보안, 연결 관리, 그리고 물리 네트워크에 대한 액세스와 같은 주요 MAC 기능들을 책임진다.
(3) *PS* (Privacy Sublayer) — 이 계층은 IPTV 가입자의 인증과 비디오 콘텐츠의 암호화를 관리한다.

WiMAX 전송 계층 특성 표준 TCP/IP가 IPTV 서비스의 전달을 보장하기 위해 네트워크와 전송 계층에서 사용된다.

2.5.1.3 전송 범위

장비 사양과 날씨 조건과 같은 다른 요인들과 결합하여 지리적 위상은 IPTV 가입자 장치와 WiMAX 기지국 간의 거리에 영향을 준다. WiMAX는 이론적으로 6 ~ 10km 범위에서 최대 약 60Mbps의 속도를 제공한다. 이는 구현과 장비 벤더마다 다르다. 경쟁 비율(contention ratio)이 올바르게 계획되었다는 가정 하에서 이들 데이터 처리율 수준은 WiMAX 서비스 영역에서 가입자들이 IPTV 서비스를 액세스할 수 있도록 허용한다. WiMAX는 LoS(Line of Sight)와 비-LoS 모두를 지원함에 유의하라.

2.5.2 이동 WiMAX

IEEE 802.16은 이동 환경에서 광대역 서비스를 제공하는데 이용될 수 없다. 이러한 목적을 위해 IEEE 표준 802.16 표준 개정이 IEEE 802.16e로 개발되었다. 이동 WiMAX로도 알려진 IEEE 802.16e는 2005년에 승인되었고 인증 제품들이 2006년에 시장에 출시되었다. 이것들은 라이센스가 필요한 스펙트럼 대역에서 동작한다: 2.5, 3.3, 그리고 3.4 ~ 3.8GHz. 이동 WiMAX는 IPTV 서비스와 응용을 전달하는 데 필요한 여러 주요한 특성들을 갖고 있다:

- 이 기술은 약 32 ~ 46Mbps의 최대 데이터 전송률을 지원한다. 이러한 전송 속도는 이동 단말기로 압축된 IP 기반 HD 콘텐츠 전달을 가능하게 한다.
- 이는 IPTV 시청자들이 다중 경로 전송의 영향을 받는 지리적 영역에서 멀티캐스트 방송 TV 채널을 액세스할 수 있도록 OFDMA와 최적 핸드오프와 같은 기술을 활용한다.
- 이는 IPTV 응용과 고속 인터넷 액세스 및 VoIP와 같은 다른 IP 기반 서비스들 간의 상호작용을 간단하게 하는 IMS(IP Multimedia Subsystem)와 통합된다. IMS는 네트워크 운영자가 IP 기반 서비스 구축을 촉진하고 간단하게 하는 새롭게 떠오르는

기술임에 유의하라.

- 이동 WiMAX는 고도의 QoS 방식을 지원하며 이는 IPTV와 같은 실시간 응용에 도움이 된다.

위의 특성들 이외에 WiMAX 포럼이 이동 WiMAX의 멀티캐스팅 기능을 확장하기 위한 노력을 계속하고 있음에 유의하라. 이는 라이브 IP 기반 TV 채널을 이동 장치로 방송하는 것과 연관된 엄격한 요구사항들을 만족하게 하기 위해 이동 WiMAX의 기능을 더욱 강화할 것으로 기대된다.

2.5.3 무선 도심 메시 네트워크

도심 메시(mesh) 네트워크는 종단사용자로의 IPTV 서비스 전달을 지원하는 또 다른 무선 플랫폼이다. 이러한 여러 네트워크 유형들이 세계적으로 여러 도시에 구축되었다.

도심 네트워크는 라이센스가 필요하지 않은 2.4 혹은 5GHz 스펙트럼 범위로 실외 환경에서 동작한다. 802.1x 무선 제품군이라고도 알려진 Wi-Fi가 메시 네트워크 구축을 위해 선택된 기술이다. 왜냐하면 대부분의 노트북과 휴대형 장치들이 이미 Wi-Fi 인터페이스를 장착하고 있기 때문이다. 실외 환경에 Wi-Fi 네트워크를 구축하는 것은 서로 연결되고 광대역 서비스 제공자 백본에 유선으로 연결된 여러 액세스 포인트의 사용을 필요로 한다(그림 2.11).

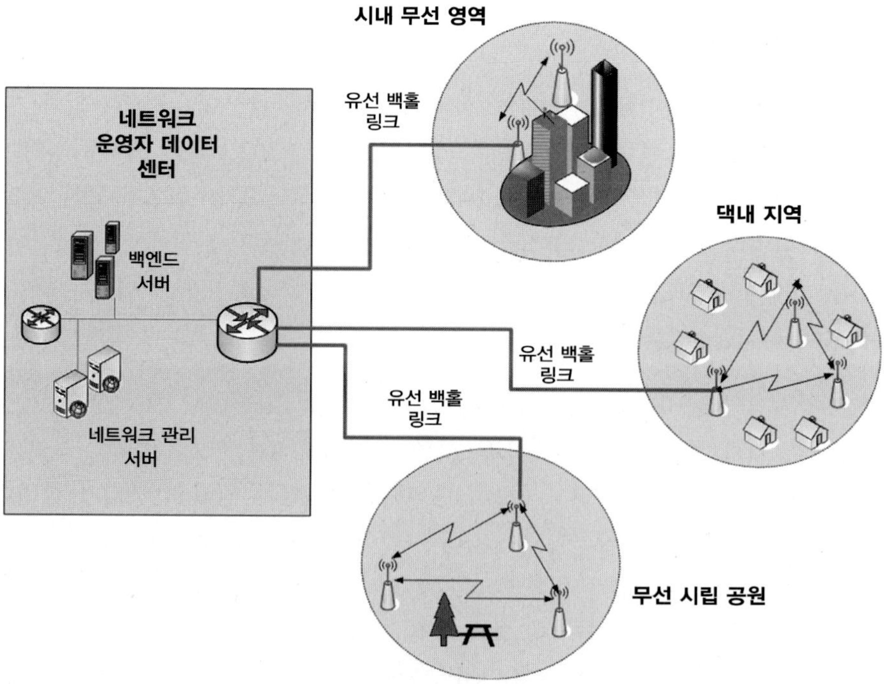

그림 2.11 도심 메시 네트워크 구조

2.5.3.1 메시 Wi-Fi 액세스 포인트(AP)

도심 네트워크에 사용되는 AP는 일반적인 실내용 AP에 비해 보다 넓은 지역을 서비스한다. 이들은 좋은 LoS를 제공하고 전원을 쉽게 공급할 수 있는 고정된 구조물에 달렸다. 실외 AP를 설치하기 적당한 장소는 가로등, 높은 빌딩, 그리고 통신탑 등을 포함한다. 여러 유형의 물리적 케이블을 이용하여 중앙집중 위치로 실외 AP들을 연동하는 것은 대부분의 경우 비용상 어려움이 있다. 따라서 도심 무선 네트워킹 구조내의 모든 AP들은 동적으로 서로 그리고 클러스터 형식의 구성에서 게이트 AP와 무선을 통해 연결된다. 이 게이트웨이는 클러스터 내의 802.11x 신호를 모으고 이더넷 포트를 통해 광대역 백홀(backhaul) 링크와 연결된다. 클러스터 내의 AP 수는 구현마다 다르다. 클러스터 내의 각 AP는 내구성이 높으며 다른 AP와의 연결 및 백홀 포인트로의 연결을 위해 메시 라우팅 프로토콜을 사용한다. 이 라우팅 프로토콜의 주요 임무는 메시를 통해 각 AP에서 백홀 링크로의(또는 그 반대) IP 패킷 전송을 위한 효율적인 루트를 제공하는 것이며, 이는 무선 네트워크를 모니터링하고 최대의 대역폭 처리성능을 제공하는 무선 경로를 식별하여 가능하게 한다. 메시 AP는 단일 및 다중 라디오 구성이 있다:

- *단일 Wi-Fi 라디오 메시 AP* — 이것은 메시 네트워크로의 트래픽 전달 이외에 여러 클라이언트 장치들로부터의 액세스 지원을 위해 하나의 채널을 사용한다. 제한점을 최소화하고 성능을 개선하기 위해 이들 유형의 AP는 이웃 클러스터들과 다른 주파수에서 동작하는 클러스터 형태로 구성된다.
- *듀얼 Wi-Fi 라디오 메시 AP* — 이것은 2.4GHz 주파수 대역에서 메시 트래픽 전달과 클라이언트 Wi-Fi 장치에 대한 액세스 제공을 위해 분리된 채널들을 사용한다. 다른 주파수 대역에서 동작하는 두 개의 분리된 채널 사용은 개선된 성능을 제공하고 듀얼 채널 AP가 IPTV와 같은 시간-민감 응용을 전달하는데 더욱 적합하게 하도록 하는 지연 수준을 줄인다.

2.5.3.2 유선 백홀 연결

유선 백홀은 IP 데이터 센터와 공중 인터넷으로의 연결을 제공하기 위해 필요하다. VLAN(Virtual LAN)이라고 하는 기술이 무선 도심 네트워크에 전송되는 여러 유형의 트래픽을 분리하는 데 사용된다. VLAN 기술은 이 책의 뒷부분에서 자세히 다룰 것이다.

이 책을 집필하는 시점에 도심 무선 네트워크의 다운스트림 데이터 전송률은 약 1Mbps였으며, 이는 공중 인터넷 액세스 응용에 적합하다. 그러나 IPTV는 좀 더 많은 처리율을 필요로 하기 때문에 이러한 유형의 네트워크에서 비디오 중심 응용 구축은 Wi-Fi 카메라로부터의 IPTV 콘텐츠 스트리밍과 같은 특수한 기능으로 제한된다.

2.5.4 3G 네트워킹 기술

EV-DO와 HSDPA 같은 이동 네트워크 기반 3G 기술도 다양한 이동 IPTV 응용 전달을 할 수 있다.

2.5.4.1 EV-DO

EV-DO(Evolution-Data Optimized)는 최대 4.9Mbps의 데이터 전송률을 지원하는 무선 라디오 광대역 데이터 표준이다.

2.5.4.2 HSDPA

HSDPA(High-Speed Downlink Packet Access)는 다운스트림 경로에서 약 14Mbps까지의 전송률을 지원하며 미래에는 이보다 더욱 높은 속도 지원이 가능할 것이다.

IPTV 서비스 전달에 이상적인 플랫폼은 아니지만 EV-DO와 HSDPA는 네트워크 운영자에게 DSL과 케이블 광대역 시스템이 잘 제공되고 있지 않은 지역에 사는 고객들에게 IPTV 서비스 전달을 위한 기능을 제공한다.

2.6 인터넷에서의 IPTV

텔레비전 발명이래, 여러 다른 분배 기술들이 신호를 전 세계 소비자들에게 전달하기 위해 개발되었다. 최근까지, TV 콘텐츠를 배포하는데 사용되는 5가지 주요 네트워킹 플랫폼이 있었다. 즉, 무선, 위성, DSL, 광통신, 그리고 케이블 TV 네트워크이다. 최근에 소비자가 방송과 주문형 비디오 콘텐츠를 시청할 수 있도록 하는 인터넷이라고 하는 새로운 플랫폼이 나타났다.

발전된 압축 기술과 다양한 시청 선택, 그리고 개선된 광대역 속도는 소비자들이 지난 몇 년간 비디오 엔터테인먼트를 위해 인터넷으로 점증적으로 전환하기 시작한 이유이다. 인터넷에서의 IPTV는 여러 포맷으로 이용 가능하다.

2.6.1 스트림 인터넷 TV 채널

인터넷상에서의 TV 채널 전달은 인기 있는 IPTV 응용이고 서버에서 비디오 콘텐츠를 처리하고 디스플레이할 수 있는 클라이언트 장치로 비디오 콘텐츠를 스트리밍하는 것을 포함한다. 인터넷 TV 채널을 시청하는 데 사용되는 장치로는 PC 혹은 미디어 센터 PC 등이 있다. 그러나 스트림 인터넷 TV 채널은 이동전화기 혹은 IP 셋톱박스를 통해서도 액세스할 수 있다. 스트림 인터넷 TV 채널을 통해 가용한 콘텐츠는 실시간으로 전달되고 시청 체험은 전통적인 TV 시청 방식과 유사하다. 즉, 채널을 선택하고

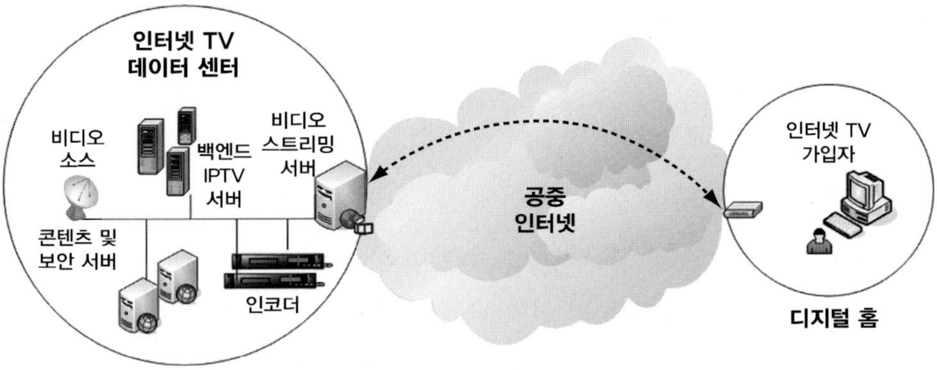

그림 2.12 인터넷 TV 채널 네트워크 기반구조

시청을 바로 할 수 있다. 인터넷 TV 채널을 스트리밍하는 기술 과정은 비디오 콘텐츠가 여러 개의 IP 패킷으로 분할되고, 압축되고, 다음에 클라이언트 PC로 인터넷을 통해 전송 혹은 스트림되는 스트리밍 서버에서 시작된다. PC는 소프트웨어, 즉 비디오 콘텐츠의 압축을 해제하고 라이브 비디오를 재생하는 브라우저를 포함한다. TV 채널을 선택하고 시청을 시작하는 것 사이의 시간은 매우 짧으며 클라이언트와 서버 간에 가용한 연결 속도에 달렸다. 인터넷을 통해 단일 스트림 TV 채널을 전달하는데 사용되는 네트워킹 구조에 대한 매우 간략한 그래프가 그림 2.12에 나타나 있다.

모든 인터넷 TV 채널 구축에서 스트리밍 서버가 필요하다. IPTV 가입자로부터의 요청에 따라 비디오 콘텐츠를 출력하는 것 이외에, 표준 스트리밍 서버는 다음 기능도 지원한다:

- 소스 비디오 콘텐츠 저장과 추출
- IP 비디오 패킷이 클라이언트 시청 장치로 전달되는 전송률 제어
- 인터넷 TV 시청자가 요청한 순방향(forward) 및 역방향(backward) 명령을 수행

단일 스트리밍 서버는 작은 수의 인터넷 TV 채널을 제한된 수의 사용자들에게 전달하는 데는 잘 동작한다. 다중 채널을 수천 혹은 수십만 IPTV 가입자들에게 전달하는 것을 지원하기 위해서는 여러 대의 스트리밍 서버가 네트워크의 여러 곳에 설치될 필요가 있다.

보안 관점에서 비디오 콘텐츠 스트리밍은 콘텐츠가 클라이언트 액세스 장치에 저장되지 않기 때문에 매우 안전하다. 따라서, 불법적인 콘텐츠 복사를 막을 수 있다. 이러한 IPTV 서비스의 다른 이점으로 낮은 대역폭 연결에서 효율적으로 동작하는 기능과 시청자들이 IPTV 스트림의 어느 지점에서도 콘텐츠를 시청할 수 있는 기능을 포함한다.

인터넷 TV 전달과 이 장에서 설명한 다른 전달 방식 간에 차이점은 인터넷 포털

사이트가 IP 비디오 서비스를 인터넷 사용자에게 스트림하는데 이용되는 기반구조를 소유 혹은 제어하지 않는다는 것이다. 네트워킹 기반구조는 보통 케이블 TV 제공자 혹은 전화회사가 소유한다.

2.6.2 인터넷 다운로드

이러한 형식의 IPTV는 소비자가 주문형 콘텐츠를 다운로드하고 시청할 수 있도록 허용한다. 대부분의 인터넷 다운로드 서비스는 가입 기반 혹은 요금 기반 다운로드이며 뉴스와 날씨, 영화, 음악, 그리고 엔터테인먼트 가이드, 그리고 광고 등을 포함한다. 여러 주요 온라인 인터넷 기반 포털 사이트는 최근에 자신이 소유한 다운로드 가능한 IPTV 프로그램 콘텐츠 라이브러리를 인터넷 사용자들에게 제공하기 시작하였다. 대부분의 경우 표준 혹은 미디어 센터 PC는 인터넷 다운로드 콘텐츠를 시청하는데 이용된다. 한편 어떤 회사들은 PC에서 비디오 시청을 원하지 않는 고객들을 위해 광대역 기능을 갖춘 IP 셋톱박스를 제공하기 시작하였다. 종단 간 IPTV 기반 인터넷 다운로드 서비스의 기술적 특성은 표 2.6에 나타나 있다.

2.6.3 P2P 비디오 공유

P2P(Peer-to-Peer) 비디오 공유 응용은 사용자들이 온라인 비디오 콘텐츠를 시청, 공유, 그리고 생성할 수 있게 허용한다. P2P 비디오 공유 응용 사용은 매우 간단하고 특수한

표 2.6 인터넷 다운로드 IPTV 서비스의 기술적 특성

특 징	설 명
네트워킹 프로토콜	표준 FTP와 HTTP 표준은 서버로부터 클라이언트 장치로 IPTV 콘텐츠를 전송하는데 이용된다. 이 프로토콜의 사용은 IPTV 콘텐츠가 방화벽에 의해 차단되는 가능성을 최소화한다.
서버 기술	표준 웹 서버 소프트웨어가 주문형 비디오 콘텐츠 서비스 요청에 사용된다.
네트워크 속도	인터넷 영화를 다운로드하는데 걸리는 시간은 광대역 연결의 속도와 비디오 콘텐츠 품질에 달렸다. SD 영화와 프로그램은 HD 기반 비디오 콘텐츠와 비교하여 상대적으로 빨리 다운로드된다. 비록 광대역이 선호되는 연결 유형이지만 인터넷 다운로드 서비스를 액세스하는데 느린 다이얼-업 링크를 사용하는 것도 가능하다.
네트워크 오류	표준 TCP 오류 정정 기술은 다운로드 과정에서 발생한 문제를 정정하는데 사용된다.
저장 장치 요구사항	서버와 클라이언트 모두 대용량의 IPTV 파일 처리를 지원하기 위해 고급의 저장 장치 기능을 요구한다. 어떤 인터넷 다운로드 응용은 IPTV 가입자가 다운로드한 비디오 콘텐츠를 DVD에 복사하여 DVD 플레이어서 볼 수 있도록 허용한다.

소프트웨어의 다운로드와 설치를 필요로 한다. 일단 이 소프트웨어가 PC에서 동작하면, 사용자는 특정 비디오 파일을 다운로드하기 위해 링크를 단순히 클릭하기만 하면 된다. 일단 다운로드 프로세스가 시작되면 P2P 비디오 공유 응용 소프트웨어는 연결을 설정하고 여러 다른 소스로부터 요청한 비디오 콘텐츠를 추출하기 시작한다. 일단 비디오 파일이 로컬 하드 디스크로 다운로드되면 시청을 시작한다.

2.7 IPTV 백본 기술

IPTV 네트워킹 기반구조의 백본 혹은 코어가 대량의 비디오 콘텐츠를 고속으로 IPTV 데이터 센터와 라스트 마일 광대역 분배 네트워크 사이에 전달하기 위해 필요하다. 높은 신뢰성을 보장하는 데 필요한 다중 경로와 링크 보호 기능을 제공하는 여러 유형의 백본 전송 표준이 있다. 각 표준은 데이터 전송 속도와 확장성을 포함하는 여러 특성들을 갖고 있다. IPTV 네트워크 기반구조에서 사용되는 주요 백본 전송 기술 중 3가지는 ATM over SONET/SDH, IP over MPLS 그리고 매트로 이더넷이다. 그림 2.13에 보이는 바와 같이, 이들 코어 네트워킹 기술은 중앙 IPTV 데이터 센터와 여러 유형의 액세스 네트워크 간에 연결을 제공한다.

2.7.1 ATM과 SONET/SDH

ATM은 높은 대역폭과 낮은 전송 지연을 요구하는 IPTV와 같은 주문형 응용을 지원할 수 있다. ATM은 동축 케이블과 꼬임쌍선 케이블을 포함하는 여러 네트워크 매체에서

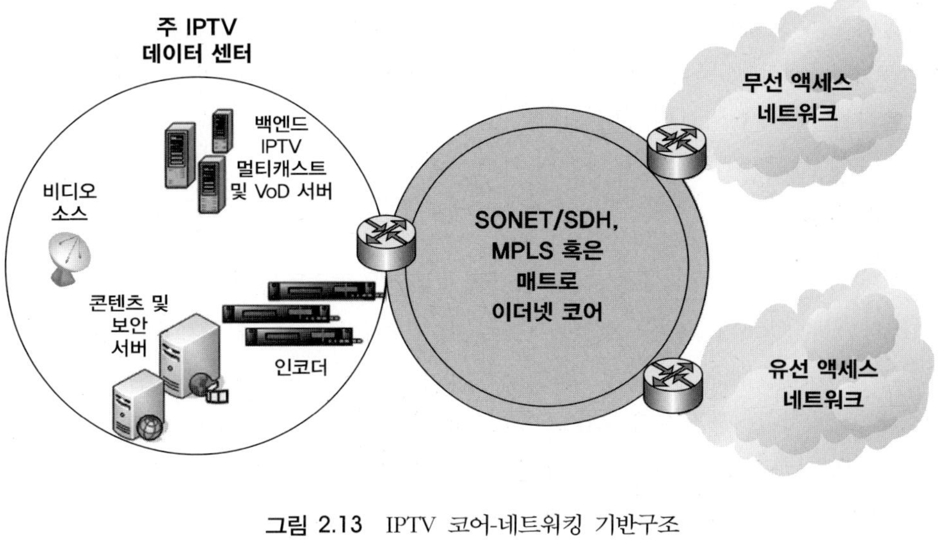

그림 2.13 IPTV 코어-네트워킹 기반구조

표 2.7 SONET OC(Optical Carrier) 표준

OC 레벨	신호 전송 속도
OC-1 (기본 속도)	51.84Mbps
OC-3	155.52Mbps
OC-12	622.08Mbps
OC-24	1.244Gbps
OC-48	2.488Gbps
OC-192	10Gbps
OC-256	13.271Gbps
OC-768	40Gbps

동작하지만 광섬유 케이블에서 최적으로 속도로 동작한다. 여러 전화회사들은 백본 네트워크에서 ATM 셀을 전송하기 위해 SONET(Synchronous Optical Network)이라고 하는 물리 계층을 사용한다.

SONET는 광섬유 매체를 사용하여 고속 전송을 제공하는 프로토콜이다. SDH (Synchronous Digital Hierarchy)라고 하는 용어는 미국 밖에서 사용하는 광통신 기술을 의미한다. SONET 신호전송률은 OC(Optical Carrier) 표준으로 측정된다. 표 2.7은 가용한 전송률(OC 수준이라고 함)을 보여주고 있다.

SONET은 다중 데이터스트림을 동시에 보내기 위해 TDM(Time Division Multiplexing)을 사용한다. TDM으로 SONET 네트워크는 특정 주파수상에서 대역폭을 시간축의 일부에 할당한다. 미리 할당된 시간 슬롯은 그 슬롯에서 보낼 데이터의 유무에 상관없이 액티브하게 된다.

IPTV 네트워킹 환경에서 SONET 장비는 여러 비트스트림을 수신하고 이를 하나의 스트림으로 통합하며 다음에 이를 광전송 장치를 이용하여 광 네트워크로 보낸다. 결합된 입력률은 SONET 장치로부터의 출력되는 전송률과 같다. 예를 들어, 1Gbps로 IPTV 트래픽을 전달하는 4개의 입력 스트림은 SONET 장치에 의해 결합되고 4Gbps의 스트림이 광 네트워크로 전송된다.

2.7.2 IP와 MPLS

대형 전화회사들은 자신의 코어 네트워크에 인터넷 프로토콜을 구축하기 시작하였다. 비록 IP가 원래 QoS와 트래픽 분리 기능과 같은 특성을 갖도록 설계되지 않았지만 이 프로토콜은 MPLS(MultiProtocol Label Switching)이라고 하는 기술과 함께 사용될 때 이러한 환경에서 잘 동작한다. MPLS 네트워크는 일반 네트워킹 플랫폼에서 여러 유형의 비디오 트래픽을 효율적으로 전달할 수 있게 해준다.

MPLS 플랫폼은 LSR(Label Switch Router)을 이용하여 구축된다. 이들 LSR은 IPTV

표 2.8 MPLS 헤더 포맷

필드 이름	필드 길이 (비트)	기능 설명
라벨	20	각 IPTV 패킷에 대한 다음 홉 라우팅 상세 정보를 포함
실험 비트	3	다른 사용을 위해 예약됨. 예를 들어, 12장에 기술된 MPLS-Diffserv 방식이 이 필드를 사용
스택킹 비트	1	헤더는 하나 이상의 라벨을 포함할 수 있음. 일단 스택킹 비트가 1로 설정되면, LSR은 패킷 내의 마지막 라벨을 식별함
TTL(Time to Live)	8	이 값은 IP 헤더내의 TTL 필드에서 복사됨

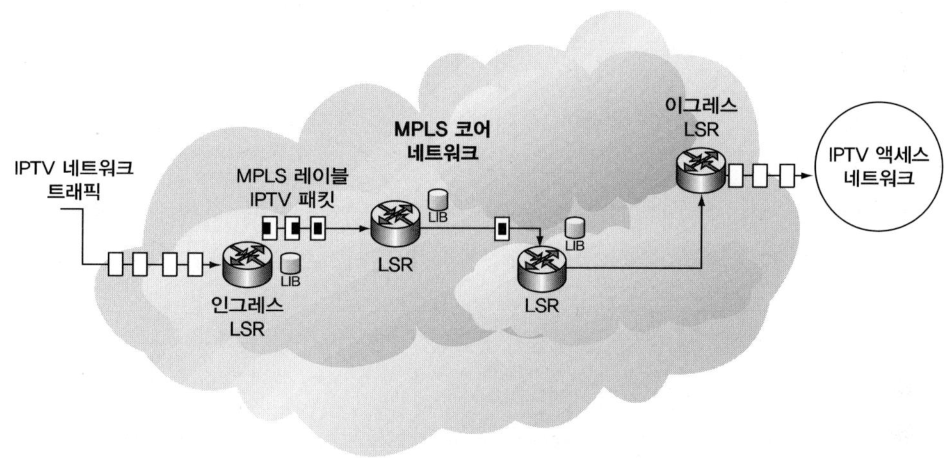

그림 2.14 MPLS 코어 네트워크 위상

네트워크에서 특정 목적지로의 연결 지향 경로를 설장하는 책임을 진다. 이들 가상 경로는 LSP(Label Switched Path)라고 하고 MPLS 네트워크를 통해 IPTV 트래픽의 전달을 보장하기 위해 충분한 자원을 가지도록 설정된다. LSP 사용은 네트워크를 통한 패킷 라우팅을 간단하게 하고 속도를 높여준다. 그 이유는 패킷에 대한 자세한 검사를 네트워크로 들어가는 지점(ingress)에서만 하고 각 라우터 홉에서는 하지 않기 때문이다.

LSR의 다른 주요 기능은 네트워크 트래픽 유형을 식별하는 것이다. 이는 MPLS 헤더를 각 IPTV 패킷의 시작부분에 추가함으로써 가능하다. MPLS 헤더의 주요 요소는 표 2.8에 설명되어 있다.

그림 2.14에 보이는 바와 같이 헤더는 I(Ingress)-LSR에서 추가되고 MPLS 코어 네트워크를 벗어날 때 E(Egress)-LSR에서 제거된다.

IPTV 트래픽이 MPLS 라우터를 거쳐 갈 때 LIB(Label Information Base)라고 하는 여러 로컬 테이블들을 참조하여 경로 상에서의 다음 홉(hop)에 관한 사항을 결정한다.

테이블을 검사하는 것 이외에, 새로운 라벨이 패킷에 적용되고 적절한 라우터 출력 포트로 출력되어 전달된다. 다른 MPLS의 이점으로 장애 발생 시 높은 수준의 신뢰성을 지원하는 것도 포함된다.

2.7.3 매트로 이더넷

코어 네트워크로 구축되는 다른 기술은 매트로 이더넷이다. MEF(Metro Ethernet Forum)이라고 하는 선도 서비스 제공자, 장비 벤더, 그리고 다른 유망한 네트워킹 회사들의 연합은 이더넷 기술을 고성능 백본과 코어 네트워크에 통합하는 명세서를 개발하는 책임을 맡고 있다. 명세서를 개발하는 것 이외에 MEF는 서비스 제공자의 코어 네트워킹 기반구조에 사용하는 이더넷 장비들을 인증한다. 매트로 이더넷 기반 코어 네트워크의 주요한 기술적 그리고 운용 특성은 다음을 포함한다:

- 코어 네트워킹 기술의 전형적인 신뢰성, 고성능 그리고 확장성에 대한 요구를 만족한다.
- 현대 매트로 이더넷 네트워킹 요소들은 장거리 네트워크에서 최대 100Gbps의 속도로 동작할 수 있다. 이는 서비스 제공자에게 지리적으로 분산된 지역국에 IPTV와

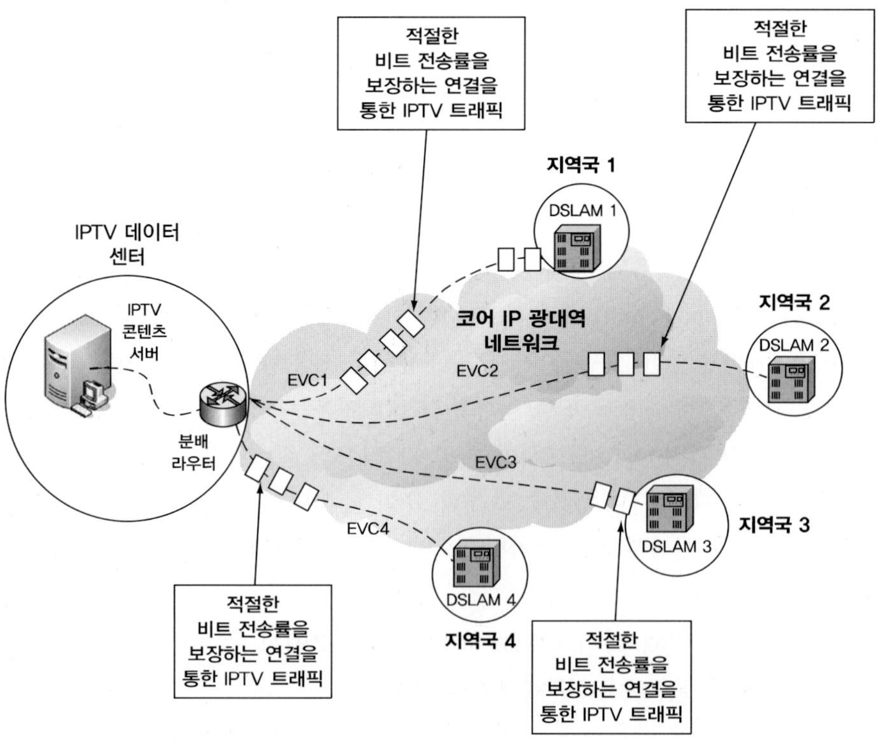

그림 2.15 네트워크 코어에서 IPTV 연결을 제공하기 위한 EVC 사용

같은 부가 서비스를 효율적으로 전달하는 이상적인 플랫폼을 제공한다.

- 네트워크 링크 장애 발생 시에 IPTV와 같은 서비스가 이러한 장애에 영향을 받지 않도록 정교한 복구 방법을 구현한다.
- 매트로 이더넷 기술은 IPTV 서비스 제공자가 네트워크 코어 내에서 고품질 비디오 콘텐츠 전달을 보장하도록 해주는 연결 지향 가상 회선 사용을 지원한다. 이러한 지정 링크는 EVC(Ethernet Virtual Connections)이라고 한다. 그림 2.15는 IPTV 데이터 센터와 여러 지역국 간에 연결을 제공하기 위해 4개의 EVC가 사용되고 있는 것을 보여주고 있다.

위의 특성 이외에, 매트로 이더넷의 낮은 지연과 패킷 손실 특성은 매트로 이더넷을 IPTV 서비스 전달을 위한 이상적인 코어 네트워킹 기술이 될 수 있게 한다.

2.8 IPTV 구축과 연관된 네트워크 요인

여러 네트워크 요인들을 상업적으로 IPTV 서비스를 시작하기 전에 고려하여야 한다.

2.8.1 네트워크 구축

비디오 전송을 지원하기 위해, IPTV 분배 네트워크는 높은 대역폭 전달 기능을 갖고 있어야 한다. IPTV 서비스 전달을 위해 필요한 대역폭 크기는 VoIP와 인터넷 액세스 서비스를 지원하는데 필요한 대역폭보다 많이 필요하다. IPTV 서비스를 구축하는데 필요한 전체 대역폭은 여러 요인에 달렸다:

제공하는 IPTV 멀티캐스트 채널 수 — 각 채널의 단일 복사본이 IPTV 데이터 센터에서 분배 네트워크로 보내진다. 일단 채널이 네트워킹 기반구조로 스트림되면 멀티캐스트 프로세스가 채널의 복사와 개별 IPTV 가입자로의 라우팅을 다룬다. 10,000 가입자에게 100개의 SD IP 방송 TV 채널 패키지를 제공하는 서비스 제공자의 예를 생각해보자. 서비스 제공자가 H./264를 사용하여 채널을 압축한다고 가정하면 이는 각 방송 채널에 대해 적어도 2Mbps의 대역폭을 필요로 한다. 적어도 한 가입자가 어느 특정 시점에 각 채널을 액세스하는 시나리오의 경우 NGN(Next Generation Network) 코어 분배 네트워크는 200Mbps의 대역폭 용량을 필요로 한다. 이는 IPTV 데이터 센터에서 각 지역국까지에서의 대역폭 필요량이다. 이들 지역국에서 IGMP 스누핑과 같은 기술이 네트워크의 로컬 액세스 영역에서 필요한 대역폭을 줄이는 데 사용된다. H.264와 IGHMP는 이 책의 뒷부분에서 자세히 다루기로 한다.

IP-VoD 서비스 포함 — 네트워크 구성은 IP-VoD 응용 포함으로 인해 더욱 복잡하다. 이러한 응용은 IPTV 가입자 장치와 주문형 비디오 서버 간에 통신을 제공하기 위해 유니캐스트 전송 방식을 사용한다. 이러한 운용 모드는 많은 대역폭을 소비하고 네트워크는 이러한 수준의 네트워크 트래픽을 수용할 필요가 있다. 10,000명의 종단사용자 네트워크를 고려화하고 어느 특정시간에 5% 가입자가 IP-VoD 타이틀을 액세스한다고 가정하자. 또한 H.264 압축 표준을 사용한다고 가정하면, 이는 최대 1Gbps의 네트워크 대역폭을 사용한다(10,000 * 5% * 2Mbps). 코어 네트워크에서의 이러한 대역폭은 매우 큰 것이다.

2.8.2 신뢰성

IP 네트워킹 기반구조는 장치 장애 발생 시에 신뢰성이 요구된다. 멀티캐스트 혹은 유니캐스트 응용의 IPTV 서비스 전달을 방해하는 한 장애 지점(single point of failure)이 없어야 한다.

2.8.3 빠른 반응

네트워크는 채널 변경과 연관된 최소 반응 시간을 지원할 필요가 있다. TV를 시청하면서 한 채널에서 다른 채널로 변경하는 것을 재핑(zapping)이라고 한다.

2.8.4 예측 가능한 성능

비디오스트림의 비트 전송률 특성은 장면의 복잡도 차이로 인해 가변적이며, 이 스트림은 프레임 단위로 IPTV 액세스 장치로 전달된다. 따라서, 서비스가 실시간으로 운용될 때까지 비디오 전송의 정확한 요구사항을 예측하는 것이 어렵다. IPTV 운용자는 이를 명심해야 하고 가변 비트율 스트림에 대처하기 위한 적절한 네트워크 자원을 할당해야 한다.

2.8.5 QoS 수준

대부분의 IPTV 서비스는 사설 IP 광대역 네트워크에서 운용된다는 사실 때문에 비디오 콘텐츠를 유료 가입자에게 전달할 때 QoS 정책을 구현하는 것이 바람직하다. QoS 시스템은 비디오 신호를 보호하고 신호가 먼 거리에 걸쳐 전달되면서 손실될 가능성을 줄여준다. QoS는 운영자가 IP-VoD와 IP 멀티캐스트와 같은 성능 보장을 요구하는 서비스를 제공하도록 허용한다. 이는 여러 네트워크 기술과 IPTV 가입자에게 특정 수준의 시청 품질을 보증하는 프로토콜들로 구성된다. IPTV QoS의 주제는 이 책의 뒷부분에서 다루기로 한다.

요약

오늘날, 전화회사는 IPTV 서비스를 구축하기 위해 결정할 때 선택할 수 있는 많은 네트워크 기술들을 갖고 있다. 표 2.9는 IPTV 신호를 전달하는 데 사용되는 여러 네트워킹 매체의 특성들을 요약하고 있다.

광섬유 기반 네트워크의 무제한 대역폭 용량은 광섬유를 IPTV 서비스 전달을 위한 이상적인 플랫폼으로 만든다.

ADSL2와 VDSL과 같은 기술은 네트워크에 높은 대역폭 속도를 제공한다. 이들은 확장성 있는 통신 솔루션이고 고급 IPTV 응용을 종단사용자에게 전달하기에 적절하다.

DOCSIS 3.0은 차세대 광대역 네트워킹 플랫폼이고 케이블 운영자가 그들의 가입자들에게 고급 IPTV 서비스를 제공한다.

위성 산업계는 방송 TV 서비스를 전화 및 케이블 TV 산업 영역에서 목표로 하는 새로운 IP 비디오 서비스로 확장하기 시작하였다. 이들 새로운 IPTV 기반 서비스를 지원하는 데 사용되는 네트워킹 구조는 처리를 위한 비디오 헤드엔드, 분배를 위한 위성, 지역적 통합을 위한 비디오 허브, 그리고 IPTV 신호를 가입자에게 전달하기 위한 광대역 액세스 네트워크를 포함한다.

무선 네트워크를 통한 비디오 전달은 IPTV 서비스 전달의 또 다른 방법이다. Wi-Fi, HSDPA, 그리고 EV-DO와 같은 새로운 무선 기술은 몇 년 내에 이동 그리고 IPTV 서비스 채택을 개선하는 플랫폼이 될 것이다.

공중 인터넷을 통해 TV를 효율적으로 분배하는 기능은 글로벌 디지털 TV 산업을 근본적으로 변혁하고 있다. QoS를 보장하는 것은 서비스 제공자가 공중 인터넷을 통해

표 2.9 IPTV 네트워크 분배 기술

네트워킹 기술	전송 속도 범위	변조 기술
FTTx	수 Gbps	IPTV 서비스 전달을 위해 구축된 MAC 계층 기술에 종속
DSL	1 – 100Mbps	CAP 및 DMT
HFC	> 100Mbps	QAM
위성	1 – 10Mbps	QPSK
고정 무선	1 – 10Mbps	네트워킹 플랫폼 유형에 따라 변동
인터넷	비디오 콘텐츠 전달을 위해 인터넷이 사용하는 네트워크 링크의 용량에 종속	개방형 방식이 주로 사용됨

IPTV 전달을 할 때 해결해야 하는 문제들 중 하나이다. 지연, 네트워크 혼잡 그리고 고 IP 패킷의 오류는 인터넷 TV 채널 제작자와 대형 비디오 서비스 포털 사이트가 매일 다루어야만 하는 몇 가지 조건들이다.

IPTV는 네트워킹 기반구조에 적용될 때 매우 엄격한 요구사항을 갖고 있는데, 즉 적절한 대역폭 용량, 예측 가능한 성능 수준, QoS 시스템 지원 등이 그것이다.

C/h/a/p/t/e/r

3

IPTV 실시간 인코딩과 전송

텔레비전, 전화 그리고 인터넷 액세스의 융합과 더불어 여러 압축 기술들이 전화회사와 장비 벤더들의 새로운 제품과 서비스 성장에 있어서 중요한 역할을 하고 있다. 이 장에서는 IPTV 시스템에서 사용되는 3가지 가장 인기 있는 압축 기술, 즉 MPEG-2, H.264/AVC, 그리고 VC-1의 특성들에 대하여 설명할 것이다. 더 나아가 이 장은 IPTV 통신 모델(IPTVCM)이라고 하는 네트워킹 프레임워크에 대한 상세한 설명도 제공할 것이다. IPTVCM은 7개 그리고 잠재적으로 8개 계층으로 구성된 개념적인 모델이며, 각 계층은 특정 네트워크 기능을 명시하고 있다. 이 장은 이들 각 계층을 기술하고 이 모델에서 각 계층에 할당된 임무를 지원하는 프로토콜들을 설명한다.

3.1 실시간 인코딩 소개

인코딩을 기술하기에 앞서 비디오가 인코딩 단계에 도달하기 전에 발생하는 두 가지 프로세스를 이해하는 것이 도움이 될 것이다. 첫 번째 프로세스는 상대적으로 간단하고 비디오 콘텐츠를 촬영하고 갈무리하기 위한 카메라 사용을 포함한다. 일단 일반적인 아날로그 형태로 갈무리가 되면, 비디오 콘텐츠는 연속적인 아날로그 신호를 일련의 디지털 비트로 변환하는 디지털화(digitization)라고 하는 또 다른 프로세스로 전달될 필요가 있다. A/D(Analog/Digital) 변환기라고 하는 특수한 하드웨어가 변환 프로세스를 수행하는 데 사용된다.

샘플링(sampling)과 양자화(quantization) 기술이 신호 처리 기간에 적용된다. 이름이 나타내는 바와 같이 샘플링은 수신 아날로그 신호에서 추출되는 샘플의 수를 나타낸다. 샘플 속도는 초 단위로 측정된다. 양자화는 변환 프로세스의 두 번째 단계이며 신호로부터 추출된 각 샘플에 비트를 할당하는 작업을 포함한다. 일단 디지털 포맷으로 변환되면 비압축 비디오 비트스트림은 인코딩될 준비가 된 것이다.

디지털 비트스트림의 인코딩은 인코더(encoder)라고 하는 특별한 하드웨어 장치의 사용을 필요로 한다. IPTV 데이터 센터에서의 인코딩 프로세스는 3단계로 진행된다:

(1) 비디오스트림을 특정 소스로부터 수신한다. 이 스트림의 포맷은 상당히 변화될 수 있으며 낮은 품질의 아날로그 신호에서 고품질의 디지털스트림에 이르기까지 다양하다.

(2) 일단 수신되면, 인코더는 특정 압축 기법을 콘텐츠에 적용한다. 인코더가 사용하는 여러 인기 있는 압축 기법이 있다.

(3) 일단 압축이 되면, 비디오는 전송될 준비가 된다. 준비라고 하는 것은 콘텐츠가 데이터 패킷에 삽입되었음을 의미한다. 비디오 콘텐츠를 패킷화하고 캡슐화하는 것과 연관된 여러 방법이 있다.

IPTV 네트워킹 환경에서의 비디오 콘텐츠 인코딩은 여러 장점과 단점을 갖고 있다. 이 기술의 주요 장점은 다음을 포함한다:

- 비디오 파일을 저장하는 데 필요한 하드 디스크 공간을 상당히 줄임.
- 비압축 비디오 처리는 상당한 양의 컴퓨팅 성능을 요구한다. 압축 기술을 비디오 콘텐츠에 적용하여 처리하고 화면에 보이도록 하는 데 필요한 프로세서 명령 수를 줄인다.
- 압축 파일의 파일 크기가 원래의 파일보다 작다고 하는 사실로 인해 네트워크로 파일을 보내는데 걸리는 시간이 줄어든다.
- IPTV 콘텐츠를 전달하는 데 상대적으로 낮은 용량의 광대역 연결이 사용된다. 예를 들어, SDTV 채널의 인코드된 스트림은 대략 1.5Mbps를 필요로 하는 반면에 HDTV 채널은 약 8Mbps를 차지한다. SDTV에 3.5Mbps 그리고 HDTV에 20—25Mbps를 요구하는 이전 압축 표준과 비교할 때 현대의 압축 기술 장점은 명확하다.

그러나 IPTV 서비스를 전달할 때 압축 기술 사용의 단점도 있다:

- 신호를 압축하고 압축 해제하는 과정에서 지연이 발생한다.
- 압축 과정에서 정보의 일부가 상실된다는 사실로 인해 이미지의 전체적인 품질이 비압축 신호보다 떨어진다.
- 수신 신호의 트랜스코딩(transcoding)과 한 압축 포맷에서 다른 포맷으로의 변경은 신호 품질에 영향을 줄 수 있다.

따라서, IPTV 네트워크를 통한 전송에 있어서 신호 인코딩과 관련한 장단점이 있다.

3.2 압축 방법

압축은 IPTV 서비스 제공자가 여러 고품질 비디오와 오디오 채널을 IP 광대역 네트워크를 통해 방송할 수 있도록 허용한다. 이는 인간과 청각 시스템의 결함을 이용하고 수학적 알고리즘 사용을 통하여 이러한 목적을 달성한다. 예를 들어, 인간의 시각은 모든 이미지 패턴을 탐지할 수 없다. 따라서, 압축은 이미지의 이러한 영역을 제거함으로써 원래의 신호 크기를 줄인다. 비디오 콘텐츠에 적용된 압축 수준을 "압축 비율(compression ratio)"이라고 하고 수학적 표현으로 나타낸다. 예를 들어, 압축 비율이 100:1이라고 하는 것은 원래의 콘텐츠 크기가 100분의 1로 줄어든다는 것을 의미한다. 압축 비율을 높이면 그 결과로 나타나는 비디오 신호의 품질이 감소됨에 유의하라. 압축 방법은 크게 두 가지 부류로 나누어진다: 비 손실(lossless)과 손실(lossy).

비 손실 압축 방법은 클라이언트 IPTVCD가 화면에 원래의 이미지를 완벽하게 재생하도록 한다. 따라서 이미지 품질의 비 손실을 압축과 콘텐츠 전송 과정에서 경험할 수 있다. 이는 IPTV 네트워크에서 거의 발생하지 않는데 그 이유는 거의 모든 압축 기술이 인코딩 과정에서 어느 정도의 정보 손실을 야기하기 때문이다. 그 결과 비 손실 압축 알고리즘은 주로 정지 이미지와 비 생방송 비디오를 인코딩하는 경우에 사용된다.

IPTV 서비스 전달에 사용되는 많은 압축 방법은 손실 압축 부류에 속한다. 손실 압축 방법을 실행하는 동안 어느 정도의 비디오 이미지 정보가 손실된다. 따라서, IPTVCD 디코더는 디지털화 과정에서 출력으로 나온 원래의 이미지를 완벽하게 재생하는 것이 불가능하다. 그러나 현대의 손실 압축 알고리즘은 인코딩 과정에서 제한된 양의 데이터만 손실되도록 보장한다.

상업적인 IPTV 제공자가 사용하는 가장 인기 있고 널리 이용되는 손실 압축 방식은 MPEG-2와 VC-1 기술이다. 다음 절에서 이들 방식에 대한 자세한 사항을 기술하기로 한다.

3.2.1 MPEG 압축

MPEG 기술은 위성, 케이블, 그리고 지상파 TV 시스템에서 널리 사용되는 압축 표준이다. MPEG(Moving Pictures Experts Group)는 비디오 전송에 적절한 압축 기술을 개발하기 위해서 형성된 산업체 연합 기구이다. 이 그룹은 ISO(International Standardization Organization)이 IEC(International Engineering Consortium)과 함께 비디오 및 오디오 압축 표준을 개발하기 위해 처음으로 만들었다. 그 이후, 이 그룹은 주요 압축 표준군 — MPEG-1, MPEG-2, MPEG-4(2부와 10부), MPEG-7, 그리고 MPEG-21을 개발하였다. 표 3.1은 이들 MPEG 포맷에 대한 요약을 나타내고 있다.

이들 이외에, MPEG 작업반은 A/V 콘텐츠 설명, 전달 그리고 사용 — MPEG-7과 MPEG-21 — 에 대한 표준을 정의하는 명세서를 작성하였다. MPEG-4는 MPEG-7과 MPEG-21을 통합하였다. 위 표에 나타난 여러 유형 중에서 MPEG-2와 MPEG-4 10부(H.264)는 IPTV 서비스 제공자가 널리 사용하는 기술이다.

표 3.1 MPEG 포맷 요약

MPEG 포맷	설 명
MPEG-1	MPEG-1 파일 포맷은 1998년에 개발되었고 주로 15Mbps의 속도로 비디오 데이터를 압축하는데 사용되었다. MPEG-1 콘텐츠는 DAB(Digital Audio Broadcasting)과 같은 서비스를 위해 이용된다. MPEG-1은 인터넷에서 음악에 널리 사용되는 MP3 표준의 기본으로 이용된다.
MPEG-2	MPEG-2는 MPEG-1 표준의 강력한 압축 기능을 기반으로 구축된다. MPEG-2는 방송 품질 텔레비전 전달과 DVD에 비디오 콘텐츠 저장에 널리 사용된다. 여러 국제 텔레비전 표준들은 이 압축 포맷에 기반을 두고 있다.
MPEG-4 (2부)	MPEG-4 (공식 ISO/IEC 명칭은 ISO/IEC 14496)는 1998년 10월에 완성되었고 2000년에 국제 표준이 되었다. 이 표준의 2부는 이동전화에서부터 감시카메라에 이르는 여러 비디오 응용의 요구사항을 기술하는 프로파일들로 나누어진다.
MPEG-4 (10부)	H.264/AVC라고도 하는 MPEG-4 10부는 방송 및 DVD 품질 비디오를 최소 데이터 전송률로 전달하도록 설계되었다.

3.2.1.1 MPEG-2

MPEG-2는 매우 성공적인 기술이고 여러 네트워크 매체를 통한 디지털 TV 전송에 널리 사용되는 전송 및 압축 표준이다. MPEG-2 코딩 기술은 크게 두 개 부류로 나누어진다: 비디오와 오디오.

비디오 압축 가장 기본적인 형태의 비디오는 일련의 이미지로소 순차적으로 디스플레이된다. 이들 비디오 이미지 하나에 대한 기술적인 용어는 "프레임(frame)"이다. 이들 프레임은 스트림 내의 헤더에 의해 식별될 수 있다. 보통 사람의 시각은 초당 25개 프레임(fps)일 때 편안하게 TV를 시청할 수 있다. 압축 프로세스를 통해서 원래의 비디오 크기를 줄이는 것이 가능하다. 비디오 인코더라는 장치는 각 프레임에 포함된 비디오 콘텐츠를 압축하는 데 사용되며 높은 수준의 화질을 유지하도록 한다. 압축의 첫 번째 단계는 서브샘플링(subsampling)이라고 하는 프로세스이며, 기본적으로 각 프레임의 크기를 줄이는 기능을 한다. 프레임 크기를 줄이는 것은 비트 수를 제거하고 신호를 전달하는 데 필요한 대역폭을 줄인다. 예를 들어, 프레임 크기 축소는 낮은 해상도 텔레비전에 표현될 때 영상비(aspect ratio) 문제를 야기할 수 있다.

비디오 신호 압축의 두 번째 단계는 화면 프레임을 8 × 8 픽셀 블록으로 나주는 것이며, 이는 MPEG 알고리즘에서 가장 작은 코딩 단위이다. 이들 블록은 다음 세 가지 유형 중 하나가 될 수 있다: Y(중간 계조 휘도: grayscal luminance), C_r(빨강 색차 : red chrominance), 혹은 C_b(파랑 색차 : blue chrominance). 색차 유형은 서로 다른 화면 색깔에 대한 정보를 담고 있으며 화면의 흑백부분을 전달한다.

이 과정이 끝나면, MPEG는 DCT(Discrete Cosine Transform)이라는 수학적 기능을 각 비디오 블록에 독립적으로 수행한다. DCT의 원리는 비디오 블록을 중요성에 따라 분리하는 것이다. 블록의 중요한 부분은 차후 처리를 위해 보유하고 나머지 부분을 폐기한다. 이 방식은 사람의 시각이 비디오 블록의 중요하지 않은 부분에 대한 제거를 인식하지 못하게 보장한다.

MPEG 압축 과정에서의 다음 단계는 양자화라고 한다. 디지털 비디오 데이터의 양자화는 화면 프레임에 포함된 여러 블록을 표현하는 데 필요한 비트 수를 줄이는 것이다. 비디오 신호에 적용되는 양자화 수준은 중요하다. 만약에 그 수준이 높으면, 많은 픽셀 수를 제거하기 때문에 보다 높은 압축률을 얻는다. 높은 양자화 수준의 단점은 이미지 품질의 저하 때문에 IPTV 종단사용자 화면에서 확연하게 나타난다.

프레임 내의 모든 블록이 압축되면 MPEG은 화면 프레임을 매크로블록(macro-block)이라고 하는 새로운 블록들로 나눈다. 각 매크로블록은 휘도와 색차 블록의 16 × 16 픽셀 배열로 구성된다. 최근 화면 프레임과 현재 화면 프레임 간에 차이가 있으면 MPEG 압축 장비는 이들 새로운 비디오 블록을 현제 프레임에서 새로운 위치로 이동시킨다. 이는 새로운 화면 전체를 방송할 필요가 없게 하며 이는 대역폭 요구를 줄여준다. 이렇게 하는 데에는 두 가지 방식이 있다:

공간적 압축(spatial compression)은 단일 프레임 내에서 가용한 픽셀에 대해 비트를 줄이는 것이다. 이는 프레임 내에 나란히 위치한 픽셀들이 같은 값을 갖고 있을 수 있기 때문에 가능하다. 각 개별 픽셀을 인코딩하는 대신에 공간 압축 기술은 이웃 픽셀 간의 차이를 인코딩한다. 이웃 픽셀 간의 차이를 나타내는데 필요한 비트 양은 각 픽셀을 개별적으로 압축하는데 필요한 데이터양 보다 대부분의 경우 작다.

시간적 압축(temporal compression)은 연속되는 프레임 간에 비트 수를 줄이는 것이다. 여러 비디오 제작에서 연속되는 프레임 간에 중복되는 정보가 있다. 예를 들어, 만약에 벽이 화면에 디스플레이 된다면 그 벽의 30개 이미지에서 가용한 정보는 1초 동안 변하지 않을 것이다. 그래서 1초 동안 30개 이미지를 인코딩하는 것보다 시간적 압축을 사용하여 프레임 이미지 간에 움직임을 예측하여 정보를 보낸다. 이 벽의 경우, 움직임 예측을 0으로 설정한다.

특정 비디오 프레임을 압축하는 데 사용되는 방법은 상당히 변화한다. 예를 들어, 복잡한 화면 프레임은 픽셀의 작은 비율만이 반복되기 때문에 낮은 공간적 중복성 요인을 갖는다. 비디오 콘텐츠의 속성은 매우 가변적이고 이는 비디오 인코딩과 연관된 비트율도 상당히 변화한다는 것을 의미한다. 비트율의 커다란 변화는 IP 네트워크에서 쉽게 수용하기가 어려우며 따라서 많은 인코더들은 비디오 처리 시스템의 다음 단계로 출력되는 비트들의 전반적인 비트율을 제어하고 관리하기 위해 버퍼링 기능을 사용한다.

MPEG 압축 프로세스의 다음 단계는 매크로블록의 코딩을 조각화(slice)하는 것이다. 한 조각은 왼쪽에서 오른쪽으로 화면의 횡적선을 표현한다. 여러 조각이 화면 폭에 존재하고 가변 길이와 격차(differential) 코딩을 위한 기본적인 동기화 단위이다. 여러 조각들로 화면을 구성한다. 각 슬라이스는 다른 조각들에 독립적으로 코드화되고 이는 특정 조각에 오류 발생을 제한하는데 도움을 준다.

MPEG 표준은 3가지 화면 유형을 정의한다:

(1) *I-프레임*(Infra-Frame) — I-프레임은 단일 이미지로 인코드되며, 이전 혹은 미래 프레임에 대한 참조가 없다. 사용되는 인코딩 방식은 JPEG 압축과 유사하다. 이 프레임은 필요한 정보를 모두 갖고 있으며 다른 유형의 프레임 구축을 위한 토대로 활용된다.

(2) *P-프레임*(Forward Predicted Frame) — "P" 프레임은 예측 프레임이고 이전 "I" 프레임에 기반을 두고 있다. 이것은 실제로 인코드된 이미지가 아니고 IPTVCD가 프레임을 재구성할 수 있도록 하는 움직임 정보를 포함하고 있다. P-프레임은 I-프레임보다 낮은 대역폭을 요구하고 IPTV 기반 네트워크에서 특히 중요하다.

(3) *B-프레임*(Bi-Directional Predicted Frame) — "B" 프레임은 I-프레임과 P-프레임으로부터의 정보를 이용하여 만들어지는 양방향 프레임이다. B-프레임 인코딩은 P-프레임과 유사하고 움직임 벡터가 미래 참조 프레임에서의 영역을 나타낸다는 점이 다르다. B-프레임은 I-프레임 혹은 P-프레임보다 적은 공간을 차지한다. 그래서 IPTV 환경에서 많은 B-프레임을 포함하는 스트림은 많은 I와 P 프레임으로 구성된 디지털스트림에 비교하여 적은 대역폭을 요구한다. B-프레임이 MPEG 비디오스트림의 대역폭 요구사항을 최소화하는데 도움을 주지만 시간 지연이라고 하는 단점이 있다. 시간 지연은 IPTVCD가 B-프레임을 처리하기 전에 두 개의 참조 프레임을 조사하기 위해 기다려야 하기 때문에 생성된다.

이들 세 가지 유형의 화면은 GOP(Group Of Picture)라고 하는 일련의 프레임을 형성하도록 결합된다. 각 GOP는 I-프레임으로 시작하고 여러 P-프레임과 B-프레임을 갖는다. 전형적인 MPEG GOP는 다음 구조를 갖는다:

[I B B B P B B B P B B B P B B B P]

GOP는 I-프레임으로 시작해야 한다. GOP의 크기는 변하지만 IPTV 환경에서의 GOP 평균 길이는 12-15 프레임 사이이다. 통상적인 GOP 구조는 두 개의 파라미터로 기술될 수 있다: GOP 내의 화면 수를 나타내는 *N*과 프레임 간의 공간을 나타내는 *M*. GOP는 두 가지 부류로 나누어진다: 개방형과 폐쇄형. 폐쇄형 GOP 경우 마지막

B-프레임은 디코딩을 위해 다음 GOP로부터 I-프레임을 요구하지 않는다. 반면에 개방형 GOP는 다음 GOP에 포함된 I-프레임을 요구한다. 그리고 나서 GOP는 비디오 순서를 재생하기 위해 이들을 결합한다. 각 비디오 순서는 뒤에 순서 헤더가 오는 시작 코드로 시작하고 고유한 코드로 끝난다.

프레임이 광대역 네트워크로 전송되는 순서는 인코더로 입력되는 비압축 비트스트림에 포함된 프레임의 순서와 다르다는 것에 유의하라. 이는 IPTVCD 내의 디코더 칩셋이 관련 B-프레임을 재구축하기 전에 먼저 I-프레임과 P-프레임을 처리할 필요가 있기 때문이다. 일련의 화면들, 화면, 조각, 매크로블록, 블록, 그리고 픽셀 간의 전반적인 관계가 그림 3.1에 나타나 있다.

MPEG-2 프로파일과 수준 MPEG-2는 인코딩과 디코딩을 위해 프로파일(profile)과 수준(level)이라는 것을 이용한다.

프로파일은 전체 명세서의 일부를 정의한다. 다시 말하면, 이는 인코딩 프로세스의 복잡도를 정의한다. MPEGP-2는 다음 프로파일들로 나누어진다.

- *단순*(simple) — MPEG 시스템에서 B-프레임을 사용하지 않으며, 단순 프로파일로 설정된다. B-프레임이 없다는 것은 보통 120ms가 걸리는 화면 재배치가 필요 없다는 것을 의미한다.

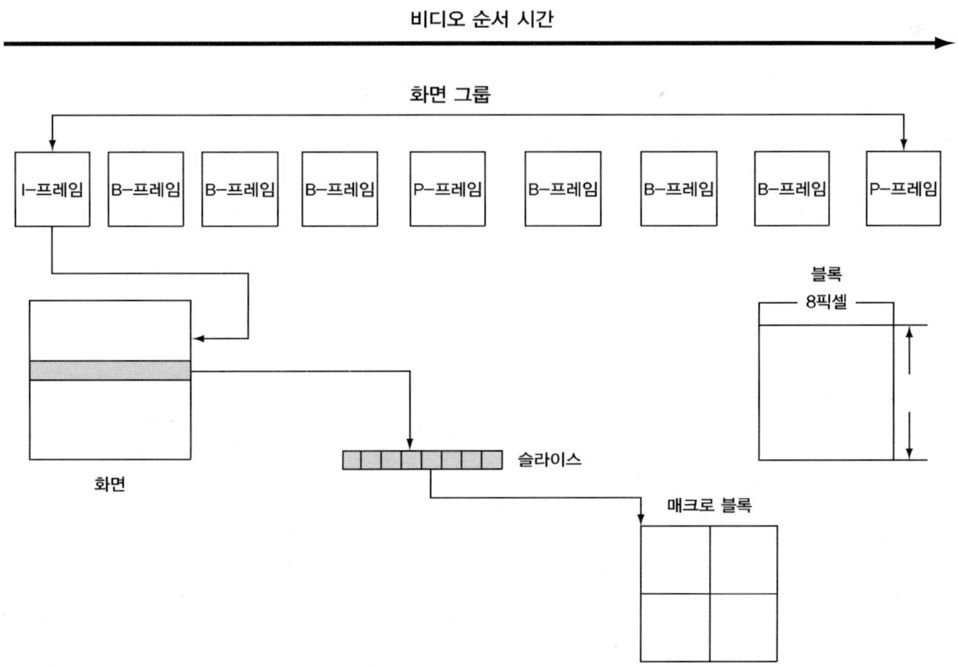

그림 3.1 MPEG 비디오스트림 계층 구조

- *주 프로파일*(main profile) — 이 프로파일은 I, P, 그리고 B 세 가지 프레임 유형을 모두 사용한다. 이 프로파일은 광대역 네트워크에서 멀티캐스트 IPTV 서비스를 구축하는데 주로 사용된다.
- *SNR* (Signal-to-Noise) — 이 프로파일은 "SNR 비율 확장" 도구를 사용한 DCT 계수 개선의 강화 계층 지원을 위해 추가된다. 이 프로파일은 기본 품질 화면을 개선된 데이터 서비스와 함께 전송하는데 적당하다.
- *공간*(spatial) — 공간 프로파일은 화면 특성을 개선하기 위해 "공간 확장" 도구를 사용한다.
- *고 프로파일*(high profile) — 이 프로파일은 4:2:0 그리고 4:2:2 포맷의 HDTV 응용을 목적으로 하고 있다.

화면 품질에서의 이러한 변화를 보완하기 위해, MPEG는 프로파일을 또 다시 수준별로 나눈다. 이들 서로 다른 수준은 화면 크기, 프레임 전송률, 비트 전송률, 그리고 각 정의된 프로파일에 대한 버퍼 크기의 제한 사항을 정의하는데 이용된다. 서로 다른 프로파일과 수준의 결합은 이미 여러 제품과 디지털 압축 응용을 위해 설정되었다.

예를 들어, MP@ML(Main Profile at Main Level)은 720 × 576 해상도, 초당 30 프레임의 비디오, 그리고 최대 15Mbps의 전송률을 의미한다. 이 프로파일은 디지털 텔레비전 방송과 주문형 비디오 서비스에 널리 사용된다. HDTV에서 기대되는 것과 같은 고화질 이미지는 추가적인 대역폭을 요구한다. 결과적으로 최대 80Mbps와 1920 × 1152 픽셀 해상도를 지원하는 MP@HL(Main Profile at High Definition) 구성이 요구된다.

MPEG-2 비트스트림 전송률의 변형 인코더 출력의 비트 전송률은 CBR(Constant Bit Rate)과 VBR(Variable Bit Rate) 두 가지로 크게 나누어진다.

- *CBR* MPEG-2 스트림은 비디오 콘텐츠의 복잡성에 관계없이 일정한 대역폭 데이터 처리율에서 동작한다. 이 비트 전송률 선택사양은 고정 대역폭 연결을 제공하는 DSL 네트워크에 이상적이다. CBR 모드의 스트림 생성은 인코더의 양자화 파라미터를 조정하여 달성한다. 비디오 화면의 복잡성에 따른 CBR 스트림의 비적응성은 IPTV 서비스 제공자가 고려해야 하는 단점이다.
- *VBR* MPEG-2 스트림의 프레임은 다른 비트 전송률을 사용하여 인코드된다. 그래서 복잡한 프레임은 많은 수의 비트를 요구하고 덜 복잡한 프레임은 이미지를 표현하는데 적은 양의 비트를 사용한다. 케이블 산업계는 단일 아날로그 채널이 점유했던 같은 주파수 범위에서 여러 디지털 TV 서비스를 제공하기 위해 통계적 다중화라고 하는 프로세스와 함께 VBR을 사용한다. 통계적 다중화는 어느 특정한 시점에 같은 연결 상에서 수행하는 여러 채널들 간에 비트 전송률이 변하고 다르다고 하는 원리에 기반을 두고 있다. 따라서, 움직임이 많은 스포츠 경기를 보여주는

> 일련의 프레임을 전달하는 채널은 네트워크에 이들 정보를 전달하기 위해 많은 양의 비트를 필요로 한다. 통계적 다중화를 사용하여 이 VBR로 인코드된 채널은 어느 특정 시점에 낮은 용량의 프레임을 가진 간단한 장면을 방송하는 공유 RF 채널에서의 다른 채널로부터 여분의 대역폭을 임차한다. 일단 움직임이 많은 장면이 끝나면 그 스트림의 VBR 전송률은 정상 혹은 평균 전송률 이하로 떨어지고 이 스트림에서 가용한 여분의 비트는 공유 RF 채널 내의 다른 스트림이 사용할 수 있다. 채널에서의 여러 스트림을 위한 전체적인 비트 전송률은 고정 비트 전송률을 유지함에 유의하라. 따라서, 통계적 다중화는 비디오 콘텐츠 전송에 특히 바람직한 기술이다.

IPTV 서비스 전달을 위해 구현된 여러 네트워크 구조는 교환 비디오 모드 운용을 사용한다. 이러한 구조에서 각 스트림은 독립형(stand alone) 기반으로 동작하고 다른 스트림과 함께 공유 채널로 통합되지 않는다. 따라서, 이 책을 저술할 시점에 CBR 기술은 DSL 기반 네트워크에서 비디오 서비스 전달을 위한 지배적인 운용 방식이다.

MPEG-2가 지난 10여 년 동안 케이블과 위성 산업계에서 잘 이용되었지만 제한된 대역폭을 가진 네트워크에서 구축될 때 단점을 갖고 있다. 전화망은 MPEG-2 비디오 콘텐츠 스트림을 전달하는데 최적화되지 않은 시스템의 전형적인 예이다. 따라서, 보다 나은 성능을 가진 새로운 고급 압축 기법이 최근에 제한된 대역폭을 가진 네트워크에서 비디오 콘텐츠 전달을 위한 목적으로 개발되었다. 이들 표준 중 가장 인기 있는 것은 MPEG-4 Part 10(H.264)와 VC-1이다. 다음 절에서 IPTV 기반구조에서 사용될 때 이들 압축 기술에 대하여 간략한 개요를 살펴보기로 한다.

오디오 압축 MPEG 오디오 압축 주제는 5장에서 다룬다.

3.2.1.2 MPEG-4

MPEG-4 표준 (ISO/IEC 14496)은 MPEG-2 후속 버전이다. 압축 이외에 MPEG-4는 다양한 멀티미디어 포맷 처리를 지원하는 특성을 정의하고 있다. MPEG-4 명세서는 함께 혹은 독립적으로 구현될 수 있는 여러 관련 부분들로 구성된다. 표 3.2는 각 부분에 대한 간략한 설명을 제공하고 있다.

MPEG-4 구축은 IPTV 데이터 센터에 특별한 장비를 필요로 하며 새로운 디코딩 기술 IPTVCD에 넣는 것을 요구한다. 최근까지 MPEG-4의 주요 단점 중 하나는 추가적인 처리 성능과 메모리가 MPEG-4 기반 비디오 콘텐츠 디코딩에 필요하다는 것이었다. 그러나 최근 몇 년간의 IPTVCD와 반도체 기술의 발전은 MPEG-4가 IPTV 데이터 센터 시스템과 IPTVCD를 위한 압축 기술이 되었다는 것을 의미한다.

표 3.2 MPEG-4 명세서의 각 부분에 대한 개요

부 번호	공식 명칭	설 명
1	ISO/IEC 14496-1 (시스템)	이 부분은 여러 H.264 도구들에 대한 상세사항을 포함
2	ISO/IEC 14496-2 (비주얼)	이 부분은 DCT 압축 알고리즘과 여러 프로파일에 대한 설명 그리고 이 기술이 지원하는 수준을 포함
3	ISO/IEC 14496-3 (오디오)	이 부분은 음성 코딩과 일반 오디오에 대한 상세사항을 포함. TTS(Text To Speech)와 같은 영역도 이 부분에서 다룸
4	ISO/IEC 14496-4 (순응)	이 부분은 표준을 따르는지를 보장하기 위해 인코더와 디코더에서 수행하는 확인 테스트에 대한 상세사항 포함
5	ISO/IEC 14496-5 (참조 소프트웨어)	이 부분은 샘플 참조 소프트웨어를 포함. 이는 IPTV 벤더가 H.264 장치를 개발하는데 사용
6	ISO/IEC 14496-6 (멀티미디어 통합 프레임워크 전달)	이 부분은 IPTVCM의 상위 계층과 전송 계층 간의 인터페이스 정의
7	ISO/IEC 14496-7 (MPEG-4 도구를 위한 최적 소프트웨어)	이 부분은 MPEG-4 기술을 구현하는 최적 방식을 제공한다는 의미에서 Part 5의 확장임
8	ISO/IEC 14496-8 (IP 프레임워크 수송)	이 부분은 IP 네트워크상에서 MPEG-4 콘텐츠 전달을 위한 요구사항 정의
9	ISO/IEC TR 14496-9 (참조 하드웨어)	이 부분은 하드웨어 비디오 코딩 도구에 대한 설명 포함
10	ISO/IEC 14496-10 (고급 비디오 코딩)	MPEG-4 Part 10, H.264 혹은 AVC로도 알려짐. 이 부분은 대역폭 사용에 있어서 경제성을 제공하는 고성능 디지털 인코딩 기술을 정의
11	ISO/IEC 14496-11 (장면 설명 및 응용 엔진)	이 부분은 BIFS(Binary Format For Screens)라고 하는 대화식 오디오-비주얼 신을 명시하는 방식 정의
12	ISO/IEC 14496-12: (ISO 기본 미디어 파일 포맷)	이 부분은 시간 기반 오디오 및 비디오 콘텐츠 저장을 위한 파일 포맷 정의
13	ISO/IEC 14496-13 (지적 재산권 관리 및 보호 확장)	이 부분은 MPEG-4 IPMP 시스템의 문법 및 문맥 정의
14	ISO/IEC 14496-14 (MPEG-4 파일 포맷)	이 부분은 MPEG-4 파일 포맷을 정의
15	ISO/IEC 14496-15 (AVC 파일 포맷)	이 부분은 AVC 기술로 압축된 파일의 저장 파일 포맷 정의
16	ISO/IEC 14496-16(애니메이션 프레임워크 확장)	이 부분은 멀티미디어 객체의 애니메이션 확장 기술
17	ISO/IEC 14496-17 (텍스트 부 제목 포맷)	이 부분은 매우 낮은 속도로 멀티미디어 표현의 일부로서 텍스트 코딩 방식 기술
18	ISO/IEC 14496-18 (폰트 압축 및 스트리밍)	폰트 선택은 멀티미디어 생성과 연계하여 매우 중요함. 이 부분은 MPEG-4 콘텐츠에 어떻게 효율적으로 내재하는지를 정의
19	ISO/IEC 14496-19 (합성 구조 스트림)	이 부분은 MPEG-4 멀티미디어 콘텐츠를 가진 합성 구조의 동화 기술

(다음 페이지에 계속)

표 3.2 MPEG-4 명세서의 각 부분에 대한 개요

부 번호	공식 명칭	설 명
20	ISO/IEC 14496-20 (간단한 화면 표현)	이 부분은 자원이 제한된 장치로 고급 멀티미디어 콘텐츠를 전달하고 표현하는 가이드라인 정의
21	ISO/IEC 14496-21(MPEG-J 그래픽 프레임워크 확장)	이 부분은 이동 장치를 위한 응용 생성을 위해 MPEG 표준 자바 응용 환경과 자바 응용 인터페이스(API)의 사용 정의
22	ISO/IEC 14496-22(개방 타입에 기반한 개방형 폰트 포맷 명세서)	이 부분은 디지털 폰트의 개방 타입에 대한 지원의 상세사항 설명

MPEG-4 Part 10 AVC/H.264 개요 차세대 네트워크는 HDTV와 주문형 비디오 응용과 같은 고급 비디오 서비스를 요구하고 있다. 이들 유형의 서비스에 대한 대역폭 요구는 매우 크다. 예를 들어, 단일 HD 채널은 6개의 SD 채널과 같은 양의 대역폭을 요구한다. 그래서 현재와 미래 대역폭 요구를 만족하기 위해 H.264라고도 알려진 MPEG-4 Part 10 AVC라고 하는 강력하고 정교한 표준이 2002년에 소개되었다. 이 책에서 우리는 이 압축 기술을 H.264/AVC라고 부르기로 한다. H.264/AVC의 주요 이점은 다음과 같다:

- *우수한 성능*: 이것은 이전 표준보다 우수한 압축 기술을 가진 상대적으로 새로운 오디오/비디오 기술이다.
- *낮은 대역폭 요구*: H.264/AVC의 비디오 품질은 MPEG-2와 거의 유사하다; 그러나 이것은 같은 품질의 신호를 전송하는데 적은 대역폭을 요구한다. 이 특성은 H.264/AVC가 IPTV 시스템에 적합하도록 해준다.
- *기존 비디오 처리 기반구조와의 호환성*: H.264/AVC는 운영자가 기존 MPEG-2와 IP 기반 네트워킹 기반구조를 활용할 수 있게 해준다.
- *HDTV 지원*: 최적으로 구축될 때 압축 표준은 기존 네트워크의 전달 용량을 2배 혹은 3배까지 확장할 수 있다. 따라서, 전화회사는 이 표준을 이용하여 기존 IP 액세스 네트워크를 통해 DVD 품질의 HD 비디오 콘텐츠를 구축할 수 있다.
- *다양한 기구에서 선택*: H.264/AVC가 개방형 국제 표준이라는 사실 때문에 많은 산업계로부터의 지원을 받고 있다. 자신들의 명세서와 표준에 H.264/AVC 사용을 권고하고 있는 여러 기구로는 다음이 포함된다:

  DVD 포럼

  블루-레이 디스크 연합

  DVB

  ATSC

DMB
IETF
ISMA

H.264/AVC가 공개 표준이라는 사실은 이것이 산업계의 지원을 널리 받는 이유 중 하나이다.

- *저장 공간 축소*: H.264/AVC는 서버가 비디오 콘텐츠를 저장하는데 요구하는 공간을 줄여준다.
- *여러 응용 지원*: MPEG-4 압축 기술은 다양한 멀티미디어 응용에서 이용된다. 이들 각 플랫폼은 자신만의 고유한 요구사항을 갖고 있다. 예를 들어, IPTV 멀티캐스트 응용은 표준 TV 디스플레이에 이미지 렌더링을 요구하며, 모바일 엔터테인먼트 응용은 이동전화기 혹은 PMP(Protable Media Player)에 렌더링되는 이미지를 생성한다. 많은 MPEG-4 응용을 지원하기 위해 제조업자들이 시장에 맞는 제품을 개발하도록 하는 MPEG-4 명세서에 여러 프로파일과 수준들이 포함된다. 따라서, 같은 프로파일과 수준을 가진 제품은 서로 호환이 가능하다. 개별 프로파일과 수준에 고유한 특성은 비트 전송률과 이미지 크기를 포함한다.
- *독립적인 전송*: H.264/AVC 압축 콘텐츠는 ATM, RTP, UDP, TCP, 그리고 MPEG-2 전송 스트림을 포함하는 다양한 프로토콜을 통해 전송이 가능하다.
- *나쁜 품질 네트워크에 쉽게 적응*: 내장 오류 은폐 및 복구 방식은 H.264/AVC가 나쁜 품질의 네트워크에서 동작할 수 있게 해준다.
- *다양한 응용에서 사용*: H.264/AVC는 매우 유연한 압축 기술이며 IPTV와 비디오 회의에서부터 모바일 엔터테인먼트와 휴대용 게임에 이르기까지 다양한 시장에서 사용되고 있다.

H.264/AVC 기술 구조 기본 수준에서, H.264/AVC 코딩 엔진은 이전 MPEG 압축 표준과 매우 유사하고 여러 기반 인코딩 모듈과 기술적 특성들로 구성된다. 다음 절에서 이들 모듈과 기술들에 대하여 살펴보기로 한다.

내부예측과 코딩(intraprediction and coding) 내부예측과 코딩 방식을 사용하여, H.264/AVC는 비디오 화면의 일부인 공간 중복성을 활용할 수 있다. 변환이 각 프레임에 적용된다는 점에서 MPEG-2와 유사하게 동작한다. 그러나 이들 기술 간의 유사성은 여기까지이다. MPEG-2에서는 DCT 변환이 화면 프레임 내의 각 매크로블록에 적용되는 반면에 H.264/AVC는 변환을 이웃 매크로블록에 적용한다. H.264/AVC가 사용하는 DCT 변환은 HPEG-2가 사용하는 것과 유사하나 같지는 않다. 이 방식은 이웃 매크로블록 간의 차이가 작다고 하는 가정에 기반을 두고 있다. 따라서, H.264 압축 엔진은

주변 매크로블록을 사용하며, 이 주변 블록들은 관심 있는 특정 매크로블록을 예측하기 위한 참조로서 이미 인코드되어 있다. 매크로블록 예측은 직접 매크로블록을 변환하는 것과 비교하여 상당한 비트를 줄인다.

외부예측과 코딩(interprediction and coding) H.264/AVC의 외부예측과 코딩 요소는 일련의 비디오 프레임 간에 존재하는 여러 시간적 중복성을 활용하는 움직임 예측에 의존한다. MPEG-2와 유사하게 H.264/AVC도 일련의 비디오 프레임 인코딩의 효율성을 높이는데 이 방법을 사용한다.

매크로블록 분할 인코딩 혹은 디코딩 프로세스의 기본 단위는 매크로블록이다. 매크로블록들은 결합되어 조각(slice)이 되고 이는 다시 프레임이 된다. MPEG 이전 버전에 사용된 움직임 보정(motion compensation)은 16 × 16 픽셀 배열을 사용하도록 제한되고 반면에 H.264/AVC 표준은 매크로블록을 분할(partition)로 나누는 선택사양을 제공한다. 이것의 목적은 움직임 보정예측에 대한 강화된 지원을 제공하는 것이다. 7개의 다른 블록 크기에 대한 상세내용이 그림 3.2에 나타나 있다.

보이는 바와 같이, 매크로블록에 대한 개별적인 움직임 벡터를 4 × 4 픽셀 크기로 작게 보내는 것이 가능하다. 이는 예측을 개선하고 인코더가 매우 상세한 수준에서 비디오 움직임을 다룰 수 있도록 한다.

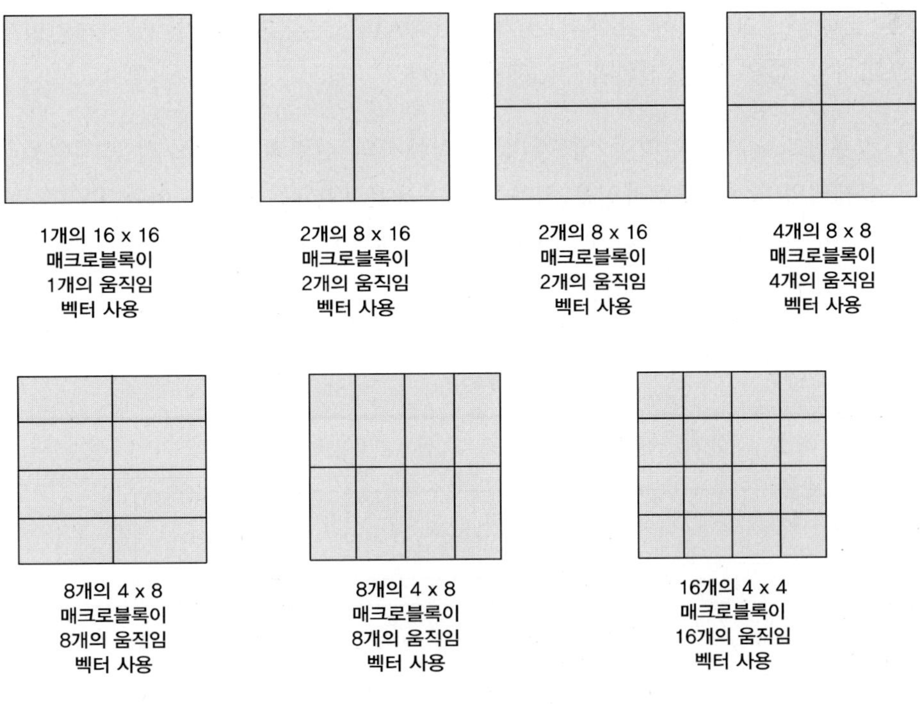

그림 3.2 H.264/AVC가 지원하는 블록 크기

다중 프레임 유형 I, B 그리고 P 프레임 지원 이외에, H.264/AVC는 두 개의 추가적인 프레임 유형, 즉, SI(Switching I)와 SP(Switching P) 유형을 지원한다. 이들 프레임은 IPTVCD 디코더가 참조 화면을 이용하지 않고 특정 위치에서 다른 스트림으로부터 라이브(live) 스트림으로 전환하는 것을 허용한다.

개선된 프레임 참조 시스템 MPEG-2 절에서 논의한 바와 같이, B 프레임 생성은 다른 프레임 참조에 기반을 두고 있다. MPEG-2에서 이러한 참조 프레임은 특정 프레임 이전 혹은 이후에 위치해야 한다. 이러한 제한점을 H.264/AVC에서는 극복하였고 B-프레임은 움직임 보정예측을 위해 비디오스트림의 어느 부분에서도 임의의 프레임 액세스를 할 수 있다.

이러한 특성은 대역폭 활용에 있어서 경제적이면서도 압축 프로세스의 효율성을 높이는데 도움을 준다. 프레임 참조 시스템에 대한 간략한 내용이 그림 3.3에 나타나 있다:

고급 변환 및 양자화 프로세스 이 모듈은 많은 비디오 데이터를 압축한다. H.264/AVC는 MPEG-2가 사용하는 DCT 변환 알고리즘의 개선된 버전을 사용한다.

루프 필터 디블록킹(deblocking) H.264는 TV 화면에 인공물(artifact)이 나타나는 것을 막아주는 필터 사용을 명시하고 있다.

특정 프로파일 2003년에 소개된 초기 H.264/AVC 표준은 3가지 "엔터테인먼트 중심" 프로파일 혹은 특성 집합을 기술하고 있다:

(1) *기본*(baseline) — 다양한 네트워킹 환경에서의 신뢰적 콘텐츠 전송 지원을 위해 설계되었다. 이 프로파일을 사용하는 응용은 비디오 회의와 이동 TV를 포함한다. 이 프로파일과 연계된 기술적 특성은 네트워크 상태가 나쁠 때 프레임 조각을 복사하는 기능을 포함한다.

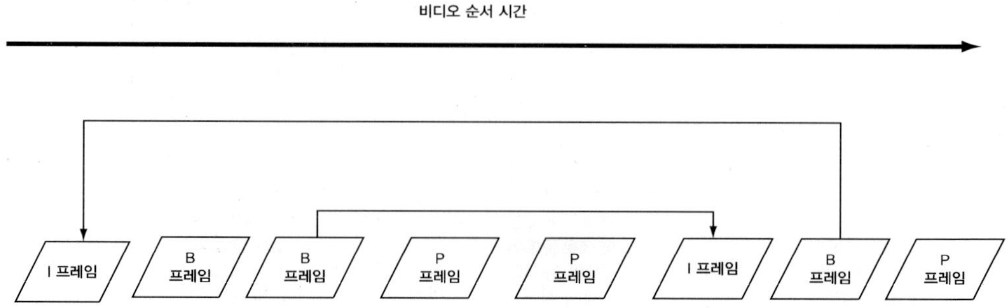

그림 3.3 H.264/AVC 프레임 참조 시스템

(2) *주*(main) — 이 프로파일은 IPTV와 같은 방송 TV 응용에 적합하도록 설계되었다. 이 프로파일과 연관된 기술적 특성은 코딩 프로세스의 효율성과 전체 프레임 순서에서 임의의 프레임 참조를 하도록 하는 B 프레임의 기능이다.
(3) *확장*(extended) — 이 프로파일은 이전 두 프로파일에서 우수한 특성을 추출하여 하나로 결합한 것이다. 이 프로파일을 지원하는 장치는 나쁜 네트워킹 환경에서 동작하는 능력을 포함할 뿐만 아니라 높은 수준의 코딩 효율성을 생성할 수도 있다.

2003년 이후에 전문적인 비디오 환경에서의 사용을 위해 4개의 프로파일들이 새롭게 소개되었다는 것이 유의하라.

위에 제시된 모든 기술들은 H.264/AVC가 IP 광대역 네트워크에서 전달을 위해 비디오 압축에 사용될 때 매우 높은 수준으로 동작하도록 보장한다.

H.264/AVC의 실제 사용은 다음 예로서 설명할 수 있다. 아일랜드 교외에서 자주 볼 수 있는 즉, 농부가 들판에서 소떼를 모는 풍경을 생각해보자. 기술적 관점에서 우리는 이 장면을 다음 객체들로 나눌 수 있다:

(1) 배경의 들판과 언덕
(2) 하늘
(3) 농부와 들판에서 뛰어 노는 소떼
(4) 농부의 음성
(5) 소들이 내는 소음

H.264/AVC는 이들 각 객체들을 개별적으로 다룬다. 압축은 각 객체에 적용된다. 들판, 언덕, 그리고 하늘을 나타내는 첫 두 객체는 정적이다. 따라서, 이들 객체에 적용되는 움직임 예측은 간단하다. 그러나 보다 정교한 움직임 예측 기술이 움직이는 농부와 소떼들을 나타내는 객체들에게 적용되어야 한다.

오디오 객체와 관련하여 H.264/AVC는 농부의 음성을 고품질 압축 포맷으로 인코드하는데 이는 선명성을 개선하는데 도움을 준다. 소떼들로부터의 소음은 시청자에게 크게 중요하지 않으며 따라서 비교적 덜 정확한 압축 방식이 5번째인 마지막 객체에 적용된다. 따라서, 객체들을 따로 압축하는 것의 커다란 장점은 이미지 내의 여러 객체들을 같은 이미지 내의 다른 객체들과 같이 정확하게 압축할 필요가 없다는 것이다. 이렇게 함으로써 대역폭을 줄일 수 있다. 이러한 방법은 H.264/AVC가 IPTV 네트워크에서 사용될 수 있는 매우 적절한 기술이 되게 한다.

3.2.2 VC-1

VC-1(Video Code-1)은 SMPTE(Society of Motion Picture and Television Engineers)가

표준화한 차세대 압축 기술이다. VC-1의 명세서는 2006년에 발간되었고 SMPTE 421 M에서 찾아볼 수 있다. 이러한 명세서 이외에 SMPTE는 또한 VC-1 콘텐츠 전송과 가이드라인에 대한 상세사항을 제공하는 두 개 이상의 문서를 발간하였다 — SMPTE RP227과 SMPTE RP 228. 여러 구현 중 하나가 마이크로소프트의 WMV(Windows Media Video) 9 멀티미디어 코딩 플랫폼에서의 채택이다. 마이크로소프트의 지원 이외에 HD DVD와 블루 레이를 포함하는 여러 다른 국제 표준들도 VC-1을 채택하였다. VC-1 명세서의 특성으로 다음의 것들이 포함된다:

다양한 플랫폼에서 구축 VC-1은 차세대 DVD 플레이어와 셋톱박스에서부터 휴대용 미디어 장치와 이동 전화에 이르기까지 다양한 IPTVCD에서 지원된다.

3개의 분리된 프로파일 지원 IPTVCD로 통합될 때 VC-1은 3개의 프로파일을 지원한다: 단순(simple), 주(main), 그리고 고급(advanced). 이들 각 프로파일은 다른 유형의 응용들에 적합하다.

예를 들어 단순 프로파일은 낮은 비트 전송률 인터넷 스트리밍 응용에 적합하고 고급 프로파일은 HDTV 콘텐츠 압축에 맞도록 설계되었다. 이들 중 주 프로파일이 IPTV 환경에서의 사용에 가장 적합하다; 특히 DSL 기반 네트워크에서의 비디오 전송. 주 프로파일은 수준별로 더 나누어진다. 수준별로 나누는 목적은 여러 파라미터에 적용 가능한 제한사항들을 식별하기 위함이다. 예를 들어, IPTVCD의 버퍼 크기는 수준 변수의 한 예이다. 표 3.3은 주 VC-1 프로파일과 연관된 수준들을 나열하고 있다.

ASF 포맷 ASF(Advanced Systems Format)은 IPTV 스트림을 구성하는 데 이용된다.

다양한 블록 크기 지원 8 × 8 픽셀 블록 코딩 지원 이외에, VC-1은 또한 4 × 4 픽셀 블록 코딩과 여러 변형들을 지원한다.

추가적인 프레임 유형 I, P, 그리고 B 프레임 지원 이외에, VC-1은 BI라고 하는 새로운 프레임 유형을 지원하며, 이는 I-프레임의 변형이고 다른 프레임에 의존하지 않는다. 이 프레임 유형은 다른 프레임을 예측하는데 사용되지 않음에 유의하라.

표 3.3 주 프로파일 수준 목록

수 준	최대 비트 전송률 (Mbps)	지원 해상도
낮음	2	24Hz에서 동작하는 320 × 320. 주로 컴퓨터 디스플레이에서 사용
중간	10	두 개 해상도 지원: 720 × 480(30Hz) 및 720 × 576(25Hz). 이 수준은 SD IPTV 전달에 좋음
고급	20	이 수준은 1920 × 1080 픽셀 밀도를 포함하는 프레임과 같은 고 해상도 비디오 콘텐츠를 처리할 수 있음

다양한 네트워크 전송 기술에서 동작 VC-1은 하부 네트워크 전송 프로토콜에 의존하지 않으며 IPTV 네트워크에서 콘텐츠 전송에 특정 방식과 연결되지 않는다.

시장이 MPEG-4와 VC-1에 의해 주도되지만 IPTV 인코딩 시장에서 경쟁하는 다른 비디오 압축 기술들이 있다. 예를 들어, 중국에서는 AVS(Audio Video Standard)라고 하는 표준을 개발하였다. AVS 압축 방식은 중국의 독자 표준이다. 공식적인 이름은 "중화인민공화국 표준 GB/T 20090.2 — 2006, 정보 기술, 오디오 및 비디오 고급 코딩, Part 2: 비디오"이다. 이 표준으로 얻을 수 있는 효율성 수준은 MPEG-4 Part 10으로 얻을 수 있는 성능 수준과 매우 유사하다. 이 표준은 압축뿐만 아니라 디지털 저작권과 콘텐츠 관리와 같은 다른 영역도 다루고 있다. 이 기술의 계속적인 개발은 중국의 오디오 비디오 코딩 작업반에서 책임지고 있다. 이 그룹에 대한 보다 자세한 사항은 www.avs. org.cn/en/을 참고하라.

비디오 콘텐츠의 표준화는 이 책 출판 시점에 상당한 성숙 단계에 있으며 여러 비공개 및 회사만의 독특한 기술들이 지난 여러 해에 걸쳐서 개발되었다.

3.3 비디오 콘텐츠 패킷화 및 캡슐화

비디오 콘텐츠의 패킷화와 캡슐화는 비디오 데이터를 개별적인 패킷에 삽입하고 조직하는 것이다. 캡슐화라는 용어는 비디오 콘텐츠를 데이터그램으로 포맷하는 과정을 설명하는데 이용된다. 비디오 콘텐츠를 캡슐화화는데 MPEGoIP(MPEG over IP)와 VC-1oIP(VC-1 over IP) 등의 방식이 있다. 이들 방식을 설명하기 전에, 먼저 IPTVCM (IPTV Communication Model)이라고 하는 네트워킹 프레임워크를 이해하는 것이 도움이 될 것이다.

3.3.1 IPTVCM 개요

IPTV 통신 모델은 7개(그리고 하나의 선택사양)의 개념 계층으로 구성된 계층 구조의 네트워크 프레임워크이다(그림 3.4 참조).

비디오 데이터는 송신 장치에서 한 계층에서 다음 계층으로 모델을 따라 하위로 전달되고, 물리 계층 프로토콜에 의해 광대역 네트워크에서 전송된다. 데이터는 목적지 장치에 있는 IPTVCM의 하위 계층에 도착하고 IPTVCM을 따라 상위 계층으로 전달된다.

따라서, 인코더가 IPTVCD로 전달해야 하는 비디오 콘텐츠를 갖고 있다면 인코더는 이것을 IPTVCM 계층 구조를 따라 전달해야 한다. 통신 모델에서의 각 계층은 기능을 갖추고 특정 책임을 수행한다. 각 계층에서의 책임이 완수되면, 비디오 데이터는 IPTVCM의 다음 계층으로 전달된다. 각 계층은 처리 과정에서 비디오 패킷에 추가적인

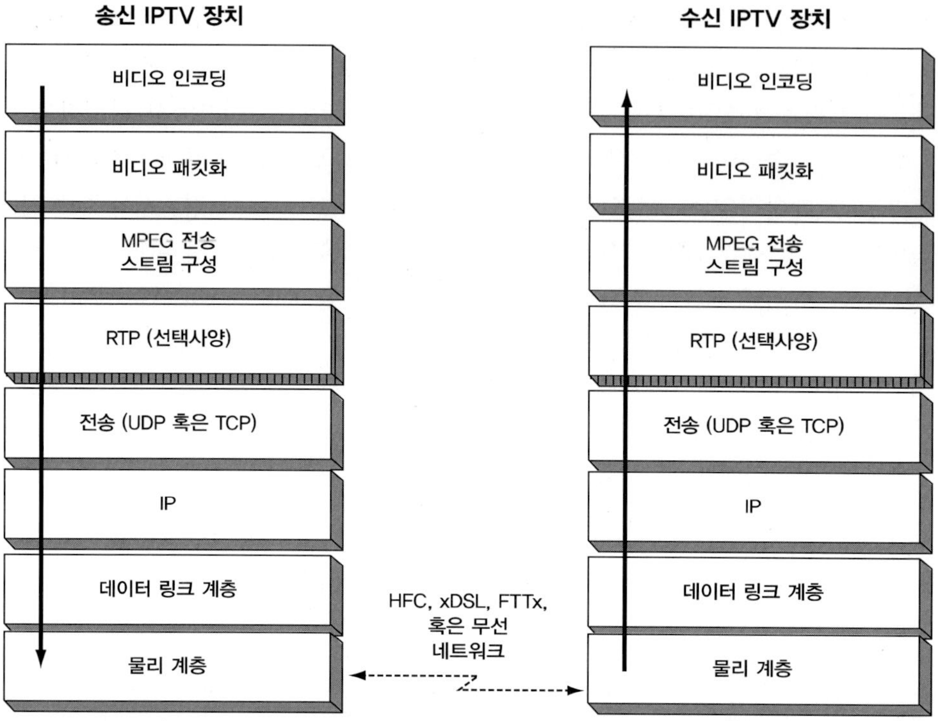

그림 3.4 IPTVCM 참조 모델

제어 정보를 추가하여 캡슐화한다. 이러한 제어 정보는 구체적인 명령을 포함하고 보통 헤더(header) 혹은 트레일러(trailer)로 포맷된다. 원격의 목적지에서 데이터는 통신 모델을 따라 상위 계층의 수신 응용으로 전달된다. 이러한 방식에서 피어(peer) 계층 간의 논리적 연결이 설정된다. 7개 그리고 어떤 구현에서는 8개의 IPTVCM 계층들이 크게 두 개의 부류로 나누어진다: 상위 및 하위 계층. 상위 계층은 특정 IPTV 응용과 파일 포맷을 다루고, 하위 계층은 주로 콘텐츠의 실제 전송을 다룬다.

3.3.2 IPTVCM 및 MPEG 콘텐츠 전송

그림 3.5는 IPTVCM 프로토콜 스택을 따라서 비디오 콘텐츠가 전달되면서 캡슐화 관점에서 MPEG 방식을 사용하여 압축될 때 비디오 콘텐츠에 어떤 일이 발생하는지에 대한 좀 더 상세한 사항들을 제공하고 있다.

다음 절에서 그림 3.5에서 보여지고 있는 여러 캡슐화에 대한 상세한 사항들을 설명하기로 한다.

3.3.2.1 비디오 인코딩 계층

통신 프로세스는 인코딩 계층에서 시작하고 여기에서 비 압축 아날로그 혹은 디지털

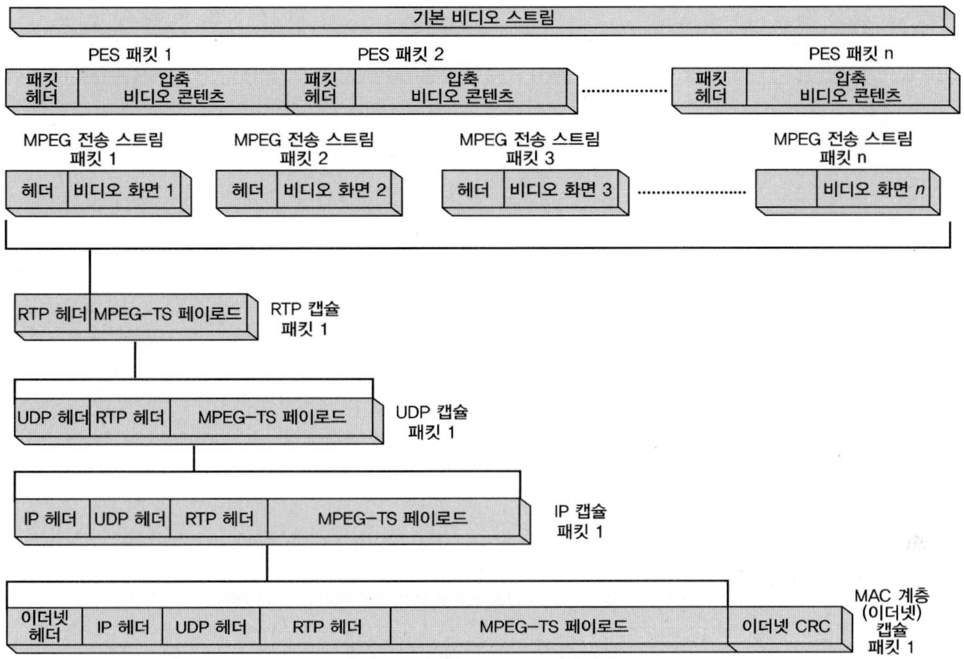

그림 3.5 IPTVCM 캡슐화 계층

신호가 압축되고 MPEG 기본 스트림이 인코더로부터 출력된다. 기본 스트림은 연속적인 실시간 디지털 신호를 정의한다. 여러 기본 스트림 유형이 있다. 예를 들어, MPEG을 이용하여 인코드된 오디오는 "오디오 기본 스트림"이라고 부른다. 기본 스트림은 인코더로부터 가공되지 않고 출력된다. 이 스트림은 IPTVCM 모델의 이 계층에서 비디오 프레임으로 조직된다. 기본 스트림에 포함되는 정보 유형은 다음을 포함한다:

- 프레임 유형과 전송률
- 화면에서의 데이터 블록 위치
- 화면 비율

기본 스트림은 MPEG 스트림 생성의 토대를 형성한다.

이 계층은 H.264/AVC 명세서에서 두 개의 부 계층으로 나누어지는 것에 유의하라: VCL(Video Coding Layer)와 NAL(Network Abstraction Layer). 이전에 논의한 바와 같이, VCL 부 계층은 비디오 콘텐츠 압축의 기능을 담당한다. 이 계층에서의 출력은 일련의 화면 조각이다. NAL 계층에서의 비트스트림은 NAL 유닛(unit)이라고 하는 여러 불연속 패킷들로 구성된다. NAL 유닛의 포맷은 그림 3.6에 나타나 있다.

그림 3.6의 다이어그램은 비디오 콘텐츠의 페이로드(payload)를 전달하는 NAL 유닛을 나타낸다. VCL-NAL이라는 용어는 이 유닛을 정의하는데 사용된다. 이 필드에

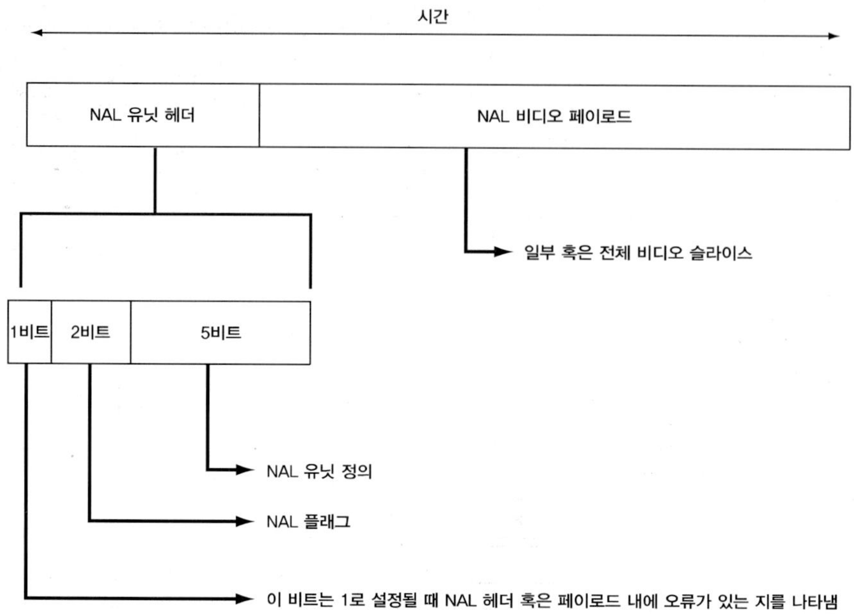

그림 3.6 NAL 유닛의 구조

제어 정보와 같은 다른 유형의 페이로드를 포함하는 것도 가능하다. 이들 유닛은 비-VCL 유닛으로 분류된다. NAL 유닛은 액세스 유닛을 구성하기 위해 순차적으로 결합된다. H.264/AVC가 사용하는 NAL은 IP와 비-IP 기반 네트워킹 기반구조 모두를 지원한다.

3.3.2.2 비디오 패킷화 계층

오디오, 데이터, 그리고 비디오 기본 스트림이 디지털 네트워크에서 전송되도록 하기 위해, 각 기본 스트림은 시간 정보를 가진 PES(Packetized Elementary Stream) 패킷의 스트림으로 변환된다. PES 스트림은 한 소스에서 단지 한 유형의 데이터만을 포함한다. PES 패킷은 고정(혹은 가변) 크기 블록이며 패킷당 최대 65536바이트의 크기이다. 이 패킷은 6바이트를 헤더에 할당하고 패킷의 나머지는 콘텐츠 전달에 사용된다. PES 헤더의 요소들은 그림 3.7에 나타나 있으며 표 3.4에 설명되어 있다.

네트워킹 특성으로 인해 IPTV 데이터 센터로부터 출력되는 비디오 프레임의 순서는 IPTVCD에서 수신되는 순서와 다를 수 있다. 따라서, 동기화를 돕기 위해, MPEG 기반 시스템은 특정 비디오스트림의 일부인 여러 PES 패킷에 시간 표시(time stamp)를 한다.

각 PES 패킷에 적용될 수 있는 두 가지 유형의 시간 표시가 있다 — PTS(Presentation Time Stamps)와 DTS(Decode Time Stamp).

- *PTS* — PTS는 33비트 타임 값을 가지며, PES 헤더 필드에 설정된다. PTS를 각 패킷에 적용하는 목적은 언제 그리고 어떤 순서로 비디오가 시청자에게 표현되어야 하는지를 정의하는 것이다.

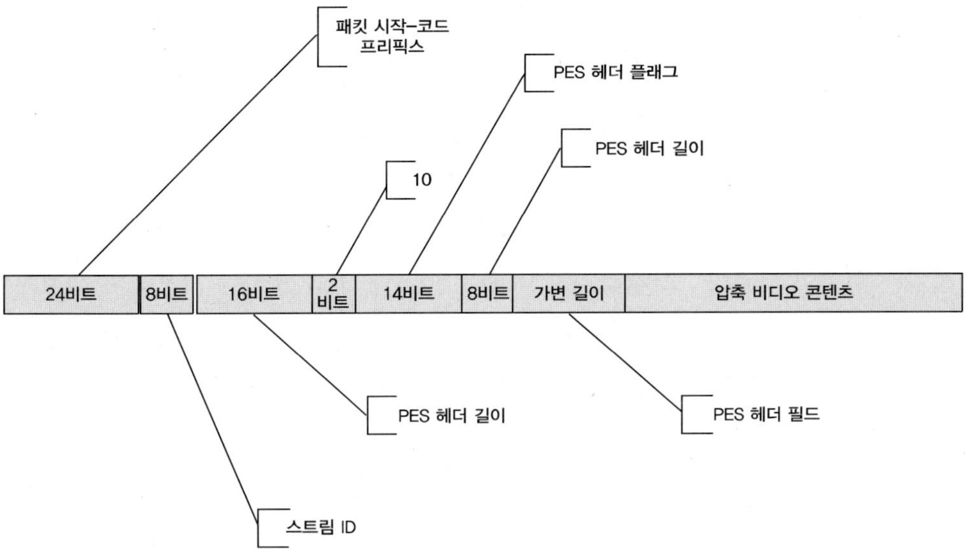

그림 3.7 MPEG PES 패킷 헤더

표 3.4 MPEG PES 패킷의 구조

필드 이름	기능 설명
패킷 시작 코드 프리픽스	PES 패킷은 0 × 000001 프리픽스로 시작
스트림 식별자(I 바이트)	이 필드는 패킷 내의 페이로드 타입을 식별. 111x xxxx 비트 패턴은 오디오 패킷을 나타내고 1110 xxxx 비트 패턴은 비디오 콘텐츠를 나타냄. "x" 값은 MPEG 스트림의 수를 나타내는데 사용
PES 패킷 길이	이 두 바이트 필드는 패킷의 길이를 나타냄
동기화 코드	이 필드는 오디오와 비디오 콘텐츠 동기화에 사용
PES 헤더 플래그	이 14비트 필드는 IP 셋톱박스 내에 있는 하드웨어 혹은 소프트웨어 디코더에게 추가적인 정보를 제공하는 여러 PES 지시자 혹은 플래그를 포함. 이 필드에 포함된 플래그 타입은 다음을 포함:
	PES_Scrambling_Control – 이것은 디코더에게 패킷이 스크램블링 과정을 통해 안전한지를 알림
	PES_Priority – 이것은 디코더에게 PES 패킷의 우선순위 수준에 대한 정보를 제공
	data_alignment_indicator – 이 지시자는 PES 페이로드가 오디오 혹은 비디오 비트로 시작하는지를 결정
	저작권 정보 – 이 비트가 설정되면 비디오 콘텐츠를 저작권 보호됨
	original_혹은_copy – 이 플래그는 이것이 오리지널 콘텐츠인지 아닌지를 나타냄
PES 헤더 데이터 길이	이 필드는 여러 헤더 필드가 차지하는 전체 바이트 수를 나타냄
PES 헤더 필드	이 필드는 여러 선택적인 비트를 포함
PES 페이로드	이 PES 페이로드는 기본 스트림 오디오 및 비디오 데이터로 구성됨

- *DTS* — 각 패킷에 DTS를 적용하는 목적은 IPTVCD 디코더에게 패킷을 언제 처리할 것인지를 명령하는 것이다.

MPEG 인코드 스트림 내의 PES 패킷에 다른 유형의 시간 표시를 적용하는 개념이 그림 3.8에 나타나 있다

보이는 바와 같이 패킷이 네트워크에서 스트림되는 순서는 IPTVCD의 입력부에서 수신되는 순서와 다르다. 그 결과, IPTVCD는 PTS와 DTS 표시를 사용하여 원래의 비디오 콘텐츠를 재구성한다. MPEG-2 압축 콘텐츠 전달 이외에, PES는 또한 IPTV 네트워크를 통해 H.264/AVC 유닛을 전송할 수 있다. 이러한 프로세스에 포함된 자세한 매핑(mapping)이 그림 3.9에 설명되어 있다.

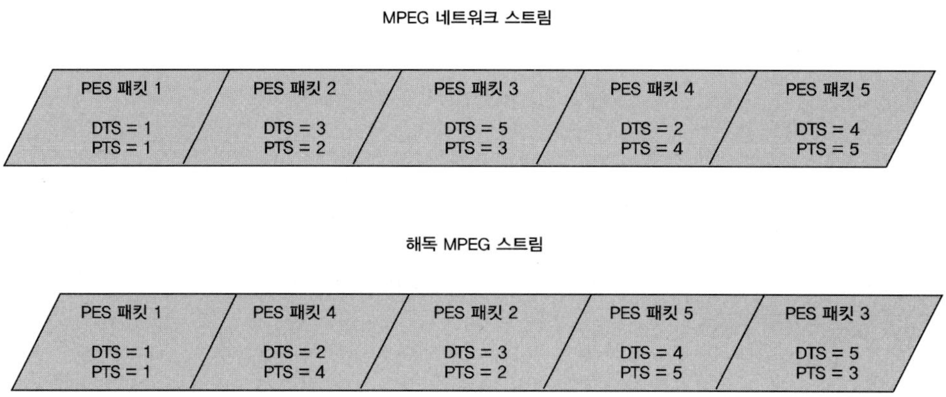

그림 3.8 MPEG PES 패킷에 시간 표시 적용

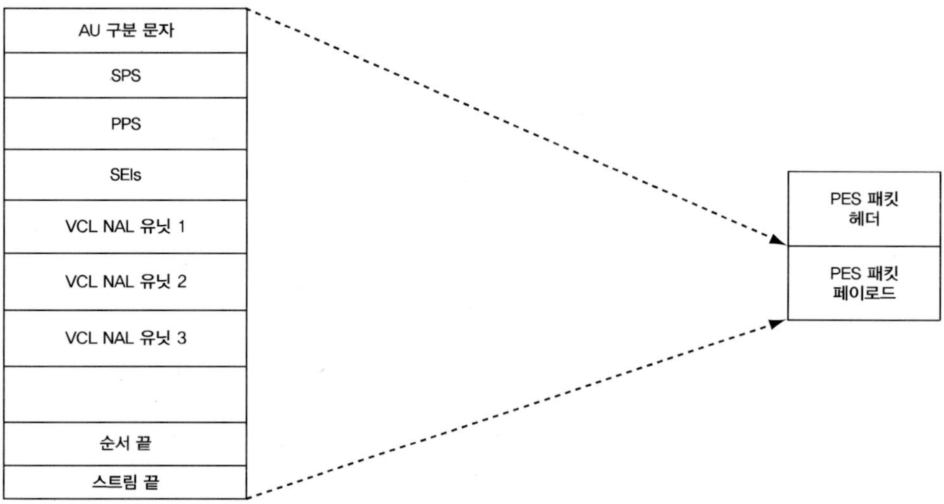

그림 3.9 AVC 액세스 유닛을 MPEG-2 PES 패킷으로 매핑

3.3.2.3 전송 스트림 조립 계층

IPTVCM 통신 모델의 다음 계층은 전송 스트림 구축을 다루며 이는 여러 패킷 스트림으로 구성된다. 보통 TS 패킷이라고 하는 이들 패킷들은 PES 패킷을 188바이트의 고정 크기 TS 패킷으로 만들고 이들은 독립적인 시간축에서 참조된다. 동일한 시간축 대신에 독립적 시간축을 사용하는 것은 잠재적인 패킷 손실 혹은 잡음에 의한 오류를 줄이는 데 도움이 된다. 각 TS 패킷은 비디오, 오디오 혹은 데이터의 세 가지 미디어 포맷 중 하나를 포함한다. 따라서, 전송 패킷은 미디어의 혼합을 허용하지 않는다. 각 TS 패킷은 184바이트의 페이로드와 4바이트의 헤더로 구성된다. MPEG TS 헤더의 구성요소는 그림 3.10에 나타나 있으며 표 3.5에 설명되어 있다.

다음 데이터 유형은 MPEG 전송 스트림 패킷의 페이로드 필드에 직접 캡슐화될 수 있다.

- MPEG-1 비디오(ISO/IEC 11172-2)
- MPEG-2 비디오(ISO/IEC 13818-2)
- MPEG-1 오디오(ISO/IEC 11172-3)
- MPEG-2 오디오(ISO/IEC 13818-3)

이 계층은 또한 프로그램 스트림의 생성을 허용하는 기능을 제공함에 유의하라. 프로그램 스트림은 같은 마스터 클록 혹은 시스템 타임 클록을 사용하여 인코드되는 여러

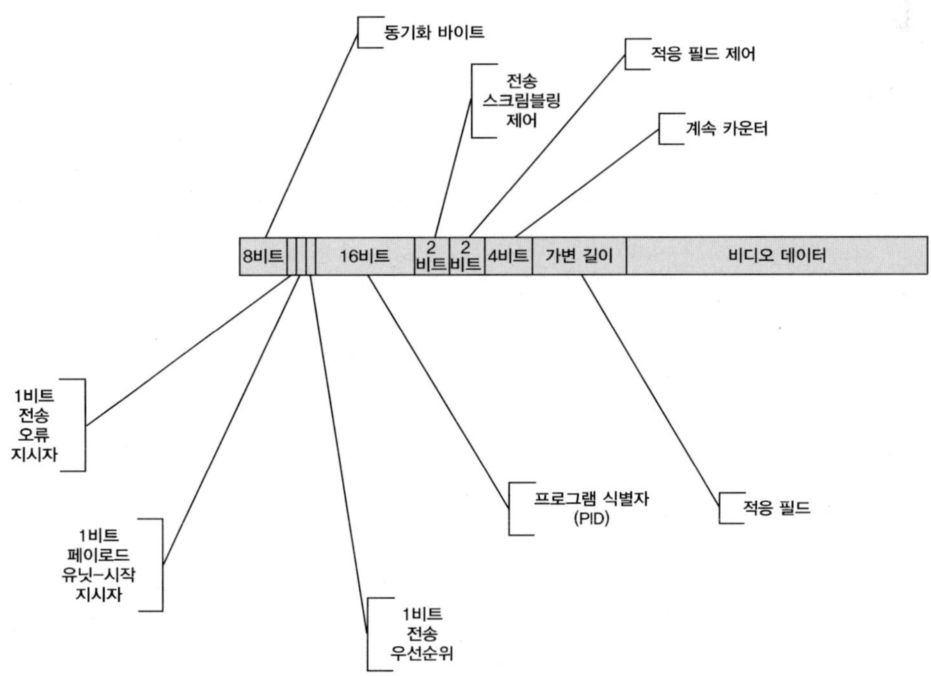

그림 3.10 MPEG TS 패킷 포맷

표 3.5 MPEG TS 패킷의 구조

필드 이름	기능 설명
동기화 바이트	이 헤더는 8비트의 동기화 바이트로 시작. 이는 0×47 (01000111) 비트 패턴을 가지며 IPTV 패킷의 시작을 탐지하는데 사용됨
전송 오류 지시자	이 단일 비트 플래그는 연관 전송 스트림 내의 오류를 나타냄
페이로드 단위-시작 지시자	이 플래그는 비디오 페이로드의 시작을 나타냄
전송 우선순위	이 플래그가 설정되면 이는 비디오 페이로드의 우선순위 수준을 나타냄
PID(프로그램 식별자)	헤더의 가장 중요한 필드는 프로그램 식별자를 정의하는 13비트임. 이것은 패킷이 속한 스트림을 식별함. 이 스트림에 포함된 모든 패킷은 같은 PID 값을 가짐. 이 정보는 다른 패킷 타입을 구별하기 위해 IPTVCD 내의 역다중화가 사용. 널(null) 패킷은 항상 8191 PID 값이 할당됨. PID 값이 없는 패킷은 수신 IPTVCD가 폐기
전송 스크램블링 제어	이 두 비트 필드는 전송 스트림 패킷 페이로드의 암호화 상태를 나타냄
적응 필드 제어	이 두 비트 필드는 연관 전송 스트림 패킷 헤더가 적응 필드와 페이로드를 포함하는지를 나타냄
연속성 카운터	연속성 카운터는 같은 PID 값을 가진 전송 스트림 패킷이 MPEG 시스템을 통해 전달될 때마다 1씩 증가됨. 이는 IPTV 가입자가 시청하는 비디오 품질에 영향을 주는 손실 혹은 중복 패킷을 식별하는데 도움을 줌
적응 필드	이 필드는 전송 헤더에 있을 수도 없을 수도 있음. 적응 필드는 PCR(Program Clock Reference)을 포함하는 타이밍과 제어를 위해 사용되는 여러 데이터를 포함. PCR은 IPTVCD 클록과 소스 인코더 클록을 동기화하는데 사용. PCR 값은 42비트 길이이고 27MHz 표준 클록률에 따라 증가됨. 일단 동기화가 이루어지면 IPTV MPEG-2 스트림 디코딩 발생

기본 스트림을 전달하는 PES 패킷이다. 이러한 유형의 스트림은 비디오 콘텐츠의 광 디스크 혹은 하드 디스크에 저장하는 것과 같은 오류가 없는 응용을 위해 개발되었다. 따라서, 프로그램 스트림은 종단 간 IPTV 구축에서 거의 사용되지 않는다.

압축 오디오 및 비디오 콘텐츠 이외에, 전송 스트림은 많은 PSI(Program Specific Information) 혹은 비트스트림을 설명하는 메타데이터를 포함한다. 이 정보는 4개의 PSI 테이블로 전달된다.

(1) *PAT* (Program Association Table) — PAT 테이블의 전송은 필수(mandatory)이고 PSI 테이블의 시작지점이다. PAT는 항상 0의 PID(Program Identifier)를 갖는다. 이 테이블은 프로그램 번호와 PMT(Program Map Table)을 전달하는 전송 패킷의 PID 간에 연결을 제공한다.

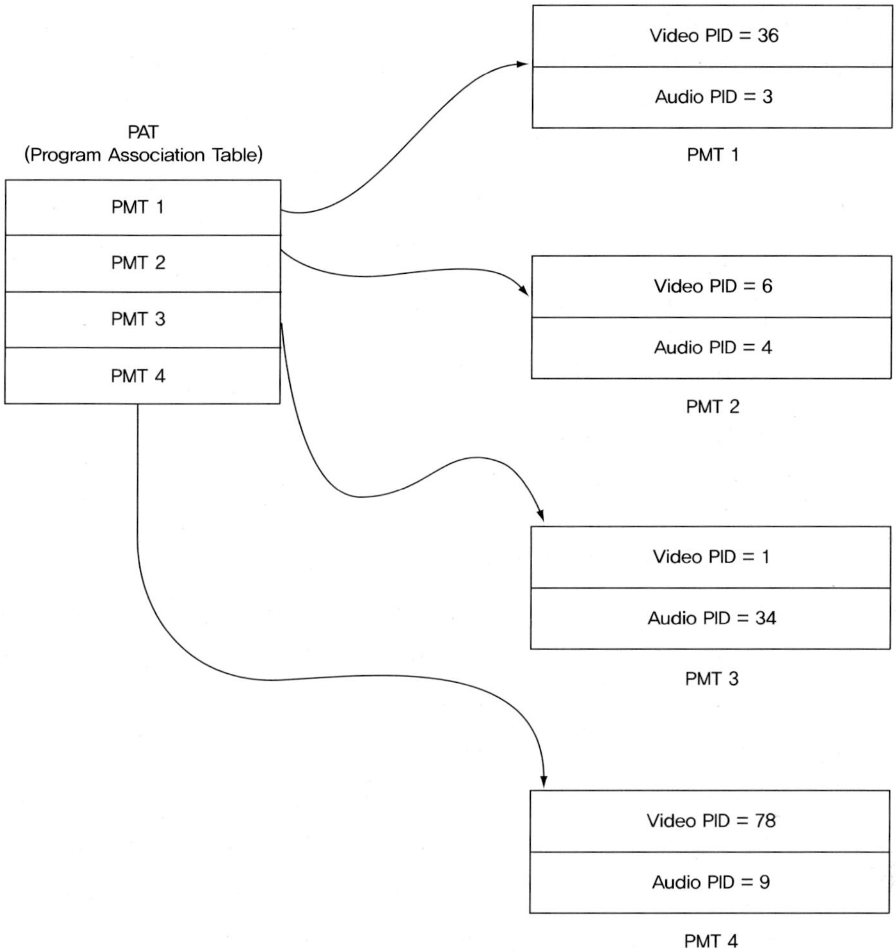

그림 3.11 PMT와 PAT 관계

(2) *PMT* (Program Map Table) — PMT는 필수이고 하나의 특정 프로그램과 관련된 정보를 포함한다. PMT는 특정 프로그램의 요소들(오디오, 비디오, 데이터, 그리고 PCR 정보)을 포함하는 패킷에 대한 모든 PID를 나열한다. 그림 3.11은 PAT와 PMT 간의 관계에 대한 예를 도식적으로 설명하고 있다.

일단 IPTVCD가 특정 프로그램을 요청하면 PAT를 참조하게 되는데 이어서 PAT는 이 프로그램과 연관된 오디오, 비디오, 그리고 데이터 패킷에 대한 PID를 식별하기 위해 PMT을 참조한다. 이 예에서 TV 가입자가 프로그램 1을 선택하고 IPTVCD는 이 프로그램의 비디오 부분에 대한 PID 36, 그리고 프로그램의 오디오 부분에 대한 PID 3을 가진 모든 전송 스트림 패킷을 찾는다. 만약에 프로그램과 함께 데이터가 방송된다면 PMT는 데이터 전송 스트림 패킷을 어디에서 찾아야 하는지에 대한 상세사항을 포함한다.

(3) *CAT* (Conditional Access Table) — CAT는 선택적인 PSI 테이블이고 EMM(Entitlement Management Message)에 대한 PID를 포함한다. EMM은 CAS(Conditional Access System)에 대한 권한 수준 정보를 포함한다. CAT는 항상 PID가 1인 패킷으로 전달된다.

(4) *NIT* (Network Information Table) — NIT도 채널 주파수와 전송 스트림 수와 같은 정보를 저장하는 선택적인 테이블이다. 셋톱박스는 특정 프로그램을 수신하는데 이 정보를 이용한다. NIT 테이블은 IPTV 구축에서는 거의 사용되지 않는다.

일단 TS가 구성되고 포맷되면 IPTVCM을 따라 아래 방향으로 전송 계층에 직접 혹은 RTP(Real-Time Transport)를 사용하는 계층으로 전달된다.

3.3.2.4 RTP 계층(선택사양)

이 선택적인 계층은 여러 IPTV 응용에서 사용된다. 이것은 상위 계층에서 H.264/AV, MPEG-2 혹은 VC-1으로 인코드된 콘텐츠와 IPTVCM의 하위 계층 간의 중간 계층으로 동작한다. RTP 프로토콜은 이 계층의 중심이며 IP 네트워크를 통해 미디어 콘텐츠의 실시간 스트리밍을 지원하는 기본 블록이다.

RTP는 콘텐츠를 패킷이라고하는 특별한 포맷으로 캡슐화하여 오디오와 비디오의 종단 간 스트림을 전달한다. 각 패킷은 헤더와 페이로드 IPTV 데이터로 구성된다. 대역폭을 효율적으로 개선하기 위해, 페이로드는 하나 이상의 MPEG-TG 패킷을 포함한다.

헤더는 네트워크를 통해 실시간 데이터의 성공적인 전송에 필수적인 기능을 포함한다. RTP 헤더는 UDP(User Datagram Protocol) 헤더 내의 5004 값으로 식별할 수 있으며 상당히 많은 수의 필드를 포함한다. 이들 여러 필드에 대한 상세사항은 그림 3.12에 나타나 있으며 표 3.6에 설명되어 있다.

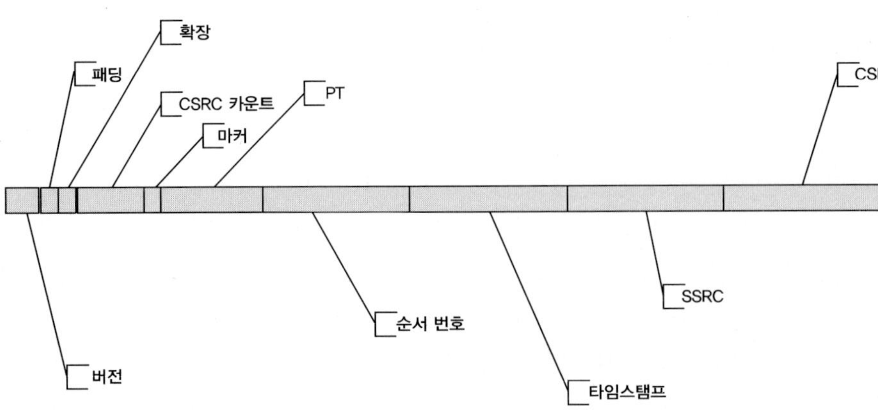

그림 3.12 RTP 헤더 포맷

표 3.6 RTP 기반 IPTV 패킷의 구조

필드 이름	기능 설명
버전(V)	이 필드는 IPTV 패킷에서 사용되는 RTP 버전을 식별
패딩(P)	이 필드는 RTP 패킷에 패딩 옥텟이 있는지 없는지를 정의
확장(X)	이 비트가 1로 설정되면 고정 헤더가 뒤에 따름
CSRC(Contributing Source Count)	이 필드는 패킷에 포함된 CSRC 식별자의 수에 대한 정보를 포함
마커(Marker)	RTP 프로파일에 의해 정의된 1비트 필드. 프레임 경계를 정의하는데 사용
페이로드 타입(PT)	이 필드는 IPTV 페이로드의 포맷에 대한 정보를 포함. 예를 들면, 34 값은 H.263으로 인코드된 비디오 콘텐츠 페이로드를 나타냄
순서 번호	이는 TCP 패킷 내에 포함된 순서 번호 필드와 같은 기능을 함. 다시 말하면, IPTV 네트워크에서 손실 패킷을 탐지하는데 도움이 됨. 추가적으로 IPTVCD가 순서대로 도착하지 않은 패킷을 재순서화하고 중복된 패킷을 식별하는데 도움을 줌. 이 필드 값은 RTP 패킷이 광대역 네트워크로 보내질 때마다 1씩 증가됨. 일단 IPTV 스트림이 시작되면 해커로부터의 공격 위험을 줄이기 위해 임의의 값이 이 필드에 할당됨
타임스탬프	이 필드는 패킷에 대한 타임스탬프를 가짐. 올바른 타이밍 순서로 오디오와 비디오 패킷을 IPTV 스트림에 삽입하는데 사용됨
SSRC(Synchronization Source)	이 필드의 목적은 IPTV 네트워크에서의 동기화 소스를 식별하기 위함. 이 필드는 가끔 IPTV 스트림에서 발생하는 문제를 고치기 위해 순서 번호 필드와 연계하여 사용
CSRC 리스트	이 32비트 필드는 IPTV 페이로드에 포함되는 여러 오디오와 비디오 소스를 식별하는데 사용

RTP는 헤더에 길이 필드를 갖고 있지 않다는 것을 강조할 필요가 있다. 그 이유는 이 정보 제공을 위해 하위 전송 프로토콜을 이용하기 때문이다. 표 3.6에 기술된 바와 같이 압축 비디오 콘텐츠를 RTP 패킷에 삽입하는 것의 두 가지 주요 장점은 다음과 같다:

(1) 서버와 IPTVCD가 손실 패킷을 탐지하도록 하기 위해 패킷에 순서 번호를 추가한다. 추가적으로 이 번호는 IPTVCD 디코더가 IP 네트워크에서 잘못된 순서로 도착하는 패킷을 재순서화하는데 이용될 수 있다.

(2) 타임스탬프(timestamp) 필드는 소스와 목적지 간의 지터(jitter)와 잘못된 클록 동기화와 같은 문제를 해결하는데 도움을 준다.

일단 RTP 헤더가 비디오 페이로드에 더해지면, RTP 패킷은 이후의 처리를 위해 TCP 혹은 UDP 프로토콜로 보내진다.

어떤 경우, MPEG-2, H.264/AVC, 혹은 VC-1으로 압축된 비디오, 오디오 그리고 데이터 콘텐츠를 IP 네트워크를 통해 상위 IPTVCM 계층을 피하고 대신에 콘텐츠를 직접 RTP 패킷 내에 매핑하여 전송하는 것도 가능하다. 다음 절에서 이들 세 가지 다른 비디오 압축 포맷을 전달하는데 RTP 계층을 사용하는 것에 대한 간략한 개요를 제공한다.

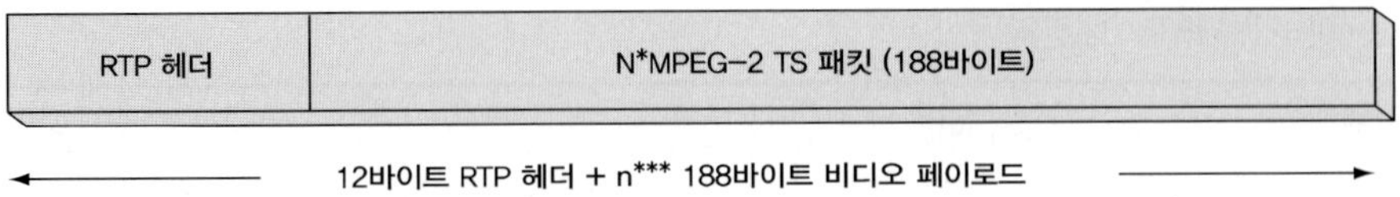

그림 3.13 ETSI TS 102 034에 따라 캡슐화된 MPEG-TS 패킷

MPEG-2 압축 비트스트림 캡슐화를 위한 RTP 페이로드 포맷 MPEG-2 TS 패킷을 직접 전달하기 위해 UDP를 사용하는 대신에 일부 IPTV 시스템은 패킷 전달을 위해 UDP 계층과 더불어 RTP 계층을 사용한다. MPEG-TS 패킷을 RTP 패킷으로 매핑하는 것은 매우 간단하다. 그림 3.13에서 IP에서의 MPEG-2 기반 DVB 콘텐츠를 전송하는데 사용되는 구조가 설명되어 있다.

보이는 바와 같이 이 구조는 헤더와 MPEG2-TS 패킷의 페이로드를 수용한다. 각 패킷은 188바이트의 길이이고 이 표준 방식은 각각의 ETSI TS 102 034를 따르는 패킷에 7개의 MPEG-2 TS 패킷을 사용한다.

H.264/AVC 압축 비트스트림 캡슐화를 위한 RTP 페이로드 포맷 RFC 3984는 H.264/AVC 콘텐츠 전송 방법에 대한 구체적인 권고안을 제공하고 NAL 유닛을 RTP 페이로드에 삽입하는 세 가지 방식을 정의하고 있다:

(1) *단일 NAL 유닛 패킷*: 이 방식은 단일 NAL 유닛을 단일 RTP 페이로드로 매핑하는 것을 정의한다. 단일 NAL 유닛 패킷의 구조는 그림 3.14에 나타나 있다.

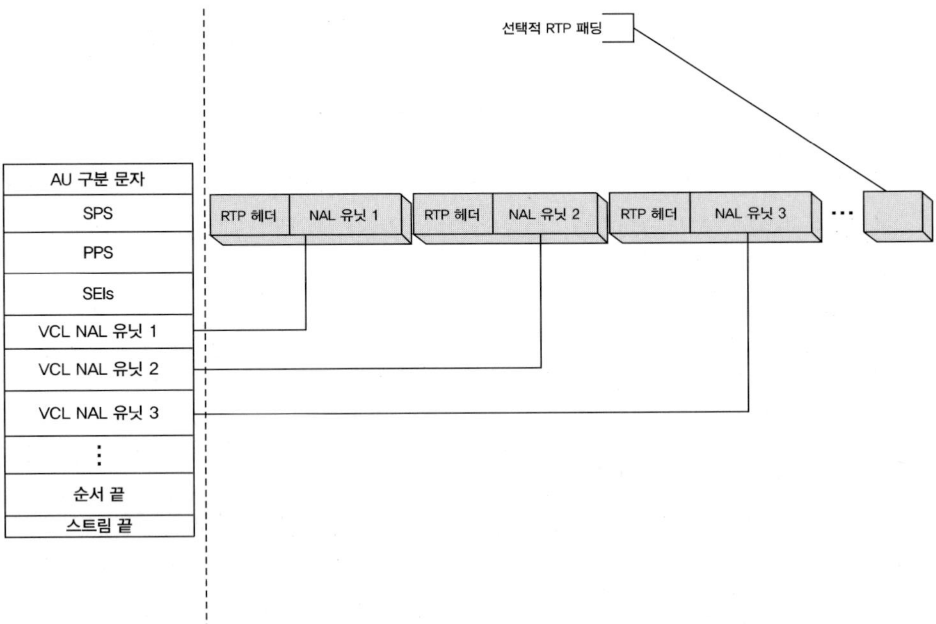

그림 3.14 단일 NAL 유닛으로서 H.264/AVC 콘텐츠를 RTP 페이로드에 직접 매핑

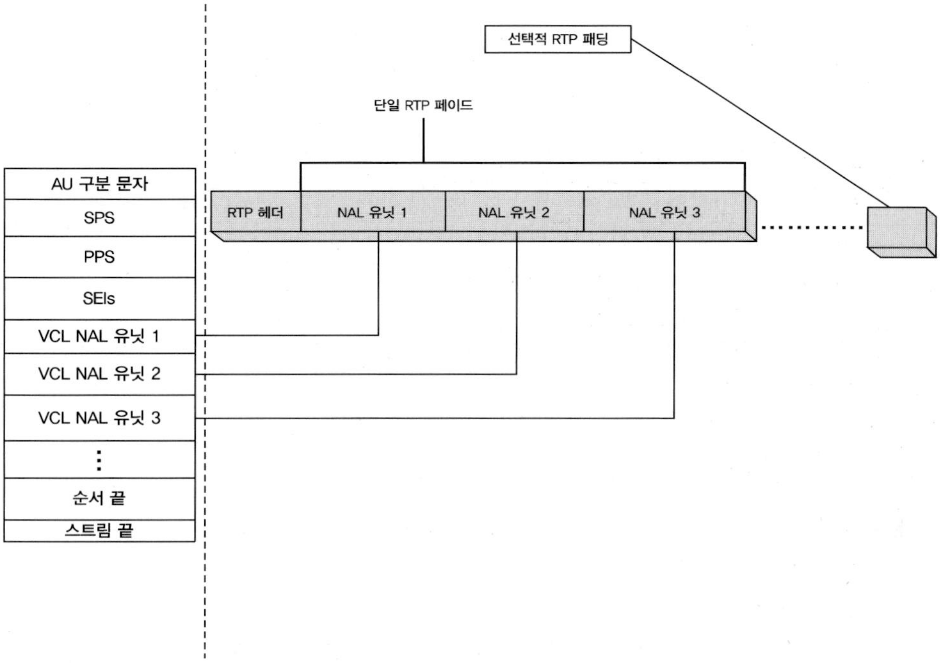

그림 3.15 다중 NAL 유닛으로서 H.264/AVC 콘텐츠를 단일 RTP 페이로드에 직접 매핑

(2) *NAL 유닛 패킷 통합*: 이 방식은 다중 NAL 유닛을 단일 RTP 페이로드로 매핑하는 것을 정의한다. 통합 유닛 패킷의 구조는 그림 3.15에 나타나 있다.

통합 NAL 유닛은 다른 유형의 분배 네트워킹 기술의 MTU(maximum transfer units)을 수용하기 위해 정의되었다. 예를 들어, 이더넷의 MTU는 1500바이트이고 ATM 시스템은 54바이트의 MTU를 사용한다. 다중 NAL 유닛을 RTP 페이로드로 매핑하기 위한 방법으로 통합(aggregation)을 사용함으로써 IPTV를 다중 플랫폼에서 구축할 때 트랜스코딩(transcoding)의 필요와 과도한 패킷화 오버헤드(overhead)를 제거할 수 있다.

(3) *NAL 유닛 패킷 단편화*(fragmentation) : 이 방식은 단일 NAL 유닛을 다중 RPT 페이로드에 걸쳐 매핑하는 것을 정의한다. 단편화 유닛 패킷의 구조는 그림 3.16에 나타나 있다.

NAL 유닛 단편(fragment)은 네트워크를 통해 순차적 그리고 연속된 순서로 보내질 필요가 있음에 유의하라. 이것은 RTP 헤더 내에 포함된 오름차순의 번호를 사용하여 가능하다. 이 방식은 IPTV 서비스 제공자에게 여러 이점을 제공한다. FEC(Forward Error Correction)과 같은 오류 정정 기술의 효율성을 증가시킨다. FEC는 나중에 다루기로 한다.

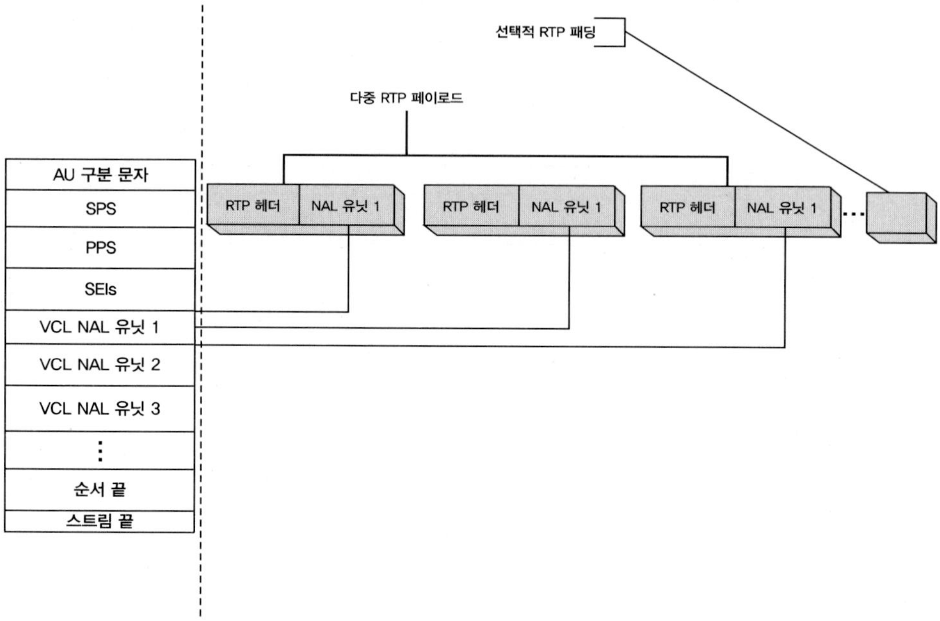

그림 3.16 단일 H.264/AVC NAL 유닛을 직접 다중 RTP 페이로드에 매핑

VC-1 압축 비트스트림 캡슐화를 위한 RTP 페이로드 포맷 IP 상에서의 VC-1 전달은 IPTVCM으로 쉽게 할 수 있다. 이 모델을 VC-1 콘텐츠 전송에 적용하는 방법에 대한 몇 가지 변형이 있다. 주요 차이점 중 하나는 비디오 데이터가 MPEG 캡슐화 사용을 피하기 위해 직접 RTP 패킷에 삽입된다는 것이다. 그림 3.17은 VC-1 압축 콘텐츠가 IPTVCM 프로토콜 스택을 따라 아래로 전달되면서 캡슐화 관점에서 어떤 일이 일어나는지에 대하여 상세한 설명을 제공한다.

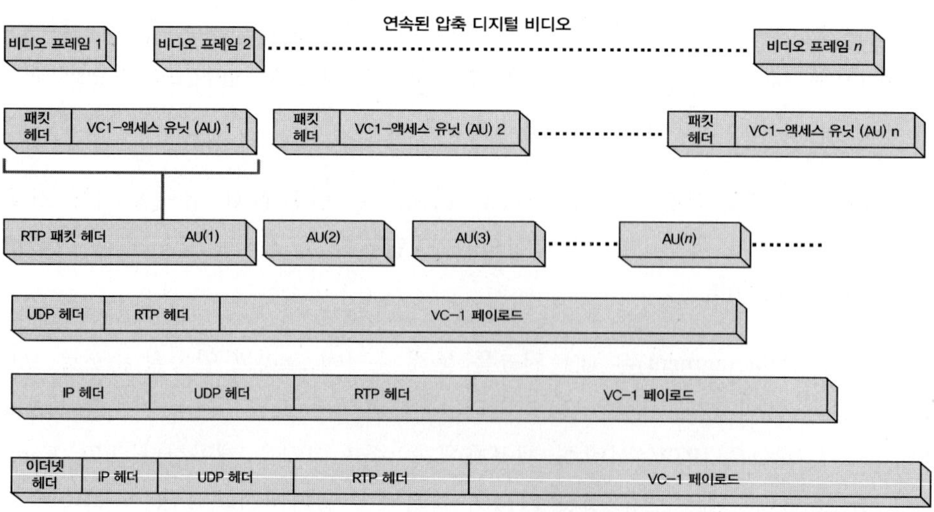

그림 3.17 VC-1 캡슐화 계층

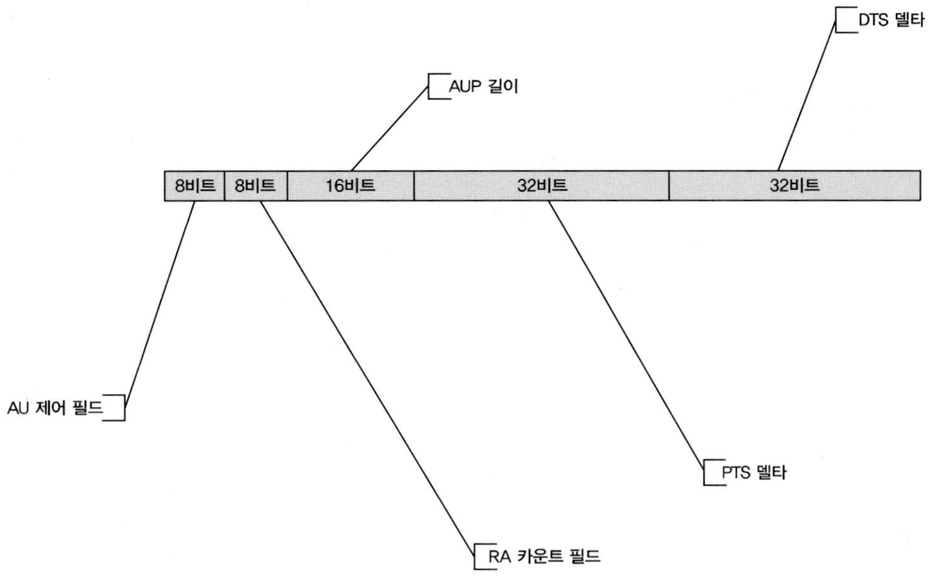

그림 3.18 VC-1 AU 패킷 구조

보이는 바와 같이, 캡슐화 방식은 MPEG 프로세스와 매우 유사하다. 사실 RTP에서부터 물리 계층에 이르는 하위 전송 계층은 정확히 같다. 그러나 데이터 구조와 사용되는 용어와 관련된 IPTVCM의 상위 계층에는 약간의 차이가 있다. RTP 상에서 VC-1 압축 비트스트림 전송은 RFC 4425에 정의되어 있다. 보이는 바와 같이, RFC 전송 방식은 일련의 RTP 패킷 내에 VC-1 액세스 유닛(AU)의 캡슐화를 포함한다. 각 AU는 헤더와 가변 길이의 비디오 페이로드를 포함한다. AU 패킷 헤더의 구조는 그림 3.18에 나타나 있고 표 3.7과 표 3.8에 설명되어 있다.

표 3.7 VC–1 AU 패킷 헤더 필드 설명

필드 이름	기능 설명
AU 제어 (필수)	이 필드는 여러 기능을 가능하게 하도록 설정될 수 있는 여러 플래그로 구성됨. 예를 들어, 길이 플래그는 액세스 유닛 페이로그 길이 필드가 헤더에 포함됨을 디코더에게 알리기 위해 1로 설정됨. 이 중요한 필드의 보다 상세한 사항은 표 3.8에 있음
RA(Random Access) 카운트 (필수)	이 필드는 임의 액세스 포인터 카운트 필드임. 이 필드는 AU 제어 필드내의 RA 비트가 설정될 때마다 1씩 증가됨
AUP 길이 (선택사항)	‘AUP 길이’는 액세스 유닛 페이로드 길이의 약자임. 따라서, 이 필드는 AU에 포함된 비디오 콘텐츠 페이로드의 크기를 나타냄
PTS 델타 (선택사항)	PTS는 ‘Presentation Time Delta’의 약자이며 이는 시간을 RTP 패킷의 헤더에 포함된 타임스탬프 필드로부터의 옵셋(offset), 즉 델타 혹은 차이로 명시함
DTS 델타 (선택사항)	이 필드는 표현과 디코드 시간 값 사이의 델타 시간을 명시함

표 3.8 AU 제어 필드 플래그 설명

플래그 이름	크기 (비트)	기능 설명
플래그	2	이 플래그는 패킷의 페이로드 섹션의 어디에 전체 비디오 프레임 혹은 프레그먼트가 포함되는지를 IPTVCD 디코더에게 알림. RFC 4425는 AU 페이로드가 전체 VC-1 프레임을 포함하도록 권고. 그러나 RFC는 RTP 패킷 크기가 네트워크의 MTU를 넘을 가능성이 있음을 기술. 따라서 RFC는 다음 단편화 값을 지원: 페이로드가 완전한 프레임임 시작과 마지막 프레그먼트 사이에 하나의 프레그먼트를 포함 비디오 프레임의 첫 번째 프레그먼트 비디오 프레임의 마지막 프레그먼트
RA	1	AU가 RAP(Random Access Point)인지 아닌지를 나타냄. RAP는 IPTVCD 디코더가 네트워크에서 손실 패킷 발생 시에 프로세싱을 다시 시작하도록 도움을 줌. 주 프로파일은 IPTV 구축에 사용되기 때문에 I-프레임은 RAM임
SL	1	이 플래그 비트는 연속된 AU 사이에 순서 계층 헤더의 변화를 식별
LP(Length Present)	1	1로 설정되면 디코더에게 AU 헤더에 AUP 길이 필드가 있음을 알림
PT(PTS Detla Present)	1	1로 설정되면 디코더에게 AU 헤더에 PTS 델타 필드가 있음을 알림
DT(DTS Delta Present)	1	1로 설정되면 디코더에게 AU 헤더에 DTS 델타 필드가 있음을 알림
R	1	RFC 1445는 이 비트를 0으로 설정하고 IPTVCD 디코더가 무시하도록 권고

RTP 캡슐화 방식은 IPTV 서비스 전달을 위한 충분한 수준의 QoS를 보장할 수 없는 네트워크에 구현된다는 것에 유의하라. 비록 RTP가 목적지에 올바른 순서로 스트림이 도착하는데 도움을 주지만 QoS 수준을 보장하도록 설계되지 않았다. 따라서, 비디오 트래픽이 네트워킹 기반구조를 지날 때 우선적으로 다루도록 보장하는 것은 서비스 제공자의 책임이다.

3.3.2.5 전송 계층

일반적으로 RTP 패킷은 IPTVCM의 전송 계층으로 입력된다. MPEG-TS 패킷을 직접 전송 계층 프로토콜 페이로드로 매핑하는 것도 가능함에 유의하라. 이는 RTP 계층을 피할 수 있다.

IPTV 전송 계층은 IP 네트워크의 복잡성을 상위 계층 프로세스들에게 감추도록 설계되었다. 이 계층의 표준은 종단 간 통신 링크에 신뢰성과 무결성을 제공한다. 만약에 비디오 데이터 IPTVCD로 올바르게 전달되지 않는다면, 전송 계층은 재전송을 시도

한다. 또는 상위 계층에게 알려서 정정 동작을 취하도록 한다.

TCP와 UDP는 IPTV 통신 스택의 이 계층에서 사용되는 두 가지의 가장 중요한 프로토콜이다. 다음 절은 IPTV 기반구조에서 사용될 때 이들 전송 계층 프로토콜의 기능을 설명한다.

IPTV 패킷 라우팅에 TCP 사용 1968년 미국 국방성은 국방성 지원 ARPA(Advanced Research Agency) 프로젝트에서 네트워크 기술에 관한 연구를 시작하여 TCP를 개발하였다. 이 연구 팀이 TCP 개념을 생각하였을 때 이 팀은 네트워크 프로토콜과 지금 패킷 교환(packet switching)으로 알려진 기술에 관해 연구를 하고 있었다. TCP가 개발된 1960년대 이후, TCP는 인터넷에서의 데이터 전송의 동의어가 되었고 RFC 793 표준으로 문서화되었다. TCP는 인터넷 프로토콜 스택에 포함되는 주요 프로토콜이고 연결 지향 프로토콜로 분류된다. 이는 기본적으로 네트워크에서 콘텐츠 전송을 하기 전에 IPTV 헤드엔드 서버와 IPTVCD 간에 연결이 설정되어야 함을 의미한다.

TCP는 네트워크를 통해 콘텐츠를 전달하는 동안 발생하는 오류를 다루는 기능을 가짐으로써 IP의 결함을 보완한다. 손실, 잘못된 순서, 그리고 중복된 패킷들이 IPTV 환경에서 발생하는 세 가지 주요 오류 유형이다. 이들 상황에 대처하기 위해, TCP는 송신 장치가 손실되거나 오류가 발생한 비디오 데이터를 재전송하도록 하기 위해 순서 번호 시스템을 사용한다. 순서 번호 시스템은 두 개의 32비트 필드를 사용하여 패킷 구조에 구현된다. 첫 번째 필드는 패킷 내에서의 데이터 시작 순서 번호를 포함하고 두 번째 필드는 비디오 서버가 IPTVCD로부터 수신하고자 기대하는 다음 순서 번호의 값을 포함한다.

IP 광대역 네트워크에서 비디오 데이터를 전송하는 동안 발생할 수 있는 오류를 조정하는 것 이외에, TCP는 네트워크에서 전달되는 데이터의 흐름을 조절하기도 한다. 이는 슬라이딩 윈도(sliding window)라고 하는 알고리즘과 함께 윈도 크기 필드를 사용하여 달성한다. 그림 3.19에 보이는 바와 같이 이 필드의 값은 수신자로부터 확인응답(acknowledgement)을 받기 전에 네트워크로 전송 가능한 바이트 수를 결정한다.

IPTV 환경에서 윈도 크기 필드 값은 IPTVCD의 버퍼 저장 공간에서 특정 시점에 버퍼 내에 있는 비디오 콘텐츠 양을 뺀 것과 같다. 이 필드의 데이터는 윈도 공고(announcement)라고 하는 IPTVCD로부터 돌아오는 메시지 수신을 통해 최신의 것으로 유지된다.

만약에 이 필드의 값이 0이면 연결의 수신 쪽 IPTVCD는 빠르게 IPTV 데이터를 처리할 수 없다. 이러한 상황이 발생하면 TCP는 비디오 서버에게 IPTVCD로의 데이터 패킷 전송을 중단 혹은 속도를 줄이도록 지시한다. 이는 IPTVCD가 수신되는 데이터 패킷으로 인해 압도되지 않도록 보장한다. 수신 데이터로 인해 IPTVCD가 압도되면 IPTV 가입자에게 심각한 문제를 일으킨다. 일단 IPTVCD가 버퍼 내의 비디오 데이터의

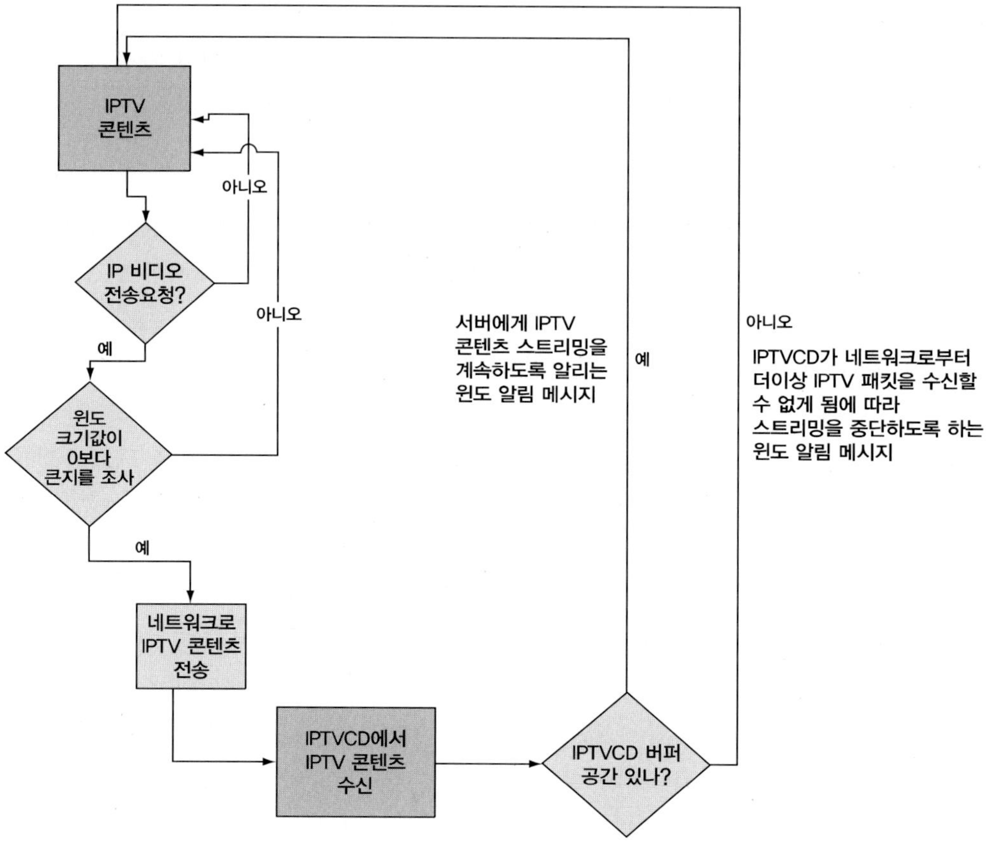

그림 3.19 TCP 흐름 제어 결정 프로세스

일부를 처리하면 IPTV 서버는 이 사실을 통보받게 되고, 윈도 크기 필드의 값이 증가되며 비디오 서버는 다시 콘텐츠 전송을 시작한다. 이상적인 IPTV 환경에서 버퍼 공간에 여유가 생겼음을 서버에게 알리는 IPTVCD로부터의 윈도 공고 값은 IP 비디오 콘텐츠가 헤드엔드의 비디오 서버에서 출력되는 비율과 같다.

TCP 포트(port)*와 소켓*(socket) IPTV 연결의 각 종단점은 IP 주소와 연관 포트를 갖고 있다. 그래서 전형적인 연결은 4개의 서로 다른 식별자를 갖고 있다:

(1) 비디오 서버의 IP 주소
(2) 비디오 서버의 포트 번호
(3) IPTVCD의 IP 주소
(4) IPTVCD의 포트 번호

주소와 포트 번호의 결합은 IPTVCD의 프로세스가 IPTV 데이터 센터에 위치한 서버들 중 하나에서 수행되고 있는 프로세스와 직접 통신을 할 수 있도록 해준다. 포트는 네트워크 계층 간에 메시지를 전달하는 방향을 식별하는 16비트 수로 정의된다. 포트는 크게 두 가지로 나누어진다: 지정 포트(well known port)와 단기 포트(ephemeral port).

- *지정 포트*는 1과 1023 사이의 값을 갖는다. 이 부류의 포트는 주로 서버에서 사용되고 IANA(Internet Assigned Number Authority)라고 하는 기구가 관리한다.
- *단기 포트*는 IPTVCD가 IPTV 서버와 통신을 할 때 임시로 설정한다. 포트는 내장된 IP 소프트웨어 스택에 의해 할당된다. 할당되는 값은 보통 1024보다 크고 65535보다 작다. IANA는 단기 포트를 제어하거나 관리하지 않는다.

소켓은 IP 통신 모델의 또 다른 주요 요소이다. 소켓은 근본적으로 API(Application Programming Interface)이고 IP 장치에서 수행되는 프로세스들 간에 통신을 수월하게 한다. 소켓은 IP 주소와 포트 번호를 결합하여 형성한다.

IPTVCD에서 수행되는 프로세스와 IPTV 데이터 센터 서버에서 수행되는 프로세스 간의 통신 채널 설정에 관련된 여러 단계들을 자세히 살펴봄으로써 IP 주소와 소켓 사이의 관계를 이해하도록 하자. 이들 단계는 그림 3.20에 나타나 있고 아래에 기술되어 있다.

(1) *데이터 준비*: IPTV 스트리밍 서버 시스템에서 수행되는 송신 프로세스는 콘텐츠를 준비하고 원격 클라이언트 IPTVCD에서 수행되는 프로세스에게 데이터를 전송하기 위해 TCP/IP 통신 모듈을 호출한다. 통신 프로세스가 시작되고 IPTVCM을 따라 아래로 내려가면서 콘텐츠에 헤더 정보가 추가된다.

(2) *논리적 TCP 연결 설정*: 연결의 양 끝은 IP 주소와 포트 번호로 식별된다. IP 주소와 포트 번호의 결합이 소켓이다. 이 통신 링크에 대한 주소 방식은 다음 변수들로 구성된다:

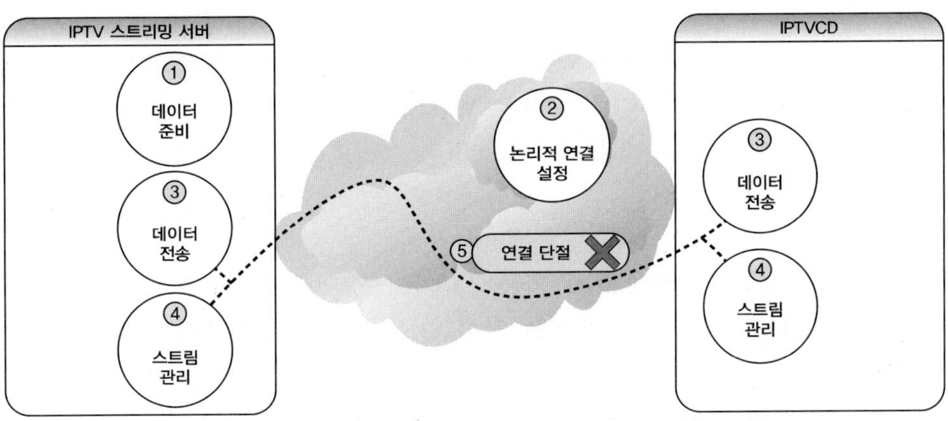

그림 3.20 IPTV 네트워크에서의 프로세스 간 통신

- 프로토콜
- IPTV 서버 IP 주소
- IPTV 서버에서 수행되는 프로세스의 ID
- IPTVCD IP 주소
- IPTVCD에서 수행되는 프로세스의 ID

(3) *데이터 교환 시작*: 양 프로세스 간에 소켓을 통해 통신이 시작된다. 그리고 데이터는 송신 IPTV 서버에서 수신 IPTVCD로 전달된다.

(4) *IPTV 콘텐츠 스트림 관리*: TCP 프로토콜은 연결을 유지한 상태에서 IPTV 스트림을 관리한다.

(5) *TCP 연결 해제*: 일단 IPTV 콘텐츠의 전송이 끝나면 IPTVCD 혹은 콘텐츠 서버가 소켓을 닫고 네트워크 연결을 단절한다.

TCP 세그먼트(segment) — TCP는 연속적인 IPTV 스트림을 "세그먼트"라고 하는 작은 부분으로 분할하고 이들을 분리해서 광대역 네트워크로 보낸다. 일단 모든 세그먼트가 목적지 IPTVCD에 도착하면, TCP는 이들을 다시 원래의 순서대로 재결합한다. 각 세그먼트는 두 개의 요소를 갖고 있다: 헤더와 비디오 데이터.

헤더: 이것은 세그먼트가 소스에서부터 마지막 목적지로 라우팅 되도록 하는 세그먼트에 첨부된 정보이다. 헤더에 포함된 주요 정보는 소스와 목적지의 포트 번호, 세그먼트의 순서 번호와 체크섬(checksum)이다. 포트 번호는 데이터가 각 IP 장치에서 수행되는 올바른 프로세스에 도착할 수 있도록 보장한다. 순서 번호는 TCP가 세그먼트를 원래의 데이터 형태로 재구성하는데 도움을 준다.

비디오 데이터: IPTV 환경에서 이 필드는 실제 비디오 콘텐츠를 갖고 있다.

TCP 세그먼트 포켓에 대한 기술적 설명이 표 3.9에 나타나 있다.

TCP는 헤더에 필요한 모든 정보를 삽입한 후에 세그먼트를 IP 프로토콜로 매핑한다. 위에 기술한 바와 같이 TCP는 IP 네트워크에서 데이터를 전송하는데 유용한 기능을 제공한다. 이제 IPTV 산업에서 데이터 전송 그리고 특히 IP 네트워크에서 비디오를 전송하는데 주로 이용되는 또 다른 프로토콜, 즉 UDP를 살펴보자.

3.3.2.5.1 IPTV 패킷 라우팅에 UDP 이용 UDP는 광대역 네트워크에 연결된 스트리밍 서버가 IPTVCD로 소비자가 받아들일 수 있는 방송 품질의 텔레비전 서비스를 보낼 수 있도록 하는 인터넷 프로토콜 스택에 포함되는 프로토콜이다. 이것은 TCP와 유사하나 최소한의 전송 서비스를 제공하는 간략한 프로토콜 버전이다. UDP는 비연결 프로토콜이며, 이는 비디오 서버와 IPTVCD 간에 연결이 네트워크를 통한 비디오 전송이

표 3.9 TCP 기반 IP 비디오 세그먼트의 구조

필드 이름	기능 설명
소스 포트	이 필드는 송신 IPTV 응용의 소스 포트 번호를 식별
목적지 포트	목적지 IPTVCD에서 수생되는 프로세스 혹은 응용의 목적지 포트 번호를 식별하는데 사용되는 16비트 필드
순서 번호	이 필드는 TCP 세그먼트의 순서를 식별. 이는 TCP가 네트워크에서 전달되는 각 IPTV 패킷을 추적하는데 도움을 줌
확인 번호	이 필드는 송신 장치가 수신하고자 하는 다음 순서 번호를 포함. 이는 ACK 제어 필드가 설정될 때만 이 값을 포함
데이터 오프셋	이 필드는 세그먼트에서 비디오 데이터가 시작되는 위치를 식별
예약	이 필드는 미래 사용을 위해 예약되고 0 값을 가짐
제어 비트	이 필드는 6개의 제어 비트를 포함: URG : 긴급 포인터 필드 ACK : 확인 필드 PSH : 푸시 기능 RST : 연결 재설정 SYN : 순서 번호 동기화 FIN : 송신자로부터 더 이상 데이터 없음
윈도	이 필드는 확인 응답 사이의 데이터 전달을 위한 윈도 크기를 나타냄
체크섬	체크섬 필드는 네트워크에서 송신된 데이터를 보호하는데 사용되는 간단한 오류 감지 방법임. 이는 송신된 세그먼트가 목적지에 도착한 것임을 보증. TCP 세그먼트의 옥텟들을 더하여 계산한 수로 구성됨. 이 수는 다시 헤더에 더해지고 수신 시스템은 같은 방식으로 계산을 하고 헤더에 있는 값과 비교함. 같으면 데이터의 무결성 보장. 다르면 데이터에 오류가 있음을 나타냄
긴급 포인터	이 필드는 긴급 포인터 필드가 설정될 때만 해석됨
옵션과 패딩	이 필드에 포함된 옵션은 8비트로 표현되고 다른 유형의 변수를 포함할 수 있음. 선택된 옵션은 TCP 세그먼트의 길이를 결정. 패딩은 헤더의 뒤에 위치하고 0으로 구성됨

일어나기 전에 미리 설정될 필요가 없음을 의미한다. 비디오 서버는 단순히 데이터 그램에 목적지 IP 주소와 포트 번호를 추가하고 이를 목적지 IP 주소로 전달하기 위해 네트워킹 기반구조를 따라 넘겨준다. 네트워크에서 UDP는 데이터를 목적지로 보내기 위해 최선의 방식(best effort approach)을 이용한다. UDP는 네트워크를 통해 콘텐츠를 전송하기 위해 "데이터그램"이라고 하는 데이터 단위를 사용한다. 다음 절에서는 이들 데이터 단위의 기본 구조를 살펴보기로 한다.

UDP 데이터그램 IPTV 네트워킹 환경에서 UDP 데이터그램은 8바이트 길이의 헤더와 관련 비디오 데이터로 구성된다. UDP 기반 IPTV 데이터그램의 주요 요소들이 그림 3.21에 나타나 있으며 표 3.10에 설명되어 있다.

다른 것과 마찬가지로 UDP도 여러 장점과 단점을 갖고 있다.

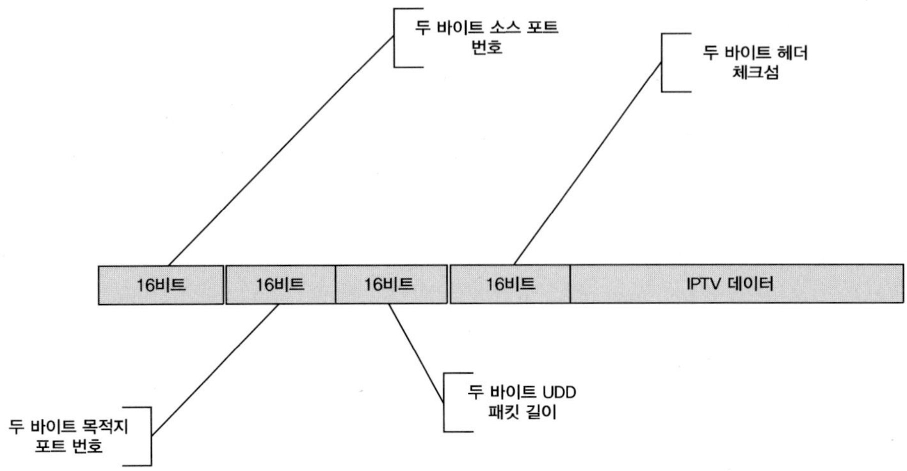

그림 3.21 UDP 기반 IPTV 데이터그램의 전형적인 포맷

표 3.10 UDP 기반 IPTV 데이터그램의 구조

필드 이름	기능 설명
소스 포트	이 필드는 데이터그램을 송신하는 프로세스의 포트 번호를 식별. 이는 옵션 포트이고 사용되지 않으면 0으로 채움
목적지 포트	이 필드는 IPTVCD에서 수행되는 목적지 프로세스의 포트 번호를 식별
길이	이 필드는 IPTVCD가 수신 UDP 데이터그램의 길이와 크기를 식별하는데 도움을 줌. 길이 필드는 옥텟 단위의 값을 가지며, 헤더와 실제 비디오 데이터 모두 포함
체크섬	이 두 바이트 필드는 IPTVCD가 수신 UDP 기반 IPTV 데이터그램의 무결성을 확인하게 해주는 기정의된 수를 포함. 수신 패킷이 무결성 테스트를 만족하지 못하여 오류가 있는 것으로 확인되면 그 패킷을 폐기됨. 일단 폐기되면 IPTVCD는 IPTV 데이터 센터 서버로부터 폐기된 IPTV 데이터그램의 새로운 사본을 요청하는 시도를 하지 않음. UDP 데이터그램의 체크섬 필드는 선택 사용이며 사용하지 않을 수 있음
비디오 데이터	데이터그램의 이 부분은 비디오 데이터를 포함. IPTV 환경의 경우 UDP 데이터그램의 이 부분에 있는 데이터는 IPTV 헤드엔드에서 사용된 오디오는 오디오 및 비디오 스트리밍 프로토콜에 의해 포맷됨

UDP 장점 미디어 스트리밍에서의 UDP 장점은 다음과 같다:

- *중단없는 IPTV 콘텐츠 전달*: 지연과 네트워크에 포함된 손상된 패킷이 있더라도 IPTV 콘텐츠 전달은 지연을 겪지 않는다. 반면에 TCP를 사용하는 경우, TV 시청자는 지연된 패킷을 기다리거나 손상된 패킷이 대체될 때까지 기다리면서 잠시 멈춤 현상을 겪게 된다.

- *낮은 오버헤드*(overhead) : 헤더의 크기가 단지 8바이트이다. 이는 20바이트를 차지하는 TCP와 비교된다.
- *빠른 연결 설정*: IPTVCD와 IPTV 데이터 센터 네트워킹 요소 간에 연결 설정과 해제가 매우 짧은 시간에 이루어진다. 따라서, UDP 프로토콜을 이용한 비디오 패킷 전달은 TCP 프로토콜을 이용하는 것에 비해 빠르다.
- *단방향 전송 지원*: UDP는 역경로(return path)를 요구하지 않는다. 따라서 위성 운영자 같은 회사들이 가입자들에게 IPTV 콘텐츠를 멀티캐스트할 수 있도록 한다.
- *쉬운 구현*: 기술적 관점에서 UDP는 구현하기가 매우 쉽다. 그 이유는 비디오 패킷이 IP 네트워크로 보내지면 이들을 추적할 필요가 없기 때문이다.

UDP의 단점 UDP가 시간에 민감한 응용에 빠르고 효율적이지만, 다음과 같은 단점을 갖고 있다.

- *데이터 무결성*: UDP에서는 데이터 무결성이 보장되지 않는다. 그 이유는 UDP가 제공하는 유일한 서비스는 체크섬과 포트 번호에 의한 다중화이기 때문이다. 따라서 종단 간 통신에서 발생하는 통신 문제는 IPTV 응용이 독립적으로 다루어야 한다. 재전송, 패킷화 및 재조립, 혼잡, 그리고 흐름 제어와 같은 문제는 UDP의 오류 처리 기능의 범위를 벗어나는 것이다.
- *방화벽 통과의 어려움*: UDP의 다른 단점은 네트워크 방화벽이 있는 경우 효율적으로 기능하지 못한다는 것이다. 많은 방화벽들은 UDP 정보를 차단하여 문제를 야기한다. 이는 IPTV 서비스 제공자에게 커다란 문제는 아니지만 인터넷 TV 서비스를 제공하는 회사들에게는 영향을 준다.

IPTV 환경에서, UDP는 데이터 센터가 IP 비디오 콘텐츠를 여러 IPTVCD에게 보낼 때 유용하고 IPTV 서비스 제공자가 채택한 가장 인기 있는 전송 프로토콜이다.

3.3.2.5.2 IPTV를 위한 TCP 대 UDP 서비스 제공자가 IPTV 콘텐츠를 가입자들에게 전달할 때 비디오 콘텐츠가 시간에 맞추어 그리고 오류 없이 도착하는 것이 중요하다. 따라서, 이들은 네트워킹 기반구조에서 이러한 수준의 전달 기능을 지원하는 프로토콜을 구축할 필요가 있다. 비록 TCP가 응용에게 UDP와 비교하여 많은 네트워킹 특성들을 제공하지만 TCP는 IPTV 콘텐츠 전달에 관계된 서비스 제공자를 위한 전송 프로토콜로는 널리 사용되지 않는다. 이는 IPTV가 실시간 응용이고 지연을 참을 수 없기 때문이다. TCP는 자주 흐름 제어 방식을 사용하기 때문에 IP 비디오 콘텐츠 전달에 있어서 지연을 일으킨다. IPTV 콘텐츠의 실시간 전달을 방해하는 TCP의 특성과 한계는 다음과 같다:

민감성과 지연 간의 관계 — IPTV는 시간 지연에는 민감한 반면에 손실 혹은 오류

패킷에는 덜 민감하다. 패킷 재전송은 서버와 IPTV 액세스 장치 간의 연결 신뢰성을 개선한다. 그러나 그러한 활동은 지연을 증가시킨다. TCP가 IPTV 콘텐츠 전송에 덜 이용되는 것은 이러한 지연 때문이다.

TCP는 연결 지향 프로토콜이다 — 앞서 설명한 바와 같이 TCP는 IPTV 콘텐츠 전송이 시작되기 전에 서버와 IPTVCD 간에 논리적 연결의 설정을 필요로 한다. 이는 생방송 IPTV 환경에서 한 채널로부터 다른 채널로 변경하는 종단사용자에게 수용하기 어려운 지연을 야기한다.

오류 정정 지원 — 앞서 기술한 바와 같이 TCP는 오류 정정과 흐름 제어와 같은 상당히 많은 기능들을 제공한다. IP 비디오 네트워크에서 발생하는 오류 정정은 어떤 경우 가입자에게 전달되는 서비스 품질을 낮춘다. 왜 이러한 경우가 발생하는지를 이해하기 위해 비디오 전송의 기본적인 특성을 간략히 살펴보도록 하자. 먼저 비디오는 연속적인 일련의 이미지들로 구성된다. 이들 이미지가 IPTVCD에 의해 처리되고 디스플레이 되는 속도에 장애가 발생하면 비디오 디스플레이에 악영향을 주고 종단사용자의 시청 체험에 영향을 준다. 각 이미지에 대한 전형적인 처리 시간은 1초 이내이다. 이제 TCP가 이러한 환경에서 오류가 있는 IPTV 패킷을 정정하는데 사용된다면 다음과 같은 작업이 발생한다:

(1) IPTVCD는 오류를 포함하는 데이터 패킷을 수신하였음을 알린다.
(2) 수신된 패킷 중에 오류가 있는 것이 있음을 알리는 메시지를 IPTV 서버에게 보낸다.
(3) TCP 환경에서 서버는 같은 IPTV 패킷을 찾아서 재전송한다.
(4) IPTVCD는 버퍼에 새로운 패킷을 수신하고 패킷에 포함된 비디오 콘텐츠를 디스플레이한다.

TCP가 위의 단계를 반복하는 동안 IPTVCD는 재전송된 패킷을 기다려서 비디오 흐름의 공백(gap)을 채운다.

손실 IP 패킷 — 손실 IPTV 패킷을 다루는 프로세스는 오류 IPTV 패킷을 복구하는 것과 유사하다. 패킷은 전송되고, 네트워크에서 지연이 발생하며, 이는 IPTV 서비스 전달에 부정적인 영향을 준다.

흐름 제어 지원 — 오류 정정과 논리적 연결 설정 문제 이외에 송신 서버의 비트 전송률 제어에 대한 TCP의 지원은 IPTV 콘텐츠 전송과 수신에 어려움을 야기한다. 이 어려움은 IPTVCD의 버퍼가 IPTV 패킷으로 채워지기 시작하거나 네트워크가 혼잡상태에 이를 때 발생한다. 이러한 상황이 발생하면 서버는 서버가 네트워크로 패킷을 보내는 속도를 줄이도록 지시를 받는다. 만약에 속도 늦춤 명령을 IPTV 서버가 실행하면 TV 스크린에 비디오 화면을 디스플레이할 수 없게 하는 속도로

전송률이 떨어질 가능성이 있다. 만약에 정지 메시지가 보내지면, IPTV 서비스는 완전히 중단되게 된다.

멀티캐스트 미지원 — TCP는 멀티캐스트 환경에서 효율적으로 확장이 불가능하다. 따라서, 멀티캐스트 IPTV 응용과 방송 전달과 같은 통신 서비스의 경우 TCP에는 없기 때문에 UDP가 TCP에 비해 좋은 선택이다.

헤더 크기 — TCP 헤더는 UDP 헤더에 비해 크다. TCP 헤더의 길이는 20바이트이고 UDP 헤더의 크기는 8바이트이다. 비록 12바이트의 차이가 고속 ADSL과 FTTH 링크에서의 비디오 데이터 전송 환경에서 작아 보이지만 매일 수천만 패킷을 전달하는 네트워크에서는 커다란 오버헤드이다.

이들이 TCP가 IPTV 환경에서 거의 사용되지 않는 주요 이유이다. 그러나 TCP는 전자메일과 나중에 재생을 위해 인터넷 TV 콘텐츠를 다운로드하는 것과 같은 응용들에서 많이 사용된다.

신뢰성과 오류 처리에서 TCP에 비해 못하지만 UDP는 세계적으로 거의 모든 IPTV 구현에서 사용된다. UDP가 IPTV 서비스 전달을 위한 전송 프로토콜로서 선택되었지만 단점도 갖고 있다. 즉, 오류 메시지 탐지와 오류 정정을 다루지 못한다는 것이다. 이 문제는 오류 회복 기능을 네트워크에서 수행되는 IPTV 응용 혹은 비디오스트림 자체에 구축하여 극복한다.

3.3.2.9 IP 계층

전송 계층 아래 계층을 IP 계층(또는 인터네트워킹 계층이라고도 함)이라고 한다. 주요 목적은 데이터를 인터네트워크(internetwork)라고 하는 여러 서로 연결된 독립적인 네트워크를 통해 특정 네트워크로 데이터를 이동하는 것이다. IP는 인터네트워크 계층에 위치한 잘 알려진 프로토콜이며 IPTV 서비스를 위한 기본적인 패킷 전달 서비스를 제공한다. 서비스 유형은 패킷이 한 소스에서 단일 목적지 IPTVCD로 전달되는 유니캐스트 시스템에서부터 단일 인코더 혹은 스트리밍 서버에서 다중 IPTVCD로 패킷을 보내는 멀티캐스트 시스템에 이르기까지 다양하다.

IPv4는 오늘날 IPTV 네트워크에서 가장 흔히 쓰이는 프로토콜이다. IPv4 표준의 명세서는 RFC 791, 950, 919, 922, 그리고 갱신버전으로 RFC 2472에서 찾아볼 수 있다. 가장 최신 버전인 IPv6는 RFC 2460으로 발간되었다. IP의 주요 기능은 패킷으로 나누어진 데이터 비트를 소스 장치에서 목적지 장치로 전달하는 것이다. IP는 데이터 전달을 위해 최선의(best-effort) 방식을 사용한다. 다시 말하면, 네트워크를 통한 정보 전달을 보장하는 내재 프로세스가 없다. IP 프로토콜의 기본 블록은 데이터 비트를 패킷으로 나누는 것과 주소 기법이다. 다음 절에서 IP 비디오 패킷과 관련 주소 기법에 대한 간략한 개요를 살펴본다.

IP 비디오 패킷 IP 비디오 패킷은 실제 비디오 데이터와 이 비디오를 IPTV 데이터 센터 서버에서 목적지 IPTVCD에 도달하도록 하는 상세사항을 포함하는 단위이다. IPv4 비디오 패킷의 주요 요소는 그림 3.22에 나타나 있고 표 3.11에 설명되어 있다.

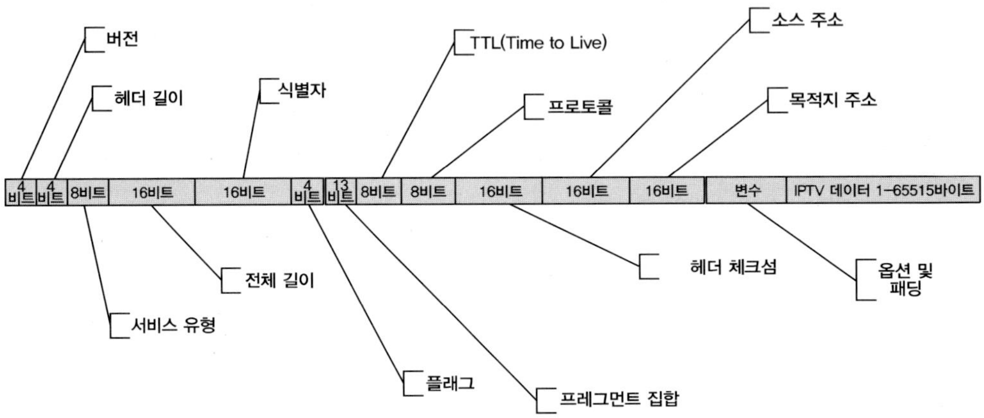

그림 3.22 IPv4 비디오 패킷 포맷

표 3.11 IPv4 비디오 패킷 구조

필드 이름	기능 설명
버전	IP 버전－IPv4 혹은 IPv6
헤더 길이	헤더의 크기를 기술. IPTVCD가 비디오 데이터 페이로드가 어디부터 시작하는지를 식별하는데 도움을 줌
서비스 타입	DSCP(Differentiated Services Code Point)라고도 함. 서비스 제공자가 패킷에 포함된 콘텐츠 타입을 설정하도록 하기 때문에 IPTV 콘텐츠 전달할 때 매우 중요함. 이 정보는 네트워크에 위치한 IP 라우터들이 처리. 이는 라우터가 다른 트래픽 타입에 대해 서비스 품질 수준을 적용하고 적응할 수 있도록 함
전체 길이	IPTVCD에게 IPTV 패킷의 전체 길이를 알려줌. 이 값은 16비트 길이이며, 패킷 크기가 최대 65,535 바이트임을 의미함
식별자	라우터가 큰 패킷을 작은 패킷으로 나누는데 주로 사용됨. 일단 단편화(fragmentation)되면 라우터는 이 필드를 원래 패킷의 여러 단편들을 식별하는데 사용
플래그	단편화의 여러 타입을 식별, 즉, 패킷이 단편화되었는지, 단편화가 허용되는지, 그리고 패킷이 마지막 단편인지 아니면 뒤에 더 단편이 있는지를 식별
단편 오프셋	패킷이 단편화되고 광대역 네트워크로 전송되면 원래 순서대로 재조립하는 것은 IPTVCD의 기능이다. 이 필드는 각 단편에 번호를 부여하고 이를 이용하여 IPTVCD가 올바로 재조립을 함
TTL(Time-to-Live)	IP 패킷이 광대역 네트워크로 전달됨에 따라 TTL 필드를 각 라우터가 조사하고 이 필드 값이 감소됨. 이 과정은 TTL 필드 값이 '0'이 될

(다음 페이지에 계속)

표 3.11 IPv4 비디오 패킷 구조

필드 이름	기능 설명
	때까지 계속됨. 값이 '0'이 되면 이 패킷은 폐기됨. 이 필드의 주요 기능은 목적지에 도달할 수 없는 IPTV 패킷을 네트워크에서 제거하는 것임. 30과 32 사이의 값이 광대역 네트워크에서 IPTV 콘텐츠 전달에 사용됨
프로토콜	이 8비트 필드는 IP 데이터그램 내에 캡슐화된 프로토콜 타입을 나타냄. 값이 '1'이면 ICMP를 나타내고, '2'이면 IGMP이며, '6'이면 TCP이고, '17'이면 UDP임을 의미함
헤더 체크섬	IPTVCD가 헤더에 오류가 발생한 패킷을 탐지함. 오류 패킷은 IPTVCD가 폐기함
소스 주소	IPTV 패킷을 송신하는 장치의 IP 주소임. IPTV 환경에서 일반적으로 VoD 서버나 인코더의 주소임
목적지 주소	패킷 수신자의 IP 주소임. IPTV 환경에서 IPTVCD의 주소임
선택사양 및 패딩	추가적인 특성을 제공하기 위해 IPTV 벤더가 사용함
데이터	비디오 콘텐츠임

IP 주소 기법 이해 IPTV 환경에서 IPTVCD와 데이터 센터 서버는 주로 서로를 식별하기 위해 IPv4 주소를 이용한다. IPv4 주소는 네트워크상에서 IP 셋톱박스와 같은 장치의 정확한 물리적 위치를 식별하는 점(dot)으로 분리된 4개의 숫자이다. IPv4 주소는 32비트 이진 수이다. 이 이진 수는 8비트("옥테트")의 4개 그룹으로 나누어지고, 각각은 0~255 사이의 십진수로 나타낸다. 옥테트는 소수점으로 분리된다. IP 주소의 한 예가 190.100.5.54이다. 이진 표현으로는 10111110.01100100.00000101.00110110이다. IP 주소는 두 개의 영역으로 구성된다:

(1) 네트워크 영역은 IPTVCD가 연결되어 있는 광대역 네트워크를 식별한다.
(2) 호스트 영역은 실제 IPTVCD를 식별한다.

주소의 앞 몇 개 비트는 주소의 나머지 영역이 호스트와 네트워크 ID 간에 어떻게 분리되는지를 구별하는 데 활용된다는 것에 유의하라. 이들 비트는 상위 순위 비트(high order bit)라고도 불린다. 사용과 관리의 편의를 위해 IP 주소는 다른 클래스(classes)로 나누어진다. IP 주소 클래스에 대한 자세한 사항은 표 3.12에 나타나 있다.

네트워크와 호스트 주소 필드의 구별은 그림 3.23에 나타나 있다.

위의 분류 이외에, 많은 IP 주소가 사설 네트워크에서의 사용을 위해 할당되었다. 사설 네트워크를 위한 IP 주소 범위는 다음과 같다:

10.0.0.0 — 10.255.255.255
172.16.0.0 — 172.31.255.255
192.168.0.0 — 192.168.255.255

표 3.12 IPv4 주소 클래스

IP 주소 클래스	설 명
A	IP 주소의 첫 번째 번호가 0–128 사이의 값을 갖는 네트워크를 나타냄. 나머지 3개 번호는 IPTVCD, 서버, 혹은 네트워크내의 네트워크 장치를 식별하는데 사용됨. 클래스 A 주소는 7비트의 네트워크 번호와 24비트의 호스트 주소를 가짐. 최상위 비트는 '0'임 전 세계에 126개의 클래스 A 네트워크 주소가 있고 이들 각각은 천6백 만개 이상의 네트워크 장치를 식별할 수 있는 주소임. 이 모든 클래스 A 주소는 오래전에 InterNIC이 제공함. InterNIC은 미국 정부와 NSI라고 하는 회사 간에 협력관계를 유지
B	클래스 B 주소는 첫 번째 번호가 128–191 사이의 값을 가짐. 이는 14비트의 네트워크 번호와 16비트의 로컬 주소를 의미. 최상위 비트에는 '10'이 배정됨 인터넷상에 대략 16,000개의 클래스 B 주소가 있으며 각각은 약 64,000개의 고유한 네트워크 장치를 지원함. 대형 기관과 ISP들이 이들 주소를 제공함. 예를 들어, B 클래스 주소 132.6.2.24에서, 132.6은 네트워크를 나타내고 2.24는 호스트를 식별함
C	클래스 C 주소는 첫 번째 번호가 192–223 사이의 값을 가짐. 이는 21비트가 네트워크 번호이과 8비트가 호스트 주소임을 의미. 최상위 비트에 '110'이 배정됨. 대략 200만개의 C 클래스 주소가 있으며 각각은 254개의 네트워크 장치를 지원함
D	첫 번째 번호는 224–239 사이의 값을 가짐. 이 주소는 주로 멀티캐스팅 목적으로 사용됨
E	이 주소의 첫 번째 번호는 240–247의 값을 가지며 미래 사용을 위해 예약됨

3.3.2.6.1 IPTV 네트워크 서브네트 (subnet) 넓은 지역에 걸쳐 수천 개의 IPTVCD를 가진 커다란 IPTV 네트워크에서 IP 기반 네트워크는 서브네트라고 하는 논리적 단위로 분할될 필요가 있다. IPTV 네트워크의 서브네팅은 서비스 제공자가 새로운 IPv4 주소를 얻지 않고도 그 조직의 네트워크를 분할하여 식별하고 모니터할 수 있게 해준다. 또한 네트워크 운영자는 공중 인터넷으로부터의 공격에 대응하여 사설 네트워크의 내부 구조를 감추기 위해 서브네트 주소를 사용한다. IPTV 네트워크 관리자는 IPTV 환경에서 서브네트를 생성하기 위해 서브네트 마스크(mask)라고 하는 특별한 번호를 사용한다. 서브네트 마스크는 32비트 IP 주소이다. A, B, 그리고 C 클래스 주소의 디폴트(default) 번호는 다음과 같다:

A 클래스 — 255.0.0.0
B 클래스 — 255.255.0.0
C 클래스 — 255.255.255.0

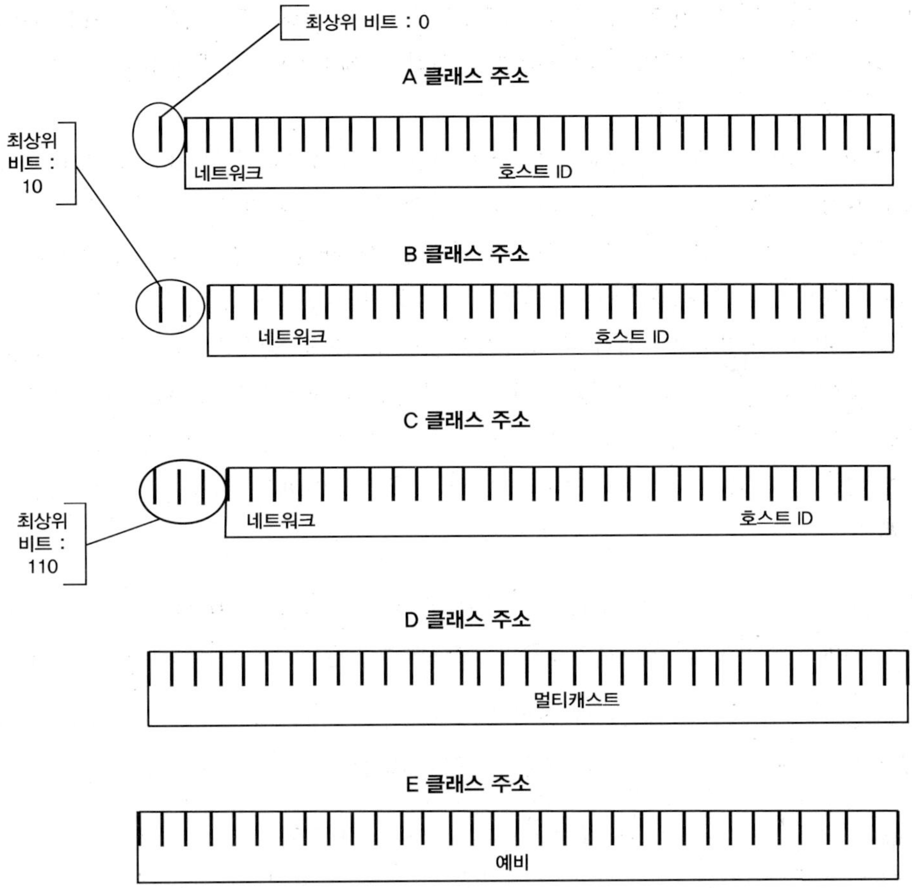

그림 3.23 IP 주소 클래스

서브네팅 프로세스는 라우터라고 하는 하드웨어 장치를 이용하여 구현된다. 라우터는 하나 이상의 네트워크에 연결되고 네트워크상에서 정보를 어디로 보내야 하는지를 결정한다. 라우터는 할당된 서브네트 마스크를 가지며 이 번호를 IPTVCD의 IP 번호에 적용한다. 이 환경에서 적용한다는 것은 라우터가 IP 주소의 네트워크(netid) 부분과 호스트(hostid) 부분의 경계선을 구분하도록 하는 것이다. 이 작업 결과로 새로운 번호가 만들어지고 이것은 라우터가 IP 비디오스트림을 올바른 IPTVCD로 보내는데 도움을 준다.

3.3.6.2 IP 주소의 미래 인터넷의 IP 주소 구조가 1980년대 초에 개발되었을 때 현재 그리고 미래 사용자들의 요구를 모두 만족하도록 의도되었다. IPv4가 사용하는 32비트 주소는 16.7M 개의 서로 다른 네트워크에서 40억 개 이상의 호스트에게 배정될 수 있다. 인터넷의 최근 성장 현상은 IPv4가 제공하는 IP 주소 공간을 빠르게 고갈시키고 있다. 최근에 인터넷이 겪고 있는 성장 규모와 속도는 IP 프로토콜 개발자들이 예상하지

못하였으며 인터넷에 연결되는 네트워크 수가 매달 성장하고 있다. TPS(Triple Play Service)를 지원하는 네트워크를 구축하기 시작한 세계적인 경쟁은 IPv4 주소 방식에 압력을 가하기 시작하였다.

기존 IP 주소 방식의 한계에 대한 솔루션을 찾기 위해, IETF(Internet Engineering Task Force)는 IPv6를 개발하였다. IPv6는 현재 IP 구현과 호환되는 128비트의 IP 주소를 정의한다. 이는 IPv6로의 전환을 진화 단계가 아닌 혁신 단계로 만들었다. 기존 버전과의 호환성 이외에, IPv6는 가용한 주소 공간을 증가시켰다. IPv6에서의 가능한 주소 수는 40억 개의 40억 배가 된다. IPv6는 인증, QoS, 암호화와 비밀성을 지원하는 기능도 포함한다. IPv6 자체의 QoS 방식과 거의 무한대의 IPTVCD를 지원할 수 있는 능력으로 인해 IPTV 네트워크에서의 IPv6 구축은 매우 적절하다. 앞으로 십년 내에 IPv6가 IPv4를 대체할 것으로 기대되고 이전 기간 동안에는 이 두 가지가 공존할 것이다.

IPTV 구축 시 왜 IPv6를 사용하는가? IPv6는 여러 부분에서 IPv4를 능가한다. IPTV 서비스 제공자가 IPv6를 왜 고려하여야 하는지에 대한 주요 이유는 다음과 같다:

개선된 확장성 IPv4는 32비트 주소이고 IPv6는 128비트 주소 공간을 갖는다. 이는 IPTV 서비스 제공자가 홈 네트워크에 연결되는 많은 장치들을 관리할 수 있도록 한다.

간단한 헤더 구조 IPv6는 헤더 크기를 고정 길이의 40바이트로 줄였고 필드의 구조를 매우 간단하게 하였다. IPv6 헤더의 요소들은 그림 3.24에 나타나 있으며 표 3.13에 설명되어 있다.

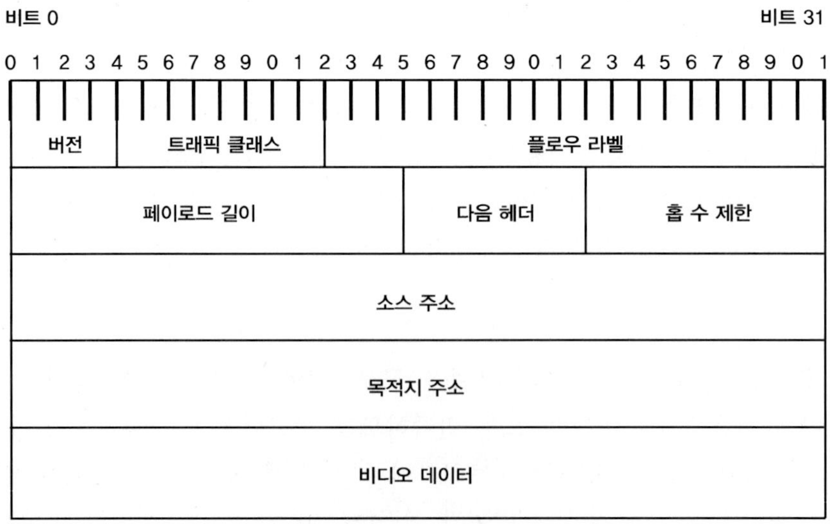

그림 3.24 RFC 2460에 정의된 IPv6 헤더 구조

표 3.13 IPv6 헤더 필드 설명

헤더 필드 이름	크기 (비트)	기능 설명
버전	4	버전 번호
트래픽 클래스	8	IPv6 패킷의 우선순위 수준 정의
플로우 라벨	20	라우터에서의 특별한 처리를 정의
페이로드 길이	16	IPv6 TV 패킷의 길이 정의
다음 헤더	8	확장 헤더의 유무 명시. 예, UDP
홉 수	8	IPv4 헤더의 TTL 필드를 대체. IPTV 네트워크를 통과함에 따라 라우터가 값을 변경
소스 주소	128	소스 주소 식별
목적지 주소	128	목적지 주소 식별

개선된 보안 수준 IPv6는 우수한 보안을 보장하는 두 개의 추가적인 특성을 명세서에 포함하고 있다:

(1) 인증 헤더 포함 — 메시지를 인증하고 패킷 송신자를 확인한다.
(2) 캡슐화된 보안 페이로드 — 이 특성은 IPTV 데이터의 무결성을 보장하고 IPTV 데이터 센터 서버와 여러 IPTVCD 간에 비밀성을 보장한다.

우수한 실시간 트래픽 플로우 IPv6의 플로우 라벨(flow label) 기능은 IPTV 서비스 제공자가 특정 서비스에 속하는 특정 패킷에 표시를 하도록 한다. 그래서 TPS 환경에서 라우터는 비디오 식별자로 표시된 IP 패킷을 웹 콘텐츠를 전달하도록 표시된 IP 패킷과 "다르게" 처리할 수 있다.

자동 형상(configuration) IPv6의 "PnP" 기능은 가입자 가정에서의 IPTV 서비스 설치의 복잡성을 줄인다.

위에 기술된 여러 이점들 때문에 IPv6는 IPTV 산업에서 여러 유형의 IP 기반 응용을 소비하고 렌더링할 수 있는 디지털 장치의 대형 구축을 지원하는 장기적인 솔루션으로 받아들여지고 있다.

IP 프로토콜 사용의 주요 단점은 패킷이 올바른 목적지에 도착할 것인지를 보장하지 않으며 정확한 도착 시간도 보장하지 않는 다는 것에 유의할 필요가 있다. 심지어는 패킷이 IPTVCD에 도착하는 순서도 정의되지 않는다. 따라서, IP 계층은 패킷이 순서대로 시간에 맞추어 IPTVCD에 도착하도록 하기 위해 전송 계층 프로토콜과 함께 동작한다. IP는 비디오 콘텐츠 전달에 지연을 야기할 수 있다. 그 결과, 대부분의 서비스 제공자들은 이 IPTVCM 계층에서 야기되는 지연을 최소화하기 위해 QoS 방식을 구축하고 있다.

표 3.14 이더넷 헤더의 구조

필드 이름	크기(비트)	기능 설명
이더넷 목적지 주소	48	목적지 인터페이스의 주소를 식별
이더넷 소스 주소	48	소스 인터페이스의 주소를 식별
타입 코드	16	패킷에서 사용된 프로토콜 식별. 예, '0 × 80'은 TCP/IP 타입을 의미

3.3.2.7 데이터 링크 계층

링크 계층은 IP 계층으로부터 가공하지 않은 데이터를 받아서 물리 네트워크를 통해 전달되기에 적합한 패킷으로 포맷한다. 데이터 링크 계층은 네트워크 프로토콜마다 다름에 유의하라. 이더넷 기술은 IPTV 시스템에서 사용되는 인기 있는 방식의 하나이다. 이더넷 기반 네트워크에서 데이터 링크 계층이 수행하는 기능은 다음을 포함한다:

캡슐화 — 이 계층은 IPTV 패킷에 헤더를 추가한다. 이더넷 헤더는 IPTVCM의 데이터 링크 계층에서 발생하는 가장 흔한 캡슐화이다. 이더넷 헤더의 요소들은 표 3.14에 설명되어 있다.

주소 기법 — 데이터 링크 계층은 IPTV 가입자 네트워킹 및 서버 장치의 물리 주소를 다룬다. 주소 기법은 네트워크 위상마다 다르다. 예를 들어, MAC(Media Access Control) 주소 기법은 이더넷에서 사용된다. MAC 주소 기법은 IPTV 네트워크에 연 결된 각 장치가 고유한 식별자를 가지도록 한다. MAC 주소의 길이는 48비트이고12개의 16진수로 표현된다. 12개의 16진수 중에서 앞의 6개 16진수 값은 IPTV 장치 제조업자를 나타내고 나머지 숫자는 실제 네트워크 인터페이스를 식별한다.

오류 검사 — 오류 검사 기능은 데이터 링크 계층을 포함한 여러 IPTVCM 계층에 걸쳐 있다. 손상된 데이터가 IP 기반 네트워크에서 비디오 콘텐츠 전송 동안에 발생하는 가장 흔한 오류 유형이다. CRC(Cyclic Redundancy Check)라고 하는 오류 정정 기법이 손상된 비디오 패킷을 탐지하고 폐기하기 위해 IPTV 구축에서 사용된다. CRC 오류 검사 방식에서 전송 IPTV 장치는 패킷에 대해 수학적 계산을 수행하고 패킷에 그 결과 값을 저장한다. 수신 IPTV 장치에 패킷이 수신되면 같은 계산이 수행된다. 만약에 그 값이 같으면 패킷은 정상적으로 처리된다. 그러나 만약에 그 값이 다르면 패킷은 오류를 포함하고 있으며 따라서 폐기된다. 이어서 새로운 비디오 패킷이 만들어지고 송신 장치가 재전송한다. 오류가 발생했을 때 IPTVCM 프로토콜 스택의 상위 계층에게 알리는 것이 종단 간 IPTV 시스템이 사용하는 전체적인 오류 검사 방식에 데이터 링크 계층이 기여하는 주요 기능이다.

흐름 제어 — 흐름 제어 관리는 주로 전송 계층에서 이루어진다. IPTV 네트워킹

표 3.15 MPEG-2 전달에 사용되는 이더넷 프레임의 구성

설 명	크 기
7개 MPEG 전송 스트림 패킷	각 패킷은 188바이트의 크기임(184바이트의 비디오 콘텐츠 + 4바이트의 헤더 정보). 이 7개의 MPEG-TS 패킷은 프레임의 1316바이트(10,528비트)를 차지함
RTP 헤더	이더넷 프레임의 12바이트를 차지
UDP 헤더	이더넷 프레임의 8바이트를 차지
IP 헤더	이더넷 프레임의 20바이트를 차지
이더넷 헤더	이더넷 프레임의 14바이트를 차지

환경에서 흐름 제어 사용은 스트리밍 서버가 수신 IPTVCD를 콘텐츠로 압도하지 않도록 보장한다. 데이터 링크 계층은 전송 계층과 연계하여 필요한 흐름 제어를 수행한다.

주소, 오류 검사 그리고 흐름 제어 이외에 이 계층은 IP 계층 패킷을 물리 네트워크에서 전달하기에 적합한 포맷으로 캡슐화한다. 대부분의 경우, 패킷은 이더넷 포맷으로 포맷된다. 표 3.15는 여러 MPEG-2 TS 패킷으로 구성된 전형적인 이더넷 프레임 구성에 대한 상세사항을 제공하고 있다. 표 3.15에 나열된 값들을 추가함으로써 이 이더넷 프레임 내에 저장된 전체 바이트 수는 1370바이트이다. 이 예에서 7개 TS 패킷을 구성하는 프레임의 크기는 이더넷 표준에서 설정한 1518 바이트의 최대 제한 크기 내에 잘 들어맞는다.

3.3.2.8 물리 계층

물리 계층은 네트워크상에서 디지털 비트를 전송하는 규칙에 관한 것을 다룬다. 이 계층은 특정 유형의 물리 네트워크(예, DOCSIS, xDSL 그리고 무선)에서 데이터 전달의 책임을 맡는다. 그리고 이 계층은 물리 네트워크 구조(위상), 전송 매체 이용에 대한 기술적, 그리고 전기적 명세서를 정의한다.

IPTV 비트스트림이 네트워크로 보내지면 패킷은 수신 장치의 IPTVCM을 통해 위로 전달되고 캡슐화 과정이 반대로 진행된다. 예를 들어 데이터 링크 계층은 패킷을 조사하고 이더넷 헤더와 CRC 필드를 제거한다. 다음에 이더넷 헤더의 "타입" 필드를 조사하고 이 패킷이 IP 프로토콜에게 보내져야 하는지를 결정한다. 다음에 이 패킷은 네트워크 계층으로 전달된다. 네트워크 계층은 이어서 IP 헤더를 조사하고 제거한 후 전송 계층으로 전달한다. 여러 계층에서 헤더를 제거하는 이 방법을 비캡슐화(decapsulation)라고 한다. 다른 계층들도 이러한 과정을 패킷이 IPTVCM의 최상위에 도달할 때까지 수행하며 원래의 비디오가 시청자 TV 화면에 디스플레이되게 된다.

요약

비디오 압축은 비디오 파일에 포함된 데이터양을 IP 광대역 네트워크를 통해 전송될 수 있는 크기로 줄이기 위해 IPTV 서비스 제공자가 사용하는 프로세스이다. 서로 다른 압축 기술들은 다른 목적에 적합하도록 개발되었다. 예를 들어, MPEG-2는 디지털 텔레비전 응용에서 널리 사용되는 비디오 압축 기술이다. MPEG-4는 MPEG-2 후속 버전이고 개선된 압축률에서부터 대화식 멀티미디어 응용 지원에 이르기까지 다양한 고급 특성들을 포함한다.

VC-1은 SMPTE라고 하는 국제기구에서 표준화된 인코딩 기술이다. SMPTE 421 M으로 발간되었고 전송 방식과 이 기술에 대한 가이드라인을 정의하는 두 개의 자매 문서가 발간되었다. VC-1은 IPTV 응용이 사용하는 것을 포함하여 여러 다른 비트율로 비디오를 압축하도록 설계되었다. 표 3.16은 3가지 주요 IPTV 압축 시스템 간의 특성 비교를 보여주고 있다.

IPTVCM은 7개 그리고 어떤 구현에서는 8개 계층으로 구성된 네트워킹 프레임워크이며, 이들 각 계층은 IPTV 장치들 간에 통신을 위해 사용되는 프로토콜과 네트워크 기능을 명시한다. 이 모델의 상위 계층은 비디오 콘텐츠의 인코딩과 패킷화와 같은 여러 서비스를 구현한다. 이 모델의 하위 계층은 라우팅, 주소 기법, 흐름 제어, 그리고 물리적 전달과 같은 전송관련 기능을 담당한다. 표 3.17은 IPTVCM 참조 모델 계층을 요약하고 있다.

표 3.16 여러 IPTV 압축 기술 간의 특성 비교

기술적 특성	MPEG-2	H.264/AVC	VC-1
움직임 보정 블록 크기	16 × 16 16 × 8	16 × 16 16 × 8, 8 × 16 8 × 8 8 × 4, 4 × 8 4 × 4	16 × 16 16 × 8, 8 × 16 8 × 8
P 프레임 참조 기능	단일 참조 프레임	다중 프레임 참조 가능	단일 프레임 참조
B 프레임 참조 기능	각 사이드에서 프레임 참조	다중 프레임 참조 가능	각 사이드에서 프레임 참조

표 3.17 IPTVCM 계층 요약

계층 번호	이 름	개 요
1	물리	IPTV 데이터 비트 전송을 책임지는 네트워크 미디어의 속성 정의
2	데이터 링크	네트워크 미디어 액세스에 사용되는 방식 정의. 오류 정정, 동기화 및 플로우 제어도 이 계층에서 지원
3	IP	네트워크에서의 IP 패킷 라우팅 담당. 주소화 및 혼잡 제어와 같은 방식을 IPTVCM 계층에서 사용
4	전송	IPTV 패킷이 목적지에 도착하는 것을 보장. TCP와 UDP가 이 계층에 해당
5	RTP 계층(선택사양)	UDP가 광대역 네트워크에서 IPTV 콘텐츠 전달을 위한 선호되는 전송 프로토콜이나 이는 신뢰적이지 않으며 오류 정정 혹은 순서대로 도착하지 않는 IPTV 패킷을 다루지 못함. 그 결과 여러 서비스 제공자들은 UDP의 결점을 보완하기 위해 RTP를 사용함. MPEG-2이외에, 이 계층은 RTP 프로토콜의 페이로드로서 H.264/AVC NAL 유닛과 VC-1 패킷을 전달하기 위해 사용됨
6	전송 스트림 구성	오디오 및 비디오 비트스트림의 패킷화를 담당. 이 패킷은 188바이트 길이임
7	비디오 패킷화 계층	타임스탬프를 가진 PES 패킷의 스트림을 생성
8	비디오 코딩 계층	오디오 및 비디오 기본 스트림 형성. 스트림 포맷은 인코더가 사용하는 압축 알고리즘에 따름

C/h/a/p/t/e/r

4

IPTV에서의 순차적 프로그램 방송

VoD 응용을 제공하는 것 외에 IPTV 서비스 제공자는 가입자들에게 전통적인 방송 TV 프로그램을 제공하기 시작했다. VoD의 경우, 유니캐스트 통신 시스템은 여러 IPTVCD와 IPTV 데이터 센터 서버 사이의 개별 링크 혹은 세션을 설정하는데 사용된다. 이러한 방식의 통신은 단대단(point-to-pint) 세션의 중복으로 네트워크 자원 소비가 크기 때문에 전통적인 방송 스타일 채널을 전달하는데 비효율적이다. 따라서, IP 멀티캐스트라고 하는 기술이 다중 클라이언트에게 동시에 하나의 방송 TV 채널을 제공하는데 널리 사용된다. 이 장은 종단 간 IPTV 멀티캐스트 시스템이 사용하는 비디오 요.소에 대한 설명으로 시작한다. IPTV 종단사용자에게 TV 채널 전달을 선택하고 제어하기 위해 멀티캐스트 네트워크가 사용하는 IGMP(Internet Group Management Protocol)라고 하는 프로토콜에 대해서도 기술한다. 현재 세 가지 버전이 있으며, 이들 각각은 이전 버전을 개선하여 새로운 버전으로 개정한 것이다. 또한 멀티캐스트 시스템이 사용하는 여러 라우팅 프로토콜을 기술하고 IPv6 기반 네트워크에 멀티캐스팅을 구축하기 위한 기술들을 살펴볼 것이다. 멀티캐스트 기술의 주요 목적은 종단시청자들이 TV를 시청하면서 즉시 그리고 신뢰적으로 채널 변경을 할 수 있게 하는 것이다. 사실, 여러 전화회사들은 빠른 채널 변경 특성을 전통적인 유료 TV 서비스에 비해 IPTV의 주요 이점으로 마케팅을 하고 있다. 이 장의 마지막 절에서는 멀티캐스트 IPTV 채널에 대한 채널 변경 속도를 개선하는데 도움을 주는 여러 기술들을 고찰한다.

4.1 종단 간 IPTV 시스템의 기본적인 비디오 요소

IPTV 콘텐츠를 전달하는 두 가지 주요 방식이 있다: 순차적인 TV 콘텐츠의 멀티캐스팅과 VoD. 그림 4.1은 IP 기반 멀티캐스트 TV와 VoD를 위한 종단 간 솔루션을 구현하는데 요구되는 관련 인터페이스뿐만 아니라 여러 하드웨어와 소프트웨어 요소들을 보여주고 있다. 각 요소의 역할을 다음 절에서 간략히 기술한다.

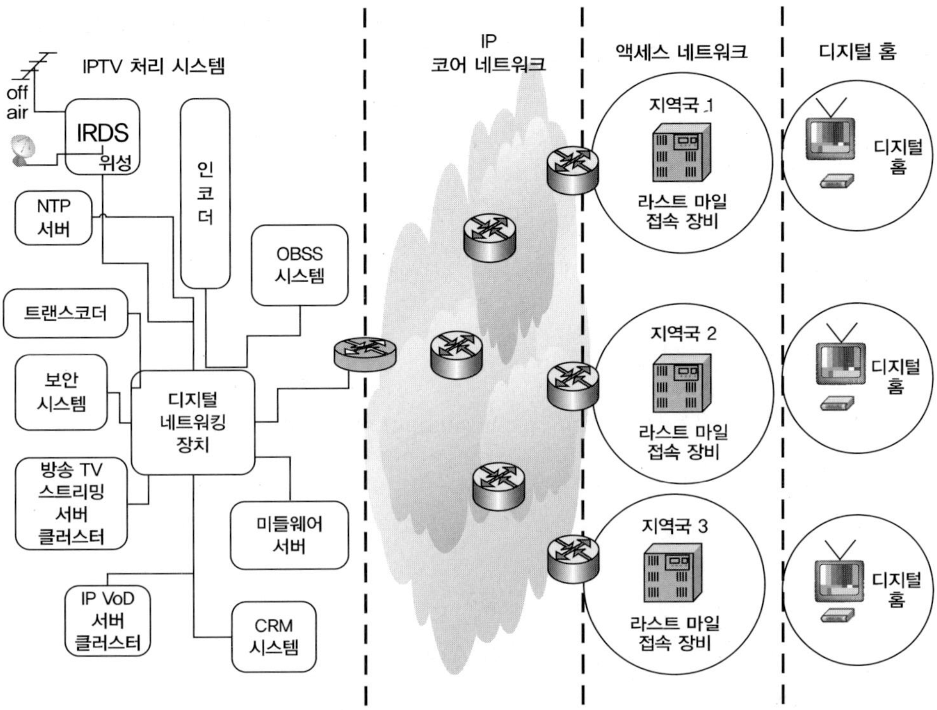

그림 4.1 VoD와 멀티캐스트 IPTV 서비스 플랫폼

4.1.1 통합 수신 장치(IRD : Integrated Receiver Devices)

이 디지털 장치는 위성 링크에서부터 전용 비디오 회선과 마이크로파 링크에 이르기까지 다양한 여러 네트워크들로부터 비디오 자산을 수신하는 데 이용된다.

4.1.2 실시간 인코더

IP 비디오 방송 네트워크의 중심에 압축 시스템이 있으며, 이 시스템의 기능은 적은 양의 네트워크 대역폭을 사용하여 고품질 비디오와 오디오를 종단사용자에게 전달하는 것이다. IPTV 압축 시스템의 주요 목표는 비디오와 오디오스트림의 품질을 유지하면서 정보 저장 용량을 최소화하는 것이다. 이것은 가능한 많은 IP 디지털 채널들을 하나의 광대역 스트림으로 통합하고자(squeeze)하는 서비스 제공자에게는 특히 유용하다. 압축 시스템은 여러 실시간 인코더들로 구축되는데 이들은 여러 오디오, 비디오 그리고 데이터 채널을 디지털화하고 압축하는데 사용된다. 비압축 아날로그 혹은 디지털 비디오 콘텐츠가 인코딩 장치에 입력으로 수신되고 압축된 비디오 콘텐츠가 내부에서 만들어지고 캡슐화된 비디오 패킷을 출력한다. 디지털 인코더는 IPTV 운영자가 여러 고품질 비디오 프로그램을 이전에 단 하나의 아날로그 비디오 프로그램을 방송하는데 이용된 대역폭 상에서 방송하도록 허용한다. 일단 신호가 인코드되면 압축된 비디오스트림은 IPTV 분배 라우터로 전송된다. 대부분의 현대 인코더들은 압축된 콘텐츠를 출력하는 이더넷 인터페이스를 갖고 있다.

4.1.3 TV 방송 스트리밍 서버

이들 서버는 전형적으로 클러스터 형태로 형상화되고 선택된 프로토콜을 사용하여 생방송 IPTV 콘텐츠를 종단사용자에게 스트리밍하는 책임을 갖고 있다.

4.1.4 IP 트랜스코딩 시스템

IPTV 데이터 센터에 있는 트랜스코딩(transcoding) 시스템의 요구사항은 두 가지 요인에 달렸다:

(1) 소스 비디오 콘텐츠 포맷
(2) IP 분배 네트워크에 구현된 압축 표준

트랜스코딩 시스템의 기능을 수행하기 위해서는 특별한 하드웨어를 필요로 한다. 이들 장치들은 MPEG-2, 비압축 SDI(Serial Digital Interface), 혹은 아날로그 신호 스트림을 H.264/AVC 혹은 VC-1과 같은 다른 압축 포맷으로 변환하는데 사용된다. 트랜스코딩은 비디오 신호를 재구성하는 것이 아니고 비트 전송률 혹은 수신 비디오 신호의 해상도 변경을 수행한다. 트랜스코더의 다른 기능은 포맷 변환 그리고 프레임 전송률 조정을 포함한다. 좀 더 고급 트랜스코더는 또한 인코딩과 디코딩 기능을 지원한다. MPEG-2 콘텐츠를 트랜스코딩하는 여러 다른 방법들이 있다. 예를 들어, 한 방법은 수신되는 비디오스트림을 완전히 디코드하고 이 스트림의 압축을 풀어 처리하고, 낮은 비트 전송률의 새로운 압축 표준으로 인코드를 진행한다.

4.1.5 OBSS (Operational and Business Support System)

가입자 관리 시스템(SMS : Subscriber Management System)이라고도 알려진 OBSS는 고객 요구사항을 만족하기 위해 실시간으로 IPTV 서비스를 제공하기 위해 다른 IPTV 네트워크 요소들과 연계하여 사용된다. 새로운 서비스를 제공하면서 OBSS가 처리하는 정보 유형은 다음을 포함한다:

- 가입자 이름과 주소
- 과금과 임금 상세사항
- 필요한 IPTV 멀티캐스트 프로그램
- 필요한 IP-VoD 자산
- 새로운 서비스를 제공하는데 필요한 네트워크 대역폭 사용량

- 새로운 서비스를 위한 IP 주소 할당
- 새로운 서비스 제공과 설치를 위한 가입자가 원하는 시간

새로운 서비스 활성화와 연결 옵션 이외에, OBSS는 다음 기능들을 포함할 수 있다:

- IPTV 기술과 설치 그룹에게 작업 요구서 생성
- 특정 유형의 IPTV 서비스와 연관된 사용 정보 수집
- 작업 요청서의 상태를 모니터링하고 그에 따른 업데이트 실시
- 서비스 제공자가 소유 혹은 임차한 하드웨어와 소프트웨어 자원의 데이터베이스 저장
- 광대역 네트워크를 통해 IPTV 데이터 센터에 연결된 댁내 게이트웨이 모니터링과 관리
- 콘텐츠 제공자 관리 및 지원
- 고객 계정, 프로파일, 그리고 송장 관리
- 가입자가 웹 사이트를 통해 새로운 제품을 주문하도록 하는 셀프 서비스 시스템 제공
- IPTV 종단사용자들이 공통적인 기술적 문제들을 해결하도록 도와주는 정보를 액세스하도록 하는 인터넷 기반 웹 포털 제공

OBSS는 데이터 센터에 있는 외부 시스템(CRM : Customer Relationship Management, 시스템 포함)과 통신하는데 표준 인터페이스를 이용한다.

4.1.6 IPTV CRM 시스템

CRM 시스템 사용은 전화회사들에게 특별한 서비스 패키지 판매에 대한 가시성을 제공한다. 전형적인 CRM은 여러 특성들을 포함하며 세 개의 다른 모듈로 분류할 수 있다. 표 4.1은 IPTV 네트워킹 환경에서 여러 CRM 모듈을 설명하고 있다.

표 4.1 IPTV CRM 시스템이 사용하는 기능 분류

CRM 모듈	기능 설명
가입자와의 인터페이스	이 모듈은 가입자와의 인터페이스 효율성을 증대시키기 위해 현재와 과거에 대한 상세 정보가 가용하도록 보장함. 연락 및 고객 관리가 주요 특성임
IPTV 제품 및 서비스 마케팅	이 모듈은 여러 마케팅과 프로모션 캠페인을 관리함
IPTV 제품 및 서비스 판매	이 모듈은 IPTV 서비스 제공자가 판매를 촉진하는데 도움을 줌. CRM 판매 모듈은 적절한 판매 채널을 식별하고 여러 마케팅 캠페인의 결과를 모니터하기 위해 이 마케팅 모듈과 밀접하게 상호작용함

4.1.7 IPTV 보안 시스템

인코딩 시스템의 출력은 콘텐츠 보호를 위한 보안 시스템으로 공급된다. IPTV 보안 시스템의 목적은 가입자의 접속을 제한하고 IPTV 콘텐츠 절도로부터 보호하는 것이다. 보안 시스템은 두 개의 부분으로 구성된다: CA(Conditional Access) 그리고 DRM (Digital Right Management).

4.1.8 IP VoD 응용 서버

비디오 서버는 VoD 파일을 저장하고 캐싱한다. 비디오 서버는 보통 클러스터에 연결되며, 이 클러스터는 한 서버에 장애가 발생할 때 다른 서버가 그 기능을 대신하도록 할 수 있다. VoD 서버들은 전형적으로 소프트웨어 응용을 수행하는데, 이는 VoD 관리와 다른 유형의 멀티미디어 데이터를 지원하는데 필요하다.

4.1.9 IPTV 헤드엔드 미들웨어와 응용 서버

IPTV 미들웨어는 두 가지로 분류할 수 있다: 클라이언트와 서버 소프트웨어. 미들웨어 서버 소프트웨어는 IPTV 데이터 센터에서 운영되는 일련의 응용 서버들에 구현된다. IPTV 헤드엔드 미들웨어와 응용 서버는 다음 기능들을 수행한다:

- 백엔드 OBSS와 CA 시스템과의 상호작용
- 새로운 가입자 설치, 과금 그리고 비디오 자산에 대한 전체적인 관리 지원
- IP 액세스 장치에 내장된 미들웨어 클라이언트와 연결되는 소프트웨어 응용 지원
- IPTV 멀티캐스트와 온-디멘드 서비스를 위한 사용자 인터페이스 지원

클라이언트 미들웨어는 IPTVCD에 내재하고 IPTV 응용 프로그램을 하위 광대역 네트워크의 상세사항과 분리하는데 사용된다. 6장에서 IPTV 클라이언트 미들웨어 소프트웨어에 대한 상세한 설명을 한다.

4.1.10 네트워크 시간 서버

많은 네트워킹 장치와 서버들은 시간을 트래킹(tracking)하기 위해 자신의 내부 클록(clock) 시스템을 사용한다. 서로 다른 클록 유형 간의 차이로 인해 시간이 지남에 따라 시간 차이가 여러 장치들 사이에 발생한다. 그 결과, IPTV 데이터 센터는 네트워크 요소들 사이에 동기화를 위해 네트워크 시간 서버(network time server)를 사용한다. 이 서버와의 연결은 NTP(Network Time Protocol)을 통해 한다 ─ RFC 1305이 국제 표준임.

4.1.11 IP 스위칭 기반구조

IPTV 데이터 센터는 비디오와 오디오 신호를 스위칭하기 위한 장비들을 포함한다. 전통적으로 대형 베이스밴드 스위치는 여러 유형의 콘텐츠 소스 장치들 간의 비디오 신호 라우팅을 다루기 위해 사용된다. 베이스밴드 스위치의 단점은 그 물리적 크기와 복잡성을 포함한다. 디지털로 전환하면서 새로운 스위치들이 IPTV 데이터 센터에 설치되고 있다. 이들 디지털 스위치들의 크기와 복잡도는 여러 IPTV 데이터 센터 요소들 간에 비디오와 오디오 신호들이 어떻게 전송되는지에 달렸다. 디지털 비디오 신호를 IP 패킷으로 변환하면서 여러 서비스 제공자들은 신호를 라우팅하기 위해 이더넷 라우터와 스위치들 같은 표준 IP 네트워킹 장비를 이용하기 시작했다. 표준 네트워킹 장비 사용은 IPTV 제공자가 여러 유형의 비디오, 오디오 그리고 데이터 신호를 하나의 네트워크에 통합하는 것을 허용한다. 이는 유지비용을 줄이고, 네트워크 관리를 단순화하고 그리고 스위칭 기반구조의 유연성을 증대시킨다.

4.1.12 분배 라우터

IPTV 시스템 구조는 서비스 제공자의 헤드엔드에 위치하고 분배 네트워크로 대화식 IPTV 콘텐츠 전달을 책임지는 고속 분배 라우터를 포함한다. 이 라우터는 IPTV 코어 네트워크에 직접 연결된다. IP 라우터 대신에 ATM 교환기를 SONET 기반 네트워크와 연결하는데 이용할 수 있음에 유의하라.

4.1.13 IP 분배 네트워크

IP 분배 네트워크는 코어와 액세스 부분으로 구성된다.

(1) *IP 코어*는 TPS 환경에서 여러 다른 유형의 트래픽과 더불어 모든 IP 비디오 콘텐츠 수집을 책임진다.
(2) *액세스 혹은 시스템의 라스트 마일(lastmile)* 부분은 요청 서비스를 IPTV 종단 사용자에게 제공하기 위해 DSL과 WiMAX와 같은 기술들을 사용한다.

4.1.14 IPTVCD

IPTVCD(IPTV Consumer Device)는 IPTV 연결의 사용자 쪽 종단에 위치하는 하드웨어 장치로 정의된다. IPTVCD의 예로 미디어 센터 PC, 게임 콘솔, 댁내 게이트웨이 그리고 IP 디지털 셋톱박스 등이 있다.

표 4.2는 VoD 그리고 방송 기반 IPTV 서비스를 처리하는데 사용되는 각 요소의 기능들을 요약한다. 전형적인 생방송 IPTV 네트워크에서 이들 모든 요소들은 여러 VoD 타이틀과 여러 표준화질과 고화질 채널을 전달하기 위해 통합된다.

표 4.2 IPTV와 VoD 헤드엔드 요소

요소 이름	설 명	관여된 IPTV 서비스
IRD	IRD는 여러 소스로부터 비디오 콘텐츠 수신을 위해 소스 콘텐츠 제공자와 연결	VoD와 방송 중심 IPTV 서비스
인코더	아날로그 혹은 디지털 비디오 콘텐츠 수신, 콘텐츠 압축, 압축된 디지털 비디오스트림 출력	방송 중심 IPTV 서비스
IP 트랜스코딩 시스템	실시간 비디오 압축 포맷 변경에 사용됨	방송 중심 IPTV 서비스
방송 TV 스트리밍 서버	인코더와 연결되고 TV 프로그램을 여러 IPTVCD들에게 스트리밍	방송 중심 IPTV 서비스
IP VoD 서버	VoD 파일을 IPTV 시청자에게 제공	VoD 중심 IPTV 서비스
헤드엔드 미들웨어 및 응용 서버	이 서버 클러스터는 백엔드 미들웨어 응용을 저장. 이는 여러 IPTVCD에서 수행되는 미들웨어 플랫폼의 프런트엔드 기능 지원에 필요함. 데이터 센터에서 수행되는 대부분의 비디오 요소를 통합함	VoD 및 방송 중심 IPTV 서비스
OBSS	IPTV 비즈니스를 관리하는데 필요한 여러 정보를 포함. 예, 과금 및 가입자에게 허용된 서비스 정보	VoD 및 방송 중심 IPTV 서비스
CRM	서비스 제공자와 가입자 간의 상호작용을 효율적으로 관리하는데 이용됨	VoD 및 방송 중심 IPTV 서비스
IP 스위칭 구조	표준 네트워킹 스위치가 IPTV 데이터 센터에 위치한 여러 요소들 간에 IP 비디오 데이터를 라우트하는데 사용됨	VoD 및 방송 중심 IPTV 서비스
CA 시스템	IPTV 방송과 주문형 콘텐츠 액세스를 암호화하고 관리함. 가입자가 특정 채널 혹은 VoD 타이틀을 시청할 권한이 있는지를 확인함	VoD 및 방송 중심 IPTV 서비스
IP 분배 라우터	VoD 및 방송 스트리밍 서버로부터 IP 스트림을 받아서 IP 분배 네트워크로 전달	VoD 및 방송 중심 IPTV 서비스
IP 분배 네트워크	IP 네트워크는 코어 및 액세스 네트워크로 분리됨	VoD 및 방송 중심 IPTV 서비스
IPTVCD	IPTV 콘텐츠를 액세스할 수 있는 여러 유형의 장치들이 있음. IP 셋톱박스가 서비스 제공자에게 가장 인기 있는 선택임. IP 셋톱박스의 목적은 IP 스트림을 수신하여 표준 텔레비전에서 볼 수 있는 형태로 변환하는 것임	VoD 및 방송 중심 IPTV 서비스

4.2 IPTV 콘텐츠 스트리밍 방법

실시간 IP 기반 TV의 네트워크 트래픽 패턴은 VoIP와 고속 인터넷 액세스 같은 다른 IP 서비스가 생성하는 패턴들과 다르다. 예를 들어, 비디오 트래픽은 높은 처리율을 유지하며 반면에 인터넷 트래픽은 높고 낮은 수준의 활동 간에 변화가 심하다. 비디오 트래픽과 연관된 고유한 패턴들을 처리하는데 세 가지 기술이 사용된다.

4.2.1 유니캐스트

유니캐스팅에서, 모든 IPTV 비디오스트림은 하나의 IPTVCD로 보내진다. 따라서, 만약에 여러 IPTV 종단사용자가 같은 비디오 채널을 수신하고자 한다면, 각 IPTVCD는 각각의 개별적인 유니캐스트 스트림을 필요로 할 것이다. 이들 각 스트림은 고속 IP 네트워크를 통해 목적지로 전달된다. IP 네트워크에서의 유티캐스트 구현 원리는 지정된 콘텐츠 스트림을 각 종단사용자에게 전달하는 것이다. 기술적 관점에서 이 형상은 구현하기가 매우 쉽다; 그러나 네트워크에서의 대역폭 이용은 효율적이지 못하다. 그림 4.2에 보이는 다이어그램은 5명의 IPTV 가입자가 양방향 고속 네트워크에서 특정 ITV 방송 채널을 액세스할 때 IP 연결이 어떻게 설정되는지 예를 보여주고 있다.

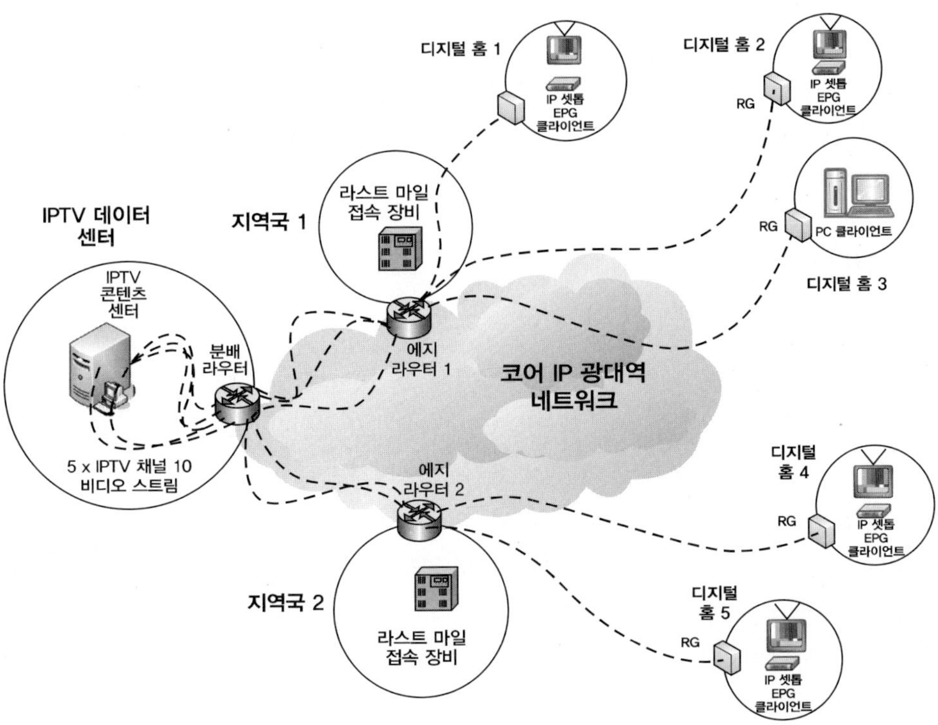

그림 4.2 단일 IPTV 방송 채널에 대한 다중 사용자 유니캐스트 IP 연결

보이는 바와 같이, 다중 IPTV 종단사용자가 동시에 같은 IPTV 채널을 액세스하고자 할 때, 여러 지정된 IP 연결들이 네트워크상에 설정된다. 이 예에서 서버는 채널 10을 액세스하고자 하는 모든 IPTV 가입자에게 IP 연결을 제공할 필요가 있으며, 이 연결은 콘텐츠 서버로부터 시작되는 5개의 개별적인 스트림이 각 목적지 라우터에 연결된다. 이들 5개의 연결은 이어서 목적지로 라우트된다. 이 연결들은 두 개의 지역국으로 분산된다. 즉, 3개의 IP 연결은 1번 지역국으로 그리고 2개의 IP 연결은 2번 지역국으로 분산된다. 그리고 더 많은 연결들이 지역국 라우터들과 5개의 디지털 홈에 설치된 댁내 게이트웨이들 사이에 설정된다. 이러한 유니캐스트 환경에서 다중 IP 연결에 대한 필요성은 고성능의 네트워크 링크를 요구한다. IP 비디오 전송을 위한 이러한 방법은 네트워크 기반 디지털 비디오 녹화(NDVR) 그리고 VoD와 같은 주문형 응용, 즉 각 가입자가 고유한 스트림을 수신하는 그러한 응용에 적합하다.

4.2.2 방송

IP 네트워크는 또한 방송 기능을 지원하며, 여기서는 같은 IPTV 채널이 광대역 네트워크에 연결된 각 IPTV 액세스 장치로 스트림된다. 서버가 방송으로 설정되면, IPTV 채널은 IPTVCD가 비디오스트림을 요청하였든 아니든 관계없이 네트워크에 연결된 모든 IPTVCD로 보내진다. 이것은 IPTVCD 자원들이 원하지 않는 비디오 패킷처리에 소비되기 때문에 중요한 이슈이다. 또한 방송을 IPTV 응용에 적합하지 않도록 만드는 다른 이슈는 이러한 통신 기술이 라우팅을 지원하지 않는다는 사실이다. 대부분의 IPTV 네트워크는 라우터를 많이 사용하기 때문에 방송을 이용하는 것을 금한다. 이는 네트워크와 여러 IPTVCD들에 모든 채널들이 모든 수신자들에게 보내질 때 부하가 많이 걸리기 때문이다.

4.2.3 멀티캐스트

그룹과 멤버십은 멀티캐스팅이 동작하는 기본 요소이다. IPTV 구축 관점에서 각 멀티캐스트 그룹은 방송 TV 채널이고 그 멤버들은 그 채널에 맞추어져 그 방송을 시청하는 여러 IPTVCD들이다. 따라서, 각 IPTV 채널은 그 채널을 보고자하는 IP 셋톱박스들로만 스트림된다. 이 방식은 대역폭 소비를 상대적으로 낮게 유지하고 유니캐스트 일대일 통신 시스템에서의 부하보다 훨씬 작게 서버에서의 처리 부하를 줄인다. 그림 4.3은 IPTV 10번 채널을 동시에 5명의 IPTV 가입자들이 액세스하는 예에서의 멀티캐스트 기술 사용 효과를 보여주고 있다.

보이는 바와 같이, 단지 하나의 복사본이 콘텐츠 서버로부터 분배 라우터로 보내진다. 이 라우터는 그 스트림을 두 개로 복사하고 이들을 지정 IP 연결을 통해 지역국에 있는 라우터들로 보낸다. 각 라우터는 이어서 이 스트림을 보고자하는 인터페이스에

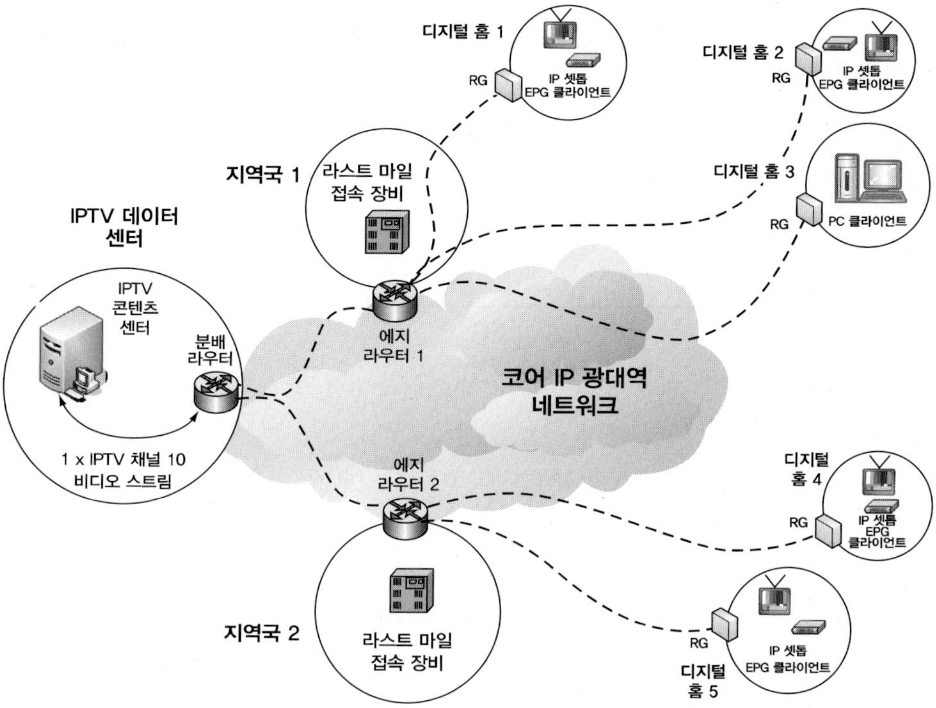

그림 4.3 멀티캐스팅 기술이 사용하는 IP 연결

연결된 디지털 홈을 위해 스트림을 복사한다. 이 방식은 IP 연결 수와 네트워크에 흐르는 비디오스트림 수를 상당히 줄인다. 이 방식은 서비스 제공자가 생방송 IPTV 프로그램을 방송하는데 이용되고 기존 IP 기반구조를 활용하기 위한 효율적인 기술이다. 멀티캐스트는 IPTVCD와 방송 서버 간의 통신을 위한 업스트림 경로를 활용하지 않음에 유의하라. IPTV 콘텐츠의 멀티캐스팅은 유니캐스트나 방송 통신 모델에 비교할 때 보다 세련된 방식이다. 다음 절에서는 멀티캐스팅이 IPTV 콘텐츠 전송에 어떻게 적용되는지에 대한 좀 더 자세한 사항들을 제공한다.

4.3 IPTV 네트워크에서의 멀티캐스팅

멀티캐스팅은 단일 비디오 신호를 동시에 여러 종단사용자들에게 전송하는 기술을 의미한다. 전통적인 방송에서와 같이, 모든 시청자들은 동시에 같은 신호를 수신하나 각 수신자를 위한 분리된 스트림이 없다. 이는 네트워크에서 고대역폭, 일대다 응용을 지원하는 효율적인 방법을 제공한다. 표 4.3에 보이는 바와 같이 여러 응용들이 IP 멀티캐스팅의 장점을 이용한다.

표 4.3 현재 사용되고 있는 IP 멀티캐스팅 응용 분류

멀티캐스팅 응용	분 류
비디오 컨퍼런싱	실시간
e-러닝	실시간 및 비 실시간
주식 정보 갱신	실시간
온라인 날씨 정보	실시간
데이터베이스 복제	비 실시간
교통량 정보 갱신	실시간

위 응용들 이외에, IP 멀티캐스트는 IP 네트워크에서 방송 TV 서비스 전달에도 널리 이용된다. 이에 대한 여러 가지 이유가 있다. 첫 번째로 이는 네트워크를 통해 고품질 IPTV 콘텐츠를 전송하는데 필요한 대역폭을 상당히 줄여준다. 이는 각 비디오스트림의 단일 복사본만이 라우터로 전송되고 이 라우터가 스트림을 요청하는 각 장치들에 대하여 스트림을 복사하기 때문이다. 멀티캐스트가 네트워크의 대역폭 요구를 줄일 뿐만 아니라 콘텐츠 서버가 한 번에 하나의 IPTV 스트림을 전송하기 때문에 콘텐츠 서버의 처리 성능이 상대적으로 낮게 유지될 수 있기 때문이다. 대조적으로 유니캐스팅 기반 네트워킹 환경은 동시에 다중 종단사용자들에게 다중 비디오스트림 전송을 지원해야하고 고성능 서버만이 이러한 작업을 수행할 수 있다. 그러나 멀티캐스팅은 다음과 같은 단점을 갖고 있다.

VCR 형식의 제어를 지원하지 않는다 — 멀티캐스트는 가입자가 원하는 대로 비디오 콘텐츠를 되감기, 멈춤, 혹은 FF(Fast-Forward)하는 것을 허용하지 않는다.

제한된 유연성 — 현재의 유료 TV 서비스와 유사하게, IPTV 가입자가 TV를 켤 때, 이미 진행 중에 있는 특정 채널에 시청을 위한 가입만 할 수 있다.

라우터가 멀티캐스트를 지원해야 한다 — 자신의 네트워킹 기반구조에 생방송 IP 방송 텔레비전을 전달하고자 하는 서비스 제공자는 데이터 센터와 클라이언트 IPTVCD 사이의 모든 라우터들이 멀티캐스트를 지원하도록 설정하여야 한다. 이러한 기능을 제공하지 않는 라우터는 대체되어야 한다.

라우터의 부하와 처리 요구사항을 증가시킨다 — 라우터가 네트워크에서의 IPTV 콘텐츠 전송에 있어서 중요한 역할을 한다. 올바른 출력 포트로 트래픽을 전달하는 것 이외에, 라우터는 또한 비디오스트림 복사와 비디오 패킷의 다중 복사본 유지와 같은 추가적인 작업을 할 필요가 있다. IP 멀티캐스팅과 관련된 여러 작업들을 처리하는 것은 IP 라우터에게 상당한 부하를 더한다.

소스와 목적지 사이 지원에 일관성이 있어야 한다 — IPTV 콘텐츠 소스와 IPTVCD 사이의 모든 요소들이 IP 멀티캐스팅 기술을 지원해야 한다. 이것은 공중 인터넷에 있는 장치들이 어떻게 형상화되어 있는지에 대한 제한된 제어 혹은 제어를

갖고 있지 않은 인터넷 TV 제공자들에게는 문제가 된다.

IP 멀티캐스트 트래픽 블록킹 — IP 네트워크 관리자는 IP 멀티캐스트 응용을 봉쇄하도록 방화벽과 같은 보안 장치들을 설정한다. 이것은 네트워킹 기반구조를 소유하고 있는 운영자들에게는 중요한 문제가 되지 않는다; 그러나 IPTV 서비스를 공중 인터넷을 통해서 구축하고자 할 때는 반드시 고려하여야 한다.

4.4 IPTV 멀티캐스팅 네트워크 구조

멀티캐스트 시스템 구축은 분산 네트워킹 구조에 기초하고 있다. IP 멀티캐스트 서비스를 전달하기 위한 논리적 그리고 물리적 요소들은 다음과 같이 분류될 수 있다:

- IGMP 장치
- 멀티캐스팅 그룹과 주소
- IPTV 멀티캐스팅 프로토콜
- 멀티캐스트 전송 구조 기술

다음 절에서 이들에 대한 자세한 사항을 설명한다.

4.4.1 IGMP 장치

멀티캐스트가 가능한 호스트는 멀티캐스트 데이터를 송수신(혹은 송신만)하도록 형상화된다. 종단 간 IGMP 통신에 사용되는 두 가지 부류의 장치들이 있다:

- *IGMP* 호스트는 IPTV 네트워크에 연결된 클라이언트 혹은 서버이다. 셋톱박스, 모바일 폰, 혹은 표준 PC들이 모두 IGMP 호스트의 예들이다.
- IGMP 라우터라고도 하는 *멀티캐스트 라우터*가 IPTV 네트워킹 기반구조의 주요 요소이다. IPTV 네트워크상의 라우터들은 분배(distribution)와 통합(aggregation) 라우터의 두 가지로 크게 분류된다. 분배 라우터는 보통 IPTV 데이터 센터 혹은 헤드엔드에 위치하고 소스 콘텐츠 서버와 직접 연결되어 있다. 모든 IPTV 채널들은 분배 라우터에서 가용하다. 통합 라우터는 네트워크의 다운스트림 상에 위치하며 종단사용자 쪽에 가깝게 위치한다. 통합 라우터에 연결된 IPTVCD가 시청하는 채널은 이 지점에서만 가용하다. 멀티캐스트 IP 라우터는 순차적인 IPTV 방송 채널들을 전달하는데 이용되는 근본적인 요소이다. 이들은 IPTV 전송 네트워크에 연결되고 다음 기능을 지원한다:

  멀티캐스트 IPTV 콘텐츠 수신 — IPTV 네트워크에서 많은 라우터 인터페이스는 멀티캐스트 모드로 동작한다. 이는 수신 패킷이 더 이상 처리되어야 하는지

아닌지를 라우터가 분석함을 의미한다. 멀티캐스트 라우터는 또한 IPTV 멀티캐스트 트래픽을 전달하기 위해 복잡한 알고리즘을 이용한다.

IGMP 메시지의 관리와 처리 — 멀티캐스트 라우터는 여러 유형의 IGMP 메시지를 수신, 처리, 그리고 관리할 수 있어야 한다.

최신 정보로 라우팅 테이블 유지 — 멀티캐스트 라우터는 라우터에 설정된 유니캐스팅 프로토콜이 상용하는 것과 같은 테이블을 사용한다. 따라서, 이 테이블은 라우터 운영체제가 최신 정보를 유지하도록 해야 한다.

IPTV 스트림의 복제(replication) — 복제는 라우터가 입력되는 IPTV 비디오스트림을 취하여 개별 IPTV 가입자로 가는 단일 혹은 다중 라우터 포트로 이 스트림을 복사하는 것으로 정의된다.

위에 기술된 모든 작업들은 라우터의 처리 요구사항에 더해진다. 따라서, 멀티캐스팅 기술 구축은 라우터의 성능에 상당한 영향을 주며 효율적인 IPTV 콘텐츠 전달을 지원하기 위해 업그레이드할 필요가 있다.

4.4.2 멀티캐스팅 그룹과 주소

IPTV 네트워크에서의 멀티캐스팅은 비디오 패킷들을 특정 IPTV 채널을 수신하고자 하는 IPTVCD 그룹에게 전달함으로써 동작한다. 이 그룹은 고유의 D 클래스 IP 주소로 식별된다. 그림 4.4에 보이는 바와 같이 D 클래스 IP 멀티캐스트 주소는 첫 4비트가 1110으로 시작하고 주소 범위는 224.0.0.0에서 239.255.255.255이다. 이는 모두 268,435,456개의 멀티캐스트 그룹 주소 공간이 있음을 의미한다.

멀티캐스트 주소 범위는 여러 유형의 응용을 지원하기 위해 좀 더 자세하게 나누어진다(표 4.4 참조).

표 4.4에 보이는 모든 3계층 IP 주소들은 IPTV 멀티캐스트 서비스 구축에 사용될 때 하드웨어 MAC 주소로 변환되어야 한다.

이 프로세스는 원래 IP 주소에서 가용한 32비트 중에서 단지 23개 비트들만이 멀티캐스트 MAC 주소를 형성하는데 사용된다는 사실 때문에 문제가 될 수 있다.

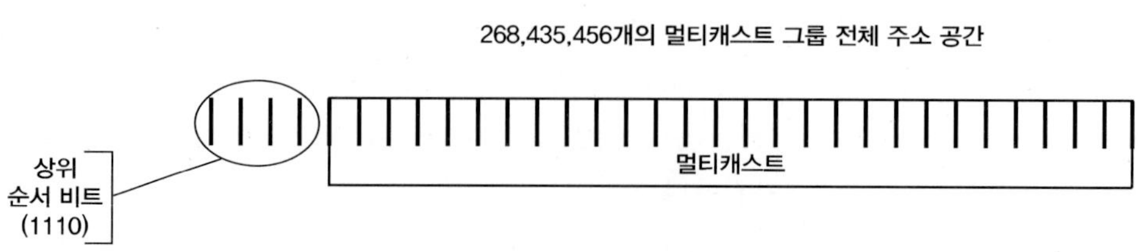

그림 4.4 D 클래스 멀티캐스트 주소의 구조

표 4.4 IP 멀티캐스트 주소 범위와 관련 응용

주소 블록 범위	주소 타입	설 명
224.0.0.0 – 224.0.0.255	상설	단일 홉 멀티캐스트 응용을 위해 IANA가 예약함. 224.0.0.2 IP 주소는 로컬 네트워크에 연결된 모든 라우터를 식별하기 위해 IPTV 응용이 사용하는 예약 주소임. 이 그룹 주소는 그룹 멤버가 없어도 항상 존재함
224.0.0.1 – 238.255.255.255	전 세계적 범위	이 범위의 주소는 공중 인터넷상에서 IP 비디오 콘텐츠를 멀티캐스트하는데 사용됨. 이 그룹 주소는 멤버가 존재하는 동안에만 사용됨
239.0.0.0 – 239.255.255.255	관리 범위	이 멀티캐스트 범위는 로컬 그룹 혹은 조직 내에서만 사용되는 주소임

4.4.3 IPTV 멀티캐스트 프로토콜

IPTV 멀티캐스팅은 IPTV 콘텐츠를 분배하고 복제하는데 특별한 프로토콜을 사용한다.

4.4.3.1 IGMP 버전 1, 2, 그리고 3

IGMP(Internet Group Management Protocol)은 IP 통신 모델의 주요 부분으로서 IPTVCD가 특정 멀티캐스트 그룹 주소에 가입 혹은 탈퇴하는데 사용된다. 현재 사용되는 IGMP 프로토콜은 IGMPv1, IGMPv2, 그리고 IGMPv3가 있다. 다음 절에서 이들이 IPTV 기반구조에서 사용될 때 이들에 각 버전에 대한 개요를 제공한다.

IGMPv1 IGMPv1 명세서는 1989년에 발표되었고 RFC 1112에 기술되어 있다. 이 문서가 이 프로토콜의 원조이고 여러 Unix와 마이크로소프트 기반 운영체제에서 구현되었다. IGMPv1의 주요 특성들은 다음을 포함한다.

메시지 타입 — 호스트 멤버십 질의(host membership query) 메시지와 호스트 멤버십 리포트(host membership report) 메시지의 두 가지 유형을 지원한다. 질의 메시지는 멀티캐스트 라우터가 그룹 멤버십을 조사하도록 한다. 멤버십 리포트 메시지는 로컬 IP 셋톱박스 혹은 PC가 자신의 로컬 라우터에게 특정 IGMP 그룹에 가입하기를 원한다는 것을 알리도록 허용한다.

멀티캐스트 트래픽 전송 — 이 명세서는 멀티캐스트 IP 데이터그램 전송을 위한 기능을 포함하여 IP 프로토콜을 확장한다.

멀티캐스트 트래픽 수신 — 이 명세서는 IP 멀티캐스트 그룹에 가입하는 기능을 포함하여 IP 프로토콜을 확장한다.

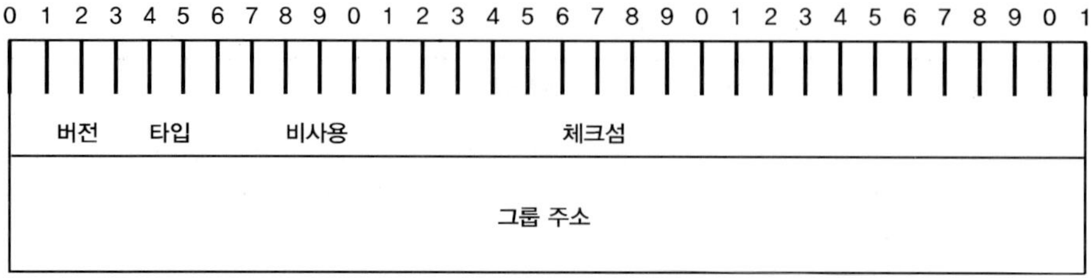

그림 4.5 IGMPv1 메시지 포맷

표 4.5 IGMPv1 메시지 구조

필드 이름	기능 설명
버전	IGMP 버전
타입	사용되는 메시지 타입을 식별. 버전 1의 경우 이는 두 가지 선택사항 중 하나임: 질의 혹은 호스트 멤버십 리포트
비사용	일반적으로 '0'으로 채워짐
체크섬	데이터 무결성 보호에 사용됨
그룹 주소	메시지 타입에 따라 이 필드 값이 변경됨. 예 : 질의 메시지 경우, 이 필드는 송신될 때 '0'으로 채워짐. 반면 리포트 메시지는 IP 그룹 주소를 가짐

특정 메시지 포맷 — 1.0버전 IGMP 메시지의 주요 요소가 그림 4.5에 나타나 있으며 표 4.5에 기술되어 있다.

1.0버전은 지금은 거의 쓰이지 않는다. 사실 대부분의 IPTV 시스템에서는 현재 IGMP 2.0버전이나 최신의 3.0버전을 사용한다.

IGMPv2 버전 1에 특정 호스팅 그룹 탈퇴에 대한 지원이 없기 때문에 IETF에서는 1997년에 IGMPv2를 새로이 생성하였다. IGMPv2는 원래 버전인 IGMPv1을 개선하였고, RFC 2236에 기술되어 있다. 특정 IPTV 방송 채널을 수신하기 위해 현재 사용되는 디폴트 프로토콜 버전이다. IGMPv2의 주요 특성은 다음을 포함한다.

탈퇴 지연 개선 — IGMPv2는 멀티캐스트 라우터가 특정 방송 채널을 액세스 혹은 시청하는 IPTV 가입자가 더 이상 존재하지 않음을 아는데 걸리는 시간을 줄여준다. 이 특성은 원하지 않는 스트림을 제거하며, 따라서 네트워크에서의 혼잡 가능성과 종단사용자에게 나쁜 품질의 비디오 전달 가능성을 줄여준다.

폭넓은 지원 — 모든 마이크로소프트 운영체제 버전에서 지원된다. 또한 리눅스와 유닉스 버전에서도 IGMPv2를 지원한다.

IGMPv1과의 호환성 — 추가적인 기능 제공 이외에, IGMPv2는 이 프로토콜의 첫 번째 버전과 호환성을 갖는다.

표 4.6 IGMPv2 메시지 타입

메시지 타입	메시지 설명	16진수 값
멤버십 질의	이 메시지는 주기적으로 멀티캐스트 라우터가 네트워크로 전송. 프로토콜에서 하나의 라우터만이 네트워크 세그먼트로 질의 메시지 전송이 허용됨. 두 가지 유형의 질의 메시지가 있음: 일반 질의 메시지와 특정 그룹 질의 메시지. 일반 질의는 어느 IPTVCD가 어떤 멀티캐스트 스트림을 시청하는지를 결정하는데 사용. 특정 그룹 질의 메시지는 어떤 가입자가 특정 멀티캐스트 IPTV 스트림을 시청하고 있는지를 찾는데 사용됨	0 × 11
버전 1 멤버십 리포트	이 메시지 타입은 IGMPv1 클라이언트가 특정 IPTV 채널에 가입하기 위해 사용. 이 레코드는 질의에 응답하는데 사용되고 IPTV 채널 변경 요청이 수신될 때도 사용됨	0 × 12
버전 2 멤버십 리포트	이 메시지 타입은 IGMPv1 멤버십 리포트와 같은 기능을 함. 단, IGMPv2 지원 라우터에서 사용됨	0 × 16
그룹 탈퇴	이 메시지 타입은 IGMPv1에서는 없음. 이 메시지 목적은 멀티캐스트 라우터가 IPTV 스트림 전송을 멈추도록 하여 지연을 줄이는 것임. 다시 말하면, 네트워크상의 모든 가입자가 특정 IPTV 채널 시청을 중단하는 경우임. 이 메시지를 수신하면 라우터는 자동적으로 방송 패킷 복사본 전송을 중단함. 이는 네트워크 대역폭이 다른 목적에 사용될 수 있도록 함	0 × 17

메시지 타입 — IGMPv2는 IGMPv1에서는 가용하지 않았던 새로운 메시지 유형을 추가하였다. 표 4.6은 IGMPv2가 사용하는 여러 유형의 메시지에 대한 자세한 정보를 제공한다.

IPTV 지원 — 버전 1과는 달리, IGMPv2는 IPTV 트래픽의 멀티캐스팅을 지원한다. 이는 IGMPv2가 특정 채널을 탈퇴하고자 한다는 것을 명시적으로 알릴 수 있다는 사실 때문이다.

IPv6에 통합 — IGMPv2 멀티캐스팅 기능은 IPv6와 통합되었다.

메시지 포맷 — 모든 IGMPv2 메시지는 IP 데이터그램에 캡슐화된다. IP 헤더 필드 중 하나의 필드에 2번의 식별자를 사용하여 이 데이터그램이 IGMPv2 메시지를 포함하고 있음을 나타낸다. IGMPv2메시지 패킷의 주요 요소는 그림 4.6에 나타나있으며 표 4.7에 설명되어 있다.

표 4.7에 기술된 8 옥텟(octet)보다 큰 IGMPv2 메시지를 생성하는 것이 가능함에 유의하라.

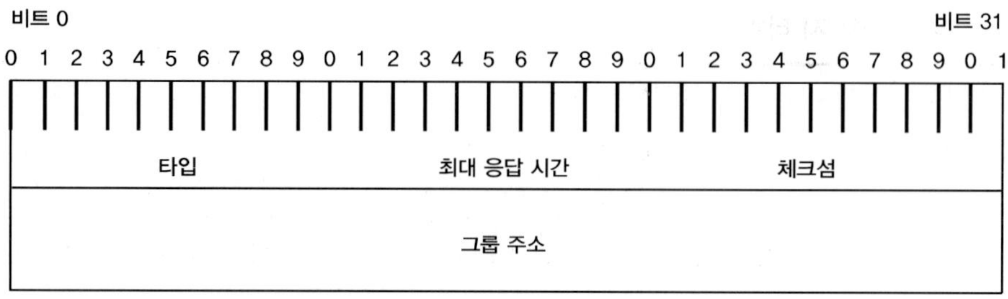

그림 4.6 IGMPv2 메시지 포맷

표 4.7 IGMPv2 메시지 구조

필드 이름	기능 설명
타입	사용되는 메시지 타입 식별. 버전 2 경우, 이는 4가지 선택사항 중 하나임: 멤버십 질의, v2 멤버십 리포트, 그룹 탈퇴, 그리고 v1 멤버십 리포트. 탈퇴 메시지는 IGMPv2의 새로운 타입이고 특정 그룹 혹은 방송 TV 스트림을 탈퇴할 때 IPTVCD가 보냄. 이 메시지는 버전 1 표준과 비교하여 불필요한 비디오스트림 전송 중단으로 지연을 줄이는데 도움이 됨
최대 응답 시간	이 필드는 멤버십 질의 메시지와 관련됨. 응답 리포트 전달의 최대 시간을 지정
체크섬	데이터 무결성 보호 및 오류 체크에 사용
그룹 주소	이 필드 값은 메시지 타입에 따라 변경됨. 예, 질의 메시지 경우, 이 필드는 송신될 때 '0'으로 채워지고 리포트 혹은 그룹 탈퇴 메시지는 이 필드에 IP 그룹 주소를 가짐

질의자 선발 과정 — IGMP 프로토콜 하에서 단 하나의 라우터만이 네트워크 세그먼트(segment)에 질의 메시지를 보낼 수 있다. IGMPv2는 질의 메시지를 보내는 책임을 지는 라우터를 식별하기 위한 선발 프로세스를 지원한다. 이것은 낮은 IP 주소를 가진 라우터가 질의자로 선발된다고 하는 원리에 기초하고 있다.

종단사용자가 채널을 변경할 때마다, IPTVCD는 중앙 장비에게 두 개의 명령을 보내는 것으로 반응한다:

(1) 기존 비디오 멀티캐스트로부터 탈퇴하는 명령
(2) 원하는 새로운 비디오 멀티캐스트로의 가입 명령

다음 절에서 이들 명령에 대한 설명을 하기로 한다.

IGMPv2 탈퇴 과정 많은 DSL 기반 액세스 네트워크의 제한된 대역폭 용량으로 인해 많은 IPTVCD들은 어느 특정 시간에 하나의 채널만을 수신할 수 있다. 따라서, IPTVCD가 IP 멀티캐스트 그룹을 탈퇴하고자 하는 (즉 채널 변경) 의향을 전달할 수 있도록 해주는

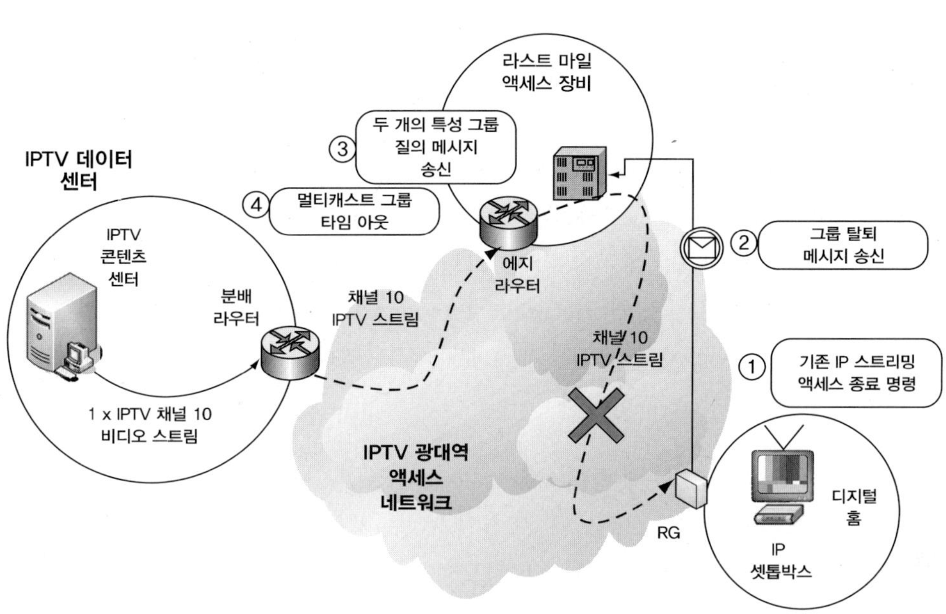

그림 4.7 프로토콜 흐름 – IGMPv2 탈퇴 프로세스

효율적인 방식이 필요하다. 이 방식을 IGMPv2가 지원하고 버전 1과 버전 2의 주요 차이이다. 그림 4.7은 IGMPv2 탈퇴 과정이 IPTV 네트워킹 환경에서 어떻게 수행되는지를 보여주는 예이다.

단계는 다음을 포함한다 :

기존 IPTV 스트림 액세스를 중단한다 — 디지털 홈 내의 IP 셋톱박스가 시청자로부터 10번 채널에서 다른 채널로 변경하겠다는 명령을 수신한다. 기술적 관점에서 이는 10번 채널 IP 멀티캐스트 스트림에 대한 액세스를 중단하고 다른 스트림에 가입하는 것이다.

그룹 탈퇴 메시지 생성 — 탈퇴하고자 하는 TV 채널의 IP 주소를 포함하는 그룹 탈퇴 메시지를 224.0.0.2의 멀티캐스트 주소를 갖는 모든 멀티캐스트 라우터들에게 보낸다. 이 경우 이 메시지는 지역국에 있는 가장자리 라우터가 수신한다.

특정 그룹 질의 메시지 생성 — 가장자리 라우터는 특정 스트림 혹은 방송 TV 채널을 수신하고자 하는 IPTVCD들이 있는지를 결정하기 위해 두 개의 특정 그룹 질의 메시지를 보낸다.

추가의 라우터 처리 — 특정 그룹 질의 메시지에 대한 응답이 없으면, 라우터는 그 멀티캐스트 그룹에 대해 타임아웃을 하고, IGMP 인터페이스 그룹 테이블에서 이 엔트리를 제거하고 적절한 인터페이스로 트래픽을 보내는 것을 중단한다.

멀티캐스트 라우터에게 특정 TV 채널 스트리밍을 중단하도록 하는 이 빠르고 효율적인 방법은 네트워크 대역폭을 다른 IPTV 응용이 사용할 수 있도록 해준다.

IGMPv2 가입 과정 IP 셋톱박스가 IPTV 콘텐츠 서버로부터 멀티캐스트 패킷을 수신하기 위해서는 셋톱박스가 IGMPv2 가입 과정을 거쳐야 한다. "가입(join)"이라는 용어는 특정 IGMP 클라이언트가 지정하는 IPTV 방송 채널을 수신하기를 원한다는 것을 나타낸다는 사실을 기술하는데 이용된다. 그림 4.8은 특정한 방송 채널로 변경을 위해 IP 셋톱박스에서 수행되는 EPG(Electronic Programme Guide)가 요청을 생성할 때 어떻게 IGMPv2 가입 과정이 진행되는지를 보여주고 있다.

이 단계는 다음 과정을 포함한다:

그룹 주소 획득 — IPTV 셋톱박스에서 수행되는 운영체제 혹은 미들웨어가 하드-코드된 멀티캐스트 주소로부터 요청된 방송 채널의 그룹 주소를 얻거나 URL (Universal Resource Locator) 스트링으로부터 주소를 얻는다.

특정 멀티캐스트 트래픽 스트림 수신을 시작하도록 IP 프로토콜에게 알림 — 그룹 주소가 결정되면, IP 통신 프로토콜에게 특정 IPv4 혹은 IPv6 주소에서 IPTV 멀티캐스트 트래픽 수신을 시작하도록 통지한다.

하드웨어 계층에게 멀티캐스트 요청을 전달 — 대부분의 경우 이더넷인 네트워크 어댑터(adaptor)에게 요청된 방송 채널의 멀티캐스트 주소에 해당되는 멀티캐스트 MAC 주소를 전달한다.

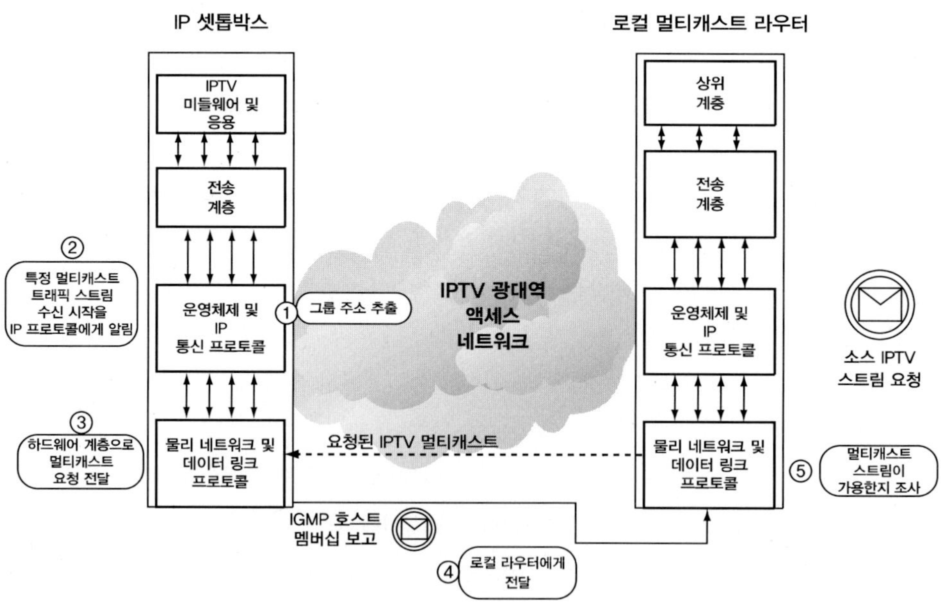

그림 4.8 IGMPv2 가입 절차

로컬 라우터에게 수신 의향 통지 — IP 셋톱박스는 IGMP 호스트 멤버십 리포트 혹은 "가입" 메시지를 로컬 라우터에게 보낸다. 이 메시지는 IPTV 서비스 제공자의 지역국에 위치한 로컬 라우터에게 자신이 특정 IP 주소(이 주소는 특정 방송 TV 채널로 변환됨) 대한 멀티캐스트 트래픽을 수신하고 있음(혹은 수신하고자 함)을 알려준다. 이 예에서의 IP 셋톱박스는 멀티캐스트 라우터로부터의 질의 메시지에 대한 응답을 함으로써 IPTV 채널을 액세스할 수도 있음에 유의하라.

멀티캐스트 스트림이 가용한지를 조사 — 로컬 라우터는 이미 요청한 IPTV 멀티스트림을 수신하고 있는지를 결정할 필요가 있다. 그렇다면 단순히 그 스트림을 복제하고 적절한 인터페이스틀 통해 그 스트림을 IP 셋톱박스로 보낸다. 그 스트림이 가용하지 않으면, 라우터는 소스 쪽으로 상위 네트워크 라우터에게 요청 메시지를 보낸다. 그러면 네트워크는 요청한 스트림을 보내주고, 다시 로컬 라우터는 이 스트림을 복사하여 IP 셋톱박스에게 다시 전송한다.

이 예에서 보이는 바와 같이, IP 멀티캐스트 가입 절차는 상대적으로 복잡하고 특히, 요청된 스트림이 로컬 라우터에서 가용하지 않을 경우에는 시간이 걸린다.

가입과 탈퇴 과정에서 질의 메시지가 사용되는데 다음 절에서 이들에 대한 자세한 설명을 하도록 한다.

IGMPv2 질의 과정 멀티캐스트 라우터는 주기적으로 IPTV 네트워크 세그먼트에 IGMP 질의 메시지를 방송할 책임이 있다. 이 메시지의 목적은 어떤 IPTVCD들이 어떤 멀티캐스트 그룹에 속하는지를 식별하기 위한 것이다. IPTV 환경에서, 이것은 가입자가 시청하고 있는 IP 비디오 채널에 해당된다. 추가적으로, 질의 과정은 "가입" 혹은 "탈퇴" 과정에서 오류가 발생했는지 아닌지를 결정하는 데 사용된다. 이러한 과정을 수행하는 중에 IP 셋톱박스의 전원을 빼는 것이 IPTV 네트워크에서 발생하는 전형적인 오류의 한 예이다. 이전에 논의한 바와 같이, 버전 2에서는 단 하나의 멀티캐스트 라우터만이 질의 메시지를 보낼 수 있다. 특정 라우터에게 이러한 기능을 할당하기 위해서 IGMPv2의 선발 방식이 사용된다. IGMP 질의 메시지를 발행할 라우터(질의자)를 식별하는 방법의 예가 그림 4.9에 나타나 있다.

보이는 바와 같이 이 과정은 여러 단계들로 구성된다:

(1) IP 멀티캐스트 라우터가 광대역 네트워크에 원래 연결되어 있을 때, 디폴트로 이 라우터는 IGMP 질의 메시지를 관리하고 방송하는 책임을 갖고 있다고 가정한다.

(2) IGMP 질의 메시지를 보내기 시작한다. 메시지 전송 사이의 간격은 대부분의 라우터에서 125초의 디폴트 값을 가지며 메시지는 224.0.0.1의 예약된 멀티캐스트 주소로 보내진다.

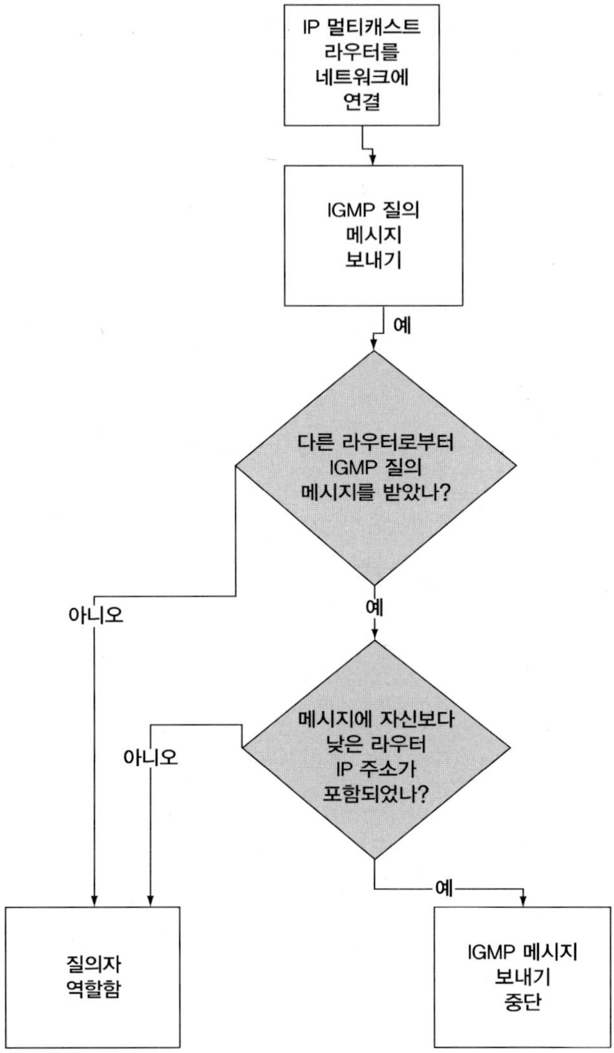

그림 4.9 IGMP 질의 메시지를 관리하기 위한 라우터를 식별하는 선발 방법

(3) 네트워크에 연결되어 있는 동안, 다른 라우터로부터 IGMP 메시지를 수신한다.
(4) 이 메시지를 조사하고 이 메시지에 포함된 IP 주소가 자신의 주소보다 수치적으로 낮은 값을 가진다면 이 라우터는 더 이상 질의 메시지를 내보내지 않는다. 특정 시간 내(약 255초)에 질의 메시지를 수신하지 않으면, 라우터가 "질의자"가 되고 IGMP 질의 메시지를 계속해서 관리하고 처리한다.

IPTV 네트워크에서 질의 멀티캐스트 라우터 수를 줄이는 것은 네트워크상에 질의 수와 리포트 수를 줄여서 대역폭 소비를 줄이는데 도움을 준다.

IGMPv3 IGMPv3 프로토콜은 RFC 3376에 명시되어 있다. 2002년도에 발행되었고

이 책이 발간될 시점에 프로토콜에 대한 주요 개정으로 인식되었다. 이전 표준에 기능들이 추가되었고 다음과 같은 특성들을 포함한다.

SSM 지원 이전의 IGMP 버전에서 IPTVCD는 특정 그룹(예, 특정 TV 방송 채널 시청 시작)에 가입을 원한다는 것을 나타내는 메시지를 보낸다. 이 메시지는 그 그룹 혹은 요청된 방송 채널의 목적지 IP 주소를 포함하고 이 채널은 요청자에게 스트림된다. 멀티캐스트 그룹의 IP 주소는 EPG로부터 얻는다. 방송 채널을 수신하는 동안 ITVCD는 그 멀티캐스트 그룹의 모든 트래픽을 수신하도록 설정된다. ASM(Any Source Multicast)라고 하는 이 방식은 IGMPv3에서 조정되었다. IGMPv3는 SSM(Source Specific Multicast)라고 하는 새로운 방식을 지원한다. 이 추가적인 IGMPv3 특성은 IPTVCD가 자신이 수신하고자 하는 방송 채널과 그 IPTV 채널 소스의 IP 주소를 명시적으로 나타낼 수 있게 허용한다. 그래서 그룹 IP 주소를 명시하는 대신에 IGMPv3 메시지는 멀티캐스트 그룹 IP 주소와 콘텐츠 소스의 유니캐스트 IP 주소를 포함한다. 이 결합 식별자는 (S, G)로 나타내며 S는 비디오 콘텐츠 서버의 유니캐스트 IP 주소이고 G는 방송 TV 채널의 그룹 주소이다. IPTVCD는 (S, G) 멀티캐스트 채널에 가입하여 채널에 대한 액세스를 할 수 있다. 232.0.0.0에서 232.255.255.255 범위의 주소가 SSM 응용과 프로토콜 구축 목적으로 IANA에 의해 예약되어 있다.

소스 IP 주소는 IPTV 네트워킹 환경에서 유용한 특성이며, 그 이유는 IPTV 액세스 장치들이 네트워크 요소들에게 다른 소스가 아닌 특정 소스로부터 패킷을 수신하기를 원한다는 것을 지시할 수 있도록 허용하기 때문이다. 추가적으로 IGMPv3는 또한 IPTV 액세스 장치가 수신하지 않기 원하는 특정 소스 주소를 명시할 수 있도록 허용한다. 이 두 가지 기능은 두 개의 필터 모드, 즉 포함(include)과 배제(exclude)를 이용하여 프로토콜에 구현된다.

(1) *포함 모드* — IPTVCD 인터페이스가 포함 필터 모드로 형상화되면 장치는 지정된 콘텐츠 소스로부터 오는 방송 스트림만을 수신한다.
(2) *배제 모드* — IPTVCD 인터페이스가 배제 필터 모드로 형상화되면, 네트워크는 특정 스트림을 필터링하고 액세스 장치에게 전달하지 않는다.

IP 멀티캐스트 그룹 주소화의 이 새로운 SSM 모델은 IPTV 방송 서비스 구축에 유용한 특성이다. 전통적인 ASM 모델은 IPTV 비디오스트림에 가입된 모든 IPTVCD들이 모든 채널/그룹 멤버들에게 콘텐츠를 보낼 수 있다. 이 방식의 주요 단점은 보안 위험성과 네트워크 트래픽 부하를 증가시킨다. 반면에, SSM 방식은 같은 스트림을 액세스하는 여러 다른 시청자들을 지원하고 단지 하나의 소스 콘텐츠 제공자만을 허용한다. 그러나 SSM 구축은 (S, G) 채널 가입을 지원하지 않는 기존 IP 응용과 상호작용하는데 있어서 단점을 갖고 있다.

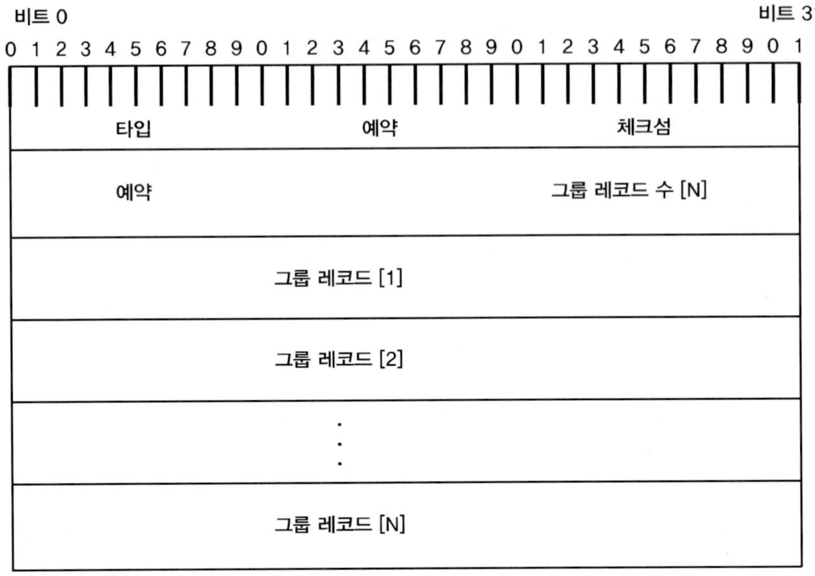

그림 4.10 IGMPv3 멤버십 리포트 메시지 포맷

멤버십 리포트 메시지의 개선된 포맷 IGMPv3는 버전 2와 유사한 특성을 갖는다. 그러나, 메시지 유형이 약간 다르다. 두 버전 간의 커다란 차이는 새로운 버전 3 멤버십 리포트 메시지이다. 이 메시지 유형은 IP 멀티캐스트 방송 TV 그룹에 "가입" 그리고 "탈퇴"에 주로 사용된다. 또한 이들은 질의에 대한 응답으로 보내지고 멀티캐스트 수신 상태와 같은 정보를 제공한다. IGMPv3 멤버십 리포트 패킷의 주요 요소는 그림 4.10에 나타나 있다. 보이는 바와 같이 패킷은 하나 이상의 그룹 레코드들을 포함한다. 이는 IPTVCD가 채널 변경을 위한 리포트 메시지를 보내는 경우이다. 이 경우 메시지는 두 개의 레코드 — 즉, "탈퇴"에 대한 상세사항을 제공하는 것과 요구하는 "가입"에 대한 상세사항을 제공하는 레코드이다. 이들 레코드에 대한 포맷의 자세한 사항은 표 4.8에 제공되고 있다.

질의 메시지는 IGMpv2와 유사하다. 이 버전에서 강화된 것은 GSSQ(Group-and-Source Speicifi Query)라고 하는 새로운 유형의 메시지이다. 이전 버전과 같이 IGMPv3 메시지는 IPv4 데이터그램 내에 캡슐화된다.

그룹 "탈퇴" 메시지 사용 중단 IGMPv3는 그룹 "탈퇴" 메시지를 사용하지 않는다. 이 기능은 소스 주소 필터링 시스템을 통해 제공되기 때문이다.

이전 표준 버전과의 호환 IGMPv3는 IGMPv1과 IGMPv2 간에 호환성을 제공하도록 설계되었다.

표 4.8 그룹 레코드의 내부 포맷

필드 이름	기능 설명
레코드 타입	IGMPv3에서 3가지 레코드 타입 사용: CSR(Current State Record) – 특정 질의에 대한 응답을 제공하고 특정 IPTV 액세스 장치의 수신 상태에 관한 정보를 IP 멀티캐스트 라우터에게 제공 FMCR(Filter-Mode-Change Record) – 인터페이스 필터 모드의 상태가 변경될 때 보내지는 레코드임. 이는 두 가지 상태를 가짐: CHANGE_TO_INCLUDE_MODE 혹은 CHANGE_TO_EXCLUDE_MODE SLCR(Source-List-Change Record) – 이 레코드는 소스 리스트가 변경될 때 보내짐. 이 레코드에 있는 정보 타입은 액세스 장치가 듣고자 하는 추가적인 IPTV 채널 리스트 혹은 장치가 더 이상 처리를 원하지 않는 비디오스트림의 리스트임
Aux 데이터 길이	이 필드는 레코드에서 가용한 보조 데이터의 양에 관한 상세사항을 포함. 보조 데이터는 거의 사용안하며 보통 '0'으로 설정됨
소스 수(*N*)	IPTV 소스 콘텐츠 주소의 수
멀티캐스트 주소	명시된 방송 TV 채널의 멀티캐스트 주소
소스 주소[N]	여러 IPTV 방송 채널의 위치를 식별하는 일련의 유니캐스트 주소. N은 소스(N) 필드의 레코드 수 값임
보조 데이터	이 필드는 그룹 레코드에 관련된 추가적인 정보를 저장. RFC 3376은 이 필드에 대한 데이터를 정의하고 있지 않음. 따라서, IPTV 구현에서는 무시됨

개선된 대역폭 활용과 보안 비디오 콘텐츠 서버의 주소를 명시하는 IGMPv3 기능은 같은 IGMP 멀티캐스트 그룹에 연결된 다른 장치들로부터의 트래픽 수신을 방지할 수 있기 때문에 중요한 개선이라고 할 수 있다. 이것은 네트워크의 가용 대역폭 양을 소비하는 원하지 않는 소스로부터의 콘텐츠를 방지할 수 있기 때문에 바람직한 특성이다. SSM은 또한 DoS(Denial of Service)와 같은 다른 위험 요소들을 방지하는데 도움을 준다. 이는 이전 IGMP 버전에서 특정 채널에 가입된 IPTV 액세스 장치들이 내부와 심지어 코어 IPTV 분배 네트워크 밖에서의 공격에 노출되기 때문에 중요하다.

새로운 라우팅 프로토콜 지원 새로운 라우팅 프로토콜이 소스 지정 IP 멀티캐스팅 기술 구축 지원을 위해 채택되었다. 이들 프로토콜은 다음 장에서 나중에 논의한다.

케이블 산업에서 채택 케이블랩은 DOCSIS 3.0 통신 표준 최신 버전에서 IGMPv3을 지원하도록 하였다.

IGMPv3 가입 과정 그림 4.11에 보이는 예와 같이, 이전 버전과 비교할 때 IGMPv3가 어떻게 IP 멀티캐스트에 가입하는지에 대한 차이가 있다.

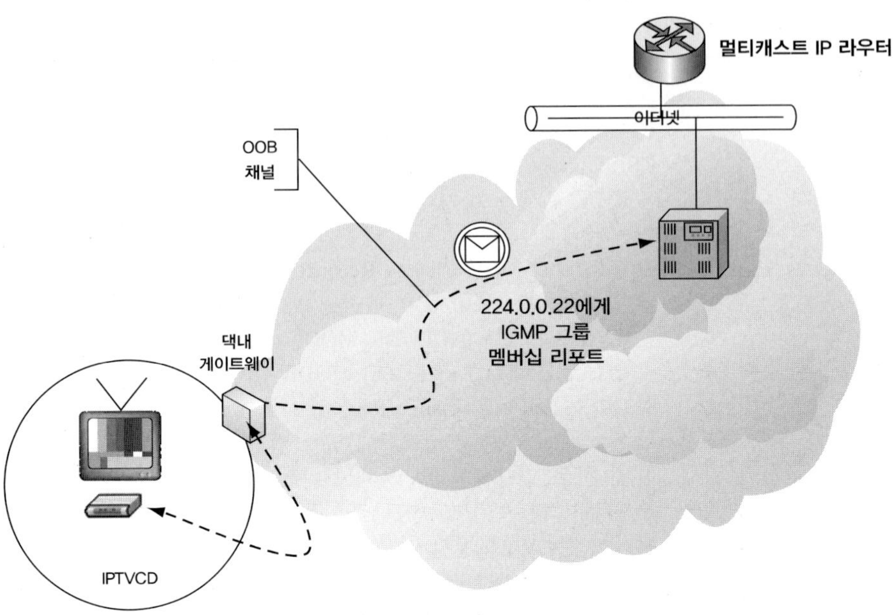

그림 4.11 IGMPv3 가입 과정

먼저 TV 채널 변경 요구가 하나의 요구 메시지로 실행된다. 이전 버전에서는 IPTVCD가 두 개의 명령, 즉 "가입"과 "탈퇴" 명령을 생성하였다. IPTV 채널 변경에 필요한 요청 수를 반으로 줄임으로서 가입자가 채널 변경을 할 때 속도를 높일 수 있다. 추가적으로 모든 IGMP 메시지들은 224.0.0.22 그룹 IP 주소로 식별되는 OOB(Out Of Band) 제어 채널로 보내진다. 이는 패킷들이 특정 방송 TV 그룹의 멤버인 각 IPTVCD로 보내지는 이전 버전의 프로토콜과 대조를 이룬다.

이전에 논의한 바와 같이 IGMPv3는 또한 IPTVCD들이 멀티캐스트 라우터로 추가적인 정보를 보낼 수 있도록 한다. 이 정보에는 그룹 IP 주소와 결합된 콘텐츠 소스에 대한 명세가 포함된다.

IGMPv3 질의 과정 IGMPv3의 개선된 기능은 질의 기능의 복잡성을 증가시켰다. 예를 들어, 질의자는 이전 버전과 비교했을 때 각 멀티캐스트 그룹 혹은 IPTV 채널에 대한 상태 상세사항 혹은 IGMPv3의 주요 부분인 여러 레코드 유형 처리를 포함하는 많은 활동들을 추적해야 한다.

이전 버전과의 다른 차이는 멀티캐스트 그룹당 하나의 호스트만이 질의에 응답할 필요가 있다는 사실이다. 질의에 응답하는 이 방법의 목적은 트래픽을 줄이는 것이다. 그러나, 한 가지 단점을 갖고 있고 이는 질의자 혹은 멀티캐스트 라우터가 질의에 응답한 IPTVCD에 대한 정보를 수신하지 않는다는 사실이다. 버전 3는 모든 장치들이 상세한 정보를 제공하게 함으로써 이 문제를 해결한다. 질의가 IGMPv3 장치에 의해

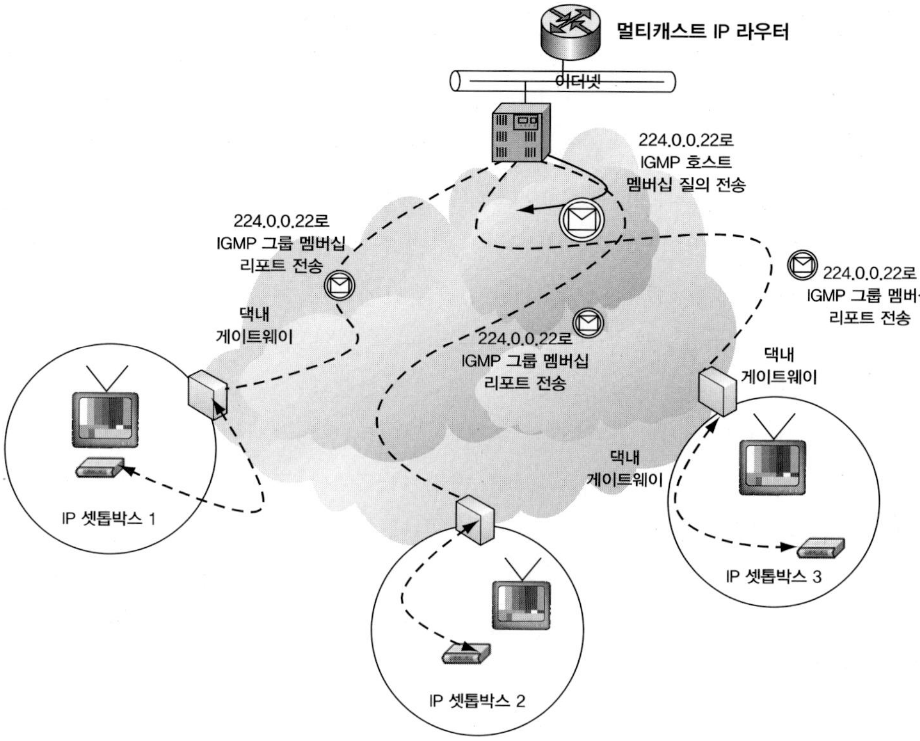

그림 4.12 IGMPv3 질의 메시지 예

어떻게 처리되는지에 대한 예가 그림 4.12에 나타나 있다.

보이는 바와 같이 멤버십 리포트 메시지를 멀티캐스트 라우터가 모든 시스템 멀티캐스트 주소, 224.0.0.1로 보낸다. 이 주소는 IGMPv2를 따르는 멀티캐스트 라우터도 사용한다. 세 개의 클라이언트 IP 셋톱박스 각각은 224.0.0.2의 목적지 IP 주소로 IGMP 멤버십 리포트를 보냄으로써 질의에 응답한다. 멀티캐스트 라우터는 이 주소에서 IGMPv3 응답 메시지를 수신한다.

IGMPv3 탈퇴 과정 채널 변경 시간을 최소화하는 것은 IPTV 구축의 중요 요소이다. IGMPv2에서 채널 변경은 채널 변경이 이루어지기 전에 4개의 단계를 수행해야 한다:

(1) IP 셋톱박스가 그룹 탈퇴 메시지를 보낸다.
(2) 지역국 혹은 중앙 IPTV 데이터 센터에 있는 멀티캐스트 라우터가 질의 메시지에 응답한다.
(3) IP 셋톱박스가 멤버십 리포트 메시지로 질의에 응답한다.
(4) IP 셋톱박스가 멤버십 리포트 메시지를 해석하고 그 리포트 메시지에 포함된 지시에 따라 인터페이스를 재설정한다.

IGMPv3에서는 같은 동작을 위해 필요한 단계 수가 두 개, 즉 상태 레코드 변경을 포함하는 멤버십 리포트 발행과 멀티캐스트가 행하는 동작으로 줄어들었다. 네트워크 혼잡과 같은 문제가 없다고 가정하면 IGMP 프로토콜에 대한 이러한 변경은 IPTV 가입자가 채널을 변경하는 속도를 개선한다. 탈퇴 과정의 다른 주요 개선점은 IGMPv3 클라이언트가 특정 그룹 내의 특정 IPTV 서버로부터 콘텐츠 수신을 중단하기를 원한다는 것을 명시할 수 있다는 것이다. 이전 버전에서 그룹 탈퇴 메시지는 라우터에게 비디오스트림 전송을 중단하라고 지시하는 라우터에게로 보내졌다. 그러나 IGMPv3에서는 IPTVCD가 224.0.0.2로 멤버십 리포트 메시지를 보낸다.

그림 4.13 예에 보이는 바와 같이, IP 셋톱박스 2로부터의 멤버십 리포트 메시지는 라우터에게 238.1.1.4 멀티캐스트 그룹에 연결된 10.17.1.1 서버로부터의 콘텐츠 수신을 배제 혹은 중단하라고 지시하는 상태 변경 레코드를 포함한다. 일단 이 메시지를 멀티캐스트 라우터가 수신하면 바로 그 그룹에 속하는 다른 IP 셋톱박스들 중에 10.17.1.1 서버로부터 콘텐츠를 수신하기를 원하는 것이 있는지에 대한 자세한 사항을 요청하는 질의 메시지를 보낸다. 특정 시간 동안에 응답이 없으면, 라우터는 IPTV 방송스트림 전달을 중지한다.

IGMPv3가 여러 이점을 갖고 있지만, 이 주제에 대한 논의를 마치기 전에 언급해야 할 두 가지 단점이 있다. 첫째, IGMPv3를 지원하는 장치들은 멤버십 리포트 메시지의

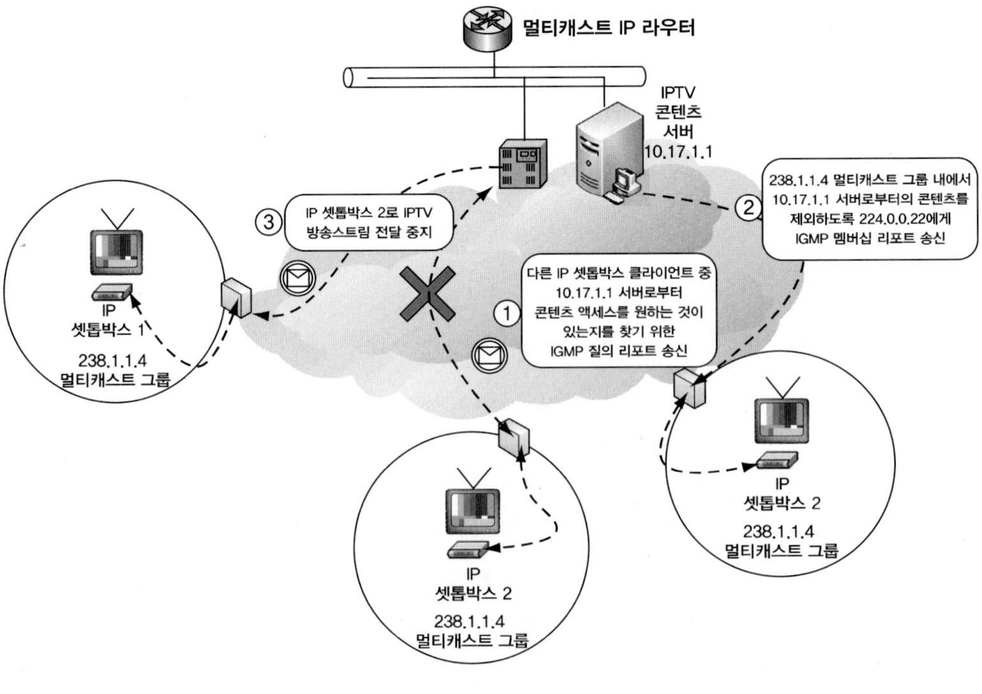

그림 4.13 IGMPv3 탈퇴 과정 예

일부인 그룹 레코드들을 조사할 수 있어야 한다. 이는 상세 패킷 검열(deep packet inspection)이라고 하는 방식을 포함하는데, 이는 이러한 요구사항을 만족하기 위해 추가적인 하드웨어 자원을 요구할 수 있다. 처리 속도 혹은 추가 메모리와 같은 여분의 하드웨어 자원들은 비싸다. 어떤 네트워크에서의 하드웨어 제한으로 인해, IPTV 서비스를 구축할 때 IGMPv3 수행이 불가능할 수 있다. IGMPv3를 이용할 때 명심해야 하는 다른 요인은 EPG가 이 프로토콜의 개선된 특성들을 이용할 수 있도록 설정되어야 한다는 사실이다.

4.4.4 멀티캐스팅 전송 구조

IP 네트워킹 기반구조 상에서의 비디오 전달은 여러 고급 라우팅 프로토콜과 기술들을 사용한다. 이 절에서는 IPTV 네트워크가 사용하는 여러 라우팅 기술들에 대하여 살펴본다:

- 멀티캐스트 분배 트리
- 멀티캐스트 분배 프로토콜
- 멀티캐스트 전달 기술

4.4.4.1 멀티캐스트 분배 트리

멀티캐스트 분배 트리는 IPTV 데이터 센터 혹은 지역국에 있는 스트리밍 서버로부터 여러 IPTVCD로 TV 서비스를 효율적으로 전달하는데 사용된다.

IP 멀티캐스트 라우터는 IPTV 콘텐츠 패킷들이 IPTVCD와 같은 목적지에 도달하도록 하는 경로를 매핑해 주는 노드 리스트를 생성하는데 IGMP 프로토콜과 다른 소스로부터 얻은 정보를 이용한다. 이들 노드 리스트 혹은 루트 맵(map)을 멀티캐스트 분배 트리라고 부른다. 두 가지 기본 형태의 멀티캐스트 분배 트리로 소스(source) 트리와 공유(shared) 트리가 있다.

소스 트리 소스 트리는 상대적으로 간단하게 구현된다. 이것은 소스에서 목적지 IPTVCD까지의 네트워크를 통한 최단거리 경로를 식별하는 원리에 기초하고 있다. 소스트리가 최단거리 경로를 식별한다는 사실로 인해, 이것은 최단경로 트리(shortest path tree)라고도 한다. 새로운 트리는 새로운 소스 서버들이 IPTV 네트워크에 추가될 때 형상화된다. 그림 4.14는 소스 기반 IPTV 멀티캐스트 분배 트리의 간략한 예이다.

이 예에서 소스 분배 트리는 IPTV 서버, 루트(root)로 기능하는 R1 그리고 2, 3, 4, 그리고 5번 라우터로 구성된다. IP 셋톱박스 클라이언트로 비디오스트림을 전달하기 위해 사용되는 모든 라우터는 트리의 일부이고 스트림을 전달하지 않는 라우터들은 트리에 포함되지 않는다. 라우팅 경로를 식별하는 것 외에, 멀티캐스트 라우터들이

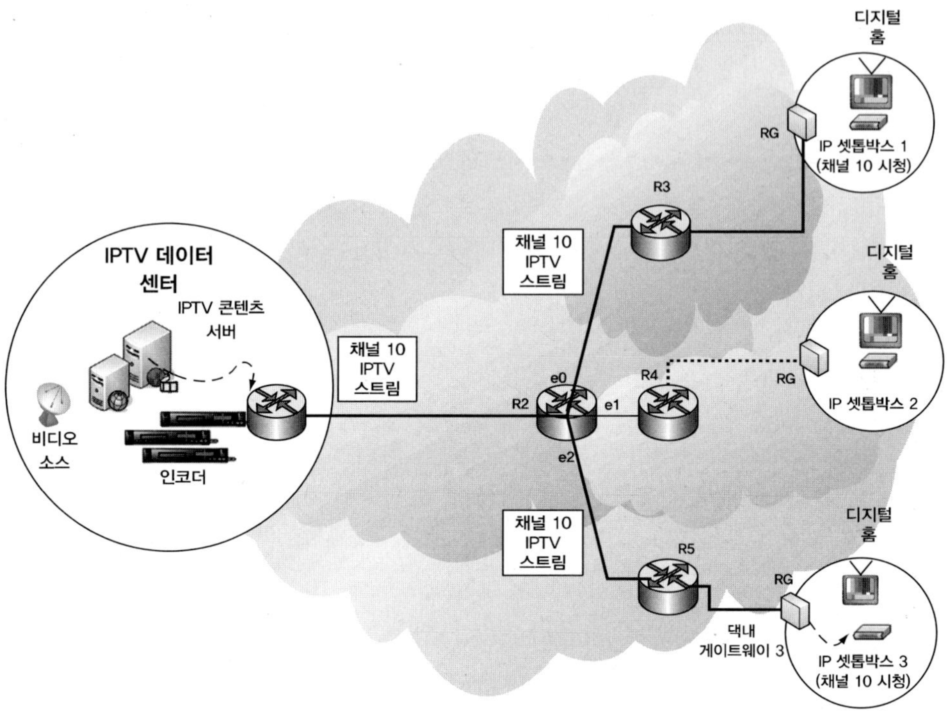

그림 4.14 IPTV 멀티캐스트 분배 트리 예(소스 트리)

네트워크 내의 여러 다른 위치에서 IPTV 스트림을 복제하는 과정을 효율적으로 관리하기 위해서도 이 트리를 사용한다.

이 예에서 R2는 자신의 두 인터페이스가 시청자를 갖고 있기 때문에 수신되는 IPTV 스트림을 복제한다 — 3번 라우터와 5번 라우터에 연결되는 경로. 4번 라우터에 연결된 경로는 10번 채널에 대한 IPTV 시청자를 갖고 있지 않다. 따라서, 이는 멀티캐스트 분배 트리의 일부가 아니다. 일단 가입자가 R4에 연결되고 10번 채널을 보고자 하면 이 경로(branch)가 활성화되고 이 트리가 동적으로 수정되고 이 라우터에 의해 확장된다. 그리고 요청된 트래픽이 트리의 아래쪽 IP 셋톱박스로 전달된다. 따라서, 트리의 구조는 IPTVCD들이 하루 동안에 여러 시간적 간격을 두고 네트워크에 가입하고 탈퇴함에 따라 지속적으로 변한다. 모든 IPTVCD가 멀티캐스트 그룹을 탈퇴하면 IPTVCD의 서브네트로 가는 라우팅 경로는 제거(prune)된다. 다시 말하면, 로컬 멀티캐스트 라우터는 하위의 특정 경로 혹은 서브네트에 특정 그룹과 연관된 멀티캐스트 트래픽 전달을 중지한다. IPTV 네트워크상의 라우터들은 이 트리를 지속적으로 최신의 것으로 갱신할 책임을 갖고 있다. 멀티캐스트 트리를 확장 혹은 제거하는 것은 새로운 액세스 네트워크가 코어 네트워킹 기반구조에 가입 혹은 탈퇴할 때 발생함에 유의하라.

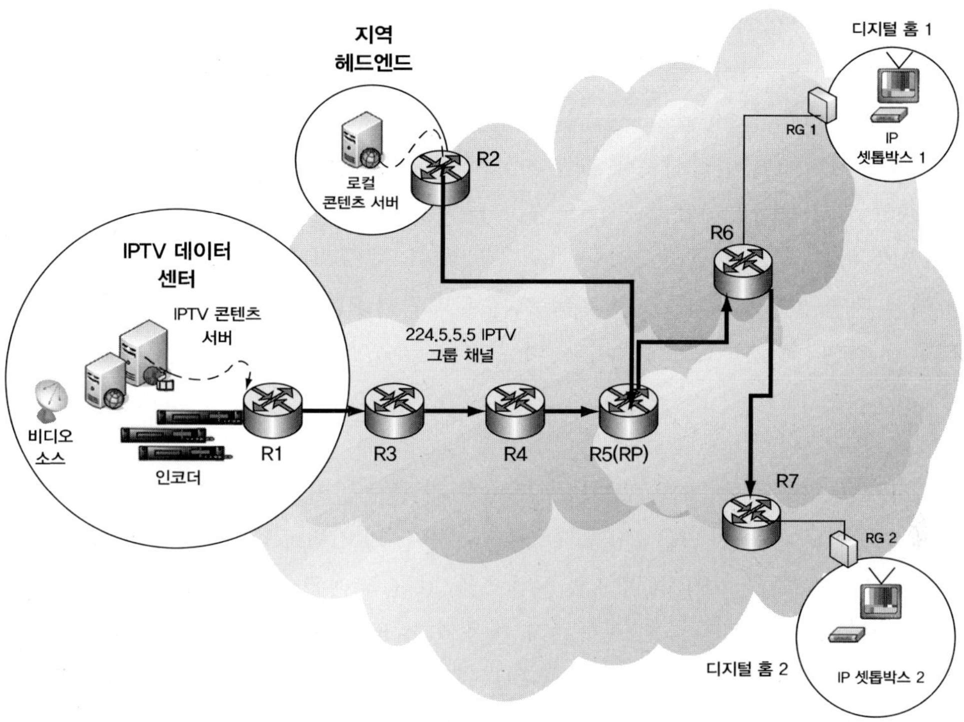

그림 4.15 IPTV 멀티캐스트 분배 트리의 예(공유 트리)

공유 트리 공유 트리의 형상은 공유 멀티캐스트 분배 트리가 RP(Rendezvous Point)라고 하는 네트워크상에 선택된 지점에 루트가 위치한다는 점에서 소스 트리와 다르다. RP IPTV 소스와 IPTVCD들 사이의 중간 장치로서 동작한다. 이는 루트가 IPTV 콘텐츠 소스에 위치하는 소스 트리와 대조를 이룬다. 네트워크에 수백 또는 수천 개의 채널을 방송하는 IPTV 구축을 지원하는데 다중 RP들이 요구될 수 있다. 그림 4.15는 10번 채널(224.5.5.5 그룹 IP 주소)에 대한 공유 멀티캐스트 트리의 간단한 예를 보여주고 있다.

위에 보이는 예에서, RP는 5번 라우터에 위치하고 이는 소스에 대한 상세 정보를 포함하고 있다. 지역 헤드엔드와 중앙 IPTV 데이터 센터에 있는 소스 서버들로부터의 비디오스트림은 트리의 루트로 전달되는데 예에서 5번 라우터이다. 5번 라우터로부터 콘텐츠는 계속해서 공유 트리를 따라 아래쪽으로 전달되고 두 개의 IPTVCD에서 전달이 멈추어진다(1번과 2번 셋톱박스). 공유 트리의 식별은 이 장의 앞에서 설명한 (S, G) 표기로 나타낸다. 공유 트리 환경에서 와일드카드 "*"는 "S" 변수에 할당되고 모든 소스 서버를 나타내는데 사용된다. 따라서, 그림 4.15에 보이는 공유 트리는 (*, 224.5.5.5)의 식별자를 가진다. 와일드카드의 사용은 IP 셋톱박스가 IPTV 콘텐츠 소스 서버의 IP 주소를 알아야 할 필요를 없애준다. 왜냐하면 이들에 대한 자세한 사항은

RP에서 얻을 수 있기 때문이다.

두 가지 유형의 멀티캐스트는 IPTV 서비스를 지원하기 위해 사용될 때 장점과 단점을 갖는다. 예를 들어, 소스 트리는 지연을 최소로 하는 네트워크 경로를 생성하며, 이는 IPTV 서비스를 전달하는데 매우 이상적이다. 그러나 많은 처리와 메모리 자원이 소스 트리 멀티캐스트 구조를 생성하고 운영하는데 필요하다. 반면에 공유 트리는 소스 트리와 비교하여 적은 하드웨어 자원을 소비한다. 그러나 이것은 때때로 라우팅 경로상에서 지연을 일으킨다. 그 이유는 모든 트래픽이 RP로 전달되어야 하기 때문이다. 이러한 지연의 수용은 네트워크마다 다르다.

4.4.4.2 멀티캐스트 분배 프로토콜

대형의 IPTV 구축에서, 다중 멀티캐스트 라우터들이 널리 분포된 많은 수의 IPTVCD들에게 다중 TV 방송 채널을 전달하는데 필요하다. PIM(Protocol Independent Protocol)과 같은 프로토콜들이 IPTV 비디오 콘텐츠를 고속 광대역 네트워크를 통해 라우팅하는 멀티캐스트 분배 트리를 구축하는데 사용된다. PIM은 다른 유형의 서비스를 전달하는데 최적화된 작은 멀티캐스트 라우팅 프로토콜의 집합을 정의한다. 4가지 PIM 변형이 있다:

PIM-DM (Dense Mode) 이 프로토콜은 네트워크상의 모든 라우터들에게 멀티캐스트 패킷들을 플러딩(flooding)하는 원리로 동작한다. 인터페이스에 연결된 멀티캐스트 IP 그룹 멤버들을 갖고 있지 않은 라우터들은 패킷의 소스에게 탈퇴 혹은 제거(prune) 메시지를 보낸다. 일단 소스가 제거/탈퇴 메시지를 수신하면, 네트워크의 그 부분으로 멀티캐스트 패킷 전송을 중단한다. 이러한 원하지 않는 멀티캐스트 트래픽의 플러딩은 귀중한 대역폭을 소비한다. 따라서, 이 PIM-DM은 IPTV 네트워크에서 거의 사용하지 않으며 기업과 LAN에서 동작하는 IP 응용을 지원하기 위해 주로 사용된다.

PIM-SM (Sparse Mode) PIM-SM의 최신 버전은 1998년에 출간되었고 RFC 2362에 제시되어 있다. 이것은 WAN(Wide Area Network)상에서 동작하는 루트에 IP 멀티캐스트 트래픽을 전달하기 위해 고안되었다. 특히, 이 프로토콜은 라우터들이 서로 다른 유형의 멀티캐스트 분배 트리를 구축하고 유지하기 위해 어떻게 서로 상호작용하는지를 정의한다. 이름이 제시하는 바와 같이, PIM-SM은 특정 채널 시청자들이 IPTV 네트워크상에 띄엄띄엄 널리 분포되었다는 가정에 기초하고 있다. PIM-SM 프로토콜에서의 TV 채널 전달은 풀-모드(pull mode) 콘텐츠 전달 방식을 사용하고 명시적으로 채널 시청을 요청한 IPTVCD들 만이 관련 IPT 비디오 트래픽을 수신한다. 이는 대역폭을 보호하는 유용한 기술이다; 그러나, 방송 스트림에 가입하는데 걸리는 시간이 약간의 지연을 야기할 수 있다. 왜냐하면

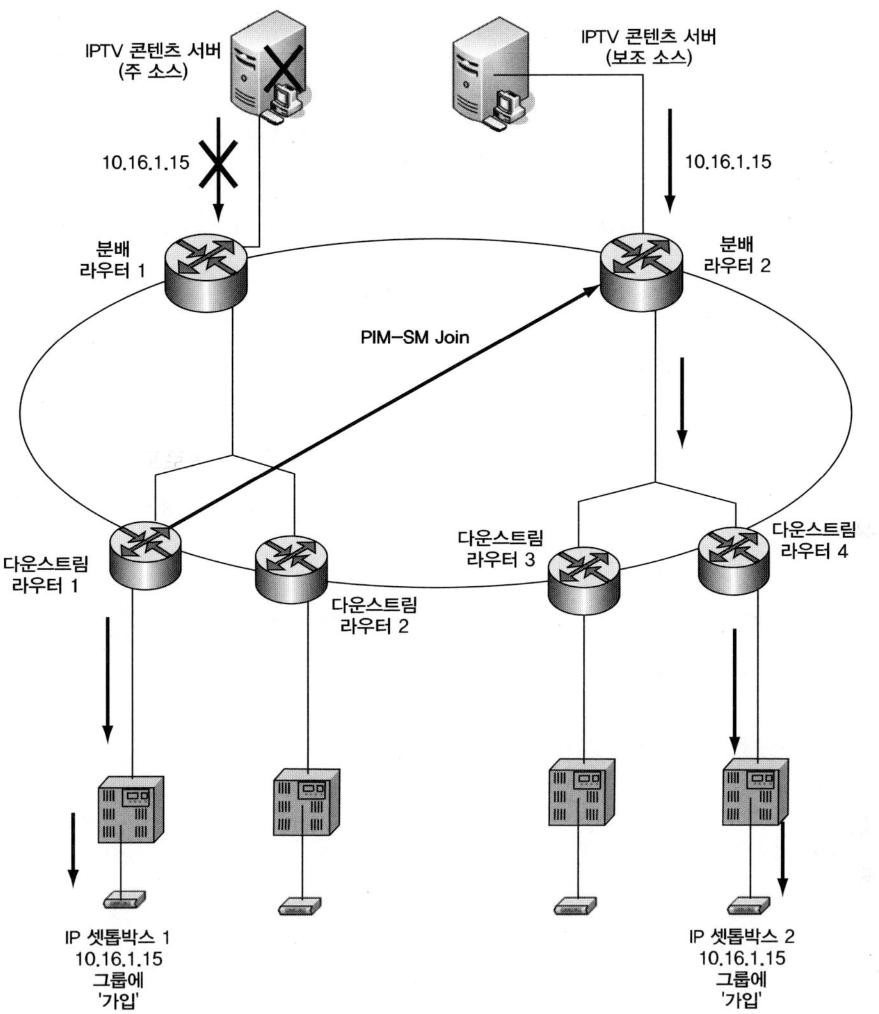

그림 4.16 네트워크 중복성을 지원하는 PIM-SM

요청된 채널을 처리하는 가장 가까운 업스트림 멀티캐스트 라우터에게 IGMP 명령이 주어져야 하기 때문이다. 생방송 IPTV 네트워크에서 구현될 때, PIM-SM이 여러 라우터 인터페이스에서 활성화된다.

이는 지정된 비디오 멀티캐스팅 네트워크 기반구조를 형성하는데 도움을 준다. IGMP와 함께 이용될 때, PIM-SM은 인코더와 스트리밍 서버와 같은 비디오 기반구조 요소들의 장애 탐지와 회복에 대한 지원을 제공할 수 있다. 그림 4.16은 PIM-SM이 장애 발생의 경우에 어떻게 지원하는지를 보여주고 있다. 이 예에서, 두 서버들이 두 개의 분리된 멀티캐스트 트리와 연관된 같은 멀티캐스트 주소로 트래픽을 전송하고 있다. 따라서, IPTV 콘텐츠 1번 서버가 고장이 나면, PIM-SM 라우팅 프로토콜이 이 장애를 탐지하고 라우팅 경로를 다시 계산한다. 그 결과,

PIM-SM은 2번 콘텐츠 서버에게 새로운 가입 요청을 보내고 스트림은 서버 장애로 영향을 받은 IP 셋톱박스로 다시 라우트된다.

PIM-SSM (Source Specific Multicast) 이 프로토콜은 IPTVCM의 3계층에서 동작하는 라우팅 프로토콜이고 PIM-SM을 기반으로 제안되었다. 이름이 제시하는 바와 같이 이 프로토콜은 IGMPv3가 지원하는 전달 모델인 SSM 구축을 지원하며, IPTVCD가 수신하기를 원하는 채널을 명시적으로 나타낼 수 있도록 허용한다. 이 프로토콜의 동작은 상대적으로 간단하고 PIM의 "가입"과 "제거" 명령의 수행을 지원하기 위해 SSM 주소 표기법을 사용한다.

BIDIR-PIM (Bidirectional PIM) 이 프로토콜은 PIM-SM과 약간 다르다. 캡슐화와 소스 트리에 대한 지원을 하지 않는 것이 이 PIM 기반 라우팅 프로토콜의 두 가지 주요 차이이다. BIDIR-PIM은 확장성이 요구되는 경우에 매우 유용한 프로토콜로 인식되고 있다. 그러나 대형 IP 네트워크에 구축될 때는 지연이 생기는 것이 단점이다.

위 네 가지 PIM 변형 프로토콜들 중에 PIM-SM이 IPTV 구축을 지원하는데 이용되는 가장 인기 있는 멀티캐스트 분배 프로토콜이다.

4.4.4.3 멀티캐스트 전달 기술

멀티캐스트 네트워크에서, IP 라우터는 네트워크 간에 비디오 패킷들을 전달하는데 이용된다. IP 패킷을 전달하는데 라우터가 이용하는 두 가지 방식이 있다:

유니캐스트 — 유니캐스트 라우팅에서, 라우터는 비디오 패킷의 목적지 주소를 조사하고 라우팅 테이블을 찾아본다. 라우팅 테이블은 원격 네트워크에 관한 정보 이외에 라우터 포트에 연결된 여러 IP 장치들에 대한 정보도 제공한다. IPTV 환경에서 이들 테이블들은 여러 유형의 라우팅 프로토콜들을 이용하여 최신으로 유지된다. 일단 라우팅 테이블을 참조하고 나면, 비디오 패킷들이 목적지로의 경로상에 있는 다음 라우터로 전달된다. 이 과정은 패킷이 목적지에 도달할 때까지 계속된다. 따라서, 유니캐스팅에 숨어 있는 방법론은 비디오 패킷의 최종 목적지를 기반으로 하는 것이다.

멀티캐스트 — 유니캐스팅과 대조적으로 멀티캐스팅 과정은 최종 목적지가 아닌 IPTV 패킷의 소스를 기반으로 한다. IPTV 데이터 센터에서 원격 IPTVCD로 비디오 콘텐츠를 보내기 위해 멀티캐스트를 이용할 때, 비디오 패킷은 먼저 로컬 분배 라우터로 보내진다. 이는 유니캐스팅과 유사한 방법이나 유사성은 여기까지이다. 이는 멀티캐스팅 패킷이 그룹 주소를 포함하고 있기 때문이며, 대부분의 경우 여러 인터페이스로 전송을 요구한다. 그 결과, 멀티캐스트 라우터는 RPF(Reverse Path Forwarding)와 같은 특별한 분배 프로토콜을 채용한다.

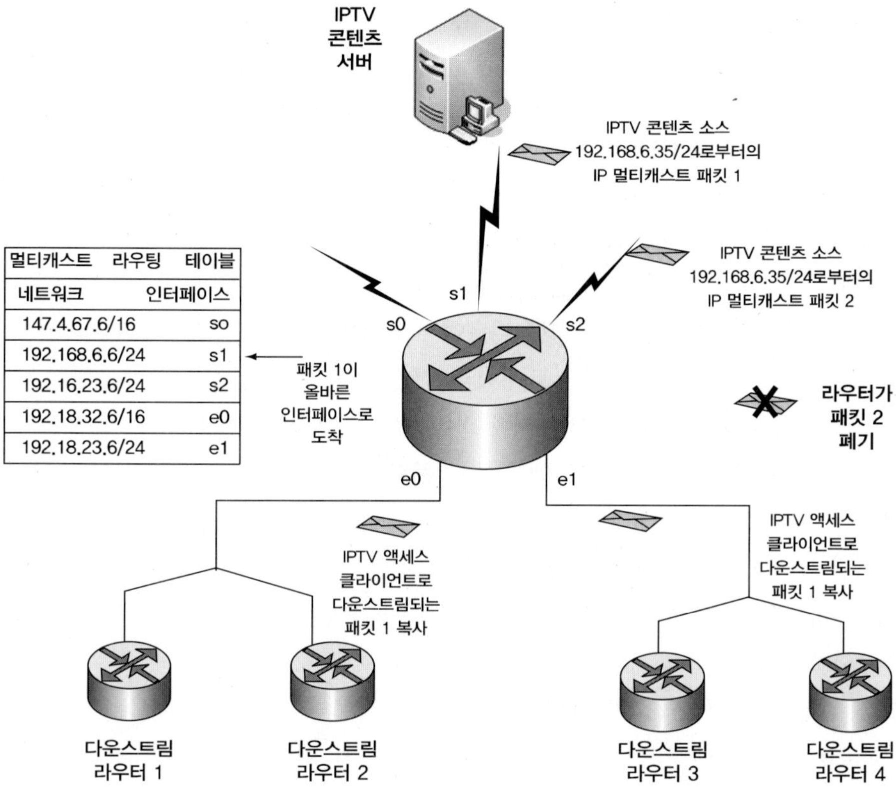

그림 4.17 RPF 검증 테스트 예

RPF RPF는 PIM-SSM 멀티캐스트 라우팅 프로토콜의 핵심 부분이다. RPF 라우팅의 원리는 멀티캐스트 패킷이 IPTV 소스 콘텐츠 서버에 가장 가까운 인터페이스를 통해서 수신되면 전방향으로 전달된다. 다시 말하면, 라우터는 IP 패킷이 업스트림 인터페이스로 수신되지 않으면 그 패킷을 폐기한다. RPF가 어떻게 동작하는지에 대한 예가 그림 4.17에 나타나 있다.

보이는 바와 같이 라우터가 두 개의 멀티캐스트 패킷을 수신한다. 멀티캐스트 비디오 패킷 1은 시리얼 인터페이스 포트 s1에 도착한다. 라우팅 테이블을 찾아본다; 패킷이 복사되고 적절한 인터페이스 혹은 다운스트림 경로를 따라 아래로 전달된다. 이 예에서, 적절한 인터페이스는 이더넷 인터페이스 e0와 e1이다. 이 첫 번째 패킷은 IPTV 소스 콘텐츠 서버로 가는 인터페이스를 통해서 도착을 했기 때문에 올바르게 처리된다. 192.168.6.35/24 소스로부터 온 두 번째 멀티캐스트 패킷은 s2로 수신된다. 라우터는 라우팅 테이블을 찾아보고 이 패킷이 잘못된 인터페이스를 통해서 도착했음을 알게 되고 이어서 이 패킷을 폐기한다. 업스트림 인터페이스를 통해서 도착된 패킷만을 전달하는 이 개념은 라우팅 루프(loop) 가능성을 제거한다.

4.4.5 IGMP 스누핑 기능

이 장에서 지금까지 우리는 IGMP 클라이언트 장치와 멀티캐스트 라우터에 주로 초점을 맞추었다. 전형적인 IGMP 통신 세션 동안, IGMP 리포트 메시지들이 댁내 게이트웨이, 네트워크 스위치, DOCSIS 3.0 CMTS, 혹은 DSLAM과 같은 여러 중간 장치들을 통과한다. 이러한 리포트들은 IGMP 스누핑(snooping)이라고 하는 프로세스에서 중간 장치자들에 의해 모니터되고 분석된다. 따라서, 중간 장치들은 IGMP가 네트워크를 통과하는 동안 완전한 투명성을 갖는다. 여러 IGMP 메시지로부터 모아진 정보는 중간 장치들에게 IPTV 멀티캐스트 트래픽의 특성에 대해 많은 것을 제공한다. 이러한 정보 수집은 특정 인터페이스가 IGMP 스누핑으로 설정되어 있을 때 발생한다. 일단 설정되면 스누핑 모니터는 IPTV 액세스 장치와 멀티캐스트 라우터 사이에 패킷들이 흘러갈 때 이 패킷들을 조사한다. 패킷들은 조사 과정 동안에 변경되거나 수정되지 않는다. 일단 조사되면 IGMP 스누핑 에이전트는 멀티캐스트 테이블에 여러 멀티캐스트 그룹에 가입 그리고 탈퇴한 IPTV 액세스 장치들을 기록한다. 그림 4.18의 간단한 예를 생각해보라.

이 경우에, IP 셋톱박스가 채널 변경 요청을 보냈다. 이 요청은 요구받지 않은(unsolicited) IGMP 멤버십 리포트의 형태이다. 먼저 댁내 게이트웨이를 통과하고 네트워크를 가로지른다. 패킷이 지역국에 있는 DSLAM에 도착하면 DSLAM이 이를 가로챈다. 그리고 DSLAM은 이 메시지를 검사하고 이 패킷에 포함된 새로운 정보로 인터페이스 테이블을 갱신한다. 그다음 이 IGMP 메시지는 업스트림의 IPTV 멀티캐스트 라우터로 전달된다.

IGMP 스누핑의 주요 이점은 DSLAM이 멀티캐스트 비디오 패킷이 모든 포트로 플러딩(flooding)되는 것을 방지하고 패킷의 스트리밍을 IPTV 클라이언트가 요구하는

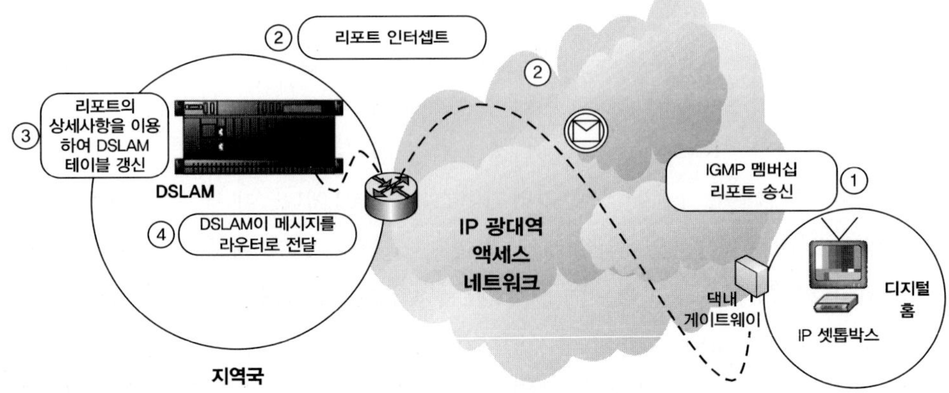

그림 4.18 IGMP2 가입 스누핑

특정 채널을 가지는 포트로 제한한다. 이는 또한 IGMP 빠른 탈퇴(fast leave)를 구현하는 기초로 사용된다. 이름이 제시하는 바와 같이, 빠른 탈퇴 과정은 DSLAM이 그룹 메시지를 보내지 않고 테이블에서 인터페이스를 제거하도록 허용한다. 이는 채널 스트림의 중단을 빠르게 할 수 있으며 대역폭 관리를 개선하는데 도움을 준다. 빠른 탈퇴가 IPTV 스트림 전송 속도를 높이지만 그러나 같은 포트에 연결된 다른 IPTVCD들이 그 스트림 시청을 계속해서 요구할 수도 있는 위험이 있다. DSLAM 혹은 DOCSIS 3.0 호환 CMTS(HFC 네트워크의 경우)는 이러한 사실을 알지 못한다. 왜냐하면 그룹 메시지를 보내지 않기 때문이다. 따라서, 그 스트림이 중단되고 그 스트림을 시청하고 있던 다른 장치들은 신호를 받지 못하게 된다. 그래서, 빠른 탈퇴의 사용은 일반적으로 단일 장치가 요청을 하는 그러한 시나리오에서 사용하는 것으로 제한된다. 예를 들어, 빠른 탈퇴 특성은 단일 IP 셋톱박스가 DSL로 연결된 시나리오에서 잘 작동한다. 이 경우 IGMP 요청은 하나의 소스로부터 나오고 DSLAM 혹은 CMTS는 다른 장치들이 이러한 동작으로 영향을 받지 않는 것을 보장한다. 빠른 탈퇴의 사용은 여러 장치들이 라스트 마일 광대역 연결에 연결될 때 더욱 복잡해진다. DOCSIS의 최신 버전은 이전 DOCSIS 명세서의 일부였던 IGMP 스누핑에 대한 요구사항을 제거하였다.

4.4.6 IGMP 프록시 기능

IGMP 프록시 기능은 DSLAM과 같은 장치들이 IGMP 설정 인터페이스로부터 검색한 다운스트림 IPTVCD를 대신하여 IGMP 호스트 메시지를 발행하도록 허용한다. 따라서 IGMP 프록시 기능이 설정되면 다음과 같은 책임을 진다:

- 업스트림 라우터로부터 질의를 받으면 그룹 멤버십 리포트를 보낸다.
- IPTVCD를 대신하여 특정 멀티캐스트 그룹에 가입하기 위한 요청받지 않은 그룹 멤버십 리포트를 보낸다.
- 요청된 채널 스트림을 복제하고 요청 IPTVCD로 전달한다.
- 인터페이스에 연결된 마지막 IPTVCD가 그룹을 탈퇴하면 요청받지 않는 그룹 멤버십 리포트를 224.0.0.0으로 보낸다.

따라서, DSLAM 혹은 HFC 네트워크의 CMTS에 IGMP 프록시 특성을 활성화하면 이 장치들은 다운스트림 방향의 IPTVCD에 대해서는 IGMP 서버로 동작하고 업스트림 가장자리와 분배 라우터에는 클라이언트로 동작한다. IGMP 프록시의 동작은 두 개의 분리된 IGMP 신호 경로 설정을 포함한다: IPTVCD와 지역국에 있는 종단 장치(일반적으로 DSLAM 혹은 CMTS) 사이의 한 경로 그리고 지역국 장비와 업스트림 라우터 사이의 다른 경로. 이 개념은 그림 4.19에 나타나 있다.

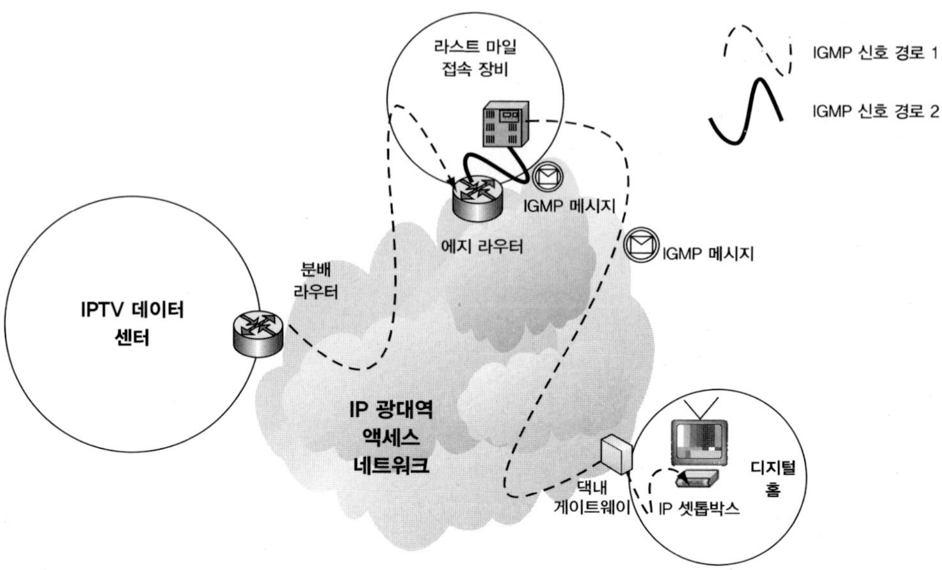

그림 4.19 IGMP 프록시 기능 지원을 위한 두 개의 분리된 IGMP 신호 경로 생성

4.5 IPv6 네트워크에서의 IPTV 콘텐츠 멀티캐스팅

VoIP와 IPTV 같은 차세대 서비스의 폭발적인 성장과 더불어 증가하는 많은 전화회사들은 그들의 광대역 네트워크에 IPv6 가설 가능성을 조사하고 있다. 이러한 구축을 위해서는 IPTV 종단사용자에게 방송 TV 채널을 전달할 때 서비스 제공자가 MLD (Multicast Listener Discovery)라고 하는 멀티캐스팅 신호 프로토콜을 사용하도록 요구한다. IPTV 네트워킹 환경에서 MLD를 충분히 이용하려면 라우터와 IPTVCD 모두 IPv6 프로토콜 스택을 지원해야 함에 유의하라.

MLD의 두 가지 버전이 이 책을 집필할 때 개발되었다, 즉 MLDv1과 MLDv2.

(1) *MLDv1* 명세서는 IGMPv2로부터 파생되었고 RFC 2710에서 찾아볼 수 있다.
(2) *MLDv2* 명세서는 IGMPv3로부터 파생되었고 RFC 3810에서 찾아볼 수 있다.

다음 절에서 IPTV 기반구조에서 사용될 때 이 프로토콜 버전 1과 2에 대한 간략한 개요를 제공한다.

4.5.1 MLDv1

MLDv1은 1999년에 발행되었다. 이 명세서의 주 목적은 IPv6 라우터에 IPTV 멀티캐스트 트래픽에 관심있거나 실제로 수신하고 있는 네트워크 장치의 존재를 발견하기 위한

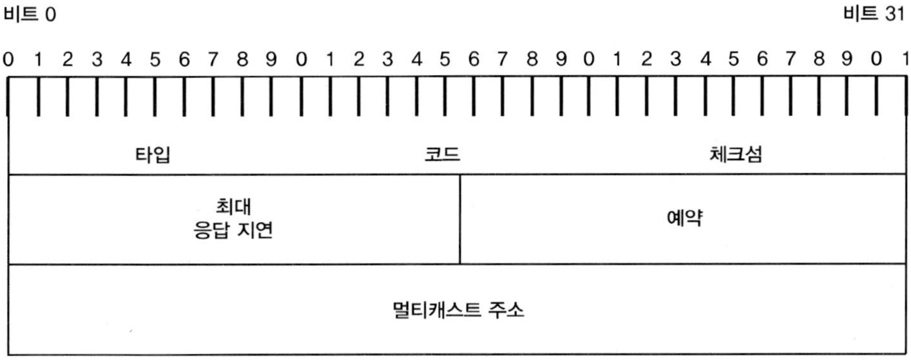

그림 4.20 일반적인 MLDv1 메시지 포맷

프로토콜을 제공하는 것이다. 이 정보는 올바른 IPTV 스트림이 정확한 목적지 IPTVCD에게 전달되고 있음을 보증해준다.

IGMP의 경우와 같이 MLD의 주요 기능은 메시지를 사용하여 이룰 수 있다. MLDv1 메시지의 주요 요소는 그림 4.20에 나타나 있으며 표 4.9에 설명되어 있다.

MLDv1은 네트워킹 환경에 구축될 때 세 가지의 다른 ICMPv6 (IP 프로토콜 58) 메시지를 사용한다 — 질의, 리포트, 그리고 실행(done) 메시지.

MLDv1 *질의* 메시지에는 두 가지가 있다 : 일반(general) 그리고 멀티캐스트-주소 지정(multcast-address-specific).

- *일반* 질의 메시지 타입은 어느 멀티캐스트 주소가 직접 연결된 서브네트상에서 메시지를 수신하는 IPTVCD를 갖고 있는지를 식별하는데 이용된다.
- *멀티캐스트-주소* 지정 질의 메시지 타입은 질의를 직접 연결된 서브네트상에서 메시지를 수신하는 관련 IPTVCD에 관한 많은 것을 찾기 위해 지정 주소로 보낸다.

표 4.9 일반적인 MLDv1 메시지 포맷 구조

필드 이름	기능 설명
타입	메시지 타입을 식별. 예, 질의 메시지는 130 값을 가짐
코드	이 필드는 보통 '0'으로 설정되고 대부분의 경우 IPTVCD가 무시함
체크섬	전체 MLD 메시지에 대해 오류 정정을 위해 사용됨
최대 응답 지연	응답 리포트 메시지를 송신하는데 걸리는 최대 지연 시간을 정의. MLD 질의 메시지와 연관됨. 다른 MLD 메시지 타입의 경우 이 필드는 '0'으로 설정되고 IPTVCD가 무시함. 이 값을 가능한 작은 값으로 유지하여 IPTVCD의 탈퇴 지연을 개선함
예약	보통 '0'으로 설정되고 미래 사용을 위해 예약됨
멀티캐스트 주소	그룹 멀티캐스트 주소를 포함

위의 두 가지 메시지 유형은 8비트의 타입 필드에 포함된 130 값으로 식별된다.

MLDv1 *리포트* 메시지는 보통 질의 메시지에 응답으로 만들어지고 8비트의 타입 필드에 포함된 131 값으로 식별된다.

MLDv1 *실행* 메시지는 IGMP 탈퇴 메시지와 같으며 8비트의 타입 필드에 포함된 132값으로 식별된다. 따라서, IPTVCD가 특정 스트림 채널 수신을 중단하고자 할 때, 이 장치는 지역국에 있는 라우터에게 실행(done) 메시지를 보낸다.

MLDv1의 동작은 상대적으로 간략하다. IPv6 라우터에서 방송 TV 채널과 관련 시간 정보를 액세스하기 위해 IPTVCD가 사용하는 멀티캐스트 주소의 각 인터페이스들에 대한 리스트를 유지한다. MLDv1은 IPv6 활성 IPTVCD에게 가입과 탈퇴 기능을 제공하기 위해 질의, 리포트 그리고 실행 메시지를 사용한다.

4.5.2 MLDv2

MLDv2는 IGMPv3 프로토콜에 기반을 두고 있으며 MLDv1과 완전히 호환성을 갖는다. 버전 1과 비교해볼 때 MLDv2의 여러 개선점 중 하나는 SSM에 대한 지원이다. 이는 IPTVCD가 명시적으로 어느 방송 채널을 수신하고자 하는지와 그 IPTV 채널의 소스 주소를 명시하도록 허용하는 것이다. 또한 IPTVCD가 특정 소스 주소로부터의 멀티캐스트 콘텐츠 수신을 배제할 수 있도록 허용한다. IGMPv3와 유사하게 포함(including)과 배제(excluding) 필터 모드가 이러한 기능을 구현하기 위해 사용된다. MLDv2는 MLDv1에서 가용하지 않았던 새로운 두 가지 메시지를 추가하였다: MLDv2 멀티캐스트 주소와 소스 지정 질의 메시지, 그리고 갱신된 리포트 메시지.

4.5.2.1 MLDv2 멀티캐스트 주소와 소스 지정 질의 메시지 개요

MLDv2 질의 메시지의 주요 요소는 그림 4.21에 나타나 있고 표 4.10에 설명되어 있다. 표 안의 그림자 영역과 그림은 MLDv1과 MLDv2 모두에 공통인 필드를 나타냄에 유의하라.

4.5.2.2 MLDv2 리포트 메시지 개요

MLDv2 리포트 메시지는 IPTVCD가 이웃 IPv6 활성 라우터에게 보낸다. MLDv2 리포트 메시지의 주요 요소는 그림 4.22에 나타나 있고 표 4.11에 설명되어 있다.

각 멀티캐스트 레코드는 리포트 메시지를 보내는 IPTVCD에 관한 정보를 포함하고 있음에 유의하라.

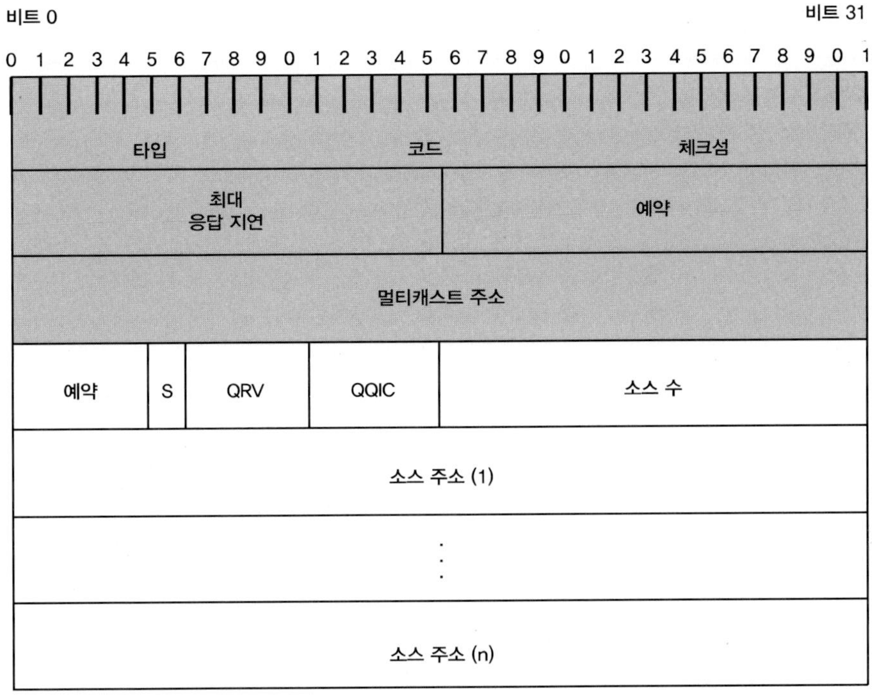

그림 4.21 MLDv2 멀티캐스트 주소와 소스 지정 질의 메시지 포맷

표 4.10 MLDv2 질의 메시지 구조

필드 이름	기능 설명
타입	메시지 타입을 식별. 예, 질의 메시지는 130 값을 가짐
코드	보통 '0'으로 설정되고 대부분의 경우 IPTVCD가 무시함
체크섬	전체 MLD 메시지에서 오류 정정에 이용됨
최대 응답 지연	응답 리포트 메시지를 송신하는데 걸리는 최대 지연 시간을 정의. MLD 질의 메시지와 연관됨. 다른 MLD 메시지 타입의 경우 이 필드는 '0'으로 설정되고 IPTVCD가 무시함. 이 값을 가능한 작은 값으로 유지하여 IPTVCD의 탈퇴 지연을 개선함
예약	보통 '0'으로 설정되고 미래 사용을 위해 예약됨
멀티캐스트 주소	그룹 멀티캐스트 주소를 포함
S	이 플래그는 루트 상에서 메시지를 수신하는 멀티캐스트 라우터가 정상적인 타이머 갱신을 해야 하는지 말아야 하는지를 결정
QRV(Querier's Robustness Variable)	IPTV 네트워크에서 질의자로 동작하는 라우터가 생성
QQIC(Querier's Query Interval Code)	이 값은 질의 기간을 초 단위로 표현

(다음 페이지에 계속)

표 4.10 MLDv2 질의 메시지 구조

필드 이름	기능 설명
소스 수	질의 메시지에 있는 소스 주소의 수를 정의. 일반 질의 및 특정 주소 질의 경우, 이 값은 '0'으로 설정. 그러나 멀티캐스트 주소와 특정 소스 메시지의 경우 '0'아닌 값을 가짐
소스 주소(N)	n개의 실제 IP 소스 주소를 포함. 메시지에서 지원되는 주소 수는 물리 네트워크의 MTU에 따름. 이더넷의 경우 이 값은 1500바이트이고, 최대 소스 IP 주소는 약 89개로 제한됨

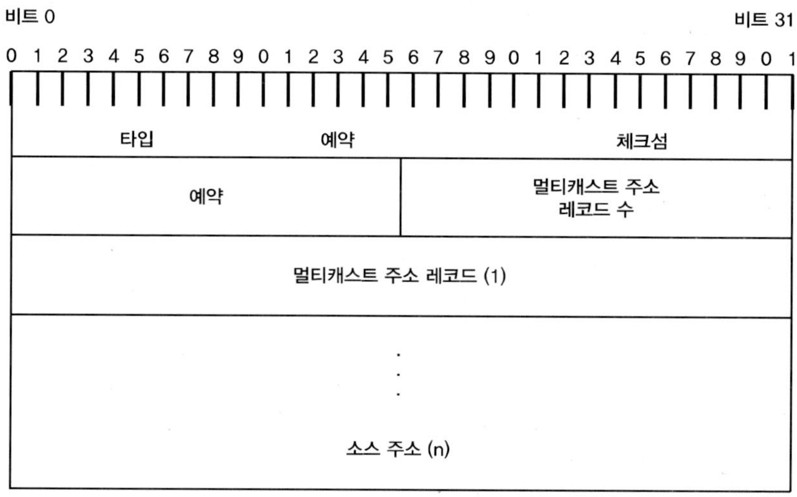

그림 4.22 MLDv2 리포트 메시지 포맷

표 4.11 MLDv2 리포트 메시지 구조

필드 이름	기능 설명
타입	메시지 타입을 식별. 예, 리포트 메시지는 143 값을 가짐
예약	메시지가 IP 광대역 네트워크로 전송될 때 보통 '0'으로 설정됨
체크섬	오류 정정을 위해 IPv6가 사용
멀티캐스트 주소 레코드 수	리포트 메시지 내에 있는 멀티캐스트 주소 레코드의 수를 나타냄
멀티캐스트 주소 레코드	실제 멀티캐스트 주소 레코드임

4.6 채널 변경 소개

IP 네트워크상에서 생방송 콘텐츠를 전달하는 주요 요소 중 하나가 시청자가 TV를 시청

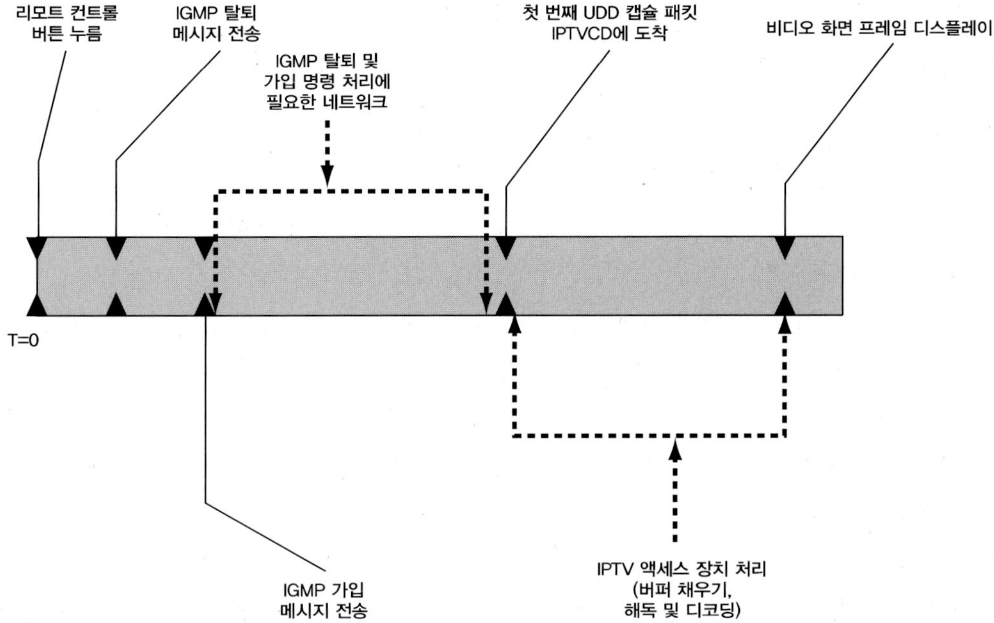

그림 4.23 채널 변경 프로세스에 영향을 주는 동작

하면서 경험하게 되는 채널 변경 속도이다. 이는 한 TV 채널을 탈퇴하고 즉시 다른 채널에 가입하는 것을 의미한다. IPTV 네트워크에서 채널 별경 과정은 셋톱박스 대신에 서버에서 발생하며, 셋톱박스에서의 변경은 전통적인 방송 TV 네트워크 환경의 경우이다. 셋톱박스가 채널 변경 동안에 네트워크와 연결되어 있다는 사실 때문에, 시청 체험에서의 지연 발생이 가능하다. 디지털 홈에 있는 장비로부터의 지연 이외에, 네트워크와 IPTV 데이터 센터는 채널 변경 과정에 지연을 야기할 수 있다. 이들 여러 서브시스템에서의 지연은 그림 4.23에 나타나 있고 다음 절에서 설명된다.

4.6.1 IPTV 데이터 센터에서의 지연

데이터 센터에서 여러 시스템이 방송 TV 채널 변경에 걸리는 시간에 영향을 줄 수 있다.

인코딩 시스템 — 수신 콘텐츠의 인코딩과 소스 콘텐츠의 처리는 새로이 요청된 방송 TV 채널에 대한 지연 시간을 증가시킨다.

CA와 DRM 시스템 — 저작권 보호를 위한 프리미엄 방송 채널 암호화, 키 생성, 그리고 네트워크로의 암호 키 전송과 같은 기능은 채널 변경 기능에 지연을 추가할 수 있다. DRM 시스템의 사용은 보안 기능을 더욱 복잡하게 하고 따라서 추가적인 지연을 일으킨다.

미들웨어와 응용 서버와 같은 IPTV 데이터 센터에서 동작하는 다른 시스템들은 채널 변경 요청을 수행하는데 걸리는 시간에 영향을 주지 않는다.

4.6.2 네트워크에서의 지연

일단 방송 채널이 전송될 준비가 되면 IPTV 분배 네트워크의 코어로 비디오 트래픽을 라우팅하는 분배 라우터로 전송된다. 분배 네트워크에 도착하면 여러 라우터, 물리적 링크, 그리고 지역국 장치(예 : DSLAM)는 채널 변경 요청에 대한 응답에 시간을 소요한다. IGMP 탈퇴와 가입 메시지에 대한 DSLAM과 라우터에서의 속도는 지연 시간을 낮게 유지하도록 보증하는 중요 요소이다. 비록 RTSP(Real Time Streaming Protocol) 프로토콜이 유니캐스트 연결 설정에 이용되지만 어떤 경우에는 멀티캐스트 채널 액세스에 이용될 수도 있다. 이 연결의 설정은 여러 요청과 응답 메시지를 통해서 협상될 필요가 있다. 이는 또한 처리 과정에 지연을 일으킬 수 있다. 네트워크 장치들을 연결하기 위해 이용되는 모든 링크들은 여러 IPTV 채널의 대역폭 성능을 지원할 수 있어야 한다. 네트워크 요소들의 문제는 채널 변경 시간에 직접적으로 영향을 주는 지터(jitter)를 일으킬 수 있다. 선택된 멀티캐스트 분배 프로토콜과 네트워크가 지원하는 IGMP 버전 같은 다른 요소들도 채널 변경 응답 시간에 영향을 줄 수 있다.

4.6.3 디지털 홈에서의 지연

다음 리스트는 채널 변경에 걸리는 시간에 영향을 줄 수 있는 디지털 홈에서 발생하는 다섯 가지 주요 요소이다.

RG에서의 패킷 처리: RG는 IPTVCD와 NGN 분배 네트워크 사이에 놓인다. DSL 환경에서, RG는 모뎀과 댁내 인터페이스를 포함한다. 채널 변경이 RG에 의해 처리된다는 사실은 가입/탈퇴 지연 시간이 발생한다는 것을 의미한다.

디코딩: IPTVCD에 수신되는 압축 신호의 디코딩은 채널 변경 과정에서 경험하는 지연에 영향을 준다. 예를 들어, MPEG 압축 알고리즘을 사용할 때 IPTVCD는 디코딩을 시작하기 전에 수신스트림의 I-프레임을 기다려야 한다. I-프레임은 GOP(Group Of Picture)을 정의하고 인코드된 화면을 재구성하는데 필요한 모든 정보를 포함하고 있다. 이것은 손실 프레임의 영향을 줄이는 이전 프레임에 의존하지 않는다. I-프레임을 기다리는 시간은 인코터가 초당 방송하는 I-프레임 수에 달렸다. 그 수가 크면 거의 즉시 IPTVCD가 디코딩을 시작할 수 있다. 그러나 I-프레임은 프레임 타입에 대한 대부분의 데이터를 포함하고 있기 때문에 네트워크상에서 많은 양의 I-프레임을 지원하는데 요구되는 네트워크 대역폭이 매우 크다.

어떤 경우, I-프레임은 가용 대역폭의 50%를 차지하고 나머지를 P와 B 프레임이 사용하기 때문에 이들을 거의 보내지 않는다. IPTV 환경에서 네트워크마다 다르기는 하지만 I-프레임은 보통 15 프레임마다 보내진다. IPTV 채널을 나타내는데 사용하는 실제 디스플레이 패널은 IPTV 채널 처리에 소비되는 시간에 영향을 주지 않는다.

해독(decrypting) : 멀티캐스트 채널이 암호화되면 그 패킷을 해독하는 키를 수신스트림으로부터 획득할 필요가 있다. 이 보안 정보는 IPTV 전송 스트림 내의 테이블 내에 보내진다. 이들 테이블이 스트림 내에서 가용한 주기는 얼마나 빨리 IPTV가 수신스트림을 해독하기 시작할 수 있는지를 결정한다. 최신의 CA 시스템에서의 키는 주기적으로 갱신되어 IPTVCD는 스트림으로부터 추출한 키가 항상 최신의 것인지를 보증하여야 한다. 해독으로 야기된 지연은 암호화되지 않는 채널의 경우 0에서부터 1500ms 사이에서 변화한다. 어떤 네트워크에서 1500ms보다 더 걸릴 수 있는데 그 이유는 IPTVCD가 스트림에서 가용하게 되는 최신의 해독 키를 기다려야 하기 때문이다.

서비스 제공자는 이 들 테이블의 주기와 IPTV 분배 네트워크의 대역폭 가용성 사이에서 적절한 선택을 하여야 한다.

버퍼링: 비디오의 가변 비트 전송률로 인하여 IPTV 패킷 도착 시간에 변동이 있다. 이러한 시간의 차이를 지터라고 하고 서버나 네트워크에서 발생할 수 있다. 따라서 데이터가 항상 처리와 디스플레이를 위해 제공될 수 있도록 지터 제거 버퍼(de-jitter buffer)를 활용한다. 다시 말하면 블랙 스크린 화면을 야기하는 데이터가 제공되지 못하는 현상(under-run)이 없다. 지터에 대처하는 것 외에 버퍼는 필요할 때 패킷을 재전송하는데도 사용된다. 따라서, 버퍼링 사용은 IPTV 스트림의 유연성에 중요하다. 그러나, 이들 버퍼는 디코딩을 시작하기 전에 채워져야 하는데 이는 지연을 야기한다. 추가적으로 메모리 버퍼의 크기는 채널 변경 시간에 영향을 준다. 예를 들어, 표준 MPEG-2 트래픽과 비교하여 IPTV 스트림의 특성으로 인하여 IP 셋톱박스에서 사용되는 커다란 버퍼는 이 버퍼를 채우는데 많은 시간이 필요하다. 이러한 긴 버퍼 채우는 시간은 채널 변경 요청을 만족하는데 시간이 많이 걸린다.

처리 능력과 소프트웨어 구조: CPU, 디코더, 그리고 메모리 성능에서의 하드웨어 구조는 채널 변경을 수행하는 속도에 영향을 줄 수 있는 요소들이다. 이는 성능 수준과 IPTV 가입자 장치를 구매하는데 드는 비용에 있어서 장단점이 있다. IPTV 액세스 장치에 설치된 소프트웨어의 구조는 채널 변경에 긍정적이거나 부정적인 영향을 줄 수 있다.

4.7 채널 변경의 원리

가입자가 IPTV 멀티캐스트 스트림과 상호작용하는 두 가지 방식이 있다.

(1) 방송 채널 선택을 위한 리모트 컨트롤 사용
(2) 한 방송 채널에서 다른 것으로 변경

다음 절에서 이들 상호작용에 대하여 설명한다.

4.7.1 방송 채널 선택

전통적인 케이블 혹은 위성 TV 네트워크에서, 채널 선택은 모든 채널들이 다른 주파수에서 가용하고 셋톱박스가 그 선택된 채널에 맞추어지기 때문에 상대적으로 간단하다. IPTV 채널 선택은 모든 채널이 네트워크에 동시에 가용하지 않기 때문에 좀 더 복잡하다. 채널 선택에 포함된 단계들은 구축된 네트워킹 기반구조에 달렸다. 방송 채널을 선택하는 것은 어느 정도의 시간이 걸린다. 이 기능을 수행하는 데 걸리는 시간의 길이는 네트워킹 스위치 혹은 라우터의 위치에 영향을 받으나, 그 지연은 미미하다. 그러나 스트림이 중앙 IPTV 데이터 센터에 위치한 서버를 액세스하는 것을 필요로 할 때, 그 스트림을 IPTVCD로 전달하는데 필요한 시간은 좀 더 길다. IP 셋톱박스에서의 요청과 그 채널이 IPTV 데이터 센터에 위치한 분배 라우터에서 가용한 예를

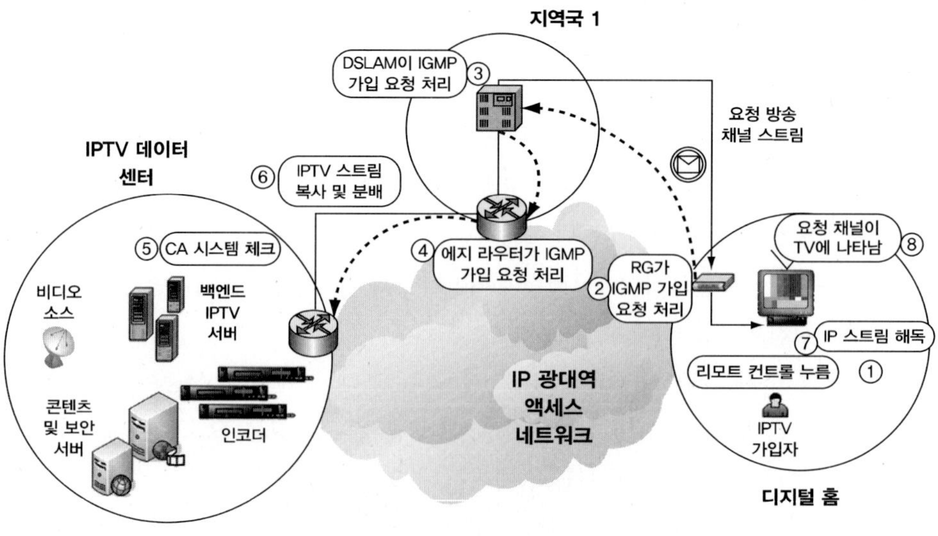

그림 4.24 IPTV 방송 채널 선택에 포함된 가능한 단계

생각해보자. 그림 4.24는 DSL 기반 IPTV 네트워크에서 발생할 수 있는 가능한 단계들을 설명하고 있다.

(1) 가입자가 채널 변경을 원할 때 가입자는 리모트 컨트롤에서 채널 번호를 누르거나 EPG 응용에서 선택을 한다. 이들 명령은 적외선 수신기가 수신한다.
(2) IP 셋톱박스는 채널 변경 명령을 받아들이고 IGMP 가입 요청의 형태로 RG에게 그 명령을 보낸다. RG는 그 명령을 받게 되고 DSLAM에게 전달하거나 그 요청된 채널이 이미 자신의 포트에 존재하는지를 조사한다. 만약에 존재한다면, RG는 단순히 그 스트림을 복사하고 요청 장치로 보낸다. 이것은 가정 내의 다른 누군가가 같은 채널을 보고 있을 경우이다. RG가 이 기능을 수월하게 하기 위해 IGMP 스누핑을 지원해야 함에 유의하라.
(3) 만약에 그 채널이 RG에서 가용하지 않거나 IGMP 스누핑이 지원되지 않으면 DSL 네트워크의 경우 그 요청을 DSLAM으로 전달한다. CMTS가 케이블 광대역 네트워크에서 사용됨에 유의하라. 다음 동작은 DSLAM 혹은 CMTS가 지원하는 기능의 정도에 달렸다. IGMP 프록시 기능과 스누핑의 지원은 장치가 그 채널이 이미 장치의 포트에 존재하는지를 조사하도록 허용한다. 그런 만약에 이러한 개선된 특성들이 지원되지 않거나 혹은 그 스트림이 가용하지 않으면, 그 요청을 업스트림 라우터에게 보낸다.
(4) 지역국에 위치한 라우터가 여러 다운스트림 네트워크 요소들에 의해 서비스되지 않은 요청을 수신할 때, 두 가지 옵션이 있는데, 즉 그 스트림을 올바른 인터페이스로 복사하거나 그 채널이 다운스트림 인터페이스에서 가용하지 않은 경우에 그 요청을 업스트림 분배 라우터로 보내는 것이다.
(5) 채널에 대한 요청은 모든 방송 채널이 가용한 IPTV 데이터 센터에서 최종적으로 끝난다. 채널은 IP 주소로 식별됨에 유의하라. 이는 전통적인 RF 네트워크에서의 주파수와 채널에 대응된다. CA 시스템은 종단사용자가 그 특정 채널을 볼 수 있는 자격이 있는지를 확인한다.
(6) 권한 조사가 끝나면, 가입자의 IP 셋톱박스 IP 주소와 관련 상세사항들이 멀티캐스트 리스트에 추가된다. 그리고 나서 이 채널이 복사되고 IP 셋톱박스로 전달된다.
(7) 셋톱박스는 새로운 IP 스트림과 CA 테이블과 암호 키 같은 추가적인 보안 정보를 수신한다. 그 다음 메모리에 버퍼링을 하고 디코딩이 시작되기 전에 I-프레임을 기다린다. I-프레임은 원래의 화면 프레임을 재구축하는데 필요한 모든 정보를 포함한다. 일단 I-프레임을 수신하면(보통 0.5초에서 2초 정도 걸림), IP 셋톱박스는 채널 디스플레이 과정을 시작한다.
(8) 새로운 채널의 첫 번째 화면 프레임이 TV 디스플레이에 나타난다.

ITU-T FG IPTV 그룹은 방송 채널 획득에 걸리는 시간이 2.5초를 넘어서는 안된다고 권고하고 있음에 유의하라.

4.7.2 한 방송 채널에서 다른 채널로 변경

그림 4.25에 보이는 바와 같이, TV 시청 중간에 채널 변경에 포함된 과정은 채널 선택과 매우 유사하다. 그러나 두 가지 추가적인 단계가 있다:

(1) 시청자가 다른 IPTV 신호로 변경을 원할 때 리모트 컨트롤 버튼을 누르면 명령이 IP 셋톱박스에 전달된다.
(2) 셋톱박스는 이전 스트림과 연관된 스트림을 중단시키기 위해 IGMP 탈퇴 메시지를 발행한다.
(3) 이 스트림의 중단은 세 곳 중 하나, 즉 지역국 헤드엔드 혹은 지역국의 가장자리 라우터에 위치한 RG, DSLAM, 혹은 CMTS에서 일어난다. 이것은 어떤 수준의 IGMP 지원이 이들 각 장치에서 가용한지에 달렸다. 예를 들어, 만약에 RG가 IGMP 프록시 기능을 가지고 있으면, RG는 채널 스트림 중단을 수행할 수 있다. 이는 디지털 홈 내의 다른 IPTVCD들이 그 채널을 보고 있지 않음을 가정하고 있다. 만약에 IGMP 기능이 지원되지 않으면 그 요청은 업스트림으로 그 멀티캐스트 스트림을 중단시키는 DSLAM 혹은 가장자리 라우터에게 보내진다. 기존 채널을 중단시키는 과정은 매우 빠르게 일어난다. 그렇지 않으면 요청된 스트림이 이전 스트림이 중단되기 전에 IPTV 셋톱박스의 인터페이스에

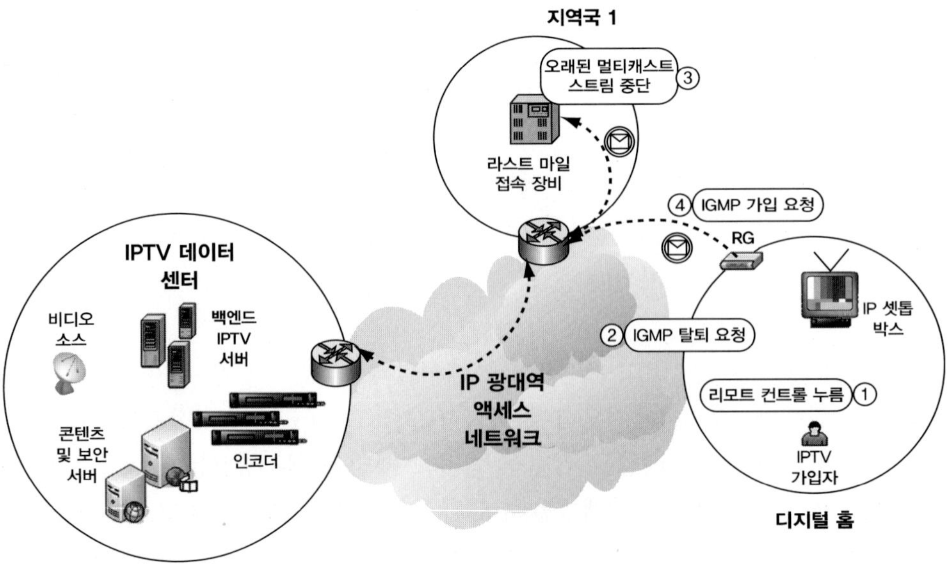

그림 4.25 IPTV 방송 채널 변경

도착할 수 있다. 이는 대역폭 요구사항을 두 배로 증가시키는데 이 연결에서 지원되지 않을 수 있다. 이는 패킷 손실, 증가된 지터, 그리고 새로운 입력 스트림에 의해 디스플레이되는 화면의 품질을 떨어뜨리게 된다.

(4) 다음에 가입 메시지가 다음 채널을 보기 시작하기 위해 보내진다. IPTV 방송 채널을 선택하는 위에 설명된 단계들이 수행된다.

4.8 IPTV 채널 변경 시간을 줄이기 위한 기술

IPTV가 상업적으로 성공을 거두기 위해서는 IPTVCD에서 채널 변경에 필요한 시간이 케이블 네트워크에서 채널 변경하는데 걸리는 시간 즉 500ms와 마찬가지로 빨라야 한다. 채널 변경 시간을 개선하기위해 서비스 제공자가 사용할 수 있는 다섯 가지 방법이 있다.

- DSLAM 내에서의 IGMP 프록시 기능 구현
- IPTV 데이터 센터에서의 인코더가 생성하는 I-프레임 수를 증가시킨다.
- 암호화된 채널에 대한 CA 테이블의 주기를 증가시킨다.
- IP 셋톱박스 버퍼의 크기를 줄인다.
- 예상 튜닝(tuning)과 정적 가입

다음 절은 IPTV 네트워킹 환경에 사용될 때 이들 방법에 대한 간략한 개요를 제공한다.

4.8.1 DSLAM내에 IGMP 프록시 기능 구현

서비스 제공자가 IPTV 제공에서 채널 변경 시간을 줄이기 위해 그들이 사용하는 기술은 IGMP 프록시 장치로 동작하는 지역국에 있는 DSLAM을 형상화하는 것이다. IGMP 프록시는 인터페이스에 연결된 IPTVCD를 대신하여 IGMP 호스트 메시지를 발행하는 네트워킹 장치로 잘 정의될 수 있다. IGMP 프록시로 동작하는 장치는 IGMP 클라이언트와 IGMP 라우터 두 가지 역할을 가정한다. DSLAM에 IGMP 프록시 기능 구현은 두 가지 이점을 갖고 있다.

(1) IPTV 가입자 그룹이 특정 IPTV 채널을 시청하고 있고 새로운 가입자가 그 그룹에 가입하여 같은 채널을 보고자 한다면 IGMP 프록시 장치는 즉시 새로운 가입자에게 요청된 스트림 전송을 시작할 수 있다. 이는 IGMP, 프록시가 IGMP 메시지 리포트를 업스트림 소스 서버로 전파하지 않아도 되도록 해주기 때문이다. 그 결과 새로운 IPTV 가입자는 새로운 채널로 변경하는데 최소의 지연을

경험하게 된다.

(2) 프록시 장치는 어느 IPTVCD가 서브네트를 탈퇴하는지, 어느 IGMP 프록시가 있는지를 추적하는데도 이용될 수 있다. 모든 IPTVCD가 특정 채널 시청을 중단하면, 프록시는 모든 서브네트 장치를 대신하여 그 특정 채널 전송을 중단하도록 하기 위해 탈퇴 메시지를 업스트림 멀티캐스트 라우터에게 보낸다.

만약에 IGMP 기능을 DSLAM에 구현하는 것이 비실용적이고 비용이 많이 드는 것이라면 다음 옵션은 가장자리 라우터를 IGMP 프록시 기능을 지원하도록 설정하는 것이다. 이것이 가장자리 라우터에서 발생하면 여러 DSLAM과 CMTS로부터 수신되는 많은 양의 IGMP 탈퇴와 가입 요청을 효율적으로 처리하기 위해 충분한 처리 능력을 필요로 한다.

4.8.2 IPTV 센터의 인코더가 생성하는 I-프레임 수 증대

IPTVCD는 I-프레임을 수신하기 전까지는 디코딩을 시작할 수 없기 때문에 IPTV 서비스 제공자는 가능한 자주 스트림에 I-프레임을 삽입하도록 설정하는 것이 중요하다. 이 방식의 문제는 I-프레임이 상대적으로 많은 양의 대역폭을 소비한다. 특히 MPEG-2 전송 스트림에서 그러하다. 연속되는 I-프레임은 10개의 프레임마다 위치한다. 이는 채널 변경 지연 시간을 증가시킨다. 따라서, 서비스 제공자는 채널 변경 시간을 낮추는 요구 대 전송 속도를 낮추는 경제적 요구 그리고 가입자에게 IPTV 멀티캐스트 채널을 전달하는 대역폭 요구사항 사이에 균형을 이루어야 한다.

4.8.3 암호화된 채널에 대한 CA 테이블 주기 증대

앞서 기술된 바와 같이, IPTVCD는 해독 과정이 시작되기 전에 암호 키와 CA 테이블을 기다려야 한다. 스트림 내에 이러한 정보의 주기를 증가시키는 것은 채널 변경 시간을 줄이는데 도움이 된다. 이는 분명히 IPTV 스트림의 대역폭 요구를 증가시킨다.

4.8.4 IP 셋톱박스 버퍼 크기 축소

이미 논의된 바와 같이 커다란 버퍼 크기를 가진 IPTVCD는 작은 버퍼를 가진 장치에 비해 보다 좋은 품질의 비디오를 출력한다. 이는 지터 문제를 가진 네트워크의 경우에 사실이다. 커다란 버퍼 사용의 한 가지 주요 단점은 생방송 멀티캐스트 채널을 처리하는 동안 버퍼를 채우는데 많은 시간이 걸린다는 것이며, 이는 채널 변경 시간에 영향을 미친다. 지터 문제가 없는 네트워크의 경우 작은 버퍼의 사용은 채널 변경 시간을 줄이는데 사용할 수 있는 기술이다. 이는 버퍼를 채우는데 걸리는 시간을 줄일 수 있다.

4.8.5 튜닝 예측과 정적 가입

예측 기술 사용은 이동 통신 분야에서 널리 사용되는 특성이며 IPTV 환경에도 적용될 수 있다. 이 기술은 IPTV 종단사용자의 시청 습관을 조사하고 다음에 어떤 채널을 시청하게 될 지에 대한 예측을 한다. 일단 예측이 이루어지면 네트워크는 그 스트림을 복사하고 IPTVCD에게 보낸다. 이 방식은 IPTVCD에서 가용한 이전 그리고 다음 채널을 결정하는데 사용될 수 있다. 이는 채널 변경 속도를 높이는데 좋은 기술이다: 그러나 다중 IPTV 스트림 전달을 지원하기 위해 지역국에서 IPTVCD로 들어오는 대역폭이 충분하지 않을 수 있다. 예측 튜닝은 VDSL과 FTTX같은 NGN 네트워크 기술에 적절한 기술이다. 정적 가입은 예측 튜닝과 매우 유사하다. 정적 가입은 특정 채널이 네트워크 특정 지점, 즉 DSLAM이나 어떤 경우는 RG에서 항상 가용하다고 하는 개념에 기초하고 있다. 예측 튜닝에서와 같이 주요 이점은 채널 변경 지연이 최소로 유지된다는 사실이다. 단점은 채널이 항상 가용하다는 것과 아무도 TV 채널을 시청하지 않음에도 네트워크 대역폭을 사용하고 있다는 것이다. 따라서 예측 튜닝과 같이 지연 수준과 대역폭 사용량 사이의 균형이 이루어져야 한다. 예측 튜닝 혹은 정적 가입을 지원하는 네트워크 실계를 구현하는 것과 관련된 이점 혹은 단점을 확인하는데 있어 서비스 제공자가 이용할 수 있는 여러 통계적 모델이 있다.

4.8.6 네트워크에 QoS 구현

가능한 IPTV 종단사용자에 가깝게 IGMP 기능을 위치시키는 것, 스트림 내에 프로그램 정보 주기 수준을 증대시키는 것, 그리고 버퍼 크기를 줄이는 것 이외에 네트워크에 효율적인 QoS 방식을 적용하는 것이 중요하다. 종단사용자에게 전달되는 비디오 신호 품질을 증가시키는데 도움을 주는 것 이외에 올바르게 구현된 QoS 방식은 채널 변경 시간을 줄일 수 있다. 채널 변경 지연은 IP 네트워크로 비디오 콘텐츠 전송의 부산물이다.

위에 기술된 백엔드 기술 이외에 대부분의 제공자들은 IPTV 종단사용자에게 가능한 투명하게 채널 변경 과정을 보이도록 하기 위해 텔레비전 스크린에 대화 박스를 디스플레이한다. 이 대화 박스는 전통적으로 프로그램 이름, 간략한 설명, 그리고 현재 시간을 포함하는 여러 정보를 보여 준다.

4.9 채널 프로그램 정보 발견

전통적인 RF 네트워크에서 디지털 셋톱박스는 네트워크상의 PMT와 PAT 테이블부터 각 채널과 연관된 주기를 읽고 TV 시청자가 요청할 때 적절한 채널에 튜닝한다. IPTV

네트워크에서 채널 검색과 IP 서비스 상세 사항은 다르다. 먼저 IPTVCD는 네트워크에 연결된 여러 IPTV 소스 서버와 인코더의 IP 주소를 알 필요가 있다. 이 정보를 얻는 방법은 구현마다 다르다. 예를 들어 IP로 DVB 콘텐츠를 보내는 네트워크는 SD&S (Service Discovery & Selection)이라고 하는 표준을 사용하며, SDP 프로토콜은 RTP를 사용하는 네트워크에 가장 적절한 선택이다. 다음 절에서 이들 두 가지 방식에 대하여 설명한다.

4.9.1 ETSI TS 102 034에 정의된 SD&S

SD&S라고 하는 방식은 ETSI TS 102 304 표준의 5절에 정의되어 있으며, IP 광대역 네트워크에서 DVB 서비스 정보의 발견, 선택, 그리고 전달을 기술한다. DVB-IPI (DVB over IP based Network)라고도 알려진 이 표준은 DVB 네트워크에서 가용한 IP 서비스를 발견하는 프로세스를 기술한다.

SD&S는 기본적으로 IPTVCD가 특별한 멀티캐스트 주소와 포트 번호로부터 채널 정보를 추출하는 것을 포함한다. ETSI 표준은 이 정보를 표현하는데 XML 레코드와 스키마(schema)를 이용한다. 이 표준은 VoD와 멀티캐스트 TV를 포함하는 여러 IPTV를 포함하는데 사용되는 여러 레코드를 기술한다. 이 레코드들을 모두 설명하는 대신에 표 4.12와 4.13은 이 장과 연관된 두 가지 XML 코드에 대한 정보를 제공한다.

표 4.12 ETSI TS 102 304에 정의된 IPTV 서비스 제공자 XML 발견 레코드 구조

XML 속성	설 명	주 석
@도메인이름	DVB-IPTV 서비스 제공자의 등록 도메인 이름을 포함	필수 속성
@버전	버전 번호. 이 값의 변경은 IPTVCD에게 레코드 상세사항에 변경이 있음을 알림	필수 속성
@LogoURI	서비스 제공자의 로고 위치를 IPTVCD에게 알림	선택 속성
이름	DVB-IPTV 제공자의 이름. 표준은 여러 언어로 이 정보를 디스플레이 허용	필수 속성
설명	서비스 제공자에 대한 보다 상세한 정보 제공	선택 속성
리스트 타입 제공	레코드의 이 부분은 네트워크 운영자가 제공하는 IPTV 서비스에 관한 추가 정보의 IP 주소와 포트 번호를 정의하는 여러 엔트리를 포함. 표준에서 이를 DVB-IP 제공 위치라고 함	필수 및 선택 속성 혼합
페이로드 리스트 타입	DVB-IP 제공 위치에서 가용한 서비스 정보의 타입을 나타냄. 이 값은 보통 멀티캐스트 TV 혹은 주문형 콘텐츠에 따라 변함	선택 속성

표 4.13 ETSI TS 102 034에 정의된 멀티캐스트 발견 레코드 구조

XML 속성	설 명	주 석
원문식별자@도메인이름	도메인이름은 서비스 제공자 식별	선택 속성
원문식별자@서비스이름	채널의 이름을 식별	필수 속성
DVBtriplet@OrigNetID	IPTVCD에게 NetID 제공	필수 속성
DVBtriplet@TSid	IPTVCD에게 MPEG 전송 ID 제공	필수 속성
DVBtriplet@ServiceId	IPTVCD에게 서비스 ID 혹은 프로그램 ID 제공	필수 속성
MaxBitRate	스트림의 비트 전송률 제공	선택 속성
서비스 위치 타입	채널 위치에 관한 정보를 제공하고 다음과 같은 사항을 포함 IP 멀티캐스트 소스 주소 IP 멀티캐스트 목적지 주소 IP 멀티캐스트 포트 번호 RTSP 주소(콘텐츠 액세스에 유니캐스트 모드가 사용되는 경우) 스트림에서 사용되는 오디오 및 비디오 압축 알고리즘의 상세사항	필수 속성 및 선택 속성의 혼합

발견 레코드 파일 구조가 여러 DVB-IPTV 제공자로부터의 IPTV 서비스 정보를 전달하기 위해 개선될 수 있다는 점에 유의하라. 이 목적을 달성하기 위해 전체 명세서를 다운로드하고 살펴볼 필요가 있다. 생방송 TV 네트워킹 환경에서 이 레코드를 액세스하는 것은 이 파일을 추출하는 IPTVCD에 의해 수행될 수 있거나 네트워크에서 XML 레코드를 멀티캐스팅하는 서비스 제공자에 의해 수행될 수 있다.

두 번째 XML 파일 포맷은 IPTVCD에게 내장된 SI 정보를 갖고 있는 네트워크상의 멀티캐스트 채널을 선택하고 찾는데 필요한 정보를 제공한다. 이 레코드는 DVB IP 제공 레코드라고 하는 다른 레코드로부터 얻을 수 있고 이들 XML 레코드의 하나가 DVB레코드에서 가용한 각 채널을 위해 생성된다. 자세한 사항은 표 4.13에서 찾아 볼 수 있다.

이 표준은 또 프로그램 정보를 전달하는 DVB-SI 테이블을 사용하지 않는 네트워크에 대한 레코드 구조에 관한 상세사항을 포함하고 있다. 멀티캐스트 네트워크에서 XML 기반 채널 정보를 전달하는 것은 DVB SD&S 전송 프로토콜이라고 하는 새로운 프로토콜의 사용을 포함한다. 이 프로토콜의 상세사항은 ETSI 표준의 5절에서 찾아 볼 수 있다. 이 표준은 또한 유니캐스트 연결 상에서 채널 정보를 전송하기 위한 HTTP 프로토콜의 사용을 기술하고 있다.

4.9.2 SAP/SDP

RTP가 IPTV 서비스를 전달하기 위해 사용될 때, 채널 정보가 SAP(Session Announcement Protocol)에 의해 네트워크로 전달된다 — RFC 2974로 발행된 국제 표준. SAP 전송 프로토콜로 전송된 이 정보는 RFC 2327에 정의된 SDP(Session Description Protocol)을 따르는 포맷으로 되어 있다.

4.10 TS (Time-Shifiting) 멀티캐스트 IPTV

순차적 멀티캐스팅 서비스를 제공하는 것 이외에, TSMIPTV(Time-Shifting Multicast IPTV) 전달을 지원하는 네트워킹 기반구조를 구현하는 것이 가능하다. 그림 4.26은 TSMIPTV 서비스 전달을 지원하는데 필요한 네트워크 요소를 간략히 설명하고 있다.

그림에 설명된 바와 같이 이 구조의 주요 특성은 IPTV 데이터 센터에 TS(Time-Shifting) 서버의 추가이다. 동작 원리는 기술적 관점에서 상대적으로 수월하다. 이 예에서, 디지털 홈 1은 TSMIPTV에 가입하였고 따라서 채널 1 스트림의 원래 멀티캐스트 이후에 채널 1의 유니캐스트 스트림을 수신할 수 있다. 이 서비스 전달은 TS 서버를 통해 멀티캐스트 스트림을 재라우팅하여 IPTVCD로 전달하는 것을 포함한다. 이 스트림이 서버를 통과하면서 저장 장치에 복사된다. 이 복사본은 나중에 특정 채널의 TS 버전을 액세스할 수 있도록 허용된 다른 IPTVCD들에게 이용 가능하다. 저장 장치에 이 스트림을 함으로써 디지털 홈 1에 있는 인코더가 멀티캐스트 TV에 대해 일시 멈춤, 되감기와 빠른 전진과 같은 기능을 사용하도록 허용한다. TS 서버가 분리된 물리적 하드웨어 일 수 있고 TS 기능이 IPTV 데이터 센터에 있는 IP 스트림 서버에 직접

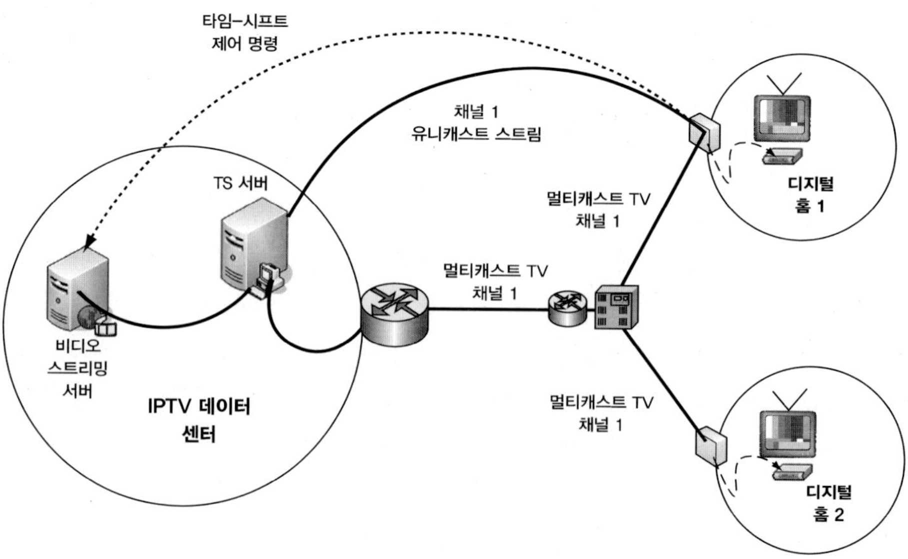

그림 4.26 TSMIPTV 서비스 네트워크 구조

내장될 수도 있다는 것에 유의하라. 디지털 홈 2에 있는 종단사용자들은 실시간으로 채널 1만을 시청할 수 있고 TSMIPTV에 가입하지 않았기 때문에 TSMIPTV 서비스가 제공하는 편리성을 이용할 수 없다.

4.11 채널 변경 산업 기구

전기통신 산업은 TV 시청자가 기존 TV 제공자로부터 멀어지고 IPTV 서비스 제공자로 이동하는 이유 중 하나로서 빠른 채널 변경의 중요성을 강조하고 있다. 이러한 IPTV 특성을 개발하기 위해 ISMA라고 하는 산업 그룹은 IP 네트워크에서 TV 채널 변경과 관련된 기술 문제를 설명하는 명세서를 개발하였다. 이 명세서는 특정 IPTV 스트림에 대한 요청과 TV 스크린에 그 스트림을 보이는 것 사이의 지연을 야기하는 요소들을 조사하고 있다. 채널 변경 혹은 DoV 타이틀을 보기 위해 이동할 때 시청자가 체험하는 지연을 최소화하기 위해 이용되는 기술을 제안한다. 이 문서는 여러 권고안으로 결론을 맺고 있다. 이 명세서의 전체 자료는 www.isma.tv에서 얻을 수 있다.

요약

IP 멀티캐스팅은 생방송 TV 채널을 방송하는데 이용되는 인기 있는 기술이다. 기술적 관점에서 유니캐스트와 방송 기술의 혼합이다. IPTV 멀티캐스트와 함께 각 비디오 채널의 단일 복사본만이 그 채널을 시청하는 여러 사람들의 각각에게 네트워크를 통해 전달된다. 이것은 네트워크의 트래픽 요구사항을 줄이는 훌륭한 방식이고 대역폭을 보존하는데 도움을 준다. IGMP 장치는 두 가지 커다란 부류로 나눌 수 있다: 클라이언트 호스트와 라우터. 클라이언트 IGMP 장치는 특정 방송 채널을 시청하고 탈퇴하기 위한 메시지를 발행하는 책임을 지고 있다. 반면에 라우터는 새로운 IPTV 채널을 시청하기 위한 요청을 실행한다. 여러 유형의 IPTVCD의 요청과 네트워크 트래픽 전달 외에 멀티캐스트 라우터는 IP 멀티캐스트 트래픽이 네트워크를 통과하는 경로를 제어하는 분배 트리를 관리하는 것에부터 스트림 복제, 멀티캐스트 프로토콜 처리, 그리고 IGMP 메시지 관리에 이르기까지 여러 기능을 갖고 있다. IP 멀티캐스트 주소의 목적지 주소는 항상 224.0.0.0부터 239.255.255.255의 범위를 갖는다. 특정 IP 멀티캐스트 주소는 그룹 주소로 알려졌다. 현재 사용하는 IGMP는 세 가지 버전이 있다: IGMPv1, IGMPv2 그리고 IGMPv3. IGMPv1과 IGMPv2의 주요 차이는 그룹 탈퇴 특성과 멀티캐스트 라우터가 특정 IPTV 스트림을 시청하는 사람 더 이상 없음을 결정하는데 걸리는 시간을 줄이는 것이다. 추가적으로 IGMPv3는 SSM이라고 하는 새로운 멀티캐스팅 패러다임을 지원한다. 이 새로운 패러다임은 IGMP 클라이언트가 명시적

표 4.14 여러 종류의 IGMP 시스템 간의 특성 비교

파라미터	IGMPv1	IGMPv2	IGMPv3
지원 메시지 타입 수	2	4	2
IPv6 지원	아니오	예	예
이전 버전과의 호환성	아니오	예	예
SSM 지원	아니오	예	예
보안 수준	낮음	중간	높음

으로 방송 콘텐츠의 소스를 정의하도록 허용한다. IPTVCD는 IGMPv2를 지원해야 한다. 그 이유는 이것이 멀티캐스팅을 지원하는 가장 최초의 프로토콜 버전이기 때문이다.

표 4.14는 IGMP 프로토콜 세 가지 버전 간의 특성 비교를 제공한다.

멀티캐스트 분배 트리는 네트워크상에 IPTV 패킷을 전달하는데 이용된다. 공유와 소스 트리의 두 가지 분배 트리가 있다. PIM은 고속 IP 코어 네트워크의 코어를 통해서 트래픽을 분배하는데 사용되는 멀티캐스팅 프로토콜 그룹이다. PIM-SSM은 일반적으로 IPTV 응용을 지원하는데 이용되고 소스와 공유 멀티캐스트 트리를 지원한다.

멀티캐스트 네트워크에서 라우터는 소스 콘텐츠를 복제하고 이를 다중 IPTVCD로 전달하는 책임을 지고 있다. IGMP 스누핑의 목적은 IGMP 멤버십 리포트를 살펴보고 모니터하는 것이다.

MLD는 IGMP의 IPv6 버전이다. IPTV 네트워킹 기반 구축에 두 가지 버전, 즉 MLDv1과 MLDv2가 있다. 이 두 버전의 주요 차이는 MLDv2가 소스 멀티캐스트 주소 필터링을 지원한다는 것이다.

IPTV 환경에서의 채널 변경 과정의 주요 목표는 표준 RF 기반 디지털 TV 서비스에서의 채널 변경 과정에서 느끼는 것과 같거나 더 좋게 하는 것이다. IPTV 스트림을 액세스하는 요구와 스크린에 그 화면을 보여주는 데까지의 지연은 RG에서의 패킷 처리, 디코딩, 해독, 그리고 버퍼링과 같은 요인에 의해 야기된다. DVB-IPI 명세서는 DVB 기반 IP 네트워크상에 채널 IPTV 서비스 정보를 제공하는 표준 가이드라인을 포함한다는 것에 유의하라.

C/h/a/p/t/e/r

5

IPTVCD : IPTV 가입자 장치

IPTV는 여러 가입자 장치를 통해서 다양한 비디오 콘텐츠 전달을 가능하게 한다. 신 시장에서 경쟁을 하는 여러 IPTV 가입자 장치 중, 댁내 게이트웨이와 IP 셋톱박스가 많은 부분을 차지하고 있다. 이 장에서는 이러한 유형의 IPTV 가입자 장치(IPTVCD)가 사용하는 하드웨어, 소프트웨어 그리고 표준에 대한 자세한 분석을 제공한다. IP 셋톱박스와 댁내 게이트웨이 이외에 이 장에서는 게임 콘솔과 미디어 서버와 같은 다른 유형의 IPTVCD들에 대해서도 간략한 개요를 제공한다.

5.1 댁내 게이트웨이

RG(Residential Gateway)는 댁내의 여러 디지털 장치들이 단일 IP 연결을 공유하기 위해 IP 광대역 액세스 네트워크와 댁내 네트워크 사이에 위치한다. 고속 인터넷 액세스 응용 외에 RG는 특정 디지털 텔레비전, 평판 디스플레이, 그리고 모바일 장치로 IPTV 서비스를 라우팅할 수 있다(그림 5.1 참조).

IPTV 산업의 빠른 변화 환경에서 지난 수년 간 구축된 댁내 게이트웨이의 여러 세대들을 살펴보는 것은 도움이 된다.

"댁내 게이트웨이"라는 용어가 대부분의 사람들에게 새로운 것일 수 있지만 RG 장치는 이미 세계적으로 많은 가정에 존재한다. 예를 들어, 대부분의 가정은 여러 1세대 댁내 게이트웨이를 소유 혹은 리스(lease)하고 있다 — 텔레비전 수신을 위한 셋톱박스, 전기회사의 미터기, 그리고 인터넷 연결을 위한 모뎀. 2세대 댁내 게이트웨이는 광대역 연결, 홈 네트워킹 인터페이스, 그리고 VoIP 기능과 같은 개선된 특성들을 포함한다.

다중 광대역 그리고 홈 네트워크 인터페이싱 기술을 지원할 수 있는 강력한 3세대 RG가 상업적으로 출시되어 있다. 이들 제품들의 하드웨어 구조는 모듈 형태로 디자인되어 있다. 이러한 모듈 지원은 RG가 댁내에 광대역, IPTV 그리고 VoIP 서비스를 분배하기 위해 이용하는 응용 서버로 진화하고 있음을 의미한다. IPTV 서비스 제공자의 관점에서, RG는 중요 전략적 기술이다. 이들은 네트워크 운영자가 그들의 서비스와

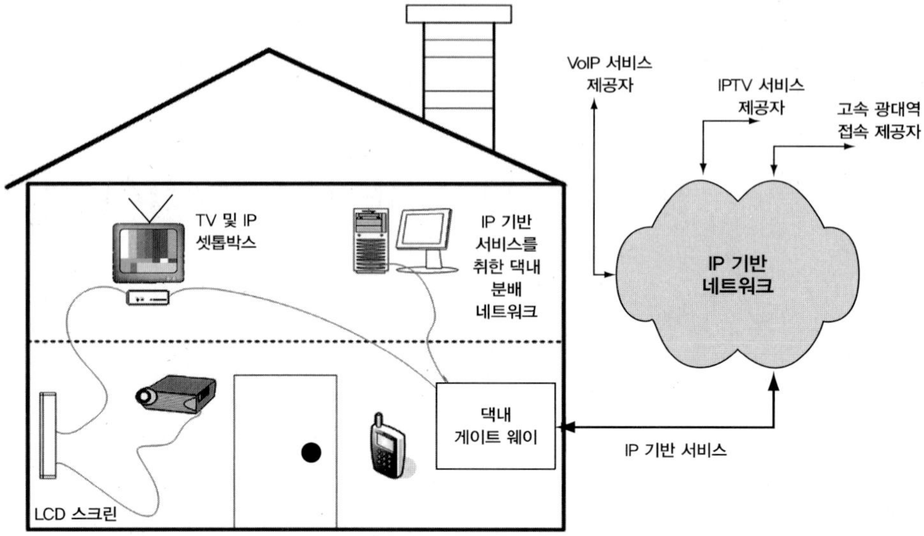

그림 5.1 여러 댁내 디지털 장치들과의 IP 연결을 지원하는 RG 사용

경쟁자들 서비스를 차별화 할 수 있는 홈 네트워킹 제품을 소개할 수 있도록 하고 추가적인 매출 기회를 제공한다.

RG는 다중 서비스 전달을 수용하고, 안전하고 상호작용할 수 있게 하는 신뢰적인 하드웨어와 소프트웨어를 가질 필요가 있다. RG는 전형적으로 IPTV 서비스를 액세스 하기 위해 모뎀, 라우터 그리고 허브 기능을 결합한다. 요구되는 기능에 따라 다양한 댁내 게이트웨이가 가용하다. 이들은 다음과 같이 분류될 수 있다.

단순함 — 단순한 RG는 제한된 라우팅, 연결 처리 능력과 응용을 갖는다. 이 분류에서 RG는 IPTVCM의 2계층에서 연결을 지원한다. 이는 네트워크 트래픽이 모든 장치의 인터페이스로 보내지기 때문에 인기 있는 디자인은 아니다.

완전성 — 대부분의 RG는 가정 내에서 개선된 데이터, 음성 그리고 비디오 라우팅을 위한 기능을 제공한다. 완전한 RG는 모뎀과 네트워킹 소프트웨어를 포함하고 동작하기 위해 PC에 의존하지 않는다. 홈 네트워크와 광대역 액세스 네트워크에 연결된 IPTVCD에 할당된 사설 IP 주소 간의 3계층 연결을 제공하는 라우팅 기능이 지원된다.

5.2 RG 기술 구조

광대역 기술은 상대적으로 새롭고 지속적으로 진화하고 있기 때문에 댁내 게이트웨이는 기능적으로도 진화하고 있다. 그러나 기본적인 형태에서 이는 세 가지 독특한 기술적 요소를 포함하고 결합하고 있다.

(1) 디지털 모뎀
(2) 홈 네트워킹 칩셋
(3) 관련 소프트웨어

많은 형상 유연성은 다양한 유형의 모뎀을 위한 게이트웨이의 지원으로 제공된다. 이들 모뎀은 다음 유형의 광대역 액세스 네트워크에 연결성을 제공한다.

(1) 위성 방송
(2) 무선 와이-파이(Wi-Fi) 그리고 와이맥스(WiMax) 시스템
(3) 양방향 하이브리드 광섬유 케이블 TV 네트워크
(4) DSL, ADSL 그리고 VDSL 시스템
(5) FTTH(Fiber to the home) 네트워크

대부분의 RG는 IPTV 기술자가 문제가 발생할 경우 RG 고장 수리를 할 수 있도록 하는 콘솔 포트도 포함한다.

RG의 홈 네트워킹 쪽에 홈 네트워크에서 수행되는 특정 기술과의 인터페이스를 제공하는 칩셋이 가용하다. RG가 지원하는 홈 기술 유형은 다음을 포함한다.

- 홈PNA
- 홈플러그
- MoCA
- GigE
- Wi-Fi

여러 유형의 광대역과 홈 네트워킹 칩셋 이외에 모든 게이트웨이는 장치를 운영하는데 필요한 소프트웨어를 지원하는 컴퓨팅 자원을 포함한다. RG에서 수행되는 소프트웨어는 댁내의 디지털 가입자 장치와 IPTV 서버 간의 부드러운 상호작용을 가능하게 한다. 이 소프트웨어는 시스템 요소들의 복잡성이 IPTV 가입자에게 보이지 않도록 보증한다.

RG의 위치는 가정마다 다르다. 어떤 가입자는 자신의 홈 네트워크를 집 밖에 위치하는 RG에 연결한다. 이들 장치들은 날씨에 관계없이 동작하고 튼튼한 케이스에 포함되어 있다.

5.3 RG 기능

RG는 IPTV 콘텐츠를 디지털 홈 네트워크에 전달하는 여러 기능을 제공하는 중심점으로 동작한다.

표 5.1 RG 캡슐화 방법

미디어 타입	인터페이스 분류	캡슐 헤더 타입
동선 쌍	광대역 링크	ATM 적응 계층 5에서의 멀티프로토콜 캡슐화
RG-59 및 RG-5 동축 케이블	광대역 링크	DOCSIS 버전 1,2, 그리고 3
무선	홈 네트워크 링크	UWB, IEEE 802.11a, b, g, 그리고 n
카테고리 5e, 6 케이블	홈 네트워크 링크	고속 이더넷 및 기가비트 이더넷(GigE)
전력선	홈 네트워크 링크	홈플러그 AV 및 전력선 통신(PLC)
전화선	홈 네트워크 링크	홈PNA
RG-6 혹은 CT-100 동축 케이블	홈 네트워크 링크	MoCA, 홈PNA, 그리고 IEEE 1394

5.3.1 네트워크 트래픽의 브리징과 라우팅

RG는 VLAN(Virtual LAN)과 ATM 기반 PVC(Private Virtual Circuit)라고 알려진 논리적 기술 간의 네트워크 트래픽을 RG 홈 네트워킹 포트에 연결된 홈 디지털 가입자 장치에 교량 역할을 하는데 이용된다. VLAN과 PVC에 대한 자세한 사항은 9장에서 설명된다. 브리징 기능은 IPTVCM의 2계층에서 보통 구현된다. 브리징과 연관된 캡슐화 유형은 표 5.1에 설명되어 있다.

브리징 트래픽 이외에 IPTV 구축에 사용된 대부분의 RG는 홈 네트워크로의 패킷 라우팅을 지원한다.

5.3.2 QoS 기능

DiffServ QoS 구조는 IPTV를 포함하는 전화 서비스의 효율적인 전달을 지원하기 위해 IP 네트워크에 구축된다. DiffServ는 IPTV와 같은 시간-민감 응용의 성능을 개선하는데 사용되는 방식이다. RG는 홈 네트워크에서 시작되고 IP 광대역 액세스 네트워크로 가는 패킷에 표시(marking)를 하는 것으로 DiffServ에서 중요한 역할을 한다. 기술적 관점에서 패킷에 표시하는 것은 각 IPTV 패킷에 DSCP(Differentiated Services Code Point)라고 하는 라벨(label)을 할당하는 것이다. 이 과정은 홈 네트워크에 연결된 여러 IPTVCD의 종단사용자 체험을 개선하는데 도움이 된다. 홈 네트워킹 환경에서 DiffServ는 성능에 영향을 줄 수 있는 문제들을 야기할 수 있기 때문에 반드시 사용해야 하는 것은 아니다. 예를 들어 DiffServ 라벨은 네트워크 패킷의 전체적인 크기를 증가시키고 이는 기본적인 네트워킹 스위치와 허브에게 어려움을 야기할 수 있다. 그 결과 여러 다른 방식들이 홈 네트워크와 다른 IP 서비스에서의 분리된 IPTV 트래픽에서 적절한 QoS 수준을 유지하는데 사용된다. 그 방법들은 다음을 포함한다:

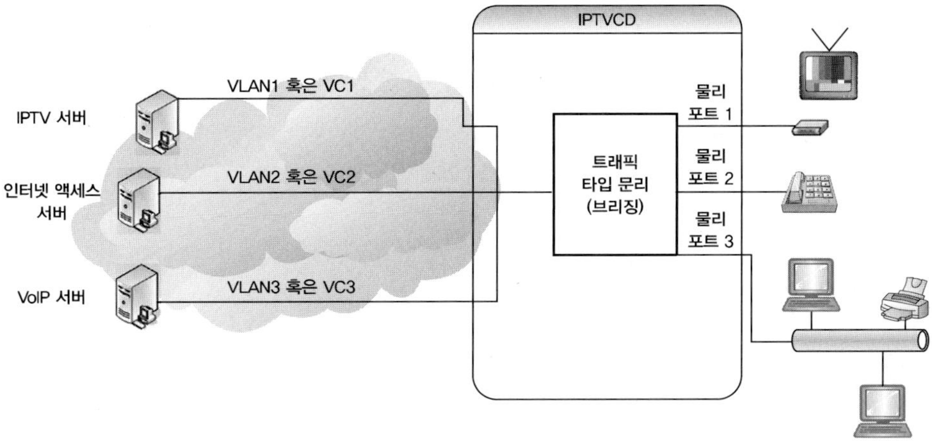

그림 5.2 RG의 물리 포트에 따른 IP 서비스 구분

5.3.2.1 물리 포토

그림 5.2는 물리 포트에 기반한 전형적인 RG 트래픽 분리 모델을 보여준다.

보이는 바와 같이 여러 네트워크 인터페이스에서의 네트워크 트래픽은 802.1Q VLAN 혹은 ATM 기반 VC로 분리된다. DSCP 패킷 표시는 IP 트래픽 여러 VLAN으로 분리하는데 사용된다. 디지털 홈내에서 각 네트워크 장치는 특정 에코시스템 혹은 IP 서브네트의 부분이다. 따라서 PC들은 고속 인터넷 액세스 서비스와 연관되어 있으며 반면에 전화는 VoIP 서비스를 액세스하는데 사용되고, IP 셋톱박스는 IPTV 서비스를 시청하는데 사용된다. 물리 포트에 기반하여 IP 서비스를 분리하는 방법은 홈 네트워크에 연결된 각 장치들이 제공하는 기능 사이에 모호성이 없을 때 잘 동작한다. 그러나 새로운 디지털 가입자 다중 기능 장치가 지난 몇 년간 많은 인기를 얻었으며 이는 여러 VLAN으로의 전송을 위한 서비스 분리 작업을 하는 RG에게 어려움을 일으킬 수 있다.

5.3.2.2 MAC 하드웨어 주소

트래픽 유형을 분리하기 위해 RG가 사용하는 다른 방식은 하드웨어 주소를 이용하는 것이다. 이 방식에서 RG는 각 엔트리가 디지털 가입자 장치의 하드웨어 주소, 연결된 포트, 그리고 관련 VLAN 혹은 ATM 기반 VC를 포함하는 테이블을 유지한다.

5.3.2.3 IP 주소

RG를 통해 업스트림으로 그리고 IP 분배 네트워크로 전달되는 트래픽을 분류하는데 패킷 헤더에 포함된 소스 혹은 목적지 IP 주소를 사용하는 것도 가능하다.

5.3.2.4 패킷 길이

이 방식은 큐잉, 스케줄링, 그리고 패킷 폐기 정책과 관련된 동작을 결정하는데 패킷 길이를 사용한다. 예를 들어, VoIP 패킷의 길이는 웹 콘텐츠를 전달하는데 이용되는 패킷보다 작다. 따라서, RG는 과도한 지터와 지연을 피하기 위해 큐에 작은 패킷을 넣을 수 있다.

5.3.2.5 프로토콜 타입

전송 프로토콜 타입에 의한 분리는 또 다른 설정이며, RG에 의해 사용될 수 있다. 이것은 매우 일반적인 방식이며 패킷을 TCP 혹은 UDP 트래픽 유형으로 분류할 수 있다. 이 분류에서 RG는 적절한 처리 정책을 구현할 수 있다.

일단 트래픽이 위에 기술된 방식 중 하나로 분류되면 패킷은 목적지 포트로 전달을 위해 적절한 큐가 할당된다.

5.3.3 IP 주소 관리

대부분의 현대 RG는 댁내 디지털 네트워크상에서 다중 IP 서브네트 운영을 관리하기 위해 상대적으로 개선된 방식을 지원한다. TP(Triple Play) 환경에서의 IP 주소 관리를 달성하기 위해 그림 5.3에 보이는 요소들이 지원된다.

각 요소의 역할은 다음 절에서 기술한다.

DHCP 클라이언트 각 서비스를 위해 분리된 DHCP 클라이언트가 필요하다. 이들 각 클라이언트는 VLAN을 통해서 헤드엔드에 있는 DHCP 서버와 통신한다. 이 경우, RG에 있는 IPTV DHCP 클라이언트는 IPTV 주소 풀(pool) 관리를 책임지는 데이터 센터

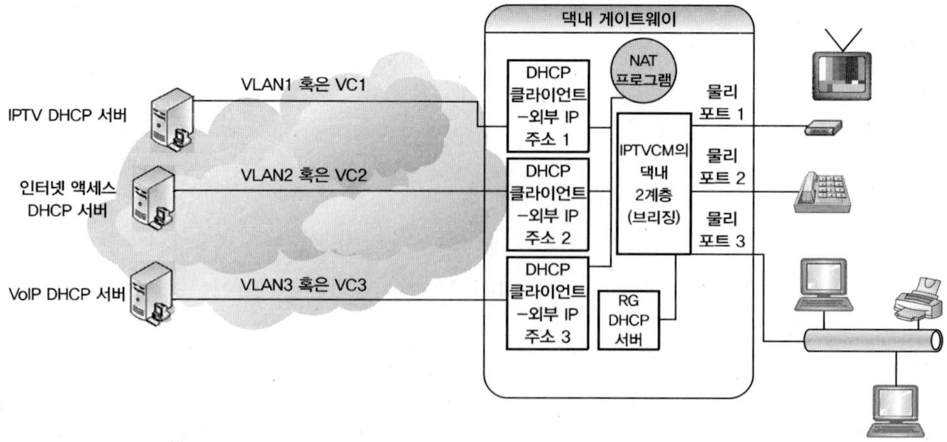

그림 5.3 RG IP 주소 관리 요소

내의 서버와 VLAN1을 통해서 통신한다. 이 서버는 RG 내의 DHCP 클라이언트에게 고유한 "외부 IP 주소"를 할당하기 위해 VLAN1 연결을 이용한다. 보이는 바와 같이 인터넷 액세스와 VoIP 서비스를 위한 DHCP 클라이언트는 고유한 IP 주소를 할당받는다. PPPoE(Point-to-Point Protocol over Ethernet) 클라이언트가 고속 인터넷 서비스를 위해 DHCP 클라이언트 대신에 사용될 수도 있다.

DHCP 서버 RG DHCP 서버의 목적은 로컬 댁내 디지털 가입자 장치에게 주소를 할당하는 것이다. 이들 주소는 댁내 네트워크에 연결된 장치들에게 서로 간의 통신을 허용하는 단일 서브네트를 생성하는데 이용된다.

NAT (Network Address Translation) *프로그램* NAT 프로그램의 주요 기능은 IP 헤더에 포함된 IP 주소 정보를 변경하는 것이다. 이 변경은 IPTV 패킷이 RG를 통과할 때 소스 주소를 대체하는 것을 포함한다. RG에 NAT 기능을 통합하는 것의 주요 이점은 다음을 포함한다:

- IP 셋톱박스를 포함하는 홈 네트워크 내의 여러 IP 장치들이 작은 수의 RG 외부 IP 주소를 이용하여 IPTV 데이터 센터에 있는 서버를 액세스할 수 있도록 허용한다.
- 홈 네트워크에 연결된 여러 IPTVCD들의 IP 주소가 공중 인터넷 사용자들에게 가용하지 않도록 보증한다. 이는 인터넷 TV 채널을 액세스할 때 특히 유용하다.

RG에서의 NAT 사용이 홈 네트워크에 멀티캐스트 TV 서비스 전달을 위해 사용될 때 문제를 일으킬 수 있음에 유의하라. 이러한 어려움을 극복하기 위해 어떤 RG는 특정 유형의 멀티캐스트 트래픽에 NAT 실행을 피하도록 IGMP 스누핑 같은 특성을 이용한다.

5.3.4 원격 관리 기능

대부분의 기본적인 RG는 IPTV 지원 기술자가 원격으로 장치를 모니터, 관리 그리고 장애 처리를 허용하는 소프트웨어 클라이언트를 포함한다. 원격 지원 이외에, 모든 RG는 종단사용자가 형상 변경을 할 수 있도록 하는 로컬 포트를 포함한다. 이러한 변경을 하도록 하는 응용은 전형적으로 브라우저 기반이다.

5.3.5 혼잡 관리

이전에 논의한 바와 같이, RG는 두 가지 네트워크 유형, 즉 IP 액세스 네트워크 그리고 내부 홈 네트워킹 기반구조 사이를 연결하는 단일 장치이다. 이 두 가지 네트워크 유형은 네트워크 미디어, 프로토콜 그리고 비트 전송률에 있어서 차이가 있다. 비트 전송률 특성은 특히 RG와 관련이 있는데 그 이유는 양 네트워크 유형 간의 차이가

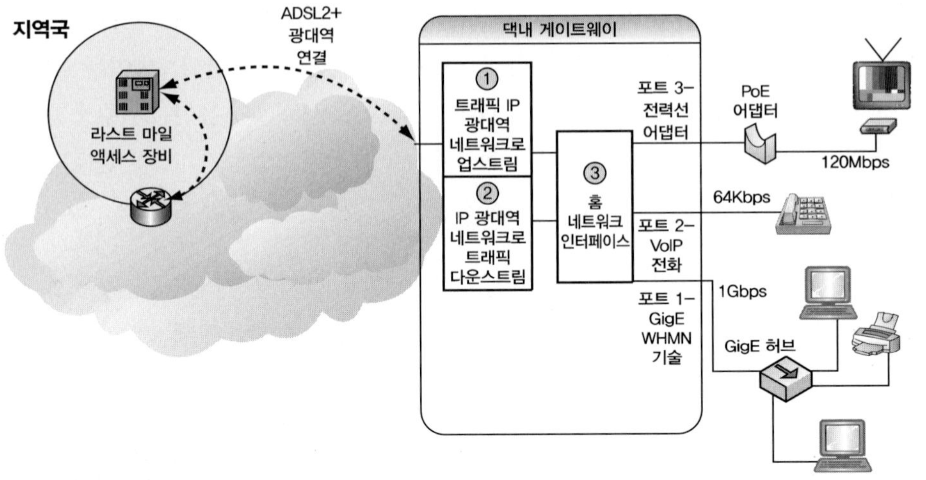

그림 5.4 혼잡을 겪을 가능성이 있는 RG 인터페이스

RG 업스트림 혹은 다운스트림 인터페이스에 혼잡을 야기할 수 있기 때문이다. 따라서, 혼잡은 RG가 자신이 전송할 수 있는 것보다 빠르게 트래픽을 수신할 때 발생한다. 혼잡이 발생할 수 있는 인터페이스는 그림 5.4에 나타나 있다.

보이는 바와 같이 네트워크 혼잡은 RG의 세 지점에서 발생할 수 있다.

(1) RG와 IP 액세스 네트워크 사이의 업스트림 교차점 — 보이는 바와 같이 홈 네트워크가 동작하는 전송률은 액세스 네트워크의 대역폭 용량보다 빠르다. 이 예에서, GigE과 수백 Mbps 속도로 운영될 잠재력을 가진 전력선 기반 장비가 가정에 설치되고 있다. 그러나, 지역국에 연결을 제공하는데 이용되는 ADSL2+ 광대역 연결은 최대 업스트림 1Mbps의 속도로 동작한다. 이러한 환경에서 RG가 홈 네트워킹 장치가 트래픽을 업스트림으로 보내는 전송률을 제한하지 않으면 혼잡이 발생한다.

(2) RG와 IP 액세스 네트워크 사이의 다운스트림 교차점 — 이 지점에서의 혼잡 수준은 액세스 네트워크가 사용하는 기술 유형에 달렸다. 예를 들어, 혼잡 가능성은 ADSL2 기술을 사용하는 네트워크에서 보다 FTTH 네트워크에서 더 크다. 일반적으로, 혼잡 수준은 이 지점에서 낮은데 이유는 RG가 전통적으로 특정 유형의 IP 액세스 네트워크에 맞도록 설계되기 때문이다.

(3) 다른 홈 네트워킹 기술 유형 간의 상호 통신 — 전송률 불일치는 서로 다른 홈 네트워크 기술 간에 발생할 수 있다. 예를 들어, RG는 무선 802.11b 노트북과 홈플러그 AV 전력선 브리징 어댑터를 사용하는 RG에 연결된 IP 셋톱박스 간의 통신을 하는데 필요하다. 그 결과, RG는 두 네트워킹 유형 간의 전송 속도 불일치를 다루어야 하고 또한 IP 액세스 트래픽과 같은 인터페이스에서의 로컬

표 5.2 큐잉 방식 타입

타 입	설 명
FIFO(First-In-First-Out) 큐잉	FIFO 큐잉은 RG 인터페이스 중 하나의 큐에 도착하는 첫 패킷이 네트워크 미디어로 전송되는 첫 패킷이라는 원리에 기반을 둠. 이는 IPTV와 같은 시간 민감 네트워크 트래픽 처리 방식으로는 사용안됨
우선순위 큐잉	이 방식은 IP 패킷을 여러 큐 중 하나에 배치. 그 수는 RG마다 다름. 최소 대부분의 RG는 3개의 큐 — 즉, 각 TPS 서비스 각각을 위한 하나의 큐-를 지원. 이 방식에서 각 큐는 특정 수준의 우선순위가 부여됨. 그 결과 최상위 우선순위 패킷이 먼저 처리되고, 낮은 우선순위에 저장된 패킷은 상위 우선순위 큐의 패킷들이 모두 처리될 때까지 기다림. 이는 낮은 우선순위 큐를 통해 RG를 통과하는 트래픽에 지연 문제를 야기함. IPTV와 VoIP는 지연과 네트워크 지터에 민감하기 때문에 높은 우선순위 큐에 저장됨
라운드로빈 큐잉	이 유형의 큐잉은 패킷을 모든 큐에 추가함. RG가 패킷을 처리하는 순서는 라운드로빈 방식임
WRR(Weighted Round Robin) 큐잉	WRR은 각 큐에 가중치 혹은 변수를 할당. 큐의 처리는 라운드 로빈 방식에 기반을 둠. 그러나 각 처리 시에 큐에서 처리되는 데이터양은 큐에 할당된 가중치에 달려 있음

홈 네트워킹 트래픽 경쟁으로 인해 발생할 수 있는 혼잡을 다룰 수 있어야 한다.

일단 어느 인터페이스에서 혼잡이 발생하면, 큐잉 방식이 이 현상을 줄이기 위해 적용된다. 큐잉은 큐에 있는 IP 패킷을 전송하기 시작할 수 있도록 대역폭이 가용하게 될 때까지 잠시 패킷을 저장하는 것을 포함한다. RG가 지원하는 여러 유형의 큐잉 방식이 표 5.2에 기술되어 있다.

위의 여러 큐를 비우는 것은 트래픽이 부드럽게 흐를 수 있도록 보장하는 물리 계층 네트워크 대역폭이 충분히 가용한가에 달렸다.

5.3.6 보안 방법 적용

RG는 보통 통합된 보안 시스템을 생성하기 위해 다음을 포함하는 여러 요소들을 결합한다.

방화벽 — 대부분의 RG는 통합된 방화벽을 포함한다. 방화벽의 목적은 홈 네트워크에서 액세스 네트워크로의 업스트림 혹은 다운스트림의 모든 네트워크 트래픽의 패킷 헤더를 모니터하고 조사하는 것이다. 트래픽을 모니터링하는 것 이외에, 방화벽은 보안 위험이 노출되는 것을 최소화하는 규칙을 적용하는 책임이 있다.

인터넷 콘텐츠 필터링 — 게이트웨이의 특정 IP 포트는 인터넷으로부터의 특정한 트래픽 유형을 블록하도록 설정될 수 있다. 이러한 기능은 FTP, 인스턴트 메시징, 그리고 홈 네트워크로 들어오는 전자메일 트래픽 같은 응용을 블록하는 것을 가능하게 한다. 포트 블록킹 이외에, 어떤 게이트웨이는 특별한 액세스 권한을 가진 그룹 정의를 지원한다. 예를 들어, IPTV 설치 기술자는 주택소유자의 어린이들에 대한 그룹 설정을 요청받을 수 있다. 일단 그룹이 설정되면, 블록되어야 하는 전체 혹은 일부 웹 주소에 대한 리스트가 이 그룹에게 할당된다.

암호화 키 — 어떤 보안 설정에서 공중 그리고 사설 키가 메시지를 암호화하고 해독하는데 사용되도록 RG에 저장된다. 몇몇 RG 보안 방식은 헤더뿐만 아니라 페이로드(payload)도 조사할 수 있으며, 이는 IPTV 스트림 전달에 지연을 일으킬 수도 있음에 유의하라.

5.4 RG 산업 표준

산업 표준은 주류 소비자가 댁내 게이트웨이 제품 채택을 가능하게 하는데 중요하다. 이는 VCR, 이동 전화, 셋톱박스 그리고 DVD 드라이버 같은 여러 시장에서 증명되었다. 같은 모델이 댁내 게이트웨이에도 적용된다. 표준과 상호작용성은 다음을 가능하게 한다:

- 홈 네트워킹 사용자를 노후화로부터 보호
- 댁내 게이트웨이 구매에서 가입자 확신 개선
- 벤더(vendor)가 호환성 있는 제품을 생산하도록 격려 — 홈 네트워크에 연결된 다른 장치들뿐만 아니라 여러 회사 상품 간의 호환성 있는 제품
- 소매점에서의 여러 벤더로부터 그리고 하드웨어 제조업자로부터의 다양한 가입자 장비가 가용하게 함.

표준을 개발하고 이에 따르는 것은 댁내 게이트웨이의 성공에 매우 중요하다. 댁내 게이트웨이의 현재 정의는 댁내 게이트웨이 개념에 관심을 가진 회사와 연구소의 컨소시엄인 RG 그룹이 개발한 백서로부터 시작된다. RG 그룹은 댁내 게이트웨이는 여러 외부 네트워크로부터 통신 신호를 수신하고 그 신호를 홈 네트워크를 통해 특정 가입자 장치로 전달하는 "단일", 지능적, 표준화, 그리고 유연한 네트워크 인터페이스로 결정하였다. 1995년에 RG 그룹이 백서를 발간한 이후에, 여러 기술이 댁내 게이트웨이 사실상의(defacto) 표준이 되기 위해 경쟁하고 있다. 이들 기술에 대한 설명은 다음 절에 제공된다.

5.4.1 ISO/IEC 15045-1

ISO/IEC는 ISO/IEC 15045-1이라고 하는 표준을 제안하고 있으며, 이는 RG의 최소 기능 요구사항을 명시하고 있다. 이 표준은 적절하게 안전하고 보안성 있고, 미래 증거가 될 수 있게 서비스를 전달하도록 하기 위해 RG가 무엇을 해야 하는지를 명시하고 있다. ISO/IEC 15045-1명세서의 특성은 다음을 포함한다:

- 지역 내 장치들 간, 그리고 그 지역 밖의 시스템, 서비스 제공자, 운영자 그리고 사용자들 간의 통신을 지원한다.
- IPTV 서비스 전달 지원 이외에, 전화회사가 그들의 고객에게 가전제품 제어와 유지, 원격 측정, 그리고 에너지 관리 같은 여러 개선된 IP 기반 서비스를 제공하도록 허용한다.
- IP 프로토콜 지원 이외에, 15045-1 지원 게이트웨이는 MoCA, 홈PNA, 홈플러그 AV, IEEE 1394 over Coax, 그리고 Wi-Fi 같은 여러 다른 홈 네트워킹 프로토콜들을 지원할 수 있다.
- IP 환경에서 동작할 때, 보안은 서비스 제공자와 가입자에게 매우 중요한 관심사항이다. 15045-1 표준은 댁내 게이트웨이를 통과하는 정보의 무결성을 보증하는 보안 척도를 명시한다.

5.4.2 OSGi

회사들 간의 국제 협력체인 OSGi(Open Service Gateway initiative)는 1999년에 설립되었고 댁내 게이트웨이가 가입자 가정 내에 IPTV 서비스 제공을 지원하게 허용하는 기술 명세서를 개발하였다. OSGi 명세서의 특성은 다음을 포함한다:

- 명세서에서 사용된 소프트웨어는 Java, HTML, 그리고 XML 같은 산업 표준 언어를 사용한다.
- 명세서에 정의된 전체 종단 간 OSGi 프레임워크 모델의 주요 식별 요소는 다음을 포함한다.
  서비스 게이트웨이
  서비스 제공자
  서비스 통합자
  게이트웨이 운영자
  WAN
  로컬 장치와 네트워크
- OSGi는 장치들이 병행 혹은 시리얼 연결과 같은 하드웨어 링크를 사용하여 RG에

직접 연결되도록 허용하고 IEEE 1394 혹은 무선 같은 로컬 전송 네트워크를 사용하여 간접적으로 연결되도록 허용한다.

5.4.3 TR-069

DSL HT(Home-Technical) 작업반이 발행한 TR-069 명세서는 DSL 활성 RG를 원격으로 관리하는데 사용되는 프로토콜을 정의한다. 여러 기술적 특성 이외에, TR-069는 IPTV 서비스 제공자가 소매 유통업자들을 통해 게이트웨이를 판매하도록 허용하는 비즈니스 모델에 대한 지원도 포함한다. TR-069를 따르는 장비를 사용하는 전형적인 DSL 기반 네트워킹 구조가 그림 5.5에 나타나 있다.

보이는 바와 같이 TR-069 클라이언트는 RG에서 수행되는 응용이고 여러 다른 프로토콜들을 사용하여 IPTV 데이터 센터에 있는 형상 서버와 상호작용한다. TR-069가 사용하는 프로토콜들에 대한 간략한 개요가 표 5.3에 기술되어 있다.

TCP와 IP 같은 다른 프로토콜들도 TR-069 관리 프로토콜이 사용한다. OBSS로의 연결은 서비스 제공자가 RG에 여러 관리 정책을 적용하도록 허용한다. TR-069 명세서의 특성은 다음을 포함한다:

- *프로비저닝 기능* — TR-069는 일단 DSL 기반 RG가 광대역 액세스 네트워크에 연결되면 이 장치의 자동 프로비저닝을 허용한다. DNS(Domain Naming System)과 연계된 DHCP는 형상 서버의 주소를 식별하기 위해 RG에 의해 사용된다.

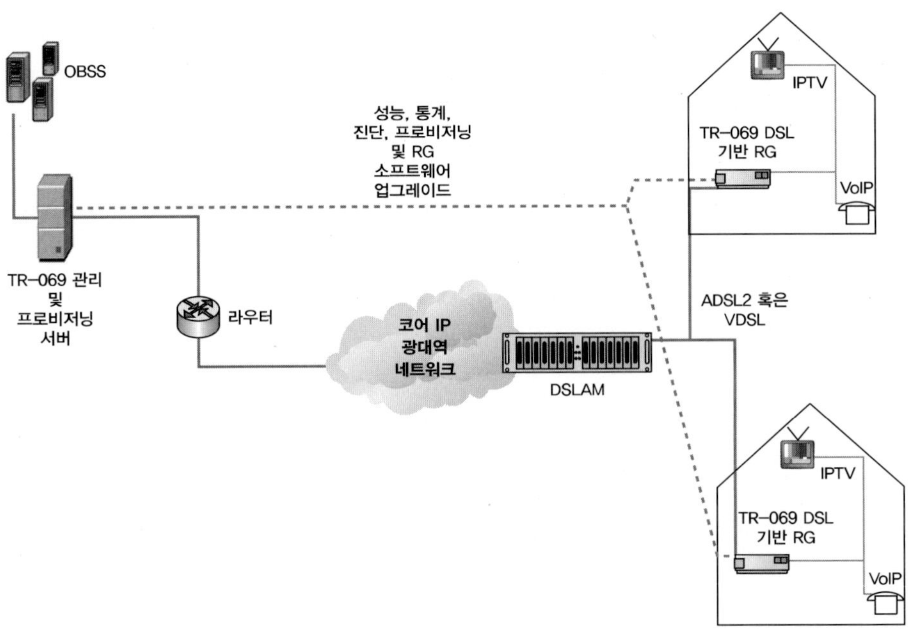

그림 5.5 TR-069를 통한 RG 제어

표 5.3 TR-069 프로토콜 기능

프로토콜	기 능
SSL(Socket Layer)	이 프로토콜의 목적은 서버와 TR-069 게이트웨이 간에 전송되는 비밀정보의 누출을 막는 것임
TLS(Transport Layer Security)	SSL의 후속 프로토콜이고 TR-069 장치 제조업자들이 SSL 대신에 사용
RPC(Remote Procedure Call)	TR-069 서버는 RG에 파라미터를 쓰고/읽기 위해 RPC 프로토콜을 사용. 추가적으로 IPTV 서비스 제공자가 RG에 소프트웨어 업그레이드를 위해 다운로드할 수 있도록 함
HTTP(Hypertext Transfer Protocol)	TR-069 클라이언트와 서버가 사용하는 통신 프로토콜임. 요청이 수신되면, TR-069 서버는 RG로의 연결을 설정하고 요청된 파일을 송신. 요청을 처리한 후, 형상 서버는 대기 상태로 돌아가서 다음 HTTP 요청을 기다림
SOAP(Simple Object Access Protocol)	TR-069는 네트워크에서 RPC 메시지를 교환하기위해 HTTP와 SOAP를 결합함. CPE WAN 관리프로토콜(CWMP)은 SOAP와 HTTP 프로토콜의 결합을 기술하기 위해 DSL 포럼이 사용하는 용어임

- *소프트웨어 갱신* — IPTV 제공자는 DSL 활성 게이트웨이로 소프트웨어 갱신 이미지 파일 다운로드를 관리할 수 있다. 디지털 서명, 버전 식별자, 그리고 관리 통지와 같은 개선된 다운로드 특성들도 지원된다.
- *성능 모니터링* — 네트워크 관리 시스템으로의 게이트웨이 상태 정보와 성능 통계 전달도 이 프로토콜이 지원한다.
- *진단* — 게이트웨이의 문제를 진단하는 능력은 IPTV 관리의 주요 부분이다. TR-069는 IPTV 제공자가 연결문제를 테스트하고 진단하도록 허용한다.

5.4.4 홈 게이트웨이 표준 그룹

전기통신 회사 그룹이 2004년에 시작한 HGI(Home Gateway Initiative)은 그 주 목적인 차세대 홈 게이트웨이 응용 구축을 지원하기 위한 공통적인 기술적 요구사항들을 정의하는 개방형 포럼이다. 2006년에 이 그룹은 "홈 게이트웨이 기술 요구사항 : 릴리즈 1"이라는 문서에 여러 요구사항들을 발간하였다. HGI 명세서는 RG 표준화와 연관된 다음과 같은 여러 주제들에 대하여 제시하였다:

5.4.4.1 네트워크와 서비스 요구사항

RG의 실용성을 실행하기 위한 노력으로 HGI는 댁내에 RG 구축과 연관된 비즈니스 요구사항을 정의하였다.

5.4.4.2 HGI 하드웨어 참조 구조

HGI가 정의한 구조는 다음 요소들로 구성된다 :

- 홈 네트워크 연결 포트 — IEEE 802.11 b/g와 패스트 이더넷은 HGI를 따르는 RG를 위한 홈 네트워킹 기술로 선정되었다. 2008년에 발간된 예정인 새로운 명세서 버전은 IEEE 802.11n WLAN 표준을 포함할 것이다.
- RG와 홈 네트워크 설계 방식 — 홈 네트워크의 위상은 RG 설계가 중앙집중형인지 혹은 분산형인지를 결정한다. 중앙집중형 설계에서, 모든 트래픽은 모든 IPTVCD와 다른 유형의 장치들이 RG와 직접 연결되어 있기 때문에 RG가 처리한다. 반면에, 분산 모델을 지원하도록 만들어진 RG는 대부분의 2계층 네트워킹이 외부 스위치나 허브에 의해 수행되기 때문에 적인 인터페이스를 요구한다.

5.4.4.3 관리 구조

HGI의 관리 구조 부분은 RG를 관리하는데 필요한 다음과 같은 모든 작업들을 정의한다:

- 홈 네트워킹 장치 관리
- RG 소프트웨어 업그레이드 관리
- RG 보안 관리
- RG QoS 관리

성능 모니터링과 진단과 같은 다른 영역도 HGI 명세서에서 지원된다. 대부분의 HGI 관리 작업은 기존 홈 기술 표준 기구가 완성한 작업들을 이용한다. 예를 들어, 관리 구조는 TR-069 표준을 많이 이용한다. 코어 표준 이외에, 여러 관련 표준들이 다른 수준의 기능을 지원하는데 사용된다 (표 5.4 참조).

5.4.5 케이블홈

케이블랩 — 연구와 개발을 위한 미국 기반의 케이블 텔레비전 시스템 운영자들의 컨소

표 5.4 HGI 관리 구조가 사용하는 DSL 포럼 표준

DSL 포럼 표준	설 명
TR-069	원격 관리 프로토콜
TR-111(1부)	IPTV 데이터 센터의 원격 홈 관리 서버가 홈 네트워크에 연결된 특정 장치와 연관된 RG를 식별할 수 있게 함
TR-111(2부)	원격 홈 관리 서버가 RG를 통해 액세스 네트워크에 연결된 홈 네트워킹 장치와 직접 통신 세션을 설정하도록 허용함

시엄 — 은 "케이블홈(CableHome)"이라고 하는 케이블 기반 RG 대한 명세서를 개발하였다. 케이블홈 1.0이라고 알려진 이 기술의 첫 버전은 2002년에 케이블랩이 작성하였고 지난 4년 간 한 번의 개정작업이 있었다. 이 프로젝트가 처음으로 시작된 이후에 지금까지 케이블홈이 어떻게 진화되어 왔는지에 대한 역사적인 주요 마일스톤이 그림 5.6에 나타나 있다.

표 5.5는 케이블홈 기술의 첫 두 가지 버전이 지원하는 특성들을 요약하고 있다.

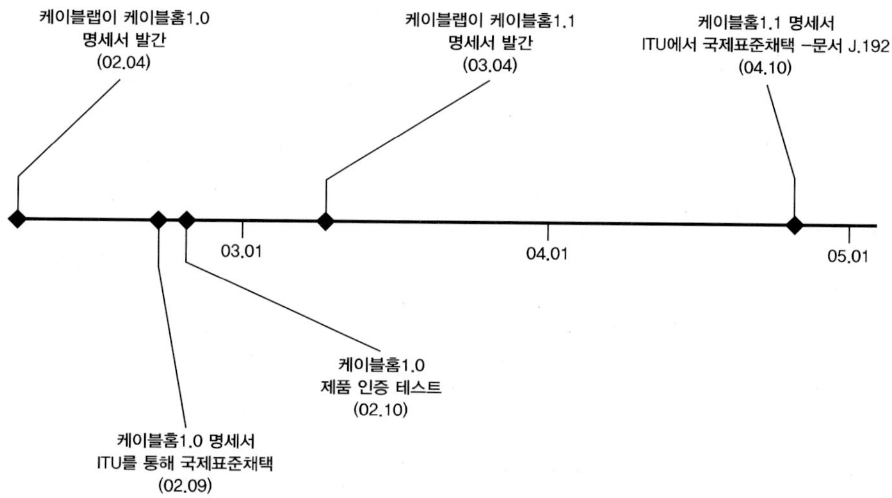

그림 5.6 케이블홈 명세서의 진화 과정

표 5.5 케이블홈 RG 장치의 주요 특성

	케이블홈 1.0	케이블홈 1.1
자동 RG 프로비저닝 및 인증	✓	✓
보안 원격 관리 및 형상	✓	✓
로컬 주소 변환 지원	✓	✓
연결 테스팅 지원	✓	✓
방화벽 기능 지원	✓	✓
로컬 도메인 네임 서비스	✓	✓
방화벽 리포트 기능		✓
시청 제어		✓
포트 전달 및 VPN 지원		✓
네트워크 관리 콘솔 메시징		✓
QoS 기능		✓
홈 네트워크에 연결된 장치 발견		✓
와이-파이 네트워크 지원		✓
IP 통계 정보		✓

표에서 보이는 바와 같이 케이블홈의 두 번째 버전은 이전 버전에 기초하여 작성되었다. 이는 케이블 운영자가 가입자들에게 관리된 홈 네트워킹 서비스를 제공할 수 있는 능력을 제공한다. 케이블홈 1.1은 보안과 QoS에 대하여 많은 강조를 하고 있다. 케이블홈은 케이블 운영자가 가입자에게 풍부한 개선된 홈 네트워킹, 전화, 그리고 IPTV 서비스를 제공하도록 허용하는 여러 명세서들로 구성된다. 표 5.6은 지난 2년간 케이블홈 프로젝트의 일부로서 개발된 명세서들을 제시하고 있다.

케이블홈 개발의 주요 요소들이 그림 5.7에 나타나 있다.

피관리 IP 백본과 서버 —헤드엔드 서버는 IPTV 콘텐츠를 저장하고 IP 백본은 IP 비디오 콘텐츠를 여러 지역 사이트로 전달하는 책임을 진다.

케이블 모뎀 종단 시스템(CMTS : Cable Modem Termination System) — CMTS는 코어 백본으로부터의 IPTV 트래픽을 수신하여 HFC RF 기반 네트워크로 라우트하고 그 반대 기능도 한다.

케이블홈 RG — 케이블홈 게이트웨이는 IP 기반 홈 장치들과 상호작용한다.

WHMN — WHMN(Whole Home Media Network) 요소는 가정 내의 여러 곳에 있는 다양 가전 장치들로 IPTV 콘텐츠를 전달하는데 사용된다.

표 5.6 케이블홈 명세서 리스트

설 명	명세서
케이블홈 1.1 명세서	CH-SP-CH1.1-I11-060407
케이블홈 QOS MIB 명세서	CH-SP-MIB-QOS-I05-050408
케이블홈 1.0 명세서	CH-SP-CH1.0-I05-030801
케이블홈 CAP MIB 명세서	CH-SP-MIB-CAP-I08-050211
케이블홈 CDP MIB 명세서	CH-SP-MIB-CDP-I08-041216
케이블홈 CTP MIB 명세서	CH-SP-MIB-CTP-I06-040409
케이블홈 PSDEV MIB 명세서	CH-SP-MIB-PSDEV-I10-060407
케이블홈 보안 MIB 명세서	CH-SP-MIB-SEC-I07-040806

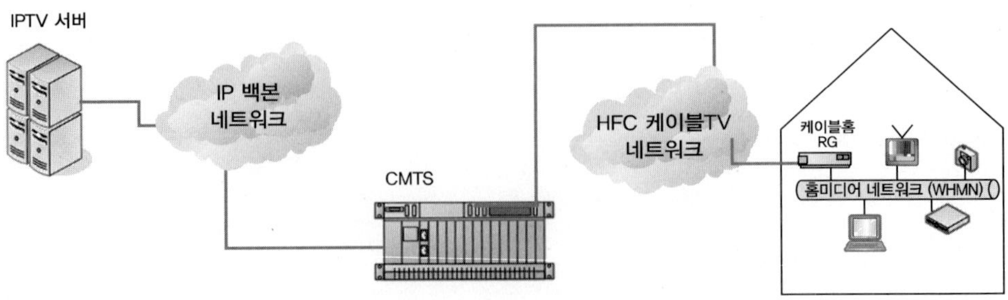

그림 5.7 종단 간 케이블홈 참조 네트워크

기술적 관점에서 케이블홈 명세서는 4가지 분리된 영력의 기능들에 대하여 제시하고 있다:

5.4.5.1 발견과 서비스 제공

케이블홈 RG는 설치와 설정이 쉽다. 이들은 IP 주소 획득과 설정 정보를 얻기 위해 DHCP 네트워킹 기반구조를 이용한다. RG에서의 서비스 제공과 홈 IP 기반 장치의 발견은 자동으로 이루어진다.

5.4.5.2 네트워크 관리

네트워크 설치와 그 네트워크를 원격으로 관리하는 서비스 제공자의 능력은 동반으로 협력한다. 따라서, 케이블랩은 케이블홈 명세서에 홈 네트워크 관리에 대한 부분을 포함하였다. 다루고 있는 영역은 IP 주소 할당에서부터 진단 그리고 헤드엔드에 위치한 서버와의 동기화에 이르기까지 다양하다. 케이블홈 RG 구조는 RG에 내재된 MIB (Management Information Base)라고 하는 내장 데이터베이스를 이용한다. MIB는 홈 네트워크에 연결된 RG, 장치, 그리고 PC에 관한 정보들을 저장한다. MIB는 표준 포맷으로 정보를 저장하는데 이는 새로운 특성들을 케이블 TV 산업이 요구할 때마다 케이블랩이 갱신할 수 있도록 허용한다. SNMP(Simple Network Management Protocol)은 MIB를 액세스하는데 사용되고 케이블 헤드엔드에 있는 네트워크 관리 시스템에게 메시지를 전달하는데 이용된다. SNMP 프로토콜 버전 3는 케이블홈 RG를 원격으로 관리하는데 이용됨에 유의하라.

5.4.5.3 QoS (Quality of Service)

점차 많은 IP 기반 서비스들이 가정에 서비스됨에 따라 광대역 액세스와 홈 네트워크에서의 트래픽 혼잡은 기하급수적으로 증가한다. 증가된 트래픽 혼잡은 네트워크에 지연 문제를 야기하며, 이는 다시 홈 네트워크의 성능을 떨어뜨리고 가정 내에서 전달되는 IPTV 콘텐츠의 품질에 영향을 준다. 따라서, 케이블홈 RG는 실시간 WHMN 응용을 지원하는 트래픽 유형의 우선순위화를 포함하는 QoS 특성들에 대한 지원을 통합한다. 이러한 기능을 활성화시키기 위해, 홈 네트워크에 흐르는 여러 종류의 패킷들을 우선순위화하도록 큐잉 방식과 QoS 정책 서버를 RG가 사용한다. QoS 서버는 게이트웨이 내에 위치하고 IPTV 네트워크 운영자와 댁내 사용자가 홈 네트워킹 시스템에서의 데이터 흐름을 우선순위화하는데 사용되는 규칙을 갱신하도록 허용한다.

5.4.5.4 네트워크 보안

보안은 오랫동안 전화회사들에게 주요 관심사항이었다. 오늘날 IP 기반 기술과 광대역 액세스 네트워크의 보급과 더불어 IT 기술에 전문가가 아닌 가입자들은 공중 인터넷으로부터 공격에 쉽게 노출된다. 악의적인 공격과 바이러스의 위협을 최소화하기 위해, 케이블홈 RG는 NAPT(Network and Port Address Translation)와 시청 제어와 같은 강력한 보호 방법을 포함한다. 케이블 RG가 지원하는 보안 시스템은 다음 세 가지 영역에 초점을 두고 있다:

- 안전한 RG 원격 관리
- 공중 네트워크로부터 홈 네트워크로의 권한 없는 액세스 방지
- 안전한 RG 서비스 제공

홈 네트워크를 보호하기 위해 케이블홈 RG가 채택한 케이블홈 보안 구조는 다음의 기술들의 혼합으로 구성된다:

방화벽 — 케이블홈 RG에 구현된 방화벽은 홈 네트워크와 IP 광대역 액세스 네트워크 사이의 보안 정책을 구현한다. 이는 서비스 제공 과정이 끝나면 자동으로 동작을 시작한다. 이것의 주요 기능은 홈 네트워크상에서 동작하는 WHMN 서비스에 대한 액세스를 얻기 위한 외부인의 시도를 방해하고 외부로부터의 악의적 공격으로부터 홈 네트워크를 보호하는 첫 번째 방어선이다. 방화벽은 방화벽을 통과하도록 허용된 스트림 유형을 결정하기 위해 패킷 필터링 방식을 사용한다.

키분배 센터(KDC) — KDC는 케이블 헤드엔드에 위치한 서버에서 수행된다. RG의 안전한 원격 관리에 사용되는 키의 관리와 교환에 대한 책임을 진다.

HTTPS 서버 — 케이블홈 HTTPS 서버는 TLS(Transport Layer Security) 프로토콜을 지원하는 웹 서버이다. TLS는 SSL(Secure Socket Layer)와 유사하다. 이 요소는 RG 형상 파일을 다운로드하는데 안전한 세션을 설정하는데 이용된다.

추가적인 보안 요소들이 케이블홈 RG의 보호 수준을 높이는데 사용될 수 있다. 2006년에 케이블랩은 “eRouter”라고 하는 또 다른 RG 중심 명세서를 발간하였다. 이 기술은 제조업자가 케이블홈 명세서에 포함된 방화벽 기능과 같은 개선된 특성들 통합하지 않고 게이트웨이 제품을 설계할 수 있도록 허용한다.

5.5 디지털 셋톱박스 개요

디지털 셋톱박스의 주 목적은 가입자에게 다양한 유형의 디지털 엔터테인먼트 콘텐츠에 대한 액세스를 제공하는 것이다. 콘텐츠는 TV 프로그래밍과 영화에서부터 뮤직 비디오와 스포츠 게임에 이르기까지 다양하다. 콘텐츠는 다양한 디지털 네트워킹 기반 구조상에서 셋톱박스로 전달될 수 있다:

- 케이블 TV 시스템
- 위성 네트워크
- 지상파 혹은 무선 네트워크
- 전화 네트워크
- 이동 혹은 셀룰러 네트워크
- 무선 데이터 핫스폿

셋톱이라고도 알려진 디지털 셋톱박스는 신호를 텔레비전 스크린상에서 볼 수 있는 포맷으로 변환하는 일종의 컴퓨터로 정의될 수 있다. 이들은 여러 하드웨어와 소프트웨어 요소들로 구성된 복잡한 전자 장치이다. 전형적인 디지털 셋톱박스는 물리적으로 2.5인치의 높이와 18인치의 넓이를 가진다. 인터페이스는 데이터가 셋톱박스로 입출력되도록 하기 위해 뒤쪽과 앞쪽에 포함된다. 이들 장치는 네트워크에 연결될 때 더욱 가치 있고 편리한 개선된 능력을 갖는다. 셋톱박스는 다음을 포함하는 여러 속성들을 갖고 있다:

- 휴대성 — 이들은 평균적인 사람이 휴대하도록 충분히 작다.
- 이용하기 쉬움 — 이들은 사용자 매뉴얼 이상의 특별한 훈련을 필요로 하지 않을 만큼 사용하기가 간단하다.
- 구매하기 적당함 — 대부분의 가정에서 구매하기에 적당하도록 비싸지 않다.
- 쉽게 제어할 수 있음 — 리모트 컨트롤 혹은 무선 키보드로 셋톱박스에 명령을 내릴 수 있다.
- 양방향 데이터 서비스 지원 — 네트워크 서비스 제공자와 통신할 수 있도록 셋톱박스 모델에 양방향 통신 채널 혹은 경로가 제공된다.
- 대화식 TV 응용 지원 — 대화식 TV와 다자간 게임 같은 서비스를 지원하도록 인포테인먼트를 제공한다.
- 홈 네트워킹 기능 — 현대식 셋톱박스는 DVD, 디지털 카메라 그리고 뮤직 서버와 같은 장치들과 실시간 통신을 허용하는 인터페이스를 제공한다.
- 다양한 형태의 셋톱박스 — 셋톱박스 유형은 네트워크 유형에 따라 변한다. 따라서 케이블 셋톱박스는 케이블 HFC 네트워크상에서 프로그래밍을 액세스하는 것이 요구되고 지상파 셋톱박스는 방송 네트워크상에서 콘텐츠를 시청하도록 요구된다.

여러 해 동안 PC 산업은 셋톱박스의 소멸을 예측하였다. 셋톱박스는 여러 이유로 빠른 시일 내에 사라지지 않을 것이다:

광범위한 설치 기반 — 셋톱박스는 광대한 설치 기반을 갖고 있으며 전 세계적으로 서비스 제공자와 제조업자들에게 커다란 매출 스트림을 생성하는데 도움을 준다.

다중기능성 — TV 신호 처리(표준과 고화질), VoD 영화 검색과 저장, 가정 내의 다른 디지털 가입자 장치들과의 연결은 셋톱박스에 가능한 기능들이다. 대부분의 디지털 가입자 장치는 하나나 혹은 두 가지 기능만 갖도록 되어 있다.

구축된 산업 — 셋톱박스 산업은 여러 해 동안 존재해오고 있으며 소프트웨어 제공자, 제조업자. 표준화 기구, 그리고 운영자들은 앞으로도 계속해서 혁신하고 발전을 유도할 것이다.

디지털 포맷으로 방송 전환 — 디지털 TV 방송과 결합된 인터넷 기술의 사용은 디지털 셋톱박스의 세계적인 매출에 긍정적인 영향을 주고 있다. 전 세계 많은 나라들이 앞으로 십년 내에 디지털 TV로 전환할 것으로 예측된다. 따라서, 서비스 제공자들은 가입자들의 아날로그 셋톱박스를 새로운 디지털 셋톱박스로 대체하고 있다. 추가적으로 기술적으로 좀 더 발전된 나라들은 다양한 새로운 서비스를 지원하기 위해 2세대 셋톱박스를 제공하기 시작하고 있다.

빠르고 값싼 셋톱박스 요소 — 무어의 법칙에 따르면 반도체의 처리 능력은 매 12-18개월마다 두 배씩 증가할 것이다. 이러한 기술적 발전과 향상된 비즈니스 효율성은 셋톱박스의 각 세대는 낮은 가격으로 더욱 개선된 특성과 성능으로 제조될 것이다.

디지털 셋톱박스가 전 세계적으로 가정에 엔터테인먼트 서비스 전달을 지속적으로 유지하게 되는 것은 위에 기술된 이유들 때문이다. 다음 절에서는 지난 25년 간의 디지털 셋톱박스의 역사적 진화 과정에 대하여 기술한다.

5.6 디지털 셋톱박스의 진화 과정

지난 25년 간 셋톱박스의 역사적 진화 과정은 그림 5.8에 나타나 있다.

오늘날의 셋톱박스는 과거에 가용했던 장치들과 매우 다르다. 1970년대 초반에 대부분의 사람들은 TV를 시청하기 위해 동네 상점에서 구매할 수 있는 표준 텔레비전만을 필요로 했다. 1980년 내 초반에는 이러한 간단한 모델은 변화하기 시작했다. 케이블과 위성 서비스 제공자는 가입자들이 다중 채널 TV를 액세스할 수 있도록 TV를 그들의 네트워크에 연결할 것을 요구하였다. TV 서비스로의 연결은 아날로그 셋톱박스의 설치를 요구하였다. 이들 초기 셋톱박스는 유료 TV 가입자가 20개 이상의 채널을 볼 수 있도록 하였다. 한 채널을 수신하면 이 장치는 표준 VHF 기반 텔레비전에서 수용할 수 있는 포맷으로 변경되었다.

몇 년 후에 서비스 제공자들은 도청방지를 위해 TV 신호를 스크램블(scramble)하기 시작하였다. 비즈니스 모델에서의 이러한 변화는 1980년대 중반에서 후반까지 좀 더

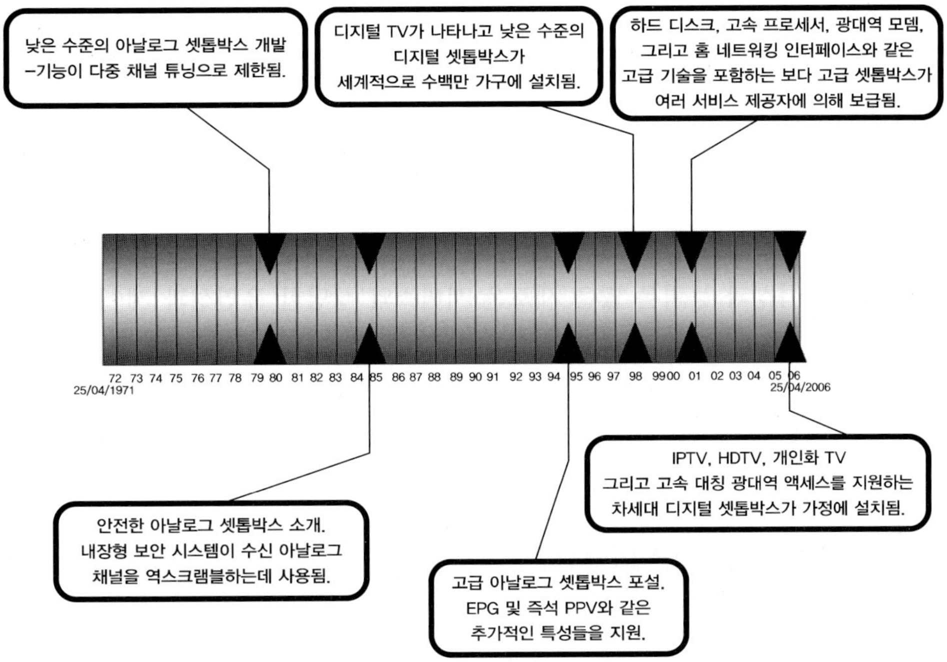

그림 5.8 지난 25년 간 셋톱박스의 진화 과정

개선된 아날로그 셋톱박스의 개발과 대중적인 보급을 야기하였다. 이들 셋톱박스는 수신되는 TV 신호를 디스크램블(descramble)하는 능력을 갖추게 되었다. 셋톱박스에 미리 저장된 순서 번호(serial number)는 케이블 헤드엔드에 있는 장비가 고급 프로그램 콘텐츠 혹은 여러 프로그램을 액세스할 수 있도록 허용한다.

1990년대 초반에 셋톱박스의 성능이 지속적으로 개선되어 서비스 제공자가 EPG를 수행하고 PPV(Pay Per View) 응용을 제공할 수 있는 더욱 개선된 아날로그 기반 셋톱박스를 제공할 수 있게 하였다. EPG는 가입자가 프로그램과 채널을 선택할 수 있도록 도움을 주는 것으로 사용되었다. VBI(Vertical Blanking Interval)에서 가용한 대역폭은 프로그램 스케줄 데이터 갱신을 유지하는 방법으로 사용되었다. 이 대역폭은 서비스 제공자가 뉴스, 스포츠 그리고 날씨 예보와 같은 여러 유형의 정보 서비스를 아날로그 셋톱박스로 다운로드하는데 사용되었다.

1990년대 중반에서 후반 사이에 TV 산업은 아날로그 셋톱박스를 가입자에게 다양한 디지털 TV 서비스를 액세스할 수 있도록 해주는 셋톱박스로 대체하려는 적극적인 관심을 보이기 시작하였다. 이들 새로운 박스는 아날로그 장비와 유사하였다. 이들 초기 디지털 셋톱박스의 주요 기능은 디지털 전송 신호를 수신하고 아날로그 텔레비전 수상기에 디스플레이하기 위한 적절한 형태로 디코드하는 것이다.

업그레이드된 케이블 네트워크와 결합된 디지털 셋톱박스의 새로운 물결은 운영자

개선된 압축 기술 지원 — H.264/AVC와 VC-1같은 새로운 압축 표준은 서비스 제공자가 그들의 기존 네트워킹 기반구조를 통해 고화질 디지털 콘텐츠 제공을 가능하게 한다. 따라서, 셋톱박스 벤더들은 자신들의 제품에 이들 시스템 지원을 계속해서 할 것이다.

프로그램 가능 고밀도 집적회로의 확대 사용 — 표준과 응용이 계속해서 진화함에 따라 셋톱박스 제조업자들은 고밀도 집적회로를 포함하는 칩셋 사용을 더욱 확대할 것이다.

다중 CPU 사용 — 개선된 셋톱박스와 IPTV 응용의 성능 요구사항은 최근에 상당히 증가되었다. 이는 단일 CPU 기반 셋톱박스에 압력을 주기 시작하였고 이제 제조업자들은 하드웨어 디자인에 다중 CPU를 포함할 때의 이점에 대하여 조사하기 시작하였다.

이동전화기와의 부드러운 상호작용 — 차세대 셋톱박스는 내부 하드 디스크에서 이동 전화로 녹화된 디지털 비디오 콘텐츠의 이동을 지원할 것이다. 셋톱박스와 이동전화기 간의 이러한 수준의 상호작용은 가입자가 언제 어디서나 TV를 시청할 수 있도록 함으로써 전통적인 TV 시청의 한계를 확장하는 개념의 실행에 도움을 줄 것이다.

그래서 셋톱 세계가 역사적으로 순수한 TV 콘텐츠에 기반을 두어왔다면 이들 장치의 차세대 버전은 가입자에게 TV 시청에 있어서 새롭고 신나는 방법을 제공할 것이다. 많은 양의 비디오와 오디오 콘텐츠는 셋톱 하드 디스크에 내재할 것이고 강력한 프로세서와 디코더가 종단사용자에게 풍부한 디지털 TV와 인터넷 기반 응용을 제공할 것이다.

5.9 IP 셋톱박스 정의

셋톱박스는 종단 간 IPTV 시스템에서 중요한 장치의 일부이다. 이들은 보통 IPTV 서비스 공급자가 가입자에게 제공하고 매월 임대료를 받는다. IP 셋톱박스는 텔레비전 수상기에 직접 연결되고 가입자가 IP 기반 방송과 VoD 프로그래밍 콘텐츠를 볼 수 있도록 한다. 셋톱박스는 세 가지 주요 작업을 수행한다: IP 스트림 수신, 디코딩 그리고 TV에 디스플레이를 위한 동기화된 IPTV 스트림의 표현. IP 데이터와 비디오의 변환과 디스플레이는 셋톱박스가 정교한 하드웨어 요소들을 갖추도록 요구한다. IP 기반 셋톱박스에 튜너(tuner)는 요구되지 않음에 유의하라. RF 기반 셋톱박스와는 대조적으로 IP 셋톱박스는 헤드엔드에 있는 IPTV 서버와 지속적으로 통신한다. 설치는 간단하고 하나의 케이블을 TV 수상기에 연결하고 다른 쪽은 광대역 라우터에 연결한다. 가입자는 핸드엔드 리모트 컨트롤을 사용하여 계속 증가하는 다양한 콘텐츠와 IP 셋톱박스가 지원하는 채널들에 대한 접속을 한다. IP 셋톱박스의 여러 특성들은 다음을 포함한다:

5.9.1 디스플레이에 동기화된 오디오와 비디오 신호 표현

케이블 혹은 위성 셋톱박스와 유사하게, IP 기반 셋톱박스는 광대역 연결로부터 대화식, 개인화된 디지털 오디오와 비디오 콘텐츠를 입력으로 받아서 디코드하고, 텔레비전에 출력한다. 이들은 이러한 기능을 기존 낮은 가격의 인터넷과 IP 기반 네트워크 기반구조상에서 제공한다.

5.9.2 개선된 WHMN 서비스 지원

기본 사양의 IP 셋톱박스는 방송 TV 신호의 디코딩과 렌더링을 위해 사용되며, 좀 더 개선된 모델은 VoD, 웹 브라우징, DVR 기능, 홈 네트워킹 그리고 VoIP를 포함하는 다양한 범위의 WHMN 서비스에 대한 홈 전달 플랫폼으로서 사용된다.

5.9.3 순차적 멀티캐스트 TV 신호 처리

IP 셋톱박스는 멀티캐스트 TV 응용을 액세스할 수 있다.

5.9.4 서비스 품질 개선

손실 비디오 프레임, 네트워크 혼잡, 그리고 폐기된 연결은 "IP 광대역" 액세스 네트워크의 특성들이다. IP 셋톱박스는 이러한 장애에 대한 극복을 할 수 있으며 IPTV 서비스의 품질 저하를 개선할 수 있도록 한다.

5.9.5 사용자 인터페이스 개인화

많은 IP 셋톱박스는 서비스 제공자가 TV 사용자 인터페이스에 자신의 개성을 살릴 수 있도록 하는 소프트웨어를 포함한다.

5.10 IP 셋톱박스 유형

IP 셋톱박스의 여러 가지 유형에 대한 분류가 아래 나타나 있다.

5.10.1 멀티캐스트와 유니캐스트 IP 셋톱박스

멀티캐스트와 유니캐스트 기능을 지원할 수 있는 전형적인 IP 셋톱박스를 구성하는 여러 하드웨어 빌딩 블록을 보여주는 블록 다이어그램이 그림 5.9에 나타나 있다.

다음 절에서는 이들 각 모듈에 대하여 자세히 기술하도록 한다.

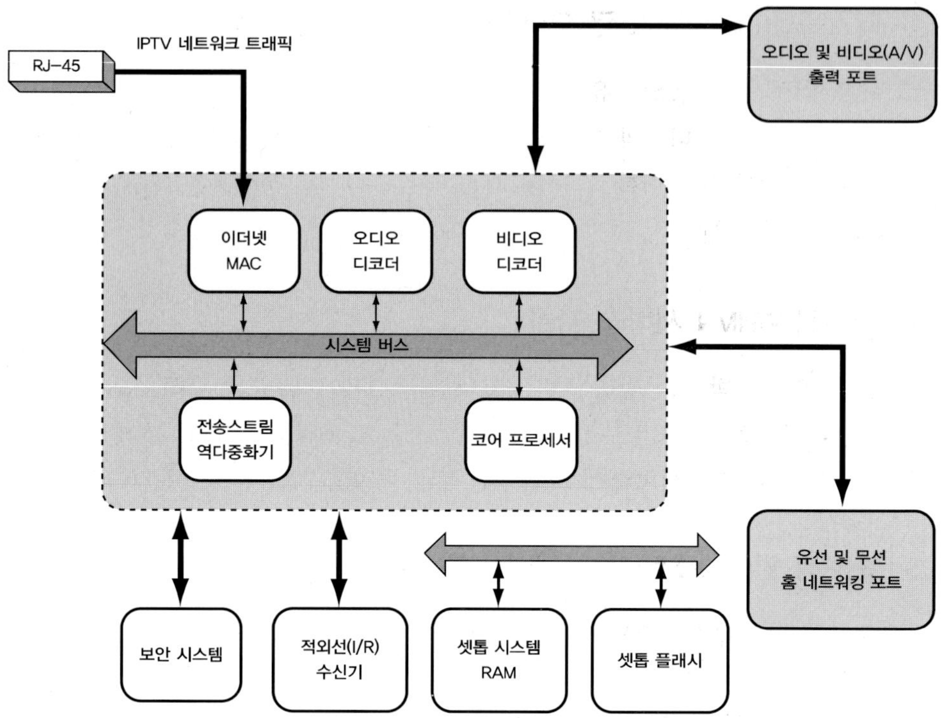

그림 5.9 IP 셋톱박스 참조 디자인 블록 다이어그램

5.10.1.1 코어 프로세서 모든 프로세서의 기본 원리는 같다. 근본적으로, 이들은 0과 1의 형태로 신호를 취하고, 명령에 따라 이들을 처리하고 0과 1의 형태의 출력을 생성한다. 이들은 트랜지스터(transistor)라고 하는 전자회로에서 발생한다.

오늘날의 IP 셋톱박스 프로세서는 수백만 개의 트랜지스터를 포함하고 명령을 수행하는데 이용된다. 프로세서가 많은 전자회로를 가지면 가질수록 데이터 처리가 더욱 빨라진다. IP 셋톱박스 프로세서의 실제 속도는 MHz로 측정되고 이는 초당 수백만 사이클을 의미한다. IP 셋톱박스 프로세서의 기능은 다음을 포함한다:

- IP 셋톱박스 하드웨어 요소들의 초기화
- IPTV 패킷 스트림 읽기
- IP 셋톱박스 실시간 운영체제 실행
- 데이터를 메모리에 읽기와 쓰기
- 하드웨어 요소 모니터링
- 여러 서비스 실시

프로세서는 다른 형태, 핀(pin) 구조, 프로세서 구조 그리고 속도로 제공된다.

새롭게 개선된 IPTV, HDTV, 그리고 IP-VoD 응용은 단일 코어 IP 셋톱박스 프로세서의 처리 요구사항을 상당히 높게 요구한다. 이러한 문제를 해결하기 위해 여러 IP 셋톱박스 제조업자들은 다중코어 프로세서를 제작하기 시작하였다. 이름이 의미하는 바와 같이, 다중 코어 프로세서는 두 개 혹은 그 이상의 독립된 프로세서들을 단일 실리콘 칩으로 통합한다. 다중 코어 프로세서는 칩이 소산하는 열을 증가시키지 않고 처리 능력을 증가시킬 수 있게 한다.

5.10.1.2 메모리 컴퓨터가 동작하기 위해 메모리를 필요로 하듯이, IP 셋톱박스도 가입자 혹은 운영자가 지시한 명령을 저장하고 다루기 위해 메모리를 요구한다. 메모리는 디스크와 프로세서 사이의 중요 기점(staging post)으로 동작한다. 메모리에 많은 데이터가 가용하면 할수록, IP 셋톱박스는 더욱 빨리 수행한다. 셋톱박스 내의 대부분의 요소들은 여러 작업을 수행하기 위해 메모리를 요구한다. 메모리는 또한 IP 셋톱박스가 동시에 여러 응용을 수행하도록 허용한다.

IP 셋톱박스는 두 개의 주요 메모리를 사용한다 — RAM과 ROM.

RAM IP 셋톱박스가 수행하는 대부분의 기능은 RAM(Random Access Memory) 액세스를 요구한다. RAM은 CPU와 여러 하드웨어 요소들 사이에 흐르는 데이터에 대한 임시 저장 장소로 사용된다. RAM은 여러 가지 유형이 있다. 가장 인기 있는 것은 다음을 포함한다:

- *비디오 RAM*은 텔레비전 신호를 처리하는데 이용된다. 비디오 RAM의 양은 TV 신호의 해상도에 달렸다.
- *DRAM*(Dynamic RAM)은 셋톱박스에 전원이 들어와 있을 때에만 그 안에 정보를 보유한다. CPU는 소프트웨어를 수행하기 위해 DRAM을 사용한다.
- 시청자 선호, PIN 번호, 그리고 마지막 시청한 채널을 저장하는데 소량의 *NVRAM (Nonvolatile RAM)*이 요구된다.

RAM 또한 그래픽 처리와 대화식 IPTV 응용을 수행하는데 이용된다.

ROM ROM(Read Only Memory)는 비휘발성(nonvolatile)이고 전원이 없는 경우에도 IP 셋톱박스 네트워킹 설정, 운영체제 그리고 많은 다른 중요한 정보들을 보호해준다. 일단 데이터가 ROM칩에 쓰여지면 네트워크 운영자 혹은 IPTV 종단사용자는 그것을 제거할 수 없다. 대부분의 IP 셋톱박스는 EEPROM과 플래시 ROM을 포함하며 이들은 기본 ROM 기술의 변형들이다.

EEPROM (Electrically Erasable Programmable Read Only Memory) EEPROM은 제어와 부트업(boot up) 정보를 저장하기 위해 IP 셋톱박스에 사용되는 특별한 유형의 메모리이다. 가입자가 IP 셋톱박스의 전원을 끄더라도 데이터가 칩에 영원히 저장된다. 이 제어 정보를 제거하기 위해는 기술자는 EEPROM 칩을 자외선과 전기적 충격에 노출시킬 필요가 있다. IP 셋톱박스는 작은 양의 EEPROM(보통 Kbyte)를 포함하고 RAM보다는 느린 접속 속도를 가진다. 이러한 메모리 유형은 부트업 소프트웨어와 IPTV 종단 사용자에 관계된 언어와 같은 개인적인 파라미터를 저장하는데 공통적으로 사용된다.

플래시 메모리 플래시 메모리 칩은 근본적으로 EEPROM 타입이다. 두 가지 사이의 주요 차이는 플래시 메모리 칩은 한 번에 한 비트씩이 아니라 블록 단위로 지워지거나 재프로그램할 수 있다는 것이다. 플래시 메모리 요소들은 데이터 저장을 위한 매우 흥미로운 특성을 제공한다. 이들은 비휘발성이고 그래서 플래시 요소에 전원을 공급하지 않고도 실질적으로 무한히 데이터를 유지할 수 있다. 플래시 메모리는 매우 적은 전원을 사용하며 매우 적은 공간을 차지한다. 이것은 솔리드 상태(solid state) 기술을 사용하며 동적인 부품을 갖고 있지 않아서, 기계적 디스크가 궁극적으로 적절하지 않은 거실 환경에 적합할 수 있다. 플래시 메모리 시장은 크게 주도적인 기술에 따라 NAND와 NOR로 분류된다. 두 가지 기술은 고유한 특성을 갖고 있으며 다른 시장의 요구를 만족하는 것을 목표로 하고 있다. NOR 기반 플래시 솔루션의 "빠른 읽기" 특성은 작은 양의 수행 코드를 저장하는데 적당하도록 해준다. 반대로 NAND 기반 저장 솔루션은 코드와 데이터 저장에 최적화되었다.

실리콘 자체 이외에, 솔리드 상태 실리콘 칩에서의 기계적 하드 드라이브의 기능을 제공하기 위해 파일 시스템이 플래시 메모리와 상호작용하는 것이 요구된다. 일반적으로 플래시 파일 관리 시스템은 소프트웨어 드라이버이고 플래시 메모리 요소가 디스크 드라이브를 애뮬레이트(emulate)하도록 하는데 이용된다. 그래서 IP 셋톱박스에 전원이 공급되면 OS가 DRAM으로 로드되고 수행된다.

5.10.1.3 전송 스트림 디멀티플렉서 MPEG-2 디지털 전송 계층 비트스트림을 처리하도록 만들어진 디멀티플렉서 모듈이 수행하는 작업에 대한 간단한 그래프가 그림 5.10에 나타나 있다.

IP와 UDP 프로토콜에 캡슐화된 MPEG 패킷은 이더넷 포트로부터 디멀티플렉서에 도착한다. 각 패킷은 184바이트의 비디오 페이로드와 4바이트의 헤더로 구성된다. 헤더 중 가장 중요한 필드는 PID를 정의하는 13비트이다. 이 필드는 패킷의 콘텐츠를 식별하는데 사용된다. 각 IPTV 채널은 적어도 3개의 PID 값으로 구성된다:

(1) 비디오스트림 패킷에 대한 PID
(2) 오디오스트림 패킷에 대한 PID
(3) 추가 텍스트와 데이터 패킷에 대한 PID

다음에 IP 셋톱박스는 세 개의 PID 유형과 연관된 패킷에 대한 포인터를 제공하는

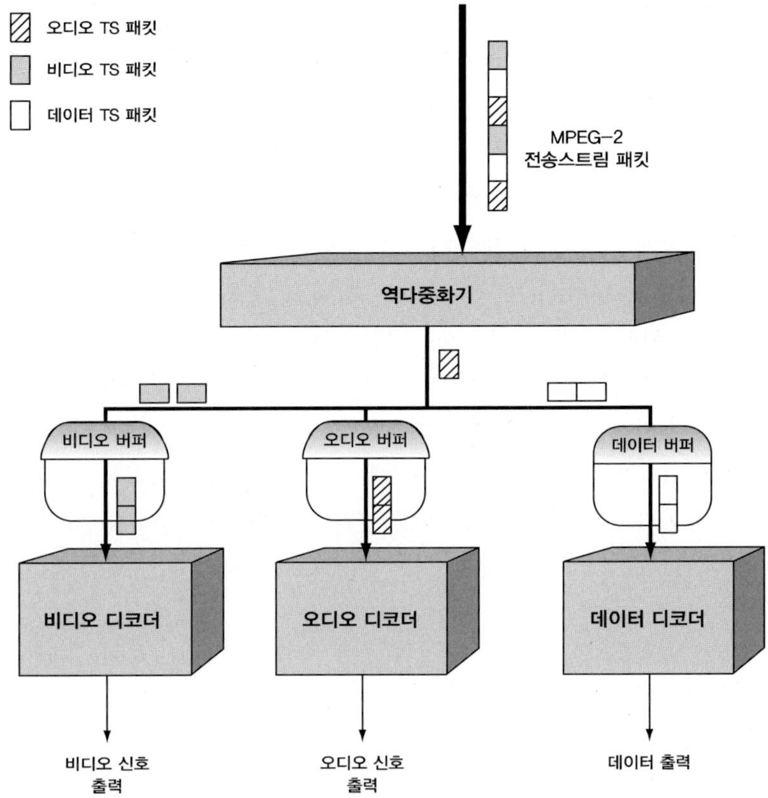

그림 5.10 역다중화기 동작 방식

데이터 테이블을 참조한다.

전송 디멀티플렉서는 이 정보를 시청자가 원하는 프로그램의 오디오, 데이터 그리고 비디오 패킷을 선택하고 패킷을 해체(depacketize)하는데 이용한다. 일단 디멀티플렉서가 이 작업을 마치면, 추출된 패킷은 적절한 디코더 칩으로 보내진다. 그림 5.10은 또한 각 미디어 타입을 위한 버퍼를 포함하고 있음에 유의하라. 이들 버퍼는 완전한 화면 프레임을 구성하는데 이용되는 비트들을 저장하는데 필요하고 다른 미디어 타입들이 동기화되도록 디코드되는 것을 보증하는데 필요하다.

5.10.1.4 보안 시스템 IP 셋톱박스에 포함된 또 다른 중요한 기능 모듈은 보안 시스템이다. 이 부 시스템은 서비스 제공자에게 IPTV 가입자가 무엇을 시청하고 언제 시청할 지에 대한 제어를 제공한다. 이 칩의 주요 목적은 수신되는 비디오와 오디오 콘텐츠를 해독하는 것이다.

5.10.1.5 비디오 디코딩 모듈 비디오 디코더는 표준화질과 고화질 IPTV 스트림을 처리하는 책임을 진다. MPEG-4와 VC-1과 같은 새로운 압축 알고리즘 이외에 전통적인

MPEG-2 산업 표준 압축 알고리즘의 디코딩을 지원한다. 이 기능은 지정된 하드웨어 혹은 프로그램 가능한 소프트웨어를 통해서 구현될 수 있다. 소프트웨어 압축풀기 알고리즘을 이용한 디코딩 기능을 수행하는 것은 DSP(Digital Signal Processor)라고 하는 특별한 칩셋을 필요로 한다. 이 칩셋은 프로그램 가능하다는 것에 유의하라.

IP 셋톱박스 내에서의 DSP 사용이 최근에 많이 증가하였는데 그 이유는 이들 칩셋이 서비스 제공자에게 유연성을 제공하기 때문이다. IPTV 콘텐츠가 네트워크로 전달될 때 이를 압축하는데 MPEG-2를 사용하는 서비스 제공자의 예를 생각해보자. 이 회사의 IPTV 데이터 센터 인코딩 장비가 차세대 압축 플랫폼으로 전환될 때, 서비스 제공자는 단순 DSP 칩셋을 장착한 IP 셋톱박스에 새로운 알고리즘을 다운로드한다. 비 DSP 기반 셋톱박스의 경우 이 장치들은 완전히 새롭게 대체되어야 한다.

다른 방안으로 비디오 처리 기능을 직접 메인 프로세서에 통합하는 것도 가능하다. 대부분의 경우 비디오 신호는 디코더에 의해 처리되면 DAC(Digital-to-Analog Converter) 칩으로 출력된다. DAC로부터의 출력은 IP 셋톱박스가 지원하는 A/V 인터페이스에 달려있다.

5.10.1.6 오디오 디코딩 모듈 오디오 디코딩 모듈에 대한 상세한 설명을 하기에 앞서, 사운드가 어떻게 녹음되고, 저장되고 다음에 인코드되는지를 이해하는 것이 중요하다. 사운드는 공기의 압력 차이이다. 마이크로폰에서 수집되어 증폭기로 입력될 때 이는 서로 다른 전압 수위로 전환된다. 전압은 매초당 여러 번 샘플링된다. 사람이 사운드를 듣기 위해서는 샘플링 속도가 매초 20번에서 20,000번 사이이어야 한다. 나이퀴스트(Nyquist)의 이론에 따르면 오디오 인코더는 적어도 재생 품질의 최대 샘플링 속도의 2배 속도로 샘플링하여야 한다. 따라서, CD 오디오 품질은 정상적으로 초당 44,100번 샘플링된다.

이 샘플링 속도는 CD 품질의 스테레오 음악을 나타내는 1.4Mbps의 데이터 속도를 생산한다. 오디오 코딩을 사용하여 사운드 품질을 저하시키지 않고 CD로부터의 원래 사운드 데이터를 1/12로 줄이는 것이 가능하다. 그래서 CD로부터의 12M바이트 사운드 파일은 1M바이트로 줄어든다. 이러한 결과를 얻기 위해 오디오 인코더는 사람 귀에 영향을 주지 않는 사운드 신호의 일부를 제거하여 비트스트림을 압축한다. 대부분의 사람들이 들을 수 없는 신호의 부분들을 제거하면 인코더는 그 신호에 표준 비 손실 데이터 압축 기술을 적용한다. 이 기술은 각 개인의 듣기에 대한 민감성이 다르기 때문에 완전하게 제 기능을 하지 않는다. 그러나 사람의 듣기에 대한 민감성은 유한한 범위에 있으며 연구자들은 여러 사람들에게 적용할 수 있는 범위를 결정한다.

일단 인코드되고 IPTV 분배 네트워크를 통해 전송되면, 오디오 인코딩 모듈이 프런트엔드 모듈로부터 데이터 패킷을 수신하고 오디오 정보를 IPTV 가입자가 볼 수 있는 적절한 포맷으로 복원한다. 이 포맷은 보통 스테레오 오디오 신호이다.

셋톱 인코더가 디지털 오디오 신호를 처리하기 위해 사용하는 방법은 서비스 제공자가 사용하는 압축 포맷에 따른다. 디지털 오디오 콘텐츠 압축을 위한 여러 경쟁자들이 있다: MPEG, 돌비(Dolby) 디지털 5.1 입체사운드, 돌비 디지털 플러스, 그리고 마이크로 소프트 윈도 미디어(WMA).

MPEG MPEG 위원회는 세 가지 압축 방법을 권고하였고 이들은 오디오 계층1, 2, 3이라고 한다. 각 계층은 같은 기본 구조를 사용하고 그 아래에 그 계층의 특성들을 포함한다. 상위 계층은 상대적으로 높은 전송률의 더 좋은 사운드 품질을 제공하고 보다 복잡한 인코딩 소프트웨어를 필요로 한다. 각 포맷에 대한 간략한 설명이 아래에 기술되어 있다:

- MPEG 계층 1은 가장 낮은 복잡도를 가지며 DCC(Digital Compact Cassette) 응용에 적합하다. MPEG 계층 1을 이용하여 보통 4:1의 비율로 데이터양을 줄일 수 있다.
- MPEG 계층 2는 위성 방송 같은 일대다 응용과 CD(Compact Disc)에 쓰는 것에 적당하다. 계층 1과 비교하여 계층 2는 심미음향적 임계치를 좀 더 효율적으로 적용할 수 있다. MPEG 계층 2를 이용하여 보통 8:1의 비율로 데이터양을 줄일 수 있다.
- 인터넷에서 가장 흔히 사용되는 표준은 “MP3”라고 하는 MPEG-1 표준의 3번째 계층이다. 이것은 MPEG 오디오 코딩 방식 중에서 가장 강력하고 복잡한 것이고 IPTV 응용에 널리 사용된다. MPEG 계층 3을 사용하여 12:1의 비율로 데이터양을 줄일 수 있다. MP3의 또 다른 특성은 5개의 채널과 하나의 낮은 주파수 전송이 가능하다는 것이다.
- MPEG AAC는 MPEG-2와 4 표준에서 정의된 오디오 인코딩 포맷이다. AAC는 MP3 포맷과 비교할 때 채널 전달을 위한 보다 큰 용량을 갖는 개선된 압축 포맷이다. AAC는 MP3 스트림이 전달하는 채널 수보다 10배 정도 많이 전달할 수 있다. 이는 기존 포맷보다 오디오를 더욱 효율적으로 압축하기 때문에 가능하다. AAC는 높은 샘플링 주기도 지원하며, 성능과 오디오 신호의 품질을 개선하는데 도움을 준다. 이들 여러 특성들은 IPTV 서비스 제공자가 효율적으로 입체 사운드 서비스를 종단사용자들에게 전달하도록 허용한다.

MPEG 오디오의 여러 특성들은 서로 호환이 가능하다는 것에 유의하라. 계층 1, 2, 그리고 3은 이전 버전들과 호환성(backward compatible)을 갖는다. 예를 들어, 계층 3 디코더는 계층 1과 계층 2 사운드 파일을 디코드할 수 있고, 계층 2 디코더는 계층 1 사운드 파일을 디코드할 수 있어야 한다. 각 계층에서의 전송률은 32와 320Kbps 사이에서 변하는 것에 유의하라.

돌비 디지털 5.1 입체 사운드 AC3라고도 알려진 돌비 디지털 5.1 입체 사운드 압축

포맷은 IP 셋톱박스가 가입자에게 다음의 고품질 디지털 오디오 채널을 제공하도록 하는 입체 사운드 기술이다.

- 전방 중앙
- 중앙 좌측
- 중앙 우측
- 후방 좌측
- 후방 우측
- LFE (Low Frequency Effect)

처음 다섯 개 채널은 스피커를 사용하여 가정에서 재생되고 서브우퍼(subwoofer)는 LFE 혹은 베이스(bass) 채널을 재생하는데 이용된다. 홈 입체 사운드 시스템을 소유하고 있지 않은 IPTV 가입자를 위해 여러 IP 셋톱박스는 두 개의 아날로그 채널을 출력하도록 지원한다. 돌비-AC3는 미국과 전 세계에서 표준과 고화질 디지털 TV 네트워크에 의해 널리 사용된다.

돌비 디지털 플러스 E-AC-3라고도 불리는 돌비 디지털 플러스는 돌비 디지털의 개선된 버전이고 차세대 비디오 압축 포맷과 함께 동작한다. 이 기술은 이전 돌비 오디오 디코더들과 호환성을 가지며 여러 비디오 디코딩 알고리즘과 통합되고 반면에 낮은 비트 전송률로 동작한다. 이는 데이터를 단일 스트림으로 전달하고 7.1 오디오 채널을 지원한다. 홈 엔터테인먼트 시스템으로 그러한 채널들을 전달하기 위해 특별한 미디어 인터페이스들이 요구된다. HDMI(High Definition Multimedia Interface)와 IEEE 1394가 이 목적을 위해 공통적으로 사용된다. DVB 기구는 최근에 돌비 플러스 옵션을 이 기구의 최신 IPTV 명세서 버전에 포함하였다.

WMA과 WMA 프로 WMA(Microsoft Windows Media Audio)와 WMA 프로 코덱(codec)은 마이크로소프트 윈도 미디어 기술 시리즈를 구성하는 인기 있는 오디오 코딩 시스템이다. 이들은 여러 다른 유형의 오디오를 다루도록 설계되었고 모노, 스테레오 그리고 듀얼 채널 모드로 동작할 수 있다.

수신되는 오디오 신호를 디코딩하는 것은 비디오 신호 처리와 비교할 때 복잡도 측면에서 덜 복잡하다. 흔히, 오디오를 디코드하는데 필요한 CPU 성능은 작으며 대부분의 IP 셋톱박스가 매우 쉽게 다룰 수 있다.

그러나 이러한 환경은 멀티룸과 멀티 채널 오디오 시스템의 등장에 따라 변하고 있다. 오디오 복잡도 요구사항의 강화는 오디오 신호를 디코드하는데 IP 셋톱박스가 사용하는 오디오 시스템 타입에 영향을 주고 있다. 전통적으로 오디오 디코딩은 하드웨어 로직 혹은 프로그램 가능한 DSP가 다루었다. 새로운 디자인은 오디오 디코딩 기능을 수행하기 위해 지정된 오디오 프로세서를 요구한다.

오디오 인코더는 립싱크에 대한 책임을 지며 따라서 배우들의 음성이 비디오스트림에서 그들의 입술 움직임과 일치하도록 한다. 이는 비디오 콘텐츠 디코딩이 좀 더 많은 시간을 소비하기 때문에 어떤 구현에서는 문제가 될 수도 있다. 그 결과 오디오 디코더 모듈은 매칭되는 비디오 패킷의 디코딩 속도와 일치시키기 위해 오디오 패킷의 처리를 지연시키는 알고리즘을 사용한다.

5.10.1.7 그래픽 가속기 IP 셋톱박스와 PC는 다른 방식으로 그래픽을 다룬다. IP 셋톱박스의 제한된 하드웨어 용량은 셋톱박스에서 수행되는 그래픽의 섬세한 수준을 낮춘다. 그래픽 기능은 전통적으로 대부분의 IP 셋톱박스 플랫폼 안의 비디오 디코더에 구축되어 있다. 비디오 기능 이외에 디코더는 여러 사용자 인터페이스 멀티미디어 요소들을 생성하는데 사용되는 그래픽 기능을 지원한다.

그러나 어떤 제조업자들은 IPTV 소프트웨어 개발자들이 TV 시청자들을 위해 시각적으로 매우 현란한 응용을 개발하고 여러 대화식 TV 파일 포맷으로 보여지도록 하기 위해 플랫폼에 통합 그래픽 가속기를 추가하고 있다. 그래픽 가속기의 성능은 TV 제공자들이 3D 게임과 같은 재미있는 새로운 응용을 가입자들에게 제공하여 자신들을 차별화함에 따라 지속적으로 개선되고 있다.

5.10.1.8 인터페이스와 커넥터 IP 기반 셋톱박스는 외부 장치들과 통신을 제공하는 여러 인터페이스들을 갖고 있다. 이들 인터페이스는 크게 6가지 부류로 나눌 수 있다: 입력, 아날로그 비디오 출력, 아날로그 오디오 출력, 고성능 디지털 출력, 홈 네트워킹 그리고 적외선 인터페이스.

입력 인터페이스

이더넷 트랜시버/컨트롤러 — 모든 IP 디지털 셋톱박스는 광대역 네트워크와의 연결을 제공하기 위해 이더넷 트랜시버 칩을 장착하고 있다. 이는 일반적으로 10 ~ 100Mbps의 네트워킹 속도를 제공한다.

적외선 수신기 — 이는 IP 셋톱박스의 전면에 위치하고 리모트 컨트롤로부터 신호를 받아들인다.

RS-232 포트 — RS-232 포트는 진단 목적으로 이용된다.

아날로그 비디오 출력 인터페이스 아날로그 비디오 신호는 세 가지 근본적인 정보를 포함한다:

(1) 어떤 이미지를 디스플레이하는지, 서로 다른 컬러링 방식, 그리고 화면과 연관

된 밝기 수준과 같은 상세 정보를 포함하는 액티브 비디오 정보
(2) 액티브 비디오 정보의 스크린상에서의 위치를 식별하는 동기화 정보
(3) 비디오 프레임 간에 보내지고 이전 프레임의 아래에서 다음 프레임의 좌상 부분까지 텔레비전 디스플레이의 전자 총(electron gun)의 재조정에 이용되는 블랭킹(blanking : 귀선소거) 정보

여러 해 동안 많은 방법들과 관련 인터페이스들이 전자 장치들 사이에 정보 전달을 위해 디자인되었다. IP 셋톱박스 시스템에서 아날로그 비디오 신호를 출력하는데 사용되는 가장 공통적인 인터페이스들은 다음과 같다:

표준 베이스밴드 RF 출력 — 이 인터페이스는 아날로그 비디오 출력을 제공한다. 이 출력은 F-타입 커넥터를 사용하고 이는 IPTV 가입자가 IP 셋톱박스와 TV 수상기를 연결하는데 표준 동축 케이블을 사용할 수 있게 해준다.

혼합 비디오 출력 — RCA(Radio Corporation of America) 커넥터는 텔레비전 스크린에 혼합 비디오 신호를 제공하는데 이용된다. 이 포맷에서 비디오 신호 정보는 텔레비전 디스플레이로 단일 케이블을 통해 직렬로 전송되고 여기에서 비디오 화면으로 조합된다. NTSC와 PAL 텔레비전 표준은 모두 혼합 비디오 포맷에 기반을 두고 있다.

S-비디오 비디오 출력 — 이 세 번째 셋톱박스 아날로그 출력 타입은 혼합 비디오 신호에 비교하여 보다 우수한 신호 품질을 제공한다. S-비디오 출력 포트는 셋톱박스에서 외부 장치로 신호를 보내는데 4-핀 미니 커넥터를 사용한다.

요소 비디오 출력 — 요소 비디오는 신호를 세 개의 개별적인 색깔로 분리한다:

- "Y" 비디오 요소는 흑백 색깔의 발광성(luminance)과 밝기(brightness)를 나타낸다.
- "Pr" 요소는 빨강 색깔에서 비디오 신호의 발광성과 밝기를 나타낸다.
- "Pb" 요소는 파랑 색깔에서 비디오 신호의 발광성과 밝기를 나타낸다.

비디오 색깔 요소의 이러한 분리는 IP 셋톱박스로부터의 고화질 출력을 제공한다. 이는 DVD가 이 비디오 포맷으로 인코드되는 이유이다. IP 셋톱박스 출력에서 세 개의 분리된 색깔의 케이블은 RCA 스타일의 커넥터에 연결되고 TV 디스플레이로 정보를 전달한다.

SCART(Short for Syndicat des Constructeurs d'Appareile Radiorecepteurs et Televiseurs) *커넥터*
이 커넥터는 IP 셋톱박스의 후면에 있는 21핀 소켓으로 구성된다. SCART 커넥터의 주요 목적은 세 가지 다른 타입의 비디오 콘텐츠, 즉 혼합, S-비디오, 그리고 RGB의 전송과 수신을 수월하게 하는 것이다.

아날로그 오디오 출력 인터페이스 이들 인터페이스 타입은 아날로그 오디오 출력을 제공한다. IP 셋톱박스가 CD 플레이어 혹은 스테레오 튜너와 같은 주변 장치로 오디오를 보내는데 RCA 타입 커넥터를 이용한다.

고성능 디지털 출력 인터페이스 좀 더 개선된 IP 셋톱박스들은 다음과 같은 인터페이스를 지원한다.

- *디지털 오디오* — 이 타입의 인터페이스는 디지털 오디오 신호를 외부 뮤직 시스템에 제공한다. 출력이 전송되는 동안 디지털 상태로 있다는 사실은 종단사용자가 디지털 입체사운드 시스템의 최대 성능을 체험할 수 있다는 것을 의미한다. 사용되는 커넥터는 압축된 오디오의 포맷에 달렸다. 소니/필립스 디지털 인터페이스(S/PDIF) 프로토콜은 IP 셋톱박스에서 직접 다채널 증폭기 혹은 인코더로 돌비 AC-3 압축 콘텐츠 전송을 허용하는 포맷의 한 예이다.
- *IEEE 1394* — 이 인터페이스는 고성능 디지털 출력을 제공한다. 이것은 셋톱박스와 다른 댁내 멀티미디어 장치들을 연결하는 인기 있는 인터페이스가 되고 있으며 8장에서 논의할 것이다.

유선 및 무선 홈 네트워킹 포트 IP 셋톱박스는 일반적으로 여러 종류의 홈 네트워킹 인터페이스를 포함한다. 인터페이스 개수와 타입은 IP 셋톱박스 구현 간에 차이가 있다. 홈 네트워킹 인터페이스의 이러한 다른 타입에 대한 상세사항은 8장을 참조하라.

적외선(IR) 인터페이스 적외선 인터페이스는 보통 미디어 프로세서와 직접 연결되고 IP 셋톱박스와 리모트 컨트롤 혹은 무선 키보드 간에 양방향 통신을 제공한다. 이 링크상에서 사용되는 통신 프로토콜은 IrDa라고 한다. IrDA(Infrared Data Association)이라고 하는 기구가 이 프로토콜 정의에 대한 책임을 맡고 있다. IP 셋톱박스와 주변 장치들이 IrDa를 통해 통신하기 위해서 이들은 시야가 확보되어야 한다. 리모트 컨트롤에서의 명령을 이 인터페이스가 수신하면 실행을 위해 프로세서로 보내진다.

xDSL 모뎀(선택사양) IP 셋톱박스에 DSL 모뎀을 통합하는 것은 댁내에서 분리된 장치 사용을 필요 없게 해준다.

5.10.1.9 IP 셋톱박스 주변 장치 전형적인 댁내 설정은 IP 셋톱박스와 통합될 수 있는 여러 종류의 주변 장치들을 포함한다. 댁내에서 찾아 볼 수 있는 전형적인 IP 셋톱박스 주변 장비는 리모트 컨트롤, 무선 키보드 그리고 IR 블래스터(blaster)이다.

리모트 컨트롤 리모트 컨트롤은 채널 변경을 위한 장치 이상이다. 이것은 IPTV 가입자가 다양한 디지털 IPTV 서비스를 액세스할 수 있도록 하는 주요 요소이다.

리모트 컨트롤의 배열과 디자인은 IPTV 구축 시스템마다 다르다. 그러나 모든 리모트 컨트롤에 공통적인 여러 제어 키들이 있다(표 5.8 참조).

표 5.8 IPTV 리모트 컨트롤에 사용되는 공통 제어 키

주요 기능	IP 셋톱 동작
온/오프	TV에게 전원을 켜거나 대기 모드로 전환하도록 지시
메뉴	IP 셋톱박스 설정을 위해 설치 메뉴를 시작
EPG	IPTV 종단사용자가 특정 멀티캐스트 채널을 선택할 수 있도록 내비게이션 시스템을 실행
음량	오디오 음량을 높이거나 줄임
포털	IPTV 포털 응용 실행
숫자 키 블록	PIN 코드 입력과 IPTV 멀티캐스트 채널 선택을 위해 사용
OK	IP VoD 타이틀 선택 확인
화살표-왼쪽, 오른쪽, 위, 아래	채널 서핑 수행
시작, 정지, 잠시멈춤, 빨리 감기, 되감기	IP VoD 타이틀을 시청하면서 명령을 내리는데 사용
부 타이틀	부 타이틀을 온 혹은 오프하는데 사용
홈	종단사용자가 스크린 앞뒤로 이동하는데 사용
도움말	도움 정보를 디스플레이

리모트 컨트롤 키패드에 있는 평균적인 버튼의 수는 약 30개이다. 그러나 최대 48개의 다른 버튼을 가진 리모트 컨트롤도 있다.

IP 셋톱박스에 내장된 적외선 인터페이스는 ASCII(American Standard Code for Information Interchange) 수신을 지원한다.

무선 키보드 IR 인터페이스는 키보드로부터의 정보를 수신할 수도 있다. 전자메일과 채팅과 같은 대화식 IPTV 응용을 제공하고자 하는 IPTV 서비스 제공자는 적외선 송신기를 가진 알파뉴메릭 키보드를 가입자들에게 제공해야 한다. 무선 키보드는 소파에 앉아서 IPTV를 시청하는 가입자 무릎에 잘 맞도록 인간공학적으로 설계되고 IP 셋톱박스로부터 최대 30피트까지 떨어진 곳에서 동작한다. 무선 키보드는 PnP이다; 다시 말하면 IPTV 가입자는 형상 설정과 새로운 장치 드라이버 설치에 대하여 걱정하지 않고 바로 키보드를 사용할 수 있다. 어떤 최신의 무선 키보드는 가입자가 텔레비전 스크린에서 포인터를 움직일 수 있게 하는 통합 마우스와 함께 제공된다. 키보드 전력은 로컬 배터리를 이용한다.

IR 블래스터 IR 블래스터는 가정 내의 다른 위치에서 텔레비전과 VCR을 원격으로 조정하고자 하는 가입자에게 유용한 장치이다. 기본적으로 이것은 셋톱박스의 후면에 있는 인터페이스의 하나로 연결되는 케이블이며 케이블을 따라 전송되는 신호를 리모트 컨트롤이 반응할 수 있도록 IR 신호로 변환한다.

5.10.1.10 IP 셋톱박스 전면 패널 전면 패널은 선택된 채널, 전력 표시자, IR 수신기

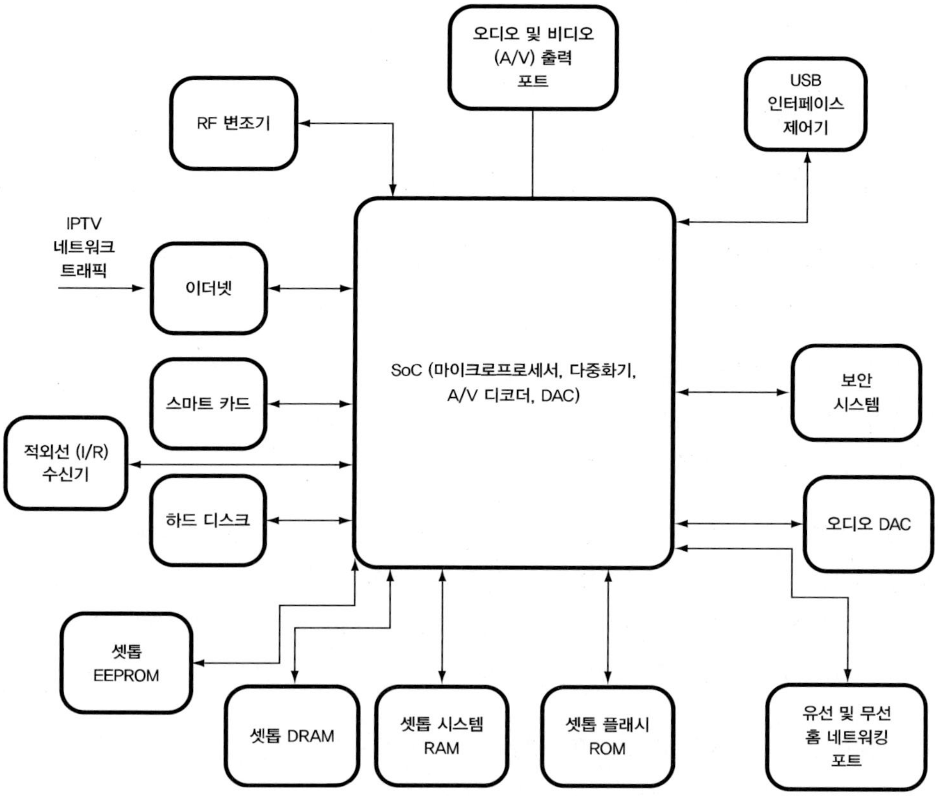

그림 5.11 SOC 기술을 사용한 IP 셋톱박스 디자인

알림 혹은 단문을 디스플레이하는 LED(Light Emitting Diode)로 만들어진 숫자 디스플레이로 구성된다.

5.10.1.11 IP 셋톱박스 물리적 특성 위에 기술된 기능 모듈들을 제품에 포함시키기 위해 IP 셋톱박스 제조업자들은 여러 형태 요소들을 사용할 수 있다. 이들 모든 모듈들이 어떻게 함께 동작하는지는 서비스 제공자와 궁극적으로 가입자의 필요에 달렸다. 그림 5.9에 기술된 여러 기능적 빌딩 블록들이 단일 SOC(single System-On-a-Chip) 모듈로 흡수되는 것에 유의하라.

여러 해 동안 반도체 기술의 발전은 작고 더욱 강력하고 더욱 유연하고 전력 소비를 적게 하고 비싸지 않은 반도체 개발을 가능하게 하였다. 이러한 혁신은 SOC 기술의 탄생을 가져왔다. 이 기술은 마이크로프로세싱, 로직, 디지털 신호 처리, 그리고 메모리와 같은 여러 기능을 하나의 칩으로 통합하였다. 과거에는 이러한 각 기능들은 분리된 개별의 칩에서 다루어졌다(그림 5.11 참조).

장치에서 필요로 하는 모든 기능을 수행하는 작은 크기의 칩은 작은 제품 모양, 적은 전력 소비를 가능하게 하고 이러한 기능 통합은 제조업자에게 비용 절감 효과를 가져다 주었다.

5.10.2 IP 셋톱박스 DVR

IP 셋톱박스 DVR 분류는 크게 독립형(standalone)과 멀티룸 장치로 나눌 수 있다.

5.10.2.1 독립형 IP 셋톱박스 DVR IP DVR 셋톱박스는 홈 네트워킹 시스템에 연결될 때 미디어 허브로서 동작하고 IPTV 가입자가 다음을 할 수 있도록 해준다.

- 생방송 프로그램의 일시 멈춤과 되감기
- 셋톱박스 하드 드라이브에 쇼와 영화 녹화
- 시간에 관계없이 비디오 콘텐츠 재생

IP DVR 셋톱박스의 코어에 있는 대부분의 요소들은 표준 IP 멀티캐스트와 유니캐스트 셋톱박스를 만드는데 사용되는 부품들과 거의 동일하다. 기계적 하드 디스크의 포함은 이러한 유형의 IP 셋톱박스를 다른 것과 구별하는 주요 차이이다.
하드 디스크의 주요 기능은 다음을 포함한다.

(1) OS와 소프트웨어 코드의 IP 셋톱박스 주요 요소 저장
(2) 프로파일, 형상 상세사항, 시스템 레지스트리, 갱신 가능 시스템 파일과 같은 시스템 및 사용자 데이터 저장
(3) IP-VoD 콘텐츠 저장

다음 절은 IP 셋톱박스에 통합될 때 기계적 하드 디스크에 대한 간략한 개요를 제공한다.

IP 셋톱박스 하드 디스크 IP DVR 셋톱박스에 통합된 하드 디스크의 기본적인 기술 구조는 저장 정보를 포함하는 마그네틱으로 코팅된 원형 물질로 구성된다. 이들 원형 물질은 플래터(platter)라고 하고 드라이브의 저장 용량을 늘리기 위해 여러 개를 스택 형태로 구성하고 있다. 정보는 읽기 및 쓰기 헤드를 이용하여 하드 디스크에서 읽고 하드 디스크에 쓴다.

하드 디스크는 비휘발성이고 비디오 콘텐츠 저장 장소로 동작하는 대용량 저장 매체이다. 표준 RAM 시스템에 대비하여 이 매체의 주요 이점은 이 장치의 용량과 IP 셋톱박스의 전원이 꺼져 있어도 콘텐츠 저장을 유지할 수 있는 능력이다.

IP 셋톱박스에 통합된 드라이브가 사용하는 내부 버스 인터페이스에는 두 가지 종류, 즉, IED와 SATA가 있다.

IDE (Integrated Drive Electronics) — ATA(Advanced Technology Attachment)라고도 알려

진 IDE 버스는 하드 드라이브를 IP 셋톱박스 메인보드에 연결한다. IDE 표준은 오랫동안 이용되어 오고 있으며 시간에 따라 여러 번의 재개정을 해왔다. 셋톱박스에 통합될 때 IDE 드라이브는 100Mbps 이상의 속도로 통신할 수 있다.

SATA (Serial ATA) — ATA 혹은 IDE는 데이터를 병렬 방식으로 전송한다. IDE와 대조적으로 SATA는 데이터 통신을 위해 직렬 버스를 이용한다. 첫 세대 SATA 드라이브는 2001년에 소개되었고 150Mbps의 처리율을 제공할 수 있다. 지난 몇 년 간에 걸쳐 여러 IP DVR 셋톱박스 제조업자는 원래의 SATA 표준을 확장한 드라이브를 설치하기 시작하였다 — SATA II. 새로운 SATA II 드라이브는 이전 것에 비해 더욱 높은 전송률 인터페이스를 제공한다. SATA II와 연관된 개선된 읽기/쓰기 시간은 차세대 IPTV 응용의 운영 효율성을 개선하는데 도움을 준다.

대부분의 DVR 기능을 가진 IP 셋톱박스는 표준 하드 디스크를 사용하는 반면에 어떤 저장 장치 제조업자들은 디지털 비디오스트림을 저장하고 스트리밍하기 위해 그들의 제품을 최적화하기 시작하였다. IP 셋톱박스 내에서 DVR 기능을 최적화한 드라이브는 다음과 같은 특성들 포함한다.

- *개선된 쿨링*(cooling) *성능* — 제조업자들은 제품의 전력 소모를 개선하기 위해 IP 셋톱박스 하드 디스크의 쿨링 성능을 조정할 수 있다.
- *작은 외형* — 단지 3.5인치 크기의 하드 디스크는 IP 셋톱박스 DVR에 통합된다. 이들 드라이브의 크기는 계속해서 작아질 것이고 1.8인치 하드 디스크 크기가 2~3년 내에 IP DVR의 표준 특성이 될 것으로 기대하고 있다.
- *하드 디스크의 동시 읽기와 쓰기* — IPTV 스트림을 디스크에 동시에 쓰고 읽는 것은 가입자가 시청 시간을 조절할 수 있도록 해준다.
- *고용량* — 비디오 녹화와 IPTV 스트리밍은 저장 용량을 많이 요구한다. 따라서, IP 셋톱박스 하드 디스크는 10GB에서 1TB 용량의 범위에서 출시된다. PMR (Perpendicular Magnetic Recording), HAMR(Heat-Assisted Magnetic Recording), 홀로그래픽 녹화와 같은 차세대 기술은 IP 셋톱박스 하드 디스크의 용량을 기하급수적으로 늘릴 것으로 예상된다.
- *HRPM* (High Revolutions Per Minute) — 하드 디스크의 RPM 특성은 하드 디스크의 회전 속도를 측정한다. HRPM(보통 7,200 이상)에서 동작할 수 있는 드라이브는 IPTV 콘텐츠를 자연스럽게 녹화할 수 있게 하고 재생할 수 있게 한다.

5.10.2.2 멀티룸 IP 셋톱박스 DVR 이러한 타입의 셋톱박스로 IPTV 가입자는 댁내 여러 방에서 DVR 셋톱박스에 저장된 스트림 비디오 콘텐츠를 수신하고 시청할 수 있다. 각 방에는 비디오 콘텐츠를 액세스하기 위해 기본 수준의 IP 셋톱박스를 필요로 한다. 멀티룸 시스템을 구현하는 두 가지 방식이 있다:

(1) *중앙 저장 구조* 홈 네트워크에 연결된 하나의 IP 셋톱박스만이 하드 디스크를 포함한다. 이러한 구조에서 DVR 기능은 메인 혹은 마스터 IP DVR 셋톱박스에서 수행되고 나머지 비 DVR 가능 디지털 셋톱박스들은 액세스 장치의 역할을 가정한다. 중앙 비디오 저장 구조의 사용은 상당히 발전된 것이나 IPTV 가입자들이 DVR로부터 여러 프로그램을 동시에 액세스할 수 없다. 다시 말하면, 마스터 IP DVR 셋톱박스는 어느 특정 시간에 하나의 프로그램만을 플레이할 밖에 없다.

(2) *분산 저장 구조* 홈 네트워크에 연결된 모든 IP 셋톱박스에 하드 디스크가 포함된다.

5.10.3 하이브리드 IP 셋톱박스 소개

하이브리드 IP 셋톱박스는 IP 광대역 서비스와 디지털 지상파, 위성 혹은 케이블 TV 서비스를 처리할 수 있는 장치로 정의된다. 다시 말하면 IP 기반 네트워크에서 주문형 비디오 콘텐츠와 함께 전통적인 서비스 제공자로부터 순차적인 TV 콘텐츠를 시청하는데 단일 셋톱박스를 이용할 수 있다. 그림 5.12는 하이브리드 IP 셋톱박스 샘플 디자인의 블록 다이어그램을 보여주고 있다.

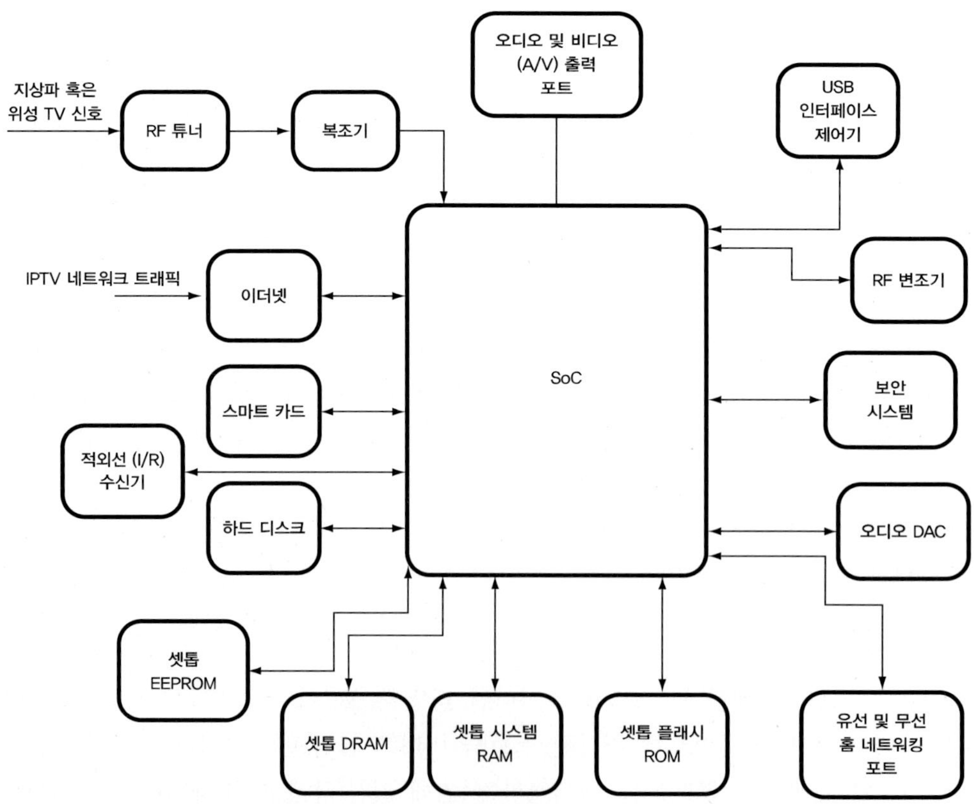

그림 5.12 하이브리드 IP 셋톱박스 샘플 참조 디자인 블록 다이어그램

보이는 바와 같이 하이브리드 IP 셋톱박스는 전통적인 RF 기반 지상파와 위성 TV 네트워크에 대한 액세스를 제공하기 위해 내장 튜너를 통합하고 있다. 이 튜너는 RF 신호를 수신하고 신호를 베이스밴드 신호로 변환하는 복조 장치(demodulator)로 보내고 이 신호는 다음에 IP 셋톱박스가 처리한다. 하이브리드 IP 셋톱박스는 전통적인 TV 시청과 IP 기반 비디오 서비스 간에 점진적인 전이를 도와준다.

하이브리드 IP 셋톱박스의 주요 이점은 RF 네트워크에서의 비디오 콘텐츠 액세스 기능이며 IP 광대역 네트워크에서의 대용량 대역폭 필요성을 줄여주는 것이다. 어떤 제조업자들은 이들 하이브리드 셋톱박스에 디지털 비디오 녹화 기능을 추가하고 있다.

5.10.4 하이브리드 IP DTT 셋톱

디지털 지상파 TV(DTT)와 연결하는데 이용되는 전면 모듈이 하이브리드 IP DTT 셋톱박스의 주요 차이점이다. 전면 모듈의 두 가지 주요 요소는 실리콘 튜너와 복조 장치이다. 지상파 신호는 표준 75ohm의 입력 임피던스(impedance)를 갖는 F-타입 커넥터를 통해서 수신된다. 다음에 이 신호는 튜너로 전달된다. 튜너는 적어도 디지털 지상파 TV 방송을 위한 세 가지 국제 산업 표준, 즉, DVB-T, ATSC-T, 그리고 ISDB-T 중 하나를 지원한다.

5.10.4.1 DVB-T DVB-T(Digital Video Broadcast-Terrestrial) 튜너를 디지털 셋톱박스에 통합하는 것은 DTT 신호 수신을 가능하게 한다. DVB-T는 1995년에 인증된 국제 방송 표준이고 그 이후에 ETSI가 넘겨받아서 공식적인 ETSI 표준이 되었다. 다른 DVB 표준과 함께 MPEG-2 오디오 및 비디오 코딩은 DVB-T의 페이로드를 구성한다.

5.10.4.2 ATSC-T ATSC-T도 국제 표준이다. 이것은 북미 지상파 디지털 TV 시스템에서 사용되고 ATSC 기구에 의해 세계적으로 보급되고 있다. ATSC-T 표준을 위해 개발된 튜너는 원래의 비디오 및 오디오 전보를 복구하는데 사용된다.

5.10.4.3 ISDB-T ISDB-T(Integrated Services Digital Broadcasting-Terrestrial)는 ARIB라고 하는 일본 기구가 개발한 표준이며 DVB-T 산업 표준과 여러 면에서 유사하다.

대부분의 종단 간 디지털 TV 솔루션과 마찬가지로 ISDB-T는 네트워크를 통해 여러 서비스를 제공하기 위해 MPEG-2 압축 표준을 사용한다. 일단 비디오 콘텐츠가 압축되면, ISDB-T 표준은 채널 대역폭은 13개의 다르고 고유한 세그먼트로 분할하는 기능을 지원한다. 이것은 ISDB-T의 고유한 특성이며 방송국에 단일 채널에 포함된 서비스 타입을 혼합하고 일치시키는 유연성을 제공한다.

5.10.4.4 하이브리드 IP DTT 셋톱의 복조 장치 복조 장치는 지상파환경에서 동작할 수 있는 프런트엔드 서브시스템을 제공하기 위해 튜너 칩셋과 결합한다. 현재 IP 셋톱박스에서 볼 수 있는 복조 장치는 다음 변복조 포맷 중 하나를 지원한다.

VSB ATSC 방송은 VSB 변복조 포맷을 사용한다. VSB(Vestigial SideBand)은 지상파 네트워크를 통해 비디오 신호를 전송하기 위해 미국에서 주로 사용된다. 두 가지 변형이 있는데 즉, 8-VSB와 16-VSB가 있다.

- 8개의 진폭 수준을 사용하여 8-VSB는 한 개의 단일 6MHz 채널에서 19Mbps까지의 데이터 전송률을 제공할 수 있다.
- 16-VSB는 변복조 방식의 새로운 버전이며, 16개의 다른 진폭 수준에서 데이터를 전달하고 한 채널에서 38Mbps의 디지털 데이터 전송에 적합하다.

VSB는 지상파 셋톱박스로 방송전파를 통해 디지털 비트를 전송하기 위해 단일 IF(Intermediate Frequency) 반송파(carrier)를 사용한다. 이러한 전송 방법은 VSB를 지상파 네트워크로 전송되면서 신호 장애물로 인한 다중 경로 효과(multipath effect)에 쉽게 영향을 받게 한다. 다중 경로의 영향 중 하나가 셋톱박스로 신호가 늦게 도착하는 것이고 튜너와 복조 장치 설계에서 반영된다.

COFDM (Coded orthogonal Frequency Division Multiplexing) COFDM은 여러 유럽 국가들의 전송 네트워크에서 널리 사용되는 변복조 기술이다. 디지털 전송이 빌딩, 다리, 그리고 언덕과 같은 시야를 방해하는 것에 의해 왜곡되는 복잡한 지역에서 매우 잘 동작한다. VSB와 대조적으로 COFDM은 IPTV 데이터 센터에서 지상파 셋톱박스로 데이터를 전송하는데 다중 반송파를 사용한다.

2K와 8K 두 가지 포맷이 사용된다. 2K는 데이터 전송에 1,705개의 반송파를 사용하고 반면에 8K 포맷은 6,817개의 반송파를 사용한다. 2K 변복조 포맷은 단일 송수신기 운영과 제한된 송수신기 거리를 갖는 작은 단일 주파수 네트워크에 적합하다. 반면에 8K 변복조 포맷은 단일 송수신기 운영과 작고 큰 단일 주파수 네트워크 모두에서 사용된다.

COFDM은 다중 경로 효과에 강한데 그 이유는 채널 대역폭 전체로 전송되는 데이터를 분산시키기 위해 상대적으로 낮은 속도에서 복조되는 많은 수의 반송파를 사용하기 때문이다.

5.10.5 하이브리드 IP 위성 셋톱

하이브리드 IP 위성 셋톱박스는 위성 운영자들이 그들의 기존 RF 기반 유료 TV 서비스에 새로운 SD와 HD IPTV 서비스를 추가할 수 있도록 설계되었다.

네트워크와 연결하기 위해 이용되는 프런트엔드는 하이브리드 IP 위성 셋톱박스의 주요 차별점이다. 이 프런트엔드 모듈의 주요 기능은 셋톱박스와 스위치 그리고 위성 접시 안테나에 연결된 LNB(Low Noise Block Converter)와 같은 주변 장치 간에 양방향 통신을 가능하게 하는 것이다. 하이브리드 디지털 위성 박스를 위한 프런트엔드 모듈의 두 가지 주요 요소는 실리콘 튜너와 복조 장치이다.

5.10.5.1 위성 셋톱 튜너 위성 셋톱 튜너는 정지궤도 위성으로부터 콘텐츠를 수신하고 물리적 채널은 채널 다중화로부터 분리하고 베이스밴드로 변환하는 것이다. 다음 산업 표준 프로토콜 중 하나에 의해 지원된다.

DVB-S 유럽에서 디지털 위성 채널은 협정 DVB-S 표준을 이용하여 방송된다. 이것은 DVB 그룹 표준의 위성 변형이다.

DVB-S 프로토콜은 잘 설정된 ETSI 표준이다. 이것은 원래 1990년대 초반에 채택되어 인증되었고 과거 10년 동안 위성 TV 서비스 전달의 동력이었다. 기술적인 요소로 오디오와 비디오 신호 전달을 위해 MPEG-2 압축 표준이 포함된다. 원래의 표준에 대한 유일한 수정 혹은 확장은 1990년대 말에 제정된 DVB-DSNG라고 하는 표준이다. DSNG(Digital Satellite News Gathering)은 일대일 혹은 일대다 통신 링크상에서 MPEG 콘텐츠 전송을 가능하게 하였다. 전 세계적으로 가정에 DVB-S 프로토콜을 지원하는 튜너를 포함하는 수백만 개의 디지털 셋톱박스가 설치되었다.

DVB-S2 DVB-S2는 DVB로부터 위성 네트워크상으로 전송하는 최신의 기술이다. 이것은 개방형 표준이고 DVB 기술 그룹이 2004년에 개발하였고 이전 DVB-S 표준에 비해 성능면에서 많이 개선되었다. DVB-S2 네트워크에서 수행되는 주요 응용은 다음을 포함한다:

- 표준 비디오 방송 서비스
- 주문형 영화와 VoD 가입을 포함하는 VoD 서비스

표 5.9 하이브리드 IP 위성 셋톱박스 튜너의 특성

	DVB–S	DVB–S2	ISDB–S	DSS
비디오 콘텐츠 코딩	MPEG-2 비디오	MPEG-2, MPEG-4, and 윈도 WMV	MPEG-2 비디오	비 개방 및 MPEG-2 표준
오디오 콘텐츠 코딩	MPEG-2 오디오 (AAC)	MPEG-2 오디오 (AAC)	MPEG-2 오디오 (AAC)	뮤지캠 및 AC3
전송 비트율 (Mbps)	34	80	51	38

- 고속 광대역 인터넷 액세스, 게임 그리고 대화형 광고를 포함하는 대화형 서비스
- 고화질 비디오 콘텐츠 서비스

기술적 관점에서 이 표준은 비디오 콘텐츠 변복조와 코딩에 사용되는 기술에서의 최근 개선사항들로부터 많은 도움을 받았다. DVB-S는 MPEG-2 전송스트림의 전송만을 수용할 수 있었으며, 이는 서비스 제공자가 최신의 IP 기반 응용을 구축할 수 있는 능력을 제한하였다. 따라서, DVB는 MPEG-4와 WMF(Window Media Format)과 같은 새로운 압축 포맷을 지원하기 위해 업그레이드된 S2 포맷을 디자인하였다.

DVB-s2 장비는 DVB-S 네트워크보다 30% 정도 추가의 처리율을 제공할 수 있다. DVB-S2 시스템 구축은 헤드엔드에 새로운 변복조 장치의 설치를 요구한다.

DVB-S2 네트워크 액세스는 제조업자에게 특정 튜너를 하이브리드 IP 셋톱박스에 통합할 것을 요구한다. 이 튜너의 디자인은 전환 기간 동안에 기존에 설치된 DVB-S 셋톱과 동작이 가능하도록 보장하기 위해 DVB-S 네트워크와 호환성을 유지해야 한다. 듀얼 표준 성능을 통합한 셋톱박스 디자인은 소비자에게 미래에 좀 더 개선된 응용으로의 업그레이드 경로를 제공한다.

DSS (Digital Satellite System) DSS는 다이렉트 TV라고 하는 미국 기반 회사가 사용하는 비공개 TV 전송 방식이다.

4가지 튜너 타입의 특성에 대한 요약이 표 5.9에 나타나있다.

5.10.5.2 디지털 위성 셋톱박스의 복조 장치 복조 장치 반도체는 튜너와 유연하게 통합되도록 설계되었다. 튜너로부터의 출력을 받아서 복조 칩셋의 부분인 A/D 변환기로 입력한다. A/D 변환기의 출력은 복조되고 MPEG-2 전송스트림이 재생된다. 현대 하이브리드 IP 위성 셋톱박스에서 볼 수 있는 복조 장치는 다음 중요한 변조 포맷 중 하나를 지원한다:

- BPSK (Binary Phase Shift Keying)
- QPSK (Quadrature-Phase-Shift-Keying)
- 8-PSK

다음 절은 이들 방식에 대하여 좀 더 상세히 설명한다.

BPSK 이는 데이터 신호의 고유성을 위성 네트워크에서 변조하는 상대적으로 간단한 방식이다. 변조된 신호는 반송파와 함께 0과 1로 구성되는 단일 비트 전송스트림을 결합하여 생성한다.

QPSK QPSK는 표준 복조 방식으로 여러 해 동안 사용되고 있다. 이것은 위성 TV 제공자로부터 위성 셋톱박스로 신호를 전달하는 수단을 제공한다. 네트워크로 인코딩

되는 정보는 파형을 위상 변조하여 얻는다.

위상 변조를 채택하는 것 이외에 QPSK는 두 번째 파형을 전송한다. 이 두 개 파형의 진폭도 변조되고 서로에게 90% 이격된다. 이러한 방법으로 데이터를 전송하는 것의 효과는 매 헤르츠마다 두 개 비트 정보를 전송하는 것이다. 이는 효율적으로 네트워크의 대역폭 용량을 두 배로 늘리며 네트워크상의 가용한 라디오 주파수 스펙트럼을 효율적으로 이용한다.

8-PSK 이 변조 방식은 반송파가 QPSK의 경우인 2비트 대신에 3비트의 정보를 전송하도록 한다. 이러한 방식은 데이터가 디지털 위성 네트워크로 전송될 수 있는 전송률을 증가시킨다. 이는 반송파가 8개의 다른 상태 중 하나에 존재할 수 있는 변조 기술이다. 각 상태는 3비트를 나타내며 000부터 111까지이다. 프런트엔드 모듈로부터의 출력은 처리를 위해 IP 셋톱박스의 코어로 전달된다. 위에 기술된 여러 칩셋의 혼합은 다양한 디지털 TV 서비스를 수신할 수 있는 셋톱박스를 만든다.

5.10.6 하이브리드 IP 케이블 셋톱

전통적인 케이블 셋톱박스는 기존 HFC 네트워크와 호환성을 가지며 가입자에게 다채널 서비스에 대한 액세스를 제공한다. 하이브리드 IP 케이블 셋톱박스는 한 단계 더 나아가며 디지털 IPTV 서비스와 함께 표준 RF 기반 케이블 TV 채널을 수신하도록 디자인되었다. 특별한 프런트엔드 모듈은 HFC 네트워크에서 가용한 방송 TV 채널을 액세스하는데 이용되며 반면에 내장된 케이블 모뎀은 유료 TV 가입자에게 IP-VoD와 멀티캐스트 IPTV 서비스에 대한 액세스를 제공한다. 이들 DOCSIS 기반 셋톱 게이트웨이 제품은 MSO(MultiService Operator)에게 단일 DOCSIS 네트워크를 통해 STB 제어 특성뿐만 아니라 비디오, 데이터와 음성 스트림을 전달할 수 있도록 한다.

5.10.6.1 프런트엔드 모듈 프런트엔드 모듈의 주요 기능은 케이블 셋톱박스와 운영자의 헤드엔드 장비 간에 양방향 통신을 가능하게 하는 것이다. 프런트엔드 모듈의 두 가지 주요 요소는 실리콘 튜너와 복조 장치이다.

튜너 하이브리드 IP 케이블 셋톱박스에 통합된 튜너는 다른 타입의 네트워크 표준들과 상호작용할 수 있다. 표준은 지역마다 다르다. 표 5.10은 전 세계에 걸친 디지털 케이블 튜너의 지역적 분포를 보여주고 있다.

다음 문장은 이들 표준에 대한 보다 자세한 사항을 제공한다.

- DVB-C는 케이블 TV 네트워크상에서 데이터 전송을 위해 사용되는 유럽 명세서이다. DVB-C는 1990년대 중반에 DVB가 개발하였다. DVB-C는 케이블 모뎀과

표 5.10 디지털 셋톱박스 튜너의 세계적 분포

튜너 타입	구축 지역
DVB-C	유럽, 남아메리카 그리고 이머징 마켓
ISDB-C	일본
오픈케이블	북아메리카

셋톱박스가 호환되도록 하기 위해 유럽 케이블 운영자들이 단일 표준 세트에 집중하도록 도왔다. DVB-C 명세서는 업스트림(고객에서 운영자로) 그리고 다운스트림(운영자에서 고객으로) 통신 모두들 정의한다.

- ISDB-C(Integrated Services Digital Broadcasting-Cable)는 ARIB와 JCTEA(Japan Cable Television Engineering Association)이 개발한 표준이다. 이것은 압축을 위해 MPEG-2를 사용하고 케이블 TV 네트워크상에 디지털 데이터 전송을 위해 QAM 방식을 활용한다.
- 오픈케이블은 케이블랩이라고 하는 기구가 만든 디지털 TV 표준이다. 오픈케이블은 두 개의 주요 요소를 갖고 있다: 하드웨어 명세서와 소프트웨어 명세서. 케이블랩 하드웨어 명세서는 디지털 비디오와 오디오 서비스를 다루고 처리하는데 이용되는 여러 유형의 실리콘 칩에 대해 기술한다. 소프트웨어 명세서는 OCAP(OpenCable Application Platform)이고 대화식 서비스가 구축되는 공통 소프트웨어 환경을 제공한다. 오픈케이블 네트워킹 기반구조는 DVB-C와 ISDB-C와 같은 주요 특성을 갖고 있다.

복조 장치 하이브리드 IP 케이블 셋톱박스에서 찾을 수 있는 복조 장치는 QAM 변조 방식을 지원한다. QAM은 표준 복조 방식이며 여러 해 동안 쓰여 오고 있으며 케이블 운영자의 헤드엔드에서 하이브리드 IP 케이블 셋톱박스로 신호를 전달하는 수단을 제공한다. QAM은 매우 높은 속도로 케이블 TV 네트워크상에서 디지털 정보를 전달하는 상대적으로 간단한 기술이다. 이는 두 개의 사인곡선(sinusoidal) 반송파를 사용하며 주어진 물리 채널로 데이터를 전송하는데 서로 간에 위상이 90각도를 유지한다.

어떤 벤더들은 QAM 튜너와 복조 장치를 하나의 실리콘 칩에 통합한 프런트엔드 모듈을 제공함에 유의하라.

5.10.6.2 내장 케이블 모뎀 내장 DOCSIS 혹은 EuroDOCSIS 케이블 모뎀을 포함하는 것은 하이브리드 IP 케이블 셋톱박스에게 고속 IPTV 광대역 서비스를 처리할 수 있는 응력을 제공한다. 케이블 모뎀은 일반적인 케이블 TV 네트워크 케이블을 통해서 (데이터, 음성, 그리고 비디오) 양방향 통신을 제공하는 클라이언트 장치로서 가장 잘

정의된다. 기술적 관점에서 케이블 모뎀은 동축 케이블 연결을 이용하는 디지털 모뎀이다. 케이블 모뎀은 OOB 케이블 TV 채널을 통해 CMTS라고 하는 헤드엔드에 위치한 장치로 IP 연결을 하여 케이블 네트워크상에서 통신한다. CMTS는 여러 하이브리드 IP 케이블 셋톱박스로부터 들어오는 요청을 받아서 IPTV 데이터 센터로 라우트한다. 요청된 IP 비디오는 OOB 채널을 통해 직접 케이블 모뎀으로 보내지거나 RF 네트워크를 통해 분배되며 케이블 셋톱박스의 프런트엔드 모듈을 이용하여 액세스된다.

케이블 모뎀의 속도는 트래픽 수준과 전체적인 네트워크 구조에 달렸다. 이는 케이블 모뎀을 이용하여 IPTV 채널을 액세스할 때 주요 단점이 되며 그 이유는 수신된 신호의 품질이 CMTS에 연결된 사람의 수가 증가할수록 나빠지기 때문이다. 케이블 TV 광대역 서비스의 공유 특성은 IPTV 서비스를 제공하려고 계획하고 있는 케이블 TV 운영자들에게 문제가 되고 있다. 이 문제는 DOCSIS 표준 3.0 버전에 설명되어 있다. 주파수 범위와 관련하여 케이블 TV 운영자들은 데이터를 전달하기 위한 주파수 스펙트럼의 부분을 정의한다. 이 주파수 범위는 네트워크마다 다르고 나라마다 다르다.

5.10.7 IP 셋톱박스 특성 비교

표 5.11은 전 세계적으로 IPTV 서비스 제공자들이 사용하는 IP 셋톱박스 타입의 주요 특성들을 비교하고 있다. 이 부분에 대한 보다 자세한 사항은 www.tvmentors.com을 참고하라.

표 5.11 여러 유형의 IP 셋톱박스 특성 비교

IP 셋톱박스 타입	지원 서비스	튜너 타입	지원 전송 표준
멀티캐스트와 유니캐스트 IP 셋톱박스	IP 비디오 멀티캐스트, IP-VoD 및 홈 네트워킹 연결	RF 튜너 없음	IP 프로토콜 스택
IP 셋톱박스 DVR	IP 비디오 멀티캐스트, IP-VoD, 홈 네트워킹 연결 및 로컬 저장장치	RF 튜너 없음	IP 프로토콜 스택
하이브리드 IP 지상파 셋톱박스	지상파 TV, IP-VoD 및 홈 네트워킹 연결	COFDM 및 VSB	DVB-T, ATSC-T, ISDB-T 및 IP
하이브리드 IP 위성 셋톱박스	위성 TV, IP-VoD 및 홈 네트워킹 연결	QPSK, BPSK 및 8PSK	DVB-S, DVB-S2, ISDB-S, DSS 및 IP
하이브리드 IP 케이블 셋톱박스	케이블 TV, IP-VoD 및 홈 네트워킹 연결	QAM	DVB-C, ISDB-C, 오픈케이블 및 IP

5.11 새롭게 등장하는 IPTVCD

5.11.1 게임 콘솔

전형적인 게임 콘솔은 비공개 하드웨어 디자인과 소프트웨어 운영 환경 특성을 갖는 여러 주요 요소들로 구성된다. 그러나 게임 콘솔과 IP 셋톱박스 사이에 여러 닮은 점들이 있다. 사실 게임 콘솔과 IP 셋톱박스에 대한 요소들은 여러 실리콘 요소에 기초하고 있다. 이는 두 가지 플랫폼에 공통적이다. 공통 실리콘 칩셋은 디코더와 비디오 프로세서에서부터 커넥터와 보안 모듈에 이르기까지 다양하다. 그러나 여러 고유한 차이점들이 있다.

5.11.1.1 개선된 그래픽 및 오디오 성능 게임 콘솔의 설계는 그래픽 품질 유지를 요구한다. 게임 콘솔과 전통적인 IP 셋톱박스의 중요 차이점 중 하나는 그래픽 처리를 위한 서브시스템의 포함이다. 이 서브시스템은 메인 시스템 프로세서 내에 구축되거나 분리된 그래픽 프로세서의 일부로 포함된다. 주요 기능은 고화질 게임 이미지를 렌더링하고 3차원 요소를 처리하는 것이다. 고화질 그래픽을 지원하는 것 이외에, 게임 콘솔 플랫폼은 우수한 오디오 출력을 생성하기 위해 구축된다. 이는 현대 게임과 연관된 원하는 사운드 효과를 얻기 위해 지정된 오디오 프로세서의 사용을 요구한다.

5.11.1.2 개선된 저장 장치 개선된 게임 콘솔은 게임 플레이를 위한 DVD와 함께 제공된다. 추가적으로 대부분의 차세대 게임 콘솔은 내장 멀티기가바이트 하드 디스크를 포함한다. 이러한 유형의 디자인은 플레이를 가속화하는데 그 이유는 콘솔이 느린 DVD로부터 읽는 대신에 빠른 하드 디스크에 게임을 임시로 저장할 수 있기 때문이다.

5.11.1.3 우수한 I/O 기능 개선된 셋톱박스 게임 콘솔은 홈 네트워크에 고속으로 연결할 수 있는 포트와 함께 만들어진다.

5.11.1.4 고성능 프로세서 게임 콘솔에 사용되는 프로세서는 오늘날의 저급 컴퓨터가 갖고 있는 수준과 같은 성능을 갖는다.

5.11.1.5 게임 제어기의 I/O 포트 제어기 포트는 다자간 게임을 지원하기 위해 추가된다.

위의 특성들 이외에, 많은 주요 콘솔 제조업자들은 제품의 기능을 지속적으로 확장하여 TV 튜너와 같은 IP 셋톱박스와 연관된 기능과 IPTV 콘텐츠를 액세스하는 기능 포함하고 있다.

표 5.12 홈 미디어 서버 빌딩 블록

빌딩 블록	기 능
프로세서	고성능 듀얼 코어 프로세서들은 WHMN 응용과 콘텐츠 처리, 저장, 그리고 관리에 대한 요구를 만족하는데 사용됨
마더보드	미디어 서버 마더보드는 내장 기가비트 네트워킹에서부터 다중 하드 디스크 지원에 이르기까지 다양한 특성을 가짐
메모리	미디어 서버의 중요한 요소이고 서버가 최적의 수준으로 동작하는 것을 보장
광 DVD 드라이브	미디어 서버는 차세대 DVD 드라이브를 포함하고, 이는 SD와 HD IPTV 콘텐츠 녹화 기능을 가짐
하드 디스크	저장 장치는 미디어 서버의 주요 판매 포인트임. 그 결과 대부분의 미디어 서버는 하나 이상의 고용량 하드 디스크를 가짐. 미디어 서버 하드 디스크에 저장된 콘텐츠는 다른 IPTVCD가 액세스할 수 있음
그래픽 카드	미디어 센터는 그래픽 카드 기능을 직접 마더보드에 구현. 많은 미디어 서버는 지정 그래픽 카드를 사용하며, 이는 프로세서의 부하를 줄임
사운드 카드	고급 미디어 서버는 서라운드 사운드를 생성하는 카드를 내장하고 있음
TV 튜너 카드	TV 튜너는 미디어 서버가 IPTV 멀티캐스트 및 주문형 채널뿐만 아니라 전통적인 RF 디지털 TV 신호를 액세스할 수 있게 함. TV 튜너 카드는 디코더를 포함하고 다양한 커넥터 타입으로부터 입력을 받음
케이싱	미디어 서버는 보통 거실에 위치하기 때문에 외관상 보기가 좋아야 함
운영체제	미디어 서버 OS는 종단사용자가 멀티캐스트 IPTV 프로그램을 시청, 음악 청취, 그리고 IP-VoD 타이틀을 원격 서버로부터 다운로드하는 것과 같은 홈 엔터테인먼트 기능을 제공
키보드와 원격 제어	키보드와 원격제어는 블루투스 혹은 적외선 신호를 통해 무선으로 명령을 내리는데 사용

5.11.2 홈 미디어 서버

미디어 서버는 IPTV 서비스에 대하여 고속 액세스를 제공하는 다른 유형의 IPTVCD이다. 표 5.12는 홈 미디어 서버를 구축하는데 사용되는 주요 요소들의 기능을 요약하고 있다.

IPTV 서비스에 대한 액세스를 제공하는 것 이외에, 홈 미디어 서버는 홈 전체에 디지털 콘텐츠가 사용될 수 있도록 허용한다. 이는 여러 우수한 홈 네트워킹 인터페이스 혹은 미디어 센터 확장자를 통하여 달성할 수 있다.

요약

댁내 게이트웨이는 홈 분배 네트워크에 연결된 여러 유형의 디지털 가입자 장치를 IP 광대역 액세스 네트워크와 연동하는 기능을 갖고 있다. 연결성 이외에 RG는 또한 방화벽 보호와 같은 최신 기능을 지원하고 IPTV를 포함하는 다양한 IP 서비스에 대한 액세스를 지원한다. 댁내 게이트웨이 실현은 새로운 표준 개발과 같은 여러 회사들의 협조가 필요하다. 5개 그룹이 현재 표준을 위해 작업을 하고 있다 — ISO/IEC, DSL 포럼, HGi, 케이블랩, OSGi.

IP 셋톱박스는 자신의 제품 리스트에 IPTV 서비스를 추가하고자 하는 대부분의 전화회사들을 위한 장치이다. IP 셋톱박스는 TV와 디스플레이 패널에서 IP 기반 비디오 콘텐츠를 시청할 수 있도록 한다. 여러 IP 셋톱박스들은 TV 시청의 타임 시프팅(time shifting), 고화질 비디오 콘텐츠 처리 능력, 그리고 개선된 홈 네트워킹 서비스 지원과 같은 특성을 포함한다.

표 5.13은 IP 셋톱박스 구축에 이용되는 주요 요소의 기능을 요약하고 있다.

대부분의 이들 모듈은 하나의 칩에 통합될 수 있다. SoC 기반 IP 셋톱박스의 탄생은 서비스 제공자가 IPTV 서비스 구축을 쉽게 해준다. 셋톱박스의 외형은 벤더마다 다름에 유의하라. IP 셋톱박스 제품은 여러 가지로 나눌 수 있다: 멀티캐스트, 유니캐스트, DVR, 하이브리드 IP 지상파, 하이브리드 IP 위성 그리고 하이브리드 IP 케이블. 하이브리드 셋톱박스는 표준 지상파, 위성, 혹은 케이블 비디오 콘텐츠를 수신하고 디코드할 수 있을 뿐만 아니라 광대역 네트워크를 통해 대화식 IPTV 서비스를 액세스할 수 있는 새로운 부류의 장치이다. 다른 유형의 IPTVCD는 게임 콘솔과 홈 미디어 서버를 포함한다. 게임 콘솔은 인터넷 브라우징과 IPTV 서비스 액세스를 포함하는 다양한 형태의 엔터테인먼트를 위해 가입자가 사용한다. 미디어 서버는 IPTV 서비스 액세스에 적합한 고유의 하드웨어와 소프트웨어 플랫폼을 제공한다.

표 5.13 IP 셋톱박스 주요 요소의 개요

빌딩 블록	기 능
프로세서	셋톱박스에서 여러 기능을 수행하는 컴퓨팅 성능 제공. 스트리밍 IP 비디오 및 온라인 게임과 같은 IP 기반 소프트웨어 응용 수행에 필요. 응용 처리 이외에, 프로세서는 네트워크 활동을 지원하기 위한 충분한 성능을 가질 필요가 있음. 제한된 성능을 가진 프로세서는 지터와 폐기 프레임과 같은 문제를 야기할 수 있음
메모리 (RAM 및 플래시 ROM)	IP 셋톱박스에 포함된 메모리양은 벤더마다 다르며 16MB에서 256MB 이상에까지 이른다.

(다음 페이지에 계속)

표 5.13 IP 셋톱박스 주요 요소의 개요

빌딩 블록	기 능
비디오 디코더	이 하드웨어 요소는 동시에 다중 수신 IPTV 콘텐츠스트림을 디코드하는데 이용됨. 스트림은 보통 압축되고 오류로부터 보호됨. 이 디코더는 HD 그리고 SD 비디오 포맷 디코딩을 지원함. IPTV 데이터 센터의 인코더가 사용하는 알고리즘을 IPTV 패킷을 압축 해제하는데 디코더가 사용함
오디오 디코더	IP 셋톱박스의 이 요소는 수신 오디오 신호를 디코딩하는 책임을 가짐
전송 스트림 역다중화기	역다중화기는 시청자가 원하는 IPTV 채널의 오디오 및 비디오 패킷 선택과 역패킷화함
이더넷 트랜시버/제어기	대부분의 IP 디지털 셋톱박스는 광대역 네트워크와의 상호작용을 제공하기 위해 이더넷 트랜시버 칩을 장착하고 있음. 이 장치는 보통 10-100Mbps의 네트워킹 속도를 지원함
보안 프로세서	보안은 보안 프로세서 칩셋과 DRM 엔진을 통해 제공됨. 이 요소의 목적은 멀티캐스트와 IP-VoD 콘텐츠를 해독하는 것임
유선 및 무선 홈 네트워킹 포트	홈 네트워킹 기능은 고속 유무선 I/O 포트를 통해 제공됨
오디오 및 비디오(A/V) 출력 포트	IP 셋톱박스는 오디오 및 비디오를 여러 다른 포맷으로 출력할 수 있음
적외선 수신기	가입자가 리모트 컨트롤 혹은 무선 키보드를 이용하여 원격으로 셋톱박스의 기능을 수행할 수 있도록 함
그래픽 가속기	그래픽 제어 모듈은 고화질로 그래픽을 처리하는 기능을 가짐. 그래픽 가속기의 고급 기능은 고성능 3D 콘텐츠 처리 성능을 포함
하드 디스크	IP 셋톱박스는 디자인은 PVR 기능을 지원하기 위해 하드 디스크 드라이브를 수용함. 이는 IPTV 가입자가 생방송 및 스케줄 프로그램을 녹화, 재생, 빨리감기, 그리고 되감기를 허용함. IPTV 셋톱박스에 허용된 TV 녹화 시간은 하드 디스크 크기에 따라 다름
RF 복조기	이 요소는 서비스 제공자가 공중파, 위성, 그리고 케이블 기반 디지털 방송을 액세스하도록 허용하기 위해 IP 셋톱박스에 포함됨

C/h/a/p/t/e/r

6

IPTVCD 소프트웨어 구조

IPTVCD에서 수행되는 다양한 소프트웨어 요소들이 있다. 이들 소프트웨어 요소들은 3가지의 주요 부류로 나눌 수 있다. 즉, 드라이버, 내장 실시간 운영체제(RTOS), 그리고 미들웨어이다.

통합 소프트웨어 드라이버의 주요 기능은 하드웨어 플랫폼에 대한 액세스를 제공하는 것이다. RTOS는 입력되는 스트림을 파싱(parsing)하는 것에서부터 일반적인 형상화 작업을 수행하는 것에 이르기까지 다양한 기능을 제공한다. IPTVCD가 사용하는 소프트웨어 구조의 다른 주요 요소는 미들웨어이며 이는 실시간 OS와 대화식 IPTV 응용 간에 통신 가교 역할을 하는 소프트웨어이다. 이 장에서는 IPTVCD 소프트웨어 시스템의 기초에 대한 소개를 하도록 한다. 추가적으로 새롭게 떠오르는 IPTV 시장을 위한 미들웨어 표준을 정의하는 작업을 하는 산업 선도협의체와 표준화 기구를 논의한다.

6.1 IPTVCD 구성

IPTVCD 대화식 TV 시스템의 구조는 계층으로 나누어지며, 각 계층은 새로운 기능을 추가한다. 전형적인 IPTVCD 소프트웨어 시스템의 구조에 대한 개요가 그림 6.1에 나타나 있으며 3개의 분리된 소프트웨어 계층으로 구성된다:

- 장치 드라이버
- 실시간 운영체제
- 미들웨어 모듈

6.1.1 장치 드라이버

IPTVCD RTOS는 하위 하드웨어 플랫폼에 대한 접근을 제어하고 상화작용하기 위해서 드라이버라고 하는 소프트웨어를 필요로 한다. 이더넷 포트, 하드 디스크 혹은 디코딩 칩셋 등 IPTVCD 내의 모든 하드웨어 요소는 장치 드라이버를 가져야 한다. 드라이버는 실시간 OS로부터의 명령을 하드웨어 장치가 인식할 수 있는 포맷으로 변환

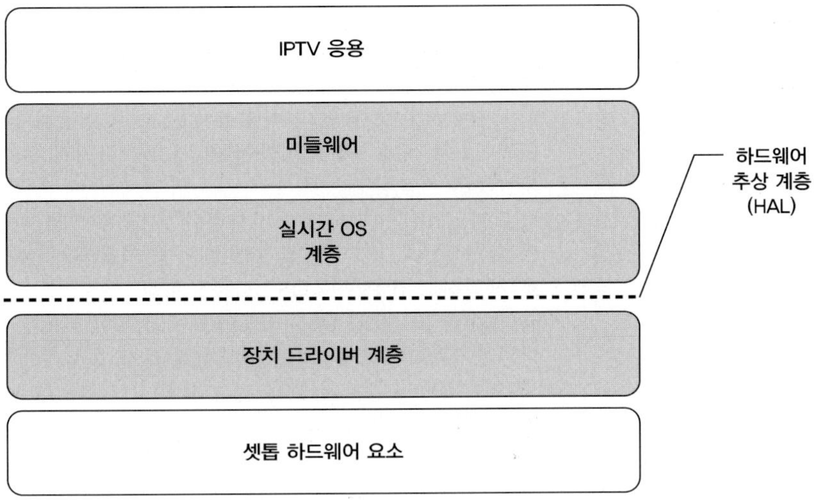

그림 6.1 일반적인 IPTVCD 소프트웨어 구조

하는 프로그램이다. 이것으로 실시간 OS가 직접 하위 하드웨어 장치와 직접 상호작용할 필요가 없게 된다. IPTVCD 내에 포함된 모든 장치는 드라이버 프로그램에 통합된 자신만의 특별한 명령 세트를 갖고 있다. 어셈블리어(assembly language)가 드라이버를 작성하는 프로그램으로 이용된다. 따라서, IPTVCD 제조업자가 특별한 디자인에 추가 요소를 넣고자 한다면 실시간 OS가 새로운 하드웨어를 제어할 수 있게 하는 새로운 드라이버가 작성되어야 한다. IPTVCD에 전원이 공급되면 RTOS는 자동으로 장치 드라이버를 설치하고 형상화한다.

6.1.2 RTOS

RTOS는 IPTVCD에서 수행되는 가장 중요한 소프트웨어이다. 대부분의 경우 IPTVCD는 멀티미디어 컴퓨터의 처리 능력을 갖고 있지 않으며 작은 하드웨어 자원을 사용하는 운영체제를 요구하고, 빨라야 하며, 실시간 환경에서 기능할 수 있어야 한다. IPTVCD를 위해 설계된 운영체제는 여러 기능을 수행하는데 이용되는 여러 소프트웨어 요소들을 포함한다. IPTVCD OS의 중심에 커널(kernel) 요소가 있으며, 이는 ROM에 저장되어 있고 매우 작은 메모리 자원을 차지한다.

전형적으로 커널은 메모리 자원을 관리하고, 특정한 순서로 프로세서가 수행하도록 작업을 할당하고, 인터럽트를 처리하는 것에 대한 책임을 맡고 있다. IPTVCD OS는 또한 멀티스레딩(multithreading)과 멀티태스킹(multitasking)을 지원한다. 이들 특성은 IPTVCD가 프로그램의 다른 부분 그리고 다른 프로그램을 동시에 수행할 수 있도록 허용한다. 일단 IPTVCD에 전원이 공급되면 커널이 먼저 로드(load)되고 IPTVCD의

표 6.1 IPTVCD OS 요소

IPTVCD OS 요소	설 명
하드웨어 추상 계층	HAL은 IPTVCD 하드웨어 장치와 시스템 소프트웨어 간의 인터페이스를 제공. 이는 상위 응용 계층을 물리적 하드웨어 장치로부터 보호함
이벤트 관리자	이벤트 관리자는 IPTVCD의 정상적인 운영 중에 발생하는 이벤트를 다룸. 예, IPTV를 홈 네트워크에 연결하는 것을 이벤트로 생각하고 IPTVCD OS 요소가 처리
로더(loader)	커널 이외에, IPTVCD OS는 IPTVCD에 전원이 켜지면 OS 실행파일을 찾고 이를 RAM에 로드하기 위해 로더를 필요로 함.
메모리 관리자	이 요소는 프로그램이 제한된 양의 IPTVCD 메모리 관리를 통해 수행되는 것을 보장
고급 프로그램 인터페이스	IPTVCD OS는 소프트웨어 개발자가 특정 OS를 위한 고급 응용을 작성할 수 있도록 API들을 통합할 필요가 있음. API는 특정 유형의 RTOS 환경에 맞는 프로그램을 작성할 수 있도록 프로그래머가 사용하는 기본적인 빌딩 블록

전원이 끊길 때까지 메모리에 남아 있다.

커널은 동적 로더(loader), 메모리 관리자, 이벤트 관리자, API, 그리고 HAL(Hardware Abstraction Layer)를 포함하는 여러 추가적인 요소들로 보완된다. 표 6.1은 이러한 요소들에 대하여 보다 상세히 설명하고 있다.

RTOS에 포함된 요소들은 제품마다 다르다는 것을 이해하는 것이 중요하다. IPTVCD를 위한 OS는 종단사용자에게는 보이지 않으며 그 결과 TV 시청자는 ITVCD OS와 직접 연결될 수 없다.

6.1.3 IPTV 미들웨어

IPTVCD 소프트웨어 구조의 중심은 IPTVCD OS와 대화식 IPTV 응용 사이에서 통신 가교 역할을 하는 연결 계층이며 "미들웨어"라고 부른다. 미들웨어는 IPTVCD 소프트웨어와 통신 시스템에서 사용되는 통신 소프트웨어 스택의 중간과 상위 계층의 논리적 추상화를 나타낸다. IT 환경과 비교할 때, OSI(Open System Interconnection) 7계층 모델의 표현과 세션 계층에 해당된다. 미들웨어는 하위 하드웨어와 네트워크 요소들의 상세사항으로부터 대화식 IPTV 응용 프로그램을 분리하는데 사용된다. 따라서, 이들 응용은 하위 네트워크 프로토콜에 대하여 걱정하지 않고 광대역 네트워크상에서 투명하게 동작할 수 있다. 이것은 개발의 복잡성을 상당히 줄일 수 있는데 그 이유는 응용이 공통 플랫폼을 이용할 수 있도록 쓰여질 수 있기 때문이다. IPTV 데이터 센터에 있는 서버의 저장 자원을 사용하는 응용을 작성하도록 IPTV 서비스 제공자와 계약한 소프트웨어 개발자의 경우를 고려해보자. 이러한 분산 응용을 효율적으로 구축하기 위해 개발자는 대화식 IPTV 응용이 IP 통신 스택과 상호작용하도록 보증할 필요가 있다. 미들웨어 방식하에서 개발자는 하위 프로토콜 구조에 대한 상당한 지식이 없이도 IP 네트워킹 특성을 이용할 수 있다.

6.2 대화식 TV 미들웨어 표준

산업 표준을 채택하면 여러 공급자들로부터 경쟁적인 가격 정책을 유도하여 전체적인 IPTV 시스템 비용을 줄이는데 도움을 준다. 이 책을 저작할 때에 전 세계적인 IPTV 산업을 위한 공통 미들웨어 표준이 아직 정의되지 않았다. 그러나 IPTV 기능을 제공하기 위해 채택된 기존 대화식 TV 미들웨어 표준이 몇 가지 있다:

- MHP
- GEM
- OCAP
- ACAP
- ARIB B23

이들 개방형 미들웨어 표준에 대한 설명과 관련 IPTV 변형들에 대한 간략한 개요는 다음 절에서 제공된다.

6.2.1 MHP

IPTV 지원을 위해 MHP(Multimedia Home Platform) 채택에 대해 논의하기 전에 MHP가 어떻게 동작하는지를 이해하는 것이 도움이 될 것이다. 다음 절에서 종단 간 DVB 디지털 TV 시스템에서 사용될 때의 MHP에 대한 간략한 개요를 기술한다.

6.2.1.1 MHP 소개

MHP는 서비스 제공자가 대화식 및 IP 기반 TV 응용을 개발, 전달, 그리고 실행할 수 있도록 하는 개방형 소프트웨어 프레임워크이다. 이 표준은 플랫폼에 독립적이다. 따라서, 콘텐츠 개발자는 한번만 응용 혹은 콘텐츠를 개발하면 자신의 제품이 다른 하위 하드웨어 자원과 실시간 운영체제를 사용하는 디지털 셋톱박스에 포팅(porting)될 수 있음을 확인할 수 있다. 이것은 대화식 TV(iTV) 응용을 여러 다른 비개방 시스템들에 대해 새로이 다시 작성해야 하는 것과 대조를 이룬다. 보통 소프트웨어의 MHP 미들웨어 계층은 운영체제의 상위에서 수행된다. 이는 다른 하드웨어 구조에 이 미들웨어를 쉽게 포팅할 수 있게 한다.

MHP 미들웨어 계층의 주요 목적은 다음 기능을 관리하는 것이다:

- CPU 작업과 프로세스 스케줄링
- 장치 드라이버
- 메모리 관리
- 셋톱박스 하드웨어 자원 액세스
- 리모트 컨트롤과 셋톱박스 간의 상호작용
- 가입자에게 iTV 응용 표현

MHP는 다음 예를 포함하는 많은 종류의 응용을 지원한다:

- EPG
- TV 콘텐츠에 동기화된 응용
- 전자상거래와 안전한 트랜잭션
- TV 채팅과 전자메일
- 대화식 상거래

6.2.1.2 MHP의 진화

유럽 기반 디지털 TV 컨소시엄인 DVB 그룹은 MHP 대화식 TV 명세서를 개발하였다. 이 그룹이 처음 만난 이후에 MHP가 어떻게 진화해 왔는지에 대한 주요 역사적 마일스톤이 그림 6.2에 나타나 있다.

개발 과정은 UNITEL이라고 하는 유럽 프로젝트로부터 MHP 작업반이 탄생했을 때인 1990년대 중반에 시작되었다. 이 그룹은 제조업자, 방송사업자, 그리고 텔레비전 운영자들로 구성되고 목적은 다양한 디지털 멀티미디어 서비스 액세스를 위한 공통 플랫폼 개발과 관련된 이점들에 대한 이해를 높이기 위함이다. 1997년 이들의 활동은 미래 대화식 멀티미디어 응용의 빌딩 블록이 되는 홈 플랫폼을 정의하기 시작한 DVB 프로젝트로 이전되었다. 이러한 개발에 도움을 주기 위해, DVB는 두 개의 작업반을 구성하였다.

상업적 지향 그룹인 DVB-MHP — 이 그룹의 주요 임무는 듀얼 방송/인터넷 환경에서 강화된 TV, 대화형 TV 그리고 인터넷 액세스를 위한 사용자 시장 요구사항을 정의하는 것이다.

기술적 그룹인 DVB-TAM — 이 그룹은 기술적 명세서 정의에 초점을 주로 맞추었다.

DVB-MHP 목적은 간단하였다: 단일, 개방, 대화식 TV 개발 플랫폼을 개발하는 것이다. 이 플랫폼은 대화식 디지털 응용과 이들이 수행되는 터미널 사이의 일반적인 인터페이스에 대한 표준을 정의하는 것이었다. 이러한 터미널에는 통합 디지털 텔레비전,

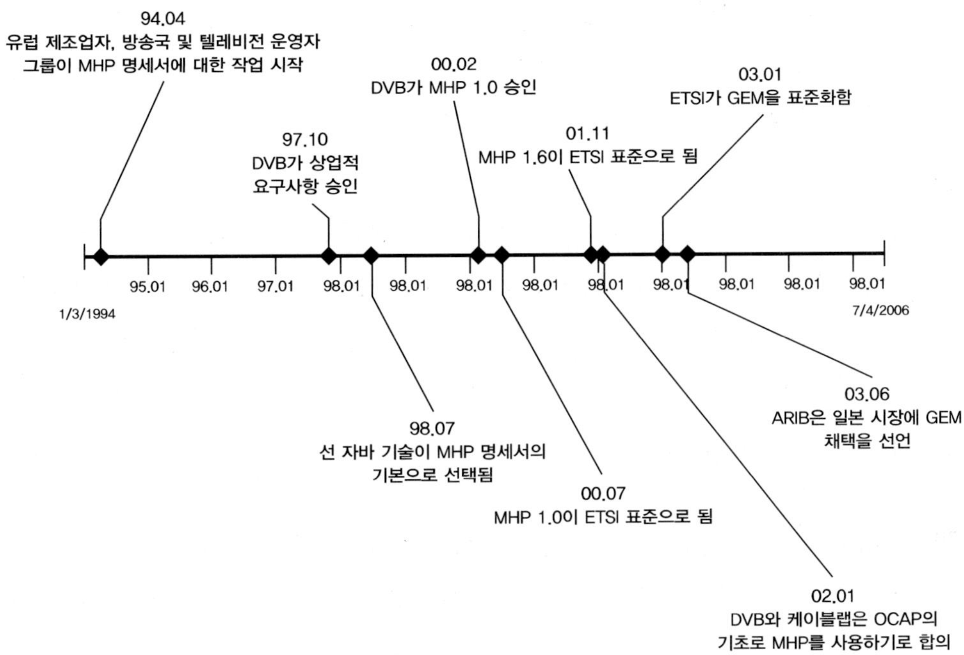

그림 6.2 MHP 명세서의 진화

저급 및 고급 사양의 디지털 셋톱박스와 멀티미디어 PC들이 포함된다. MHP가 주로 이러한 장치들을 목표로 하였는데 또한 홈 네트워킹 기술과도 연관되어 있다. 이 표준은 2000년에 첫 DVB-MHP 명세서가 발간되면서 현실화되었다. 산업계로부터의 요구사항들을 반영하여 1.1버전이 2002년 초에 제공되었다. 이 작업은 DVB 그룹에서만 그치지 않고 이 기구는 GEM(Globally Executable MHP)라고 하는 주요 표준의 변형을 2003년에 발간하였다. MHP 응용 환경이 이 단계에서 잘 테스트되고 안정적이었으며 DVB는 시장 요구에 따라 표준을 진화시키고 개발할 것이다.

6.2.1.3 기술적 개요

MHP 미들웨어 명세서는 많은 표준 기술의 다른 부분들의 혼합이며, 주로 선 마이크로시스템즈의 자바 기술로부터 나온 것들이다. DVB MHP 그룹은 자신의 방송 표준과 함께 여러 표준 요소들을 채택하였고 포괄적인 명세서를 만들어 냈다. 이들 여러 요소들은 DVB-J, 통신 프로토콜, 보안, MHP 응용 관리와 배치 그리고 DVB-HTML 등으로 분류될 수 있다.

DVB-J 기술 개요 DVB-TAM 그룹은 MHP 플랫폼으로 여러 후보들을 고려하고 평가하였다. 각 미들웨어 솔루션은 개방성 정도, 혁신적 기능, 확장성, 그리고 유연성 등에 대해서 조사되었다. 많은 논쟁과 협상 후에 이 그룹은 자바 기술을 디지털 TV 환경

에서의 멀티미디어 응용을 수신하고 표현하기 위한 가장 적절한 플랫폼으로 채택할 것을 결정하였다. DVB-J 용어를 선택된 플랫폼에 적용하였고 JVM(Java Virtual Machine)과 여러 API들의 두 부분으로 구성된다.

JVM "엔진"이라고도 하는 가상 기계는 분리된 셋톱박스처럼 동작하는 완비된 환경으로 정의된다. 가상 기계 계층은 MHP 응용을 위한 실시간 환경으로 동작한다. 그래서 프로그래머는 하위 하드웨어 구조를 걱정하지 않고 MHP 응용을 개발하고 콘텐츠를 저작할 수 있다. JVM은 자바 바이트 코드를 기계 코드로 해독하는 프로그램이다. 이러한 타입의 가상 시스템은 두 가지 이점을 갖고 있다:

(1) MHP 응용은 하위 하드웨어 플랫폼과 실시간 OS에 관계없이 어떤 JVM 환경에서도 수행된다.
(2) JVM은 실시간 OS와 제한된 접촉을 하기 때문에, 자바 프로그램이 셋톱박스에 있는 다른 파일 혹은 응용에 문제를 야기할 확률이 낮다.

대화식 MHP 응용을 해독하는 것 이외에, JVM은 코드의 무결성을 확인하는데 셋톱박스가 사용한다. JVM 인스턴스(instance)는 대화식 TV 응용이 로드되면 생성되고 응용이 MHP 소프트웨어에 의해 중단되면 끝난다.

API DVB-J 플랫폼은 대화형 TV 응용 개발을 위해 API를 사용한다. API는 대화식 TV 응용이 하위 하드웨어 플랫폼의 자원과 특성을 이용하도록 하는 실시간 운영체제 인터페이스이다. 자바 언어는 텔레비전을 위해서 개발되지 않아서 DVB-J 플랫폼이 필요로 하는 주요 기능들을 포함하고 있지 않다. 다행히도 자바는 확장을 지원하며 그 중 하나가 디지털 방송의 오디오와 비디오 서비스의 처리를 지원하는 API이다. MHP 운영에 내재하는 자바 API 리스트가 표 6.2에 나열되어 있다.

모든 이들 API는 셋톱박스의 상대적으로 작은 자원과 연관된 제한점들을 고려하고 있다.

통신 프로토콜 — 디지털 셋톱박스를 단순히 네트워크에 연결하는 것은 가입자 홈과 서비스 제공자 헤드엔드 시스템 혹은 데이터 센터 사이의 성공적인 통신을 보장하지 않는다. 장치는 네트워크를 통해 신호를 어떻게 보내야 하는지를 지시하는 통신 소프트웨어를 필요로 한다. MHP가 사용하는 통신 프로토콜은 서로 다른 계층으로 그룹화된다. 프로토콜 스택에서의 각 계층은 특정 기능을 명시하고 하위 프로토콜의 서비스를 이용한다. 이러한 프로토콜 스택은 백엔드 서버에서 수행되는 대화식 TV 응용이 어떻게 종단사용자 디지털 셋톱박스에서 수행되는 소프트웨어 응용과 통신하는지를 기술한다. MHP 통신 모델이 사용하는 4개의 주요 프로토콜은 다음과 같다:

표 6.2 MHP API 리스트

자바 API	설 명
Java.lang	자바 프로그램 언어 설계에 기본 기능을 제공하는 코어 패키지 중 하나임. java.lang 패키지는 자바 프로그램 언어 고유의 여러 중요한 클래스들을 포함
Java.util	시스템에서의 정보 흐름은 간단하고 정의된 구조를 따름. MHP를 따르는 셋톱박스는 다르지 않음. 이 표준의 구현은 데이터 구조화를 위해 java.util을 활용함
Java.io	MHP를 따르는 셋톱박스를 위한 다른 중요 패키지는 java.io 패키지임. 이 패키지는 데이터스트림의 입력과 출력, 순서화뿐만 아니라 파일 핸들링과 인터-스레드 통신을 위한 기본 클래스를 제공. java.io 패키지는 자바 프로그램의 입출력 스트림을 제어하는데 사용됨
Java.net	MHP와 인터넷 프로파일은 디지털 텔레비전과 인터넷의 융합의 표본임. MHP 표준의 모든 구현이 인터넷 액세스를 제공할 필요는 없지만, 액세스를 할 수 있는 수단은 java.net 패키지를 통해 포함됨. 전체 패키지가 구현될 필요는 없으나 두 가지는 구현되어야 함: java.net URL 클래스와 java.net InetAddress 클래스
java.tv.service.selection	java.tv.service.selection API 패키지는 전송 스트림에서 가용한 서비스를 식별함
스트림 미디어 API	오디오 및 비디오 서비스의 디지털 방송과 대화식 응용의 결합은 스트림 미디어 API를 요구함. DVB 스트림 API의 주요 부분은 1998년에 선 마이크로시스템이 개발한 JMF(Java Media Framework)임. 이 API는 오디오 및 비디오 콘텐츠가 응용에 내장되도록 함
Java.beans	모든 구현에는 GUI 생성이 요구됨. 이들 인터페이스는 java.bean API를 통해 구현됨. java.bean은 자바 클래스가 소프트웨어 요소를 재사용할 수 있도록 함. 이들 빈의 연동은 클래스의 속성, 이벤트 그리고 메소드를 통해서 가능함
Java.math	숫자와 비트 처리는 java.math 패키지로 제공됨: 십진수와 정수를 계산할 때 유용함
Java.text	java.text 패키지는 모든 날짜, 숫자, 그리고 DVB-J 플랫폼에서 일반 텍스트를 다룸

MPEG-2 — 다른 DVB 변형들과 같이 DVB-MHP는 MPEG-2 표준에 기반을 두고 있다. 이 고화질 비디오 및 오디오 압축 시스템은 네트워크 운영자가 아날로그 네트워크에서 방송할 수 있는 것보다 많은 채널을 고객의 가정으로 방송할 수 있도록 한다.

DSM-CC (Digital Storage Media-Command and Control) — 이것은 광대역 네트워크를 통해 멀티미디어 서비스를 전달하기 위해 개발된 개방형 표준이다. DSM-CC는 회전

방식으로 파일과 디렉터리 같은 객체들을 방송하도록 하는 기법을 제공한다. 셋톱박스로의 소프트웨어 응용 전송을 포함하는 여러 다른 목적으로도 사용될 수 있다.

DVB 객체 카로우젤(carousel) — DVB 객체 카로우젤은 DSM-CC 명세서의 일부이다. MHP 환경 내에서 이것의 주요 기능은 응용 개발자들이 순환적으로 다른 유형의 소프트웨어 객체를 셋톱박스로 방송하도록 허용하는 것이다. 영국에서의 텔레텍스트(teletext) 서비스는 객체 카로우젤이 TV 시청자에게 정보 페이지를 효율적으로 전달하는데 어떻게 이용되는지를 보여주는 좋은 예이다. DVB 카로우젤 내에 전달되는 3가지 다른 유형의 객체가 있다:

(1) *파일* — 파일 객체는 MHP 수행 프로그램을 포함하는 데이터 파일이다.
(2) *디렉터리* — 셋톱박스는 특정 파일 객체의 위치를 결정하는데 디렉터리 객체를 사용한다.
(3) *스트림* — 높은 수준의 상호작용성은 MHP 응용 내에 특정 동작을 야기하도록 TV 프로그램 안에 특정 이벤트를 사용하여 달성할 수 있다. 고유 ID와 관련 데이터를 가진 이들 이벤트는 스트림 객체로서 객체 카로우젤 내에 방송된다.

모든 객체는 네트워크 운영자의 헤드엔드의 서버에 위치한다. 이들 객체들은 다른 비디오, 오디오, 그리로 서비스 정보 스트림과 같은 방식으로 다중화된 전송 스트림 내에 전달된다. 고유한 PID는 각 객체 카로우젤에 할당된다. DVB SI 서비스 표는 이 PID 값을 참조한다.

DVB 멀티프로토콜 캡슐화 — 가정에 대화식 TV 서비스 구축에 영향을 주는 주요 요인 중 하나가 표준 프로토콜의 가용성이다. 이러한 프로토콜이 없다면 가정으로 전달되는 모든 서비스는 서비스를 받기 위해서 자신의 인터페이스를 요구할 것이다. 개방형 표준을 따르는 프로토콜은 PC와 셋톱박스가 여러 서비스 제공자들로부터 제공되는 여러 서비스를 액세스할 수 있도록 해준다. MPE(Multiprotocol Encapsulation)은 DVB 방송 네트워크에서 공통적으로 사용되는 개방형 프로토콜이다. 이것은 IP 패킷이 어떻게 캡슐화되고 DVB MPEG2 전송 스트림을 통해 전송되는지를 기술한다.

MHP 장치는 IP 기반 네트워크 상에서 양방향 통신을 지원할 수도 있다.

MHP 보안 MHP는 여러 서브시스템을 갖고 있는데 그중에서 가장 중요한 것이 보안 서브시스템이다. 이 서브시스템의 기능은 여러 보안 관리 서비스를 이용하여 MHP 응용에 보안을 배타적으로 제공하는 것이다.

해싱 — 해싱은 문자 스트링을 짧은 고정 값 혹은 원래 스트링을 나타내는 키로 암호화하는 것이다.

디지털 서명 — 디지털 서명은 개인 키(private key)를 사용하여 암호화된 다이제스트된 정보이다.

인증서 — 인증서는 종단사용자와 셋톱박스의 신원을 확인하기 위해 MHP가 사용하는 파일이다.

보안 주제는 7장에서 다룬다.

MHP 응용의 관리와 찾기 DVB-MHP 응용은 기본적으로 여러 유형의 실행 및 데이터 파일들의 디렉터리이다. MHP 셋톱박스 플랫폼을 위해 만들어진 대화식 TV 응용은 Xlet이라고 한다. 디지털 셋톱박스에서 MHP 응용을 수행하는 세 개의 부분이 있다.

(1) 셋톱박스는 TV 시청자가 요청하는 MHP 서비스의 위치를 확인할 필요가 있다.
(2) 셋톱박스는 응용이 요구하는 데이터 소스를 확인할 필요가 있다.
(3) 응용은 로드되고 시작되고 잠시 멈추어지고, 종료된다.

첫 번째와 두 번째 부분의 필요성을 만족시키기 위해 MHP는 AIT(Application Information Table)이라고 하는 특정 테이블을 정의하였고 이것은 셋톱박스가 광대역 네트워크에서 대화식 TV 응용을 찾도록 해준다. ATI는 MPEG 스트림 내에 MHP 응용을 어떻게 내장하는지를 명시한다. 이것은 셋톱박스에게 다음 정보를 제공한다:

- 응용의 네트워크상에서의 정확한 위치
- 응용을 위한 소스 데이터의 위치
- 응용이 요구하는 하드웨어 자원
- 응용 타입(예 : DVB-J 혹은 DVB-HTML)

MHP 응용을 수행하는 것과 연관된 나머지 부분은 응용 관리자가 다룬다. 모든 대화식 TV 응용의 라이프사이클을 관리하는 것은 응용 관리자의 책임이다. 이것은 여러 MHP 구현상에서 응용의 무결성(보이는 것과 느낌)과 상호작용성을 보장한다.

DVB-HTML MHP는 HTML로 쓰여진 응용도 지원한다. MHP에서 HTML 사용은 DVB-HTML이라고 하고 여러 인터넷 표준으로 구성된다. DVB-HTML 명세서의 주요 부분은 W3C 권고안에 기반한 응용 포맷을 정의한다. W3C는 XML, HTML, ECMAScript, CSS2, DOM2, 그리고 XHTML 표준을 제정하였으며, 이들은 오늘날 인터넷의 주요 요소이며 MHP의 DVB-HTML의 주요 요소이기도 하다. DVB-J와 유사하게, 디지털 IPTVCD는 DVB-HTML 파일을 수신되는 디지털 비디오스트림에서 추출한다.

6.2.1.2 MHP와 IPTV 개요

최근에 DVB 기구는 IP 광대역 네트워크상에서 DVB 서비스 전송을 허용하는 표준을 개발하기 시작하였다. 기존 DVB 표준에 추가된 것은 MHP-IPTV라고 하는 MHP 미들웨어 시스템의 확장이다. MHP-IPTV의 주요 기술적이고 운영 특성은 다음을 포함한다.

- 이 확장은 DVB 비디오 자원을 사용하기 위한 MHP 프로토콜 스택에서 수행되는 대화식 TV 응용을 허용한다.
- 이것은 표 6.2에 기존 MHP API를 재사용한다. javax.tv.service.selection이 MHP-IPTV 응용에서 흔히 사용되는 MHP API의 예이다.
- 새로운 확장은 IP 광대역 네트워크에서 비디오 콘텐츠 전달을 지원하는 기존 API를 위해 개발되었다. 예를 들어, org.dvb.service API는 하이브리드 IP 셋톱박스를 지원한다.
- MHP-IPTV는 ETSI TS 102 034 표준에 정의된 여러 네트워크 프로토콜에 대한 인터페이스를 제공한다. 특히, MHP-IPTV는 SDS 프로토콜 액세스를 지원하는 org.dvb.service.sds라고 하는 API를 개발하였다.
- org.dvb.tvanytime이라고 하는 API는 BCG(Broadband Content Guide) 메타데이터를 액세스하도록 하기 위해 개발되었다.

MHP-IPTV는 MHP1.2 명세서의 일부이고 이는 2006년에 DVB 기술 모듈에 의해 승인되었고 이 책을 쓰고 있을 당시에 ETSI에 제출하기 위해 준비되고 있었다.

6.2.2 GEM

여러 나라에서 점점 더 많은 방송국들이 디지털 TV 서비스를 제공하기 시작함에 따라, 대화식 TV 서비스를 위한 공통된 세계적인 미들웨어 플랫폼에 대한 필요성의 컨센서스가 산업 표준 기구들로부터 나왔다. 이러한 이유로, GEM(Globally Executable MHP)라고 하는 새로운 표준이 개발되었다. 이 표준 개발에 포함된 작업은 DVB 기구가 수행하였다. 기술적 관점에서 GEM은 MHP 미들웨어 기술에 기반을 두고 있으며 필수적인 주요 특성들을 정의하고 있다. 방송 디지털 TV에 대한 명세서가 세계적으로 다르다는 사실로 인해, GEM 명세서는 DVB 디지털 전송 기술과 관련된 기술적 참고사항들을 제거하였다. 따라서, GEM은 개방형 표준 구축을 위한 플랫폼으로 작동한다. ATSC, 케이블랩, ARIB와 같은 국제 표준화 기구들은 모두 GEM을 로컬 시장의 요구를 고려하는 개방형 미들웨어 표준을 구축하는 기본으로 사용한다. 따라서, 콘텐츠 개발자는 이제 전 세계 어디서나 GEM 디지털 셋톱박스에서 수행될 수 있는 대화식 TV 콘텐츠를 생성할 수 있다.

6.2.2.1 GEM과 IPTV 개요

MHP-IPTV 개발에 더하여, GEM의 IPTV 버전을 생성하기 위한 작업이 진행 중에 있으며, 다음 특성들이 포함된다:

- 비개방 IPTV 시스템을 사용하는 네트워크와 상호작용한다.
- MHP-IPTV API와 기술을 재사용한다. IPTV 멀티캐스트 서비스를 찾는데 사용되는 서비스 선택 패키지는 MHP-IPTV와 GEM-IPTV에 공통된 API 예이다.
- RTSP, IGMP, 그리고 UDP 프로토콜을 지원한다.

이 명세서의 모듈 및 개방적 방법은 ACAP와 OCAP ARIB B23 표준이 GEM을 각 기술에 대한 기초로 사용하는 것을 의미한다. 추가적으로 현재의 대화식 TV 소프트웨어 제공자는 여러 국제 표준을 따르는 제품 포트폴리오를 구축하는데 GEM을 사용할 수 있다. 비록 GEM이 주요 기술로서 사용되지만, 각 표준이 자신의 특정 마켓에 적당하도록 하는 여러 차이점들이 있다. 다음 절은 이들 미들웨어 기술들에 대한 자세한 사항을 제공한다.

6.2.3 OCAP

OCAP(OpenCable Application Platform)은 북미 지역에 기반한 네트워크 서비스 제공자들이 선택하는 대화식 TV 미들웨어 표준이다. 이 표준은 케이블랩이 개발하였다. 이 명세서의 최신 버전은 MHP와 GEM 명세서에서 발전하였으나 DVB 전송 시스템과 관련된 요소들 모두를 제거하였고 디지털 TV 표준의 오픈케이블 표준들에 적절한 요소들을 추가하였다. OCAP 1.0은 2001년 말에 소개되었고 OCAP 2.0은 2002년에 소개되었다. 버전 1과 2는 모두 같은 주요 기능을 사용하고 있으나 OCAP 2.0은 OCAP-HTML로 알려진 응용에 HTML과 같은 새로운 기술 지원을 포함한다. OCAP 2.0은 OCAP 1.0이 요구하는 것 이상의 메모리와 CPU 자원을 요구한다. OCAP가 여러 MHP 요소들을 재사용하지만 약간의 차이점들이 있다. 첫째, 여러 산업 분석가들이 MHP 기반 시스템과 비교하여 이 표준을 좀 더 복잡한 것으로 생각하고 있다. 둘째, 이 표준은 DVB 전송 표준과 관련된 부분들을 제거하였다. DVB 기반 서비스 정보에 대한 API가 그 예이다. 세 번째, 케이블랩은 케이블 운영자에게 셋톱박스를 통해 좀 더 많은 제어 기능을 제공하는 소프트웨어 스택에 "모니터"라고 하는 응용을 추가하였다.

6.2.3.1 OCAP 대화식 TV 응용 타입

OCAP는 iTV 응용을 세 개의 부류로 나누고 있다:

바운드(bound) — 바운드로 분류되는 iTV 응용은 현재 셋톱박스에 맞추어진 채널과만

연관된다. 따라서, 시청자가 채널을 변경하면 그 응용은 중단된다. 그래서, 예를 들면, 시청자가 500번 채널에 튜닝하여 게임 응용을 즐기고 있고 이제 50번 채널로 변경하고자 결정했다고 하자. 이러한 상황이 발생하면 게임 응용은 현재 사용하고 있는 모든 자원을 내놓는다.

언바운드(unbound) — 바운드 응용과 대조적으로, 언바운드 응용은 여러 채널에 걸쳐 이용 가능하다. 시청자가 채널을 변경할 때, 그 응용은 그대로 활성화된다. 증권 정보 틱커(ticker)가 언바운드 응용의 실제적인 한 예이다.

네이티브(native) — 네이티브 혹은 댁내 응용은 특정 셋톱박스 하드웨어 플랫폼을 위해 쓰여진 iTV 응용으로 정의된다.

6.2.3.2 OCAP 셋톱박스 소프트웨어 구조

OCAPv1.0 미들웨어 스택의 주요 모듈이 그림 6.3에 나타나 있으며 다음 절에 설명되어 있다.

케이블 네트워크 인터페이스 이름이 의미하는 바와 같이, 이 모듈은 케이블 TV 네트워크와 디지털 셋톱박스 간의 인터페이스를 제공한다. 클라이언트와 서버 측 응용 간에 통합을 위해 필요한 프로토콜은 이 모듈에 포함된다. MHP와 마찬가지로, OCAP 응용은 OCAP 전송 스트림에 내재된 DSM-CC 객체 카로우젤에 위치한다.

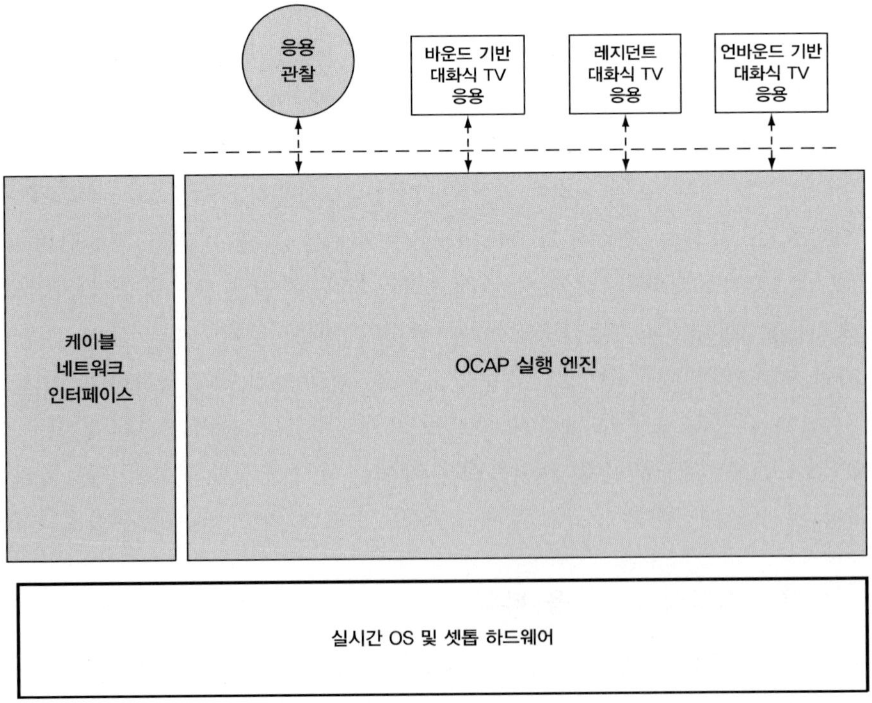

그림 6.3 OCAP 소프트웨어 스택

표 6.3 OCAP API 패키지 타입

API 패키지 타입	설 명
콘텐츠 표현	대화식 텔레비전을 위한 사용자 인터페이스 디자인은 WWW 인터페이스 디자인과 다름. 따라서, OCAP는 개발자가 TV 환경에 맞는 응용을 개발하도록 코어 자바 플랫폼에 여러 확장 기능을 추가함
미디어 스트리밍	스트림 미디어 API의 주 목적은 TV 시청자에게 여러 유형의 디지털 콘텐츠 스트림 액세스를 위한 일관된 인터페이스를 제공하는 것임
데이터 액세스	OCAP는 여러 새로운 데이터 액세스 API를 포함. 각각은 셋톱과 네트워크에 있는 데이터 액세스 지원 수준이 다름
서비스 정보	서비스 정보는 전송스트림에 내장되고 셋톱박스가 가용한 대화식 TV 서비스에 관한 정보를 찾게 하는 방식을 제공. OCAP는 개발자에게 표현을 위한 이러한 서비스 선택 인터페이스를 제공하는 서비스 선택 API를 정의함. 서비스 정보 API는 오픈케이블 셋톱박스가 자동으로 특정 서비스에 튜닝하도록 함
공통 기반구조 및 보안	OCAP 1.0 자바 플랫폼은 응용 간 통신을 허용하는 자바 패키지를 포함함. 추가적으로 이 표준은 플러그-인과 고급 보안 표준 지원을 제공

실행 엔진 OCAP 실행 엔진은 JVM과 여러 재사용 가능한 API로 구성된 자바 플랫폼에 기반을 두고 있다. 이들 API는 “패키지”라고 하는 기능 그룹으로 조직되어 있다. OCAP는 여러 대화식 응용을 개발하도록 하는 패키지들을 정의하였다. 표 6.3은 이들 API 패키지에 대하여 상세히 설명하고 있다.

DVB-GEM 명세서에 정의된 API 재사용 이외에, OCAP는 미국 케이블 TV 환경에 적용되는 관련 기능 모듈들을 정의하였다. 표 6.4는 이들 모듈에 대한 개요를 제공하고 있다.

모니터 응용 — 모니터 응용은 OCAP 실행 엔진 위에 놓인다. 이것은 OCAP 소프트웨어 환경을 이용하는 케이블 TV 시스템을 위해 개발된 프로그램이다. 이것의 주요 기능은 OCAP iTV 응용의 라이프사이클을 모니터하고 추적하는 것이다. 성능을 최적화하기 위해, OCAP 모니터는 다음과 같은 기본 네트워크 기능을 중앙집중화한다:

응용 등록 및 확인 — 모니터는 응용이 셋톱박스에서 수행되기 전에 대화식 TV 응용을 등록하고 확인한다.

자원 관리 — OCAP 대화식 TV 응용이 소비하는 자원을 관리하는 것은 모니터 응용이 주로 처리한다.

오류 처리 — 모니터는 OCAP 미들웨어 소프트웨어 스택 내에서 발생할 수 있는 오류들을 다룬다.

OCAP 응용 관리 — OCAP-J 응용이 초기화되고, 여러 상태 변화를 진행하고 궁극적으로 없어지는 일련의 단계를 통합적으로 응용의 라이프사이클이라고 한다.

표 6.4 OCAP 기능 모듈

기능 모델	설 명
행정	이 모듈은 펌웨어의 주요 부분이며 모니터 응용 시작의 책임을 짐
케이블카드 자원	이 모듈은 개별적으로 주소화가 가능한 케이블카드 모듈과 연결된 셋톱박스 간의 통신을 표준화함으로써 소매 케이블 박스가 여러 케이블 시스템 헤드엔드에 걸쳐 이동 가능하도록 하는 링크임
EAS 모듈	이 OCAP 모듈은 EAS 지원에 사용됨. 이는 1994년에 공중에게 위급상황을 경고하기 위해 제정됨
자막(closed caption)	이 모듈은 자막 부 타이틀을 처리함
TV 시청	기본 채널 변경을 지원
서비스 지원	여러 유형의 SI 데이터 처리
다운로드	셋톱박스 소프트웨어 시스템 업그레이드에 사용됨
복사 방지	OCAP 셋톱박스가 사용하는 복사 방지 시스템
콘텐츠 등급	이 모듈은 신호에 포함된 시청 등급 정보를 다룸

셋톱박스에 내재된 응용 관리자는 OCAP 응용 라이프사이클 상태 변화에 책임을 지고 있다. AIT 혹은 XAIT(Extended AIT)는 응용 관리자에게 응용 라이프사이클을 관리하는데 필요한 정보를 제공한다.

OCAP에 대한 지금까지의 설명은 명세서의 버전 1과 2에 초점을 맞추었다. 이들이 발표된 이후에 케이블랩은 계속해서 차세대 대화식 TV 응용의 출현을 지원하기 위한 새로운 버전의 OCAP를 개발하였다. 최근의 OCAP 버전을 다음을 포함한다:

OCAP-DVR (OCAP-Digital Video Recorder) — OCAP 2.0의 확장으로 만들어진 이 명세서는 DVR 기능을 가진 셋톱박스에 대한 DVR 소프트웨어 환경의 요구사항을 정의한다. EPG와 TS(Time Shifting) 방송의 기능 확장은 이 인터페이스의 가장 인기 있는 특성들이다.

OCAP-FPEXT (OCAP-Front Panel Extension) — 대부분의 디지털 셋톱박스는 주변에 나열된 형태의 다중 LED를 포함하는 전면 패널 디스플레이를 갖추고 있다. 이 OCAP 확장 API는 이 패널의 기능을 관리하는데 이용된다.

OCAP-HNEXT 1.0 (OCAP-Home Networking Extension) — OCAP 표준의 이 확장은 케이블 TV 광대역 네트워크에 연결되는 홈 네트워크를 다루기 위해 생성되었다. 이러한 유형의 홈 네트워킹 환경과 연관된 요구사항들은 비디오 프로그램 보호에서부터 홈 네트워크에서 여러 다른 유형의 디지털 엔터테인먼트 콘텐츠 액세스를 도우는 것에 이르기까지 다양하다.

OnRamp to OCAP — 이것은 저급 디지털 셋톱박스의 제한된 자원 내에서 수행되도록 설계된 OCAP 미들웨어 표준의 부분으로 정의된다. OnRamp 개발 책임은 미국 케이블 텔레비전 운영자들과 장비 제공업자들에 의해 형성된 전문가 그룹

에게 있다. OnRamp 셋톱박스를 위해 쓰여진 대화식 TV 응용은 모든 OCAP 명세들을 지원하는 최신의 셋톱박스 하드웨어 플랫폼들과 호환성이 있다.

이 책을 쓸 당시에 정의된 다른 주요 확장은 "IP-튜닝" 기능을 OCAP 환경에 추가하는 것이다.

6.2.3.2 OCAP와 IPTV

OCAP는 특정 네트워크 기술에 종속적이지 않다는 사실 때문에, OCAP는 개방형 IPTV 미들웨어 표준의 진화와 관련된 미들웨어로서 남아 있다. 케이블랩은 IPTV를 직접 지원하기 위해 OCAP를 확장하지 않았고, 이 기구는 MHP-GEM 1.2 명세서의 IPTV부분 개선을 이 기술의 다음 버전에 포함시킬 계획을 갖고 있다.

6.2.4 ACAP

ACAP(Advanced Common Application Platform)은 미국 기반 지상파 방송과 케이블 TV 네트워크로부터 신호를 수신하는 디지털 셋톱박스가 사용하는 개방형 대화식 TV 미들웨어 표준이다. 이 표준은 2005년에 ATSC가 공식적으로 승인하였다. 이 표준이 어떻게 지금에 이르는지에 대한 내용이 그림 6.4에 나타나 있다.

ATSC 기술 전문가 그룹(T3/S2)은 ACAP 표준 개발에 책임을 지고 있다.

ACAP 소프트웨어의 기술 구조는 ATSC의 DASE(Digital Television Application Software Environment)와 케이블랩 OCAP 명세서 사이의 조화 과정으로부터 진화하였다. 이것은 GEM 명세서에서 발견되는 응용 모델과 자바 API를 사용하고 미국 지상파 TV 시장에 특정한 여러 기술적 요소들을 추가한다. CC(Closed Captioning) 정보 처리가 한 예이다. ACAP 셋톱박스는 ACAP-J와 ACAP-X 두 가지 유형의 응용을 지원한다.

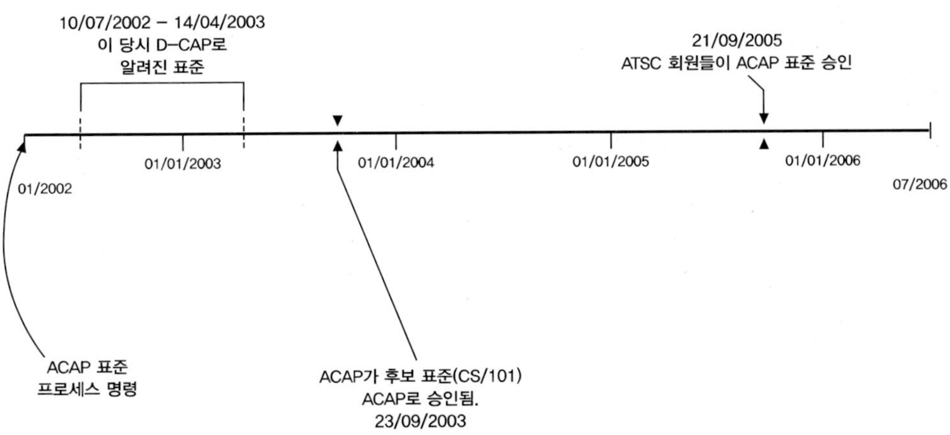

그림 6.4 ACAP 표준 진화

6.2.4.1 ACAP-J

ACAP-J는 자바 가상머신과 여러 재사용 가능한 자바 프로그램 라이브러리로 구성된 DVB-J에 기반하고 있다.

6.2.4.2 ACAP-X

ACAP는 여러 개방형 웹 표준을 포함하고 자신의 XHTML 플랫폼을 가지도록 설계되었다. 이 플랫폼이 ACAP-X이고 JPEG 이미지에서부터 XML 기반 웹 페이지에 이르기까지 다양한 미디어 유형을 지원한다. ACAP-X 응용을 전송하고 시작하는데 사용되는 방법은 GEM 명세서에서 사용되는 것과 유사하고 여러 다른 네트워킹 프로토콜은 ACAP-X 클라이언트 셋톱박스와 대화식 TV 응용 서버 간에 상호연결성을 제공한다. ACAP 보안 모델은 GEM 보안 모델을 완전히 따른다. 그러나 지상파 네트워크에서 콘텐츠 방송과 관련된 보안 위협을 고려한 이 모델을 확장한 기능도 포함한다.

6.2.4.3 ACAP와 IPTV

위에 기술된 바와 같이, ACAP는 GEM 명세서로부터 많은 것을 차용하였다. 그 결과 ACAP의 "IPTV" 기능은 IPTV API와 GEM을 결합하여 구성된다. ACAP를 IPTV 네트워크 구축을 위한 미들웨어로 사용하는 것은 이 책을 쓸 당시에는 초기 단계였다.

6.2.5 ARIB B23

일본 TV 표준 기구인 ARIB는 일본 iTV 표준의 기초로 GEM을 채택하였다. B23이라고도 알려진 ARIB-AE(Application Extension Engine Platform for Digital Broadcasting)은 2003년에 공식적으로 ARIB에 의해 승인되었다. B-23이외에, 일본 TV 서비스 제공자는 대화식 TV 응용 생성을 위해 BML(Broadcast Markup Language)도 사용한다. BML은 XML 기반 표준이다.

6.2.5.1 ARIB B23과 IPTV

다른 국제 표준과 유사하게 ARIB B23은 일본 시장에서 IPTV 서비스 전달을 위한 하부 플랫폼이 될 가능성이 매우 높다.

6.3 비개방형 미들웨어 솔루션

표준 플랫폼에 대한 시장이 전 세계적으로 증가하고 있지만 이 책을 쓰고 있을 당시에 IPTVCD에서 수행되는 대부분의 미들웨어 소프트웨어는 여러 대화식 TV 소프트웨어 제공자에 의해 제공되었다. 이러한 환경은 각자 자신만의 독특한 기능을 갖고 있고 구축 형상은 IPTV 네트워킹 기반구조마다 다르다. IPTVCD 미들웨어 시장에 대한 전체적이고 최신의 정보는 www.tvmentors.com에서 얻을 수 있다.

요약

IPTVCD에서 수행되는 소프트웨어는 장치의 유연한 동작을 가능하게 한다. 이는 종단 사용자에게 시스템 요소의 복잡성을 감추어 준다. 전형적인 IPTVCD 소프트웨어 환경은 드라이버, RTOS, 그리고 미들웨어 계층을 포함한다.

드라이버 — 이 요소는 다양한 미디어 유형과 네트워킹 프로토콜을 지원한다.

RTOS — RTOS는 IPTVCD 소프트웨어 플랫폼의 주요 요소이다. IP 셋톱박스에서 수행되는 운영체제와 RG 플랫폼은 IPTV 서비스를 가입자에게 전달하는 것과 연관된 요구사항들을 만족시킬 수 있다. RTOS는 작은 메모리 공간 내에서 동작이 가능하고 매우 신뢰적이며 장치 빠르게 시작할 수 있다. 텔레비전 신호를 처리하고 해독하는 것 이외에 IPTVCD RTOS는 메모리와 프로세서 활용성과 같은 자원할당을 관장한다.

미들웨어 — IPTV 환경에서의 미들웨어는 IP 셋톱박스에 존재하는 일종의 소프트웨어이고 컨버전 혹은 변환 계층으로 동작한다. 미들웨어는 IP 셋톱박스와 백엔드 서버의 처리와 저장 작업에 대한 부하를 줄이기 위해 서버와 함께 사용될 수 있다. 추가적으로 미들웨어는 IPTV 서비스가 올바로 처리되도록 보장하는 주요한 역할을 한다.

IPTV 서비스를 위한 현재 비즈니스 모델은 비개방 미들웨어 소프트웨어 시스템을 수행하는 IPTVCD를 구매 혹은 리스하는 가입자들로 구성된다. 개방형 표준의 중요성은 IPTVCD 투자의 안전을 보장하는 주요 요인이 되고 있다. IPTV iTV 미들웨어 시스템 세계에서 개방형 표준에 대한 요구는 대화식 IPTV 서비스 전달을 지원하는 다음 표준의 기능을 확장하는 일련의 계획들을 야기하였다.

- MHP는 자바 플랫폼에 기반한 단일, 개방형, 대화식 텔레비전 개발 플랫폼이다. 이것은 JVM과 여러 재사용 가능한 자바 프로그램들로 구성된다. MHP의 주요 이점은 개발자에게 개방 표준에 기반한 응용을 쉽게 작성할 수 있는 기능을 제공하는 것이다. MHP-IPTV는 MHP 미들웨어 시스템의 확장이다.
- GEM은 MHP 기술에 기반한 표준 대화식 TV 플랫폼이다.
- OCAP는 미국 케이블 산업을 위해 설계된 개방형 미들웨어 소프트웨어 플랫폼이다. 이는 운영자가 HFC 기반 네트워크에서 우수한 대화식 TV 서비스를 전달하도

않는다. 현대의 디지털 IPTV 서비스에 대한 액세스를 제한하는 것은 암호화 방식을 사용하여 달성한다.

스크램블링과 대조적으로 암호화는 각 데이터 요소를 암호 시스템을 사용하여 변환하며, CA 시스템은 암호 키를 사용한다. 암호화는 비디오 페이로드에만 적용되고 반면에 패킷 헤더 정보는 그대로 놔두는 것에 유의하라. 이는 디지털 셋톱박스가 수신되는 스트림을 분석하여 다른 기본 스트림들과 연관된 패킷들을 식별한다.

IPTV CA 시스템에서 사용되는 키는 깨기가 매우 어려우며 매우 높은 수준의 보안을 제공한다. 더 나아가, 다른 채널에 대해서는 다른 키들이 사용된다. 키들은 IP 스트림을 통해서 ECM(Entitlement Control Message)의 일부로서 암호화된 형태로 RF 기반 디지털 셋톱박스 혹은 IPTVCD에게 보내진다. ECM은 특수한 하드웨어 장치를 사용하여 IPTV 데이터 센터에서 생성되고 이 시스템에서 보안 수준을 최대화하기 위해 주기적으로 변경된다. EMM이 가입자와 연관된다면 대조적으로 ECM은 개별 멀티캐스트와 방송 채널에 연관된다.

IPTV 헤드엔드에서의 암호화 응용은 콘텐츠 유형에 따라 다르다:

멀티캐스트 IPTV — 콘텐츠 암호화는 스트림이 분배 네트워크를 통해 멀티캐스트됨에 따라 실시간으로 진행된다. 스트리밍과 같이 혹은 이전에 해독 키가 특정 제공 제품과 관련된 모든 방송 채널을 시청하도록 해주기 위해 IPTVCD로 보내진다.

IP-VoD 콘텐츠 — 이러한 서비스의 경우, 네트워크 운영자는 VoD 자산을 실시간으로 암호화하거나 유니캐스팅 이전에 미리 암호화하는 선택을 할 수 있다. 유니캐스트 세션 중에 보안 키가 생성되고 IP-VoD 스트림과 함께 클라이언트 장치로 보내진다. 다른 키들이 각 IP-VoD 콘텐츠 유니캐스트에 대해 생성된다. 이는 여러 다른 IPTV 자산, 즉 멀티캐스트 채널들을 해독할 수 있는 키를 제공하는 멀티캐스트 TV 시스템 방식과 대조를 이룬다.

IPTV 네트워크에서 ECM은 IPTVCD로 UDP 비트스트림의 일부로서 보내짐에 유의하라.

7.2.1.3 역경로 (return path)

CA 시스템은 ITVCD들로부터 트랜잭션 데이터를 수집하기 위해 IP 광대역 네트워크 양방향 기능을 이용한다. 추출된 특정 정보는 CA마다 다르다; 그러나 대부분의 시스템들은 다음 주요 데이터 요소 집합을 지원한다:

- 스마트 카드와 IPTVCD에 대한 식별 코드
- IP-VoD 주문 자산
- 크레디트 양

얼마나 자주 이러한 정보가 수집되는지는 시스템마다 다르다. 전통적인 유료 TV 환경에서, 전화 네트워크는 역경로로 사용되는데 이는 디지털 셋톱박스들에게 하루에 한번 혹은 일주일에 한 번씩 질의함을 의미한다. IP 광대역 네트워크는 서비스 제공자에게 매우 유용한 IPTVCD에 대한 실시간 질의를 제공한다.

7.2.1.4 클라이언트 IPTV CA 시스템

해독은 암호화의 역처리 과정이고 디지털 TV 신호를 원래의 포맷으로 변환하는데 사용된다. 일단 신호가 암호화되면 이것은 단지 클라이언트 IPTV CA 시스템에 의해서만 해독될 수 있다. 클라이언트 CA 요소는 해독칩, 보안 프로세서, 그리고 적절한 하드웨어 드라이버로 구성된다.

- 해독칩은 CA의 알고리즘 부분을 유지하는 책임을 지고 있다.
- 보안 프로세서는 여러 유형의 디지털 TV 서비스를 해독하는데 필요한 키들을 포함하는 실리콘 칩이다.

클라이언트 IPTV CA 요소의 상호작용을 나타내는 간단한 블록다이어그램이 그림 7.2에 나타나 있다.

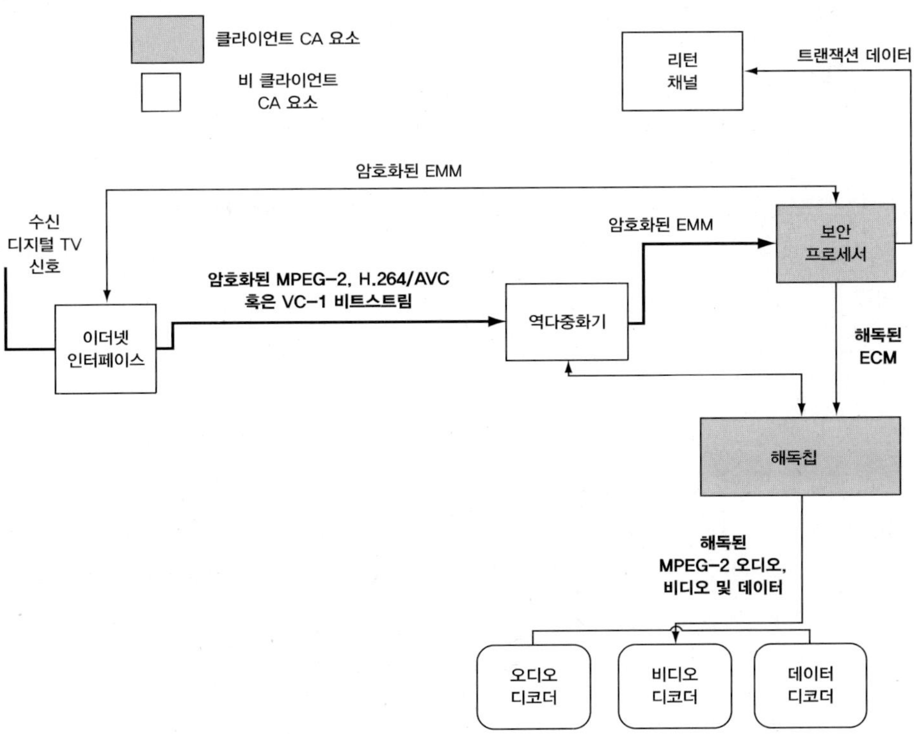

그림 7.2 클라이언트 IPTV CA 요소

액세스 네트워크로부터의 디지털 신호는 IP 패킷 스트림으로 포맷된다. 이 스트림은 IPTVCD에 도착하고 디멀티플렉서를 이용하여 스트림으로부터 콘텐츠를 추출하며 해독칩을 통해 적절한 디코더로 보내진다. 각 비디오스트림과 함께 보내지는 암화화된 ECM도 추출되고 해독을 위해 보안 프로세서로 보내진다. ECM의 해독은 그러한 권한이 주어졌을 때만 일어난다. ECM을 해독하는 권한은 EMM으로부터 오며, 이는 보안 프로세서가 처리한다. ECM은 키를 포함하는데 이 키는 프로세서가 재생하고 해독칩으로 보내진다. 이 키는 선명한 IPTV 비디오스트림을 생성하는데 이용된다. 여기에서부터, 압축된 IPTV 패킷의 표준 디코딩이 일어난다. 보안 프로세서는 헤드엔드 CA 시스템에게 트랜잭션 데이터를 제공하기 위해 IP 광대역 네트워크의 양방향 기능을 이용한다. 위에 기술된 보안 방식은 매우 일반적이고 여러 유형의 상업적인 CA 시스템마다 다르다. 클라이언트 셋톱 CA 시스템은 박스 내에 내장될 수도 있고 제거할 수 있는 스마트 카드를 이용하여 구현될 수도 있음에 유의하라.

7.2.1.5 스마트 카드

IPTV CA 시스템은 콘텐츠 절도를 막기 위해 두 단계의 보안 시스템을 채용하고 있다. 첫 번째 단계는 콘텐츠의 암화화이고 두 번째 단계는 IPTVCD에 대한 인증을 다루고 있다. 스마트 카드는 IPTV CA 시스템에 인증 서비스를 제공하는데 주로 사용된다. 스마트 카드는 제거 가능한 보안 장치이고 필요에 따라 쉽게 대체될 수 있다. 이것은 서비스 제공자가 소요하고 IP 멀티캐스트와 IP-VoD 서비스의 가입자를 안전하게 인식하기 위해 IPTV CA 시스템이 사용한다. 전형적인 스마트 카드는 플라스틱으로 만들어지고 마이크로프로세서, 소프트웨어 그리고 메모리로 구성된다.

마이크로프로세서 — 내장 마이크로프로세서는 카드가 계산과 결정을 하게하고 데이터를 다룰 수 있도록 한다. 스마트 카드의 기능은 계속해서 최신의 IPTV와 HD 기반 응용의 요구를 만족시키기 위해 발전하고 있다.

소프트웨어 — 소프트웨어는 보통 CA 시스템에 맞도록 커스터마이즈된 운영체제로 구성된다.

메모리 — 셋톱 스마트 카드가 사용하는 두 가지 메모리 종류가 있다 — 임시 데이터 저장을 위한 전원이 공급(보통 카드가 리더기에 닿게 될 때)될 때만 사용되는 RAM과 고정 데이터와 운영체제를 저장하는 ROM. EEPROM 혹은 플래시메모리같은 비휘발성 메모리 사용은 계정 PIN(Personal Identification Number), 암호화 키, 혹은 가입과 PPV 서비스를 위한 데이터, 전원이 제거되더라도 저장 상태로 있어야 하는 유형의 데이터와 같은 데이터를 저장하는데 이상적이다.

물리적 스마트 카드는 일반 신용카드와 외형이 유사하나 여러 다른 유형의 내장 IC를 갖고 있는 것이 다르다.

스마트 카드의 구조는 IOS/IEC 7816이라고 하는 국제표준을 따른다. 보안 위협을 최소화하기 위해 어떤 CA 시스템 서비스 제공자는 스마트 카드와 IPTVCD 간에 링크를 생성한다. 이 과정은 페어링(pairing)이라고 하고 스마트 카드가 네트워크에서 초기에 인증될 때 발생한다. 이 단계에서 IPTVCD의 하드웨어 ID가 스마트 카드 메모리에 쓰여진다. 일단 이 과정이 끝나면, 카드가 페이링된 IPTVCD에 삽입될 때, 가입, PPV, 혹은 VoD 콘텐츠를 시청하기 위한 권리가 주어진다. 페어링의 주요 이점 중 하나는 카드에 손상이 있는지를 확실히 할 수 있다는 것이다. 그런 경우 CA 시스템의 보안은 기존 카드를 제거하고 서비스 제공자로부터 받은 새로운 카드로 대체함으로써 복원된다. 스마트 카드 칩셋의 정교함으로 인해 스마트 카드에서 데이터를 추출하거나 데이터를 수정하는 것이 쉽지 않다.

7.2.1.6 제거 가능한 보안 모듈

제거 가능한 보안 모듈은 내장 CA 시스템 기능, 즉 디지털 콘텐츠의 해독을 수행하는 독립형 하드웨어이다. 이 모듈은 매우 간결하고, PCMCIA(Personal Computer Memory Card International Association)의 크기이며 주로 랩톱에서 사용된다. 이것은 비디오 콘텐츠 해독에 필요한 하드웨어 칩셋과 관련 소프트웨어를 포함한다. 디지털 셋톱박스에서 분리할 수 있는 하드웨어 모듈을 만듦으로써 박스는 소매 유통을 통해 판매될 수 있는 교환 가능한 시스템이 된다. 다시 말하면, 제거 가능한 보안 모듈은 가입자가 디지털 셋톱박스를 서비스 제공자에 관계없이 선택하고 구매할 수 있도록 해준다. 예를 들어, 내가 다른 TV 서비스 제공자가 지원하는 아일랜드의 다른 지역으로 이사를 한다고 결정하면 나는 단지 제거 가능한 보안 모듈을 현재 서비스 제공자에게 반납하고 셋톱박스를 가져가서 새로운 지역에서 서비스 제공자 네트워크에 연결하고 이 새로운 서비스 제공자가 제공하는 새로운 보안 모듈을 설치하면 된다.

디지털 신호가 네트워크로부터 도착하면, 암호화된 정보가 처리되는 제거 가능한 보안 모듈로 전달된다. 제거 가능한 보안 모듈은 DVB-CI와 CableCARD와 같은 주요 국제 표준을 따른다.

DVB-CI CI(Common Interface)는 셋톱박스와 분리된 하드웨어 모듈 사이에 인터페이스이며 DVB 프로젝트가 정의한 표준 인터페이스이다. CI의 기능은 제거 가능한 보안 모듈을 수용하는 것이다. DVB-CI 표준은 유럽 운영자들에게 특히 인기가 있으며 중국에서도 채택되었다.

CableCARD CableCARD는 미국의 DVB CI이다. 이전에 PoD(Point of Deployment)라고 알려진 CableCARD는 제거 가능한 보안을 위한 오픈케이블의 표준이다. CableCARD는 암호화 혹은 스크램블된 콘텐츠를 디코드하는 플러그인 하드웨어 장치이다. 이 모듈의

구축은 미국 FCC의 규정에 따른 것이다. FCC는 모든 서비스 제공자는 가입자들에게 CableCARD 플러그인 보안 모듈을 제공해야한다고 규정하고 있다. CableCARD 1.0이라고 알려진 이 기술의 첫 번째 버전은 1998년에 ITU가 승인하였고 지난 9년 간 여러 차례의 재개정이 진행되었다. CableCARD 1.0의 주요 기술적 그리고 운영 특성들은 다음과 같다:

- 오픈케이블 표준과 명세서를 따르는 디지털 셋톱박스와 통합 TV와 동작한다.
- 단방향 운영을 지원한다. CableCARD는 PPV와 IPTV 구매를 위해 전화 모뎀을 사용한다.
- 보호된 MPEG 비디오스트림의 해독을 지원한다.
- 선택된 제공자와의 연결을 제공하기 위해 PCMCIA 타입 II 카드 모듈을 사용한다. CableCARD 1.0 하드웨어 모듈은 디지털 케이블 셋톱박스에 삽입되고 고유한 ID 번호를 할당받는다.

기술적 결함과 함께 CableCARD의 첫 번째 버전에서 OOB 양방향 통신 채널 지원이 되지 않는 것은 이 표준의 첫 번째 버전은 대화식 TV 응용 지원을 할 수 없음을 의미한다. 따라서, 케이블랩은 CableCARD 2.0이라고 하는 갱신된 명세서를 만들었다. CableCARD 2.0 표준의 주요 특성들은 다음을 포함한다:

- 양방향 운영을 지원한다. 소비자는 지역 상점에서 오픈케이블 표준을 따르는 셋톱박스를 구매할 수 있으며 서비스 제공자로부터 CableCARD 2.0 제거 가능한 보안 모듈을 받아 다양한 VoD, 대화식, IPTV, 그리고 순차 디지털 TV 서비스를 액세스할 수 있다.
- DVR 유형 응용에 중요한 다중 튜너를 지원한다.
- 윈도 미디어 센터 운영 체제를 사용하는 컴퓨터에 맞출 수 있다. 이는 가입자가 케이블 TV 비디오를 자신의 가정 PC에서 볼 수 있게 해준다.

CableCARD 표준을 보완하기 위해 케이블랩은 CableCARD(M-CARD라고도 함)의 양방향 다중스트림 버전을 개발하였다. 이 M-CARD의 주요 특성들은 다음을 포함한다.

- 다중 비디오스트림에 대한 동시 해독을 지원한다.
- 유료 TV 가입자가 다른 디지털 TV 채널을 해독하고 녹화하면서 한 채널을 시청할 수 있도록 한다.
- 단일스트림과 다중스트림 두 가지 모드로 동작한다. 단일스트림 모드는 단방향 디지털 TV 스크린 혹은 셋톱박스에 사용되고 다중스트림 모드는 양방향 액세스 장치에 사용된다.

DVB-CI와 CableCARD 이외에 일본은 B-CAS라고 하는 ISDB 디지털 명세서의 일부로서 인터페이스를 표준화하였다. B-CAS 인터페이스는 디지털 셋톱박스와 텔레비전에 통합된다. 이 인터페이스튼 비디오 콘텐츠를 해독하는데 사용되는 B-CAS 스마트 카드를 수용한다. 각각의 B-CAS 카드는 고유한 키를 포함하며 이는 해독 목적에 사용된다. 일본 디지털 TV 가입자에게 가용한 두 가지 유형의 B-CAS 카드가 있는데 빨간색과 파란색이 그것이다. 이 두 가지 타입은 다른 종류의 디지털 TV 신호를 액세스하는데 이용된다.

제거 가능한 보안 모듈은 이 책을 쓸 당시에 전통적인 유료 TV 보안 영역에 널리 보급되지는 않았다. 따라서 이들 모듈의 IPTV 보안 영역에 대한 영향은 앞으로 몇 년간은 제한된 형태로 있을 것으로 예측된다.

하드웨어 중심의 CA 시스템은 성숙 단계에 있으며 디지털 콘텐츠 보호에 대한 증명된 솔루션이다. 이들 시스템의 주요 단점 중 하나는 심각한 보안 침해가 발생했을 때 겪는 어려움이다. 이 시스템은 물리적 회로를 이용하여 구현되기 때문에 고수준의 보안에 사용되는 논리적 방법은 여러 CA 하드웨어 요소들을 대체하는 것이다. 이는 보안 결점을 수정하는 매우 고비용 수단일 수 있다. 그러한 결점과 침해가 현대 CA 시스템이 채용한 정교함으로 인해 흔하지는 않지만 이것은 항상 존재하는 위험이다.

7.2.2 소프트웨어 중심 IPTV CA 솔루션

소프트웨어 중심 CA 솔루션을 채택하는 것은 디지털 콘텐츠를 안전하게 하는 또 다른 방식이다. 비스마트 카드 CA 방식으로 알려진 이러한 유형의 시스템은 다음 특성들을 갖고 있다:

스마트 카드 불필요 — 이들 시스템의 여러 이점 중 하나는 IPTV 가입자가 방송과 주문형 IP 콘텐츠를 보기 위해 스마트 카드와 IPTVCD에 내장된 리더기를 필요로 하지 않는다는 사실이다.

보안 침해로부터의 빠른 복구 — 일단 침해가 발생하면 소프트웨어 패치(patch) 혹은 수리(fix)를 보안 침해 영향을 최소화하기 위해 몇 초 내에 시스템에 적용할 수 있다.

다양한 IPTV 네트워크 타입에서 가용 — 이들 시스템은 전통적인 위성, 지상파 그리고 케이블 유료 TV 네트워크뿐만 아니라 IP 광대역 네트워크에서도 구축될 수 있다.

잘 설정된 암호화 표준 지원 — 소프트웨어 중심 CA 시스템은 IPTV 연결의 보안을 유지할 수 있는 증명되고 성숙한 인터넷 암호 알고리즘에 기초하고 있다.

디지털 인증서 사용 — 이들 소프트웨어 구동 CA 시스템은 IPTV 보안 시스템에 연결된 각 요소들을 식별하기 위해 디지털 인증서를 사용하도록 설계되어 있다.

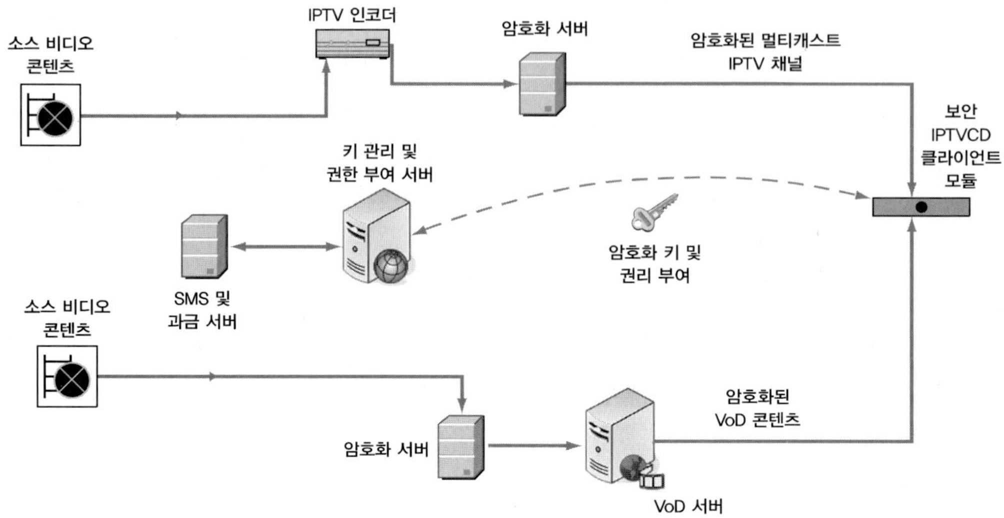

그림 7.3 소프트웨어 중심 CA 시스템 네트워크 구조

하드웨어 중심 CA 시스템과 병행 — 하드웨어와 소프트웨어 중심의 CA 시스템 모두 하이브리드 IP 및 방송 네트워킹 환경에서 함께 동작할 수 있다.

온라인 항상 유지 — 소프트웨어 중심 CA 시스템 지원을 위해 실시간 네트워킹 환경이 요구된다. 따라서 온라인 항상 유지(alway-on) 그리고 양방향 광대역 연결이 IPTV 데이터 센터와 가입자의 댁내에 구축된 IPTVCD 간에 요구된다. 다음 기술적 요소들이 종단 간 소프트웨어 중심 IPTV CA 시스템에 있어야 한다:

- 암호화 서버
- 키 관리 및 권한부여 서버(KMAS)
- 보안 IPTVCD 클라이언트 모듈

이들 각 요소의 역할은 다음 절에서 논의한다.

7.2.2.1 암호화 서버

광대역 디지털 TV 네트워크에서 중요한 정보를 보호하는 가장 공통적인 방법은 암호화이다. 정보가 암호화될 때 그 정보를 수신해야 하는 사람 이외에게 이 정보가 전혀 의미가 없도록 변경된다. 해독은 암호화의 반대 과정을 거치며 읽을 수 없는 형태의 IPTV 데이터가 다시 원래의 형태로 복원된다. 암호화 서버라고 하는 하드웨어는 분배 네트워크로 보내지기 전에 디지털 콘텐츠를 안전하게 암호화하는 책임을 진다. 이들 서버는 콘텐츠를 시청할 권한이 없는 사람은 읽을 수 없도록 비디오 콘텐츠를 변경하는 암호 알고리즘을 사용한다. 다른 암호 알고리즘이 다른 수준의 보안을 제공하는데 사용될 수 있다. IPTV CA 시스템이 사용하는 가장 공통적인 유형의 암호 알고리즘은

표 7.1 공통으로 사용되는 CA 알고리즘

IPTV CA 알고리즘	설 명
RC4(RCA)	RSA Security Inc.라고 하는 회사가 제공하는 암호 소프트웨어 시스템임
DES(Data Encryption Standard) 알고리즘	IPTV 콘텐츠 보호에 사용되는 암호 알고리즘. 연속된 비트 스트림을 받아서 암호화된 스트림 비트를 출력
AES(Advanced Encryption Standard)	US 정부가 채택한 암호 표준. 비디오 콘텐츠 암호화를 위해 128비트 키 사용. IPTV 산업군에서 널리 채택함
CSA(Common Scrambling Algorithm)	DVB이 디지털 텔레비전 전송을 위해 CSA 정의. CSA 면세서와 라이센싱 권리 그리고 CDA(Common Descrambling Algorithm)은 ETSI와의 협약에 의해 분배됨

표 7.2 IPSec 프로토콜

프로토콜	설 명
ESP(Encapsulating Security Payload)	IPTV 콘텐츠 암호화 및 인증을 위해 표 7.1에 기술된 알고리즘 중 하나를 사용
AH(Authentication Header)	패킷을 인증하기 위해 사용
IKE(Internet Key Exchange)	보안 키 설정, 협상, 그리고 관리에 필요

표 7.1에 나타나 있다.

위 알고리즘 사용 이외에, 상업적으로 이용 가능한 암호화 서버는 인증과 암호 기능을 확장하는 수단으로 IPSec 프로토콜을 사용한다.

IETF가 설계한 IPSec은 두 개의 IP 장치 간에 통신을 안전하게 하고 암호화하는데 사용되는 IPv6의 표준 부분이다. 이 표준은 키 관리 서비스를 활용하는 인증 프레임워크도 제공한다. 기술적 관점에서 IPSec은 세 개의 다른 프로토콜로 구성된다(표 7.2).

IPTV 데이터 센터에서 암호화된 콘텐츠는 크게 두 가지 부류로 나누어진다: 순차 방송 채널과 VoD 자산. 이들 양 부류는 이 책의 다른 부분에서 상세히 다룬다.

7.2.2.2 키 관리 및 권한부여 서버(KMAS)

KMAS의 주요 기능은 다음과 같다.

- 암호 키를 생성하고 데이터베이스에 저장하고 관리한다. 이 키는 순차 방송 채널 혹은 VoD 콘텐츠를 암호화하는데 사용된다.
- 권한을 가진 IPTV 클라이언트에게 키를 안전하게 분배하고 전달한다.
- OBSS에게 트랜잭션 데이터를 제공한다.

위 기능 이외에, KMAS는 주기적으로 보안 키를 변경하는 책임도 갖고 있다. 전형적인

KMAS의 하드웨어 구조는 여러 안전한 ASIC(Application Specific Integrated Circuit)으로 구성된다. 주요 KMAS 기능 지원 이외에 ASIC은 개인 키에 대한 강력한 보호도 제공한다.

7.2.2.3 안전한 IPTVCD 클라이언트 모듈

IPTVCD 클라이언트 소프트웨어 요소는 실시간으로 수신되는 암호화된 비디오 콘텐츠를 해독하고 가입자에게 그들이 지불한 콘텐츠에 대한 액세스를 제공하는 책임을 가진다. 이 모듈은 IPTVCD에 통합되어 있고 서비스 제공자의 데이터 센터로부터 소프트웨어 다운로드를 통해 쉽게 업그레이드되거나 대체될 수 있다.

7.2.2.4 소프트웨어 중심 CA와 PKI

전화회사는 네트워크를 통해 서비스를 전달하기에 앞서 IPTV 서비스 가입자의 신원을 확인하는 것이 중요하다. 전통적으로 단방향 유료 TV 네트워크는 송신과 장치를 식별하는데 "공유 비밀"이라고 하는 보안 방식을 사용하였다. 이 방식에서 "비밀 키"는 디지털 셋톱박스와 같은 수신 장치의 제조 과정에서 칩셋에 내장된다. 다른 방법으로 공유 키가 스마트 카드에 내장된다. 방송 중에 보안 서버는 콘텐츠를 암호화하는데 공유 키를 사용한다. 수신 디지털 셋톱박스는 여러 디지털 TV 채널을 해독하기 위해 지정된 기판 내 혹은 스마트 카드 칩셋에 저장된 공유 키를 사용한다. 일반적으로 공유 비밀 방식은 단방향 방송 타입 네트워크에서 디지털 TV 채널 액세스를 보호하는 상대적으로 안전한 방식이다.

양방향 IP 광대역 네트워크의 등장에 따라 콘텐츠 송신자와 수신자를 인증하기 위해 개선된 보안 구조가 등장하였다 — PKI(Public Key Infrastructure). PKI 방식하에서 IPTV 네트워크상의 통신 참여자는 전송하는 동안에 불법적으로 침해를 당하지 않을 것이라는 확신 하에 콘텐츠와 제어 정보를 교환할 수 있다.

소프트웨어 중심 CA 시스템은 PKI 기술을 널리 이용하고 있다. 기술적으로 PKI는 디지털 콘텐츠를 암호화하고 해독하는데 수학적으로 연관된 한 쌍의 키를 사용하는 프레임워크이다. 송신자에게만 알려진 개인 키는 IPTV 콘텐츠를 아무 의미 없는 형태로 변환하는데 사용된다. 수신 장치는 비디오 콘텐츠를 원래의 형태로 전환하기 위해 대응되는 공중 키를 갖고 있어야만 한다. PKI 보안 프레임워크하에서 각 IPTVCD는 자신의 고유한 개인 키를 갖고 있음에 유의하라. 따라서, 단지 하나 혹은 작은 수의 IPTVCD들만이 보안침해 동안에 영향을 받는다. 이것이 기존 전통적인 시스템과 비교했을 때 PKI 기반 시스템의 차별화되는 점의 하나이다. 전통적인 시스템에서는 노출된 키로 인해 네트워크 기반구조에 연결된 모든 장치의 보안에 영향을 줄 수 있다. 콘텐츠의 암호화와 해독 이외에 PKI 시스템은 IPTV 클라이언트 혹은 백엔드 서버의 신원을 인증하는데 전자서명과 인증서를 사용한다. 디지털 서명은 문서에 서명하는 것과 동일한 기능을 한다. 이 서명은 데이터와 응용을 읽을 수 없는 포맷으로 변환하는 책임을 갖는 수학적 시스템인 암호법(cryptography)이라고 하는 기술에 의해 생성되고 확인된다. "디지털 서명"이라는 용어는 "해시(hash)" 혹은 "다이제스트(digest)"라고 하는 소스 데이터의 작은 요약을 생성하기 위한 알고리즘과 송신자의 개인 키 사용에 대해 기술한다. 디지털 서명의 주요 이점 중 하나는 법률적인 보호를 받을 수 있고 복제되지 않는다는 것이다. IPTV 환경에서 이 해시 값은 네트워크를 통해 전송될 때 데이터와 함께 한다. 일단 해시 파일과 데이터가 IPTVCD에 도달하면 수신된 해시 값과 원래 값이 일치하는지를 알고리즘을 사용하여 확인함으로써 이 서명의 진위를 파악한다. 만약에 일치하면 첨부된 보안 메시지를 처리한다. 만약에 일치하지 않으면, 그 메시지는 변경되었거나 다른 소스에 의해 보내진 것으로 간주한다. 그러한 경우 이 데이터는 폐기되고 CA 시스템에 보안 침해에 대해 경고한다.

서명이 인증을 위한 여러 경우에 적절하지만 IPTV 제공자들은 추가적인 보안 계층으로 디지털 인증서가 IPTV 소프트웨어 중심 CA 시스템 내에 포함될 것을 요구하고 있다. 디지털 인증서는 IPTV 클라이언트와 서버 장치를 인증하는 전자증명서이다. 인증서는 특정 IP 장치의 신원을 보장하는 전자 메시지에 첨부된 파일이다.

표 7.3은 IPTV 클라이언트와 서버가 사용하는 기본 인증서에 포함된 정보들이다.

인증서는 전자메일 주소 혹은 전화번호와 같은 다른 정보들도 포함할 수 있다. 광대역 네트워크에 이러한 특성의 보안 시스템이 구현되면 해커가 가입자에 관한 상세사항들을 중간에 가로채는 일은 거의 존재하지 않는다. 인증서의 콘텐츠를 명시하기 위해 IPTV 시스템에 사용되는 가장 인기 있는 표준의 하나가 ITU가 발표한 표준인 X.509이다.

CA(Certification Authorities)라고 하는 기구(TTP(Trusted Third Parties)라고도 함)는 유효한 디지털 인증서를 생성하여 발행하는 책임을 지고 있다. PKI 구축은 가입자의

표 7.3 IPTV 디지털 인증서 속성

속 성	설 명
버전	인증서의 버전 번호
IPTV 종단사용자 상세사항	종단사용자의 이름과 주소
키	종단사용자 비밀 키를 매칭하는 공중 키. 추가적으로, 인증서는 CA 공중 키도 포함할 수 있음
디지털 서명	인증서 발행을 책임지는 CA와 IPTVCD에 대한 서명이 인증서에 포함됨
타당성 기간	인증서가 발행될 때 인증기간이 설정됨. IPTV 시스템의 경우 인증서는 보통 2년 간 유효함. 인증 기간이 만료되면 새로운 인증서를 발행해야함

신원을 설정하기 위해 계층 구조의 CA를 사용한다. IPTV 환경의 예에서, 보안 시스템 벤더인 루트 CA 제공자는 서비스 제공자에게 인증서를 발행한다. 그러면 이 제공자는 자신의 디지털 서명을 적용하고 이어서 IPTV 가입자에게 전달한다. IPTV 콘텐츠 스트리밍은 일단 모든 참여자들이 인증이 끝나면 시작된다. CA는 인증서 취소 리스트도 사용한다. 이들 리스트는 더 이상 유효하지 않은 인증서에 대한 상세사항을 나타낸다. 인증서가 도단을 당하면 그 인증서는 더 이상 유효하지 않은 것으로 선언된다.

7.2.2.5 IPTV 소프트웨어 중심 CA 솔루션 동작 개요

전형적인 소프트웨어 중심 CA 솔루션이 어떻게 동작하는지에 대한 예가 그림 7.4에 나타나 있으며 다음 절에 설명되어 있다.

(1) 일단 IP 셋톱박스에 전원이 공급되면, 해독 키와 인증 서비스를 제공하는 서버를 찾기 위해 네트워크를 스캔한다. 키 관리와 권한부여 서버의 IP 주소 파라미터는 IPTVCD에 미리 설정되어 있다.
(2) 서버를 찾은 후에, 안전한 IP 셋톱박스 소프트웨어 클라이언트는 데이터 센터에 광대역 네트워크에 자신이 있음을 알리고 수신 비디오 콘텐츠를 해독하기 위한 키를 요청한다.
(3) 이 요청이 수신되면, 서버는 인증에 대한 상세사항을 제공하기 위해 IP 셋톱박스 소프트웨어를 부른다.
(4) 그러면 IP 셋톱박스 소프트웨어는 서버에게 디지털 인증서를 업로드한다.
(5) 서버가 수신하고 인증을 한 후에 키를 데이터베이스에서 추출하고 암호화하여

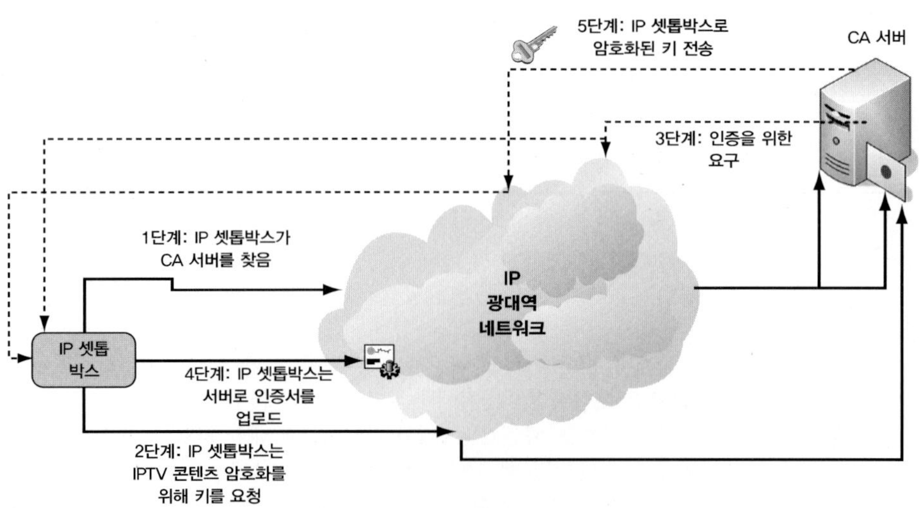

그림 7.4 IPTV 소프트웨어 중심 솔루션

IP 셋톱박스 클라이언트 소프트웨어에게 보낸다. 그러면 이 키를 비디오 콘텐츠 해독에 사용하고 이후 처리를 위해 디코더 칩으로 전달한다.

7.2.3 하이브리드 하드웨어와 소프트웨어 솔루션

하이브리드 방식은 해독 기능을 직접 IP 셋톱 비디오 박스에 내장하고 스마트 카드를 필요로 하지 않는다. 그래서 콘텐츠 해독은 비디오 프로세서 혹은 특별한 보안 프로세서에서 수행된다. 수신 신호의 해독은 헤드엔드에 위치한 CA 서버와 양방향 IP 기반 네트워크를 통해 직접 통신하는 셋톱 프로세서를 포함한다.

7.3 CA 산업 기구

시장 내의 비개방형 IPTV 보안 솔루션 이외에 디지털 TV와 IPTV 산업 영역에서 불법적인 저작권 침해와 싸우는데 이용되는 기술 명세서를 개발하는 여러 산업 그룹들이 있다.

7.3.1 DVB 디지털 채널 보안

DVB 표준이 처음 개발되었을 때, 방송 서비스 액세스에 대한 제어가 필요할 때 사용될 수 있는 CA 시스템을 위한 대비가 있어야 한다고 인식되었다. 이러한 사실을 인식하고 DVB는 두 개의 새로운 프로토콜, 즉 SimulCrypt와 MultiCrypt를 개발하기로 하였다.

7.3.1.1 SimulCrypt

SimulCrypt 기반 시스템은 두 개의 CA 시스템이 특정 지리적 영역 내에서 병행으로 동작할 수 있도록 해준다. 이 시스템은 디스플레이를 위한 프로그램에 권한부여를 위해 다중 셋톱박스를 사용하며 각각은 다른 CA 시스템을 사용한다. SimulCrypt 액세스 시스템의 일반적인 구조는 TV 네트워크 상에서 각 CA 시스템이 요구하는 ECM과 EMM의 전송에 기반하고 있다. 각각의 개별적인 셋톱박스는 권한부여에 필요한 적절한 ECM과 EMM을 인식하고 사용하며 반면에 다른 셋톱박스로 가는 권리부여(entitlement) 메시지들을 무시한다. SimulCrypt 기반 시스템에서 스크램블링과 암호화는 분리된 프로세스이다.

7.3.1.2 MultiCrypt

MultiCrypt 개념은 같은 디지털 박스 내에 여러 CA 시스템 사용을 허용하는 것이다.

7.3.2 유럽 반저작권침해 연합 AEPOC

AEPOC는 1990년대 후반에 설립되고 방송국, CA 제공자, 전송 기반구조 벤더 그리고 관련 하드웨어 제조업자들을 포함하는 35개의 선도적인 디지털 텔레비전과 전화회사들로 구성된 유럽 기반 기구이다. 이 기구는 IP 기반 콘텐츠의 저작권 침해와 싸우기 위해 광대역 산업과 함께 작업한다. 보다 자세한 사항은 www.aepoc.org를 방문하라.

7.3.3 NCTA (National Cable and Television Association)

미국 케이블 산업을 대표하는 무역 연합인 NCTA는 케이블 TV 제공자들이 디지털 셋톱박스로 직접 CA 소프트웨어를 다운로드할 수 있도록 하는 DCAS(Downloadable Conditional Access System)라고 하는 소프트웨어 중심 보안 시스템 개발을 FCC에 약속하였다. 그림 7.5에 DCAS 개발과 관련된 주요 일정이 나타나 있다.

소프트웨어 중심 방식 사용은 CableCARD 플러그인 보안 모듈 구축에 대한 대안으로 여겨졌다. 케이블 산업의 차세대 DOCSIS 3.0 기술 플랫폼과 DCAS를 결합함으로써 케이블 운영자들은 RF와 IP 케이블 네트워킹 기반구조를 통과하는 콘텐츠를 보호하는데 이 소프트웨어 중심 보안 환경을 사용할 수 있다. DCA의 기술적 그리고 일반적인 특성은 다음을 포함한다:

(1) 물리적 스마트 카드와 같은 비싼 하드웨어 요소 제거
(2) 기존 하드웨어 중심 CA 시스템과의 호환성
(3) 디지털 셋톱박스의 휴대성 지원. 따라서, 케이블 셋톱박스 혹은 하이브리드 IP 모델이 DCAS 보안 시스템을 가진 어떤 케이블 TV 네트워크에 연결될 때, 이 칩은 자동으로 내부 실리콘 칩에 새로운 CA 시스템을 다운로드한다.
(4) 이 시스템은 세 가지 주요 요소를 사용한다.

- *보안 마이크로프로세서* — 보안 마이크로프로세서는 고유의 하드웨어 특성을 포함하는데 이는 서버와 IP 셋톱박스 간에 신뢰성을 설정하는데 사용된다.

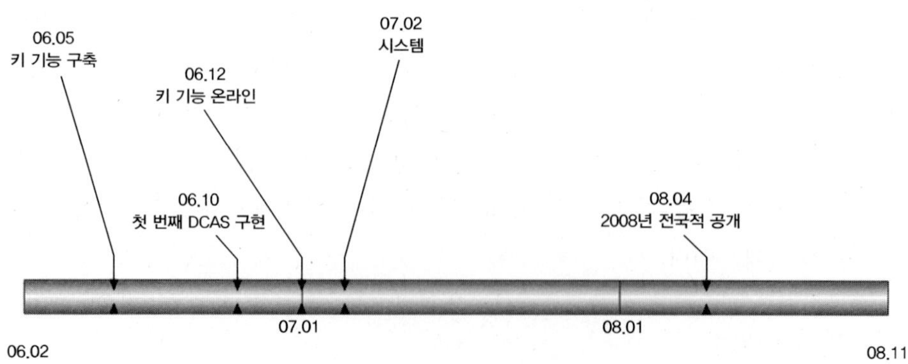

그림 7.5 DCAS 개발 일정

- *보안 소프트웨어 기반 부트로더*(bootloader) — DCAS 디지털 셋톱박스 혹은 다른 유형의 디지털 장치에 처음으로 전원이 공급되면, 보안 마이크로프로세서에 CA 시스템이 없다. 셋톱박스가 사용하는 실시간 운영체제는 CA 시스템 다운로드와 같은 복잡한 작업을 다룰 수가 없다. 따라서, 부트스트랩 로더 혹은 부트로더라고 하는 작고 특별한 소프트웨어 프로그램이 IPTV 서비스 제공자의 데이터 센터 혹은 케이블 헤드엔드로부터 CA 시스템의 클라이언트 요소를 다운로드하는데 사용된다. 부트스트랩 프로그램은 여러 작은 명령들의 집합이고 주요 목적은 헤드엔드 혹은 IPTV 데이터 센터 서버로부터 DCAS 시스템을 다운로드하는 것이다. 일단 CA 시스템이 로드되고 실행되면 셋톱박스는 이제 백엔드 서버가 발행한 여러 CA 명령들을 처리할 수 있다.
- *키 처리 기능* — 키 처리 기능은 마이크로프로세서 내에서 보안 키를 개발하고 설치하는 책임을 진다. 추가적으로 이 기능은 모든 마이크로프로세서를 관리하고 추적한다.

(5) 고부가 비디오 서비스 보호와 양방향 대화식 IPTV 서비스 지원 제공
(6) 보안 침해 발생 시 보안 기반구조의 쉽고 간단한 대체
(7) 하이브리드 IP 셋톱박스, 게임 콘솔, 그리고 휴대용 미디어 플레이어와 같은 소매 장치들에 통합되도록 설계

IPTV 보안 표준 활성화에 참여한 많은 산업 그룹들이 있다. 그러나 이들은 주로 디지털 저작권 관리 시스템에 초점을 두고 있다.

7.4 차세대 DRM 솔루션 소개

CA 시스템이 IPTV 서비스의 불법 사용을 막아 주지만, 고급 비디오 콘텐츠의 도용을 막지는 못한다. 따라서, CA 시스템은 가입자들이 콘텐츠를 어떻게 사용하고 댁내의 다른 디지털 장치에 어떻게 분배하는지를 제어하는 DRM으로 보완될 필요가 있다. 다시 말하면, IPTV 네트워크에서 보내지는 고급 콘텐츠를 안전하게 하기 위해 계층화 방식이 채택될 필요가 있다. 이러한 방식은 가입자에게 전달되는 콘텐츠가 손상되지 않도록 보장해주며 따라서 콘텐츠 공급자와 네트워크 운영자 사이에 관계를 강화하는데 도움을 준다.

서비스 제공자가 구현한 DRM 시스템의 정교함은 두 가지 요인에 달렸다:

(1) *IPTV 서비스 타입* — 생방송 채널에 정교한 DRM 시스템을 적용할 필요가 있는

가에 대하여 IPTV 산업계에서 논쟁이 진행 중에 있다. 대부분의 경우 이 콘텐츠는 즉시 소비되고 멀티캐스트 TV 채널을 보호하는 DRM 기술에 대한 필요가 없게 된다. VoD 콘텐츠의 소비 행태는 다르며 DRM 시스템 사용을 필요로 한다.

(2) *IP 셋톱박스의 하드웨어 특성* — 실시간으로 수신되는 IPTV 스트림을 수집하여 처리하는 "디스크 없는" IP 셋톱박스와 비교할 때 비디오 콘텐츠를 저장하는데 사용되는 하드 디스크 내장 셋톱박스는 디지털 콘텐츠 도용에 더욱 도움이 된다.

IPTV 서비스 제공자는 이 두 가지 요인을 고려하여 DRM 시스템에 필요한 보안 특성 수준을 결정하여야 한다.

7.4.1 DRM 정의

IP 기반 네트워크에서의 비디오 전송은 콘텐츠에 대한 권리 설정과 그 권리 보호에 대한 문제를 야기하였다. 디지털 콘텐츠 보호 문제에 대처하기 위해서 IPTV 산업 영역은 콘텐츠가 가정에 수신된 후에 콘텐츠 도용을 막기 위한 종단 간 DRM 기술을 개발하였다. 디지털 콘텐츠 저장을 막는 것 이외에, DRM 시스템은 댁내 분배 네트워크를 통해 라우팅될 때 권한 없는 공유도 방지한다. DRM 시스템은 또한 대여기간 그리고 비디오 자산에 대한 권리 파기와 같은 다른 유형의 콘텐츠 제어 규정을 실시하도록 설정될 수 있다. 구축된 DRM 시스템의 강점은 서비스 제공자와 연관된 보안 위협 수준 사이에서 다양하다.

기술적 관점에서 DRM 시스템은 복제 방지 콘텐츠에 대한 접근 권한을 관리하고 모니터링하는 방식으로 분류된다. 콘텐츠 타입은 VoD 영화에서 고화질 서비스에 이르기까지 다양하다.

7.4.2 DRM 및 콘텐츠 보호 가치 사슬

IPTV 콘텐츠 수신 사슬이 그림 7.6에 나타나 있고 3개의 세그먼트로 구성되어 있다.

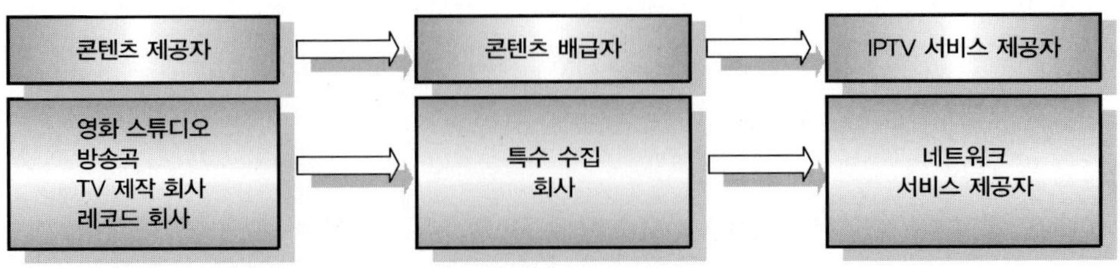

그림 7.6 IPTV 콘텐츠 수신 사슬

7.4.2.1 콘텐츠 제공자

이 세그먼트 기업은 오리지널 콘텐츠 창작하는 책임을 지고 있다. 이 세그먼트에 포함되는 기업 유형은 영화 스튜디오, 방송국, TV 프로덕션 회사, 그리고 레코드 회사들을 포함한다. 이 콘텐츠 창작은 촬영과 특수효과에서부터 화면에 나타나지 않는 해설자의 목소리 및 편집에 이르기까지 다양한 처리 단계를 포함한다.

이 세그먼트가 창작하는 콘텐츠 유형은 스포츠 이벤트 및 TV 프로그램에서부터 뮤직 콘서트 및 여러 유형의 영화 등에 이른다. 종료된 비디오 콘텐츠는 귀중한 자산이며 이 콘텐츠를 안전하게 제어하도록 하는 것이 서비스 제공자에게 최대 우선순위이다. 따라서, 여러 사업적 그리고 접속 규칙들이 이 콘텐츠 분배 비용과 보안 요구사항을 정의하기 위해 각각의 종료된 자산에 적용된다. 규칙 타입은 다음을 포함한다:

- IPTV 운영자가 언제 비디오 자산을 방송 혹은 유니캐스트할 수 있는지에 대한 제한
- 자산에 대한 지불 규칙(정액제 혹은 시청 회수에 따른 지불제)

이들 규칙은 참여자들 간에 계약상으로 동의되고 DRM 시스템을 통해 실시된다.

7.4.2.2 콘텐츠 배급자

콘텐츠 생산자와 직접 라이센스에 대한 협상을 하는 대신에 IPTV 네트워크 운영자들은 콘텐츠를 수집하고 이들에 대한 라이센싱을 전문으로 하는 기업들과 거래를 하고 있다.

이들 콘텐츠 수집 기업은 IPTV 서비스 제공자를 위한 단일 접점으로 활동하는 브로커이다. 이들은 IPTV 서비스 제공자에게 전달을 위해 콘텐츠 자산을 준비한다. 콘텐츠 준비는 다음을 포함한다:

- 콘텐츠 암호화
- 비디오 자산 인코딩
- 추가적인 DRM 시청 규칙 적용
- 검열과 부제 정보와 같은 메타-데이터 추가

단일 접점 및 소스 VoD 및 방송 채널 콘텐츠의 쉬운 관리가 콘텐츠 배급자를 이용하는 전화회사들의 주요 이점이다. 일단 IPTV 콘텐츠가 준비가 되면 이제 IPTV 서비스 제공자에게 라이센싱된다. 다양한 네트워크 미디어가 IPTV 서비스 제공자의 데이터 센터로 콘텐츠를 전달하는데 사용된다.

7.4.2.3 IPTV 서비스 제공자

콘텐츠 수신 시스템에서 마지막 링크는 IPTV 콘텐츠를 가입자에게 분배하는 것이다. 광대역 서비스 제공자, 위성 회사, 무선 및 케이블 TV 회사들이 IPTV 서비스 제공자의

예이다. 이들의 주요 기능은 다음을 포함한다:

- IPTV 가입자의 기반 관리 및 증대
- 여러 콘텐츠 생성자 및 수집상들과 라이센싱 협상
- 수신 비디오 콘텐츠 수신 및 처리
- 고속 IP 기반 네트워크 관리
- IPTV 가정으로의 비디오 자산 전달
- 혼합된 CA와 DRM 보안 시스템을 통해 여러 비즈니스 규칙이 시행되는 것을 보증

일단 계약적 관계가 콘텐츠 공급자와 설정되면 IPTV 데이터 센터를 구성하는 전자 요소들은 수신 신호를 처리하고 IPTV 분배 네트워크로 라우팅한다. 서비스 제공자가 수신하는 콘텐츠는 미리 녹화된 것이거나 생방송일 수 있음에 유의하라.

7.4.3 DRM 소프트웨어 및 하드웨어 구조

종단 간 DRM 시스템이 사용하는 여러 하드웨어와 소프트웨어 모듈의 상호작용성을 나타내는 간단한 블록다이어그램이 그림 7.7에 보여지고 있다. 이 다이어그램의 주요 특성을 다음 절에서 설명한다.

7.4.3.1 디지털 워터마크

디지털 워터마크라고 하는 일정한 비트 패턴으로 IPTV 콘텐츠에 표시를 하여 그 소유자를 확인하는 것이 가능하다. 이 기술은 데이터 임베딩(data embedding) 그리고 정보

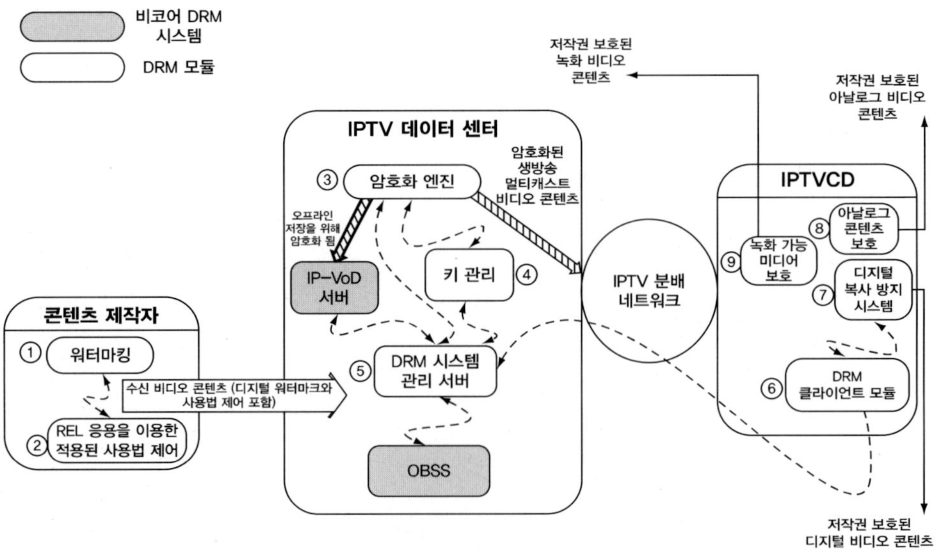

그림 7.7 종단 간 IPTV DRM 시스템의 구조적 개요

감추기(information hiding)라고도 알려져 있다. 이들 비트는 디지털 비디오 혹은 오디오 클립에 내장되어 있고 파일 전체에 널리 퍼져 있다. 종이 워터마크와는 달리 비트는 완전히 보이지 않거나 들리지 않으며, 누구도 이들을 식별하는 것을 어렵게 한다. 워터마크에 저장된 정보 유형은 구현마다 다르다. 콘텐츠 창작자의 이름, 배급자, 그리고 라이센싱 모델이 보통 워터마크에 포함된다. 대부분의 경우 디지털 워터마크는 편집, 압축, 압축풀기, 암호화 그리고 아날로그 포맷으로 변경과 같은 파일에 적용될 수 있는 여러 변화에도 잘 견딜 수 있을 만큼 유연하게 만들어진다. 워터마크를 비디오 콘텐츠에 "가볍게" 적용해서 콘텐츠가 변경되는 경우에 콘텐츠가 파괴되어 부정 사용이 발생했음을 강조한다.

워터마크는 저작권을 가진 콘텐츠에 대한 접속을 제한하거나 복사 과정을 방해함으로써 복사 방지를 가능하게 한다. 워터마크는 IPTV 전화회사가 불법적인 재분배와 비디오 콘텐츠의 도용을 탐지할 수 있도록 한다. 워터마크는 IPTV 배급 과정을 추적 가능하도록 유지된다. 이 예에서 워터마킹은 소스에서 적용된다.

7.4.3.2 REL 응용

REL(Rights Expression Language)은 콘텐츠 소유자가 IPTV 콘텐츠 자산에 대한 사용 권한을 정의하도록 하는 DRM 기술이다. REL의 목표는 저작권, 제한 그리고 사용 제어의 관점에서 콘텐츠 소유자의 선호도를 표현하는 것이다. 전형적인 REL은 여러 표준 요소들로 구성되며 이들은 표 7.4에 나열되어 있으며 간략히 기술되어 있다.

표 7.4에 정의된 여러 요소들은 XML 문법을 이용하여 파일에 구성된다. 시장에서

표 7.4 주요 REL 요소

요 소	설 명
자원	IPTV 환경에서 자원은 IP-VoD 자산 혹은 멀티캐스트 채널을 정의함
에이전트	이 용어에 대한 정의는 REL간에 차이가 있음. 대부분의 경우 에이전트는 콘텐츠에 대한 권리를 가진 회사 혹은 개인을 나타냄
권리	이 용어는 REL 간에 차이가 있음. 그러나 REL의 목적은 권리가 IPTV 자원에 대해 허용된 동작을 결정한다는 의미에서 일관성을 유지함. IPTV 자산에 적용되는 권리는 다음을 포함함 • 자원 콘텐츠를 해독하고 시청하는 기능 • IPTVCD에 로컬하게 저장하는 기능 • 콘텐츠를 이동 IPTVCD와 공유하는 기능 • IPTV 자원의 복사본을 생성하는 기능
제한	제한 요소는 IPTV 자원에 제한을 적용. 허용된 복사본 수는 IPTV 자원에 적용되는 제한의 한 예임
조건	이 요소는 종단사용자가 IPTV 자원과 관련된 권리를 실행하기 전에 만족해야하는 조건들을 정의. 지불이 대부분의 자원에 적용되는 첫 번째 조건임

가용한 여러 REL 중에서 MPEG-21 표준의 5부에 포함된 MPEG-REL이 IPTV 구축과 가장 연관되어 있다. 2006년에 표준화된 MPEG-REL XrML 2.0에서 직접 파생되었다. 이 언어에 대한 보다 자세한 사항은 www.xrml.org를 참조하라.

7.4.3.3 암호화 엔진

DRM은 콘텐츠 시청을 제한하거나 권한을 주고 요금을 지불한 가입자만이 IPTV 콘텐츠를 액세스할 수 있도록 보증하기 위해 커스터마이즈된 암호화를 사용한다. 암호화에 사용된 텍스트를 암호문이라고 한다. 다른 암호 알고리즘과 키들이 다른 수준의 보안을 제공하는데 사용된다. 키들이 콘텐츠와 그 콘텐츠의 특정 부분과 연관된 권리에 잠금장치를 하거나 푸는데 사용된다. 이 보호의 강점은 가능한 키의 수와 키의 크기에 있다. 현재 시장에 나와 있는 많은 DRM 시스템은 미국 NIST(National Institute of Standards and Technology)가 표준화한 AES 알고리즘을 사용한다. 다이어그램에 보이는 바와 같이, IPTV 데이터 센터에 구축된 암호화 엔진은 이러한 기능을 고려한다. 이 모듈의 주요 기능은 수신 비디오 콘텐츠를 콘텐츠 수집자 혹은 소스 제공자로부터 수집하는 것이고 실시간과 오프라인 비디오 콘텐츠를 암호화하기 위해 키 관리 모듈로부터 얻은 키들을 사용한다. 암호화된 실시간 비디오 콘텐츠는 직접 생방송 네트워크로 출력되고 반면에 오프라인 콘텐츠는 저장을 위해 VoD 서버로 보내진다. 서버에 저장된 암호화된 콘텐츠는 OBSS로부터 명령을 수신하면 IPTV 종단사용자에게 보내진다.

7.4.3.4 키 관리

이 모듈의 주요 기능은 암호 모듈을 위한 키를 생성하는 것이다. 이 모듈은 IPTV 데이터 센터 내의 안전한 지역에 위치하며, 제한된 수의 직원만이 접근 가능하다.

7.4.3.5 DRM 시스템 관리 서버

관리 서버는 종단 간 DRM 시스템의 중심에 있다. 관리 서버는 OBSS와 연결되고 개별 IPTV 가입자의 시청 권리에 관한 상세사항을 수신한다. DRM 관리 서버는 이 액세스 권리가 실행되는 것을 보장한다. 콘텐츠 소유자에 대한 보호 규칙 실행과 종단사용자가 지불한 것을 얻도록 보장하는 것 이외에 DRM 관리 서버는 IPTV 콘텐츠를 수신하는 시청자 수에 대한 통계를 수집하는 것도 책임진다. 이러한 정보는 서비스 제공자가 콘텐츠 소유자에게 적절한 로열티 수수료 지급을 보장하는데 필요하다. 이 정보는 과금 목적으로도 사용될 수 있다.

7.4.3.6 DRM 클라이언트 모듈

대부분의 IPTVCD는 이더넷 포트를 포함하고 있는데 이는 권한 없이 콘텐츠를 재생하고 불법적인 복사를 막는데 어려움을 야기한다. 따라서, 디지털 비디오 콘텐츠의 안전하고 공인된 사용을 보장하기 위해, IPTVCD는 개선된 DRM 소프트웨어 서브시스템을 포함할 수 있다. 이 모듈은 IPTV 콘텐츠를 권한 없는 재생 혹은 복사로부터 보호하고 신분 정보를 표기하여 콘텐츠 소유자의 디지털 권리를 등록한다. 이것은 또한 IPTV 방송 채널 혹은 VoD 자산에 할당된 비즈니스 규칙을 관리한다. 비즈니스 규칙의 예는 다음을 포함한다:

- 콘텐츠 시청을 위한 타임프레임
- 콘텐츠 재생이 허용된 장치 유형
- IPTV 콘텐츠 복사와 연관된 비용

DRM 시스템은 IPTV 전화회사들이 원격으로 그들의 비즈니스 규칙을 수정하도록 허용하는 것에 주목하라. 일단 비즈니스 규칙이 적용되면 DRM 클라이언트 모듈은 그 파일을 해독하기 시작한다.

7.4.3.7 디지털 프로그램 복사 방지 서브시스템

DRM은 IP 콘텐츠 수신자가 콘텐츠와 관련하여 취할 수 있는 행동 유형을 제한한다. 이것은 고급 IPTV 서비스 소유자가 자신의 콘텐츠에 대한 권리 없이 배포하는 것을 방지할 수 있도록 한다.

고성능 디지털 출력 인터페이스를 지원하는 셋톱박스의 광범위한 보급은 디지털 오디오와 비디오 콘텐츠의 저작권 보호에 관한 걱정을 야기한다. 표 7.5는 IPTV 신호를 가정 내에서 전송하는데 사용되는 주요 디지털 출력 인터페이스 타입을 설명한다.

표 7.5 디지털 출력 인터페이스 타입

연결 타입	설 명
USB	모든 인기 있는 PC 주변 장치들을 지원하는 산업계 표준 출력 포트임. 이 기술의 버전 2는 IPTVCD들이 고속으로 홈 네트워크에 연결할 수 있게 함
IEEE 1394	주요 가입자 전자 인터페이스이고 MP3 플레이어, 디지털 비디오카메라, 디지털 텔레비전, 셋톱박스, 디지털 프로젝트, DVR 그리고 DVD 플레이어를 포함하는 다양한 홈 엔터테인먼트 장치에서 발견됨
DVI(Digital Visual Interface)	셋톱박스와 디지털 디스플레이 같은 장치들 간에 디지털 연결성을 제공하는 고속 직렬 인터페이스로 정의됨. 비압축 실시간 디지털 비디오 전송하도록 설계되고 HD 텔레비전의 해상도를 지원
HDMI(High Definition Multimedia Interface)	IPTVCD 제조업자는 최근에 자신들의 제품군에 HDMI를 추가함. HDMI 기술은 DVI와 유사하고 IPTVCD에서 디지털 디스플레이로 전달될 때 화면 품질을 유지

보호 요소가 없다면 저작권 침해자가 비디오와 오디오 콘텐츠의 완벽한 복사를 하기 위해 IPTVCD의 여러 디지털 포트를 사용하는 것이 매우 쉽다. 따라서, 이런 상황 발생 위험을 최소화하기 위해 디지털 프로그램 복사 방지 서브시스템은 종단 간 DRM 시스템의 일부로 IPTVCD에 추가된다. 디지털 프로그램 복사 방지 서브시스템의 기능은 디지털 포맷으로 출력되는 디지털 프로그램을 보호하는 것이다. 디지털 연결에서 전달되는 콘텐츠를 보호하는데 사용되는 두 가지 주요한 복사 방지 기술이 있다.

DTCP와 DTCP-IP 링크 방지 기술 DTCP(Digital Transmission Content Protection)은 누군가가 불법적으로 콘텐츠를 녹음(또는 녹화)하는 것을 전혀 하지 못하게 하거나 콘텐츠 소유자가 허용하는 복사물의 수를 제한하는 프로토콜이다. 이 보안 표준은 5C로도 알려져 있으며 인텔과 4개의 다른 회사들, 즉 하타치, 마츠시타(파나소닉), 소니 그리고 토시바에 의해 유지되고, 개발되고 활성화된다. 추가적으로 마이크로소프트도 DTCP 복사 방지 기술 지원을 선언하였다. DTCP는 IPTV 콘텐츠가 댁내 네트워크에서 전달될 때 이 콘텐츠의 불법적인 복사, 가로채기 그리고 오용을 방지하기 위해 암호 프로토콜을 사용한다. 다른 콘텐츠 보호 시스템과 유사하게 DTCP는 디지털 콘텐츠를 보호하기 위해 계층화 방식을 채용한다. DTCP 기술 구조의 요소는 논리적으로 5개의 계층으로 나누어진다. 즉, 인증, 키 관리, 암호화, 복사 제어, 그리고 시스템 재갱신(renewability). 다음 절은 IPTV 기반구조에서 사용될 때 이들 5개 계층의 간략한 개요를 제공한다.

IPTVCD 인증 5C는 두 가지 인증을 정의하는데 완전(full) 인증과 제한(restricted) 인증이다. 완전 인증은 모든 유형의 콘텐츠에 적용되고 반면에 제한 인증은 COG(Copy-One-Generation)과 NMC(No-More-Copies) 콘텐츠 보호를 쉽게 해준다.

키 관리 IPTVCD가 소스와 목적지 장치들 간에 여러 교환을 지원하도록 하기 위해 DTCP는 세 가지 다른 키 타입들을 사용한다. 즉 인증, 교환, 그리고 콘텐츠.

콘텐츠 암호화 정교한 암호 알고리즘이 IPTV 콘텐츠 혹은 DTCP를 준수하는 장치들 간에 교환되는 WHMN 서비스를 암호화하기 위해 사용된다. DTCP는 히타찌 C6 암호 사용을 명시하고 구현의 부분으로서 선택 암호 알고리즘의 포함을 허용한다.

CCI (Copy Control Information) 이것은 DTCP의 저작권 관리 요소이고 IPTV 스트림의 일부로 전달되는 여러 비트들로 구성된다. 표 7.6은 CCI가 나타내는 여러 상태들을 요약하고 있다.

시스템 재갱신 이 계층은 SRM(System Renewability Message) 생성과 전달을 다룬다. SRM은 침해를 당한 장치 리스트를 포함한다. 이 리스트는 지적소유권과 DTCP를 구현

표 7.6 DTCP IPTVCD가 사용하는 CCI 상태

CCI 비트 값	상 태	설 명
11	복사 불가	CCI 상태 중 가장 높은 제한 수준을 부과하고 DVC 영화와 같은 고급 콘텐츠에 적용
10	한 세대 복사	기녹화된 미디어로부터 콘텐츠 복사를 의미
01	더 이상 복사 불가	더 이상의 복사가 허용되지 않음을 나타냄
00	자유로이 복사	인증 혹은 암호화가 불필요. 콘텐츠를 자유로이 복사 가능

하는데 사용된 암호 알고리즘에 대한 라이센싱을 책임지는 기구가 유지하고 생성한다 — DTLA(Digital Transmission Licensing Administrator). 갱신된 SRM을 홈 네트워크, 즉 광대역 네트워크에 연결된 DTCP 장치로 전달하는 두 가지 방식이 있다. 위에 기술된 5개 계층을 혼합하여 IPTV 콘텐츠 전송을 위한 안전한 환경을 생성할 수 있다.

그림 7.8의 간단한 예를 고려해보자. 이 경우 휴대용 미디어 플레이어(PMP)는 DVR로부터 IP-VoD 자산을 다운로드 요청을 한다. 이 특정한 데이터 교환에서 DTCP 이용과 관련된 단계는 다음을 포함한다:

- *1단계. 콘텐츠 요청* — PMP는 복사 방지된 IP-VoD 자산을 요청한다.
- *2단계. 스트림 초기화* — 암화화된 콘텐츠 스트리밍이 시작된다. 이 스트림은 연관된 권리를 정의하는 CCI 식별자 태그를 가진다.
- *3단계. 인증 설정* — CCI 태그에 따라 인증이 실행된다.
- *4단계. 암호화 키 전달* — 키 교환이 이루어지고 IP-VoD 자산에 대해 해독한다.

DTCP는 USB 및 IEEE 1394 인터페이스에서 동작한다. 이더넷 및 무선 랜 네트워킹 연결에서 IPTV 콘텐츠 보호를 위해 DTCP-IP라고 하는 명세서로 업그레이드가 최근에 이루어졌다. DTCP에 대한 자세한 사항은 www.dtcp.com을 참고하라.

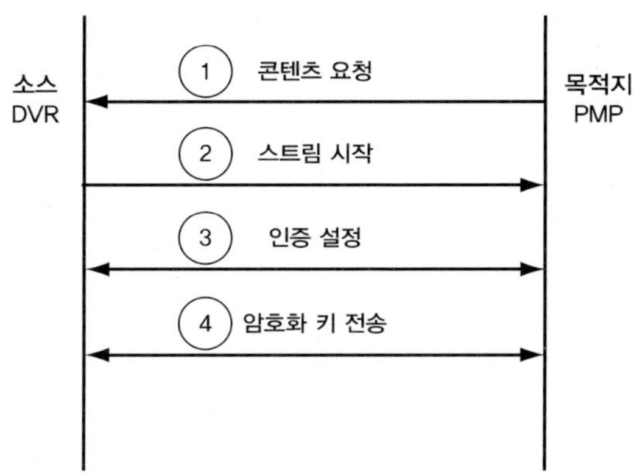

그림 7.8 DTCP 운영 예

HDCP HDCP(High-Bandwidth Digital Content Protection) 표준이라고 하는 인텔이 개발한 암호화 시스템이 대부분의 고화질 기능을 갖춘 IPTVCD에 구축된다. 이는 하드웨어 플랫폼의 일부로 포함되고 IPTV 콘텐츠를 DVI 혹은 HDMI 디지털 인터페이스를 포함하는 디스플레이 장치로 보내기 전에 고화질 IPTV 콘텐츠로 암호화한다. HDCP 디지털 장치는 콘텐츠를 해독하고 스크린에 디스플레이한다. 이는 콘텐츠가 IPTVCD에서 디스플레이 패널로 전달되는 과정에서 인터셉트되지 않음을 보증한다. 데이터를 암호화하고 해독하는 전체 과정은 KSV(Key Selection Vector)라고 하는 비밀이 아닌 식별자와 결합된 일련의 고유한 비밀 40 혹은 56 비트 키에 달렸다. 이 키는 DTP(Digital Content Protection), LLC라고 하는 CA로 기능하는 기구에서 얻는다. 디지털 비디오 콘텐츠 암호화 및 해독 이외에, HDCP는 클라이언트 장치(전형적으로 평면 스크린 디스플레이)가 콘텐츠를 수신할 수 있는 라이센스를 가졌는지 확인하는 인증 방식을 포함한다. 그래서 불법적인 녹화 장치가 비디오 콘텐츠를 복사하려고 시도하면 IPTVCD는 암호화된 콘텐츠의 전송을 허용하지 않는다. 그림 7.9에 보이는 바와 같이 HDCP를 위한 소프트웨어는 디코더 칩에 내장된다.

HDCP 기능을 갖춘 IPTVCD는 자신이 연결된 디스플레이 장치가 HDCP 기능을 갖고 있는지 없는지를 결정할 수 있음에 유의하라. HDCP를 지원하지 않는 디지털 디스플레이가 HDMI 혹은 DVI 인터페이스에 연결되면 IPTVCD는 HD 콘텐츠를 보호하기 위해 이미지 품질을 낮추는 경우가 있다.

보안 침해를 다루는 것과 관련하여 HDCP는 DTCP가 채용한 방식과 유사한 기술을 채택한다. 일단 DTP, LLC가 HDCP 가능 IPTVCD에 침해가 발생되었다고 결정을 하면 해당 KSV가 폐지 리스트에 포함된다. 일단 이 리스트가 갱신되면 SRM 내에 캡슐화되어 HDCP 가능 IPTVCD로 전달된다. 이 리스트는 HDCP 수신 장치가 저작권보호된 IPTV 콘텐츠를 수신하도록 권한이 부여되었음을 확인하기 위한 인증 과정에서 참조된다.

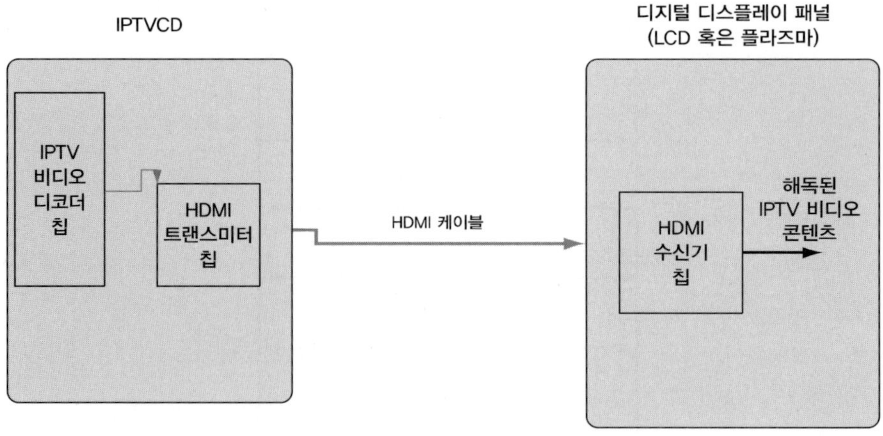

그림 7.9 IPTVCD상에서의 HDCP 구현

FCC의 BFM (Broadcast Flag Mandate) IPTVCD 인터페이스 복사 방지 기술 이외에, 미국 FCC는 디지털 TV 산업 영역에서의 제품 제조업자들이 BF(Broadcast Flag)라고 하는 DRM 기술을 포함하도록 하는 제안을 하였다. 이 제안은 디지털 비트스트림에 하나의 비트 플래그를 삽입하는 것을 포함한다. IPTVCD는 스트림 내의 플래그를 식별하고 적절한 보안 측정을 실행한다. 이 책을 쓰는 시점에 이 제안과 관련된 법적인 문제들이 발생하였고 법원에서는 FCC에 대해 패소 판결을 하였다. 따라서, FCC의 BFM은 이제 더 이상 IPTV 제공자의 당면 과제가 되지 않는다.

7.4.3.8 아날로그 콘텐츠 보호 시스템

저작권 보호 기술을 디지털 포트에 적용하는 것 이외에, 콘텐츠 저작권 침해가 발생하지 않도록 보증하기 위해 아날로그 인터페이스에서 보안 방식을 사용하는 것도 중요하다. 이들 인터페이스에서 디지털 IPTV 콘텐츠가 아날로그 포맷으로 출력되고 연결장치에서 갈무리되고 다시 디지털 포맷으로 전환된다. 이러한 과정에서 원래 IPTV 콘텐츠와 연관된 권리가 손실된다. 그 결과, IPTVCD 제조업자는 아날로그 인터페이스에서 저작권 보호 기술을 구현할 수 있다. 아날로그 인터페이스 보호에 사용되는 세 가지 주요한 보안 기술이 있다:

- CGMS-A
- 워터마킹
- 마크로비전 (macrovision)

다음 절에서 이들 기술에 대하여 설명한다.

CGMS-A CGMS-A(Content Generation Management System for Analog)라고 하는 방식은 IPTVCD 아날로그 출력 인터페이스를 통해서 콘텐츠의 불법적인 재배포를 방지하는 가장 널리 사용되는 시스템 중 하나이다. CGMS-A는 두 개의 복사 제어 정보 비트를 사용하고 이는 비디오의 수직 공백 간격 부분에 포함되어 전달된다. 이들 비트는 소스에서 비디오에 추가되고 이 비디오와 연관된 권리를 정의하는데 이용된다:

(1) 절대 복사 불가
(2) 한번 복사
(3) 더 이상 복사 불가
(4) 복사 제어 없음

CEA는 자신의 명세서에 CGMS-A를 채택하였다. CGMS-A 기술 플랫폼의 자세한 사항은 IEC 61880 표준으로 발간되었다.

워터마킹 워터마킹은 아날로그 기반 신호에도 적용될 수 있다. 사실 이 기술은 여러 해 동안 VCR과 DVD 녹화기에서 영화 불법 복제를 방지하기 위해 사용되어 왔다. 아날로그 워터마킹이 운영되는 방법의 기본은 디지털 콘텐츠 워터마킹에 사용되는 기술과 유사하다.

마크로비전 마크로비전은 아날로그 신호의 VBI 부분에 펄스(pulse)를 삽입하는 비디오 복사 방지 방식이다. 이들 신호는 화면 품질에 영향을 주지 않는다; 그러나 이들은 콘텐츠 녹화를 방지한다.

7.4.3.9 녹화 가능 미디어에 대한 저작권 보호

여러 고급 IPTVCD 중에는 종단사용자가 IPTV 콘텐츠를 녹화하도록 허용하는 DVD 장치가 포함된다. 개인 사용을 위한 녹화는 정당한 활동으로 산업계에서 수용되고 있다. 그러나 개별 종단사용자의 복사 기능을 제한하려는 노력으로 산업계는 CPRM과 VCPS 등의 제거 가능 미디어 복사 방지 방법을 사용한다.

CPRM DVD-R과 플래시 메모리 카드와 같은 장치들의 복제 방지에 CPRM(Content Protection for Recordable Media)가 사용된다. 이러한 DRM 방식하에서 IPTV 종단사용자는 특정 IPTV 자산에 대해 개인적 사용을 위해 한 번의 복사만 허용된다. 다른 보안 방식과 마찬가지로 CPRM은 암호화와 비밀 키를 이용한다. 침해 IPTVCD의 폐기 리스트도 지원된다.

VCPS VCPS(Video Content Protection System)은 DVD+R과 DVD+RW 디스크에 비디오 녹화를 암호화하는데 이용된다. 이 기술은 IPTVCD에서 직접 DVD 디스크로 스트림되는 MPEG-2 콘텐츠를 암호화할 때 128비트 AES 암호를 이용한다.

7.4.4 DRM 프로세서 이해

DRM 시스템은 VoD 콘텐츠와 생방송 스트리밍 IPTV 채널 모두에 적용될 수 있다:

DRM을 VoD 자산에 적용 — 주문형 콘텐츠의 전달은 나중에 시청하기 위해 암호화된 콘텐츠를 비디오 서버에서 IPTVCD로 보내는 것을 포함한다. 콘텐츠가 IPTVCD에 저장될 때, 도용 위험이 매우 높은데 그 이유는 다른 디지털 장치로 전달될 수 있기 때문이다. IP-VoD 자산을 보호하기 위해 DRM 이용에 포함된 기본적인 단계는 다음과 같다:

- *1단계. 콘텐츠 소유자 권리 등록* — 비디오 자산이 인코드되고 IPTV 네트워크를 통해 전송될 준비가 되면, 이것은 DRM 부 시스템으로 보내진다. 이 부 시스템은 소유자에 대한 상세 정보와 특정 비디오 자산에 할당된 권리를 등록하는

소프트웨어 응용으로 구성된다. 추가적으로 이 소프트웨어는 라이센스에 대한 상세사항과 같은 추가 정보를 비디오 자산에 적용한다.

- *2단계. VoD 서버에 보호된 IPTV 자산을 보냄* — 일단 자산이 보호되면, 그 자산은 IP-VoD 서버로 보내지고 IP 기반 네트워크를 통해 다운로드될 수 있도록 한다.
- *3단계. 보호된 IPTV 콘텐츠 재생* — 보호된 IP VoD 자산을 재생하기 위해 IPTVCD는 이 파일을 처리할 수 있는 DRM 클라이언트 소프트웨어를 포함해야 한다. 이는 보통 라이센스 권리 실행과 가입자 TV에 콘텐츠를 재생하는 것을 포함한다.

DRM을 실시간 IPTV에 적용 — 전통적으로 DRM은 VoD 자산에만 적용되었다; 그러나, 점점 더 많은 서비스 제공자들이 실시간 DRM을 방송 IPTV 채널에 적용하기 시작했다. 실시간 DRM 시스템 구축은 DRM 소프트웨어를 실행하는 서버를 인코더의 출력에 연결하는 것을 포함한다. 이는 콘텐츠가 분배 네트워크로 전달되기 전에 보호되는 것을 보증한다.

7.4.5 관련 DRM 산업 기구

동영상 콘텐츠 소유자, 가전회사, IP 장비 제조업자, 그리고 네트워크 서비스 제공자는 비디오 산업의 "냅스터화"를 걱정하여 표준화된 DRM 시스템의 구축에 많은 중요성을 부여하였다. DRM 표준화 작업을 위해 여러 컨소시엄과 산업 그룹이 만들어졌으며 다음을 포함한다.

MPEG (Moving Pictures Experts Group)
SVP (Secure Video Processor) 연합
CI F(Coral Interoperability Framework)
케이블랩
ISMA
DWA (Digital Watermarking Alliance)
TV-Anytime

다음 절에서 이들 그룹이 DRM 분야에 기여한 자세한 사항들을 제공한다.

7.4.5.1 MPEG

이전에 기술한 바와 같이 MPEG 그룹은 MPEG-21이라고 하는 표준을 개발하였다. 이것은 MPEG-2와 MPEG-4 같은 기존 IPTV 압축 방식에 DRM 계층을 추가하였다.

7.4.5.2 SVP

SVP 연합은 콘텐츠 소유자와 배포자로부터 IT와 전화회사에 이르기까지 다양한 그룹으로 구성된다. 이 연합의 목적은 SVP라고 하는 콘텐츠 보호 기술을 진흥하는 것이다. SVP 명세서의 기술적 및 상업적 특성은 다음을 포함한다:

- 기존 복사 방지 표준과 호환되는 개방형 명세서이다.
- SVP 명세서는 보안 모듈을 포함하는 미디어 프로세서에 의존한다. 이 보안 모듈은 여러 암호학적 요소와 디지털 콘텐츠 보호에 필요한 권리 규칙을 포함한다. 주요 보안 기능 이외에, 이 프로세서는 수신되는 IPTV 콘텐츠 디코딩과 디지털 인증서 관리에도 한다. 이 콘텐츠는 128비트 AES 스크램블링 알고리즘으로 암호화된다.
- 표준화질 및 고화질 IP 비디오 콘텐츠를 포함하는 다양한 유형의 디지털 콘텐츠에 대한 사용 권리를 집행한다.
- 여러 유형의 주문형 콘텐츠 비즈니스 모델 적용도 지원한다.

  (1) 콘텐츠 판매 : 이 시나리오에서 콘텐츠는 SVP 가능 IPTVCD로 평생 라이센스를 갖고 전달된다. 일단 전달되면 구매자가 평생 동안 그 비디오 자산을 소유한다.

  (2) 콘텐츠 임대 : 이 시나리오에서 콘텐츠는 SVP 가능 IPTVCD로 임대 계약형태로 전달된다. 임대 기간은 IPTV 서비스 제공자마다 다르다. SVP는 또한 비디오 자산을 임대하는 가입자가 임대 기간을 늘릴 수 있도록 하거나 콘텐츠를 나중에 구매할 수 있도록 한다.

  (3) VoD 푸시 : 이 모델에서 라이센스 구분과 함께 콘텐츠가 IP 광대역 네트워크를 통해 전달된다. 콘텐츠는 IPTV 가입자 구매 혹은 비디오 자을 임대하기를 결정할 때까지 IPTVCD 디스크에 저장된다.

서로 통신하는 두 개의 SVP를 따르는 장치에 대한 간략한 개요가 그림 7.10에 설명되어 있다.

보이는 바와 같이 SVP 보안 플랫폼은 보안 실리콘 칩에 기반을 두고 있다. 그러나 운영체제와 상호작용하고 미디어 프로세서 기능을 관리하는 소프트웨어 드라이버가 있다.

7.4.5.3 CIF

다른 DRM 시스템 간에 상호작용성이 없는 것은 IPTV 콘텐츠의 휴대성을 제한하는 문제를 야기한다. 실제적인 관점에서 IP-VoD 타이틀을 구매하고 DVR로 다운로드하면 이 타이틀은 그 특정 종단 네트워킹 환경에 고유한 자신의 DRM 방식과 함께 온다.

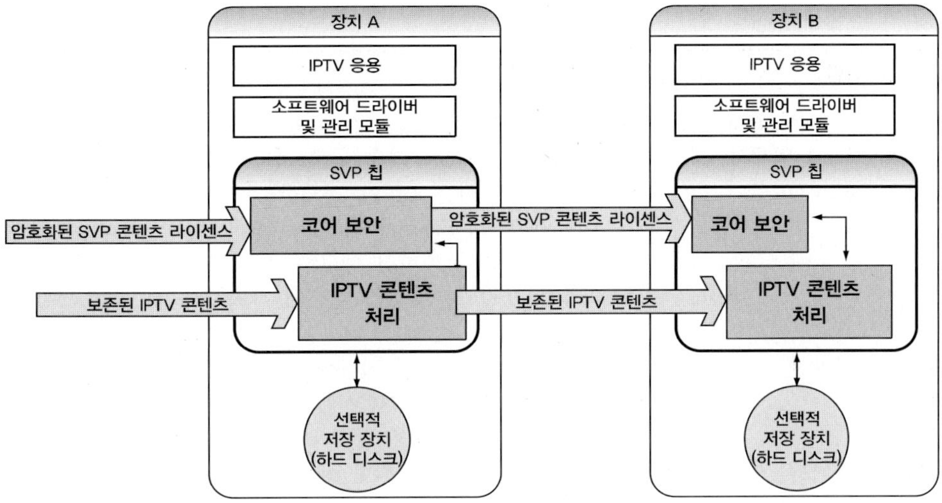

그림 7.10 SVP 장치 간 통신

상호작용성 프레임워크가 없으면 종단사용자가 이 타이틀을 다른 목적 시스템에서 재생하는 것이 불가능하다.

다른 DRM 시스템들 간에 이러한 상호작용성 문제를 다루기 위해, 여러 회사들이 포괄적인 DRM 상호작용성 프레임워크 개발을 진행하는 코랄 컨소시엄이라고 하는 조직을 구성하였다. 이 그룹은 지난 2년 간 다른 DRM 시스템들 간에 상호작용성을 제공하도록 설계된 여러 명세서들을 개발하는 작업을 수행해 오고 있다. 이 프레임워크의 최상위 계층 구조는 여러 명세서로 나누어진다. 표 7.7은 이들 문서를 요약하고 있다.

이들 명세서들의 결합은 여러 다른 콘텐츠 제공자와 DRM 시스템에서 보호된 콘텐츠 생성, 배포, 사용을 위한 프레임워크를 제공한다. CIF 인터페이스는 이들 여러 시스템들 간에 데이터 교환을 수월하게 한다.

IPTV 환경의 관점에서, 이 그룹은 종단사용자가 IP-VoD와 다른 유형의 IPTV 콘텐츠를 다른 보호된 환경 사이에 이동할 수 있도록 허용한다. 코랄 명세서에 대한 전체 내용은 이 책에서 다룰 수가 없으며, 다만 두 가지 중요한 면, 즉 CIF 프레임워크 내의 장치들 간에 통신과 신뢰성 관리에 대해 언급하고자 한다. 통신과 관련하여, CIF는 메시지와 정보 교환 포맷을 위해 XML을 사용한다. 모든 메시지는 헤더와 페이로드로 구성된다. 헤더는 신뢰성 관리 정보 항목들을 포함하고 페이로드는 XML 보안 알고리즘을 사용한 암호화된 요청 및 응답 메시지를 포함한다. 신뢰성 관리를 수월하게 하기 위해 CIF가 사용한 방법은 X.509 디지털 인증서와 공중/사설 키와 같은 안정된 보안 기술에 기반을 두고 있다. 이 기능은 콘텐츠가 소스 콘텐츠 소유자가 신뢰하는 IPTVCD만이 시청할 수 있는 포맷으로 전달됨을 보증한다. 다른 DRM 시스템들 간에 상호작용성을 허용하는 프레임워크를 구축하는 것에 대한 포괄적인 설명을 제공하는

표 7.7 CIF 명세서 개요

명세서 타이틀	콘텐츠 설명
CCA(Coral Consortium Architecture) 명세서 v3.0	이기종의 DRM 시스템 간에 콘텐츠와 권리를 교환하기 위해 CIF가 사용하는 기술적 구조를 정의
NEMO 구조 v2.0	NEMO라고 하는 CIF가 정의한 용어를 주로 다룸. NEMO (Networked Environment for Media Orchestration)은 명세서에서 분산 메시징 에코시스템으로 정의되고 서비스 제공자와 가입자가 서로를 발견하고 신뢰적 방식으로 상호 작용함
NEMO 프로파일 v2.0	NEMO 프로파일 사용에 관한 자세한 정보 제공. 예, 주 프로파일이 전체적인 NEMO 구조에서 HTTP, XML, 그리고 X.509 인증과 같은 산업 표준 방식을 사용함을 기술
NEMO 신뢰 관리 바인딩 v2.0	종단 간 NEMO 네트워킹 시스템이 사용하는 여러 신뢰 관리 방식을 기술
NEMO 메시지 바인딩 v2.0	CIF 한경에서 XML 사용에 관한 자세한 사항을 제공
NEMO 보안 바인딩 v2.0	CIF와 연관된 다른 노드들 간에 보안 메시지 교환을 수행하는 시스템 정의. 이 시스템은 암호화, 키, 그리고 디지털 서명과 같은 여러 기술을 이용
NEMO 정책 바인딩 v2.0	이 27쪽의 명세서는 프로토콜 바인딩 요구사항 정의 방법을 기술
NEMO 보안 메시징 v2.0	CIF 요소들 간에 교환되는 메시지 보호를 다룸

것 이외에, CIFG 명세서는 또한 홈 디지털 네트워크의 일상 운영에서 발생하는 "라이브" 환경과 관련된 여러 시나리오들에 대해서도 설명하고 있다.

7.4.5.4 케이블랩

OCUR(OpenCable Unidirectional Receiver)는 CableCARD 기능을 미디어 센터로 확장하는 목적을 가진 케이블랩 표준 기구이다. 이는 전통적인 방송 및 IP 기반 디지털 비디오 콘텐츠 서비스를 직접 디지털 셋톱박스 없이 PC로 전달하는 기능을 제공한다. OCUR을 따르는 장치는 CableCARD 슬롯과 IP 인터페스를 포함하며, 홈 미디어 서버로의 연결을 제공한다. 무선 홈 네트워크를 통해 미디어 서버로 결되는 세 개의 OCUR 장치에 대한 간략한 그림 개요가 그림 7.11에 제공되고 있다.

보이는 바와 같이 미디어 서버에 연결된 OCUR은 케이블랩이 승인한 DRM 소프트웨어 모듈을 포함한다. OCUR 명세서의 특성들은 다음을 포함한다:

- CA 및 DRM 서브시스템이 완전히 분리된다.
- 명세서는 홈 멀티존 IPTV 시스템 구축을 지원한다.
- 출력은 케이블랩이 승인한 DRM 시스템의 보호하에서만 허용된다.

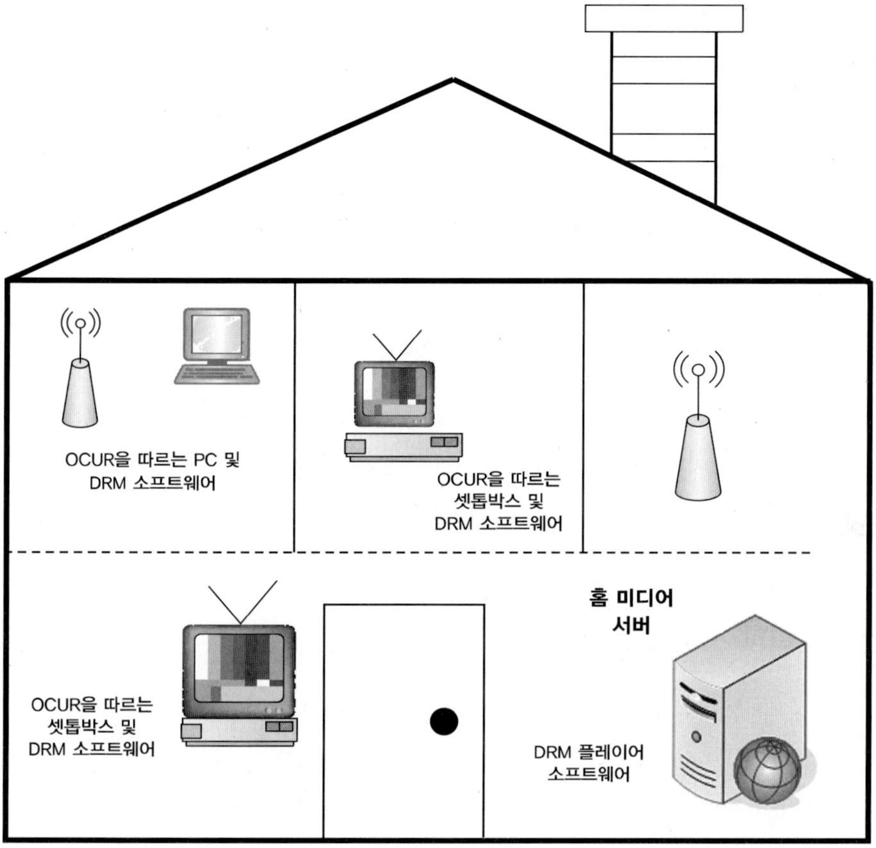

그림 7.11 무선 홈 네트워크를 미디어 서버에 연결하는 OCUR

7.4.5.5 ISMA

이 기구는 IP 비디오 보호 분야에서 작업을 해오고 있으며 ISMACryp라고 하는 명세서를 발간하였다. ISMA 암호화 및 인증으로도 알려진 ISMACryp는 IPTV 서비스에 적용되는 DRM 프레임워크를 정의한다.

이 시스템의 기술적 특성들은 다음을 포함한다.

- IPTV 자산과 관련된 권리를 정의하기 위해 REL을 사용한다.
- ISMACryp는 다양한 키 관리 시스템을 수용한다.
- ISMACryp를 따르는 DRM 시스템에서 사용되는 암호화 알고리즘은 보안 침해가 발생했을 때 대체가 가능하다.
- ISMA DRM 시스템이 사용하는 알고리즘은 상대적으로 적은 양의 IPTVCD 메모리 공간을 차지한다.
- 명세서는 ISMACryp를 따르는 시스템에서 사용되는 알고리즘의 강점은 적어도 128비트 길이를 사용하는 것이라고 명시하고 있다.

- SDP 메시지와 IPMP(IP Network Multipathing)라고 하는 프로토콜이 암호 신호를 위해 사용된다.
- RTP는 전송 계층 프로토콜로 사용되고 SRTP(Secure Real-time Transport Protocol)은 실시간 IPTV 패킷을 인증하는데 사용된다.

ISMACryp는 VC-1, MPEG-2 그리고 H.264/AVC를 포함하는 다양한 인코딩 기술을 지원함에 유의하라.

7.4.5.6 DWA

웹 사이트에 기술된 바와 같이, DWA는 콘텐츠 소유자, 산업계 정책 결정자, 그리고 소비자들에게 디지털 워터마킹의 가치를 증진시키기 위해 2006년에 설립된 산업계 선두 기업들로 구성한 국제 그룹이다. 보다 자세한 사항은 www.digitalwatermarkingalliance.org를 참고하라.

7.4.5.7 오픈 소스 DRM 시스템

DRM 솔루션의 상대적으로 새롭게 탄생한 분야는 IPTV 네트워킹 환경 내에서 DRM을 집행하기 위해 오픈 소스 소프트웨어 코드를 사용한다. 이 분야에서 가장 권위 있는 것 중 하나가 DReaM(DRM Everywhere Available) 프로젝트이고 목적은 오픈 소스이며 로열티가 없는 DRM 표준을 만드는 것이다. 보다 자세한 사항은 www.sun.com을 참고하라.

위에 기술된 여러 DRM 산업 기구들 이외에 여러 회사에서 개발한 DRM 시스템들이 IPTV 서비스 제공자들에게 상업적으로 가용하다. IPTV DRM 분야에서의 주요 기관들에 대한 보다 자세한 정보와 시장 분석은 www.tvmentors.com에서 찾아 볼 수 있다.

7.5 IPTV 인트라넷 보호

대부분의 공개된 IPTV는 폐쇄된 네트워킹 환경에서 구현되었다. 따라서 이들 서비스가 악의적인 트래픽, 바이러스, DoS 공격, 그리고 스파이웨어와 같은 보안 위협으로부터 보호되는 것이 중요하다. IPTV 네트워크에 대한 침해는 다음과 같은 결과를 야기한다:

- 멀티캐스트 TV 서버에 과부하를 주어 동작을 멈추게 한다.
- 바이러스 유포

- OBSS, IP-VoD, 미들웨어 그리고 CA 서버에 저장된 데이터 손실 및 손상
- 개인 IPTV 종단사용자 사생활 침해
- 거대한 재정적 손실
- 권한이 없는 수신자에게 민감한 정보와 복사 방지 콘텐츠 분배 및 도용

이러한 위협을 누그러트리기 위해 IPTV 서비스 제공자들은 방화벽이라고 하는 보안 도구를 통합한 강력한 보안 정책을 구현한다. 인터넷 방화벽은 두 개의 네트워크 간에 보안 정책을 구현하는 하드웨어 혹은 소프트웨어 시스템이다. 방화벽은 단일 라우터로 구성되거나 라우터, 컴퓨터, 네트워크 그리고 보안 소프트웨어와 같은 요소들의 결합으로 구성될 수 있다. 방화벽 구축을 위해 선택된 요소들의 결합은 필요로 하는 보안 수준에 따라 다르다. 방화벽은 보통 IPTV 운영자의 사설 네트워크와 외부 네트워크와의 연결 사이에 위치한다. 회사의 보안 정책은 이들 두 네트워크 사이의 모든 IP 트래픽을 방화벽이 조사하도록 한다. 방화벽은 IPTV 서비스 제공자의 내부 광대역 네트워크에 접속을 하려는 외부자의 시도를 방해한다. 어떤 경우에는 축소된 방화벽 혹은 보안 장비가 서버와 인코더 공격이 종단사용자와 상호작용하는 동안에 실행되지 않도록 하는 것을 보증하기 위해 백엔드 IPTV 장비와 클라이언트 IPTVCD 사이에 설치됨에 유의하라.

방화벽의 공통된 요소는 라우터이며 이는 방화벽을 통과하는 각 IP 패킷을 조사할 수 있고 여러 권한 규칙에 따라 이 패킷들을 걸러 낸다. 라우터는 각 IP 패킷의 헤더를 조사하고 각 패킷 내의 페이로드 콘텐츠와 주소를 검사한다. 이 정보는 여러 기준들과 비교되며 이러한 기준들은 IPTV 서비스 제공자가 정의한다. 데이터 패킷이 수신 가능하면 목적지로 전달되고 그렇지 않으면 폐기된다. 방화벽이 있다는 것만으로는 사설 IPTV 네트워크 보호를 항상 보장할 수 없다는 것을 명심하고 다른 보안 방안들과 함께 사용될 필요가 있다. 종단사용자 신원 보호는 높은 수준의 보안을 유지하는 또 다른 주요한 요소이다. 이는 주로 IPTV 신원 관리 시스템을 사용하여 달성한다.

요약

음악 산업계에서의 불법 다운로드가 미치는 폐해를 본 후, TV 스튜디오는 IPTV 서비스 제공자에게 비디오 콘텐츠를 제공하기 전에 안전한 CA 시스템이 갖추어져야 한다고 주장하고 있다. CA 시스템은 순차적 TV 프로그램과 IP-VoD 서비스에 대한 불법적인 액세스를 방지한다. CA가 사용될 때 비디오 정보는 인코드되고 디지털로 암호화되며 IPTV 스트림과 함께 전달되는 암호화된 제어 구문(즉, 암호 키)을 통해 권한을 가진 사용자만이 액세스할 수이다.

하드웨어 중심의 CA 시스템 이외에, 비디오 콘텐츠를 안전하게 암호화하고 해독하기

위해 PKI 기술을 활용하는 소프트웨어 중심의 CA 시스템을 구축하려는 산업계의 움직임이 있다. 또한 스마트 카드 없는 CA 시스템과 하드웨어 중심의 CA 시스템의 특성을 결합하고자 하는 서비스 제공자에게 가용한 여러 하이브리드 솔루션이 있다.

일단 콘텐츠가 IPTVCD에 안전하게 전달되면 콘텐츠를 어떻게 사용하고 댁내에서 분배할 것인지를 관리하는데 필요한 또 다른 보안 서브시스템이 필요하다. DRM 시스템이 이 목적에 사용된다. DRM 시스템은 콘텐츠 제공자의 귀중한 자산을 보호한다. DRM 시스템은 IP 장치가 디지털 콘텐츠를 다운로드 한 후에 이의 불법적인 배포를 방지하도록 설계되었다. 완전하게 구현된 DRM 시스템은 해커와 도둑이 디지털 콘텐츠를 훔치는 것을 어렵게 한다. 추가적으로 이는 콘텐츠 제공자가 안전하게 그들의 자산을 IPTV 서비스 제공자에게 배포하도록 허용한다. 콘텐츠 제공자는 비디오 자산에 비즈니스 규칙을 적용하기 위해 DRM을 사용하는 반면에 콘텐츠 배포자와 IPTV 운영자는 그들의 디지털 제품에 대한 액세스를 제어하기 위해 DRM을 사용한다.

DRM 시스템은 IPTV 콘텐츠의 오용을 방지하는 5가지 주요 도구를 사용한다.

(1) *암호화* — DRM은 이러한 기능을 수행하기 위해 CA 서브시스템과 상호작용한다. 암호화 기능은 서비스 제공자가 소스에서 IPTV 콘텐츠를 암호화하도록 한다.
(2) *키 관리* — 이 모듈은 DRM 시스템을 위한 암호화 키 생성을 책임진다.
(3) *워터마킹* — 이 도구는 IPTV 네트워크 운영자와 콘텐츠 소유자가 비디오 콘텐츠 도용에 가담한 IPTV 가입자를 식별하는데 도움을 준다.
(4) *DRM 클라이언트 모듈* — DRM 클라이언트는 수신되는 IPTV 스트림을 해독하기 위해 IPTVCD에 설치되고 여러 비디오 자산 유형에 비즈니스 규칙을 적용한다.
(5) *프로그램 복사 방지 서브시스템* — 이 서브시스템의 기능은 고속 디지털 인터페이스로 출력되는 IPTV 콘텐츠를 안전하게 하는 것이다. DTCP-IP와 HDCP는 이들 인터페이스로부터 출력되는 콘텐츠를 안전하게 하는데 사용되는 새로운 복사 방지 기술이다. 아날로그 포맷으로 변환된 IPTV 콘텐츠의 안전을 보증하기 위해 보안 시스템도 개발되었다.

여러 주요 그룹들이 IP 기반 네트워크상에서 비디오 콘텐츠를 전달하기 위한 표준화된 DRM 시스템의 개발을 위해 구성되었다. IPTV 서비스 전달은 주로 폐쇄 네트워킹 환경에서 이루어진다. 개방형 인터넷 액세스가 종단사용자에게 주어지면 액세스는 IPTV 서비스 제공자의 방화벽과 보호 장치를 통해서 이루어진다.

C/h/a/p/t/e/r

8

IPTV 댁내 이동

IPTV를 전달하는데 있어서 서비스 제공자의 중요 과제는 고객의 댁내 게이트웨이에서 가정의 다른 위치에 있는 IPTVCD들로 신호를 분배하는 것이다. 추가적으로, 홈 네트워킹 기반구조에서 대역폭 요구는 HD IPTV 스트리밍, UGC(User-Generated Content) 그리고 온라인 게임과 같은 정교한 WHMN(Whole Home Media Networking) 응용의 채택과 더불어 기하급수적으로 증가되고 있다. 이들 대역폭을 많이 요구하는 응용을 댁내의 여러 위치에 있는 다양한 가전 장치들로 안정적으로 배포하는 것은 차세대 홈 네트워킹 기술을 사용하여서만 실현 가능하다. WHMN 모델은 두 개의 기본 부류로 나눌 수 있는 여러 요소들로 구성된다: 연동 기술과 미들웨어 소프트웨어 표준. 이 장에서는 IPTV 산업과 연관된 공통된 WHMN 연동 기술의 개요를 제공한다. 이에는 다음의 것들이 포함된다.

- GigE
- 802.11N
- HomePlugAV
- UPA-DHS
- HomePNA
- MoCA

추가적으로, 이 장은 두 개의 인기 있는 WHMN 미들웨어 소프트웨어 표준을 기술하고 WHMN 환경에서 QoS 역할에 대한 간략한 개요를 제공하는 것으로 마친다.

8.1 WHMN (Whole Home Media Networking)

TVMentors는 WHMN을 다중 및 동시 IPTV 스트림을 포함하는 엔터테인먼트 콘텐츠를 댁내의 여러 곳에 있는 다양한 가전 장치들에게 전달하는 안정적인 방법으로 분류한다. WHMN 연동 기술이 WHMN 응용 전달을 가능하게 하도록 하는 세 가지 특정한 요구사항이 있다.

표 8.1 WHMN 응용 : 대역폭 요구사항

WHMN 응용	평균 및 최대 대역폭 요구사항
HDTV 디지털스트림(MPEG-2 압축)	12 ~ 18Mbps
SDTV 디지털스트림(MPEG-2 압축)	3 ~ 8Mbps
고화질 디지털 음성	1Mbps 미만
고속 인터넷 액세스	2 ~ 4Mbps
VoD IPTV 디지털스트림	4 ~ 6Mbps

(1) *높은 대역 처리율* — WHMN 연동 기술은 표 8.1에 있는 WHMN 응용을 지원하기 위해 매우 높은 데이터 전송률 지원을 할 수 있어야 한다. 표 8.1에 기술된 바와 같이 WHMN 연동 기술은 평균 속도로 네트워크 트래픽을 전달할 필요가 있을 뿐만 아니라 어느 특정 시간(낮 혹은 밤)에 피크(peak) 데이터 전송률을 지원할 필요가 있다.

(2) *신뢰성* — WHMN 기술은 신뢰할 수 있어야 한다. WHMN 기술의 신뢰성 수준을 나타내는데 사용되는 주요 특성 중 하나는 수신되는 IPTV 스트림의 오류율과 같은 수준으로 패킷 오류율을 유지하는 능력이다.

(3) *간섭 처리 능력* — WHMN 연동 기술은 댁내 그리고 어떤 경우, 이웃과 같은 외부에서 발생하는 간섭을 처리할 필요가 있다. 댁내 여러 장치 유형은 WHMN 응용의 스트리밍에 간섭을 일으킬 가능성이 있으며 이 기술은 서비스 성능 수준이 높게 유지될 수 있도록 보증할 필요가 있다.

(4) *높은 QoS 수준* — WHMN 기술은 네트워크에서 발생하는 지터와 지연이 낮게 유지되도록 보증할 필요가 있다. 추가적으로, 이 기술은 물리적 네트워크의 대역폭 용량이 필요에 모자라면 IPTV 트래픽에 우선순위를 줄 수 있어야 한다. 따라서, WHMN 기술은 QoS 방식을 지원할 필요가 있다. 홈 네트워크에서 QoS 시스템을 구현하는 것과 관련된 정보는 다음 장에서 기술하기로 한다.

8.2 WHMN 연동 기술

WHMN 서비스에 대한 설명을 마쳤으므로 실제적인 WHMN 연동 기술을 설명하기에 앞서 먼저 홈 네트워크를 정의하고 가정에서 가입자들에게 장치들을 네트워킹하도록 독려하는 여러 동기 요인들을 나열하는 것이 도움이 될 것이다. 홈 네트워크는 작은 지역에서 여러 장치 혹은 설비들을 연결하는데 사용된다. 기본적인 홈 네트워크는 RG와 IP 셋톱박스가 함께 연결될 때 형성된다. 각 장치는 고유한 식별자가 주어지는데 일반적으로 장치 간의 통신을 수월하게 하기 위한 IP 주소가 주어진다. 주택소유자가 여러 다른 종류의 디지털 장치와 컴퓨터를 네트워킹하도록 하는 동기 요인으로는 다음을 포함한다.

기존 투자 활용 — 무엇보다도 먼저 사람들은 컴퓨터, 셋톱박스, 개인용 비디오 녹화기, 디지털 카메라, 그리고 케이블 모뎀과 같은 비싼 장치들을 구매하도록 한 투자를 이용하고자 한다. 그래서 하드웨어 자원을 공유하는 것이 가입자가 새로운 WHMN 연동 기술에 투자하는 첫 번째 동기 요인이다.

공유 광대역 액세스 — 홈 네트워크 구축을 자극하는 두 번째 요인은 공유 광대역 액세스이다. RG와 연결된 홈 네트워크는 가족 다른 구성원들이 동시에 하나의 광대역 계정을 사용하도록 해준다.

서브시스템의 연동 — 다른 동기 요인으로 다른 유형의 서브시스템들을 함께 연결하는 홈 네트워킹 기반구조의 기능이 포함된다. 예를 들어, 홈 보안 시스템 또한 네트워크로 정의되나 프린터와 PC 같은 장치들을 연동하는 대신에 홈 보안 네트워크는 다른 유형의 센서들을 중앙 제어 장치와 함께 연결한다. 이러한 유형의 네트워크를 기존 PC 기반 홈 네트워크로 통합하는 것은 사람들이 그들의 보안 시스템 기능을 확장하는데 도움을 준다.

엔터테인먼트 콘텐츠에 대한 수요 증가 — 가정의 여러 장소에서 IPTV와 오디오 콘텐츠를 액세스하는 것과 같은 IP 기반 엔터테인먼트 서비스에 대한 수요가 급격히 증가하고 있다.

홈 네트워크의 궁극적인 목표는 가정의 여러 곳에서 음성, 오디오, 데이터 그리고 엔터테인먼트 서비스와 같은 정보에 대한 액세스를 제공하는 것이다. 이러한 목표를 달성하는 것은 IPTV 서비스 제공자가 당면한 주요 과제 중 하나이다. 고성능의 연동 기술이 WHMN 응용의 요구사항을 만족시키기 위해 요구된다는 것을 표 8.1에 보이는 여러 특성들에서 확인할 수 있다.

WHMN 시장을 위한 제품을 생산하기 위해 벤더가 사용하는 WHMN 연동 기술을 정의하는 과정에 참여하는 여러 연합체와 컨소시엄이 있다. IPTV 서비스 제공자가 당면하고 있는 주요 과제 중 하나는 효과적으로 WHMN 서비스를 가입자 홈 네트워크에 구축하도록 하는 기술을 결정하는 것이다. 이들 기술들에 대한 논의는 다음 절에서 하도록 한다.

8.3 고속 이더넷과 기가비트 이더넷

고속 이더넷(fast ethernet)과 기가비트 이더넷(gigabit ethernet) WHMN 연동 기술을

논의하기에 앞서, 이더넷의 기초, 기술적 구조, 그리고 여러 유형의 이더넷 명세서들을 이해하는 것이 도움이 될 것이다.

8.3.1 이더넷 소개

이더넷은 IPTVCD를 포함하는 다양한 유형의 디지털 장치들이 서로 통신할 수 있도록 하는 인기 있고 국제적으로 표준화된 네트워킹 기술(하드웨어와 소프트웨어로 구성)이다. 이더넷은 1973년에 제록스가 최초로 개발하였다. IEEE가 나중에 IEEE 802.3으로 표준화하였다. 그 결과, 사람들은 이더넷과 IEEE 802.3을 혼용해서 사용한다. 이더넷은 전통적으로 사무실 환경과 연관이 있다; 그러나 증가된 특성과 성능으로 인해 이더넷은 점진적으로 디지털 홈 네트워킹 산업의 중요한 부분이 되었다. 이더넷 기반 홈 네트워크의 이점은 다음과 같다.

- *증명된 기술* — 오늘날 세계적으로 수백만 이더넷 사용자들이 있다. 따라서, 디지털 홈 시장은 지난 수년 간 구축된 이더넷의 전문적인 기술로부터 혜택을 얻을 수 있다.
- *신뢰성* — 이더넷은 매우 안정적이며 PC, 미디어 서버, 그리고 디지털 셋톱박스를 포함하는 대부분의 IPTVCD들을 네트워킹하는 홈 환경에서 사용될 수 있다.
- *고대역 WHMN 응용 지원* — WHMN 응용의 홈 네트워크에 추가는 고속 전송률에 대한 요구 증대를 야기하였다. 개선된 이더넷 기술은 이러한 유형의 응용이 요구하는 대역폭 수요를 만족시킬 수 있다.
- *광범위한 산업계 지원* — 이더넷은 많은 벤더들이 지원하고 있으며 여러 홈 네트워킹 표준의 주요 부분이다.

8.3.2 이더넷 기술 구조

이더넷 기반 홈 네트워크의 기술 구조는 크게 두 개 부분으로 나눌 수 있는데, 즉 물리적 네트워크 전송 미디어와 IPTVCM의 2계층에서 동작하는 이더넷 통신 프로토콜이다.

8.3.2.1 물리적 네트워크 미디어

이더넷은 케이블링에 있어서 매우 인기가 있다. 이더넷 응용을 위한 3가지 중요한 케이블이 가용하다. 다음 절에서 이들 네트워크 미디어 명세에 대하여 논의한다.

- 꼬임쌍선(twisted pair)
- 동축 케이블(coaxial cable)

- 광섬유 케이블(fiber optic cable)

꼬임쌍선 케이블 꼬임쌍선 케이블은 전기적 잡음 간섭 영향을 줄이고 비트 전송 처리율을 높이기 위해 케이블을 꼬아서 여러 쌍으로 구성한다. 전형적인 케이블에 포함된 케이블 쌍의 수는 4개이다. 크게 두 가지의 꼬임쌍선 케이블이 있다.

UTP (Unshielded Twisted Pair) 이 케이블은 4쌍의 절연된 동선(copper wire)으로 구성되며 PVC 재질로 외부를 감싸서 보호하고 있다. 각각의 꼬임쌍선은 표준 컬러링 방식에 따라 표시가 되어 있다. UTP는 이더넷 기술을 사용하는 홈 네트워크에서 선호되는 케이블이다. UTP 케이블은 “카테고리”라고 하는 산업 표준에 따라 등급이 매겨져 있고 테스트된다. 전자기적 잡음에 대한 저항, 내화 성능, 그리고 대역폭 용량과 같은 요인들 모두 특정 케이블이 속하는 카테고리를 결정한다. 표 8.2는 여러 UTP 카테고리에 대한 개요를 제공하고 있다.

성능을 개선한 새로운 카테고리의 UTP 케이블이 있으며 Cat 5e라고 한다. 예를 들어, 카테고리 6 케이블은 최대 250MHz의 주파수에서 동작할 수 있다. 이러한 성능은 다양한 고급의 WHMN 응용의 댁내 분배를 지원한다.

표 8.2 UTP 케이블 카테고리

카테고리	최대 데이터 전송률	설 명
1	1Mbps 미만	표준 전화선(구조적 와이어링 시스템에서 거의 사용하지 않음). 케이블 지름은 22~24AWG(American wire gauge)
2	5Mbps 데이터 전송률 지원	토큰링 기술 기반 네트워크에 사용
3	10Mbps 데이터 전송률 지원	음성과 데이터 응용 지원
4	20Mbps 데이터 전송률 지원	토큰링 네트워크 기술에 주로 사용. 댁내 구조적 와이어링 시장에서는 사용되지 않음
5	100Mbps 데이터 전송률 지원	100MHz에서 100Mbps 데이터 처리율 제공. 홈 네트워크 기반의 고속 이더넷 지원
5e	1Gbps 데이터 전송률 지원	Cat 5e라고도 하며 기가비트 이더넷 네트워킹 기술 지원. 대부분의 신규 구조적 와이어링 설치에서는 Cat 5e 케이블 사용. Cat 5와 유사하게 중앙 구조적 와이어링 박스와 여러 벽면 플레이트 간의 제한 거리는 90m 혹은 약 295 컨덕터 피트임
6	제한된 거리에서 10기가 이더넷 지원	Cat 6 케이블링은 ANSI/TIA-568-B-2-1 표준에 기반함. Cat 5에 비해 외부 잡음으로부터의 증가된 면역성과 함께 개선된 전송 성능 수준은 Cat 6 케이블링이 댁내에서 WHMN 응용 스트리밍을 위한 이상적인 미디어로 만듦

UTP는 새로운 집을 건설할 때 구조적 와이어링 시스템으로 설비업자가 사용하는 선호되는 네트워크 미디어 유형이다. 가정에서의 구조적 와이어링 시스템은 EIA/TIA-568이라고 하는 와이어링 표준을 따른다. 이 표준의 목적은 구조적 와이어링 특성을 정의하는 것이다. 가정에서의 구조적 와이어링 시스템 설치에 직접적으로 적용할 수 있는 특성은 다음을 포함한다:

- UTP 케이블 종단에 사용되는 커넥터의 종류
- UTP 케이블 설치에 사용되는 위상(topology). 표준에서 아웃렛과 분배 박스 사이에 성형(star fashion)으로 분리된 케이블을 설치한다 — 각 아웃렛은 중앙 구조적 와이어링 허브로 연결되는 지정된 케이블 구성을 갖는다. 구조적 와이어링 허브는 광대역 및 IPTV를 포함하는 외부 서비스가 댁내로 들어가는 곳에 위치한다. 추가적으로 이는 각 방으로 연결되는 모든 UTP 케이블을 절단하는데 사용되는 여러 펀치-다운(punch-down) 모듈을 포함한다. 성형 위상 사용은 가정에 사용되는 전통적인 방법보다 더 효율적이고 안정적이다. 이는 각 케이블이 다른 케이블에 독립적으로 설치되기 때문에 문제 해결에 도움을 준다. IPTV 전달을 지원하도록 설계된 구조적 와이어링 시스템의 예가 그림 8.1에 보여지고 있다.

보이는 바와 같이 전형적인 구조적 와이어링 시스템은 댁내에서 비디오와 오디오 신호를 라우팅하기 위해 여러 유형의 케이블들을 포함할 수 있다.

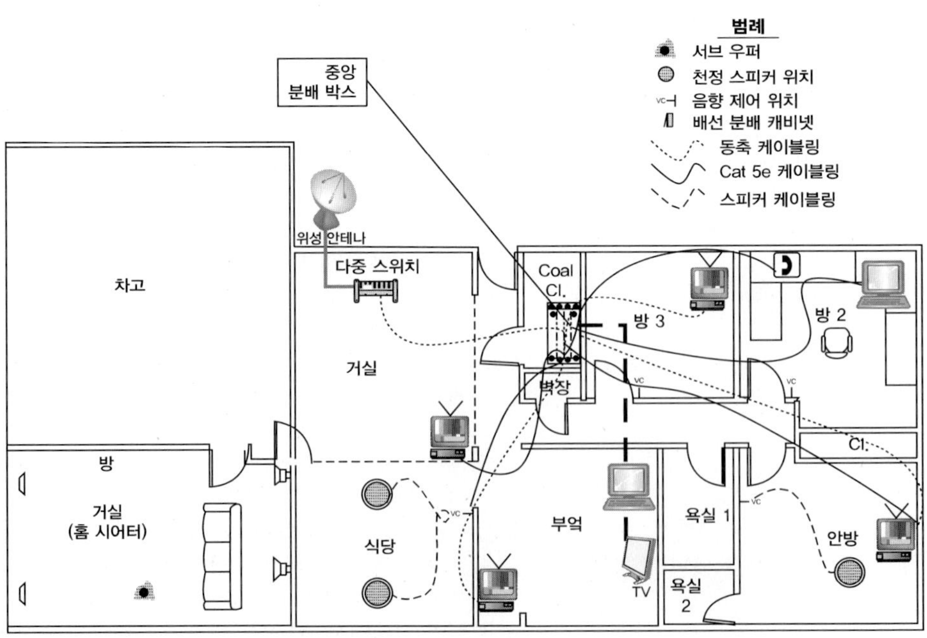

그림 8.1 WHMN 응용을 지원하는 구조적 와이어링 시스템

- 표준에서의 UTP 케이블과 고압선 간의 권장 거리는 최소한 12in 분리시키는 것이다.
- 케이블이 손상을 입지 않도록 보증하기 위한 케이블 설치 방법에 대한 가이드라인이 있다. 예를 들어, 전기 케이블과 UTP 케이블 경로가 가로지르는 경우이면 설치업자는 90도 각도로 설치해야 한다. 잘못 설치된 UTP 케이블은 홈 네트워크 성능에 영향을 줄 수 있다.
- 여러 벽 아웃렛과 구조적 와이링 패널의 펀치-다운 모듈에서 UTP 케이블을 끊기 위한 핀 할당을 정의한다. UTP 홈 네트워킹 연결은 RJ-45 잭과 플러그로 한다.

UTP 케이블 마무리(terminating)를 위한 핀 할당과 컬러 코딩을 기술하는 두 가지 버전의 EIA/TIA-568이 있는데, 568A와 568B이다. 두 가지 유형의 케이블 마무리를 위한 컬러 코딩과 핀 할당이 표 8.3에 기술되어 있다.

테이블에 기술된 바와 같이 두 가지 마무리 방식의 주요 차이점은 오렌지색과 녹색 케이블 쌍이 바뀌었다는 것이다.

STP (Shielded Twisted Pair) 이 케이블은 4쌍의 꼬임쌍선을 두르고 있는 추가적인 포일(foil) 차폐를 포함한다. 이는 외부로부터의 간섭에 대해 추가적인 보호를 하는데 도움을 준다. STP는 홈 네트워킹 응용 지원에 거의 사용되지 않는다. 그 이유는 UTP 케이블보다 비싸고 설치하기가 어렵기 때문이다.

동축 케이블 동축 케이블은 전 세계적으로 댁내에서 RF TV 신호와 고속 인터넷 콘텐츠 분배를 위해 널리 사용되는 와이어링 스펙이다. 케이블 자체는 중앙에 하나의 동(copper)으로 된 도체로 구성되며, 절연 계층으로 둘러 싸여 있다. 동축 케이블은 전자기적 잡음에 내성이 높으며 따라서 매우 높은 데이터 처리율을 지원한다. UTP 케이블과 유사하게 동축 케이블도 크기와 절연 수준에서부터 화재와 감쇠율에 이르는 여러 특성에 의해 등급이 매겨진다. 상대적으로 먼 거리에서의 낮은 신호 손실에 따라 RG-6

표 8.3 RJ-45 잭 케이블 쌍과 벽면 아웃렛 플러그 핀-아웃 할당

핀	UTP 와이어상의 T568A 컬러 코드	UTP 와이어상의 T568B 컬러 코드	T568A 쌍 번호	T568B 쌍 번호
1	녹색/백색	오렌지/백색	3	2
2	녹색	오렌지	3	2
3	오렌지/백색	녹색/백색	2	3
4	파란색	파란색	1	1
5	파란색/백색	파란색/백색	1	1
6	오렌지	녹색	2	3
7	갈색/백색	갈색/백색	4	4
8	갈색	갈색	4	4

(Radio Grade 6)가 DVD를 A/V 분배 시스템에 연결하는 것과 위성 접시 안테나를 디지털 셋톱박스에 연결하는 것을 포함하는 여러 홈 엔터테인먼트 응용에 사용되는 공통적인 동축 케이블이다. 동축 케이블 사용이 대부분의 가정에 널리 사용되고 있음에 유의하라. 이것은 서비스 제공자가 WHMN 서비스 전달의 수단으로 기존 동축 케이블을 사용하는 것을 고려할 때 중요한 고려사항이다.

광섬유 케이블 광섬유 케이블 기술은 전기적인 신호를 광신호로 변환하고 가느다란 유리 섬유를 통해서 전송하고 다시 이들을 전기적인 신호로 변환한다. 이는 전압 혹은 전류를 전달하지 않기 때문에 모든 물리적 네트워킹 미디어 중에서 전자기적 간섭에 영향을 덜 받는다. 이 책을 출판할 시점에서 광섬유 케이블에 기반을 둔 많은 댁내 구조적 와이어링 시스템이 존재하지는 않았다. 대부분의 IPTVCD는 아직 홈 네트워크와 연결하기 위해 동 혹은 무선 연결을 사용한다. WHMN 콘텐츠 전달을 지원할 수 있는 여러 고성능 연동 기술이 가용함에 따라 댁내에 광섬유 케이블을 설치하는 비즈니스가 앞으로 몇 년 내에는 실현되지 않을 것이다.

8.3.2.2 이더넷 프로토콜

이더넷은 홈 네트워크에 데이터를 전송하기 위해 계층 방식을 채용한다. 이더넷은 IPTVCM의 하위 두 계층, 즉 물리 계층과 데이터 링크 계층을 정의한다. 물리 계층은 물리 매체를 통해 비구조적 원형(raw) 비트스트림을 전송하고 전기적, 기계적, 그리고 네트워크에 대한 기능적 인터페이스를 기술한다. 물리 계층은 다양한 미디어 스펙을 지원한다. 이들 각 스펙은 다른 데이터 전송률, 미디어, 그리고 위상을 지원할 수 있다. 데이터 링크 계층은 홈 네트워크에서 IP 패킷 전달에 대한 책임을 맡으며 LLC (Logical Link Control)와 MAC(Medium Access Control) 부 계층으로 나눌 수 있다. 이 계층의 상위에 있는 LLC는 흐름 제어와 오류 정정을 책임지며 MAC 부 계층의 주요 기능은 IP 트래픽을 홈 네트워크에서 전달하는 것이다. 이것은 홈 네트워크에서 통신을 제어하기 위해 CSMA/CD(Carrier Sense Multiple Access with Collision Detection) 이라고 하는 기술을 사용한다. 이 방식에서 네트워크를 통해 비디오 콘텐츠를 전송하고자 하는 이더넷 인터페이스를 가진 IPTVCD는 케이블 상에 전달되고 있는 네트워크 트래픽이 있는지를 결정하기 위해 먼저 네트워크를 살펴(listen)본다. 만약에 홈 네트워크가 사용 중(busy)에 있으면 IPTVCD는 네트워크에 통신 트래픽이 없을 때까지 기다리고 그 후에 홈 네트워크에 비디오스트림을 전송한다. 일단 스트리밍이 시작되면, 충돌이 발생할 가능성이 있으며 충돌이 발생하면 그 스트림은 손상을 입는다(corrupt). 이러한 현상이 발생하면, MAC 계층은 충돌을 탐지하고 스트림 전송을 중단한다. 홈 네트워크에 연결된 다른 모든 IPTVCD에게 충돌 발생을 알리고 전송 중인 IPTVCD는 네트워크 상태가 개선되었을 때 재전송하기 전에 임의의 시간 동안 기다린다. 그래서 CSMA/CD는 네트워크상에서 WHMN 데이터의 효율적인 전송에 도움을 주는 유용한 방법이다.

8.3.3 WHMN 응용 지원에 사용되는 이더넷 기술

WHN 서비스와 같은 대역폭에 민감한 응용을 지원하기 위한 가장 인기 있는 이더넷 변형 버전은 고속 이더넷과 기가비트 이더넷(GigE) 표준이다.

8.3.3.1 고속 이더넷

고속 이더넷의 기술적 특성은 다음을 포함한다:

- 최대 IPTV의 100Mbps 전송 속도를 지원한다.
- 최대 약 100m 혹은 328ft까지의 거리에서 비디오 콘텐츠 전송을 안정적으로 지원한다.
- 이러한 운영을 지원하기 위해 두 쌍의 Cat 5 케이블이 필요하다.

8.3.3.2 기가비트 이더넷

기가비트 이더넷의 기술적 특성은 다음을 포함한다:

- 최대 1Gbps의 데이터 전송률을 지원한다. 이러한 용량은 댁내에서 여러 HDTV 채널 전송과 같은 서비스 지원을 제공한다.
- 다른 기존 이더넷 프로토콜 표준과 호환성을 갖는다.
- Cat 5e와 Cat 6와 같은 특수한 상위 등급 케이블을 필요로 한다.
- 이러한 운영을 지원하기 위해 4쌍의 Cat 5e와 Cat 6 케이블이 요구된다.
- 거리 제한은 100m이다.

이더넷 네트워크가 동작하는 속도는 새로운 스펙이 시장에 소개됨에 따라 계속해서 증가하고 있다. 2002년에 802.3ae로 정의된 10기가비트 이더넷(10GbE) 표준은 이더넷이 앞으로 어떻게 디지털 홈 시장에서 역할을 할 것인지를 보여주는 최신의 예이다.

고속 이더넷, GigE, 그리고 10GigE 기술이 WHMN 구축 전략을 계획하는데 있어서 IPTV 서비스 제공자에게 견고하고, 안정적이고 검증된 솔루션을 제공하지만, 이들의 구축은 높은 등급의 카테고리 5e 혹은 카테고리 6 구조적 케이블링 시스템 설치를 요구한다. 이는 저압(low voltage) 구조적 와이어링 시스템 없이 지어진 집을 소유한 사람들에게는 문제가 된다. 다행히도, IEEE 802.11n, HomePlug AV, UPA-DHS, HomePNA 3.0 그리고 MoCA와 같은 "와이어링이 없는" 그리고 무선 기술의 등장은 WHMN 네트워크의 거대 시장 채택 문제를 해결하는데 좋은 전망을 제공하고 있다.

8.4 802.11n

무선랜(WLAN)은 대기상에서 데이터 전송과 수신을 하기 위해 전자기파를 이용하는 데이터 통신 시스템이다. 통신선의 사용을 최소화하여 이들은 기존 유선 홈 네트워크의 확장 혹은 대체 기능을 제공할 수 있다. 다른 홈 네트워킹 기술과 마찬가지로, WLAN에 연결된 장치들은 미디어를 공유한다.

현재 WLAN의 주요 사용은 가정에서부터 여러 공공 장소와 사무실에 이르는 여러 곳에서 네트워크에 노트북 컴퓨터를 무선으로 연결이다. 최근에, WLAN 기술은 더욱 더 널리 보급되기 시작하였고 미디어 서버와 IP 셋톱박스를 포함하는 다양한 디지털 가입자 장치에 통합되고 있다. IPTV와 같은 이들 장치에서 수행되는 응용을 지원하는 것은 기존 WLAN 기술의 대역폭과 QoS 요구사항을 증가시키고 있다. 이러한 추가적인 요구를 만족시키기 위해, IEEE는 새롭게 탄생한 고성능 WHMN 응용을 지원하는 802.11n이라고 하는 새로운 표준을 개발하였다.

802.11n을 논의하기에 앞서, 홈 네트워킹 환경, 기술적 구조 그리고 지난 수년간 개발된 여러 유형의 WLAN 스펙에서의 WLAN을 이해하는 것이 도움이 될 것이다.

8.4.1 IEEE 802.11 무선 표준

새로운 기술 개발은 일부는 이론이고 일부는 실제이다. 전기통신에서의 주요 이슈는 장비들 간의 상호호환성을 제어하는 기술 표준의 채택이다. 표준은 그 기술 기능에 대한 성능 기대치를 설정한다 — 구현방법이 아님. WLAN 산업을 관장하는 표준은 802.11 관련 표준들이며 지난 10여 년간 계속해서 진화해오고 있다. 최초의 IEEE 802.3 스펙은 1997년에 발표되었고 1과 2Mbps 사이의 데이터 전송 속도를 위해 2.4GHz 주파수 대역에서 동작하였다. 이 방식은 FHSS(Frequency Hopping Spread Spectrum) 혹은 DSSS(Direct Sequence Spread Spectrum) 인코딩 방식을 사용한다.

*FHSS 전송*은 특정한 순서로 전체 주파수 대역을 지속적으로 홉핑(hopping)한다. 홉핑 순서와 동기화되지 않은 원격 수신기에게 이들 신호는 랜덤 잡음으로 나타난다. 수신기는 적절한 전송 주파수에 맞춤으로써 전자기파를 처리할 수 있다. FHSS 수신기는 송신기와 협력하여 한 주파수에서 다른 주파수로 홉핑한다. 어느 임의의 시간에 같은 주파수 대역을 따라 홉핑을 하는 무선전화기가 있을 수 있다. 각 무선전화기는 홈 네트워크에서 간섭을 최소화하기 위해 주의 깊게 선택된 다른 홉핑 순서를 사용한다.

*DSSS*에서 전송되는 정보 스트림은 작은 부분으로 나누어지며. 이들 각각은 스펙트럼의 한 주파수 채널에 할당된다. 전송 지점에서 데이터 신호는 스프레딩 비율에 따라 데이터를 나누는 고속 데이터 전송률 비트 순서와 결합된다. 여분의 비트 순서는 신호가

간섭에 저항할 수 있게 도움을 주고 전송하는 과정에서 데이터에 손상이 생겼을 때 원래의 데이터를 복원하도록 한다.

IEEE는 WLAN을 위한 4가지의 주요 명세서를 생성하였다: 802.11a, 802.11b, 802.11g 그리고 802.11n.

802.11a 802.11a는 5.7과 5.850GHz 주파수 대역에서 동작한다. 최대 54Mbps의 데이터 전송률을 얻기 위해 OFDM 인코딩 시스템을 사용한다. 이 WLAN 기술은 비디오와 대용량 이미지 파일 전송을 포함하는 고급 응용에 적절하다.

802.11b 802.11b는 '와이-파이'라고 알려져 있으며 무선 홈 네트워크를 설치하고자 하는 가입자에게 인기 있는 선택사양이다. 이것은 라이센스가 필요 없는 2.400~2.4835GHz 방송 전파 스펙트럼에서 동작하고 설치되면 최대 11Mbps의 데이터 전송률을 지원한다. DSSS이외에 802.11b는 CCK(Complementary Code Keying)이라고 하는 변조 시스템을 사용하는데 이는 간섭에 덜 민감하고 따라서 고속의 데이터 전송률을 지원한다. 802.11b 표준을 따르는 홈 네트워크는 현재 시장에서 가장 널리 구현된 무선 LAN 솔루션이다.

802.11g 802.11b와 마찬가지로, 802.11g는 라이센스가 필요 없는 2.4GHz 대역에서 동작하고 802.11b와 호환성을 갖는다. 최대 54Mbps의 데이터 전송 속도 지원을 위해 좀 더 정교한 OFDM 인코딩 방식을 사용한다.

8.4.2 802.11n 차세대 무선 표준 소개

현재 802.11a, b, 그리고 g 무선랜 표준은 고품질 WHMN 콘텐츠를 홈 네트워크에서 전송할 때 데이터 처리율과 범위에 제한을 갖고 있다. 고성능 무선 기술에 대한 필요성에 대한 대응으로 IEEE는 2003년에 표준화질과 고화질 IPTV 채널과 같은 고속의 비트 전송률을 제공하는 기술을 정의하기 위해 802.11 TG(Task Group) N(802.11TGn)이라고 하는 특별 작업반 구성을 승인하였다 — 802.11n. 802.11n 표준의 기술적 특성은 다음을 포함한다.

8.4.2.1 증가된 데이터 처리율

802.11n 표준은 최대 600Mbps의 WLAN 처리율을 제공하는 새로운 기술을 통합하였다. 모든 하드웨어 장치를 이 데이터 처리율을 가지도록 제조하는 것 보다 802.11n 표준은 제조업자들이 서로 다른 시장을 대상으로 제품을 개발하도록 허용한다. 예를 들어, 많은 초기의 802.11n 네트워킹 장치는 300Mbps의 데이터 전송률을 지원하며, 이는 WHMN 응용을 충분히 지원한다. 데이터 처리율을 증진하는데 이용되는 특성 중

하나는 네트워크 트래픽을 전달하는데 사용하는 채널의 폭을 두 배로 하는 것이다. 802.11n이 20MHz 대역폭을 지원하지만 네트워크 성능을 개선하는 수단으로 채널 폭을 40MHz까지 확대하는 것이 가능하다. 속도를 더 높이기 위해 802.11n은 20MHz 채널들을 결합하는 방안도 포함하고 있다.

8.4.2.2 MAC 계층에서의 개선된 효율성

무선 연결을 통해 IPTV 패킷의 전송은 매우 도전적이며 패킷이 목적지에 도달하는 것을 보장하기 위해 높은 비율의 추가적인(overhead) 비트를 사용해야 한다. 오버헤드 비트는 패킷이 IPTVCM을 통해 하위 계층으로 진행함에 따라 여러 단계에서 더해진다. 예를 들어, MAC 계층은 각 패킷이 수신 장치에 의해 확인(acknowledged)되도록 요구함으로써 오버헤드를 추가한다. 802.11n은 패킷 전송에 필요한 오버헤드 양을 줄이기 위해 통합(aggregation)이라는 기술을 포함한다. 통합 기술을 사용하여 802.11n 인터페이스는 여러 작은 패킷의 페이로드를 하나의 오버헤드 패킷 헤더를 갖는 하나의 커다란 통합 패킷으로 결합할 수 있다(그림 8.2 참조). 이 예에서, 3개의 패킷이 무선 홈 네트워크로 물리적 전송을 위해 하나의 패킷으로 통합된다. 이는 데이터 전송에 사용되는 패킷 대 오버헤드 비트의 비율을 증가시킨다. 추가적으로 이것은 네트워크로 보내진 모든 작은 패킷에 대해 확인 메시지를 보낼 필요를 줄여 준다. 패킷들을 결합하는 것은 특정 통신 세션 동안에 발생하는 확인메시지(acknowledgement)의 수를 줄이고 세션 동안에 페이로드 대 오버헤드 비율을 증가시키는데 도움을 준다.

8.4.2.3 개선된 물리적 범위

전송 범위는 현재의 802.11 와이-파이 표준제공하는 범위보다 두 배 이상 증대된다.

8.4.2.4 이전 WLAN 기술들과의 호환성

2.4와 5GHz 주파수 대역에서의 통신 지원은 802.11n 장치가 기존 802.11 무선 장치들과

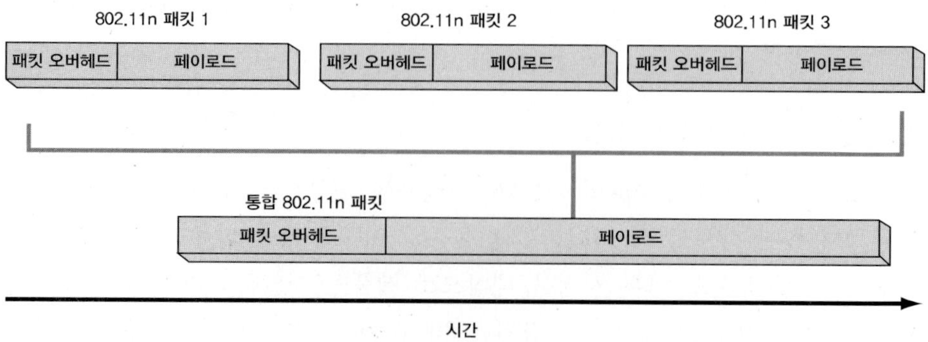

그림 8.2 다중 패킷을 하나의 802.11n 패킷으로 결합하는 통합 기술 이용

호환이 되는 것을 보장한다. 802.11n 지원 IPTVCD들이 옛날 802.11 스펙을 지원하는 홈 네트워크 내의 다른 장치들과 통신을 할 때 네트워크 효율성은 감소됨에 유의하라. 혼합 모드 802.11 환경은 WHMN 응용 전달의 효율성에 영향을 줄 수 있다.

8.4.2.5 다중 안테나 기술 이용

MIMO(Multiple-Input Multiple-Output)라고 하는 기술은 802.11n의 물리적 범위와 데이터 처리량을 확장하는데 이용된다. MIMO는 무선 네트워크에서 데이터 처리량을 최대화하기 위해 다중 안테나를 사용하는 기술이다.

MIMO가 사용하는 방법은 와이-파이 네트워크의 주요 부정적 특성 중 하나를 이용한다 — 다중 경로 신호(multipath signaling). 다중 경로 신호 처리는 무선 데이터 전송 중에 발생하고 신호를 원래 의도한 경로에서 벗어나게 반사하는 댁내의 장애물로 인해 발생한다. 따라서, 라디오 신호는 서로 다른 시간에 다른 방향에서 목적지 IPTVCD에 도착할 수 있으며, 이는 IPTV 스트림 품질을 심각하게 저하시킬 수 있다. 이러한 특성을 이용하는 것을 SDM(Space Division Multiplexing)이라고 하고 신호를 공간스트림(spatial stream)이라고 하는 다른 부분으로 분할하는 기술이다. 각 스트림은 이후에 802.11n 소스 장치에 통합된 분리된 안테나로부터 전송된다. 수신 측에서는, 대응하는 안테나가 여러 공간스트림을 수신하는데 이용된다. 일단 다중스트림이 수신되면 이들은 이어서 IPTVCD에서 재조립된다. 따라서, 각 "안테나 쌍"은 동시에 IPTV 콘텐츠를 수신 및 전송할 수 있으며, 이는 홈 네트워킹 연결의 전체적인 종단 간 처리율을 개선하는데 도움을 준다.

802.11n 장치에 구축된 안테나 수는 그 특정 장치의 대역폭 용량을 나타낸다. 예를 들어, 두 개의 공간스트림을 전달할 수 있는 두 개의 안테나를 포함하는 IP 셋톱박스는 4개 안테나를 지원하는 노트북 컴퓨터의 데이터 처리율의 1/2만을 갖는다. 노트북 컴퓨터가 IP 셋톱박스의 데이터 전송률의 두 배를 지원할 수 있지만, 노트북 컴퓨터는 전력 소모가 매우 높게 된다. SDM을 사용하는 것 이외에 802.11n은 신호를 목적 안테나에 집중하도록 하는 시스템을 지원하여 주요 MIMO 기술 기능을 확장한다.

MIMO와 함께 802.11n 수신 장치는 수신을 위한 최적의 경로를 식별하기 위해 내장 안테나를 사용하고 고속 WHMN 서비스의 수신 성능을 개선하기 위해 다중 신호 경로에서 가용한 데이터를 처리한다. 이것은 802.11n의 주요 이점인데 왜냐하면 이전 스펙에 기초한 제품들은 다중 안테나를 지원할 수 있으나 통신이 실리콘에서의 한계로 인해 두 개의 단일 안테나 사이에서만 발생하기 때문이다.

8.4.2.6 절전 기능 강화

802.11n은 배터리 성능을 높이기 위해 사용되는 개선된 절전 특성을 지원한다. 전통적인

표 8.4 IEEE 802.11 스펙의 기술적 요약

	802.11	802.11a	802.11b	802.11g	802.11n
표준 승인	1997	1999	1999	2003	2007
변조 방식	FHSS	OFDM	DSSS및 CCK	OFDM, DSSS 및 CCK	OFDM, DSSS 및 CCK
채널폭(MHz)	20	20	20	20	40
최대대역폭량(Mbps)	1	54	11	54	600
주파수 범위(GHz)	2.4	5	2.4	2.4	2.4 혹은 5
지원 공간스트림	단일	단일	단일	단일	다중

802.11 스펙에서, 절전은 네트워크에 트래픽이 없을 때 RF 인터페이스 요소를 정지(shut down)시키는 것이다. 802.11n에서는 MIMO 기술은 이 인터페이스의 정교함을 증가시킨다. 따라서, 데이터를 수신하지 않거나 전송하지 않는 안테나와 RF 모듈(안테나와 대응되는 RF 요소)을 정지시키고 적어도 하나의 RF 모듈이 무선 네트워크를 모니터 하도록 전원이 들어오는 상태를 유지하도록 허용하는 새로운 방법이 채택되었다. 이 절전 방법의 사용은 802.11n을 채택한 IPTVCD의 전력 요구사항을 상당히 줄인다.

8.4.2.7 설치 용이

IPTV 설치 관점에서, 필요한 것은 광대역 신호가 가정으로 들어오는 장소에 놓이는 802.11n 무선 액세스 포인트와 TV가 위치한 곳의 옆에 놓이는 802.11n 칩셋을 통합한 IP 셋톱박스이다. 이것은 케이블을 포설할 필요를 없애주며, 이는 IPTV 서비스 제공자에게 중요한 이점이다.

802.11n은 IPTV 서비스 제공자에게 중요한 기술이다. 이것은 유선 홈 네트워킹 기술에 대한 대체 기능을 제공할 뿐만 아니라 IPTV 산업 영역의 성공에 주요인이 되는 고급의 WHMN 응용도 지원한다. 여러 802.11 스펙의 기술적 특성이 표 8.4에 요약되어 있다.

802.11n은 개발 중인 IEEE 802.11s(메시 네트워킹 표준)와도 상호작용할 수 있도록 설계되어 있음에 유의하라. 이 제안된 802.11s 표준은 홈 네트워크와 같은 피어(peer) 간 와이-파이 환경을 위한 확장성 있고 신뢰적인 무선 솔루션을 제공한다.

8.5 HomePlug AV

HomePlug AV를 논의하기에 앞서, 전력선 기반 네트워킹이 어떻게 운영되는지를 이해하는 것이 도움이 될 것이다.

전력선은 가전제품들과 IPTVCD을 서로 연결하고 인터넷에 연결하기 위해 가입자가 기존에 설치된 전기 배선 시스템을 이용하게 해주는 새롭게 등장하는 홈 네트워킹 기술이다. 고속 전력선 기술을 이용하는 홈 네트워크는 전원 아웃렛에 꽂는 것들을 제어할 수 있다. 이것은 전구, 텔레비전, 온도 조절 장치, PC, IPTVCD 그리고 경보기 등을 포함한다. 전력선 통신은 크게 두 가지 부류로 나눌 수 있다: 액세스(access)와 댁내(in-home). 액세스 전력선 기술은 가입자의 가정을 전기회사에 연결하는 고압의 전기 네트워크로 데이터를 보낸다. 전력선 액세스 기술은 개별 가정에 인터넷으로의 광대역 연결을 제공하는 "라스트 마일" 로컬 루프 솔루션을 가능하게 한다. 광대역 인터넷을 가입자 가정에 전달하기 위해, 여러 전기 회사들은 그들의 기반구조를 통신 네트워크로 전환하기 위해 액세스 전력선 기술을 사용하고 있다.

댁내 전력선 기술은 가입자의 댁내에서만 데이터를 보내고 댁내의 모든 전기 아웃렛으로 확장한다. 전력을 제공하는 같은 전기 아웃렛은 네트워크 장치들을 위한 액세스 포인트로도 기능한다. 액세스와 댁내 솔루션 모두 데이터 신호를 전력선을 통해 보내지만 이들은 근본적으로 다른 기술이다.

액세스 기술은 장거리 통신에 초점을 맞추고 있으며 ADSL, 와이맥스(WiMAX), 그리고 광대역 케이블 기술과 경쟁을 하고 있다. 댁내 전력선 기술은 그러나 단거리 고대역폭 전송에 초점을 맞추고 있으며 전화선과 무선과 같은 다른 댁내 연동 기술과 경쟁을 하고 있다. 댁내 전력선 기술의 장점은 다음과 같다:

- 가정 내의 기존 전기 배선 시스템을 사용한다.
- 댁내의 다중 전력 아웃렛은 새로 배선할 필요를 없애준다.
- 설치가 쉽고 가격 경쟁을 할 수 있다.
- 데이터 처리율이 높고 고급 WHMN 응용의 전달을 지원할 수 있다.

그러나, 다음과 같은 홈 전력선 네트워킹의 기술적 장애가 있다.

IP 네트워크 트래픽 지원을 위해 설계되지 않음 — 전형적인 데이터와 통신 네트워크(예 : 기업랜)는 장치들을 연결하기 위해 지정된 배선을 사용한다. 그러나 전력선 네트워크는 데이터 전송을 의도하지 않았다. 대신에, 이 네트워크는 전력을 50과 60Hz 사이의 주파수로 빌딩의 모든 전기 아웃렛에 분배하는데 최적화되어 있다. 따라서, 전기 네트워크의 원래 설계는 전력선 매체를 다른 주파수에서 데이터 신호 통신을 하는데 사용할 것을 전혀 고려하지 않았다.

신호 감쇠 — 감쇠는 신호가 매체를 통해 전송됨에 따라 신호 세기가 어떻게 감소하고 에너지를 손실하는지를 기술한다. 댁내 전력선 환경에서 신호가 겪는 감쇠 정도는 신호 주파수와 신호가 전달되어야 하는 거리의 함수이다.

신호 감쇠를 극복하는 것은 가입자는 가정의 반대쪽에 있는 두 개의 IPTVCD를 연결하기를 원하기 때문에 WHMN 시장을 위한 제품 개발에 중요하다. 신호가 심각하게 감쇠하면 이들 장치들은 전혀 통신을 할 수 없을 수 있다.

네트워크 부하 — 홈 네트워크와 관련하여 전기 네트워크에 연결되는 장치의 수와 유형은 네트워크 부하를 결정한다. 동작하지 않고 전기를 소비하는 장치들도 네트워크 성능을 저해한다. 이유는 데이터가 네트워크로 전달됨에 따라 신호 감쇠를 야기하는 임피던스 불일치를 생성하여 회선에 부하를 주기 때문이다. 장치가 네트워크에 삽입되거나 탈착될 때 마다 새로운 임피던스 불일치가 발생한다. 이러한 요인들이 모두 네트워크 부하를 생성하는데 결합되고 이는 홈 네트워크 전체 위상에서 신호 감쇠현상을 증대시킨다.

홈 크기 — 집의 크기와 물리적 설계가 다름에 따라, 전기 네트워크도 변한다. 벽면 소켓(그리고 장치들 간) 간의 평균 그리고 최대 거리, 차폐 패널의 위치 그리고 가정의 전기 시스템의 연대 등도 다르다. 예를 들어, 같은 크기(3000 sq. ft)의 두 집을 고려해보자 — 단층집과 2층집. 아웃렛 간 그리고 네트워크 장치 간의 평균 물리적 거리는 단층집에서 더욱 클 것이며, 감쇠 현상에 더 영향을 받을 것이다.

신호 주파수 — 실제 환경에서 신호 감쇠에 영향을 주는 다른 변수는 신호의 주파수이다. 일반적으로 말하면, 고주파 신호는 저주파 신호보다 같은 거리의 선로에서 전송될 때 더 빨리 감쇠현상이 나타난다.

공유 네트워킹 매체 — 전력선은 공유 네트워크 매체이다. 따라서, 어떤 경우 다중 IPTVCD가 같은 시간에 동시에 네트워크를 액세스할 필요가 있을 수 있다. 이 경우는 지연이 증가하고 신호 품질이 저하된다.

간섭과 잡음 소스 — 전력선 통신에서 "잡음"이라는 용어는 원래의 통신 신호의 데이터 전송을 간섭하는 회선 상의 원하지 않는 신호를 나타낸다. 전력선 환경에 영향을 주는 두 가지 공통적인 잡음이 있다.

- 삽입 잡음(충격(impulse) 잡음이라고도 함)은 유도 부하(inductive load) 스위칭의 결과로 나타나며 강한 충격을 야기한다. 삽입 잡음을 생성하는 가장 나쁜 원인 제공자는 헤어드라이어, 진공청소기, 그리고 전기 드릴과 같은 AC 모터를 포함하는 장치들이다. 이들 가전제품에 전원이 공급되면 많은 통신을 방해하는 격렬한 잡음으로 전력선을 가득 채운다.
- 배경 잡음(백색 잡음이라고도 함)은 추가적인 장애를 제공한다. 이 잡음은 홈 네트워크 근거리에서 동작하는 불빛과 같은 잡음 발생기로부터의 RFI(Radio Frequency Interference)에 의해 야기된다.

다중 반사 효과 — 햇빛이 물 표변에 비칠 때 그 빛의 일부는 물을 통과하고 일부는

표면에 반사되어 다른 방향으로 나아가 사람들이 보게 되는 반짝거리는 효과를 생성한다. 공기와 물이 물리적으로 다른 매체라는 사실은 빛의 일부가 신호의 소스 쪽으로 반사되도록 한다. 전력선 홈 네트워크에서, 다중 반사 효과라고 알려진 비슷한 현상이 데이터 신호에서 발생한다. 빛의 일부가 공기에서 물로 진행함에 따라 반사를 하는 것처럼, 데이터 신호의 일부가 임피던스 불연속성을 경험함에 따라 반사된다. 다중 반사 효과는 신호가 매체를 통과할 때 신호가 임피던스 변화를 겪을 때 마다 나타난다. 마무리되지 않은 네트워크 포인트, 물리적 배선 구조의 변경 그리고 회선에서의 점핑 위상은 전기 네트워크에서의 공통된 임피던스 불연속성을 나타낸다. 텔레비전, 램프, 세탁기, 그리고 다른 가전제품들 같은 가입자 가정에 있는 모든 전기 장치들은 여러 곳에서 네트워크의 임피던스 변화를 결합한다. 다중 반사 효과는 통신의 장애물을 나타낸다. 왜냐하면 소스로의 경로를 따라 반사되는 신호의 일부가 소스 신호를 간섭할 수 있기 때문이다. 이 경우 반사된 신호는 널(null) 혹은 취소(cancellation)의 결과를 가져오는 스탠딩 파(standing wave)를 생성한다.

이러한 기술적 장애를 극복하고 댁내 전력선 네트워킹을 현실화하기 위해 최근에 구성된 가장 인기 있는 산업계 컨소시엄 중 하나가 2000년에 설립된 HomePlug라고도 알려진 HomePlug 전력선 연합이라고 하는 그룹이다. 그 이후에 이 그룹은 고압 배선 기반구조를 이용하여 전자 장치 간에 통신을 허용하는 명세서를 개발하였다. WHMN 응용 전달과 관련된 명세서가 HomePlug AV이다. 이 책을 준비하는 시점에 이 컨소시엄은 70개 이상의 산업계 선도 기업들이 참여하였다. 인증 제품 전체 리스트를 포함하는 이 연합에 대한 추가적인 정보는 http://www.homeplug.org에서 찾아볼 수 있다. WHMN 응용을 지원하도록 설계된 이 기구의 최신 명세서에 대한 보다 자세한 사항은 다음 절에 기술어 있다.

8.5.1 HomePlug AV 개요

2005년에 HomePlug 전력선 연합이 승인한 HomePlug AV(Audio Video)는 HD 및 SD 디지털 비디오 채널, VoIP, 그리고 표준 홈 전력 케이블을 통한 홈 오디오 콘텐츠와 같은 차세대 WHMN 기반 콘텐츠 전달을 가능하게 하는 글로벌 표준이다. 이것은 HomePlug 1.0 국제 표준을 계승한 것이고 차세대 WHMN 응용의 고대역 및 낮은 지연 요구를 지원하도록 설계되었다.

추가 배선 불필요 — 이 기술은 표준 전력선 네트워크상에서 수행되기 때문에 추가적인 배선을 필요로 하지 않는다. HomePlug AV 기술을 활용하는 홈 네트워크는 아웃렛에 연결되는 모든 것을 제어할 수 있다. 이에는 전구, 텔레비전, 온도조절기, 그리고 경보기 등이 포함된다.

개선된 QoS 지원 — HomePlug AV는 WHMN 콘텐츠 액세스 체험을 개선하는데 도움을 주는 개선된 QoS 특성을 지원한다. 802.1q VLAN 태그는 다른 수준의 QoS를 보장하기 위해 트래픽 유형을 우선순위화하는데 사용된다.

DRM 기술 포함 — HomePlug AV는 WHMN 콘텐츠가 홈 네트워크에서 전송되는 동안에 불법적으로 이용되지 않도록 보장하기 위해 DRM을 지원한다.

오래된 HomePlug 제품들과 호환성을 가짐 — HomePlug AV 기술은 HomePlug 1.0 제품들과 호환성을 갖는다. 따라서, HomePlug AV와 HomePlug 1.0 제품은 상호동작이 가능하고 같은 홈 네트워크에 공존한다.

강화된 보안 기능 — HomePlug AV는 홈 네트워크에서 교환되는 WHMN 데이터의 비밀을 보장하기 위해 강력한 보안 방법을 사용한다. 예를 들어, NEK(Network Membership Key)를 가진 IPTVCD와 다른 디지털 장치들만이 홈 네트워크에 가입할 수 있도록 하는 보안 정책을 지원한다. NEK는 HomePlug AV에서의 용어이고 전력선 네트워크를 통해 전달되는 동안 네트워크 트래픽을 안전하게 하기 위해 128비트 AES 암호화 기술을 사용한다. HomePlug AV는 또한 산업 표준인 56비트 DES 암호화 방식도 지원함에 유의하라. 키 생성 방법은 네트워크마다 다르다.

높은 데이터 처리율 — WHMN 서비스 전달을 위한 채널 비트 전송률은 약 200Mbps이다. 이것은 이전 명세서 버전과 비교할 때 상당히 증가된 것이다. 표 8.5는 여러 세대에 걸친 HomePlug 기술의 데이터 전송률을 요약하고 있다.

8.5.2 HomePlug AV 기술 구조

HomePlug AV는 IPTVCM에 대응되는 계층 방식으로 구성된다. HomePlug AV 프로토콜 스택을 나타내는 간략한 블록 다이어그램이 그림 8.3에 나타나 있고 다음 절에서 설명한다.

8.5.2.1 물리 계층

HomePlug AV 네트워킹은 하위 물리 계층에 있으며 전력선으로 데이터를 전송하기 위해 수정된 OFDM 코딩 방식을 사용하고 있다. HomePlug AV 물리 계층은 2~28MHz 주파수 범위에서 동작한다. 많은 수의 톤(tone)과 유연한 보호 간격(guard interval)과 관련한 긴 심볼을 포함하는 OFDM을 강화한 것은 WHMN 응용의 필요한 대역폭 요구

표 8.5 다른 세대 HomePlug에 대한 최대 데이터 전송률

	홈플러그 1.0	터보 홈플러그 1.0	홈플러그 AV
최대 데이터 전송률	14Mbps	85Mbps (생방송 IPTV 환경에서의 실질적인 전송률은 이보다 상당히 작음)	200Mbps

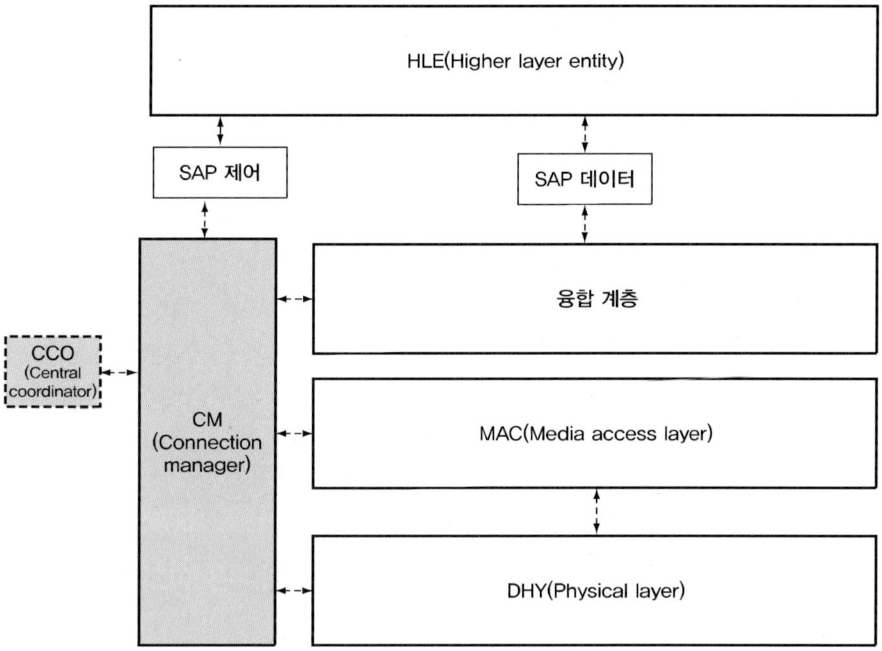

그림 8.3 HomePlug AV 프로토콜 스택

사항을 제공하는데 도움을 준다. 물리 계층은 상위 MAC 계층으로부터 3개의 다른 유형의 입력을 수신할 수 있는데, 즉 미가공 데이터(raw data), HomePlug AV 제어 정보, 그리고 HomePlug 1.0 제어 정보이다. 각 입력 유형은 물리 계층이 다르게 처리한다.

8.5.2.2 MAC 계층

MAC 계층은 물리 계층과 자연스럽게 통합되고 비 연결과 연결 지향의 두 가지 통신 서비스 유형을 지원한다. HomePlug 1.0과 유사하게 비 연결 기반 네트워크 세션은 CSMA/CD 액세스 방식을 이용한다. 이전에 논의한바와 같이 이 방법은 HomePlug AV 장치가 네트워크 트래픽을 위해 네트워크 미디어를 먼저 탐색(sense)하도록 한다. 홈 네트워크가 트래픽을 전송하고 있으면(busy), 이 장치는 전송하기 전에 일정 시간을 기다린다. 그렇지 않으면, 홈 네트워크로 데이터를 전송한다. 연결 지향 방식은 특히 WHMN 서비스에 적절하다. 왜냐하면 이것은 홈 네트워크를 통해 콘텐츠를 신뢰적으로 전송하도록 충분한 대역폭이 가용하도록 보장하기 때문이다. 이것은 잘 알려진 TDMA 방식을 사용한다. TDMA 기술은 트래픽에 지정된 주파수에서 일정한 시간을 할당한다. MAC 계층은 수렴 계층으로부터 IEEE 802.3 이더넷 프레임의 형태로 입력을 수신한다. MAC 계층 패킷의 구조는 그림 8.4와 같다.

보이는 바와 같이 패킷은 SoF(Start of Frame)과 WHMN 콘텐츠 페이로드로 구성된다. 캡슐화된 프레임은 이후에 스트림에 삽입되고 전력선 네트워크로 보내진다.

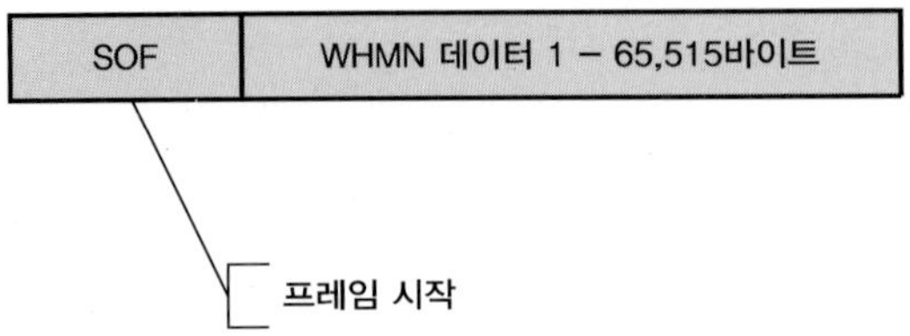

그림 8.4 HomePlug AV MAC 계층 프레임

8.5.2.3 CCo (Central Coordinator)

CCo는 여러 제어 기능을 책임진다:

- 연결 지향과 비연결 네트워크 세션의 관리
- AVLN(AV Logical Networks)로 HomePlug AV가 정의한 네트워킹 유닛을 구성하는 여러 IPTVCD와 다른 유형의 장치 관리
- 네트워크상의 다른 연결들에게 타임 슬롯(slot)을 포함하는 대역폭 관리 서비스 제공
- AVLN의 위상 지도를 작성하고 유지

8.5.2.4 연결 관리자

연결 관리자는 HomePlug AV 프로토콜 스택에 있는 다른 모든 모듈들과 접속한다. CSPEC(Connection Specification) 메시지가 이 모듈로의 주요 입력이다. CSPEC는 IPTVCM의 상위 계층에서 생성되고 특별한 QoS 요구사항을 포함한다:

(1) 대역폭 보장 요구사항
(2) 지연 제한
(3) 지터 파라미터

일단 CSPEC가 수신되면 연결 관리자는 이 메시지에 포함된 요구사항을 분석한다. 만약에 CSPEC가 유효하면, 연결 관리자는 CCo에게 경쟁 없는 TDMA 슬롯을 요청한다. 타임 슬롯이 주어지면 네트워크 세션이 시작된다. 통신 세션이 두 HomePlug AV 네트워크 인터페이스 간에 작동하는 동안에 WHMN 콘텐츠 전송에 충분한 대역폭이 가용하도록 보장하는 것이 연결 관리자의 책임이다.

8.5.2.5 수렴 계층

수렴 계층은 HomePlug AV 프로토콜 스택의 상위 계층들과 하위 물리 계층 및 MAC 계층 사이에 인터페이스를 제공한다. 상위 계층과의 통신은 SAP(Service Access Point)를 통해서 이루어진다. 이 계층에서 다루는 트래픽 유형은 모두 이더넷이다. 이 수렴 계층은 다음 기능을 지원한다:

- 타임스탬프와 IP 패킷과 결합한다.
- 네트워크 지터를 최소화하는 것 같은 트래픽 다듬질(smoothing) 서비스를 제공한다.
- 연결 관리자에게 QoS 정보를 제공한다.
- IP 패킷을 특정 연결과 결합한다.

8.5.2.6 SAP

SAP는 HomePlug AV 프로토콜 구조의 상위 및 하위 계층에서 서로에게 서비스를 요구하기 위해 사용한다. 예를 들어, 제어 SAP는 연결 관리자와 프로토콜 스택의 상위 계층들 간에 제어 데이터의 통신을 식별한다.

8.5.2.7 HLE (Higer Layer Entity)

이것은 HomePlug AV 명세서에 사용되는 특유한 용어이며 OSI 네트워킹 모델의 응용 및 표현 계층에 해당된다. 게임과 웹 브라우징 같은 대화식 IPTV 응용이 HLE 계층의 부분으로 생각할 수 있다.

2004년에 UPA(Universal Powerline Alliance)라고 하는 국제기구가 전력선 기반 WHMN 제품을 개발하기 위한 경쟁적인 명세서 개발을 위해 설립되었다. DHS(Digital Home Standard)라고 하는 명세서의 개요는 다음 절에 기술한다.

8.6 UPA-DHS

UPA는 2006년 1분기에 DHS 고속 전력선 네트워킹 명세서의 첫 번째 버전을 발표하였고 OPERA(Open PLC European Research Alliance)라고 하는 EU가 후원하는 전력선 프로젝트(EC/IST FP6 Project No 026920)에 의해 탄생한 기술에 주로 기반을 두고 있다. 이 책을 쓰고 있을 시점에서 UPA는 IEEE P1901 작업반과 함께 광대역 전력선 표준에 관한 명세서를 거의 끝마치고 있었다. DHS-UPA의 기술 및 운영 특성은 다음을 포함한다:

8.6.1 WHMN 응용 전달을 수월하게 하는 데이터 전송률

DHS는 댁내 전력선 배선 기반구조에서 댁내 방 사이에 최대 200Mbps의 전송 속도를 지원한다. 이들 데이터 전송률은 TP(triple play)와 WHMN 응용의 분배를 지원한다.

8.6.2 전력선과 동축 케이블을 통한 WHMN 서비스 전달 지원

전력선 네트워크에서 운영되는 것 이외에, DHS 명세서에 포함된 물리 계층은 동축 케이블을 통한 데이터 전송도 지원할 수 있다.

8.6.3 계층 방식 사용

다른 프로토콜들과 마찬가지로, DHS 명세서의 기술은 IPTVCM과 매우 밀접한 일련의 계층에 기반을 두고 있다. DHS가 정의한 계층은 그림 8.5에 설명되어 있고 다음 절에서 간략히 요약한다.

- *물리 계층*은 네트워크 매체를 통해 IPTV 콘텐츠 전송을 다룬다. 신뢰성이 WHMN 응용의 주요 특성이다. 따라서, DHS 명세서는 홈 네트워크를 통해 신적으로 콘텐츠를 전달하기 위해 HURTO(High Ultra Reliable Transmission for OFDM)이라고 하는 특별한 시스템 채용한다.
- *MAC 계층*은 콘텐츠 전송을 위한 홈 네트워크에서의 타임 슬롯 할당을 위한 방식을 정의한다. WHMN 콘텐츠 분배를 최적화하기 위해 DHS가 사용하는 방식은 ADTDM(Advanced Dynamic Time Division MAC)이라고 한다. 이 방식에서 네트워크는 IPTV 응용에게 충돌없는 채널 액세스를 제공한다. 채널을 제어하고 할당하는 과정은 "액세스 포인트"라고 하는 댁내 네트워킹 장치에 의해 결정된다. 액세스 포인트 이외에 DHS 명세서는 리피터(repeater)와 종단 포인트(end point) 장치의 역할에 대해서도 명시하고 있다. 이름이 제시하는 바와 같이 리피터는 WHMN 패킷을 수신하고 재전송하며, 종단 포인트는 액세스 포인트나 리피터 기능을 제공하지 않는 표준 장치이다.
- *LLC 계층*은 IPTVCD들 간에 통신을 하는 동안 사용되는 오류 정정 서비스를 제공

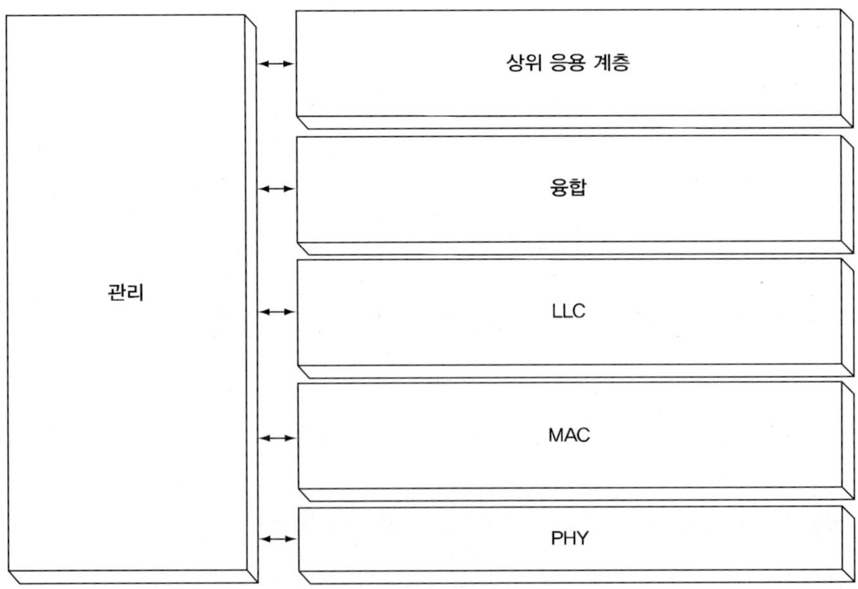

그림 8.5 UPA-DHS 프로토콜 모델

한다. DHS가 이러한 기능을 수행하기 위해 확인(acknowledgement) 방식을 사용한다.

- *수렴 계층*도 정의된다. 이것의 주요 기능은 이더넷 프레임을 DHS 프로토콜 스택의 하위 계층들로 매핑(mapping)하는 것이다. 이것은 프레임을 전력선 패킷 내에 캡슐화하여 달성한다. 패킷 캡슐화 이외에, 수렴 계층은 홈 디지털 네트워크에서 VLAN 구현도 지원한다. 이 방식은 IPTV 서비스 제공자가 트래픽을 서로 다른 논리적 서브네트워크로 분리할 수 있도록 한다.
- 이 *명세서*는 DHS 프로토콜의 전체적인 운영을 제어하기 위해 관리 계층도 채용하고 있다.

높은 수준의 QoS를 보장하는 것은 DHS 명세서의 또 다른 중요한 절이다. DHS는 어려운 네트워킹 조건에서 WHMN 서비스의 매끈한 전달을 보장하기 위해 트래픽 분류와 중앙 대역폭 관리 기술을 사용한다. DHS 명세서의 마지막 절은 보안을 다루고 있다. DHS가 지원하는 보안 구조에서 네트워크 식별 시스템과 암호화는 WHMN 콘텐츠가 홈 네트워크로 전달되는 과정에서 이 콘텐츠의 무결성을 유지하는데 이용된다. 식별 시스템은 같은 식별자를 갖는 디지털 장치들 간에만 통신을 허용한다. 암호화와 관련하여 PA는 여러 유형의 IPTVCD들 간에 안전한 통신을 위하여 169비트 3단 DES 알고리즘을 사용하기로 하였다.

전력 네트워킹을 위해 별개의 표준을 개발하고 진흥하는 다른 그룹으로는 CEPCA (Consumer Electronic Powerline Communication Alliance)와 전력선 통신 포럼 등이 있다.

8.7 HomePNA 3.1

홈 네트워크는 이더넷에 기반을 두고 있으며 PC, A/V 장비와 주변 기기들을 함께 연결하는데 특별한 Cat-5 케이블을 사용한다. 이들 케이블은 전문가가 설치할 것을 요구하며 비용이 많이 들고 하드웨어 장비들이 댁내의 다른 방에 위치하면 문제를 야기할 수도 있다. 기존 배선에서 동작하는 HomePNA(HPNA라고도 함)를 포함하는 여러 기술이 이 문제를 극복하기 위해 개발되었다. 그러나 802.11 무선랜의 개발에 따라 소비자들은 자신의 PC들을 서로, 그리고 주변 장치와 인터넷에 연결할 수 있게 되었으며, 새로운 배선 구축의 문제는 상당히 해소되었다. 이제는 최근의 시장에서의 개발에 도움으로 기존 배선과 특별히 동축 케이블과 전화선을 이용한 홈 네트워킹에 대한 많은 새로운 관심이 나타나게 되었다. 이러한 관심은 음성-비디오-인터넷 액세스 서비스를 제공하는 "TPS(Triple Play Service)"의 주요 요소로서 이 기술을 사용하는 전화회사와 같은 서비스 제공자로부터 나타나고 있다.

이 새로운 세대 홈 네트워크 솔루션의 주요 요구사항은 집 소유자가 컴퓨팅 자원을 공유하도록 하고 서비스 제공자의 네트워크와 텔레비전 셋톱박스 그리고 DVR과 같은 가입자 장치 사이에 추가적인 배선을 하지 않고 연결성을 제공하는 것이다. HomePNA 네트워킹은 가정에 컴퓨터 및 엔터테인먼트 데이터를 분배하기 위해 기존에 설치된 가정의 전화와 동축 배선을 이용하여 이러한 요구사항을 만족시킨다. 세 개의 침실이 있는 집에서 HomePNA 3.1이 사용하는 기본적인 참조 위상이 그림 8.6에 나타나 있다.

보이는 바와 같이 HomePNA 네트워크 구축은 간단하고 가정의 전화(RJ-11) 혹은 동축(Type F) 벽면 커넥터에 네트워크 장비를 연결하기 위해 HPNA 이더넷 어댑터를 사용한다. 표준 동축 및 전화선에서 고속 멀티미디어 서비스를 전달할 수 있는 기술을 개발하는 것은 어려운 작업이다.

HomePNA 연합이라고 하는 산업계 컨소시엄이 홈 전화 배선 시스템상에서 정상적인 전화 서비스, 인터넷 연결 그리고 홈 네트워킹 기능의 동시 운영을 지원하는 명세서를 개발하기 위해 1990년대 후반에 만들어졌다. 이 기술은 2004년에 HomePNA 3.0 버전으로 상당히 개선되었으며 기존 것에 비하여 매우 높은 데이터 전송 성능과 상업적 VoIP와 IPTV 서비스가 요구하는 QoS 보장 기능을 포함하고 있다. HPNA 3.1로도 알려진 가장 최신의 HomePNA 3.1 버전은 전화선뿐만 아니라 동축 케이블에서의

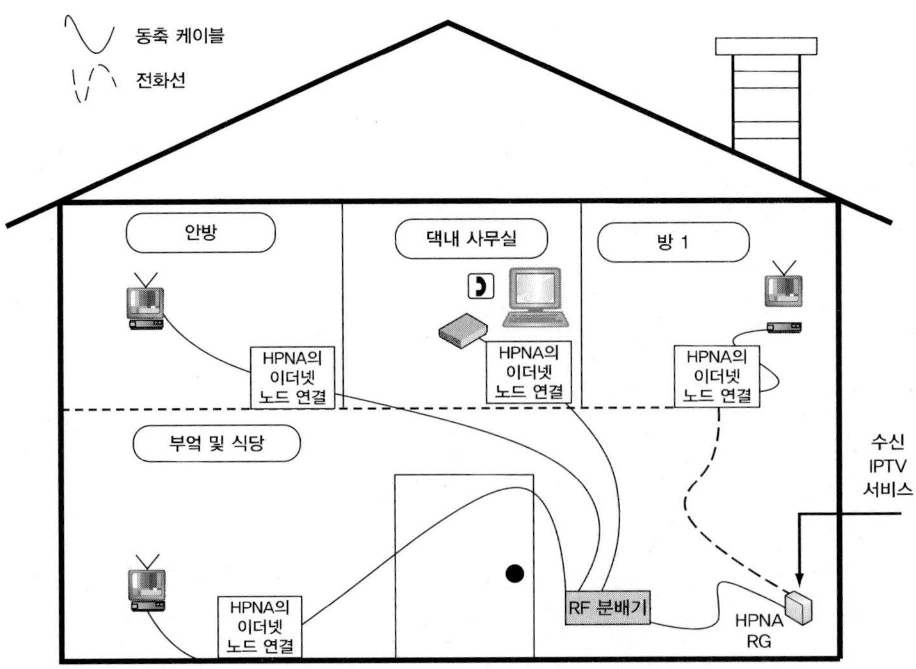

그림 8.6 기본 HomePNA 3.1 홈 네트워킹 위상

표 8.6 다른 세대 HomePNA 제품의 데이터 전송률

	홈 PNA 1.0	홈 PNA 2.0	홈 PNA 3.0	홈 PNA 3.1
데이터 전송률	1Mbps	16Mbps	128Mbps (옵션 : 최대 240Mbps)	320Mbps
네트워킹 매체	전화선	전화선	전화선	전화선 및 동축 케이블
QoS	우선순위 기반	우선순위 기반	보장형	보장형

동작을 표준화하면서 데이터 전송률을 증가시켰다. 표 8.6은 HomePNA 기술의 다른 세대에서의 데이터 전송률을 요약하고 있다.

이 장의 목적을 위해, 최신 HomePNA 명세서에 초점을 맞추도록 한다 — 3.1 버전. HPNA 3.1 기술은 2007년에 ITU가 표준화하였다. HPNA 3.1 명세서의 기술적 특성은 다음을 포함한다.

전화선과 동축 케이블에서 동작 — 이 기술은 같은 전화 배선 시스템상에서 정상적인 전화 서비스, 인터넷 연결, 그리고 홈 네트워킹 기능의 동시 운영을 지원한다. 추가적으로, 이 기술은 댁내의 같은 동축 케이블의 TV 신호와 공존한다. 왜냐하면 각 서비스는 다른 주파수 집합을 사용하기 때문이다. 동축 케이블상으로 신호를 전송하는 최신의 HomePNA 버전의 기능은 전화선 혹은 동축 케이블(두개 모두는 아님)을 갖는 유럽의 일부와 같이 세계적으로 널리 확장되고 있다.

임의의 위상 구성을 지원 — HomePNA 네트워크의 위상은 비즈니스 네트워크의 허브 구조라기보다는 임의의 "트리" 형태의 형상이다. 전화기를 꽂거나 팩스 장비를 빼는 것과 같이 단순하게 네트워크 위상을 변경한다. 이러한 이유로, 이 프로토콜은 네트워크 위상 변화에 빠르게(밀리초 내에) 적응하도록 설계되었으며, 이는 긴 지연이 가입자 만족에 영향을 주는 IPTV와 VoIP 응용에 매우 중요한 기능이다.

신호 감쇠 보정 — 전화 배선 시스템의 임의 트리 네트워크 위상은 신호 감쇠를 야기할 수 있다. 동축 케이블에서의 감쇠는 분배기에 의해 야기된다. HomePNA 3.1은 다양한 기존 배선 형상에서 동작하도록 설계되고 테스트되었고 일반적인 설치 환경에서 이러한 감쇠를 보정하도록 여유(margin)를 갖고 있다.

신호 잡음 — 엔터테인먼트 가전, 히터, 에어컨, 그리고 전화기는 모두 전화선에 신호 잡음을 발생할 수 있다. HPNA 3.1 프로토콜은 자동 재전송과 같은 특성으로 이에 대한 보정을 하도록 설계되었다. 동축 케이블에서의 동작은 문제를 덜 야기한다.

QoS 보장 — 홈 네트워크는 신뢰적으로 기능을 하여야 하고 누군가가 전화기를 들거나, 웹 사이트를 액세스하고, 혹은 자동응답기가 동작을 할 때 발생하는 변화

에도 불구하고 일관된 수준의 서비스를 전달할 수 있어야 한다. 위에 기술된 것들에 대한 빠른 적응과 다른 특성들은 이러한 장애에 대해 보정을 한다; 그러나 IPTV와 VoIP 서비스는 홈 네트워크에서 새롭고 더욱 엄격한 요구사항을 부과하고 있다. 이러한 서비스를 위해서 지연, 지터, 그리고 데이터스트림의 오류 정도가 명시된 정도를 넘지 않도록 보장하는 QoS "보장"이 요구된다. HomePNA 3.1은 이러한 요구사항을 만족한다.

FDM 지원 — 전화선과 동축 케이블 상으로 전달되는 데이터(음성, 고대역폭 인터넷 액세스 그리고 네트워크 데이터)를 다른 주파수 대역으로 나누는 FDM(Frequency Division Multiplexing) 기술을 사용한다. 이들 주파수는 서로에게 영향을 주지 않으면서 같은 전화선상에 공존할 수 있다.

이더넷 기술을 따름 — HPNA 3.1은 표준 이더넷 기술에 기반을 두고 있으며, 댁내 전화선 환경으로 인한 문제를 극복하기 위해 사용한다. 이더넷을 네트워킹 기술로 채택하였다는 사실은 HPNA 3.1이 수많은 다양한 이더넷과 호환되는 소프트웨어, 응용 그리고 시장의 기존 하드웨어들을 이용할 수 있게 한다.

IPTVCM 준수 — 그림 8.7에 보이는 바와 같이 HPNA 3.1은 IPTVCM의 하위 두 계층에 해당한다.

위에서 언급한 바와 같이 HomePNA는 75-ohm 동축 케이블에서도 동작한다. 동축 케이블 및 전화선 구축은 배선으로 연결하는데 다른 임피던스 정합(impedance matching) 장치를 사용한다. 흔히 "하이브리드"라고 하는 임피던스 정합 장치는 작은 수의 수동(passive) 장치로 구성된다. 이것은 저렴하고 어떤 제조업자들은 같은

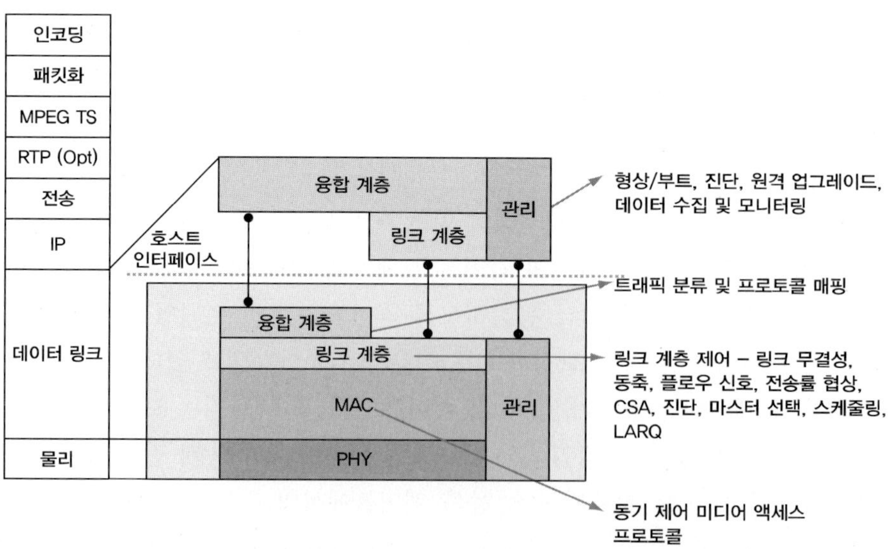

그림 8.7 IPTVCM 데이터 링크와 물리 계층에 매핑되는 HPNA 3.1 프로토콜 스택(HomePNA 제공)

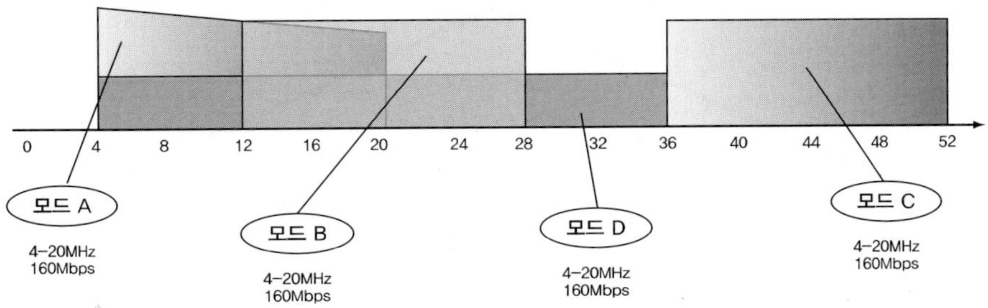

그림 8.8 HPHN 3.1 주파수 할당

장치로 동축 케이블 혹은 전화선에 연결할 수 있도록 하는 전화선과 동축 케이블 하이브리드 제품을 출시하고 있다. 물리적 형태는 RJ-11 커넥터, F-커넥터, 그리고 작은 수의 수동 요소들로 구성된다. 이 장치의 내부 전자부품은 적절한 인터페이스로 라우트하는 필터들로 구성된다. 운영 주파수와 관련하여 HPNA 3.1 표준에서 명시한 4개의 대역이 있다. 그림 8.8에 보이는 바와 같이 HPNA는 4 ~ 20MHz, 12 ~ 28MHz, 36 ~ 52MHz, 그리고 4 ~ 36MHz를 사용하며, 이는 같은 케이블에 다중의 HomePNA 대역이 공존할 수 있도록 허용한다.

8.8 MOCA (Multimedia over Coax Alliance)

MoCA는 댁내 기존 동축 케이블을 통해 디지털 비디오와 엔터테인먼트의 분배를 진흥하는 개방, 산업계 주도 단체이다. MoCA 기술은 다중 유선 및 무선 제품의 홈 엔터테인먼트 네트워크에 대한 기틀을 제공한다.

MoCA의 목표는 명세서를 만들고 새로운 연결, 배선을 하지 않고 기존 댁내 동축 케이블에서 사용하지 않는 거대한 양의 대역폭을 가용하도록 하는 제품을 인증하는 것이다. 개방형 WHMN 명세서 개발 이외에, 이 연합은 회사들이 다른 MoCA 제품들과 상호작용할 수 있도록 그들의 제품을 입증하도록 하는 인증 과정을 제정하였다. 인증 과정이 시작된 이후에, 여러 제품들이 성공적으로 통과되었고 MoCA 인증서를 수여 받았다. MoCA 명세서의 기술적 특성은 다음을 포함한다.

다중 분배기에서 동작 — MoCA 네트워크는 기존 댁내 분배기를 통해 고속 멀티미디어 데이터를 댁내 동축 케이블 기반구조상에서 최대 270Mbps 속도로 전송한다. 보통 댁내 동축 케이블 네트워크는 여러 분배기와 RG-59 혹은 RG-6 케이블로 구성된다. 세 개의 침실을 갖춘 집에서 MoCA가 사용하는 기본 참조 위상이 그림 8.9에 나타나 있다.

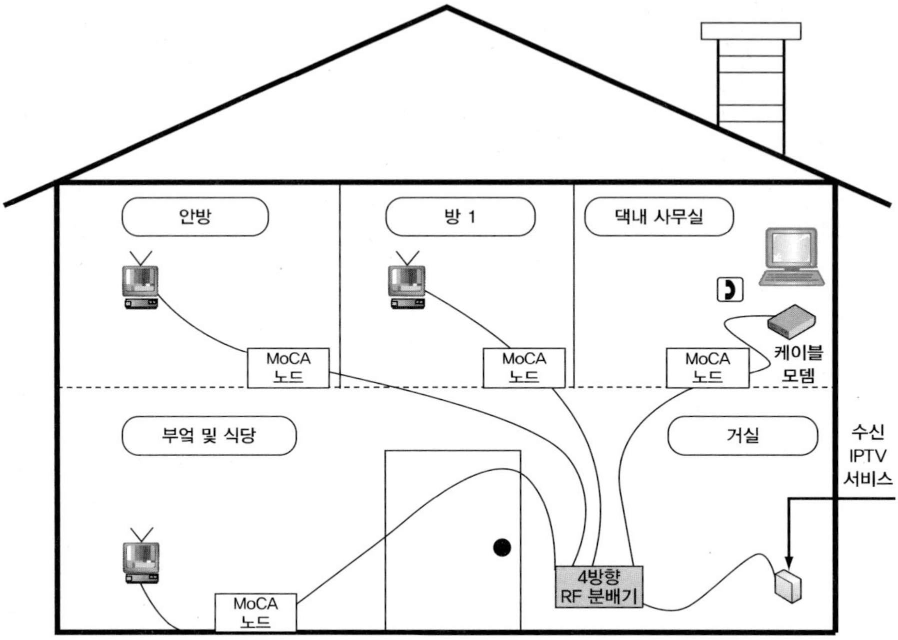

그림 8.9 기본 MoCA 홈 네트워킹 위상

이 참조 네트워크는 IP 비디오, 데이터 그리고 음성 트래픽을 빌딩 전체로 분배하기 위해 물리적 네트워크 매체로 동축 케이블을 사용하고 있다. 분배기는 또한 IPTV 트래픽을 분배기를 통해 양방향으로 전송하는 MoCA 기능을 보이기 위해 사용된다. 이 기능은 모든 댁내 동축 케이블 아웃렛이 고품질 IP 기반 비디오 콘텐츠를 액세스하도록 허용한다.

장거리 데이터 전송 — MoCA 네트워킹 기술을 통해 WHMN 콘텐츠를 전송하는 최대 거리는 300ft이다. 이 최대 거리를 얻는 것은 케이블의 감쇠와 동축 네트워크에 연결된 분배기 수에 달렸다.

케이블, 지상파, 그리고 위성 RF TV 신호와 공존 — 단일 MoCA 채널은 50MHz의 채널 대역폭을 차지하고 850MHz-1.5GHz 사이에 융통성 있게 자리한다. 그림 8.10에 보이는 바와 같이 MoCA 명세서는 이 스펙트럼을 정의된 대역으로 분리하고 어떻게 사용되는지를 정의한다.

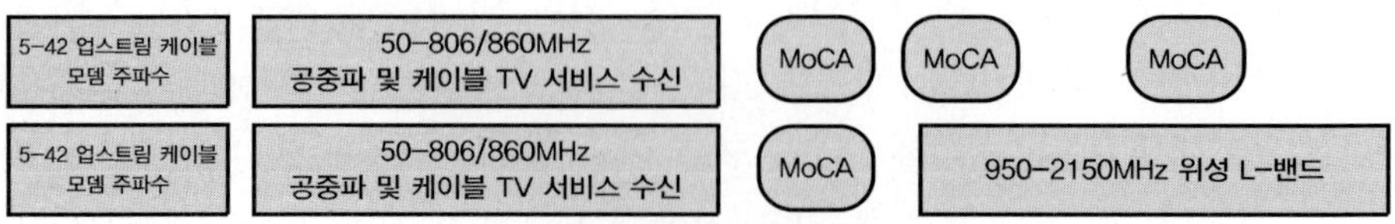

그림 8.10 MoCA 스펙트럼 할당

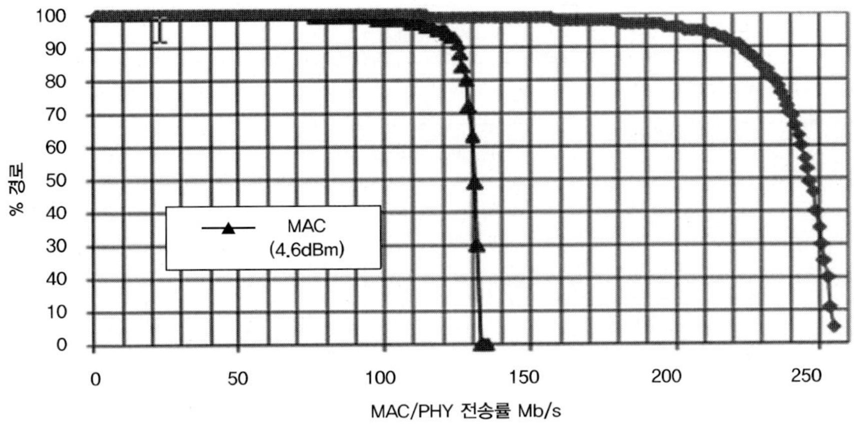

그림 8.11 MoCA MAC 및 PHY 성능(MoCA 제공)

채널 대역폭의 정확한 위치는 지리적 위치마다 다르다.

MoCA가 주파수 스펙트럼의 상위 끝에서 동작한다는 사실로 인해, 표준 케이블, 지상파 및 위성 TV 신호와 공존한다.

강화된 암호화 기술 사용 — 비밀 보장을 위해 DES 보안 방식을 사용한다.

고속 데이터 전송률 — MoCA 현장 테스트에서 측정된 최대 전송 전력에서의 처리율과 물리 계층에서의 데이터 전송률은 그림 8.11에 나타나 있다.

원격 관리 기능 제공 — 서비스 제공자가 원격으로 동축 홈 네트워크를 관리하도록 하는 SNMP 에이전트를 지원한다. MoCA는 전기통신 서비스 제공자가 장치를 관리하고 가입자의 홈 네트워크에서 처방을 수행하도록 하는 DSL 포럼의 TR-069 원격 관리 요구사항으로도 명시되어 있다.

다른 서비스를 간섭하지 않음 — MoCA는 주요 홈 네트워킹 기능을 방해하지 않고 WHMN 서비스 전달을 지원한다.

8.8.1 MoCA 물리 및 MAC 계층 고찰

고속 데이터 전송률은 WHMN 응용의 주요 요구사항이다. 댁내 동축 기반구조와 그와 연관된 채널 특성이 주어졌을 때, 이 요구사항은 MoCA 프로토콜 개발에 영향을 주었다. 특히, 패킷 오류율을 최소화하면서 네트워크 견고성을 최대로 하기 위해 특별한 주의가 주어졌다. 이는 주로 물리 계층에서 ACMT(Adaptive Constellation Multitone)이라고 하는 OFDM 변조의 한 형식을 이용하는 완전 메시 선균등화(preequaltization) 계층의 사용을 통해 이루어진다. 이 신호는 비트 로딩(bit loading), 혹은 워터 필링(water filling)이라고 하는 기술을 이용하여 미리 균등화된다. 이 기술은 독립적인 QAM 배열을 서브캐리어의 SNR에 기초하여 각각의 서브캐리어에게 할당한다. FEC(Forward

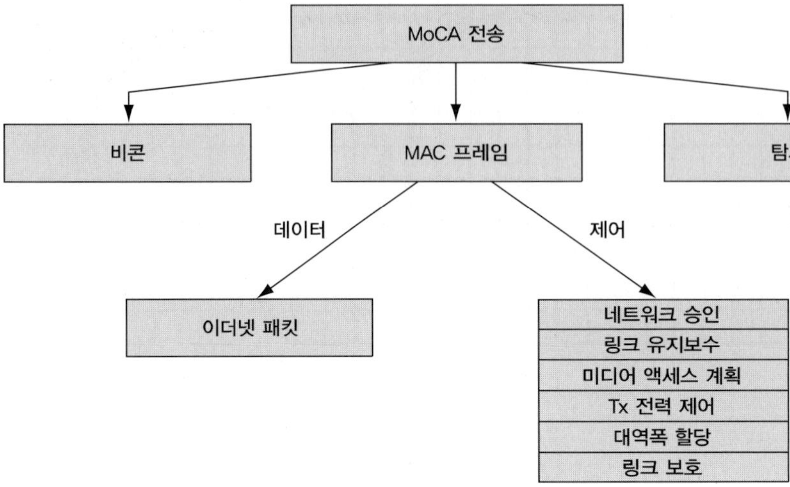

그림 8.12 MoCA MAC 패킷 타입

Error Correction)은 요구되는 비트 오류율을 유지하기 위해 물리 계층에서 사용된다.

MoCA 기반 네트워크 액세스와 관련하여 MAC 계층은 새로운 노드가 네트워크 액세스 승인을 얻도록 하기 위해 동기 비콘(synchronous beacon)을 사용한다. 빠른 승인을 위하여 비콘은 매 10ms마다 보내진다. NC(network coordinator)는 매체로의 전송을 스케줄링하기 위해 액세스 패킷을 매 밀리 초마다 보낸다. NC는 비콘, 제어, 데이터 그리고 탐침(probe) 전송을 스케줄링한다. 데이터 전송은 각 노드로부터의 예약 요청에 기반하여 스케줄 된다. 액세스 사이클이 짧기 때문에, 네트워크에서의 지연은 최소로 유지된다. 특별한 탐침 패킷은 프리앰블(preamble) 크기를 줄임으로써 처리율을 최적화하는 것뿐만 아니라 선균등화 기술에 의해 처리율을 최대화하기 위해 여러 채널 파라미터를 측정하는데 사용된다. 프리앰블은 다른 유형의 패킷에 대해서도 최적화된다. 여러 유형의 MAC 계층 패킷이 그림 8.12에 나타나 있다.

IPTV 전문가들이 WHMN 전략을 만들 때 알아야 할 필요가 있는 시장에 나와 있는 여러 선택사양들이 있는데 동축 케이블에서의 1394, UWB(ultrawideband)와 무선 UWB가 그들이다.

8.9 WHMN 미들웨어 소프트웨어 표준

WHMN 미들웨어 플러그-앤-플레이 기술은 홈 네트워크 구현을 단순화하기 위해 자주 사용된다. 두 개의 WHMN 미들웨어 산업 표준이 최근에 등장하였는데 DLNA(Digital Living Network Alliance)와 HANA(High Definition Audio-Video Network Alliance)가

그들이다. 다음 절에서는 이 두 가지 표준에 대한 개요를 제공한다.

8.9.1 DLNA

DLNA은 소비자 가전, 컴퓨팅 산업, 그리고 모바일 장치 회사들을 포함하는 산업계 기구이다. 이 기구는 디지털 홈 에코시스템의 빌딩 블록을 정의하는 여러 상호작용 가이드라인을 발간하였다. DLNA 가이드라인의 주요 특성은 다음을 포함한다.

강력한 상호연결성 지원 — 디지털 홈 내의 여러 유형의 IPTVCD와 다른 장치들 간에 투명한 연결성은 IPTVCM의 데이터 링크 계층에서 구현된다.

개선된 발견 방식 — DLNA는 홈 네트워크에 연결된 모든 장치들이 서로의 기능을 초기화하고 발견하고 이해하도록 허용한다. 이는 댁내에 다양한 디지털 미디어 장치와 IPTVCD의 네트워킹을 간편하게 하는데 도움을 준다.

다양한 인기 있는 매체 포맷 지원 — 이들 포맷은 크게 두 개의 부류로 나눌 수 있다: 휴대용 이동 장치가 사용하는 것과 WHMN 응용이 사용하는 것. 표 8.7은 DLNA 기반 WHMN 응용이 사용하는 필수(mandatory) 및 선택사양(optional) 매체 포맷을 요약하고 있다.

표 8.7에 나열된 미디어 포맷은 이 책을 쓰고 있을 때 DLNA 가이드라인에 정의되었음에 유의하라. 선택사양 매체 포맷의 이 리스트는 앞으로도 계속해서 증가할 것으로 기대된다.

다른 DRM 시스템 간에 상호작용성 진흥 — DLNA은 홈 네트워크에서 전송 혹은 저장될 때 상업적 콘텐츠의 사용 권리을 보호하는 문제를 제기한다. 전형적인 홈 네트워크는 IPTV 자산을 포함하는 여러 유형의 콘텐츠를 보호하는데 사용되는 여러 DRM 기술을 갖고 있을 수 있기 때문에 이는 DLNA가 제기하기에 복잡한 문제이다. 이 문제를 해결하기 위한 노력으로 DLNA은 소스에서 한 유형의 DRM 시스템에 의해 보호된 콘텐츠를 다른 DRM 환경을 사용하는 다른 장치가 볼 수 있도록 허용하는 DRM 상호작용성 프레임워크를 정의할 것을 제안하고 있다. 이는 IPTV 자산과 연관된 저작권 제한을 지키면서 달성되어야 한다. 콘텐츠 보호를 위한 첫 단계로서 DLNA는 2006년에 기존 가이드라인을 확장하여 링크

표 8.7 WHMN 응용에 대한 DLNA 미디어 포맷

미디어 포맷	필수 지원	선택 지원
이미징	JPEG	GIF, TIFF 및 PNG
비디오	MPEG-2	MPEG-1, H.264 및 VC-1
오디오	LPCM	MP3, WMA9, AC-3 및 AAC

보호 기술에 관한 절을 포함하도록 하였다. 이 확장에서 필수로 넣은 주요 보안 기술 중 하나가 DTCP-IP이다.

8.9.1.1 DLNA 기술 구조

DLNA 기술은 정착된 표준에 기반을 둔 상호운용 가능한 여러 빌딩 블록으로 구성된다. 이 빌딩 블록들은 WHMN 시장을 위한 최종 제품을 만들기 위해 벤더가 사용한다. IDLNA 인증 IPTVCD의 기술 구조가 그림 8.13에 나타나 있다.

보이는 바와 같이 DLNA 구조는 기존 표준과 명세서를 참조하고 다른 벤더 제품들이 상호운영 가능하도록 구체적인 구현 상세사항을 정의하는데 초점을 두고 있다. 802.11a, b, g, 그리고 n과 유선 이더넷 그리고 최근의 블루투스(BlueTooth)와 같은 표준이 DLNA 프로토콜 스택의 네트워크 연결 계층에서 사용된다. DLNA 통신 모델은 콘텐츠 전송을 위해 IPv4, HTTP, 그리고 RTP와 같은 프로토콜을 사용하며 반면에 여러 지원되는 미디어 포맷은 프로토콜의 상위에 할당된다.

UPnP(Universal Plug and Play) 1.0버전은 PnP 기능을 위한 상호운용성 기반구조를 제공하기 위해 선정된 반면 UPnP AV 계층은 WHMN 응용 분배를 다룬다. DLNA에서 UPnP 1.0과 UPnP AV 기술의 역할은 다음 절에서 기술한다.

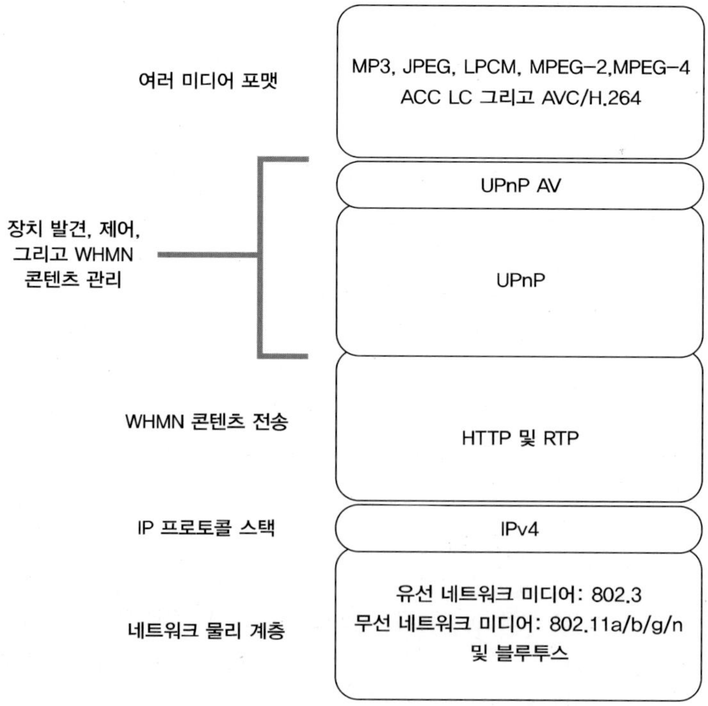

그림 8.13 DLNA 인증 IPTVCD 기술 구조

UPnP 1.0 UPnP는 1992년에 인텔, 컴팩 그리고 마이크로소프트가 소개한 PnP Initiative의 확장이다. 이것은 여러 유형의 소비자 가전 장치와 PC를 함께 연결하기 위해 개방 인터넷 통신 표준을 이용한다. 그래서 하나의 특정 장치 유형에 집중하기 보다는 UPnP는 디지털 홈에서 사용되는 PC, PC 주변 장치, 새로운 스마트 홈 제품, 게이트웨이 장치, 홈 제어 시스템, 그리고 웹 연결 가능한 장치 등을 포함하는 모든 종류의 장치를 연동한다. 이러한 실용적이고 상대적으로 간단한 방식의 결과는 홈 네트워크에서 UPnP 구현이 작은 노력과 사람의 개입만을 요구한다는 것이다. UPnP는 소비자가 IPTVCD를 여러 기술적인 설정이나 특수한 드라이버 소프트웨어 모듈을 설치하지 않고도 직접 홈 네트워크에 연결하도록 하는 여러 공통의 인터페이스를 정의한다. 추가적으로 UPnP는 홈 네트워크상의 모든 IPTVCD로부터 IPTV 스트림 전송을 시작하게 하고 제어하는 것을 가능하게 한다. 홈 네트워크에서 WHMN 콘텐츠를 전송하는데 적합하게 하는 UPnP의 특성들은 다음을 포함한다:

개방 인터넷 표준 사용 UPnP는 IP, TCP, UDP, HTTP 그리고 XML을 포함하는 기존 산업 표준 환경에서 개발되었다. 이것이 표준 인터넷 프로토콜에 기반을 두고 있기 때문에 UPnP는 많은 PC에서부터 작은 소비자 전자 장치에 이르기까지 다양한 장치들과 작동할 수 있다.

PnP 기능 지원 UPnP는 종단사용자에게 설정이 불필요하게(zero configuration)하는 개념의 기본을 제공하는 발견과 연결성에 대한 간단하고 혁신적인 방식에 기반을 두고 있다. 예를 들어, PnP 기능을 이용하여, IPTVCD를 홈 네트워크에 연결하고, 자동으로 IP 주소를 받고 네트워크상의 다른 장치들을 발견하고 즉시 주택소유자의 개입 없이 네트워크 통신을 시작하는 것이 가능하다.

낮은 하드웨어 자원 요구 전통적인 PC 기반 솔루션과는 달리, 소비자 전자제품과 여러 IPTVCD들은 매우 적은 시스템 자원을 갖고 있다. 전형적으로 이들은 낮은 가격의 마로프로세서와 작은 양의 메모리 자원에 기반을 두고 있다. UPnP 기능을 이들 장치에 추가하는 것은 시스템 자원의 매우 작은 양을 요구한다.

기존 시스템 및 비-IP 장치와의 매끄러운 통합 IP 연동이 UPnP를 위한 대세적 선택이지만 IEEE 1394 기반 엔터테인먼트 네트워크와 같은 비-IP 프로토콜을 수행하는 홈 네트워크도 수용한다.

비-PC 중심 구조 UPnP 기반 네트워크의 형상은 피어 간 네트워크 구조에 달려 있으며, 이는 홈 네트워크가 PC없이도 기능할 수 있음을 의미한다.

하위 네트워크 매체에 독립적임 UPnP의 또 다른 장점은 물리적 네트워크 매체에 독립적이라는 것이다. 표준 이더넷과 같은 기존 네트워크와 댁내에 새로운 배선 시스템 설치를 요구하지 않는 새로운 네트워킹 기술과 호환성을 갖는다 — HomePNA, 802.11n, UPA-DHS, MoCA, 그리고 HomePlug AV.

UPnP 기능을 가진 IPTVCD들의 네트워킹 UPnP는 IPTVCD와 같은 홈 네트워킹 노드들은 제어 포인트와 장치의 두 가지 부류로 나눈다. 제어기로도 알려진 *제어 포인트*는 자신과 홈 네트워크상의 여러 장치들 간에 통신을 수월하게 하는 내장 소프트웨어를 기술한다. 제어 포인트로 기능할 수 있는 IPTVCD의 예로 표준 PC 혹은 디지털 셋톱박스가 포함된다.

UPnP 기반 홈 네트워크 환경의 *장치*는 홈 네트워킹 서비스를 위한 컨테이너(container)를 나타낸다. 장치는 일반적으로 물리적 엔티티의 모델이기도 하지만 논리적 엔티티를 나타낼 수도 있다. PC 전통적인 기능을 에뮬레이트하는 디지털 셋톱박스는 논리적 장치의 예이다. 제어 장치로 기능할 수 있는 홈 네트워크 노드의 예로서 VCR, DVD 플레이어, 보안 시스템 그리고 자동 밝기 조절기 등이 포함된다. 장치들은 다른 장치들을 포함할 수 있다. 제어 포인트와 장치 사이의 주요 차이점은 제어 포인트는 항상 통신 세션을 시작하는 엔티티이다. UPnP 기술은 여러 다른 계층에서 프로토콜을 구현하기 위한 네트워킹 프레임워크를 정의한다.

WHMN 서비스와 IPTVCD의 설치와 관리를 간략하게 하기 위해 이 프레임워크를 사용하는 것이 가능하다. UPnP 네트워킹 프레임워크 구축은 5개의 특별한 처리 과정을 포함한다. 다음 절에서는 홈 네트워크에 IPTVCD를 추가하는 예(미디어 서버를 제어 포인트로 사용함)를 고려한 이들 단계를 설명한다.

1단계 : IP 주소 배정 및 다른 IPTVCD 발견 IP 주소 획득은 IPTVCD가 홈 네트워크에 연결될 때 발생하는 첫 번째 단계이다. 홈 네트워크에서의 IP 주소 배정은 DHCP(Dynamic Host Configuration Protocol)의 책임이다. IP 주소 할당 이외에, DHCP는 서브네트 마스크와 디폴트 게이트웨이 주소와 같은 다른 IP 설정 파라미터의 할당도 자동화한다.

이 시스템 사용은 IP 주소 관리를 위해 IPTV 서비스 제공자를 접촉하기 보다는 소프트웨어가 자동으로 IP 주소를 관리하기 때문에 홈 네트워크 관리를 간편하게 한다. 이는 새로운 IPTV 가입자와 네트워크 장치가 수동으로 새로운 주소를 할당하는 노력과 시간을 소비하지 않고 홈 네트워크에 추가될 수 있음을 의미한다. 홈 네트워킹 환경에서, IP 주소를 동적으로 임차하는데 필요한 DHCP 서버 소프트웨어는 RG에서 수행되고 반면에 클라이언트 DHCP 소프트웨어는 네트워크에 연결된 여러 가입자 장치에 내재되어 있다. 일단 UPnP 기능을 가진 IPTVCD가 부팅되고 홈 네트워크에 연결되면 DHCP 요청이 RG로 보내진다. RG에서 수행되는 DHCP 서버는 홈 네트워크에서 통신하는데 필요한 여러 IP 파라미터들로 클라이언트에게 응답한다. UPnP 기능을

표 8.8 RFC 2131에 정의된 DHCP 메시지 구조

필드 이름	크기(비트)	설 명
Op(operation code)	8	메시지 타입 정의. 예, 1은 요청 메시지 그리고 2는 응답 메시지를 나타냄
HType	8	네트워크에서 사용된 물리적 하드웨어 기술을 정의. 1은 이더넷 기술을 기술하기 위해 홈 네트워크에서 사용
HLen(hardware length)	8	네트워크에 연결된 IPTVCD가 사용하는 하드웨어 주소의 길이를 식별. 이더넷 기반 홈 네트워크의 경우 이 값은 1임
Hops	8	홈 네트워크상의 소스와 목적지 장치간의 네트워크 홉수가 최소이기 때문에 낮은 값으로 설정됨
XID(transaction id)	32	요청과 응답을 매칭시키기 위해 IPTVCD가 사용
Secs(seconds)	16	디지털 가입자 장치가 IP 주소 임대를 하거나 갱신하기 위해 필요한 시간을 측정
Flags	16	대부분 비트는 예약되어 있고, IPTVCD가 자신의 주소를 모르는 경우 방송으로 한 비트가 설정됨
Ciaddr	32	클라이언트 IP 주소를 포함
Yiaddr(your IP address)	32	RG DHCP 서버가 홈 네트워크에 연결된 IPTVCD에 할당하는 주소
Siaddr(server IP address)	32	DHCP 서버의 주소
Giaddr(gateway IP address)	32	홈 네트워크 내에서 BOOTP 메시지를 라우트하는데 사용
Chaddr(client hardware address)	128	댁내 IPTVCD의 MAC 주소를 저장
Sname(server name)	512	DHCP 서버의 이름 저장. 메시지에 상당한 오버헤드를 주기 때문에 선택사양 임
파일	1024	BOOT 파일에 대한 디렉터리 경로 정보 저장
선택사양	가변	홈 네트워크에서 DHCP 운영 지원을 위해 사용되는 파라미터를 저장

가진 IPTVCD에게 할당된 IP 주소는 기결정된 시간이 지나면 소멸된다. 이 임차 기간이 끝나면 DHCP 클라이언트와 서버는 새로운 기간 동안의 임차를 위해 재협상을 한다. DHCP 서버는 임차된 주소가 임차 기간 동안에 다른 IPTVCD에게 할당되지 않도록 보장한다. DHCP는 67번과 68번 포트를 이용하여 UDP 상에서 수행된다.

DHCP에 대한 기술적 상세사항은 RFC 2131과 RFC 2132를 포함한 여러 RFC에 발간되었다. 이들 RFC에 기술된 바와 같이, DHCP 클라이언트 소프트웨어는 구체적인 고정 구조를 따르는 여러 메시지 유형의 통신을 지원한다. 표 8.8은 DHCP 메시지의 구조를 설명한다.

DHCP가 사용하는 여러 유형의 메시지가 있는데 WHMN 시스템이 사용하는 주요 메시지에는 다음이 포함된다.

- *DHCP Discovery* 이 메시지는 DHCP IP 주소를 요청. 이 메시지 타입에 저장된 정보는 IPTVCD의 MAC 주소와 이름으로 제한된다.
- *DHCP Offer* 이 메시지는 IP 임차 요청을 IPTVCD로부터 수신하면 서버가 보낸다. 이 메시지는 IPTVCD MAC 하드웨어 주소, 임차 IP 주소, 서브네트 그리고 IP 주소 임차 기간과 같은 정보를 포함한다.
- *DHCP Lease* 이 메시지는 IPTVCD의 임차 기간이 반을 지났을 때 생성된다. 이 메시지의 콘텐츠는 요청하는 IPTVCD와 임차 기간을 식별한다.
- *DHCP Acknowledgement* 이 메시지는 IPTVCD IP 주소 임차 과정을 마치는데 사용된다. 메시지 콘텐츠는 임차에 관한 상세사항과 관련 파라미터들을 포함한다.

각각의 TPS 서비스를 위해 분리된 DHCP 주소 풀(pool) — 인터넷 액세스, VoIP, 그리고 IPTV 서비스 각각에 하나씩 — 이 필요함에 유의하라. 이들 서브네트 간의 통신은 IPTVCM의 3계층에서 라우팅 기능을 지원하는 RG를 통해서 이루어진다.

DHCP 서버가 UPnP 홈 네트워크에서 가용하지 않으면, IPTVCD는 주소를 얻기 위해 "Auto IP"라고 하는 특성을 사용해야 한다. Auto IP는 IPTVCD가 DHCP 서버 없이 네트워크에서 주소를 얻을 수 있도록 한다. Auto IP는 DHCP 클라이언트 서비스를 수행하는 장치에만 적용 가능함에 유의하라. IP 셋톱박스가 DHCP 서버를 갖고 있지 않은 홈 네트워크에 연결되어 있는 예를 생각해 보자. 다음 단계는 IP 셋톱박스에서 IP 주소를 자동으로 형상화하는 일련의 이벤트들을 보여준다:

(1) IP 셋톱박스는 IP 주소를 요청하기 위해 DHCP 프로토콜을 사용한다.
(2) DHCPDISCOVER 메시지를 보낸다.
(3) 일정 기간이 지나도 유효한 IP 주소를 수신하지 못하면 IP 셋톱박스는 IP 주소를 자동으로 설정하도록 허용된다.
(4) 일단 IP 셋톱박스가 IP 주소를 자동설정해야 하는 것으로 결정하면 이 주소를 선택하기 위한 알고리즘을 사용한다. 이 값은 IANA에 등록된 169.254/16 IP 주소 범위를 사용한다.
(5) 주소가 선택되면, IP 셋톱박스는 이 주소가 이미 사용 중에 있는지를 테스트한다. 이 네트워크 주소가 이미 사용 중에 있으면, 셋톱박스는 다른 주소를 선택하고 테스트를 다시 한다.

IP 셋톱박스가 새로운 주소를 할당받았음에도 불구하고 셋톱박스는 계속해서 동작하는 DHCP 서버가 있는지 홈 네트워크를 조사한다는 것에 유의하라.

이 단계에서 IPTVCD는 네트워크에 물리적으로 연결되며 IP 주소를 할당받는다. UPnP 과정에서 다음 단계는 IPTVCD가 제어 포인트를 포함하여 다른 네트워크 노드들에게 제공하는 서비스 유형을 알리도록(advertise) 하는 것이다. 이 사례에서 미디어 서버는 제어 포인트 기능을 제공하는데 사용된다.

서비스 광고(advertisement)는 HTTP 멀티캐스트 변형의 확장을 이용하여 표준 멀티캐스트 주소로 보내지는 발견(discovery) 메시지를 사용하여 수행한다 ─ SSDP(Simple Service Discovery Protocol)와 GENA(General Event Notification Architecture). 발견 메시지에 포함된 정보는 매우 제한적이고 IP 셋톱박스와 발견 메시지의 만료 시간에 대한 보다 상세한 정보를 찾기 위한 URL을 포함한다. 이들 메시지는 미디어 서버가 조사한다. 일단 장치가 홈 네트워크에 연결 설정이 되면, 다른 서비스를 찾을 수 있다.

2단계 : UPnP 기능을 가진 IPTVCD 기술 이전에 언급한 바와 같이, IPTVCD에서 미디어 서버로 보내지는 발견 메시지 내에 포함된 정보는 기본적이다. 따라서, UPnP 과정의 다음 단계는 보다 상세사항을 추출하는 것을 포함한다. 이는 IPTVCD에 대한 보다 상세한 설명을 찾고 추출하기 위해 발견 메시지 내에 포함된 URL을 HTTP GET 명령에 넣어 달성할 수 있다. XML은 상세 설명을 포맷하는데 사용된다. 이 파일에 포함된 정보 유형은 벤더마다 다르다.

3단계 : UPnP 기능을 가진 IPTVCD 제어 UPnP 네트워킹 사이클에서 다음 단계는 제어이다. 이 단계에서 미디어 서버는 IPTVCD에 관한 상세 정보를 추출하였고 IPTVCD에게 명령을 내릴 상황이다. 이 명령은 XML 메시지로 포맷되고 SOAP(Simple Object Access Protocol)을 이용하여 홈 네트워크에서 교환된다.

4단계 : 실제 운용 중에 발생하는 이벤트에 응답 때때로 어떤 상태 변화가 IPTVCD에서 발생할 수 있으며 이벤트 메시지가 생성된다. 이들 메시지는 XML 형태로 표현되고 HTTP 알림(notification) 구조에 맞게 구조화된다 ─ GENA. 일단 포맷되고 이벤트 메시지가 HTTP를 통해 미디어 서버에서 수행되는 이벤트 가입 서버라고 하는 소프트웨어 모듈로 보내진다.

5단계 : 사용자 인터페이스(UI) 표현 IPTVCD가 표현 웹 서버를 지원하면 브라우저는 미디어 서버에 의해 홈 네트워크를 통해 IPTVCD를 직접 액세스하기 위해 사용된다. 그래픽 웹 인터페이스는 장치에 저장된 IPTV 콘텐츠를 액세스하고 장치 상태를 살펴보고 혹은 IPTVCD를 제어하는데 이용될 수 있다.

UPnP AV UPnP AV는 상위 미디어 포맷과 DLNA 프로토콜 스택의 UPnP 1.0 버전 계층 사이에 놓인다. 이름이 의미하는 바와 같이, UPnP AV는 유니캐스트와 멀티캐스트 IPTV 콘텐츠의 댁내 분배에 잘 맞는다. UPnP의 주요 상호작용 기능 제공 이외에, UPnP AV 명세서는 다음의 개선 사항을 통해 이 기술의 이전 보전을 확장하고 있다:

- DLNA 기반 홈 네트워크에 다중 DRM 시스템 사용을 허용
- 원래의 UPnP 명세서와 유사하게, AV 버전은 홈 네트워크에서 사용하는 기본 전송 프로토콜, IPTV 압축 포맷, 그리고 하드웨어 플랫폼에 독립적이다.
- UPnP AV는 다양한 IPTVCD 유형을 지원한다. 여기에는 디지털 텔레비전, IP 셋톱박스, 휴대용 미디어 플레이어, RG 그리고 미디어 서버 등이 포함된다.
- MPEG-2와 H.264에서부터 JPEG와 VC-1에 이르기까지 많은 미디어 포맷을 지원한다.

DLNA는 미디어 관리와 제어 서비스를 제공하기 위해 UPnP AV를 사용한다. 다음 절에서는 UPnP AV를 지원하는 IPTVCD들 간에 통신을 지원하는데 필요한 기술적 프레임워크를 정의한다.

UPnP AV를 이용한 IPTVCD들의 네트워킹 이 명세서는 UPnP 기능을 가진 IPTVCD 들간에 WHMN 서비스 전달을 지원하는 전체적인 기술적 프레임워크를 정의한다. UPnP AV 프레임워크는 댁내 종단사용자들에게 WHMN 응용을 전달하기 위해 함께 동작하는 3개의 개별적인 요소들을 갖고 있다(그림 8.14 참조).

이들 각 요소의 역할은 다음 절에서 설명한다.

UPnP 제어 포인트 제어 포인트의 주요 역할은 WHMN 종단사용자가 원하는 IPTV 콘텐츠를 찾고 그것을 보기 위해 DLNA 인증 장치를 찾도록 하는 것이다. 종단사용자와

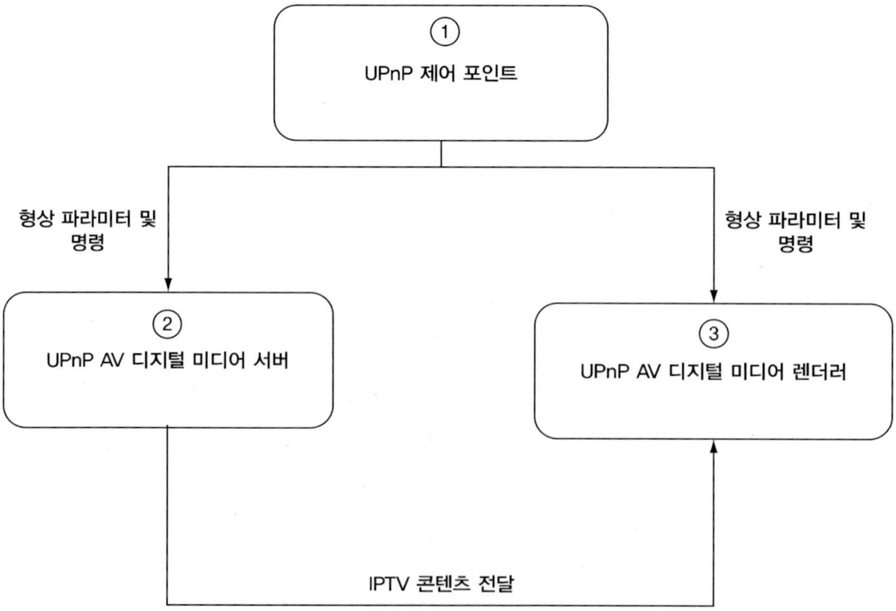

그림 8.14 UPnP AV 네트워킹 요소

제어 포인트 간의 상호작용은 브라우저로 이루어진다. 브라우저는 종단사용자가 타이틀, 자산에 대한 설명, 자산의 길이, 다른 유형의 관련 정보들을 포함하는 각 WHMN 콘텐츠 자산에 관한 자세한 메타-데이터를 보도록 허용한다.

디지털 미디어 서버(DMS) 이 요소는 WHMN 콘텐츠 스트리밍 책임을 진다. 콘텐츠는 디지털 미디어 서버를 액세스할 수 있는 네트워크상의 저장 장치나 로컬 저장 장치에 저장된다. 디지털 미디어 서버가 처리하는 콘텐츠 유형은 IP-VoD 콘텐츠에서부터 디지털 사진과 오디오 파일에 이르기까지 다양하다.

종단사용자가 다른 유형의 WHMN 콘텐츠를 브라우징하도록 허용하는 것 이외에, 좀 더 고급 모델은 다음의 추가적인 특성들을 포함한다:

- 동시에 네트워크에 다중 IPTV 스트림을 전달할 수 있는 기능
- 미디어 타입의 포맷을 목적 미디어 렌더링 장치에 더 적절한 포맷으로 변환하는 기능
- UPnP AV 최신 버전은 녹화 기능도 지원
- 빨리 감기 및 되감기와 같은 동작을 제어 포인트가 실행할 수 있도록 하는 서비스 구현 기능

디지털 미디어 재생기(DMR) 이 UPnP AV 요소는 미디어 서버로부터 추출된 IPTV 콘텐츠를 재생한다. 디지털 사진 프레임과 MP3 플레이어는 UPnP AV 기반 DMR의 전형적인 예이다. DMR이 지원하는 콘텐츠 유형은 제품마다 다르다. 예를 들어, 디지털 사진 프레임은 JPEG 사진만을 디스플레이할 수 있다; 반면에 내장 디코더를 가진 디지털 TV는 여러 유형의 차세대 압축 알고리즘을 이용하여 코드화된 IPTV 콘텐츠를 재생할 수 있다. DMS와 마찬가지로, 어떤 렌더링 제품은 종단사용자가 수신 WHMN 콘텐츠를 어떻게 시청하고 청취할 수 있도록 렌더링을 하는지에 대해 정의하는 기능과 같은 추가적인 기능을 이용할 수 있도록 하는 서비스를 포함한다.

제어 포인트와의 상호작용은 비-AV 기반 UPnP 장치가 사용하는 전통적인 방식과 다르다. 표준 UPnP 네트워킹 구조에서 상호작용은 IPTVCD들과 제어 포인트 간에 직접 발생한다. UPnP AV 구조에서 제어 포인트는 DMS와 여러 DMR을 설정하는 책임을 진다. 추가적으로, 제어 포인트는 이 두 장치 간에 스트리밍 세션을 시작하는 명령을 내린다. 그러나 IPTV 콘텐츠의 실제 전송에는 직접 관여하지 않는다. 왜냐하면 이는 분리된 아웃-밴드(out-of-band) 채널 상에서 DMS와 DMR간에 직접 일어나기 때문이다. 따라서, 발생하는 상호작용의 대부분은 제어 포인트가 먼저 시작한다. 그러나 상태 변화가 발생하고 이벤트 메시지를 보낼 필요가 있으면 DMS 혹은 DMR 중 어느 것이라도 제어 포인트와 통신 세션을 먼저 시작하는 것이 가능하다.

UPnP 명세서는 모든 세 가지 요소가 하나의 물리적 IPTVCD에 통합되도록 허용함에 유의하라. 디지털 TV는 모들 세 가지 요소를 지원하는 IPTVCD의 한 예이다 — 디스플레이는 콘텐츠를 렌더링하고, 튜너(tuner : 동조기) 혹은 IP 인터페이스는 비디오 콘텐츠에 대한 소스로 동작하고, EPG는 제어 포인트로 동작한다. UPnP 포럼이라고 하는 산업계 그룹은 UPnP 기술의 개발과 진흥 책임을 지고 있다. 자세한 사항은 www.upnp.org를 참고하라.

8.9.2 HANA

HANA(High-Definition Audio-Video Alliance)는 주로 소비자 가전, 케이블, 반도체 그리고 IT 회사들로 구성된 기구이다. 이 기구는 고화질, 홈 엔터테인먼트 제품 및 서비스의 연동에 초점을 둔 솔루션을 개발한다. DLNA와 유사하게, HANA 명세서는 기존 표준에 기초를 두고 있다. HANA는 IPTVCM의 상위 계층에 중점을 두고 있지만, 초기에 네트워킹 기능을 지원하기 위해 IEEE 1394b 프로토콜을 기본으로 사용할 것을 결정하였다. 다음 절에서는 HANA 기반 네트워킹 기반구조에서 사용될 때 IEEE 1394 프로토콜의 간략한 개요에 대하여 설명한다.

8.9.2.1 IEEE 1394 소개

FireWire라고도 널리 알려진 IEEE 1394는 고속 인터페이스이며 WHMN 시장 공유를 위해 경쟁하고 있다. FireWire Bus 표준은 원래 애플 컴퓨터 회사가 디지털 비디오 녹화기(DVR)와 PC 간에 낮은 비용으로 연결 지향 연결을 제공하기 위해 개발하였다. 이후에 IEEE 1394라고 하는 표준으로 발전하였다. 1994년에, 1394 TA(Trade Association)라고 하는 기구가 1394 표준을 지원하고 진흥하기 위해 만들어졌고 1995년에 공식적으로 1394 명세서를 발간하였다. 1995년 이후, 두 개의 새로운 버전이 개발되었다. 예를 들어, 1394a는 1998년에 소개되었고 1394b는 그 다음해에 소개되었다. 1394b는 이전 명세서와 모두 호환된다. 1394의 각 개정 버전은 추가된 특성과 기능을 갖고 있다.

IEEE 1394는 주요 소비자 전자제품 인터페이스가 되었고 MP3 플레이어, 디지털 비디오카메라, 디지털 텔레비전, 셋톱박스, DVR, 그리고 DVD 플레이어 녹화기를 포함하는 다양한 홈 엔터테인먼트 장치에서 찾을 수 있다. IEEE 1394 네트워킹 표준의 특성은 다음을 포함한다.

- HD 비디오스트림 전송을 위한 고급 기술
- 여러 네트워크 매체 유형에서 동작 가능하다.
- IEEE 1394b 표준은 홈 네트워크상에서 매우 빠른 속도로 HD 기반 WHMN 콘텐츠 전송을 지원하도록 설계되었다. 1394의 최신 버전은 최대 100m 거리에서 최대

800Mbps의 데이터 전송 속도를 지원한다.

- 1394는 PnP를 지원한다. 그 결과, 가입자는 홈 네트워크를 재설정하지 않고도 장치들을 추가 혹은 제거할 수 있다. 버스 형상이 변하면 위상 변화가 자동으로 인식된다.

8.9.2.2 1394 기술 구조

1394가 어떻게 동작하는지를 이해하기 위해서는 1394 기반 홈 네트워크 요소들을 간략히 살펴보는 것이 중요하다. IEEE 1394 기반 홈 네트워크를 형성하는 요소들은 다음과 같이 분류할 수 있다:

- IEEE 1394 프로토콜 스택
- 케이블링 시스템
- 네트워크의 구조적 설계

1394 프로토콜 스택 다른 고속 네트워킹 시스템과 유사하게, IEEE 1394는 계층 전송 시스템이다. IEEE 1394가 사용하는 3개의 계층은 그림 8.15에 설명되어 있다.

물리 계층은 1394 장치와 케이블 간에 전기적이고 기계적인 연결을 제공한다. 실제 데이터 전송과 수신 작업 이외에, 물리 계층은 모든 장치가 버스를 공정하게 액세스할 수 있도록 보장하기 위해 중재역할을 제공한다.

링크 계층은 물리 계층으로부터 비가공 데이터를 받아서 두 개 유형의 1394 패킷으로 포맷한다:

등시성(isochronous) — 등시적 데이터 전송은 전달보다는 데이터의 보장된 시간에 초점을 둔다. 이는 JIT(Just-In-Time) 전달을 통해 버퍼링을 할 필요가 없는 시간

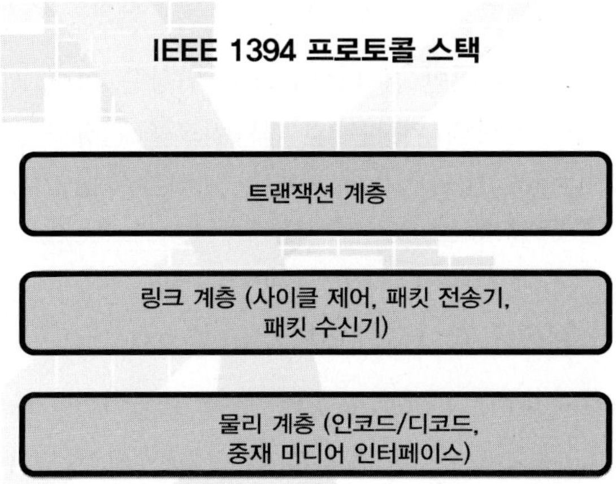

그림 8.15 1394 프로토콜 스택 계층

민감 IPTV 스트림에 있어서 매우 중요하다. 등시적 전송은 항상 일대일 혹은 일대다 형식의 방송이다. 오류 정정 혹은 재전송 기능이 등시적 전송에서는 없다. 등시적 데이터의 다중 채널은 동시에 1394 버스에서 전송될 수 있다.

비동기성 (asynchronous) — 대조적으로 비동기 데이터 전송은 컴퓨터와 주변 장치 간에 데이터 전송을 하는 전통적인 방식이고, 데이터는 요청자에게 한 방향으로 보내지고 이어서 확인 메시지가 보내진다. 데이터 재전송이 보장되고 재시도가 지원된다.

같은 인터페이스에서 비동기 및 등시성 포맷 모두 제공하는 것은 프린터와 스캐너와 같은 비-시간 민감 응용과 WHMN 응용과 같은 시간 민감 응용이 같은 버스에서 동작하도록 허용한다.

IEEE 1394 프로토콜이 사용하는 세 번째 계층은 트랜잭션 계층이라고 부르고 홈 네트워크에서 실행되는 명령들을 관리하는 책임을 진다. 트랜잭션 계층은 링크 계층으로부터 패킷을 수신하고 이들을 홈 네트워킹 응용에게 전달한다.

케이블링 시스템 IEEE 1394는 새로운 배선 설치를 요구한다. IEEE 1394 기반 홈 네트워크는 Cat 5e, Cat 6, 혹은 광섬유 케이블을 사용하며, 장치들을 연동하는 이더넷의 경우와 유사하다.

IPTVCD를 홈 네트워크에 물리적으로 연결하는데 사용되는 6-핀 커넥터를 가진 비개방 1394 케이블도 이용 가능하다. IEEE 1394 케이블 커넥터는 커넥터 구조 내부에 전기적 접촉 혹은 핀으로 만들어져서 사용자에 대한 쇼크나 사용자 손의 접속으로 인한 오염을 방지한다.

6-핀 커넥터는 두 개의 데이터 전선과 1394 버스로부터 전력을 추출하는 장치를 위해 두 개의 전력 전선을 가지고 있다. 각 신호 쌍은 보호되고 전체 케이블도 보호된다.

구조적 네트워크 설계 1394 기반 홈 네트워크의 위상은 성형, 데이지 체인, 혹은 트리 구조를 갖는다. 이러한 유형의 위상은 홈 네트워크를 관장하는 역할을 맡는 지정된 PC가 필요 없음을 의미한다. IEEE 1394는 동축 케이블에서도 동작한다는 것에 유의하라. 이점은 HANA의 중요한 특성이다.

8.9.2.3 동축 케이블을 이용한 1394 (1394 over Coax)

이 책을 집필하던 시점에 1394TA내에 한 작업 그룹이 1394가 매우 높은 전송률로 동축 케이블 상에서 오디오와 비디오를 전달할 수 있도록 하는 명세서를 개발하고 있었다. 이 특성은 UWB(Ultrawideband)라고 하는 기술을 통해서 이루어지며 UWB는 HDTV 스트리밍 콘텐츠를 동축 케이블 상으로 보내기 전에 신호를 변조하는데 사용된다. UWB는 무선과 동축 케이블 연결에서 동작하는 근거리 저전력 라디오 기술이다. UWB의 특성은 다음을 포함한다:

- 1Gbps 이상의 데이터 전송률을 제공하며, WHMN 응용을 지원할 수 있다 — 홈 네트워크에서 실시간으로 HD 비디오와 다중 채널 오디오스트림 전송.
- 다른 무선 기술과 비교할 때 넓은 주파수 대역을 차지한다. IEEE 1394 over Coax 표준은 신호를 3.3 ~ 4.7GHz 주파수 대역에서 변조하기 위해 UWB를 이용한다. 따라서, 같은 동축 네트워킹 매체에서 동착하는 기존 케이블 TV 채널과 공존할 수 있다.
- 간섭이 최소화되고 다른 WHMN 기술과 잘 공존할 수 있다.
- 동축 케이블 분배기와 연결될 수 있으며 홈 네트워크의 백본 기술로도 사용될 수 있다.

UWB 라디오 플랫폼의 두 가지 변형이 있다.

MB-OFDM(Multiband Orthogonal Frequency Division Multiplexing)은 WiMedia 연합이 정의하고 지원한다. 이 기술은 USB 구현자 포럼(USB-IF)이 무선 USB 제품 제조를 위한 기반으로 선택하였다. WiMedia UWB 라디오를 포함하는 USB 인터페이스에 대한 성능 수준은 3m 거리에서 480Mbps부터 10m 거리에서 110Mbps에 이르기까지 다양하다.

DS-UWB(direct-sequence UWB)는 UWB 포럼이 정의하고 지원한다.

8.9.2.4 상위 계층 HANA 프로토콜

HANA 프로토콜 스택의 상위 계층에서 IP, HTTP, 그리고 xHTML과 같은 개방 인터넷 표준은 여러 제어 명령을 실행하기 위해 사용된다. 추가적으로 HANA는 소비자 가전 연합홈 네트워킹 위원회(CEA-HNC(R7))가 정의한 3개의 홈 네트워킹 프로토콜을 사용한다.

CEA 2077-A — 이 CEA 홈 네트워킹 표준은 IPTV 종단사용자가 홈 네트워크에 연결된 다른 장치들을 제어하는데 TV 혹은 PC 웹 인터페이스를 사용하도록 허용한다. 사용자 인터페이스에서 지시된 명령은 IP 프로토콜 스택을 이용하여 네트워크를 통해 전송된다. 사용자 인터페이스 디자인은 제조업자마다 다르다. 실질적인 관점에서, 이 특정 표준의 구현은 집안의 어느 곳에서도 HD 디지털 콘텐츠의 시청, 잠시 멈춤, 그리고 녹화를 하나의 리모컨으로 가능하게 한다.

CEA 931-B — 2003년에 발표된 이 CEA 홈 네트워킹 표준은 IP 기반 홈 네트워크에서 리모컨 명령을 전달하는데 이용된다. 이것은 WHMN에 연결된 장치들 간에 상호작용성을 개선하는데 도움을 준다. 따라서, 하나의 리모컨으로 네트워크상의 모든 IPTVCD를 제어하는 것이 가능하다.

CEA 851-A — 이 홈 네트워킹 표준은 개선된 네트워킹 구조와 통신 프로토콜 스택을 기술하고 있다.

이들 프로토콜은 가입자들이 간단한 TV 사용자 인터페이스를 이용하여 여러 개의 다른 IPTVCD를 관리할 수 있도록 유기적으로 동작한다. HANA은 HANA를 따르지 않는 전통의 IPTVCD 사용을 수용하도록 프록시를 정의하였다.

8.10 QoS와 WHMN 응용

비디오 신호 품질이 홈 네트워크에서 전송되는 동안 저하되지 않도록 보장하는 것은 WHMN 연동 기술의 주요 목적이다. 이러한 수준의 서비스를 제공하기 위해서는 충분한 대역폭이 요구된다. WHMN 콘텐츠 지원을 위해 홈 네트워크에 가용한 대역폭을 늘리는 것은 QoS에 대한 필요성을 낮추지만 이것이 항상 실행 가능한 선택은 아니다.

그 결과, 모든 WHMN 연동 기술은 QoS를 다루는 기능을 구현하였다. WHMN 환경에서 QoS라는 용어는 패킷 지연, 패킷 손실 그리고 대역폭 요구사항과 같은 다른 파라미터에 따라 트래픽 유형을 달리 할 수 있는 시스템을 의미한다. 일단 차별화가 되면, 트래픽은 수신되는 광대역 액세스 네트워크에서 받은 신호의 품질이 저하되지 않는 방법으로 전달된다.

홈 네트워킹 QoS의 기술적 요구사항과 관련하여 첫 번째 필수사항은 IPTV 분배 네트워크에서 사용되는 모든 QoS 방식을 지원할 수 있는 기능이다. 따라서, RG는 홈 네트워크에 도착하고 떠나는 트래픽에 포함된 QoS 특성을 매핑할 수 있어야 한다. QoS 기능의 수준은 WHMN 기술에 따라 다르다; 그러나 대부분은 IEEE 802.1Q 표준에

표 8.9 차세대 홈 네트워킹 QoS 분류

QoS 분류	WHMN 기술이 요구하는 기술	적용 가능한 네트워크 서비스 타입
최선형	이 분류에 할당된 패킷에 대해 QoS 적용 불필요	전자메일 및 인터넷 브라우징
우선순위	이 분류에 할당된 패킷에 대해 일정 수준의 우선순위 처리 적용	VoIP, VoD 및 비디오 컨퍼런싱
파라미터	이 분류에 할당된 패킷에 대핸 특정 파라미터에 대한 보장 서비스 필요. 예, IPTV 멀티캐스트 스트림이 요구하는 전형적인 보장은 낮은 지연과 지터임.	멀티캐스트 IPTV

기반을 두고 있다. 이 책의 앞에서 논의한 바와 같이, 802.1Q는 IP 패킷에 서로 다른 DiffServ CP(Code Point) 마크를 한다. 일단 802.1Q 코딩 시스템을 이용하여 마크가 되면 IP 패킷은 분류가 된다. 이 분류는 IP 패킷이 여러 홈 네트워킹 장치와 IPTVCD 들에 의해 어떻게 다루어지고 처리되는 지를 결정한다. 표 8.9는 차세대 홈 네트워크에서 사용되는 가장 인기 있는 QoS 분류에 대하여 설명하고 있다.

요약

GigE, IEEE 802.11n, HomePlug AV, UPA-DHS, HomePNA 3.0 그리고 MoCA와 같은 기술들을 이용하여 IPTV 종단사용자는 여러 유형의 WHMN 서비스를 전달할 수 있는 고속 멀티미디어 홈 네트워크를 구축할 수 있다. 표 8.10은 WHMN 서비스를 가능하게 하는 여러 유형의 네트워킹 기술 간에 비교 연구를 보이고 있다.

디지털 콘텐츠의 분배, 공유, 그리고 처리를 위한 가입자의 요구가 증가함에 따라, 이들 특성을 제공하는 홈 네트워킹 미들웨어 플랫폼에 대한 필요성이 대두되었다. DLNA와 HANA 기구는 이들 요구사항을 만족하는 솔루션을 개발하였다.

WHMN 시장의 성장을 위한 노력으로 DLNA는 여러 유형의 고정 및 이동 홈 네트워킹 제품 간에 상호운용성을 보장하는데 초점을 둔 여러 산업 설계 가이드라인을 발표하였다. UPnP와 UPnP AV 프로토콜은 DLNA를 따르는 장치들 간에 WHMN 서비스 전달을 지원하기 위해 사용된다.

HANA 기구는 IPTVCD들 간에 상호운용성을 제공하고 홈 네트워크에서 WHMN 콘텐츠 전달을 지원하는 표준 기반 프레임워크를 개발하였다. IP 이외에, HANA는 CEA 2027-A, CEA 931-B, 그리고 CEA 851-A 상위 계층 프로토콜도 지원한다. DLNA와 HANA의 기술적 특성은 표 8.11에 요약되어 있다.

DLNA와 HANA 모두의 주요 이점은 네트워크의 하부 하드웨어 형상에 신경쓰지 않고 WHMN 응용을 수행할 수 있는 기능이다.

표 8.10 GigE, IEEE 802.11n, MoCA, HomePNA 3.0, HomePlug AV 및 UPA-DHS 간의 비교 연구

파라미터	GigE	IEEE 801.11n	홈플러그 AV	UPA-DHS	홈PNA 3.1	MoCA
네트워크 매체	Cat 5e 혹은 구조적 케이블링 시스템	대기	전력선 케이블	전력선 케이블	표준 전화선 및 동축 케이블	동축 케이블
최대 데이터 전송률(실제 처리량 수준은 이보다 낮음)	1,000Mbps	약 600Mbps	약 200Mbps	약 200Mbps	약 300Mbps	약 270Mbps

표 8.11 DLNA와 HANA WHMN 미들웨어 소프트웨어 표준의 특성

특 성	DLNA	HANA
권장 PHY 및 MAC 계층 프로토콜	이더넷 및 와이-파이	IEEE 1394
IPTVCM 상위 계층	UPnP 1.0 및 UPnP AV	CEA 2027-A, CEA 931-B, 및 CEA 851-A
필수 보안 기술	DTCP-IP	HDCP

C/h/a/p/t/e/r

9

IP 전달 네트워크에서의 VoD

IPTV와 HDTV와 같은 차세대 비디오 기술에 대한 상세한 설명을 이전 장들에서 이미 하였다. 이 장에서는 사람들이 시청하는 방식을 변경하고 텔레비전과 상호작용하는 또 다른 기술인 VoD(Video on Demand)를 살펴본다. VoD는 양방향 RF 및 IP 기반 광대역 네트워크에 적합하다. 이것은 가입자가 디지털로 저장된 영화와 쇼들을 브라우즈하고 타이틀을 즉시 선택하고 시청할 수 있게 한다. 추가적으로 VoD는 가입자가 네트워크 서비스 제공자가 설정한 스케줄에 따르지 않고 자신의 스케줄에 맞추어 TV를 시청할 수 있도록 한다. 이는 케이블 TV 산업에 의해 널리 구축되었고 위성 및 전기통신 제공자들이 제공하는 것과 경쟁하는데 이용된다.

차세대 광대역 네트워크의 출현과 IPTVCD의 가격하락과 성능 개선에 따라, IP 네트워킹 기술에 기반을 둔 VoD 시스템의 전 세계적인 구축은 최근에 상당한 성장을 이루었다. 이 장에서는 IP-VoD 시스템을 서비스 유형과 관련 네트워킹 기술 관점에서 살펴보기로 한다. 이 장의 마지막 절은 IP-VoD를 기존 네트워킹 기반구조에 통합하는 것을 다룬다.

9.1 PPV (Pay-Per-View)의 역사

TV 콘텐츠에 대한 유료 비즈니스는 지난 30년 간의 오랜 기간 유지되어 오고 있다. 그림 9.1에 보이는 바와 같이, 비디오 콘텐츠에 대한 유료화는 지난 70년대부터 시작되었다. 영화 제공 및 특별한 일회성 이벤트를 제공하고 그 대가로 요금을 지불하는 PPV 모델은 미국 케이블 산업에서 시작되었다. PPV의 첫 번째 가입자는 미국 오하이오주 컬럼버스시에서 탄생하였다. 이 서비스는 1974년에 운영되었고 다음 20년 간에 걸쳐서 전 세계적으로 많은 네트워크 운영자들이 PPV 서비스를 시작하였다.

1980년대에 많은 케이블 운영자들이 역경로 신호를 지원하도록 네트워크를 업그레이드하였다. 이는 PPV 콘텐츠에 대한 지불 과정을 단순화하는데 도움을 주었다.

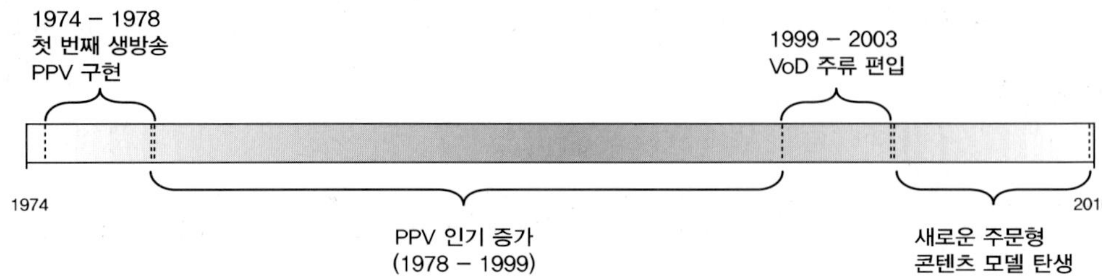

그림 9.1 PPV에서 모든 종류의 주문형 서비스까지

9.2 PPV 이해

PPV 시스템은 권한을 가진 사용자만이 영화 혹은 풋볼 게임과 같은 이벤트를 시정할 수 있도록 한다. PPV 이벤트 주문은 지정된 시간 내에만 가능하다. 이러한 주문 기간은 이벤트가 시작하기 2주 전부터 이벤트 시작 10분 정도까지로 정한다. 이 기간을 벗어난 시점에 주문을 하면 이벤트를 볼 수 없거나 잘못된 이벤트가 주문이 된다.

지정된 PPV 대화식 TV 응용은 PPV 이벤트를 주문하는데 주로 사용된다. 이것은 셋톱박스에 저장되거나 네트워크로부터 메모리에 다운로드된다. PPV 응용은 전형적으로 가입자가 현재, 일주일 후, 혹은 곧 진행될 이벤트들을 검색할 수 있도록 하는 메뉴들을 포함한다. 메뉴 스크린 배치는 사용자에 맞게 조절할 수 있으며 각 서비스 제공자마다 고유한 방식을 택하고 있다. 주문을 하기 위해, 가입자는 리모컨을 이용하여 이벤트를 선택하고 비밀 코드를 입력한다. 일단 정확한 코드가 입력되면 주문이 이루어지고 그 이벤트를 시청할 권한이 시청자에게 주어진다. 대화식 TV 응용을 사용함으로써 PPV 이벤트 주문 과정을 자동화한다. PPV 응용은 가입자가 스마트 카드에 저장된 미리 설정한 신용카드를 이용하거나 두 번째 스마트 카드 리더기에 넣는 표준 은행카드를 이용하여 이벤트 시청 요금을 지불하도록 한다. 비용은 가입자의 월별 지급 청구서에 포함될 수도 있다. PPV 응용은 두 가지 다른 모드로 동작한다.

(1) *IPPV* (Impluse PPV) — IPPV는 가입자가 자신의 셋톱박스에 유료 TV 네트워크 제공자로부터 구매하는 전자 토큰을 저장하도록 한다. 전자지갑이라고 하는 스마트 카드의 영역이 구매한 토큰을 저장하고 관리하는데 이용된다. 가입자는 이 전자토큰을 복귀 채널을 이용하지 않고 즉시 PPV 이벤트를 구매할 수 있다. 일단 이벤트를 구매하면 전자지갑에 포함된 토큰에서 구매한 이벤트에 해당하는 양 만큼 차감된다. 서비스 제공자들은 이 시스템을 신용 시스템을 구현하는데도 이용할 수 있는데, 즉 전자지갑에 저장된 토큰의 수가 충분하지 않더라고 가입자가 PPV 이벤트를 구매할 수 있다. 일단 가입자가 미리 저장한 신용 한도를

넘게 되면 서비스 제공자는 해당하는 양만큼을 가입자에게 청구한다. 스마트 카드에 저장된 토큰을 재설정하기 위해서는 단순히 유료 TV 서비스 제공자에게 전화를 할 것을 요구하고 있다. 대부분의 IPTV 시스템은 리포트백(report back) 혹은 콜백(call back)을 지원한다. 이 특성은 서비스 제공자가 자동으로 가입자의 IPPV 구매에 관한 정확한 정보를 받을 수 있도록 보장한다. 전통적인 케이블 혹은 위성 TV 네트워킹 환경에서 스마트 카드는 셋톱박스에 내장된 모뎀을 사용하여 미리 정의된 시간(예, 매 주말에)에 정보를 보내도록 한다.

(2) *PPPV* (Pre-booked PPV) — 이 모드의 PPV 운영은 TV 가입자가 미리 앞으로 있을 이벤트를 예약하도록 한다. 예약 이벤트는 단일 방송 이벤트뿐만 아니라 여러 개의 PPV 이벤트에 대해서도 예약할 수 있다.

PPV 응용을 액세스하고 수행하기 위해서는 상대적으로 낮은 등급의 아날로그 혹은 디지털 셋톱박스가 필요하다.

9.3 RF 및 IP 기반 VoD 출현

PPV 비디오 콘텐츠 시청은 컴퓨팅 모델에 기반을 두고 있으며, 이 모델에서 콘텐츠는 스케줄된 간격으로 방송된다. 콘텐츠 전달을 위한 이 모델은 푸시 전달 방식으로 알려져 있으며, 서비스 제공자가 콘텐츠가 언제 가입자에게 전달되어야 하는지를 결정한다. 이는 PPV의 주요 한계 중 하나이고 자신의 스케줄에 따라 TV 시청을 하고자 하는 시청자들에게는 매우 불편하다. 위성 TV 제공자와 자신의 서비스를 차별화하고자 하는 케이블 운영의 필요성과 결합된 이러한 서비스 한계는 1990년대 후반에 첫 세대의 VoD 시스템 개발에 박차를 가하였다. 이후에 VoD 산업 영역은 지난 몇 년간에 매우 빠르게 급성장하였다. 이러한 발전을 가능하게 한두 가지 주요 요인을 다음과 같다.

(1) *개선된 VoD 서버 가격과 성능* — 지난 몇 년간 싸고, 빠르고 작은 VoD 서버가 무어의 법칙에 따라 매 12~18개월마다 출시되었다; 이 법칙은 칩의 트랜지스터 수가 매 2년마다 두 배씩 증가한다는 것이다.

(2) *차세대 네트워크 기반구조 설치* — 지난 5년간 양방향 상호작용을 지원하기 위한 네트워크 업그레이드에 대한 투자가 계속되어 VoD가 케이블 TV 산업에 매출을 증진하는 귀중한 서비스가 되었다.

VoD 시스템은 TV 시청을 위한 "성배(holy grail)"이며 개발 가입자가 언제 어디에서나 그들이 원하는 프로그램 혹은 영화를 시청할 수 있게 하였다. 이는 프로그램과 쇼가 미리 정해진 스케줄에 따라 전송되는 기존 텔레비전 시청 방법과 대조를 이룬다.

따라서, VoD는 풀-모드(pull-mode) 서비스로 분류된다. 비디오 콘텐츠 라이브러리는 서버에 저장되고 VoD 가능 IPTVCD를 이용하여 액세스한다. IPTV 종단사용자가 VoD 타이틀을 선택하는 것은 상대적으로 쉬우며 다음 5단계로 구성된다.

(1) 가입자는 대화식 TV 응용을 통해 VoD 타이틀을 선택한다.
(2) IPTVCD는 명령을 수신하고 이 명령을 데이터 센터의 헤드엔드로 보낸다.
(3) CAS는 이 가입자가 요청된 VoD 타이틀을 시청할 자격이 있는지를 확인한다.
(4) 일단 자격 심사가 끝나면, 유니캐스트 비디오스트림이 지역국으로 보내지고 이어서 IPTVCD로 보내진다.
(5) IP 스트림이 가입자에 의해 제어된다.

VoD 시스템의 종단사용자가 가지는 주요 이점은 다음을 포함한다:

- 가입자에게 편리한 시간에 프로그램을 시청할 수 있고 비디오 대여점에 갈 필요가 없다.
- 원하는 것, 원하는 시간 등 시청 방법을 조절할 수 있다. 추가적으로 VoD는 시청자가 비디오 콘텐츠를 중지, 시작, 빨리 감기, 혹은 되감기를 할 수 있도록 한다.
- 다양한 고품질 콘텐츠에 대한 즉각적인 액세스를 제공한다.
- 종단사용자 집의 여러 곳에 설치된 다양한 네트워크 장치를 통해서 콘텐츠를 시청할 수 있다.

VoD가 원래 케이블 TV 산업 영역에서 시작되었지만 이는 양방향 IP 기반 광대역 네트워크 구축을 위한 이상적인 응용이다. IP-VoD 서비스는 종단 간 전달 시스템을 형성하기 위해 결합된 여러 기술들의 구축을 통해 가능하게 되었다.

9.4 IP-VoD 서비스 종류

VoD는 IPTV 종단사용자들에게 다양한 주문형 응용을 제공한다.

9.4.1 푸시 VoD

푸시 VoD는 비디오 콘텐츠가 VoD 서버로부터 IPTVCD 하드 디스크로 푸시된다는 개념에 기반을 두고 있다. 이러한 콘텐츠 전송은 보통 늦은 밤과 주말과 같은 피크(peak)가 아닌 시간에 이루어진다. 이 모델의 의도는 여러 VoD IPTVCD 클라이언트들이 동시에 VoD 콘텐츠 스트림을 시청할 때 발생하는 대역폭 병목현상을 줄이는 것이다. 셋톱박스에 저장된 VoD 콘텐츠 양은 사용된 압축 포맷과 디스크 크기에 달렸다.

VoD 콘텐츠 유형과 재생율(refresh rate)은 서비스 등록 때 가입자가 정의한 개인적 TV 선호도에 달렸다.

9.4.2 MoD (Movie on Demand)

MoD는 가장 흔한 VoD 응용 형태이고 VCR 형식의 제어 지원과 함께 디지털 네트워크를 통해 DVD 품질 비디오의 주문형 전달로 정의된다. 가입자의 지불형태 혹은 서비스 제공자의 비즈니스 모델은 다운로드할 수 있는 영화 리스트와 가용한 시간 프레임을 결정한다.

9.4.3 SVoD (Subscription VoD)

SVoD는 MoD와 같은 분배 네트워킹 기반구조를 이용한다. 이름이 제시하는 바와 같이 SVoD는 가입 기반 서비스이며 가입자는 월정액으로 지불하며, 가입자에게 자신의 스케줄에 따라 주문형 영화 패키지를 시청할 수 있는 권한을 준다. 예를 들어, 아일랜드 국영 채널(Radio Telefis Eireann)에 대한 전체 프로그램 콘텐츠는 특정 시간 동안 VoD 서버에 녹화되고 저장될 수 있다. 그러면 SVoD 서비스 가입자는 자신이 편리한 시간에 그 채널의 콘텐츠를 시청할 수 있다.

9.4.4 ToD (Television on Demand)

ToD는 단지 TV 시청의 새로운 방식이다. ToD는 실시간 방송 TV 프로그램을 녹화함으로써 구현된다. 이들 녹화된 프로그램은 인코드되고 비디오 서버 클러스터에 저장된다. 일단 서버에 저장되면, 방송 TV 채널을 아무 때나 시청할 수 있다. 서비스 제공자 관점에서 이러한 주문형 응용 구현은 추가적인 디스크 저장 공간과 실시간으로 전달되는 여러 소스로부터의 디지털 신호를 인코드하기 위한 하드웨어를 요구한다.

9.4.5 HDVoD (High Definition VoD)

HDVoD는 가입자가 HD 평판 스크린 디스플레이 혹은 텔레비전에서 다양한 HD 비디오 자산을 다운로드할 수 있도록 허용한다.

9.4.6 SMoD (Subscription Music on Demand)

음악 스트리밍 서비스에 대한 월별 가입은 IPTV 서비스의 일부로서 여러 전화회사들이 제공한다. 상당한 양의 음악 타이틀 생성 이외에, IPTV 서비스 제공자를 위한 주요 과제는 SMoD를 인터넷에서 가용한 음악 판매점들과 차별화하는 것이다.

9.4.7 nDVR (network-based Digital Video Recording)

nDVR은 가입자가 비디오 프로그램을 녹화하여 편한 시간에 다시 재생할 수 있도록 허용하는 기술이다. nDVR과 VoD의 차이점은 비디오 콘텐츠의 저장과 조작이 IPTV 데이터 센터에서 일어나고 IPTVCD에서 일어나지 않는 다는 것이다. 가입자는 빨리 감기, 되감기, 일시 멈춤, 그리고 녹화와 같은 표준 DVR 형식의 제어를 사용할 수 있다.

nDVR 플랫폼이 구축되면 가입자의 원하는 콘텐츠는 중앙 서버에 저장되고 값비싼 IPTV 하드 디스크를 필요로 하지 않는다. nDVR을 구현하는 두 가지 다른 방식이 있다.

(1) DVR 공간 임차 — 가입자에게 VoD 서버에 있는 하드 디스크 공간을 제공한다. 제공되는 하드 디스크 공간은 보통 수십 기가바이트이고 운영자마다 다르다. 일단 IPTVCD 인터페이스 소프트웨어에 의해 특정 영화를 녹화하라는 요청이 수신되면, 그 콘텐츠는 녹화되고 서버의 하드 디스크 중 가입자에게 제공된 영역에 저장된다.

(2) 순차 채널 녹화 — 두 번째 방식은 전체 프로그램을 녹화하고 고정된 기간, 보통 일주일, 동안 가입자에게 액세스할 수 있도록 하는 것이다.

nDVT 전달 방식은 가입자에게 하드 디스크를 가진 IPTVCD를 공급하는데 들어가는 비용을 제거할 수 있다. nDVR은 서비스 제공자의 IPTV 데이터 센터에 다량의 저장 공간이 필요하다는 단점도 갖고 있다.

9.4.8 FoD (Free on Demand)

FoD는 가입자에게 프로그램, 지역 콘텐츠, 영화 혹은 뮤직 비디오를 포함하는 많은 콘텐츠를 무료로 액세스할 수 있게 한다. FoD는 여러 서비스 제공자들이 타사와의 경쟁에서 우위를 점하기 위해 제공한다.

9.4.9 BoD (Bandwidth on Demand)

이는 가입자가 고화질 프로그램 콘텐츠 다운로드와 같은 특정 응용을 지원하기 위해 네트워크 용량을 잠시 늘리도록 허용하는 상대적으로 새로운 주문형 서비스이다.

9.4.10 IVoD (Internet VoD)

최근에 광대역 네트워크 구축의 증가와 더불어 주문형 비디오 콘텐츠 액세스의 수단으로 공중 인터넷 사용이 증가하고 있다. IVoD 시스템이 사용하는 콘텐츠 라이브러리는 영화 제작자와 유통업자 간의 파트너십을 통해 개발된다. 콘텐츠는 PPV 기반으로 가입자에게 제공되고 표준 PC 혹은 지정 디지털 IP 셋톱박스를 통해 액세스된다.

9.4.11 AoD (Advertising on Demand)

AoD는 TV 광고를 위해 전혀 새로운 방식이며 광고를 직접 VoD 콘텐츠에 포함하는 것이다. 광고 길이는 10초부터 1분에 이르고 VoD 자산 시청 전과 후에 위치한다. 광고 삽입 이외에, 많은 최신 AoD 시스템은 광고 효과와 광고와 관련된 다른 마케팅 데이터에 관한 보고를 할 수 있다.

9.4.12 EVoD (Extende Video on Demand)

이 전달 모델에서, 주문형 콘텐츠는 초기에 IPTVCD로 보내지고 이어서 콘텐츠가 여러 위치에 있는 다른 장치로 전달된다. 그림 9.2에 EVoD 응용을 지원하는데 이용되는 간략한 전달 모델이 설명되어 있다.

보이는 바와 같이 IP 셋톱박스가 별개의 하드웨어 장치에 연결되고 이어서 이것이 RG나 내부 홈 네트워크에 연결된다. 이 EVoD 장치는 IP 셋톱박스의 출력을 받아서 여러 유형의 광대역 액세스 기술로 전달하기에 적합한 포맷으로 인코드된다. 이 예에서 VoD 콘텐츠는 인코드되고 3G 네트워크를 통해 모바일 TV 서비스 시청을 지원하는 전화기로 스트림된다. 이 유형의 VoD 응용은 가입자가 원격으로 이동하면서 주문형 콘텐츠를 시청할 수 있도록 한다. 추가적으로 좀 더 정교한 EVoD 시스템은 이동 IPTV 종단사용자가 원격으로 DVR과 같은 AV 장비를 제어할 수 있도록 한다.

9.4.13 XoD (Everything on Demand)

궁극적으로 모든 가입자는 텔레비전 시청 체험을 완전히 제어할 수 있다. XoD로의

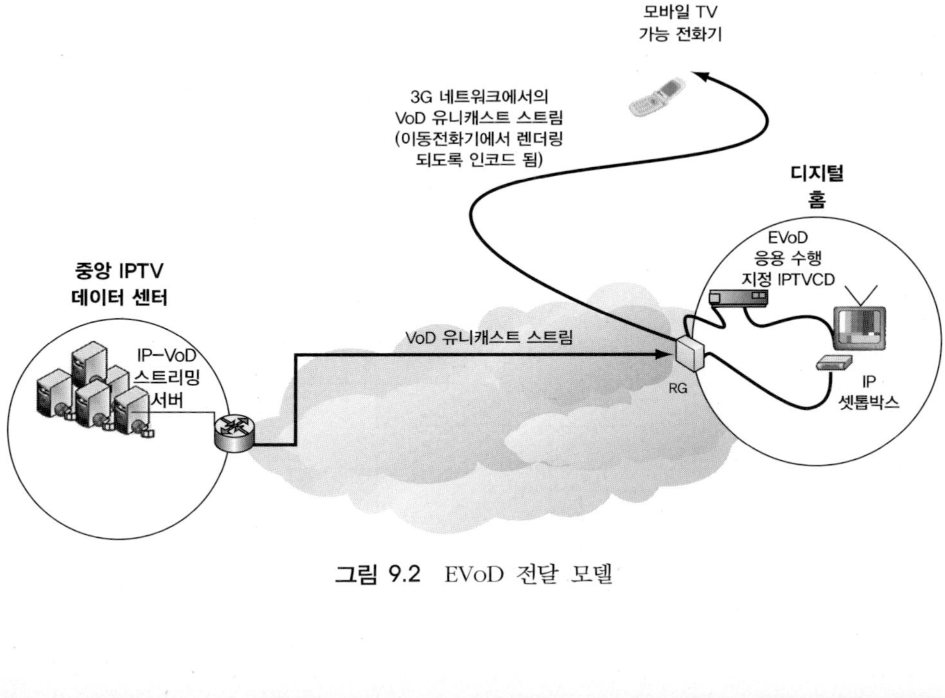

그림 9.2 EVoD 전달 모델

이전은 가입자가 디지털 콘텐츠 자산을 구매하고 네트워크를 통해 수신하고 어느 장소에서든 그것을 시청할 수 있도록 하는데 IPTVCD를 이용할 수 있게 한다. 멀지 않은 미래에, 대부분의 TV 프로그램과 영화 콘텐츠가 전 세계 가입자들에게 주문형으로 가용하게 될 것이다.

9.4.14 NVoD (Near Video on Demand) 서비스

NVoD는 시작 시간 간(예, 매 10분)에 시간적 차이가 있는 여러 채널에서의 같은 프로그램을 시작하는 시스템을 의미한다. NVoD의 개념이 그림 9.3에 도식적으로 나타나 있다.

그림 9.3에 보이는 바와 같이, 같은 비디오 자산의 시작 시간(이 경우 모든 아일랜드 갤릭 풋볼 결승전)이 4개 채널에서 시간 간격을 두고 시작된다. 이는 가입자가 빨리 감기와 되감기의 개념을 경험할 수 있도록 한다. 이 경우 가입자는 10분 차이로 되감기와 빨리 감기를 위해 채널을 이동할 수 있다. 추가적으로 가입자는 간단한 스크린 메뉴 혹은 EPG를 이용하여 이벤트 시청을 위한 편리한 시청 시간을 선택할 수 있다. 명시된 시간에 셋톱박스는 자동으로 적절한 채널로 튜닝되고 TV 이벤트를 해독하기 시작한다.

NVoD는 가입자가 집을 떠나지 않고도 비디오 자산을 임대할 수 있는 편리성을 제공한다.

종단 간 NVoD 시스템은 동영상 비디오 콘텐츠를 저장, 스케줄, 그리고 전달하는데 이용되는 여러 하드웨어와 소프트웨어 시스템으로 구성된다. 이는 원래의 VoD 시스템에 대한 차선책으로 많은 서비스 제공자가 제공하고 있다. NVoD 시스템의 주요 단점 중 하나는 종단사용자가 비디오 타이틀을 시청하기 전에 일정 시간을 기다려야 한다는 사실이다. 이것은 즉시 구매 가능성을 줄인다.

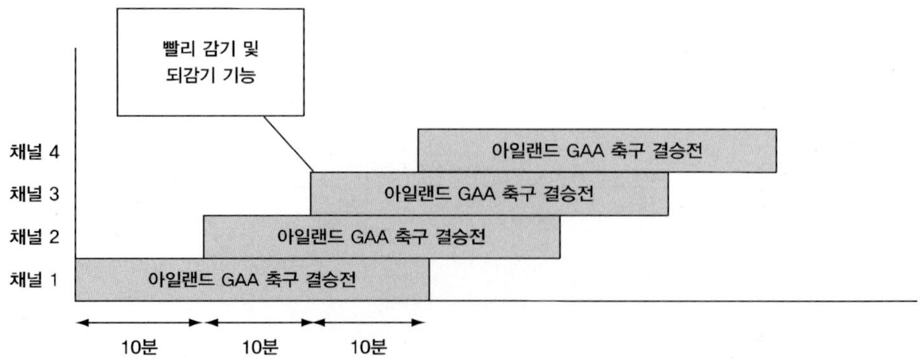

그림 9.3 NVoD 시스템 모델

9.5 종단 간 IP-VoD 기반구조 빌딩 블록

고성능 양방향 광대역 네트워크 이외에, IP-VoD 서비스 구축은 여러 다른 논리적이고 물리적인 기술 블록을 요구한다:

- IP-VoD 스트리밍 서버
- IP-VoD 전송 프로토콜
- 대화식 IP-VoD 클라이언트 응용

이들 기술 블록은 다음 절에서 설명하기로 한다.

9.5.1 IP-VoD 스트리밍 서버

인코딩, 다중화, 그리고 변조와 같은 IPTV 데이터 센터에서 실행되는 여러 처리 과정 이외에, 여러 유형의 IPTVCD로 IP-VoD 서비스 전달을 위해 여러 고성능 컴퓨터 서버들이 설치된다. 이들 VoD 스트리밍 서버의 주요 기능은 주문형 비디오 콘텐츠를 추출하여 분배 네트워크로 전달하는 것이다.

IP VoD 서버는 표준 판매용 컴퓨터와 전자 요소들을 이용하여 제작된다. 여러 처리 능력, 빠른 입출력 시스템, 그리고 대량의 저장 공간이 VoD 스트리밍 서버의 주요 하드웨어 특성이다. 다행히도, IPTV 서비스 제공자들을 위해 이들 요소들의 가격이 계속해서 떨어지고 있으며 반면에 이들의 성능을 계속 좋아지고 있다. 비디오 서버는 보통 전원 공급 장치, 교체 가능한 하드 드라이브 및 다중 CPU와 같은 여분의 요소들을 포함하고 있다. 서버는 여러 콘텐츠 소스로부터 VoD 자산을 얻으며 MPEG-2, H.264.AVC, 그리고 VC-1과 같은 다양한 유형의 압축 포맷을 다룰 수 있다. 기가비트 이더넷 출력은 액세스 네트워크와의 연결을 제공한다.

비디오 영화와 프로그램 자산의 대형 데이터베이스는 서버에 내재한다. 서버는 VoD 가능 IPTVCD로부터 특정 콘텐츠 자산에 대한 요청을 수신하고 그 아이템을 확인하고, 요청된 아이템을 IPTVCD로 스트림한다. 표 9.1은 VoD 서버에 저장될 수 있는 주문형 콘텐츠 유형을 나열하고 있다.

비디오 서버의 크기와 성능은 공급자마다 다르다. 그러나, 현재 시장에서 인기 있는 서버는 다음 특성의 대부분을 지원한다:

고급 스트리밍 성능 — 스트리밍은 콘텐츠 추출, 내부 서버 버스를 통한 전송, 그리고 네트워크 인터페이스 포트를 통한 IP 분배 네트워크로의 전달을 포함한다. 스트리밍 VoD 서버 제조업자는 이 처리 과정의 효율성을 최대화하도록 그들의 플랫폼을 최적화하였다.

표 9.1 VoD 서버에 저장된 콘텐츠 유형

자산 분류	자산 설명
엔터테인먼트	영화, 드라마, 뮤직 비디오, 시트콤 에피소드, 그리고 코미디 프로그램
어린이	만화 및 아동 쇼
뉴스	로컬 및 국제 뉴스 채널
날씨	로컬 및 국제 날씨 채널
광고	일반 및 대화식
일회성 이벤트	정치적 방송 및 연단위 기념식
스포츠	여러 스포츠 이벤트

신뢰성 — 하드웨어와 소프트웨어의 신뢰성은 스트리밍 VoD 서버의 주요 특성이다. 서비스 제공자는 VoD 서비스가 견고하고 7일, 24시간 항상 가용해야 하기 때문에 매우 높은 신뢰성 기준을 갖고 있다. 따라서, 장애를 극복할 수 있는 하드 디스크 어레이(array), 중복 내부 버스 구조, 중복 광섬유 채널 제어기 그리고 다중 지정 프로세서들이 VoD 서버의 신뢰성을 높이는데 사용된다. 따라서, 서버 요소들 중 어느 하나에 장애가 발생하더라도 가입자에게 스트림을 전달하는 VoD 서비스의 성능에는 영향을 미치지 않는다.

고용량 저장 성능 — 고급 VoD 서버는 수백 테라바이트의 디지털 콘텐츠를 저장할 수 있고 증가하는 비디오 콘텐츠 데이터베이스를 지원하도록 확장이 가능하다.

모니터링 — 서버 소프트웨어는 종단 간 VoD 시스템의 성능을 측정하는 구성(configuration)의 일부로서 포함되고 특정 성능 수준을 달성할 수 없게 되면 경보를 알린다.

확장성 — VoD 서버는 실시간으로 수백 혹은 수천 가입자에게 동시 액세스를 제공할 수 있다. 즉, 각 각이 비디오 콘텐츠를 찾고, 되감고, 일시정지하고 빠르게 감기 등의 작업을 동시에 하도록 한다. 고성능 네트워킹 인터페이스가 수천 또는 수백만 개의 압축된 비디오스트림을 다둘 수 있도록 VoD 서버 하드웨어 설계에 통합된다.

다중 포맷 — IPTV 네트워크에 통합된 VoD 서버는 MPEG-2, VC-1, 그리고 H.264/AVC와 같은 여러 유형의 콘텐츠를 광대역 분배 네트워크를 통해 스트림 할 수 있다.

상호운용성 — 비디오 서버는 보통 네트워크상의 다른 주요 요소들과 통합된다:

- 영화 구매에 대한 요금 청구를 위한 과금 시스템
- 저장 콘텐츠를 보호하기 위한 CAS와 DRM
- 수신 디지털 TV 신호를 압축하기 위한 인코더

콘텐츠의 실시간 수집 — VoD 서버는 여러 콘텐츠 제공자로부터 실시간으로 비디오 자산을 수집하여 녹화하고 저장 서브시스템에 저장하도록 한다. 시장의 최신 서버는 수초 내에 VoD 가능 클라이언트로 생방송 텔레비전을 갈무리, 녹화, 그리고 스트림할 수 있게 한다.

스트리밍 VoD 서버의 하드웨어 구조는 저장 장치, 처리 및 메모리, 네트워크 연결, 그리고 소프트웨어 등 4가지 주요 기술로 구성된다. 이들 요소들 간의 상호작용은 다음을 포함한다: 주문형 콘텐츠는 저장 서브시스템에 모아지고 IP 비디오 자산에 대한 요청이 수신되면 처리 및 메모리 서브시스템이 추출한다; 다음에 네트워킹 서브시스템이 비디오 데이터를 ATM 셀 혹은 IP 패킷으로 패킷화를 하고 네트워크를 통해 스트림한다. 소프트웨어 서브시스템은 전체적인 처리 과정을 관리하는 책임을 진다. 다음 절에서 이들 서브시스템에 대하여 설명한다.

9.5.1.1 고급 저장 장치

비디오 서버는 비디오 서비스를 위한 중앙 저장 플랫폼으로 이용된다. 주문형 서비스 요구가 증가함에 따라, 증가된 비디오와 음악 파일에 대한 요구를 수용하기 이해 개선되고 강화된 저장 시스템의 필요성이 높아지고 있다. VoD 저장 시스템은 매우 확장성이 높으며 거대한 양의 비디오 라이브러리를 저장한다. VoD 서버가 주문형 콘텐츠를 수집하고 스트림하는데 사용하는 세 가지 주요 저장 시스템이 있다 — 즉, 기계적 하드 드라이브, SSMD(Solid-State Memory Disk), 그리고 하이브리드 저장 솔루션.

기계적 하드 디스크 VoD 서버는 수천 시간의 주문형 콘텐츠를 저장할 수 있는 여러 개의 멀티기가바이트 하드 디스크 드라이브들을 지원한다. 대부분의 VoD 서버는 서비스 제공자가 저장 용량을 증가시키기 위해 더 많은 디스크 어레이를 추가할 수 있도록 어느 정도의 확장성을 지원한다. 이들 대형 디스크 기반 저장 시스템은 많은 그룹의 IPTVCD들에게 수백 또는 수천 개의 비디오스트림을 동시에 전달하도록 요구된다.

하드 디스크는 장애가 발생할 수 있으며, 이는 라이브 주문형 시스템에 심각한 영향을 줄 수 있다. 따라서, RAID(Redundant Array of Independent Disks)라고 하는 기술이 하드웨어 장에 발생의 경우 신뢰성을 개선하기 위해 사용된다. RAID 기술은 IT 산업계에서 I/O 성능 향상과 단일 드라이브의 손실에 다른 중요한 작업을 담당하는 시스템을 보호하기 위해 여러 해 동안 사용되어 오고 있다. 이 기술은 이제 비디오 콘텐츠 액세스 시에 병목현상 발생 가능성을 줄이기 위해 VoD 산업에서 채택되었다. RAID는 여러 하드 디스크 그리고 심지어는 클러스터 내의 여러 서버들 간에 디지털 자산의 공유를 허용하는 일종의 파일 관리 시스템이다. 따라서, 각 비디오 자산의 일정 부분이 디스크 어레이에 저장된다. 종단사용자의 관점에서 RAID는 여러 드라이브들을 하나의 어레이로 결합하고 이 어레이는 하나의 하드 디스크에 하나의 파일 시스템으로 보여진다. 여러 다른 수준의 RAID가 있으며 RAID 5레벨(RAID 5)만이 VoD 서버 산업계에서 주로 구축되었다. RAID 5 기술은 VoD 서버가 널리 사용하는데 그 이유는 디스크 공간을 효율적으로 이용하고, 비디오 파일을 액세스할 때 높은 수준의 성능을 제공하며 좋은 장애 보호 기능을 제공하기 때문이다. 하드 디스크를 이용하는 비디오 서버의 저장 용량은 새로운 디스크를 VoD 서버 셰시(shassis)에 추가하여 쉽게 증가시킬 수 있다.

SSMD 하드 디스크의 주요 기능은 전자 파일을 저장하고 추출하는 것이다. VoD 시스템 환경에서, 콘텐츠를 자주 읽고 쓰는 것은 비디오 서버에 사용되는 하드 디스크에 대한 과도한 요구를 나타낸다. 따라서 어떤 VoD 서버 플랫폼은 SSMD 기반 저장 기술을 사용한다. 기계적 하드 디스크와 달리 SSMD 기반 장치는 이동하는 부품이 없으며 콘텐츠를 저장하는데 회전식 마그네틱 디스크대신에 플래시 메모리를 사용한다. 그래서 스트림에 대한 요구를 서버가 수신하면 SSMD는 비디오 타이틀을 불러와서 스트리밍 과정을 시작한다.

하드 디스크 액세스 시스템과 비교할 때 훨씬 빠른 속도로 콘텐츠를 액세스하는 능력이 이러한 저장 시스템의 주요 기술적 장점이며, 네트워크상에서 전달될 수 있는 타이틀 수를 증가시킨다.

하이브리드 저장 솔루션 저장 장치의 하이브리드 방식은 SSMD와 기계적 요소의 혼합 사용에 기반하고 있다. 하이브리드 저장 솔루션을 지원하도록 설정된 서버에서 SSMD 서브시스템은 전형적으로 네트워크를 통해 자주 액세스되는 비디오 타이틀을 스트리밍하는 책임을 맡고 반면에 하드 디스크는 덜 인기 있는 타이틀을 저장하는 임무를 맡고 있다. SSMD에 어떤 타이틀을 저장할 것인가는 비디오 타이틀 연차, 과거 인기도, 그리고 가격 등 여러 가지 요인에 달렸다.

위의 것 이외에, 광학 드라이브, NAS(Network Attached Storage), 그리고 SAN(Storage Area Network) 등이 자료 저장 목적으로 사용된다.

9.5.1.2 처리 및 메모리 기술

고성능 프로세서들이 여러 비디오스트림의 동시 액세스와 전달에 대처하기 위해 비디오 서버에서 사용된다. 서버에서 요구되는 프로세서의 수가 스트림 용량에 따라 기하급수적으로 증가하고 있다. 커다란 계산 성능을 지원하는 여러 프로세서들 이외에, 비디오 서버는 또한 비디오 콘텐츠를 위한 버퍼링과 캐싱 공간을 제공하기 위해 RAM 고 같은 메모리 서브시스템을 포함한다. VoD 서버는 어떤 타이틀을 메모리에 저장할 것인가를 결정하기 위해 개선된 수학적 알고리즘을 사용한다.

9.5.1.3 네트워크 연결

최근까지 VoD 서버는 네트워크를 통해 압축된 MPEG-2 비디오스트림을 전송하기위해 DVB 가능 ASI(Asynchronous Serial Interface)와 같은 전통적인 포트와 ATM 포트를 사용하였다. 이들 인터페이스 타입은 초창기에 VoD 시스템 구축에 잘 작동하였다; 그러나, 이들은 확정성과 제한된 용량을 포함하는 대용량의 비디오스트림을 처리하는데 몇 가지 제한점들을 갖고 있었다. 따라서, VoD 서버 플랫폼은 이러한 포트 타입 사용을 멀리하게 되었고 GigE와 10GigE 인터페이스로 대체하게 되었다. 예를 들어 기본 GigE 포트는 데이터 전송률을 1000Mbps를 지원할 수 있고 3.8Mbps의 평균 비트전송률로 최대 240개의 비디오스트림을 동시에 전달할 수 있다. 이는 ASI 포토와 대조를 이루는데, ASI는 단지 MPEG-2 비디오 40개 스트림만을 동시에 다룰 수 있다. GigE 포트가 지원하는 추가적인 대역폭은 운영자가 고객들에게 더욱 풍부한 주문형 콘텐츠를 제공할 수 있게 한다. 이 포트의 출력은 분배 네트워크로 직접 연결된다.

DVB-ASI 인터페이스와 IP-VoD 서버를 통합하는 것의 인기가 최근에 줄어들고 있지만, 어느 정도의 ASI 기능은 기존 DVB-ASI 기능을 가진 네트워크 장치들과의 호환을 보장하기 위해 당분간 유지될 필요가 있다. GigE와 ASI 기술을 혼합하여 사용하는 전형적인 케이블 TV 네트워크 구조가 그림 9.4에 나타나 있다.

9.5.1.4 IP-VoD 백-오피스 서버 소프트웨어

IP-VoD 서버 클러스터는 스트리밍 비디오 자산 처리를 최적화하고 전체 시스템의 일상적인 운영을 단순화하기 위한 운영체제와 응용 소프트웨어를 통합한다. VoD 서버가 사용하는 운영체제는 벤더마다 다르다. 응용 소프트웨어 는 여러 중요한 기능을 수행한다.

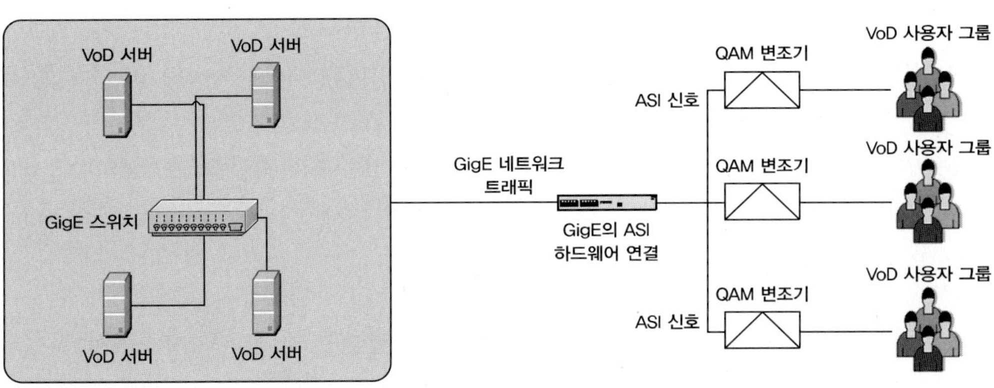

그림 9.4 GigE와 ASI 기술을 지원하는 케이블 TV VoD 네트워크

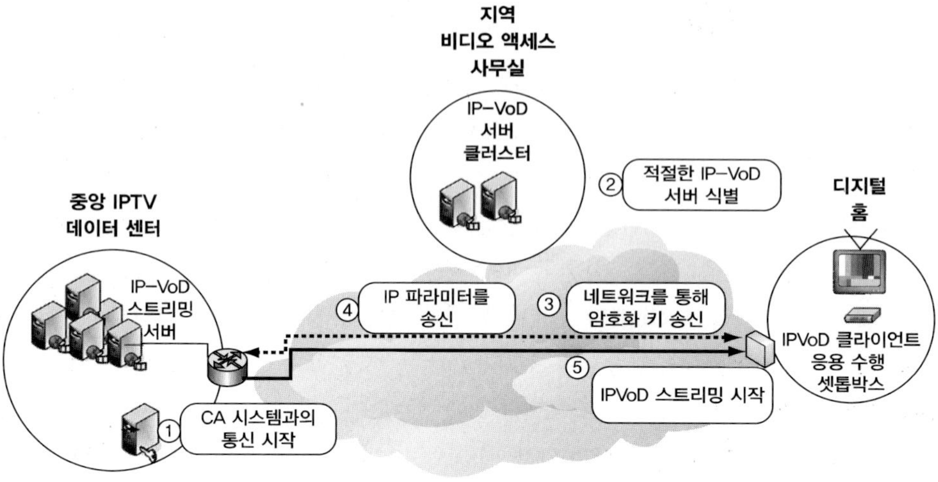

그림 9.5 VoD 스트림 설정

디지털스트림 관리 VoD 스트리밍 세션의 설정, 해제, 그리고 제어는 VoD 서버 소프트웨어의 주요 기능이다. 클라이언트 IP 셋톱박스와 백엔드 VoD 서버 간에 IP-VoD 스트림 설정과 연관된 단계들을 보여주는 도식적 설명이 그림 9.5에 나타나 있으며, 다음 절에서 설명한다.

(1) *CA 시스템과의 통신 시작* — IP 셋톱박스로부터 요청을 수신하면, 서버 소프트웨어는 IPTV 가입자가 요청한 IP VoD 자산을 시청할 권한이 있는지를 결정하기 위해 CA 시스템과 통신을 한다.
(2) *적절한 IP-VoD 서버 식별* — 일단 권한이 확인되면, 이 소프트웨어는 요청을 수행하기 위한 적절한 VoD 서버를 확인한다. 이 서버 혹은 서버 클러스터의 위치는 요청하는 셋톱박스의 IP 서브네트에 달렸다.
(3) *네트워크로 암호 키를 보냄* — 서버 클러스터가 할당되면, 백엔드 소프트웨어 혹은 CA 시스템은 IP VoD 콘텐츠의 해독에 사용하도록 IP 셋톱박스에게 보낸다.
(4) *IP 파라미터 송신* — IP 전송 프로토콜 파라미터와 VoD 서버의 IP 주소를 IP 셋톱박스로 보낸다.
(5) *IP VoD 스트리밍 시작* — 대역폭이 할당되고 IP VoD 자산의 스트리밍이 시작된다. IP 셋톱박스는 스트림 플로우를 관리하기 위해 RTSP(Real Time Streaming Protocol)이라는 프로토콜을 사용한다.

스트림이 네트워크에 보내지는 동안에 장애가 발생하면 장애극복 시스템이 활성화되고 스트림이 중단없이 계속해서 진행되도록 보장하는 것은 서버 소프트웨어의 책임이다.

디지털 콘텐츠 갱신 VoD 소프트웨어 기반구조는 자동으로 비디오 콘텐츠 갱신을 관리하는 기능을 갖고 있어야 한다. VoD 콘텐츠 라이브러리 갱신을 수동 시스템에 의존하는 것은 문제를 야기한다. 백오피스 소프트웨어는 VoD 라이브러리에 포함된 모든 디지털 자산이 최신의 것을 반영하도록 보장한다. 이는 콘텐츠 수신 시스템으로부터 VoD 서버 클러스터로 파일을 자동으로 로딩하여 달성한다.

복제 관리 백오피스 소프트웨어는 분산 네트워킹 기반구조에서 디지털 자산의 복제를 관리한다. 새로운 콘텐츠가 가용하게 되면, 이 자산이 네트워크를 통해 서버들에 보내져서 캐시되도록 하는 것은 이 소프트웨어의 책임이다.

메타데이터 관리 중앙집중 데이터베이스는 각각의 디지털 자산과 연관된 여러 속성 혹은 메타데이터를 저장하는데 이용된다. 메타데이터는 XML 파일로 포맷되고 각 비디오 자산에 관해 설명하는 데이터를 제공한다. 메타데이터는 VoD 콘텐츠의 검색과 브라우징하는 데 이용된다. 표준 영화와 관련된 메타데이터 타입은 다음을 포함한다.

- 영화 제작자 이름
- 설명
- 영화 제작 날짜
- 영화 요약
- 영화 등급
- 영화 상영 시간
- 배우와 감독 관련 사항
- 장르
- 라이선스 관련 사항
- 저작권 사용료 관련 사항

백오피스 소프트웨어는 이 메타데이터의 무결성을 보장하는 책임이 있다. 케이블랩과 같은 산업 그룹이 VoD 메타데이터에 관한 표준을 정의하였다.

검색 성능 비디오 서버 소프트웨어의 인덱싱 성능은 IPTV 종단사용자가 백엔드 IP-VoD 서버에 있는 디지털 자산을 검색하도록 한다.

IP-VoD 디지털 자산 액세스 관리 서버 소프트웨어는 서비스 제공자의 백오피스 요소에게 외부 인터페이스를 제공한다ㅡCAS, DRM, 그리고 과금 시스템. 이들 인터페이스로부터의 입력은 디지털 VoD 자산에 대한 액세스를 제어하고 관리하는데 이용된다.

IPTVCD와의 인터페이스 백오피스 소프트웨어는 여러 유형의 IPTVCD에 설치된

VoD 클라이언트 소프트웨어 응용과 인터페이스를 하고 구매를 위해 가용한 VoD 자산에 관한 정보를 보낼 책임을 갖고 있다.

9.5.1.5 비디오 서버 구조

VoD 콘텐츠에 대한 요구가 증가함에 따라 단일 VoD 서버로는 종단 간 VoD 기반구조의 전체 요구를 지원할 수 없다. 따라서, 네트워크에 추가적인 서버들을 설치하는 것이 필요하게 되었다. 여러 서버들에게 IPTVCD들로부터의 요청 처리를 분산함으로써 종단사용자들의 모든 요구가 가능한 효율적으로 수행될 수 있도록 보장한다. 이들 추가적인 서버들의 위치는 중앙집중될 수도 있고 혹은 IPTVCD에 물리적으로 가까운 원격 지역 사이트에 설치할 수도 있다. 이 두 가지 방식에 대해 아래 기술한다.

중앙집중식 — 네트워크를 통해 IP 비디오 콘텐츠를 배포하는 한 가지 가능한 솔루션은 중앙에 모든 비디오 전달 서버를 위치시키는 것이며, 보통은 IPTV 데이터 센터에 위치한다. 기술적인 관점에서, 중앙집중 비디오 서버 구조는 여러 개별적인 비디오 서버들을 클러스터로 결합한다. 이들 각 서버들은 고속 이더넷과 같은 양방향 고속 네트워킹 기술을 통해 연동된다. 그림 9.6은 VoD 서비스를 전달하는데 이용되는 중앙집중 서버 구조의 예를 보여주고 있다.

이 다이어그램은 멀티포트 기가비트 IP 네트워크 스위치를 이용해 연결된 4개의 서버들을 보여주고 있다. 이 형상은 고속으로 서버 간에 디지털 데이터 전송을 가능하게 한다. 클러스터 형상은 고성능 데이터 테이프 아카이브와의 인터페이스도 포함한다. 클러스터 내의 서버들은 VoD 스트림을 전달하기 위해 단일 컴퓨팅 플랫폼으로 동작한다. 그래서 타이틀 재생 요청이 클러스터에 도착하면, 클러스터에 연결된 서버중 하나가 요청을 처리하여 네트워크로 콘텐츠 스트리밍을 시작한다.

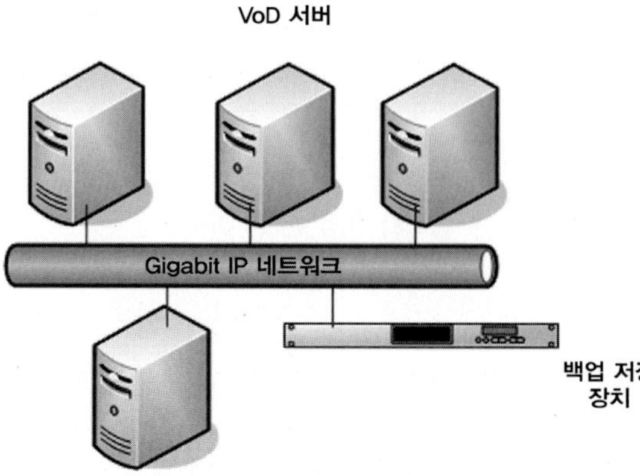

그림 9.6 중앙집중 VoD 서버 구조

VoD 기반구조에서 클러스터링 기술을 사용하여 네트워크에서 VoD 전달 시스템의 운영에 영향을 주지 않고 서버를 추가 또는 제거하는 것이 가능하다. 클러스터에 연결되는 서버의 수는 여러 요인에 달렸다:

(1) 콘텐츠 라이브러리의 크기
(2) 가입자 성장률
(3) 피크 시간의 빈도 및 부하 패턴
(4) 동시 사용자의 평균 수
(5) 서비스 가용성 정책
(6) 서버 간의 부하 균형

서버를 중앙집중하는 것은 비디오 콘텐츠 관리를 쉽게 하고, 전체적인 신뢰성을 개선하며 VoD 시스템의 가용성을 높인다. 추가적으로 어떤 환경에서는 서비스 전달에 필요한 서버의 수를 줄임으로써 네트워크 운영자가 비용을 절약할 수 있도록 해준다. 이러한 유형의 구조를 선택한 회사들은 그러나 가입자 IPTVCD로 비디오 콘텐츠를 효율적으로 전달하기 위해 고대역폭의 네트워크를 요구한다.

분산방식 — HD 주문형 콘텐츠 서비스 인기가 높아지고 콘텐츠 라이브러리의 크기가 커짐에 따라, 서비스 제공자들은 IPTV 데이터 센터에 IP-VoD 서버 클러스터를 유지하면서 여러 원격 사이트에 추가적인 서버들을 설치하는 분산 비디오 구조를 구축하기 시작하였다. 이들 원격 사이트는 DSLAM, CMTS 그리고 통합 라우터와 같은 여러 유형의 라스트-마일 장비들을 갖고 있다.

분산 IP-VoD 서버들은 인기 있는 주문형 콘텐츠에 대한 캐싱 서비스를 제공하는데 사용된다. 이들 서버로의 복제와 배포는 일단 새로운 VoD 타이틀이 IPTV 데이터 센터에 추가되면 발생한다. 지역에 캐시된 비디오 콘텐츠의 가용성은 IPTV 분배 네트워크의 대역폭 요구사항을 줄여주는 유용한 방식이다.

IP 네트워크에서 동작하는 간단한 분산 서버 구조가 그림 9.7에 나타나 있으며 여러 지역에 위치한 여러 로컬 캐싱 서버들과 연결된 백엔드 VoD 서버를 포함한다. IPTVCD들은 이들 서버와 전용 링크를 설정하고 주문형 콘텐츠를 직접 스트림한다. 만약 요청한 콘텐츠가 로컬 IP-VoD 서버에 없으면, IPTVCD 요청이 다른 지역의 IP-VoD 서버 혹은 중앙 IPTV 데이터 센터로 보내진다.

종단사용자에 가까운 VoD 서버를 찾으면 코어 IP 백본을 통해 전달되는 네트워크 트래픽 양을 줄일 수 있다. 이들 서버의 목표는 VoD 타이틀에 대한 많은 부분의 서비스를 처리하는 것이다. 이러한 유형의 서버 구조는 중앙집중 방식과 비교했을 때 더 많은 저장 장치를 요구한다. 그 이유는 비디오 콘텐츠가 원격 서버들에

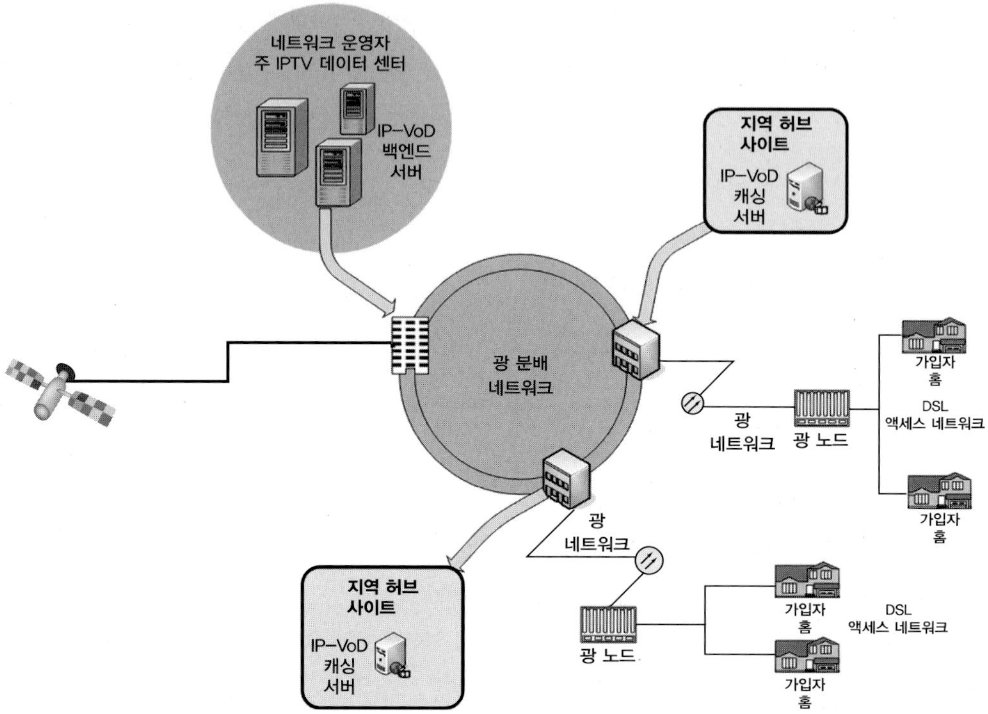

그림 9.7 분산 VoD 서버 구조

복제되고 캐시되기 때문이다. IPTV 데이터 센터 서버와 지역국에 있는 IP-VoD 서버 클러스터 간에 콘텐츠를 복제하는 것은 콘텐츠가 클라이언트 IPTVCD로 스트림될 때나 네트워크를 통한 트래픽 수준이 낮은 시간에 이루어진다. 가입자에게 IP VoD 서비스 전달을 위해 어떤 방식이 적절한 것인지에 대한 결정은 각 IPTV 제공자에게 달렸다.

9.5.2 IP VoD 전송 프로토콜

IP VoD 서버들은 보통 IPTVCD로 비디오 데이터를 스트림하는데 RTP(Real-time Transport Protocol)과 RTCP(Real-time Transmission Control Protocol)을 사용한다. RTSP(Real-Time Streaming Protocol)은 이들 스트림을 제어하는데 사용된다. 다음 절에서는 IPTV 기반구조에서 사용될 때 이들 3개 프로토콜에 대한 간략한 개요를 제공한다.

9.5.2.1 RTP와 RTCP 개요

RTP는 IP 통신 프로토콜 스택의 응용 계층 프로토콜이다. IETF가 표준화하였으며 다양한 실시간 응용을 위한 신호를 전달하도록 구체적으로 설계되었다.

IPTV 이외에 비디오 컨퍼런싱에서부터 VoIP에 이르기까지 RTP 프로토콜을 이용하는 여러 응용들이 있다. RTP를 수행하는 응용은 UDP와 IP 프로토콜 계층의 위해서 동작한다. 이는 RTP가 적절한 QoS 방식을 제공하고 UDP가 탐지하지 못하는 문제를 복구할 수 있기 때문이다. 다음 절은 RTP의 기본적인 기술적 특성과 기능에 대하여 살펴본다.

기술적 구조 RTP는 두 개의 밀접하게 연결된 부분, 즉 데이터 부분과 제어 부분으로 구성된다. 데이터 부분은 타이밍, 재구성, 타임스탬프, 전달 모니터링, 보안, 콘텐츠 식별, 그리고 손실 탐지 같은 실시간 특성을 유지하는 프로토콜이다.

이 프로토콜은 연속 미디어 스트리밍에 잘 동작하고 다양한 비디오 및 오디오 포맷을 지원한다. 오디오와 비디오가 IPTV 스트림에서 사용될 때, RTP는 이 정보를 두 개의 분리된 스트림으로 전송한다. 이것이 발생하면 보통 타임스탬프를 각 RTP 스트림에 적용하여 IPTVCD가 같은 IPTV 소스서버로부터 오는 다중스트림을 동기화할 수 있도록 보장한다. 다시 말하면, 여러 스트림으로부터의 클록(clock)을 맞추어서 IPTV 가입자가 좋은 화면을 수신하고 오디오가 이미지와 동기화되도록 보장한다.

RTCP 혹은 RTP의 제어 부분은 실시간 IPTV 서비스의 품질을 모니터한다. 이것의 주요 기능은 IPTV 데이터 센터에 데이터 전달 및 수신의 품질에 관한 피드백 정보를 제공하기 위해 UDP와 같은 프로토콜과 함께 동작하는 것이다. 피드백 정보 유형은 전송 중에 얼마나 많은 IPTV 패킷이 손실되었는가에서부터 IP 패킷 전달에서의 지연에 이르기까지 다양하다. 기술적 관점에서 이 정보는 여러 유형의 RTCP 패킷 내에 포함된다.

RTCP 프로토콜에서의 피드백이 시청에 문제가 있다는 것을 나타내면, 대화식 IPTV 응용은 신호 품질을 개선하기 위해 적절한 조정을 한다. 이러한 문제가 보고되어도 TCP와 달리 RTP는 자동으로 전송 속도를 줄이지 않는다. 대신에 이 문제를 프로토콜 스택의 상위 계층에게 전달하고 대화식 IPTV 응용이 이 문제를 다룰 수 있는 최적의 방법을 결정하도록 한다. 시청 문제에 대한 해결책은 IPTVCD 버퍼가 비워질 때까지 IPTV 서버로부터 비디오 프레임 전송을 늦추는 것에서부터 전송을 위해 콘텐츠를 준비할 때 좀 더 높은 압축률을 사용하는 방법에 이르기까지 다양하다.

RTP와 RTCP는 하위 네트워크에서 수행되는 기술에 독립적이다. 그러나 대부분의 IPTV 구축은 네트워크를 통해 비디오 콘텐츠 전달을 위해 UDP/IP 프로토콜을 사용한다(그림 9.8 참조)

포트 번호와 관련하여 RTP 데이터는 짝수 UDP 포토 번호를 사용하여 IPTVCM을 통해 전달되고 RTCP 패킷은 그 위 번호인 홀수 포트 번호를 사용하여 전달된다. 이들 포트 번호는 표준화되어 있지 않다; 그러나 일반적으로 RTP는 16384-32767의 범위에서 포트 번호를 동적으로 선택한다. RTP가 IPTV 구축에서 사용될 때 많은 장점을 갖고

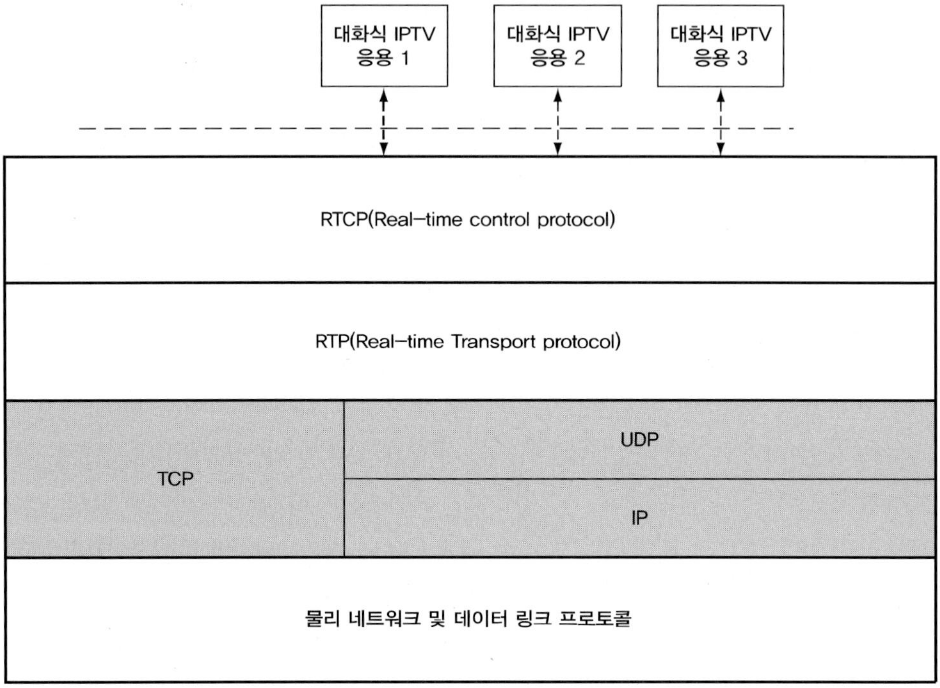

그림 9.8 RTP 프로토콜 스택

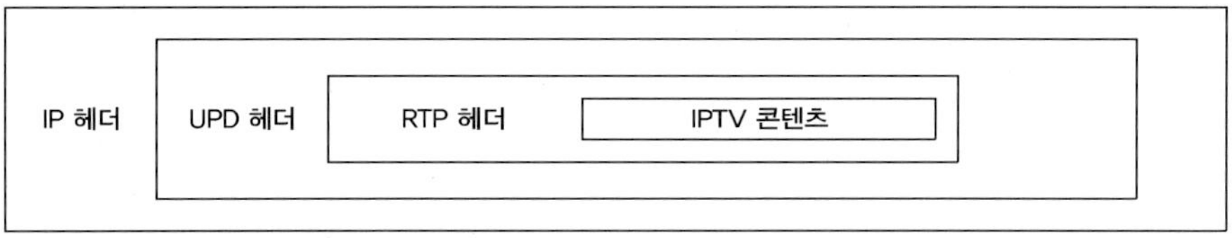

그림 9.9 RTP 패킷 캡슐화

있지만 두 가지 결함을 갖고 있다. 첫째, RTP는 전달 시간을 보장하기 위한 흐름 제어와 혼잡제어 같은 필요한 기능을 갖고 있지 않다. 다른 표준 서비스들이 유지되도록 보장하는 필요한 수단도 갖고 있지 않다. 이러한 작업은 하위 계층 프로토콜이 수행한다. 또한 RTP는 다중화를 지원하지 않으며 따라서 UDP와 IP 네트워킹 계층에서 가용한 다중화와 체크섬 서비스를 이용한다. 그림 9.9는 RTP 패킷이 어떻게 IP 패킷 내에 캡슐화되는지를 보여주고 있다.

9.5.2.2 RTSP 개요

RTSP는 IP 통신 모델의 응용 계층 프로토콜이고 IPTVCD가 IPTV 스트림을 설정하고 흐름을 제어할 수 있게 한다. RTSP 명세서는 1998년에 발간되었고 RFC 2326에서 찾아

볼 수 있다. 이는 IPTVCD가 VCR 형식의 명령을 IPTV 스트리밍 서버에게 지시할 수 있도록 한다. 전형적인 RTSP 세션에서 사용되는 주요 명령에 대한 상세사항이 표 9.2에 나열되어 있고 그림 9.10에 도식적으로 나타나 있다.

VCR 타입 기능 이외에, RTSP는 IPTVCD가 IPTV 콘텐츠의 특정 아이템을 요청하고

표 9.2 RTSP 명령

명 령	기 능
SETUP	IPTV 자산의 URL 그리고 콘텐츠 전송에 사용되는 포트를 명시하는 식별자와 같은 주요 정보를 포함. 서버는 이 명령에 응답하고 요청 콘텐츠를 스트림하기 위한 적절한 자원을 할당
PLAY 및 RECORD	일단 SETUP 명령이 처리되면, PLAY 명령은 특정 IP-VoD 자산의 전송을 시작하는데 사용. 정상적인 환경에서, 비디오 콘텐츠가 처음부터 끝까지 네트워크를 통해 재생됨
PAUSE	서버가 IP-VoD 스트림의 전송을 잠시 중단. 확인 응답이 잠시멈춤 명령의 상태를 확인하기 위해 IPTVCD로 보내짐
RECORD	특정 저장 매체에 IPTV 콘텐츠를 녹화하는데 사용
TEARDOWN	IP-VoD 스트리밍 세션이 중단되고 이 스트림을 유지하는데 할당된 자원을 회수. 중단을 확인하는 메시지가 IPTVCD로 보내짐
ANNOUNCE	채널과 IP 서비스 정보를 전달하는데 사용. DVB-IPI에 정의된 ANNOUNCE 메시지에 포함된 데이터는 XML 포맷으로 IP-VoD 클라이언트에 제공됨
DESCRIBE	DVB-IPI에 의해 명시된 RTSP 명령이며 XML로 포맷된 채널과 IP-VoD 기술자를 전달하는데 사용

그림 9.10 RTSP 세션에서 명령 사용

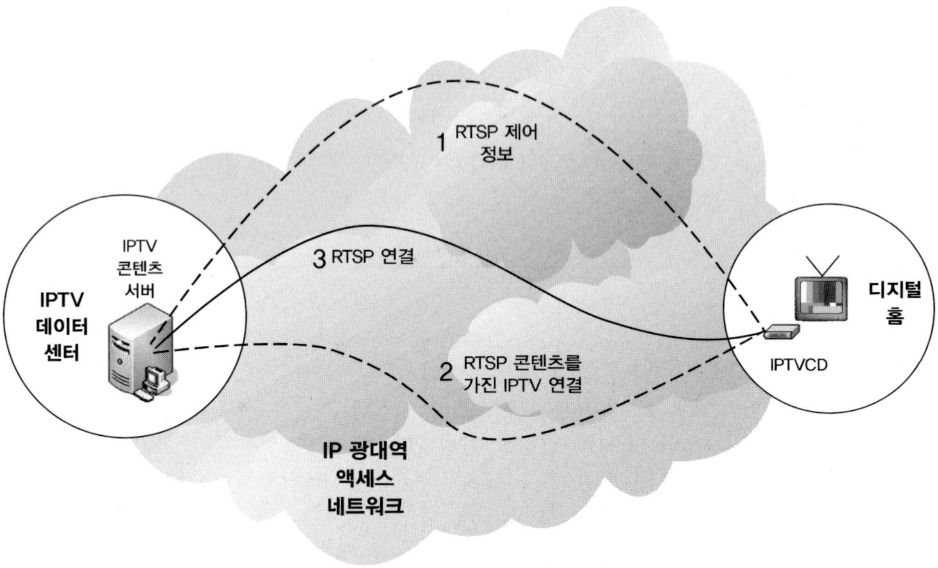

그림 9.11 클라이언트-서버 RTSP 통신 모델

추출할 수 있도록 하는데 이러한 요청은 IPTVCD가 내린 요청 명령에 적절한 VoD 서버의 IP 주소가 포함된다. 만약에 이런 요청이 생방송 TV 채널에 대한 것이면 멀티캐스트 그룹의 IP 주소가 요청 메시지에 포함된다. RTSP의 주요 특성은 다음을 포함한다.

클라이언트-서버 컴퓨팅 모델 RTSP는 클라이언트-서버 컴퓨팅 모델을 이용하여 동작한다. 이 모델에서 세 개의 분리된 연결이 설정되어 IPTVCD에서 수행되는 RTSP 클라이언트와 IP-VoD 서버 간에 통신을 제공한다. 세 개의 연결 타입이 그림 9.11에 보이며 다음 절에서 설명하기로 한다.

(1) RTSP 제어 정보를 전달하기 위해 아웃-오브-밴드 연결이 설정된다. 이 연결에서 사용하는 전송 계층 통신 프로토콜은 UDP 혹은 TCP를 기반으로 한다. DVB 네트워크 경우, 지속적인 TCP 연결을 사용한다. RTSP 제어 타입 정보를 전달하는 것 이외에, 이 연결 유형은 IPTV 콘텐츠를 전달하는데도 사용된다.
(2) UDP 연결 상의 별개의 RTP가 인코드된 IPTV 콘텐츠를 전달하기 위해 설정된다.
(3) 세 번째 연결은 UDP상에서 RTCP 동기화 정보를 전달한다. 이 스트림은 IPTVCD로 전달되는 스트림의 품질에 관하여 서버로 피드백을 제공한다.

HTTP와 유사한 동작 기능 RTSP와 HTTP의 동작이 유사하다. 둘 다 유사한 주소 포맷을 갖고 있으며 장치 간에 통신이 시작되면 요청/응답 모드로 동작한다. 그러나 세 가지 주요 부분에서 차이가 있다:

- 프로토콜 식별자가 다르다. "http://" 식별자를 사용하는 대신에 RTSP는 "rtsp"를 URL의 시작부분에 사용하여 특정 IPTV 채널 혹은 IP-VoD 자산을 찾는다.
- 두 프로토콜 간의 다른 차이는 동작하는 "상태"이다. RTSP 서버는 "상태" 모드에서 동작하고 반면에 HTTP 서버는 "비 상태 모드"에서 동작한다.
- HTTP는 주로 비대칭 프로토콜이다; 다시 말하면, 대량 통신이 IPTV 서버와 IPTVCD 간에 발생하고 반면에 RTSP는 두 장치가 명령을 내리도록 허용한다.

유니캐스트와 멀티캐스트 트래픽 지원 RTSP는 생방송 멀티캐스트 TV와 주문형 유니캐스트 비디오스트림을 제어할 수 있다. 그러나 되감기와 빨리 감기와 같은 동작 모드를 멀티캐스트 채널에는 적용할 수 없다.

하위 전송 프로토콜에 무관함 RTSP는 기존 전송 프로토콜을 이용하고 TCP와 UDP 같은 연결 지향 혹은 비 연결 시스템에서 동작한다.

RTP와 연계하여 동작 RTSP와 RTP는 IPTV 콘텐츠 전달을 위해 함께 동작한다.

RTSP 메시지 포맷 RTSP가 사용하는 메시지는 크게 두 가지로 분류할 수 있다: 요청과 응답.

RTSP 요청 메시지의 일반적인 문법은 다음과 같다.

{방법 이름}{URL}{프로토콜 버전} CRLF {파라미터}

RTSP 응답 메시지의 일반적인 문법은 다음과 같다.

{프로토콜 버전}{상태 코드}{이유 설명문} CRLF {파라미터}

RTSP 메시지 포맷을 이해하는 좋은 방법은 실제 예를 살펴보는 것이다. 이 경우 클라이언트 IP 셋톱박스가 "The Wind That Shakes the Barley"라고 하는 아일랜드 역사에 관한 영화를 시청하기 위해 요청을 보낸다. 이 영화는 서비스 제공자의 IPTV 데이터 센터에 있는 IP-VoD 서버에 저장되어 있다. 이 주문형 영화를 시청하는 것과 연관된 통신 메시지를 보여주는 간략한 도식이 그림 9.12에 나타나 있고 다음 단계에 설명하고 있다.

(1) 클라이언트 IP 셋톱박스와 서버 간에 연결을 설정한다. 먼저 IP 셋톱박스와 서버 간에 TCP 연결을 설정한다. 이 예에서 디폴트 RTSP 대기 포트 554를 서버가 사용하고 있다.
(2) DESCRIBE 요청 메시지를 내린다.
보내지는 첫 번째 메시지는 DESCRIBE 방법을 포함한다:

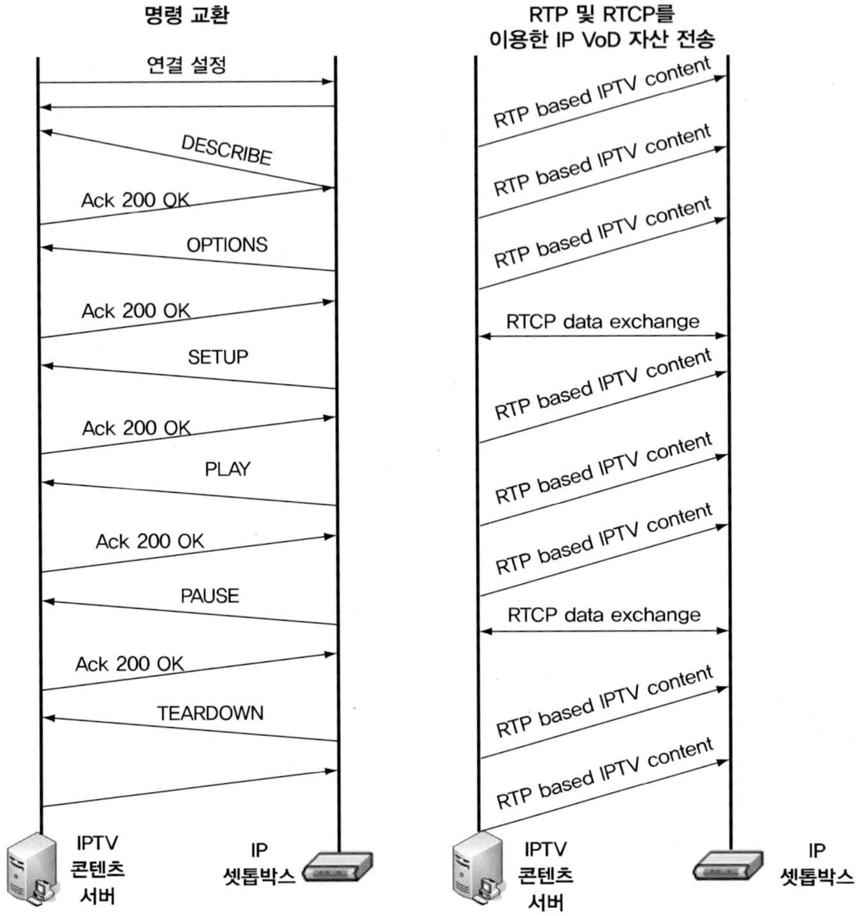

그림 9.12 RTSP 메시지 예

요청 예

```
DESCRIBE rtsp://192.168.1.25:554/mpeg4/movies/windthatshakesbarley.mpg
RTSP/1.0
CSeq: 101
Aceept: application/sdp
```

이것은 IPTV 콘텐츠 서버로 IP VoD 자산인 windthatshakesbarley.mpg에 대한 설명을 SDP를 이용하여 보내는 요청이다.

다음은 IP 셋톱박스로 보내지는 DESCRIBE 명령에 대한 서버 응답의 예이다.

응답 예

```
RTSP/1.0 200 OK
CSeq: 101
Content-Base: rtsp://192.168.1.25:554/mpeg4/movies/windthatshakesbarley.mpg
Content-Type: application/sdp
Content-Length: 320
```

```
<SDP Data...........>
```

이 응답 메시지는 요청 영화에 대한 SDP로 포맷된 자세한 설명을 포함한다.

(3) OPTIONS 요청 메시지를 보낸다.

IP 셋톱박스가 보내는 다음 메시지는 OPTIONS 명령이다.

요청 예

```
OPTIONS rtsp://192.168.1.25:554/mpeg4/movies/windthatshakesbarley.mpg
CSeq: 102
```

이 메시지는 서버에게 지원되는 명령의 유형에 관해 질의한다.

응답 예

```
RTSP/1.0 200 OK
CSeq: 102
Public: DESCRIBE, OPTIONS, PAUSE, PLAY, SETUP, TEARDOWN, ANNOUNCE
```

IPTV 스트리밍 서버는 지원하는 RTSP 명령 리스트로 응답한다.

(4) SETUP 요청 메시지를 보낸다.

다음 명령은 IPTV 서버에게 자원을 할당하도록 명령한다.

요청

```
SETUP rtsp://192.168.1.25:554/mpeg4/movies/windthatshakesbarley.mpg
CSeq: 103
Transport: RTP/UDP;unicast;client_port=4042-4043
```

이 명령에는 전송에 관한 상세사항이 명시되어 있다. 이 경우 IP 셋톱박스는 UDP 프로토콜상에서 RTP와 연계하여 유니캐스트 방식을 사용하기를 원한다.

응답

```
RTSP/1.0 200 OK
CSeq: 103
Session: 1234567891;timeout=10
Transport: RTP/UDP;unicast;mode=play; client_port=4042-4043;
server_port=5072-5073
```

IPTV 서버로부터의 응답은 세션 ID 혹은 식별자를 포함하며 이는 특정 세션을 인식하는데 이용된다. 콘텐츠 스트리밍을 위한 요청 방식도 이 메시지에서 확인된다. 추가적으로 이 메지시는 서버 포트 정보도 포함한다.

(5) PLAY 요청 메시지를 보낸다.

PLAY는 IP 셋톱박스가 보내는 다음 명령이다.

요청

```
PLAY rtsp://192.168.1.25:554/mpeg4/movies/windthatshakesbarley.mpg
RTSP/1.0
CSeq: 104
```

```
Session: 1234567891
```

이 재생 명령은 IP-VoD 자산의 스트리밍을 시작하는데 이용된다. 이는 잠시 멈춘 IPTV 스트림을 다시 시작하는데도 이용될 수 있다. 이 메시지는 영화의 URL과 세션 ID를 포함한다. 다이어그램에 보이는 바와 같이, RTP 프로토콜은 네트워크로 영화를 실제 전달하는데 이용된다. 정보의 전달은 한 방향으로만 일어난다 — IP-VoD 서버에서 IP 셋톱박스 쪽으로. RTCP 프로토콜은 영화가 네트워크에서 전송되는 동안에 활성화된다. 이 프로토콜은 양방향으로 정보를 교환하며 스트림 품질을 모니터하는데 이용된다.

응답 예

```
RTSP/1.0 200 OK
CSeq: 104
Session: 1234567891
```

200 OK 메시지 수신은 IPTV 콘텐츠 스트리밍이 시작되었음을 확인한다.

(6) PAUSE 요청 메시지를 보낸다.

잠시 멈춤 명령을 IPTV 셋톱박스가 보낸다.

요청 예

```
PAUSE rtsp://192.168.1.25:554/mpeg4/movies/windthatshakesbarley.mpg
CSeq: 105
Session: 1234567891
```

이 명령은 IPTV 콘텐츠 전달을 잠시 멈추도록 서버에게 요청한다.

응답 예

```
RTSP/1.0 200 OK
CSeq: 105
Session: 1234567891
```

서버는 요청에 대한 응답이 완료되었음을 나타내는 200 OK 응답 확인을 보낸다.

(7) TEARDOWN 요청 메시지를 보낸다.

이 예에서 IP 셋톱박스가 지시하는 마지막 명령은 메시지 전송 중단 명령이다.

요청 예

```
TEARDOWN rtsp://192.168.1.25:554/mpeg4/movies/windthatshakesbarley.mpg
RTSP/.1.0
CSeq: 106
Session: 1234567891
```

이 요청은 IPTV 서버에게 IP 셋톱박스로의 IP-VoD 자산 전달을 종단할 것을 요청한다.

응답 예

```
RTSP/1.0 200 OK
CSeq: 106
Session: 1234567891
```

서버는 요청에 대한 응답이 완료되었음을 나타내는 200 OK로 응답을 하고 IPTV 스트림 전송을 멈춘다.

9.5.3 대화식 IP-VoD 클라이언트 응용

IP-VoD 시스템 구조의 구축은 클라이언트/서버 컴퓨팅 모델에 기반을 두고 있다. 이는 지정된 단대단 연결이 IPTVCD와 데이터 센터에 있는 서버 사이에 설정되는 것을 의미한다. 이 연결 상에서 데이터 센터 서버와 통합을 위해, IPTVCD는 IP 기반 VoD 스트림을 수신할 수 있는 VoD 클라이언트 소프트웨어 응용을 필요로 한다. 클라이언트 응용은 IPTV 종단사용자에게 비디오 자산에 대한 메뉴와 관련 설명을 텔레비전 화면에 보여준다. 메뉴 콘텐츠는 가입자가 가입한 프로그램 패키지에 달렸다. 이러한 정보의 기술적 모음을 서비스 발견(service discovery)이라고 하고 네트워크 마다 다르다. 예를 들어, DVB 네트워크에서 가용한 주문형 서비스에 과한 정보를 발견하는데 이용되는 시스템은 표준 XML 레코드이며 이는 ETSI TS 102 034 표준의 5절에 정의되어 있다. 이 레코드에 대한 상세사항이 표 9.3에 나타나 있다.

가입자가 특정 영화를 선택하고 다운로드하게 하는 것 이외에, 전형적인 IP-VoD 클라이언트 응용은 콘텐츠 검색과 스트림 제어 기능도 지원한다. 클라이언트 IP-VoD 응용 구현은 내장 HTML 브라우저를 통해서 구현된다.

9.6 IP-VoD 응용과 다른 IP 기반 서비스 통합

IP VoD 응용 구축의 또 다른 중요한 특성은 이미 VoIP와 고속 인터넷 서비스를 전달하고 있는 네트워크에 통합하는 방식이다. 이 방식은 전통적인 IP 음성 및 데이터

표 9.3 ETSI TS 102 034에 정의된 비디오 및 주문형 콘텐츠 발견 레코드 구조

XML 속성	설 명	주 석
Catalogue@ID	VoD 서버 식별	필수 속성
이름	전체적인 VoD 제공 서비스의 이름. 여러 다른 언어로 제공 가능	
설명	여러 다른 언어로 제시되는 카탈로그 설명	
위치식별자	VoD 콘텐츠 설명을 갖고 있는 위치를 가리키는 URL 제공	

서비스에 사용되는 전송 방식을 따른다. 한 가지 차별점은 종단사용자를 인증하고 식별하기 위해 여러 서비스 유형이 사용하는 방식이다. 예를 들어, RFC 2516에 정의된 PPPoE(Point-to-Point Protocol over Ethernet)은 인터넷 액세스와 VoIP 세션을 인증하고 권한을 부여하는데 사용되나 IPTV 서비스에는 사용되지 않는다.

이름이 제시하는 바와 같이 PPPoE는 PPP 패킷을 이용하며 이는 여러 네트워크 특성을 지원하고 IP 광대역 네트워크로 전달을 위해 이더넷 프레임에 캡슐화된다. PPPoE는 인터넷 액세스 서비스를 인증하는데 문제가 되고 있는 로그인과 비밀번호와 같은 전통적인 인증 기술을 사용한다. IP 프로토콜 스택 환경에서, PPPoE는 이더넷 혹은 물리 계층 위에 있으며 여기서 인증을 수행한다.

PPPoE는 IP-VoD와 같은 IPTV 서비스 인증에 사용되지 않는다. 그 이유는 가입자 인증이 IPTVCM의 응용 계층에서 주로 일어나기 때문이다. 추가적으로 PPPoE는 멀티캐스트 트래픽을 지원하지 않는다.

인증, 캡슐화, 대역폭 사용, 그리고 패킷 라우팅 프로토콜에 대한 다른 방식은 광대역 네트워크에서 수행되는 각 IP 서비스에 대한 개별적인 논리적 위상 생성을 요구한다. 이들 논리적 위상은 VLAN(Virtual LAN) 그리고 ATM 기반 PVC(Private Virtual Circuits)으로 알려져 있다.

9.6.1 VLAN 소개

VLAN은 서비스 제공자가 VoD와 같은 IPTV 서비스를 자신의 기존 네트워크 인프라에 통합하는데 가장 널리 사용되는 방법이다. VLAN은 일련의 독립적인 논리 네트워크를 생성하는 방식으로 정의된다. 각 논리적 네트워크는 IP 네트워크 기반구조의 물리적으로 떨어진 지역에서 연결되는 여러 IPTVCD들로 구성된다. 특정 VLAN과 연관된 모든 IPTVCD들은 이들이 함께 직접 연결되어 있는 것처럼 동작한다.

이러한 방식에서 여러 다른 VLAN이 같은 네트워킹 기반구조 내에 공존할 수 있다. IPTV 구현 지원을 위한 VLAN 생성은 여러 네트워크 요소들과 직접 연결되는 관리 소프트웨어로 구현된다. IPTV 방송과 주문형 서비스 구축에 VLAN을 사용하는 것의 주요 이점은 기존 서비스와의 간섭을 줄이는 것, 확장성, 분산 관리 기술의 사용, 그리고 유연성 등이 있다.

기존 IP 서비스와의 간섭 최소화 — IPTV 트래픽을 논리적 네트워크로 분리하는 것은 고속 인터넷 액세스와 VoIP같은 기존 IP 기반 서비스와의 간섭 가능성을 제거한다. 이는 다중 VLAN 생성이 방송 도메인 크기를 줄이고 패킷 충돌 가능성을 낮추기 때문이다. 따라서 이는 QoS 구조의 최소 패킷 손실 요구사항을 만족시키는데 도움을 준다.

많은 VLAN 사용자 지원을 위한 확장성 — VLAN은 수천 혹은 수십만의 IPTVCD들을 지원하는 네트워크에서 생성될 수 있다.

분산 네트워크 관리 — VLAN 생성은 네트워크 운영자가 IP 주소 범위, 라우팅 프로토콜, 그리고 네트워크에서 가용한 각 서비스에 대한 위상을 분리할 수 있도록 허용한다. 예를 들어, VLAN 기술을 사용하여 네트워크 운영자는 IPTV 데이터 센터에 IP-Vod 클라이언트 장치에 IP 주소 할당만을 다루는 분리된 DHCP 서버를 둘 수 있다.

융통성 — 최근 들어 사람들의 이동성이 증가함에 따라 여러 다른 유형의 IPTVCD들을 쉽게 IPTV 서비스와 연결하는 것이 중요해졌다. VLAN은 이동 중에 IPTV 서비스를 액세스할 때 하드웨어 설정에 대한 변경을 최소화함으로써 이동성 지원을 제공한다.

9.6.1.1 VLAN 타입

VLAN 멤버십은 4가지 다른 방법으로 설정될 수 있다:

(1) *포트 기반* — 포트 기반 VLAN에서 네트워크 스위치, 라우터, CMTS 혹은 DSLAM의 포트는 VLAN의 일부로 설정된다. 일단 포트가 VLAN 모드로 설정되면 이 인터페이스 포트에 연결된 모든 IPTVCD들은 같은 VLAN에 속한다.

(2) *MAC 기반* — 이 설정 방식에서 특정 VLAN에 대한 멤버십은 IPTVCD의 MAC 혹은 하드웨어 주소에 달렸다. 이를 달성하기 위해 여러 하드웨어 주소와 연관된 VLAN을 매핑하기 위해 VLAN 네트워킹 장비들은 데이터베이스를 이용한다.

(3) *프로토콜 기반* — 이름이 제시하는 바와 같이 특정 VLAN에 대한 멤버십은 이더넷 패킷 내의 프로토콜 식별자에 기반을 두고 있다. TPS 서비스 제공자는 VLAN 운영의 이 모드를 사용하지 않는다. 그 이유는 오늘날의 대부분 서비스들이 IP 프로토콜을 사용하고 있기 때문이다. 추가적으로 프로토콜 관련 정보를 식별하기 위한 패킷 조사는 시간을 소비한다.

(4) *인증 기반* — 이 멤버십 모드는 IPTVCD가 특정 VLAN에 연결되기 전에 인증을 필요로 한다.

9.6.1.2 VLAN 정보 교환

802.1Q 명세서는 이더넷 기반 VLAN에서 정보를 교환하는데 사용되는 프로토콜을 정의한다. 다른 프로토콜들과는 달리 802.1Q는 데이터 패킷에 캡슐화를 적용하지 않으나 대신에 이더넷 패킷에 직접 식별자 혹은 태그를 삽입하여 그 패킷이 어느 VLAN에 속하는지를 식별한다. 이더넷 패킷에 새로운 정보를 삽입하는 것 이외에, 패킷이 802.1Q 통신 프로세스에 속하는지를 식별하기 위해 이더타입(ethertype)이라고 하는

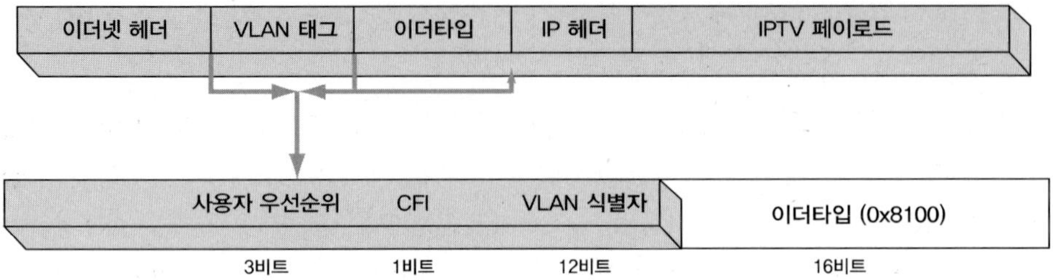

그림 9.13 이더넷 프레임의 802.1Q 태그

헤더에 있는 값들 중 하나가 변경된다. IPTV 콘텐츠를 전달하는 표준 이더넷 프레임이 802.1Q에 의해 어떻게 수정되는지에 대한 자세한 사항은 그림 9.13에 나타나 있다.

보이는 바와 같이 이더타입 필드가 0x8100으로 변경되었다. 추가적으로, VLAN 태그가 프레임에 삽입되었고 3개의 새로운 필드로 구성 된다:

- 사용자 우선순위 필드 — 이 3비트 필드는 IPTV 이더넷 프레임의 우선순위 수준을 저장한다.
- *CFI* (Canonical Format Indicator) — 이것은 이더넷 기반 네트워크에서 항상 1로 설정되어 있는 1비트 지시자이다.
- *VLAN 식별자* — 이 12비트 빌드는 이 패킷이 어느 VLAN에 속하는지를 식별한다. 이 경우 패킷은 IPTV VLAN에 속하는데 그 이유는 페이로드에 비디오 콘텐츠를 포함하고 있기 때문이다. 이 필드가 12비트의 길이를 갖는다는 사실은 네트워크가 4095개의 서로 다른 VLAN을 지원하도록 설정될 수 있음을 의미한다. 이 필드가 0 값을 가지면 그 패킷을 어느 VLAN에도 속하지 않는다.

9.6.1.3 VLAN 네트워크 설계 옵션

네트워크에 구축되는 VLAN 기반구조 설계는 연결을 통해 전달되는 트래픽 유형에 달렸다. 3가지 주요한 선택 방법이 있다.

가입자 중심 VLAN 이 유형의 네트워크 설계에서, 지정된 VLAN은 가입자의 댁내에 있는 RG와 IPTV 데이터 센터에 있는 분배 라우터 사이에 설정 된다. DSLAM과 네트워크 스위치와 같은 중간 장치들도 이러한 유형의 종단 간 VLAN 솔루션의 일부이다. 그림 9.14는 각 가입자에게 지정된 VLAN을 지원하도록 설계된 간략한 네트워크 예를 보여주고 있다.

DSLAM과 가장자리 라우터 사이에서 위 설계를 지원하는 최대 VLAN 수는 VLAN 필드에 포함된 최대값으로 4095이다; 이는 4095명의 가입자와 같다. 가입자 수를 4095명 이상으로 늘리기 위해서 VLAN 스택킹이라고 하는 프로세스를 사용한다. VLAN

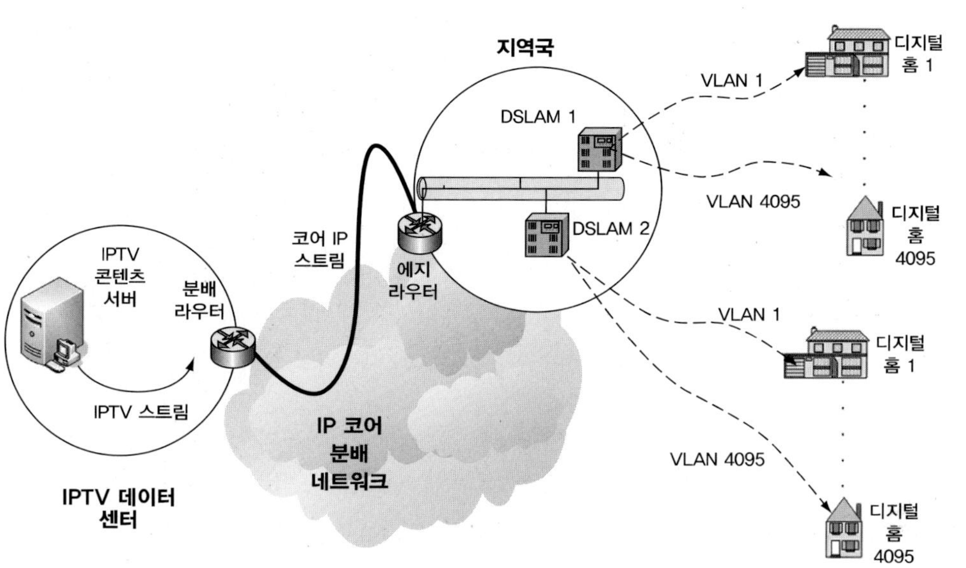

그림 9.14 가입자 중심 VLAN 설계의 간략한 예

스태킹은 이더넷 프레임 내에 다중 태그를 포함한다. 이 기능은 가장자리 라우터가 라우터의 포트를 식별하는 하나의 VLAN 태그와 각각의 DSLAM을 식별하는 두 번째 태그를 삽입하도록 허용한다. 이 예에서 VLAN 스택킹이 지역국의 수용량을 증가시키는 수단으로 사용되고 있다. 비록 가입자 중심 VLAN이 여러 장점을 갖고 있지만 이는 멀티캐스트 복제를 허용하지 않는다. 따라서, VLAN은 VoD와 같은 유니캐스트 응용에는 만족스럽게 동작하나 여러 IPTV 가입자들에게 방송 텔레비전을 진달할 때는 문제가 된다.

서비스 중심 VLAN 이 네트워크 설계에서 각 VLAN은 네트워크에서 수행되는 IP 서비스에 대응된다. 고객에게 다중 서비스를 전달하기 위해서 개별적인 VLAN이 각 IP 서비스 즉, 음성, IPTV, 그리고 광대역 서비스를 위해 생성된다. 이는 가입자가 자신의 가정으로 전달되기를 바라는 IP 서비스 타입을 선택하고 혼합하도록 허용한다. 추가적으로 이는 기존 전화회사들이 점진적으로 IPTV와 같은 새로운 서비스를 기존 전화 및 광대역 서비스에 부정적인 영향을 주지 않고 그들의 네트워크에 추가할 수 있도록 허용한다. 그림 9.15는 서비스 기반 VLAN 모델을 보여주고 있다.

보이는 바와 같이, 백엔드 서버는 다중 LAN에 연결되지 않는다. 그러나 IPTVCD는 일단 서비스 제공자가 인증을 하게 되면 다중 VLAN과 연결되도록 설정된다. 그래서 전형적인 IPTV 구축에서 모든 가입자들은 광대역 VLAN에 대한 액세스를 할 수 있으며 일부 가입자들은 VoIP와 광대역 VLAN 액세스하고 또 다른 나머지 가입자들은 세 가지 서비스에 가입하여 3개 VLAN에 연결된다.

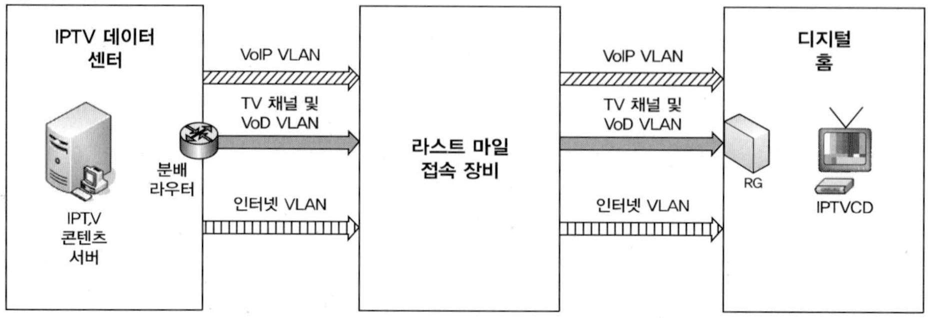

그림 9.15 서비스 기반 VLAN 네트워크 설계

하이브리드 설계 하이브리드 VLAN 네트워크 설계는 위 두 가지 구조의 장점을 결합한다. 이 하이브리드 모델에서, 가입자 중심 VLAN은 고속 인터넷 액세스, VoIP, SD 및 HD VoD 콘텐츠, 그리고 다른 유형의 유니캐스트 데이터를 전달하기 위해 구축된다. 가입자 중심 VLAN 이외에, 서비스 중심 VLAN은 멀티캐스트 순차 TV 프로그램 콘텐츠를 전달하기 위해 구축된다.

9.6.1.4 VLAN 설정

일단 VLAN 사용을 위한 설계가 끝나면 다음 단계는 실제로 VLAN 기능을 지원하기 위해 각 네트워크 요소들을 설정하는 것이다. DSL 액세스 네트워크를 갖는 전형적인 TP(triple-play) 구조가 그림 9.16에 나타나 있다.

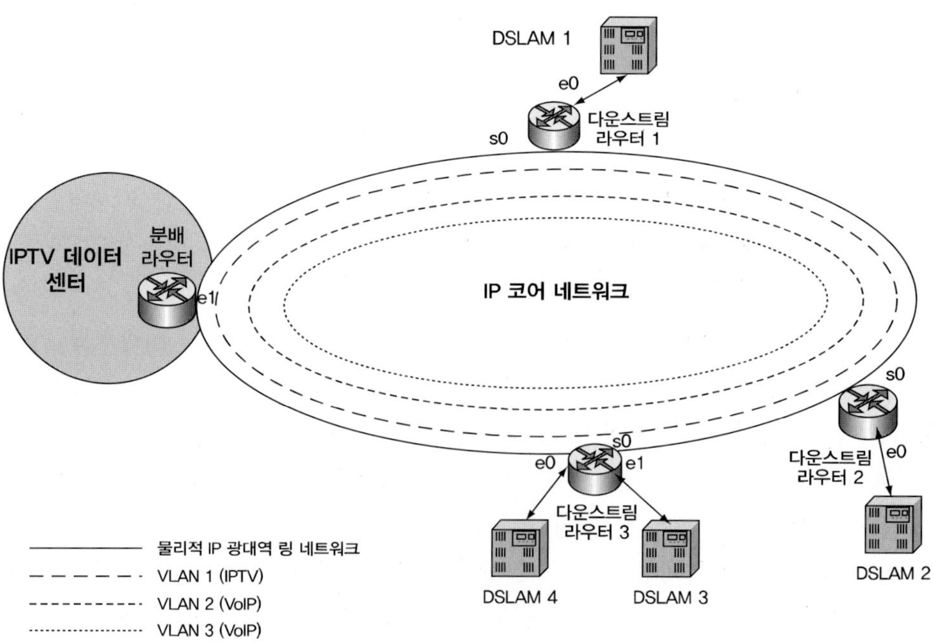

그림 9.16 TP VLAN 설정

보이는 바와 같이 4개의 DSLAM을 3개의 다운스트림 라우터들과 연결하는 인터페이스는 분리된 802.1Q VLAN을 지원하도록 설정된다. TPS 서비스의 각 서비스에 하나의 VLAN이 할당된다 — VoIP, 인터넷 액세스, 그리고 IPTV. 비디오 전달을 위해 할당된 VLAN은 유니캐스트 VoD 스트림과 IP 멀티캐스트 트래픽을 전달 할 수 있다.

9.6.2 ATM PVC

ATM 네트워킹 구조에서, 다른 데이터 유형들은 PVC를 이용하여 전송된다. ATM PVC는 높은 대역폭과 낮은 전송 지연을 요구하는 응용을 지원할 수 있다. ATM 기반구조를 사용하면 네트워크 운영자는 각 TPS 서비스에 분리된 PVC를 할당할 수 있다. 여러 네트워크가 데이터 전송을 위한 방식으로 ATM을 사용하고 있지만 서비스 전달에 IP와 이더넷 네트워크를 사용하는 방향으로 발전하고 있다.

9.7 IP-VoD 콘텐츠 보호

비디오 콘텐츠의 저작권 보호는 IP-VoD 서비스 전달의 주요 관심사항이다. IP 프로토콜은 근본적으로 복사 방지를 위한 기능이 없기 때문에 CA와 DRM이 콘텐츠 생성자의 권리를 보호하는데 사용된다. 이러한 보안 시스템의 목적은 요금을 지불하여 권한을 가진 가입자만이 IP-VoD 자산을 액세스할 수 있도록 보장하는 것이다. 이들 시스템은 어느 IP VoD 타이틀들이 어느 패키지 상품과 연관되어 있는지를 결정하기 위한 OBSS 시스템과 밀접하게 연계되어 있다. 이는 이들 시스템이 여러 요청과 연관된 인증된 권리를 결정하게 해준다. 7장에서 CA와 DRM 시스템에 대한 상세한 사항을 다루었다.

요약

PPV 비디오 콘텐츠를 주문하는 전통적인 방법은 가입자들의 요구를 만족시키기 위해 변경되고 진화되고 있다. 이러한 진화는 VoD라고 하는 기술의 빠른 보급으로 나타났다. VoD는 가입자가 자신들이 원할 때 비디오 콘텐츠를 시청할 수 있도록 하는 대화식 TV 응용이다. VoD는 IPTV 종단사용자에게 HDVoD와 MoD에서부터 AoD와 EVoD에 이르기까지 다양한 주문형 응용을 제공한다. 종단 간 IP-VoD 기반구조의 주요 요소는 IP 비디오 서버, 전송 프로토콜 그리고 클라이언트 소프트웨어를 포함한다.

비디오 서버는 IP-VoD 콘텐츠를 저장하고 이를 실시간으로 스트리밍한다. 이 자산은 컴퓨터 파일의 형태로 여러 서버에 물리적으로 저장된다. 증가하는 주문형 상품을 지원하기 위해 고급 저장 기술에 대한 요구가 최근에 급성장하였다. VoD 서버가 사용하는 저장 기술은 크게 두 가지 부류로 나누어진다: 하드 디스크와 SSMD.

하드 디스크 — 오늘날 세계적으로 구축된 많은 VoD 시스템은 VoD 자산의 저장과 IPTVCD로의 스트리밍을 위해 하드 디스크를 이용한다. RAID 기술은 드라이브 장애 발생 시 데이터를 보호하고 VoD 서버가 항상 동작할 수 있도록 보장한다.

SSMD — 고성능 SSMD는 IP-VoD 응용의 성능을 개선하고 IP-VoD 타이틀에 대한 저장 장치 액세스 속도를 높이는데 도움을 준다.

VoD 서버들은 이들 기술을 혼합하여 사용하는데 SSMD 저장 공간은 인기 있는 VoD 타이틀에 대한 요구를 서비스하고 하드 디스크 어레이는 저장 목적만으로 이용된다.

다중 프로세서를 지원하는 GigE 네트워킹 인터페이스와 구조로의 진화는 VoD 서버가 고화질의 비디오스트림을 지원할 수 있도록 한다. IP-VoD 서버는 저장 콘텐츠 자산을 관리할 수 있는 관리 소프트웨어 플랫폼을 포함한다. VoD 셋톱박스에 저장된 특수한 소프트웨어는 여러 유형의 VoD 콘텐츠 다운로드 성능을 높이는데 도움을 준다. 이 응용은 셋톱박스에 내장되어 있으며 VoD 서버와 직접 통신한다.

IP 비디오 콘텐츠 전달을 지원하기 위한 두 가지 네트워크 설계 방식이 있는데, 중앙집중 방식과 분산 방식이다. 중앙집중 방식에서 서버는 중앙에서 유지되고 반면에 분산 구조에 기반한 설계에서는 서버들이 특정 지역 영역의 다른 위치에 놓인다.

IP-VoD 서버와 클라이언트 IPTVCD들 간에 통신을 수월하게 하는 프로토콜들은 네트워크 구조에 따라 다르나 보통은 RTP, RTCP 그리고 RTSP를 포함한다.

- RTP는 광대역 네트워크에서 IPTV 스트림을 전달하는 인터넷 통신 프로토콜 스택의 한 부분이다.
- RTCP는 클라이언트와 서버 장치 간에 통신 세션의 품질을 모니터하기 위해 IPTV 네트워크가 사용한다.
- RTSP는 실시간 및 주문형 비디오 콘텐츠 제어에 사용되는 응용 계층 프로토콜이다. RTSP는 IPTV 산업계에서 널리 채택되고 있고 IP-VoD 서비스 구축에 많은 서비스 제공자들이 사용하고 있다.

IPTV 서비스를 이미 VoIP와 고속 인터넷 서비스를 제공하는 네트워크에 통합하려고 할 때 여러 과제들이 존재한다. IPTV 트래픽을 분리된 VLAN 혹은 ATM PVC들로 나누는 것이 같은 네트워킹 기반구조에서 다중 IP 서비스를 구축하기 위한 가장 인기 있는 방법이다.

C/h/a/p/t/e/r

10

IP 기반 고화질 TV

차세대 고화질 TV (HDTV) 채널이 비디오 서비스의 전송과 수신의 변혁을 일으키고 있다. HDTV가 드디어 출시되어 서비스되고 있다. 소비자 요구와 개선된 디지털 네트워킹 기술의 채택과 같은 요인들이 다중서비스 네트워크 운영자들이 자신들의 프로그램 목록에 HDTV 채널을 추가하도록 유인하고 있다. 이 장의 주요 초점은 HDTV를 정의하고 이 기술이 어떻게 작동하는지를 설명하는 것이다.

10.1 SDTV와 HDTV 기술의 개요

SDTV는 아날로그 TV 시스템보다 더 좋은 화면과 풍부한 색깔을 소비자들에게 제공하는 디지털 TV 방송 시스템이다. 디지털 기술은 또한 통상적인 아날로그 신호보다 더 많은 이미지 정보를 가진 HDTV 화면을 생성할 수 있으며, 선명도와 색상에 있어서 영화관과 경쟁할 수 있는 효과를 줄 수 있다. 일반적으로 HDTV는 시청자에게 SDTV 기반 방송보다 6배 정도의 선명도를 제공한다. 디지털 TV 신호를 HDTV와 SDTV로 분류하는 것 외에, 이들 각 기술들은 다음과 같이 더 자세히 나누어 볼 수 있다.

10.1.1 해상도

해상도는 텔레비전 수상기에 보여지는 화면에 포함된 픽셀들의 수로서 정의된다. 이러한 특성은 왜 사람들이 HDTV를 시청하면서 표준 아날로그 기반 TV와 비교하여 개선된 시청 경험을 할 수 있는지에 대한 주요 이유 중 하나이다. 텔레비전 디스플레이는 644 × 483 픽셀의 디스플레이 성능을 갖고 있다. 일반적으로 사람들은 640 × 480이라고 이야기한다. 이는 표준 TV의 디스플레이 성능에 대한 정확한 설명이 아니다. 기술적 이유로 대부분의 시청자들은 텔레비전 스크린의 주변을 감싸는 여백을 볼 수가 없다. 결과적으로 대부분의 산업계 전문가들은 실제 시청 영역을 이 여백 영역을 제하고 계산한다. 그러한 계산 결과 표준 TV의 실제 시청 영역은 620 × 440 픽셀이 된다.

또한 스크린 상의 가용한 비디오 라인 수로 텔레비전 디스플레이 해상도를 측정하는 것이 가능하다. 비디오 라인은 텔레비전 튜브 내에서 동작하는 일종의 전자총으로 개발된다. 이 전자총은 스크린 표면에서 전후로 이동하는 광선을 발산한다. 이 광선이 스크린의 내부 표면을 이동함에 따라 라인 별로 이미지가 생성된다. 일반적인 규칙으로 전자총으로 생성되는 라인이 많으면 많을수록 해상도가 높아진다. IP HDTV 프로그램의 해상도는 TV 디스플레이의 크기와 스크린상의 비디오 라인 수에 좌우된다. 예를 들어, 보다 선명한 화면은 새로운 HDTV 소유자에게 제공된다. 왜냐하면 HDTV는 일반 텔레비전 수상기에서의 525 라인에 비해 1080 라인의 해상도를 디스플레이 할 수 있기 때문이다.

10.1.2 격행(Interlaced)과 순차(progressive) 스캐닝

스캐닝(주사) 순서는 라인들이 TV 스크린에 어떻게 디스플레이되는지를 정의한다. 두 가지 서로 다른 스캐닝, 즉 격행 방식과 순차 방식이 있다. 격행 스캐닝은 TV 기술자가 고안한 시스템으로 초기의 텔레비전 튜브가 디스플레이의 상위 화면이 사라지기 전에 화면상에 비디오 디스플레이를 나타낼 수 없는 단점을 극복하기 위한 것이다. 격행 스캐닝으로 스크린 상에 즉시 빛을 두 번째 라인에 적용하여 이미지를 생성한다. 일단 이것이 끝나면 남아있는 라인들은 채색된다. 이는 너무 빨리 일어나서 사람 눈이 이를 인지할 수 없다. 격행 스캐닝은 아날로그 텔레비전과 낮은 해상도 컴퓨터 모니터에서 인기가 있다.

순차 스캐닝(비격행 비디오라고도 함)은 텔레비전 스크린을 라인별로 재생하는 방식을 의미한다. 이는 동시에 이루어지며 따라서 이미지가 사람 눈에 부드럽게 나타나고 비디오 화면에서 움직임이 선명하게 유지된다. 순차 스캐닝은 HDTV와 컴퓨터 모니터에서 인기가 있다.

10.1.3 영상 비율

영상 비율은 TV 스크린의 가로 넓이와 세로 길이 간의 관계를 정의한다. 전통적인 TV 스크린 영상 비율은 4:3이다. 다시 말해 TV 스크린의 길이가 4단위이면 높이는 3단위이다. HDTV는 16:9의 영상 비율을 사용한다.

이러한 분류는 방송사와 TV 제조사가 서로 다른 유형의 HDTV 제품을 식별하기위한 표기법으로 사용한다. 미국에서 사용되는 표기법은 해상도 라인을 기본으로 두고 그 뒤에 사용된 스캐닝 방식을 나타내는 글자로 표현한다. "i"는 격행 방식을 나타내고 "p"는 순차 방식을 나타낸다. 이 표기법은 초당 프레임 수에 대한 숫자도 포함한다. 가장 인기 있는 HDTV 표준들에 대한 예들이 표 10.1에 나타나 있다.

표 10.1 인기 있는 HDTV 포맷

HDTV 포맷	픽셀 해상도	설 명
729i	1280 × 720	IP HDTV 가입자에게 720개의 주사선 해상도를 제공하고 비 월주사 타입 사용. 이 포맷의 화면 비율은 16:9임
720p	1280 × 720	IP HDTV 가입자에게 720개의 주사선 해상도를 제공하고 연속주사 타입 사용. 이 포맷의 화면 비율은 16:9임
1080i	1920 × 1080	IP HDTV 가입자에게 1080개의 주사선 해상도를 제공하고 비 월주사 타입 사용. 이 포맷은 16:9의 와이드 스크린 사용
1080p	1920 × 1080	IP HDTV 가입자에게 1080개의 주사선 해상도를 제공하고 연속주사 타입 사용. 이 포맷은 16:9의 와이드 스크린 사용. 1080p는 현재 가능한 최고의 HD 해상도이며 시청 품질은 비길 것이 없음

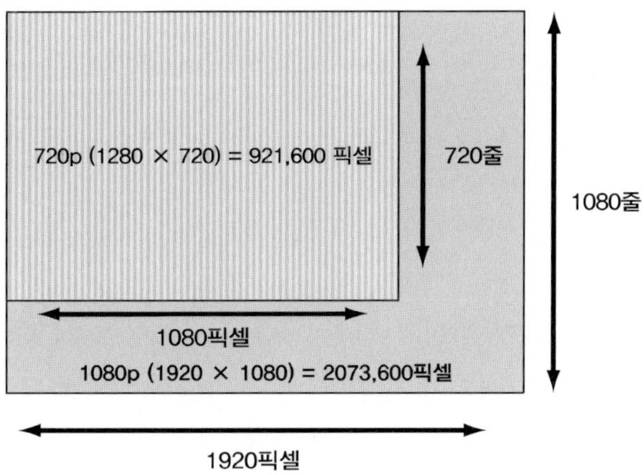

그림 10.1 HDTV 포맷의 비교

두 개의 인기 있는 HDTV 포맷(720p와 1080p) 간의 차이는 그림 10.1에 설명되어 있다.

10.2 IP 상에서의 HDTV 정의

약어인 IP HDTV는 일반적으로 광대역 연결 상에서 고해상도 비디오 콘텐츠를 전달하는 것을 나타내는데 사용된다. 이는 상대적으로 새로운 기술이고 IPTV 서비스를 기존의 케이블과 위성 서비스와의 차별화를 원하는 전화회사들의 부가서비스로 점차 발전하고 있다. 서비스 제공자들이 HDTV 콘텐츠 전송을 지원하는 자신들의 네트워크 구조를 업그레이드하려는 여러 이유가 있다. 다음은 이러한 이유들 중에서 중요한 것들의 리스트이다.

10.2.1 비디오 품질의 개선

전통적인 아날로그 TV에서 디지털 TV로의 발전은 이미 가입자들에게 선명하고 풍부하고 더욱 매력 있는 비디오 콘텐츠를 제공하고 있다. 표준 디지털 TV 콘텐츠로부터 고화질 방송으로의 이러한 발전을 계속함으로써 영화가 제공하는 선명하고 또렷한 비디오 품질에 가까운 TV 시청 경험을 가져온다.

10.2.2 더욱 개선된 컬러 해상도

HDTV가 지원하는 컬러 해상도는 통상적인 SDTV 비디오 콘텐츠의 해상도 보다 훨씬 우수하다.

10.2.3 고품질 수준

고속의 네트워킹 기술과 함께 최신의 압축 기술을 사용하여 가입자들에게 비교적 고화질의 IP HDTV 서비스를 제공하는 것이 이제 가능하게 되었다. IP 광대역 플랫폼 상에서 HD 콘텐츠를 전달하는 것은 다음과 같은 여러 과제들을 야기한다.

- HDTV는 SDTV 비디오스트림에 비해 더욱 큰 대역폭을 요구한다. 따라서 가정으로 다중의 HDTV 스트림을 전달하기 위해 충분한 대역폭을 제공할 수 있도록 네트워킹 기반구조를 업그레이드할 필요가 있다. 요구되는 대역폭의 양은 IPTV 데이터 센터에서 콘텐츠에 적용되는 압축 알고리즘에 좌우된다.
- IPTV 데이터 센터에서 수신 시스템은 대용량의 비디오 데이터를 지원하고 관리하기 위해 업그레이드될 필요가 있다. 추가적으로 HD 비디오 콘텐츠의 특성인 증가된 파일 크기를 수용하기 위해 추가의 저장 자원을 요구한다.
- IPTV 데이터 센터의 내부 네트워킹 기반구조는 고속의 전송률을 지원해야한다. 이는 기존 케이블 기반구조의 업그레이드를 필요로 한다.
- IPTV 종단사용자가 IP HDTV의 전체적인 혜택을 누리기 위해서는 HD 기능을 가진 TV 그리고 셋톱박스를 리스하거나 구매해야 한다.

10.3 종단 간 IP HDTV 시스템

일반적으로 IP 네트워크에서 SDTV 신호를 전송하는데 사용되는 프로토콜은 HD 비디오 콘텐츠 전달에 사용되는 것과 같다. HD 비디오 콘텐츠 생성과 시청에 필요한 특정 하드웨어들이 그림 10.2에 나타나 있다.

10.3.1 HD 디지털 카메라

HD 카메라는 많은 영화 제작사들이 사용하고 있다. 이러한 카메라는 비디오 콘텐츠를 SDTV 해상도의 5배까지 촬영이 가능하다. HD 카메라를 이용한 콘텐츠는 광 케이블을 이용하여 서버로 디지털 형태로 전송된다.

10.3.2 HDTV 서버

HDTV 서버는 HD IP 셋톱박스나 표준 PC로 고속의 광대역 네트워크로 연결된다. 주요 기능은 고용량의 저장 장치에 HDTV 콘텐츠를 디지털로 저장하는 것이다.

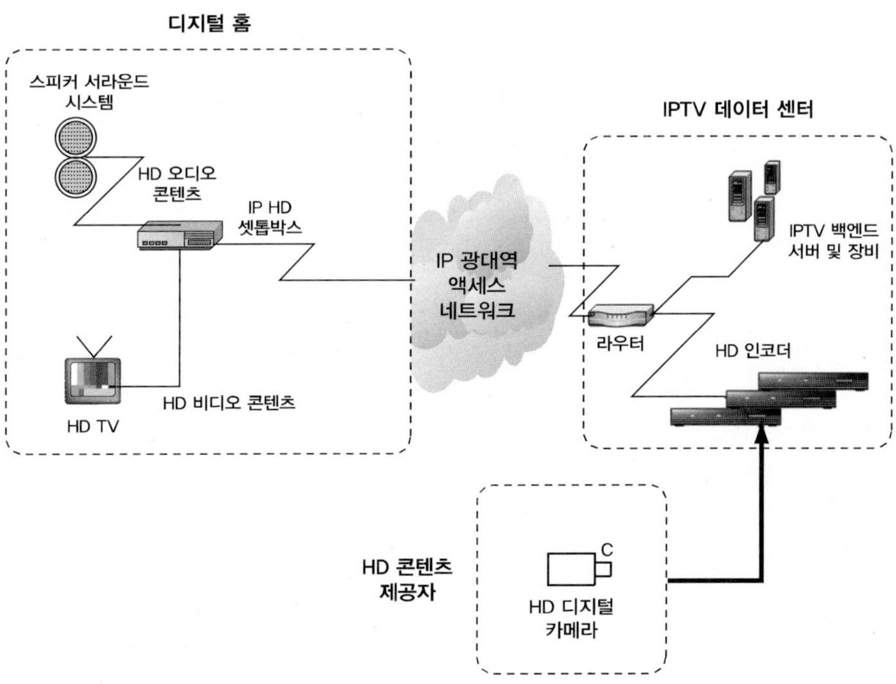

그림 10.2 종단 간 IP HDTV 시스템의 간략한 블록도

10.3.3 인코더

MPEG-2 인코더는 SDTV 압축을 위한 가장 많이 사용되는 포맷이다. 고화질 MPEG-2 비디오 채널의 처리 과정은 표준 채널의 대역폭 사용량보다 최대 6배까지 사용한다. 여러 전화회사들은 MPEG-2로 압축된 고화질 콘텐츠를 지원하기 위해 제한된 네트워크 대역폭 용량을 갖고 있다. 따라서 HD 인코더는 HDTV 환경에서 주요 역할을 하며 낮은 비트 전송률로 가장 좋은 화질을 제공하는 책임을 맡고 있다. IP HDTV 콘텐츠를 전달하는데 사용되는 대부분의 인코더들은 MPEG-4와 VC-1과 같은 최신의 인코딩 알고리즘을 사용한다. 이들 인코딩 기술은 낮은 대역폭 사용으로 더욱 좋은 비디오 품질을 전달해준다.

10.3.4 고성능의 IP 네트워크

HD 비디오 파일은 SDTV 파일 정보에 비해 최대 5배 정도의 정보를 포함할 수 있다. 따라서 고소 디지털 케이블, 위성, DSL 광대역, 혹은 충분한 대역폭 용량을 가지는 지상파 네트워크가 IPTV 서비스 제공자의 데이터 센터에서 HDTV 댁내 시청 시스템으로 HD 콘텐츠를 전송하는데 필요하다.

10.3.5 댁내 시청 시스템

HDTV 시청 시스템은 세 가지 주요 요소로 구성된다 — HD IP 셋톱박스, 디스플레이(보통 LCD나 플라즈마 스크린), 그리고 서라운드 음향 시스템.

10.3.5.1 HD IP 셋톱박스 개요

HD IP 셋톱박스는 소비자 가전 시장에서 빠르게 성장하고 있는 분야이다. HD 셋톱박스는 향상된 HD 비디오와 오디오를 소비자에게 전달한다. 이러한 IPTVCD는 표준 화질의 프로그래밍 콘텐츠뿐만 아니라 시청자 고화질의 HD 전송을 시청하게 해준다. HD IP 셋톱박스는 다음과 같이 분류된다.

HD 멀티캐스트 박스 이 셋톱박스는 여러 유형의 IP 광대역 접속 네트워크를 통해서 HD 채널을 수신할 수 있다.

하드 드라이브를 갖춘 HD 셋톱박스 이 셋톱박스는 PC와 유사한 기능을 가지고 소비자가 개인적으로 HDTV 비디오 콘텐츠를 녹화하고 HD 멀티캐스트 프로그래밍 콘텐츠를 캐시할 수 있도록 한다.

통합 녹화 장치를 갖춘 HD 셋톱박스 HDTV는 커다란 네트워크 용량을 소비한다.

전형적인 HDTV MPEG-2 스트림은 2Mbps로 전송된다. 이 스트림을 한 시간 정도 녹화하기 위해서는 6GB 이상의 저장 장치가 필요하다. 고용량의 저장 장치가 필요함에도 불구하고 HD 콘텐츠를 녹화하고자 하는 소비자 요구는 증가하고 있다. CD-ROM과 같은 저장 장치는 이러한 크기의 데이터를 저장할 수 없다. 따라서, 제조업자들은 소비자들이 안전하게 콘텐츠를 하드 디스크나 쓰기가 가능한 DVD에 녹화할 수 있도록 해주는 광 녹화 장치를 포함하는 HD 셋톱박스를 개발하기 시작하였다. 이들 디스크는 PC, 노트북, 혹은 이동형 DVD 플레이어와 같은 장치에서 재생될 수 있다. 녹화하는 것 외에, 이 장치들은 매장에서 파는 DVD와 CD도 재생할 수 있다. 이들 장치들은 차세대 광 디스크 포맷인 블루 레이와 HD-DVD를 지원한다.

블루 레이(Blu-Ray)　BD(Blu-Ray Disc)라고도 하는 블루 레이는 최대 50GB의 데이터를 저장하는 광 디스크에서 사용하는 차세대 저장 포맷이다. 표준은 BDA(Blu-ray Disc Association)라고 하는 가전, 개인컴퓨터, 그리고 미디어 제조업체 그룹에서 개발되었다. 블루 레이 표준을 따르는 장비를 갖춘 HD IP 셋톱박스는 고화질의 대용량 HD 비디오 콘텐츠를 직접 녹화, 다시쓰기, 그리고 저장할 수 있다.

HD-DVD　몇 몇 HD IP 셋톱박스는 HD-DVD라고 하는 포맷을 지원하는 DVD 녹화 장치를 갖춘 형태로 출시된다. 블루 레이와 유사하게 HD-DVD 저장 장치는 HD 디지털 비디오 콘텐츠를 광 디스크에 녹화, 전달 그리고 저장할 수 있게 해준다.

이상의 모든 IP HD 셋톱박스는 IP 광대역 네트워크로부터 HDTV 신호를 수신한다. 셋톱박스는 그다음 그 신호를 디코드하고 디스플레이로 스트림을 출력한다. 출력 신호의 포맷은 가입자 가정에서 사용되는 디스플레이 장치의 성능에 좌우된다. 예를 들어 플라즈마 스크린과 같은 최신의 평판 패널 디스플레이는 원래의 스튜디오 포맷의 HD 방송을 지원할 수 있는 반면에 표준 TV는 축소된 버전만을 시청할 수 있다. HDTV 서비스가 점차 발전함에 따라 셋톱박스 산업은 고화질 비디오스트림 디코딩을 지원하기 위한 고성능 기술을 필요로 한다.

IP HD 디지털 셋톱박스 하드웨어 플랫폼은 케이블, 지상파, IP, 그리고 위성 셋톱박스의 특성과 유사하다. HD IP 셋톱박스는 그러나 고화질 스트리밍 비디오, 개선된 디지털 오디오, 그리고 다른 댁내 디지털 장치와의 연결과 같은 서비스를 제공하는데 사용되는 추가적이고 고유한 여러 특성을 갖고 있다. 이들 특성은 개선된 연결 포트와 콘텐츠 출력을 보호하는 보안 시스템을 포함한다.

디지털 비디오 연결 인터페이스　HD 셋톱박스는 고화질 시청을 지원하는 TV와 연결하는데 사용되는 여러 인터페이스들을 지원한다. 8장에서 소개한 IEEE 1394 인터페이스 이외에 IP HDTV 콘텐츠를 출력하기 위한 여러 인터페이스들을 제조업자들이

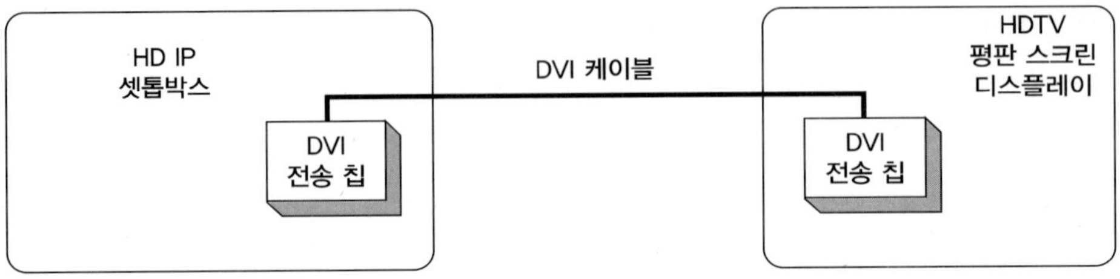

그림 10.3 HD 셋톱박스에 평판 스크린 디스플레이를 연결하는데 DVI 사용하기

이용할 수 있다. 이러한 오디오와 비디오 인터페이스에 대한 기술적 상세 사항은 다음과 같다.

DVI (Digital Visual Interface) 1990년대 후반 소비자가 구매한 대부분의 비디오 디스플레이는 셋톱박스에 있는 아날로그 인터페이스를 통해 TV 서비스에 연결되었다. 아날로그 인터페이스는 평판 패널 디스플레이 기술의 채택에 장애가 되었고 그래서 셋톱박스 제조업자들은 DVI와 같은 개선된 디지털 인터페이스를 지원하기 시작하였다. DVI에 대한 명세서는 DDWG(Digital Display Working Group)이라고 하는 기업체들의 컨소시엄에서 만들었다. 기술적 관점에서 DVI는 셋톱박스와 디지털 디스플레이와 같은 장치들 사이에 디지털 연결을 제공하는 고속의 직렬 인터페이스로 정의된다. 비 압축 실시간 디지털 비디오를 전송하고 HDTV 해상도를 지원하도록 설계되었다. DVI는 TMDS(Transition Minimized Differential Signaling)이라고 하는 프로토콜을 사용한다. 이 프로토콜의 동작 원리는 HD IP 셋톱박스와 디지털 디스플레이 사이에 전송 과정에서 8비트를 10비트 직렬 상태로 전환하는 것이다. 평판 패널 디스플레이 내의 DVI 수신 칩은 비디오 데이터를 다시 표준 8비트 포맷으로 전환하고 화면에 선명한 화면을 디스플레이 한다. HD 셋톱박스를 평판 스크린 디스플레이에 연결하는데 DVI를 사용하는 것이 그림 10.3에 나타나 있다.

HD IP 셋톱박스에 통합될 수 있는 두 가지 DVI 요소가 있다. 즉, 디지털 디스플레이만을 지원하는 DVI-D(DVI-Digital)와 아날로그 디스플레이와 호환되고 디지털 디스플레이를 지원하는 DVI-I(DVI-Integrated)이다. HD 셋톱박스에 DVI의 통합은 제조업자와 IP 서비스 제공자에게 다음과 같은 이점을 제공한다.

- DVI는 이미지 품질에 대한 강화된 제어를 허용한다.
- 인터페이스는 복사 방지를 지원하고 서비스 제공자가 비디오 콘텐츠를 안전하게 하는데 사용할 수 있다.
- 가입자가 셋톱박스를 전통적인 TV와 디지털 평판 패널과 같은 여러 디스플레이에 연결할 수 있도록 해준다.

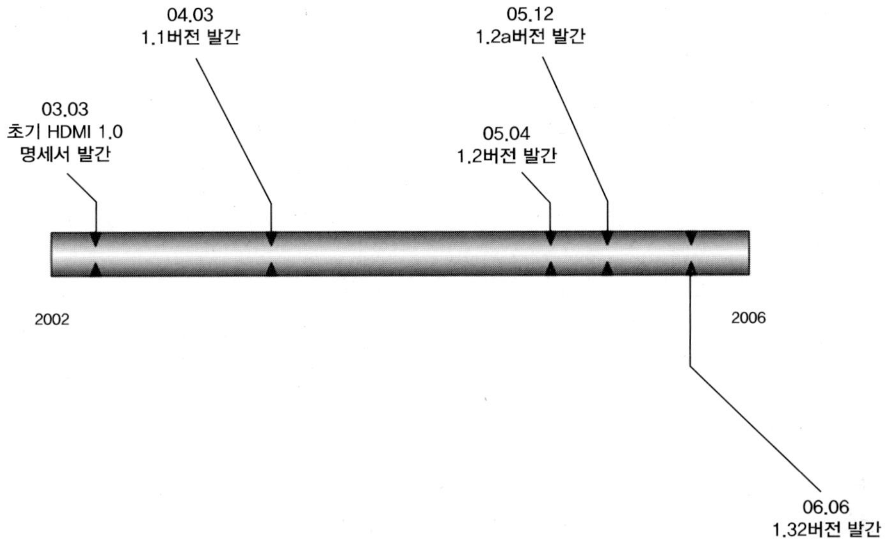

그림 10.4 HDMI 명세서 발전 과정

더 자세한 사항은 www.ddwg.org를 방문하라.

HDMI (High Definititon Multimedia Interface) IPTVCD 제조업자는 최근에 제품 목록에 HDMI 디지털 출력을 추가하기 시작했다. HDMI의 기술은 DVI와 매우 유사하다. 이 기술은 히다치, 마쓰시다 전기(파나소닉), 필립스, 실리콘 이미지, 소니, 톰슨, 그리고 도시바를 포함하는 HDMI 작업반에서 개발된 표준이다. 과거 4년간의 HDMI 기술의 발전 과정이 그림 10.4에 나타나 있다.

DVD 플레이어와 디지털 셋톱박스와 같은 오디오/비디오 장치를 HD 텔레비전 수상기에 연결하는 것 외에, HDMI는 또한 DVI 인터페이스에서는 없는 주요 특성과 기능을 갖고 있다.

- 셋톱박스에서 출력되는 비디오 콘텐츠에 대한 개선된 복사 방지 기능
- 커넥터가 DVI 커넥터에 비해 작아서 보기에도 좋다. 작은 형태의 소비자 가전제품에 잘 맞는다.
- 디지털 오디오와 비디오가 하나의 케이블에서 전송된다. 따라서, HD 셋톱박스와 텔레비전 수상기 사이에 분리된 오디오 케이블이 필요 없다.
- HDMI는 HDMI TV와 평판 패널 디스플레이와 백워드(backward) 호환성을 갖는다.
- 모든 국제적인 디지털 TV 표준을 지원한다.
- 이 기술의 최신 버전은 8개의 비 압축 디지털 오디오 채널을 전달할 수 있다.
- CEC(Consumer Electronics Control) 채널 특성은 가입자가 여러 HD IPTVCD를 관리하는데 하나의 리모트 컨트롤을 사용할 수 있게 한다.

- HDMI 인터페이스는 10.2Gbps의 데이터 전송률을 지원한다. 따라서 HDMI는 비압축 포맷으로 비디오 콘텐츠를 전송할 수 있다.

기술적인 관점에서 HDMI는 DVI 명세서에 포함된 것과 같은 표준을 사용하고 또한 디지털 데이터를 전송하면서 데이터를 직렬화하는 TMDS 프로토콜을 지원한다. HDMI는 떠오르는 연결 기술이고 앞으로 HD 셋톱박스에서 많이 사용될 것이다. 보다 자세한 사항은 www.hdmi.org를 참조하라.

디스플레이포트 (DisplayPort) 디스플레이포트는 VESA(Video Electronics Standard Association)에서 개발한 공개 표준이다. 디스플레이포트 1.0의 주요 동작 특성들은 다음 사항들을 포함한다:

- 단일 케이블에 HD 품질 비디오와 오디오 신호의 전송을 허용한다.
- HDMI와 유사하게 디스플레이포트는 플러그앤플레이 상호호환성을 지원한다.
- 7장에서 기술된 HBDCP(High Bandwidth Digital Content Protection) 보안 방식을 지원한다.
- PC와 IPTVCD에서 사용되도록 최적화된 작고 사용자 편의성을 가진 커넥터를 사용한다.

종단 간 디스플레이포트 링크의 기술적 구조는 물리 계층에서 동작하는 세 개의 분리된 채널로 구성된다. 그림 10.5는 이들 채널을 보여주고 있다.

각 디스플레이포트 채널의 역할은 다음과 같다.

주 링크 — 이 채널은 오디오/비디오 콘텐츠의 등시성(isochronous) 스트림을 전달한다. VESA에 따르면 이 채널은 최대 1.8Gbps의 데이터 전송률을 지원한다.

보조 채널 — 이 양방향 채널은 관리와 제어 목적으로 사용된다. 최대 15m 길이의

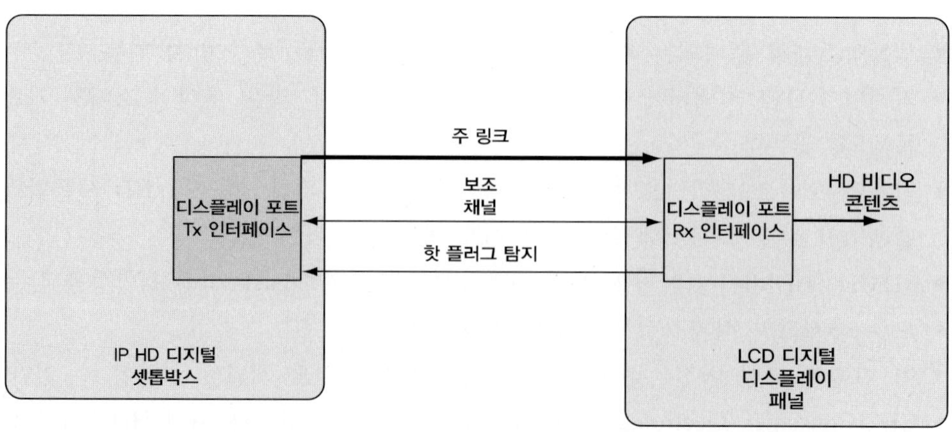

그림 10.5 IP HD 셋톱박스와 LCD 스크린 간의 통신을 위해 디스플레이포트 사용하기

케이블에서 1Mbps의 데이터 전송률을 제공한다.

핫 플러그 탐지 — 플러그앤플레이 기능을 지원하기 위한 통신 채널을 제공하는데 사용된다.

IPTVCM의 링크 계층에서 디스플레이포트는 다음 기능들을 제공한다:

디지털 콘텐츠의 등시 전송 — 링크 계층은 프로토콜 스택의 상위 계층으로부터 오는 오디오와 비디오스트림을 주 링크 채널로 매핑한다. 스트림이 목적지에서 올바르게 재구성되도록 하기 위해서는 정확한 매핑이 필수적이다.

링크와 장치 관리 서비스 제공 — 디지털 콘텐츠를 물리 계층으로의 매핑 이외에 링크 계층은 또한 소스와 목적지 사이의 연결 매핑을 관장한다. 장치 발견과 형상화는 이 계층이 지원하는 또 다른 기능이다. 이 계층은 필요하다면 콘텐츠 보호 기술을 구현하는 기능도 갖고 있다.

위에서 기술한 바와 같이 디스플레이포트 인터페이스는 IP HD 셋톱박스 혹은 다른 유형의 IPTVCD와 평판 스크린 디스플레이 패널 사이에 HDTV 신호 전송 요구 사항을 충족시키도록 설계되었다. 보다 자세한 사항은 www.vesa.org를 참조하라.

UDI (Unified Display Interface) UDI는 여러 유형의 IPTVCD들 사이에 IP HD 콘텐츠를 전달하는데 사용되는 인터페이스이다. 종단 간 UDI 연결은 UDI 신호를 전송하는 책임을 맡고 있는 소스 그리고 UDI 신호를 수신하는 싱크로 구성된다. 그림 10.6에 보이는 바와 같이, UDI 연결은 제어 정보과 실제 데이터 전송을 제공하는 두 개의 분리된 링크로 구성된다.

UDI 데이터 링크는 소스에서 목적지로 등시적 방법으로 비디오 데이터를 전달한다. 반면에 제어 링크는 양 장치 사이에 관리 명령들을 전달한다. 이 인터페이스는 또한

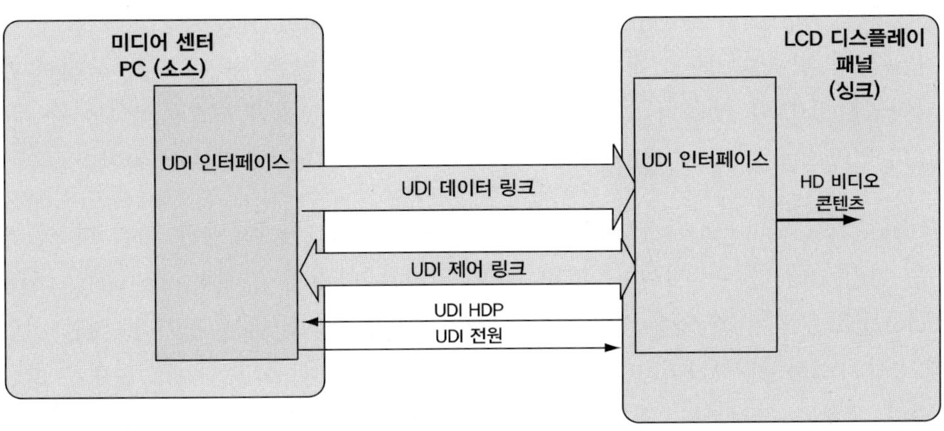

그림 10.6 종단 간 UDI 연결

전력 가용성과 이벤트에 대한 상세사항을 나타내는 두 개의 다른 신호 연결도 지원한다. UDI의 주요 특성들은 다음과 같다.

- HDMI 기술 구조와의 호환성
- 리피터(repeater)에 대한 지원 제공
- 다중 비디오 포맷 지원
- HDCP 보안 정보 전달 기능
- 다양한 PC와 가전 장치에 구현 가능

보다 자세한 사항은 www.udi.org를 참조하라.

10.3.5.2 HDTV 디스플레이 기술

HDTV 포맷으로 IPTV 채널을 시청하고자 하는 가입자는 HD 콘텐츠를 처리할 수 있는 새로운 디지털 텔레비전을 구입하여야 한다. 새로 HD 디지털 텔레비전과 현재의 아날로그 TV 간에 주요 차이점들은 다음을 포함한다.

- 넓은 스크린
- 고해상도

와이드 스크린이라고 하는 HD 디지털 텔레비전은 높이에 비해 넓이가 거의 2배이다. 스크린은 얇고 영화 스크린처럼 보인다. 표준 아날로그 텔레비전은 넓이와 높이의 비율이 4:3인 4각 모양의 스크린을 사용한다. 예를 들어 스크린의 넓이가 20in이면 높이는 약 15in이다. HDTV 스크린은 표준 텔레비전보다 1/3정도 넓이가 더 넓으며 가로와 세로 비율이 16:9이다. 현재 아날로그 TV의 스크린은 약 300,000 픽셀을 포함하고 반면에 HDTV 텔레비전은 최대 2백만 픽셀을 포함한다. 와이드 스크린 기반 디지털 TV는 화질을 떨어뜨리지 않으면서도 확장된 뷰를 볼 수 있다. 사실 화면은 영화감독이 원래 의도했던 방식에 가까운 형태대로 디스플레이된다.

지난 과거 몇 년간 HD 프로그래밍을 지원하기 위한 많은 새로운 디스플레이 기술이 나타났다. HD IP 셋톱박스와 연결되기에 가장 적당한 여러 디스플레이들 중 두 가지는 PDP(Plasma Display Panels)와 평판 LCD(Liquid Crystal Displays)이다.

PDP (Plasma Display Panels) PDP는 시장에서 현재 구매 가능한 평판 패널 디스플레이들 중 가장 크기가 큰 것이다. PDP 동작 원리는 다수의 양전하(positively charged particle)들로 구성된 가스를 통해 정확한 전기전압을 통과시키는 것이다. 일단 전압이 가해지면 가스는 전기를 띠고 빛을 발산한다. 패널 내에 사용되는 가스 유형은 발산되는 빛의 색깔을 결정한다. 형광체(phosphor)라고 하는 물질 혹은 파우더는 스크린에 다중 색깔을 디스플레이하는데 사용된다. 스크린의 물리적 구조는 많은 작은 셀 혹은

픽셀들로 구성되는데 이들은 두 장의 유리 사이에 위치한다. 이들 각각의 픽셀들은 전극(electrode)과 표면에 적용된 형광제 코팅(coating)을 포함한다. 픽셀이 전압 신호로 에너지를 얻게 되면 픽셀 내에 저장된 가스는 이온화되고 플라즈만 물질로 전환된다. 이 물질은 전자와 물질 연결을 강화하는 이온들로 구성된다. 일단 이 상태에서 고전도 플라즈마 물질은 자외선 빛을 방출하고 이는 픽셀의 표면에 있는 빨강, 파랑 그리고 녹색의 형광체를 때린다. 그러면 다음에 각 픽셀에서 그에 알맞은 색깔의 빛을 생성하게 되고 IPTV 종단사용자는 이를 보게 된다. 현대 디스플레이 구조는 실제로 픽셀을 세 개의 작은 서브 픽셀로 나눈다는 것을 이해하는 것이 중요하다 — 즉, 빨강, 녹색, 그리고 파랑 형광체. 순수 색깔을 생성하는 것 외에 플라즈마는 밝기와 색깔 명함을 조절할 필요가 있다. 이는 PCM(Pulse Code Modulation)이라고 하는 기술을 픽셀에 적용해서 얻을 수 있다. PCM으로 여러 펄스를 사람이 인지할 수 없는 속도로 적용한다. HD IPTV 서비스에 연결된 PDP의 주요 이점은 다음과 같다:

- PDP는 시청자에게 좋은 화면을 제공하는 완벽한 초점을 얻을 수 있다.
- PDP는 두께가 3 혹은 4in이고 벽에 쉽게 걸 수 있다. 플라즈마는 TV가 미래에 어떻게 진화할 것인가의 보기가 되었다.
- PDP의 이미지 품질은 계속해서 개선되고 있다. 사실, 값비싼 플라즈마 스크린은 16.77M의 색깔을 나타낼 수 있다.
- PDP 비용은 지난 수년간 계속해 줄어들고 있고 이러한 현상은 앞으로도 계속될 것이다.

PDP는 그러나 단점도 갖고 있다. 예를 들어 옛 모델 중에는 가스 픽셀 버닝(burning)이라고 하는 현상을 보인다. 이는 화면에 검은 점이 나타나게 한다.

LCD (Liquid Crystal Display) 1970년대에 소개된 이후에 LCD 기술은 비디오카메라에서부터 컴퓨터 모니터에 이르기까지 많은 제품들의 주요 부품이 되었다. LCD 스크린은 전통적인 TV 수상기에 비해 다음과 같은 많은 이점들을 갖고 있다.

- 무거운 화면 튜브가 필요하지 않다.
- LCD 스크린은 CRT와 비교할 때 좀 더 미학적으로 즐거움을 준다.
- 에너지 소비에 민감한 소비자들에게 중요한 전력 소모를 줄여준다.

LCD 스크린은 두 개의 유리판 사이에 액정 물질을 위치시키는 것으로 구성된다. 유리판이 놓여지면 여러 전극이 수평 형상(디스플레이 패널의 가로줄)의 한 유리판에 붙여지고 수직 형상(디스플레이 패널의 세로줄)의 두 번째 유리판에 붙여진다. 이렇게 하여 일련의 교차점이 만들어 지고 여기에 액정 물질로 채워진다. 이들 작은 교차점들을 픽셀이라고 한다. LCD 스크린 제작의 마지막 단계는 두 개의 울트라-평판 유리의 외부 표면에 편광 필터(polarizing filter)라고 하는 특수한 판을 추가한다. 디스플레이는 가변의 빛이 유리 기판, 액정 그리고 편광자를 통과하도록 함으로써 작동한다. 이미지의 생성은 전압이 수정체에 적용될 때 시작된다. 일단 이러한 현상이 발생하면 액정 분자가 특정한 방향으로 배열을 변경하여 빛을 편광시킨다. 분자의 꼬임(twisting)은 빛이 디스플레이를 통과하게 하여 하나의 점이 화면에 나타나게 한다. 따라서, 전극은 디스플레이의 전자가 독립적으로 픽셀을 온(on)시키거나 오프(off)시킨다. LCD 스크린상의 색상 효과는 패널에 3중 색깔 필터(three-color filter)를 더하여 달성한다. 디스플레이의 각 픽셀은 필터상의 빨강, 파랑 혹은 녹색 점에 대흥된다. 픽셀을 온 혹은 오프 시키는 것 외에, 전극은 다른 수준의 색상 밝기를 생성할 수 있다. 이는 픽셀에 적용되는 전압 수위를 변경하여 달성한다. 액정은 전압 변화에 따라 배열을 변경한다. 따라서, 전압 신호 강도의 증가는 픽셀을 통과하는 빛의 양을 증가시킨다. 디스플레이에 대한 빛의 소스는 전통적으로 디스플레이 뒤쪽에 위치한 형광 혹은 할로겐전구로부터 온다. LCD에 필요한 빛 소스는 빛이 선명하고 디스플레이 화면 전체에 골고루 분산되도록 하기 위해 높은 와트(wattage)를 필요로 한다. 이러한 모든 요인들로 인하여 IP HDTV 콘텐츠 시청의 많은 장점들을 즐기고자 하는 가입자들에게 LCD가 인기가 있는 선택이 되고 있다.

가격이 낮아지고 IPTV HD 콘텐츠에 대한 증가되는 요구와 더불어 평판 패널 기술의 장점은 이 영역에서의 기술적 혁신이 앞으로도 계속해서 유지되도록 보증할 것이다.

10.3.5.3 다채널 서라운드 사운드 기능

HDTV 신호는 홈시어터 체험을 완성하기 위해 다채널 서라운드 사운드도 포함한다. HDTV는 최대 6개의 채널을 포함한다.

두 개의 전방 채널 — 이 채널을 위한 스피커는 디스플레이의 좌우에 위치한다. 이들은 일반적으로 사운드트랙 음악을 전달한다.

중앙 채널 — 중앙 채널에 연결된 스피커는 디스플레이의 위 혹은 아래에 놓인다. 배우의 대화를 전달한다.

두 개의 후방 채널 — 이들 채널을 위한 스피커는 방안의 뒤쪽에 고정된다. 시청자의 뒤에 스피커를 위치시킴으로써 사운드 효과를 증가시킬 수 있다.

저주파 효과(low frequency effects) — 베이스 신호와 같은 저주파 사운드가 이 채널로 전달된다. LFE 채널은 서브우퍼(subwoofer)라고 하는 장치에 연결된다.

디지털 출력 연결은 이들 채널을 가입자에게 서라운드 사운드 홈시어터와 유사한 체험을 제공하는 증폭기로 전달하는데 사용되는 것에 유의하라.

요약

IPTV는 기존 디지털 지상파, 케이블 그리고 위성 서비스의 대체 혹은 추가로 점진적으로 위상을 넓혀가고 있으나 고화질 버전은 좀 더 시간이 걸릴 것으로 보인다. 그러나 기존 고객으로부터 추가적인 매출을 발생시키고자 하는 노력으로 IP 기반 HD 서비스 제공을 시작하는 많은 전화회사들이 전 세계적으로 증가하고 있다.

HDTV는 수십 년간 방송되어온 아날로그 신호보다 더 선명한 디지털 화면과 풍부한 사운드를 제공한다. HDTV는 차세대 디지털 TV 표준이다. SDTV에 비해 HDTV가 갖는 장점은 개선된 화면 품질에서부터 가입자에게 홈시어터 스타일의 오디오를 제공하는 것에 이르기까지 다양하다. 또한 HDTV의 특성은 높은 화면 해상도에서부터 16:9 비율의 넓은 화면에 이르기까지 다양하다. 이러한 요인들이 결합되어 종단사용자가 영화와 유사한 시청 체험을 할 수 있도록 해준다. HD 비디오 콘텐츠를 생산하는 주요 근본적 이유 중 하나는 SDTV에 비해 가입자에게 좀 더 좋은 시청 체험을 제공한다는 것이다. HD 비디오의 대역폭 요구를 다루기 위한 네트워킹 기반구조의 업그레이드 외에 HD 콘텐츠를 생성하는 장비와 IPTV 데이터 센터의 IT 기반구조 또한 변경될 필요가 있다. 예를 들어 광섬유 혹은 높은 사양의 케이블링 시스템이 여러 유형의 HDTV 장비들을 연결하기 위해 구축될 필요가 있다.

HDTV 신호를 처리할 수 있는 IP 셋톱박스가 표준 텔레비전에 연결될 수 있지만 가입자는 HDTV 프로그래밍의 주요 이점들을 최대로 즐기려면 HD 디스플레이 장치를 소유해야만 한다. LCD와 플라즈마 패널이 HD IP 기반 비디오 콘텐츠를 시청하기 위해 가입자가 사용하는 두 가지의 가장 인기 있는 평판 패널 디스플레이들이다.

C/h/a/p/t/e/r

11 대화식 IPTV 응용

순차적 프로그램 제공과 온-디멘드 비디오 콘텐츠 접속 외에 IP 기반 기술은 전화회사들이 종단가입자들에게 다양한 최신의 대화식 TV (iTV) 응용을 제공할 수 있게 해준다. IP 기반 네트워킹 플랫폼 상에서의 iTV 구축은 IPTV 네트워크 운영자들에게는 자연스러운 진화 과정이라고 생각된다. iTV는 TV 수상기를 단방향 소스, 수동적 엔터테인먼트에서 양방향 동적인 엔터테인먼트, 인포테인먼트 그리고 통신으로 변화시킨다. iTV를 통해, 시청자는 그들의 시청을 자신이 제어할 수 있으며 TV를 보면서 친구들과 채팅을 하고, 네트워크를 서핑하고 최신의 스포츠 결과를 갱신할 수 있다. 가입자들에게 이러한 양방향 대화식 TV 서비스를 제공하는 기능은 IPTV 운영자들 간에 차별화를 제공한다. IPTV는 대화식 응용을 대중들에게 제공하는 잠재력을 갖고 있다. iTv는 이러한 서비스들을 EPG, IP VoD, IPTV 브라우징, IPTV 전자메일, DVR, 포털, 인스턴트 IPTV 메시징, IPTV 상거래, 원격 관리, TV에서의 송신자 ID, IPTV 광고, 지역화된 비디오 콘텐츠, 온디멘드 게임, 시청 관리 등으로 제공할 수 있다. 이 장의 다음 절들은 이러한 iTV 응용들에 대하여 자세히 설명한다.

11.1 iTV의 진화

iTV는 처음에 시청자의 체험을 덜 수동적이고 더 능동적으로 함으로써 체험을 강화하는 방식으로 나타났다. 방송국에는 그들의 프로그래밍이 시청자를 늘리고 그럼으로써 시청률을 높이는데 좀 더 매력적인 수단으로 여겨졌다. 비록 iTV의 아이디어는 1950년대 초반에 나왔지만, iTV의 보급은 1990년대 후반 그리고 2000년대 초반까지 크게 일어나지 않았다. iTV를 이해하고 iTV의 미래 발전을 전망해보기 위해서는 이의 역사를 살펴보는 것이 중요하다. iTV의 역사는 지난 과거 50년 전으로 돌아간다. 이의 진화는 TV 산업의 외부와 내부에서의 많은 발전의 결과이다. 텔레비전과 연관된 분야와 그것의 외에서의 발전은 iTV에 영향을 미쳤다. iTV는 4가지 산업의 융합을 포함한다.

- 케이블과 위성 서비스 제공자

- 가전
- 개인컴퓨터와 소프트웨어 산업
- 전화회사

iTV는 약 50년 전인 1953년에 "Winky Dink and You"라고 하는 프로그램에서 시작되었다. CBS 진행자인 잭 배리(Jack Barry)는 어린 시청자들에게 만화 캐릭터인 "윙키 딩크"를 화면에 나타내주었고 어린이들은 TV 스크린에 정전기에 의해 붙여진 아세테이트 용지에 그림을 그릴 수 있게 하였다(그림 11.1 참조).

이것이 "Winky Dink and You Magic TV Kit"의 일부분이었으며, 이것은 그 당시에 매우 잘 판매되었고 iTV의 성공적인 데뷔였다. 4년 후, 리모트 컨트롤이 소개되어 시청자들은 소파에서 움직이지 않고서도 채널 변경을 손쉽게 할 수 있었다. 1950년에는 또한, ALDC(Alliance Internationales de la Distribution par Cable)이 유럽에 설립되었고 케이블 운영자들은 원거리 TV 신호 접속을 획득함으로써 더욱 많은 프로그래밍 선택을 제공하기 시작하였고 미국에는 다중 시스템 운영자(MSO)가 나타났다.

1960년대에 케이블 시스템은 가입자가 800명에서 850,000명으로 증가되었다. 케이블 산업의 성장을 저지하고 방송 산업의 사양화를 안정화시키기 위해 FCC는 케이블 시스템에 제약을 가하여 근거리와 원거리 TV 신호에 대한 무제한 접근을 더 이상 할 수 없도록 하였다.

1960년대에 MIT 공대는 거대한 네트워크에 대한 개념을 소개하고 실험하였는데 이 네트워크를 초기에 테스팅과 개발의 기반으로 대학에 설치하였다. ARPANET 네트워크는 여러 해 동안 기술적 혁신의 초점으로 유지되었다; 이 네트워크는 네트워크의 네트워크로 성장하였고 매년 더욱 복잡해지고 효율적이 되었다. 이는 인터넷으로 알려지게 되었고 종국에는 1990년대에 혁명적인 통신과 정보 도구로서 일반 대중에게

그림 11.1 "윙키 딩크 그리고 당신" 프로그램

공개되었다. 인터넷은 네트워킹, 하드웨어, 소프트웨어, 통신 기술과 전 세계적 광고와 마케팅에 대한 연구와 개발의 발현이다. 컴퓨터와 인터넷에서의 기술 발전, 혁신 그리고 발견은 IP 기반 네트워크를 사용하는 iTV에 대한 많은 선택으로 이어졌다. 인터넷이 대화식 IPTV가 에뮬레이트하기 시작한 대화식 방법의 리더이다. 인터넷이 만들어지고 얻은 열정은 대화식 IPTV 산업 영역의 미래를 밝게 하고 있다. 1970년대에 위성 텔레비전, HBO(Home Box Office), 첫 번째 셋톱박스, 텔레텍스트, 폐쇄 캡션(CC : Closed Caption), 첫 번째 iTV 실험, 그리고 첫 번째 양방향 셋톱박스가 소개되었다. 1972년에 FCC는 점차적으로 케이블 규제 정책을 풀었다. 위성 TV는 일대다의 방송을 쉽게 해주는 신뢰적 형태의 방송으로 나타났다. 규제 해제와 비디오를 분배하는 저비용 방식으로 위성 방송은 케이블 TV에 많은 이점을 갖게 되었다. 서비스 일렉트릭(Service Electric)는 펜실베니아 지역의 케이블 시스템을 통해 첫 번째 유료 TV 네트워크인 HBO를 제공하였다. 이 시스템은 프로그래밍 콘텐츠를 분배하는데 위성 기술을 사용하였다. 가입자들은 첫 번째 셋톱박스를 제공받았다. 위성을 이용하여 분배함으로써, HBO 신호는 북미 지역 전역의 케이블 운영자들에게 이용 가능하였다. 전국 위성 분배 시스템이 그 결과로 나타났다. HBO가 NVOD의 초기 버전이다. 텔레텍스트와 폐쇄 캡션은 VBI의 제품이다. 텔레텍스트는 단방향 표준 방송 TV와 케이블 TV를 개선하기 위한 수단으로 개발되었다. BBC 기술자가 1970년대에 텔레텍스트를 발명하였고 방송 텔레비전 화면 위에 겹쳐지는 정적인 텍스트로 나타내었다. 미국이 발명한 폐쇄 캡션도 1970년대에 나타났다.

1977년에 지금 사용되는 것과 같은 의미의 iTV가 미국 오하이오 컬럼버스시에서 큐브(Qube)라고 하는 네트워크의 형태로 워너 케이블(Waner Cable)사가 시험 가동하였다. 큐브의 목적은 가입자들의 관심을 끌고 경쟁에서 우위를 차지하기 위한 것이었다. 큐브는 첫 양방향 셋톱박스를 소개하여 가입자들이 유료 영화를 선택하게 하고, 설문에 참여하게 하고 또한 프로그램을 시청하면서 추가적인 정보를 얻을 수 있게 하였는데 이러한 개념은 시청자들에게 호응을 얻었다. 그러나 장비의 비용과 다른 여러 이유로 인해 이러한 서비스가 지속되지 못하였다. 큐브 실험은 미래 iTV 발전에 유용한 식견을 제공하였다.

- 가입자들은 대화식 서비스에 잘 반응하였다.
- 가입자들과 제공자들의 비용이 iTV가 제공하는 이점보다 커서는 안된다.

추가적으로 큐브 실험은 iTV연관 기술의 발전을 가속화하는데 도움을 주었다. 또한 다음 십 년간 iTV의 발전을 주도한 iTV 개발자 자원, 혁신자 그리고 열성적인 사람들을 탄생시켰다. 일본인들이 발명한 HDTV가 미국에 소개되었다. 이는 20MHz의 대역폭을 필요로 한다. 1980년대 후반에 케이블을 갖춘 가정의 수가 5천만 가구 이상으로 증가하였고 단방향 셋톱박스가 널리 보급되었다. 이는 규제를 완화한 1984년 케이블법(Cable Act)에 의해 쉬워졌다. 1990년대에 빠른 개선이 TV 산업의 여러 분야에 나타났다.

iTV 실험 — 1990년대를 통해 iTV에서의 많은 시도와 실험들이 미국과 유럽에서 진행되었다. 이들 중 대표적인 것이 타임워너의 FSN(Full Service Network)이다. 1994년에 FSN은 VoD, 인터넷 접속, 그리고 대화식 프로그래밍을 포함하는 완전한 iTV 서비스를 제공하였다. 이 서비스를 생성하는데 FSN이 사용한 기술과 장비들은 매우 고비용이었고 이 서비스의 매력을 앗아갔다. 디지털 셋톱박스의 비용은 약 10,000달러였다.

PCTV, EPG, DVR 그리고 DVD 탄생 — 브라우저의 플러그인을 통해 TV 콘텐츠가 MPEG로 압축된 데이터스트림을 통해 PC로 전송되어 1997년에 PCTV를 탄생시켰다. 케이블과 위성 서비스 제공자들은 수백 개의 채널을 제공하였고 전자 프로그래밍 가이드는 시청자의 네비게이션을 개선하도록 진화하였다. DVD 플레이어가 1997년 3월에 소개되어 비디오 시청에 있어서 상호작용과 사용자 제어를 더욱 강화하였다. DVR는 1999년에 탄생되었고 시청자가 프로그램을 녹화할 수 있게 하여 나중에 시청자의 제어하에 재생하여 볼 수 있도록 하였다. 시청자들은 되감기, 빨리감기, 잠시 멈춤, 그리고 정지 등의 제어를 할 수 있게 되었다. DVR을 케이블과 위성 제공자들이 채택하였고 추가적인 서비스로서 제공되었다.

미국 전기 통신법 — 1996년의 미국 전기 통신법은 전기통신 시장을 개방하였고 2006년에 디지털 전환하는 것을 설정하였다(* 실제로는 2009년에 전환됨). 추가적으로 FCC는 미국에서의 DTV로 ATSC 표준을 승인하였다. 캐나다, 대한민국, 타이완, 그리고 아르헨티나가 이후에 ATSC 표준을 채택하였다.

ATSC는 MPEG-2를 이용하여 디지털 신호를 아날로그 신호로 셋톱박스 안에서 변환하도록 인가되었다.

DTV의 확산 — 진정한 의미의 디지털 텔레비전은 디지털 카메라로 녹화되고 다른 디지털화된 콘텐츠, 디지털 신호, 그리고 DTV 혹은 HDTV 수상기의 결합을 의미한다. DTV 와 HDTV 수상기는 1990년대 후반까지 자유롭게 구매하기가 어려웠고 그 가격이 매우 비쌌다. 따라서, 케이블과 위성 서비스 제공자들은 그들의 서비스를 압축된 디지털 신호로 제공하여 셋톱박스에서 압축을 풀어 MPEG-2로 변환하여 아날로그 TV에 보여지는 방식으로 제공하였다. 이러한 방식으로 그들은 가입자들에게 디지털 신호의 장점을 지속적으로 제공하였다. 물론 화질은 좀 좋지 않았다. 좋은 품질의 화면과 사운드를 제공하는 HDTV는 미국에서 1998년에 소비자 시장에 소개되었다.

인터넷 폭발 — 웹은 1991년에 탄생하였고 MBONE이라고 하는 실험적인 시스템이 인터넷을 통해 오디오와 비디오 방송을 시작하였다. 이 때, 인터넷은 약 1백만 개 이상의 호스트들로 구성되었다. 1993년에 첫 번째 그래픽 기반의 웹 브라우저인 모자익(Mosaic)이 소개되었다. 1994년에 온라인으로 피자를 주문하는 기능이 피자헛에서 가능하게 되었고 온라인 쇼핑몰이 나타났으면 첫 번째 온라인 은행이 개설되었으며 배너 광고가 처음으로 나타났다. 1996년경 인터넷은 (약 150개국에 걸쳐) 전 세계적으로 천만 개 이상의 호스트로 증가되었다. 인터넷은 가치 있는 정보와 통신 도구로 여겨졌다.

케이블과 위성 텔레비전의 확장 — 전기통신 개혁법안이 1996년에 발효되었다. 이는 유선과 무선 전화 그리고 데이터 서비스 시장을 케이블과 위성 회사에 개방하였다. 이는 시장 성장을 진흥하였고 서비스 제공자들이 새로운 기반구조와 서비스에 투자하도록 격려하였다. 추가적으로 이들 서비스 제공자들이 온라인서비스, 데이터, 인터넷 액세스를 제공하기 쉽게 하였다. 1990년대가 끝나갈 즈음에 디지털 위성과 케이블이 가능하게 되었을 때, iTV 서비스가 등장하였다. 소비자들의 고품질과 다양한 프로그래밍에 대한 요구로 인해 케이블과 위성 네트워크 회사들은 대화형 프로그래밍과 대화형 웹 사이트의 개발과 기금 모금에 참여하였다. 디지털 위성 TV는 1996년에 등장하였고 1999년까지 1200만개의 18인치 접시 안테나가 판매되었다. 1998년까지 디지털 케이블은 백만 가구 이상에게 전달되었고 1999년 말에는 그 수가 약 오백만 가구로 증가되었다.

DVB를 유럽에서 채택 — 케이블 네트워크에서 DVB 신호의 전송에 대한 명세서가 1993년 8월과 1994년 2월 사이에 개발되었다. 1994년 봄에 ETSI는 이 문서를 유럽 전송 표준으로 권고하였다.

TV 개발 이외에 1990년대에 IPTV 산업 영역의 시작을 쉽게 해준 광대역 기술에 있어서 많은 발전이 있었다. PC 혁명은 디지털로 강화된 콘텐츠 제공하는 영화와 텔레비전의 제작과 작업 관리에 긍정적으로 영향을 준 소프트웨어와 함께 나타났다. PC와 인터넷과 연계하여 CD와 DVD와 같은 장치들은 고품질의 사운드와 화면 그리고 사용자 제어와 상호작용성에 대한 소비자의 욕구를 만족시켰다.

2000년대에 iTV 보급은 더욱 촉진되었다. 2001년 말에 2천만 가구 이상이 대화식의 서비스가 가능한 셋톱박스를 갖게 되었다. 2001년에 DSL은 20% 가정으로 보급되었다. HDTV 판매는 증가된 HDTV 프로그래밍과 낮아진 가격으로 인해 가속화되었다. 1990년 후반과 2000년대 초반 사이에 케이블과 위성 네트워크 그리고 서비스 제공자는 수십조 달러를 장비와 디지털 네트워킹 기반구조 구축에 투자하였다. DTV, HDTV, PVR, 네비게이션 장치, 그리고 셋톱박스와 같은 장치 제조사들은 가입자들을 끌기 위해 이들 장치들의 일부에 대한 보조금을 지급하였다.

2000년대 초 이들 산업에서의 주요 관심사항은 경쟁에서 살아남고 투자에 대한 리턴을 얻는 것이었다. 디지털 신호가 제공할 수 있는 개선된 콘텐츠의 용량 덕분에, 정부과 기관의 디지털 텔레비전 프로모션 덕분에, 텔레비전 제공자들의 서비스 개선을 위한 욕구와 매출 증가를 위한 욕구 덕분에, iTV는 앞으로 지속된 현실이 되었다. 오늘날 가용한 기술과 기반구조는 iTV를 IPTV 제공자에게 좀 더 확실한 선택이 되었다.

11.2 iTV

아날로그에서 디지털로의 전환이 계속됨에 따라, iTV는 지속적으로 더욱 더 널리 유행되고 있다. 새로운 네트워킹 기반구조에서의 증가된 대역폭과 압축 디지털 신호의 커다란 전달 능력 덕분에, 대화식 콘텐츠는 더욱 더 많은 가정에 제공될 수 있게 되었다. iTV 는 TV 스크린상의 콘텐츠에 좀 더 능동적으로 사용자가 참여할 수 있는 현상을 기술한다. iTV는 온디멘드와 순차적 프로그래밍 서비스 이상의 IPTV에 추가적인 기능 계층을 더해준다.

iTV는 시청자에게 더 많은 정보에 대한 액세스, 통신 응용 그리고 대화식 프로그래밍에 응답하는 기능을 제공할 수 있다. iTV는 단방향에서 양방향 통신 그리고 수동적에서 능동적 시청 그리고 시청자 제어로의 전환을 포함한다. 응용과 프로그래밍이 시청자의 셋톱박스로 전송되고 시청자는 리모트 컨트롤 혹은 무선 키보드와 같은 네비게이션 장치를 사용하여 상호작용할 수 있다. 시청자가 보낸 정보는 셋톱박스에서 역경로를 따라 호스트의 네트워크 서버로 보내진다. 비록 iTV가 아날로그 신호로 전달될 수 있지만, 콘텐츠 양이 대역폭에 의해 제한된다. iTV가 널리 보급되었는데 그 이유는 압축되어 이진코드로 좀 더 고속으로 전달되는 디지털 신호가 더욱 많은 iTV 콘텐츠와 많은 채널을 전달할 수 있기 때문이다. iTV는 지상파, 케이블, IPTV 그리고 위성 텔레비전 제공자들에 의해 가정으로 분배된다. 이들 그룹들은 지속적으로 시청자의 관심을 끌기위해 경쟁하고 있다. 이들은 자신들의 유로 TV, 광대역, 그리고 전화 서비스에 가입하도록 시청자들을 독려하고 있으며, 일반적으로 다양한 시청자층을 대상으로 하고 이들의 예산에 맞는 여러 패키지들을 제공한다.

11.3 대화식 IPTV 응용

가입자가 순차적 비디오 프로그래밍을 시청하도록 허용하는 것 외에, IPTV는 전통적인 TV 시청 경험에 웹과 같은 상호작용성을 제공한다. 이는 서비스 제공자가 자신들의 제공 서비스가 전통적인 텔레비전 서비스와 차별화될 수 있도록 해준다. 가입자들이 수백 개의 채널을 시청하고 동시에 TV 내용을 녹화하고 다음과 같은 사항을 포함하는 다양한 대화식 TV 서비스에 대한 액세스를 할 수 있게 해준다.

- 전자 프로그래밍 가이드(EPG)
- IP-VoD
- IPTV 브라우징
- IPTV 전자메일
- DVR 중심의 응용
- 포털(walled garden portal)
- 인스턴트 IPTV 메시징
- TV에서의 발신자 ID
- IPTV 광고
- 지역화된 비디오 콘텐츠
- 온디멘드 게임
- 시청 제어(parental control)
- IP 기반 비상 경고 시스템
- IPTV 프로그램 관련 대화식 응용
- 개인화 채널

11.3.1 EPG(Electronic Programming Guide)

IPTV는 가정으로 많은 채널과 서비스를 제공하기 때문에 사람들은 그러한 서비스들을 선택하기 위해 네비게이션을 할 수 있는 방법이 필요하다. 이 기능을 하는 응용을 일반적으로 EPG라고 한다. IPG(Intelligent Programme Guide)라고도 하는 EPG는 IPTV 가입자가 여러 유형의 IP 그리고 대화식 TV 서비스를 미리보기, 선택 그리고 연결하도록 하는 인터페이스 응용이다. EPG 응용은 IPTV 서비스 제공의 표준 부분이고 가입자에게 가용한 점차 증가하는 채널과 비디오 콘텐츠의 소스를 네비게이션하는데 공통으로 사용된다. EPG는 IPTV 가입자에게 HTML 형태로 가용한 IPTV 채널들의 메뉴를 보여주며 리모트 컨트롤을 사용하여 메뉴를 네비게이트한다. IPTV 네트워크의 양방향 특성으로 인해, 모든 채널에 대한 여러 날의 프로그래밍 정보를 포함하고 각 채널 내에서의 각 프로그램에 대한 자세한 정보를 포함하는 것이 가능하다. 추가적으로, 가입자는 장르, 프로그램 제목, 채널, 그리고 시간대별로 검색하는 것이 가능하다. 일단 한 채널이 선택되면 비디오 콘텐츠가 즉시 광대역 네트워크를 통해 다운로드된다. EPG 응용은 테이블 혹은 그리드 형태로 화면에 보여진다. 이러한 형식의 디자인은 보통 읽기가 쉽고 이해하기도 쉽다. 그러나 EPG 인터페이스의 형태를 IPTV 서비스 제공자 브랜드 요구사항을 만족하기 위해 변경할 수 있다. IP 셋톱박스에서 수행되는 클라이언트 EPG 응용과 서버 응용 간의 통신 과정은 표준 인터넷 프로토콜을 사용한다. IPTV 전송 네트워크가 멀티캐스팅을 사용하면, IP 셋톱박스가 추출하는 프로그램에 대한 사항들은 포트 번호와 관련된 멀티캐스트 IP 주소를 포함한다.

11.3.1.1 IPTV EPG 소개

이벤트 서비스 가이드라고도 알려진 IPTV EPG는 현재 그리고 미래 방송 프로그램 선택을 위한 프로그램 목록과 에피소드 정보를 보여준다. 이는 윈도에 현재 채널 콘텐츠를 보여주고 IPTV 가입자가 특정 방송 채널을 선택할 수 있도록 한다. 가입자는 리모트 컨트롤 상의 화살표를 이용하여 여러 옵션으로 이동하여 선택한다. 표준 IPTV EPG의 기능은 다음을 포함한다:

- IPTV 멀티캐스트 채널의 주간 스케줄 보여주기. 주간 채널에서 액세스 가능한 채널은 사용자의 액세스 권한에 의해 정의된다.
- 자동 비디오 녹화
- 새로운 전자메일 도착에 대한 알림
- 선택된 프로그램(혹은 선택된 주제를 다루는 프로그램)이 곧 시작될 것을 시청자에게 일러주기
- 부적절하다고 판단되는 TV 채널에 대한 액세스 제한
- 가입자가 지정한 시간 혹은 날짜에 특정 주제를 가진 프로그램 검색하게 하기
- IP 셋톱박스 내의 저장 장치 제어
- 특정 프로그램과 개인화된 TV 미리 보기

어떤 최신의 IPTV 시스템은 가입자가 원하는 대로 EPG를 프로그램할 수 있도록 한다.

PIG(Picture In Guide)는 TV 스크린상의 작은 윈도 내에 멀티캐스트 채널 중 선택된 것을 보여주는 표준 IPTV EPG 응용의 변형이다. 종단사용자는 리모트 컨트롤의 화살표를 이용하여 한 윈도에서 다음 윈도로 이동할 수 있다. 윈도가 선택될 때 마다 IPTVCD는 특정 채널과 연관된 사운드를 재생한다. 사운드 이외에 셋톱박스는 제목, 시작 시각과 종영 시간을 포함하는 채널 정보를 보여준다. 리모트 컨트롤의 OK나 Enter 버튼을 누르면 윈도가 화면 전체로 넓어지고 사용자는 편안하게 앉아서 그 채널을 시청할 수 있다. 네트워크 기술 관점에서 PIG 상호작용을 지원하기 위해서는 다중 스트림이 요구된다. 이는 낮은 대역폭 용량을 가진 네트워크를 운영하는 서비스 제공자에게는 문제가 된다. 이러한 대화식 IPTV 응용의 전달은 PIG 기능이 IPTV 데이터 센터에 있는 인코더에 내장되어 있어야 함에 유의하라.

11.3.1.2 IPTV EPG 종단 간 네트워크 구조

그림 11.2는 종단 간 IPTV EPG 솔루션을 구성하는 빌딩 블록을 보여주고 있다:

기반 기술 플랫폼은 메타데이터 생성자, IPTV 데이터 센터에 위치한 EPG 응용 서버, 그리고 IPTVCD에 있는 클라이언트 EPG 응용의 세 가지 주요 요소로 구성된다. 다음 절에서 이들 세 가지 기술적 요소들에 대하여 살펴본다:

메타데이터 생성자 EPG는 IPTV 방송과 온디멘드 서비스에 대한 정보를 시청자가 받을 수 있도록 하는 스케줄 데이터를 필요로 한다. 이 데이터에 대한 기술적 그리고 산업적 용어가 메타데이터이다. 메타데이터 생성자는 종단 간 IPTV EPG 시스템의 중심이고 IPTV 서비스 제공자가 네트워크를 통해 EPG 스케줄 데이터를 얻고, 편집하고, 생성하고 재생할 수 있도록 한다. IPTV 메타데이터는 데이터에 대한 데이터를 정의하고 XML 형식으로 포맷된다. 콘텐츠 제공자와 네트워크 운영자로부터의 비디오 콘텐츠 정보를 결합한다. IPTV 시스템이 제공하는 메타데이터 유형은 다음 항목들을 포함할 수 있다:

- 여러 패키지에서 가용한 채널 리스트
- IPTV 채널 이름
- IPTV 채널 설명
- IPTV 채널 로고
- IPTV 채널 제공자
- IPTV 채널 제공자의 웹 사이트
- 프로그램 제목

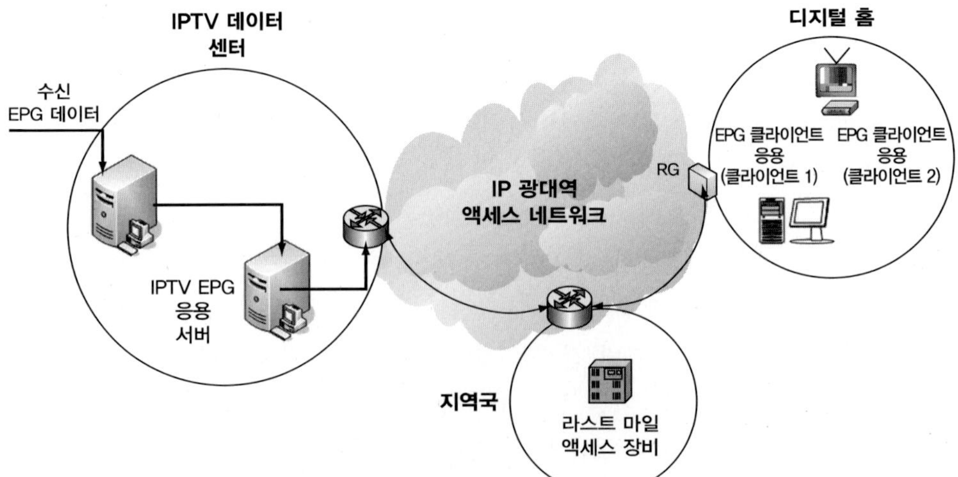

그림 11.2 종단 간 IPTV EPG 시스템

- 프로그램 시작 시각과 종료 시간
- 프로그램 언어 선택
- 프로그램 내용에 대한 자세한 설명
- 시청 제한에 대한 자세한 사항과 프로그램 등급 표준
- 콘텐츠 화면 비율
- 캡션 기능이 있는지 없는지에 대한 표시
- 내포된 광고에 대한 설명
- 오디오와 비디오 콘텐츠에 사용된 압축 기술
- IPTV 콘텐츠의 다른 항목들에 대한 가격과 액세스 조건
- IP 방송 네트워크를 통한 전달에 있어서의 예정된 분배 시간
- 콘텐츠 전달을 위해 사용되는 프로토콜과 기법에 대한 설명
- 캐싱에 대한 상세 사항
- IP-VoD 자산에 대한 미리보기 기간
- 녹화 권한
- 특정 유형의 IPTVCD에 대한 콘텐츠 적용성
- IPTV 종단사용자의 시청 특성 프로파일

종단 IPTV 시스템에서 사용되는 여러 기술들과 더불어 많은 메타데이터 산업 표준들이 여러 해에 걸쳐 나타났다. 텔레비전 세계에서 사용되는 가장 성공적인 포맷은 MPEG-7과 TV Anytime이다.

MPEG-7 MPEG-7은 ISO/IEC 15938이라고 공식적으로 부르는 ISO/IEC 메타데이터 표준이다. 또한 “멀티미디어 콘텐츠 분배 인터페이스”라고 알려진 MPEG-7은 실시간과 비 실시간 AV 콘텐츠를 기술하는데 사용되는 여러 주요 기술들을 정의한다. MPEG-7은 최상위 수준에서 11개 부분으로 나누어져 있다. 표 11.1은 이들 11개 부분을 요약하고 있다.

IPTV 네트워킹 환경의 관점에서 비디오 자산을 기술하는데 사용되는 MPEG-7 메타데이터 정보의 유형은 다음을 포함할 수 있다:

- 비디오 자산에 묘사된 것에 대한 상위 수준에서의 설명
- 색상에 대한 상세 사항
- 자산에 대한 코딩과 저장 포맷
- 시청 등급
- 콘텐츠가 제작된 배경

MPEG-7은 이 정보를 검색 도구가 효율적으로 요청된 콘텐츠의 항목을 식별할 수

표 11.1 MPEG-7 명세서의 구조

부분 제목	설 명
시스템	MPEG-7 메타 설명을 준비하는데 필요한 구조적 프레임워크 기술
DDL(Description Definition Language)	DDL에 관한 상세사항 제공. 이 XML 기반 언어는 IPTV 서비스 제공자가 여러 유형의 기술자를 생성할 수 있도록 함
비주얼	IPTV 콘텐츠 자산과 연관된 여러 유형의 비주얼 특성을 다루는 기술자를 정의
오디오	오디오 중심의 콘텐츠에 관한 기술자를 정의
멀티미디어 설명 방식	멀티미디어 요소에 적용되는 기술자를 정의
참조 소프트웨어	여러 MPEG-7 기술자에 대한 소프트웨어 시뮬레이션 플랫폼 제공
적합성	MPEG-7 표준을 따르는 메타데이터를 보장하기 위한 테스트와 가이드라인을 정의
추출 및 MPEG-7 기술의 사용	정보 제공 목적으로 생성된 기술 보고서이며 MPEG-7의 추출 특성을 정의
프로파일	MPEG-7 프로파일들을 정의
스키마 정의	DDL 기반 스키마를 정의
프로파일 스키마	프로파일 스키마의 모집 방식을 기술

있도록 코드화한다. MPEG-7을 여러 다양한 미디어 타입에 적용할 수 있지만, 특히 MPEG-4를 사용하여 인코드된 콘텐츠에 적용하는 것이 적당하다는 것에 유의하라. 이는 MPEG-4가 TV 장면을 객체로 인코드하고 MPEG-7은 IPTV 서비스 제공자에게 각 객체에 대한 메타 정보를 첨부하도록 허용하기 때문이다.

TV–Anytime TV-Anytime은 인터넷 서비스 제공자에서부터 가전제품 제조업자 그리고 콘텐츠 제공자에 이르기까지 다양한 산업 영역의 관계기관으로부터 만들어진 협회이다. 이 기관은 1999년에 설립되었고 2005년 중반까지 여러 명세서를 출판하고자 하는 목적을 달성하였다. 명세서들은 다음과 같은 네 가지 주요 영역을 다루고 있다:

(1) 비즈니스 모델
(2) 시스템, 전송 인터페이스, 그리고 콘텐츠 참조
(3) 메타데이터
(4) 저작권 관리와 보호

다음 절은 TV-Anytime의 메타데이터 명세서에 대한 간략해 개요를 제공한다.

TV-Anytime 메타데이터 명세서 개요 TV-Anytime 확장 메타데이터 스키마 S3 문서에 기술된 바와 같이 전체적인 시스템 모델은 그림 11.3에 나타나 있다.

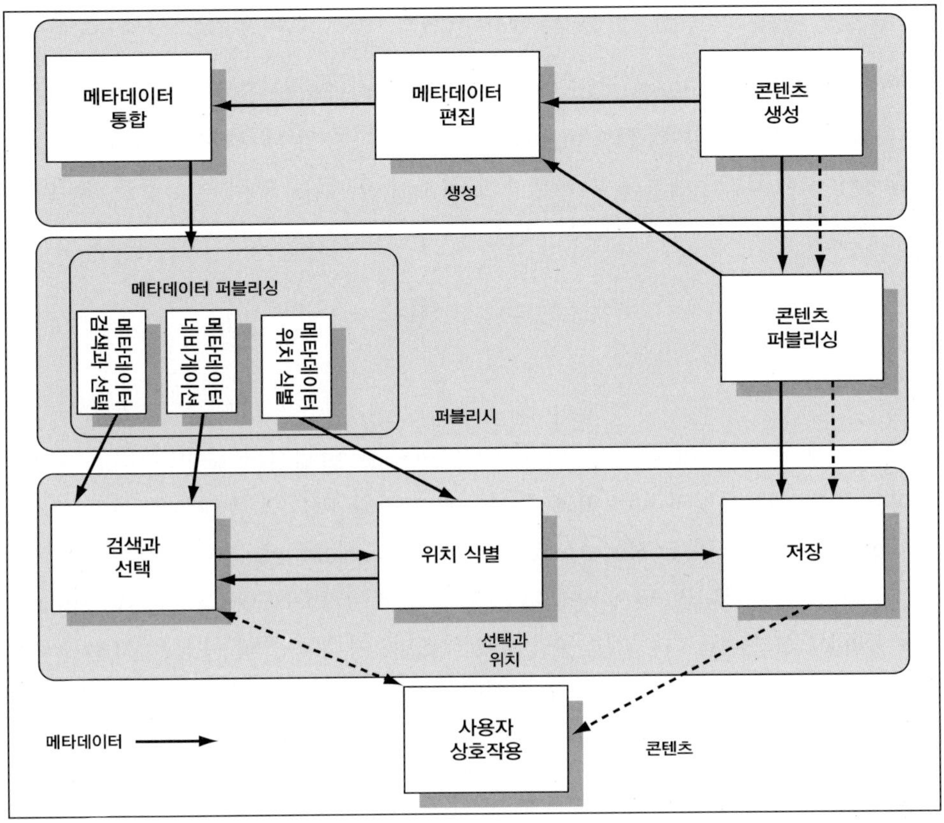

그림 11.3 TV-Anytime 메타데이터 데이터 모드

메타데이터 구조 다이어그램의 주요 특성은 다음과 같다:

(1) *콘텐츠 생성* — 이것은 비디오 콘텐츠 데이터의 생성을 나타낸다. 몇 가지 기본적인 메타데이터가 처리 과정의 이 단계에서 모아진다.
(2) *콘텐츠 발행* — IPTV 네트워크 환경에서 이것은 종단사용자에게 비디오 콘텐츠를 멀티캐스팅 혹은 유니캐스팅하는 것을 포함한다.
(3) *메타데이터 편집* — 이는 종단사용자가 소비하기에 적당한 메타데이터의 생성을 포함한다.
(4) *메타데이터 수집* — 이는 IPTV 데이터 센터에서 여러 소의로부터의 메타데이터 수집을 포함한다.
(5) *메타데이터 발행* — 이는 콘텐츠와 연관된 데이터를 발행하는 것을 포함한다. EPG는 이를 순조롭게 해준다.
(6) *콘텐츠 선택* — 이는 전형적으로 종단사용자의 콘텐츠 선택을 포함한다.
(7) *위치 결정* — 이는 비디오 자산의 위치를 확인한다.
(8) *저장* — 이는 비디오 자산에 대한 저장 요구사항을 정의한다.

(9) *검색과 선택* — 이는 메타데이터의 검색과 관련 선택을 수월하게 한다.

MPEG-7과 유사하게 TV-Anytime은 포맷팅과 메타데이터 표현에 XML을 사용하기로 했다. XML 사용 이외에, TV-Anytime 명세서는 다음의 네 가지 멀티미디어 요소들을 기술하기 위해 IPTV 네트워킹 환경에서 사용될 수 있는 여러 속성들을 정의하였다.

- 오디오
- 비디오
- 정지 이미지
- 게임

여러 속성 유형을 정의하는 것 외에, TV-Anytime 명세서는 또한 서비스 제공자가 여러 다른 IPTVCD 유형과 네트워크 특성들에 기반한 비디오 콘텐츠를 목표로 설정하도록 허용한다. 추가적으로 TV-Anytime은 여러 국제표준에 통합되었다. 예를 들어 2006년에 DVB는 DVB-IPI 명세서에 더하여 IP 상에서의 CBCG(Carriage of Broadband Content Guide) 정보라고 하는 부속물을 출판하였다. 이 부속물의 목적은 AO(always-on) 양방향 IP 네트워크상에서 TV-Anytime 메타데이터의 신호와 전달을 정의하는 것이다. 다음은 CBCG 부속물의 주요 특성들이다.

- 유니캐스트와 멀티캐스트 IPTV 통신 시스템을 지원한다.
- TV-Anytime 메타데이터는 컨테이너라고 하는 DVB가 정의한 단위로 전달된다.
- DVB 프로토콜은 멀티캐스트 기반 BCG 메타데이터를 전송하는데 사용된다. 반면에 HTTP는 유니캐스트 연결상에서 사용된다.
- 이 명세서는 DVB 기반 네트워크에 대한 TVB-Anytime 프로파일을 정의한다.

메타데이터는 현재를 반영하고 보호되어야 한다. 메타데이터가 현재를 반영하고 있음을 보증하는 것은 새로운 버전이 다운로드될 수 있음을 메타데이터 생성자에게 알리는 통지(notification) 프로토콜을 통해서 달성한다. 메타데이터를 보호하는 기존 IT 시스템을 통해서 쉽게 할 수 있다.

IPTV EPG 응용 서버 메타데이터 생성자는 적절한 포맷으로 EPG 클라이언트 응용에게 프로그램 정보를 전달하기 위해 EPG 서버와 연결된다. 응용 서버는 소프트웨어 프로그램, HTTP 서버 그리고 제공되는 모든 방송 프로그램의 이벤트 데이터를 포함하고 있는 중앙 데이터베이스로 구성된다. 이는 4가지 주요 기능을 갖고 있다:

(1) 포맷팅 — 채널 목록은 웹 페이지 포맷된다.

(2) 권한부여 — CAS와 DRM 시스템과 연계된 서버는 특정 채널에 대한 액세스 권한을 부여한다.

(3) IP 멀티캐스트 주소 — EPG 서버는 라우터가 코어와 액세스 IP 네트워크를 통해 IP 비디오 채널을 스트림하는데 사용하는 IP 멀티캐스트 주소를 제공한다.
(4) 캐싱 — IPTV EPG 서버는 캐싱 기능도 제공하며, 이는 종단사용자가 EPG 프로그램 로드(load) 시간을 줄여준다.

클라이언트 EPG 응용 EPG 클라이언트 응용이 제공하는 기능 수준은 다음 특성들을 포함할 수 있다:

- 종단사용자가 좋아하는 멀티캐스트 채널과 온디멘드 타이틀 리스트를 자신에 맞도록 설정하게 한다.
- 종단사용자가 스크린 배치 형태를 변경할 수 있게 한다.
- 종단사용자가 네트워크 운영자가 제공하는 여러 IPTV 서비스와 채널을 통해 효율적으로 네비게이트할 수 있는 방안을 제공한다.

EPG 응용을 실시하는 단계들이 그림 11.4에 나타나 있고 다음 절에서 설명한다:

1단계 — EPG 키를 누르고 클라이언트 응용이 그 명령을 처리한다.
2단계 — IPTV 네트워크를 통한 EPG 실시는 브라우저 기반 클라이언트-서버 네트워킹 모델을 활용한다. 따라서 다음 단계는 EPG 브라우저 응용과 백엔드 서버와의 네트워크 연결을 설정하는 것이다.
3단계 — 명령은 IP 패킷의 형태로 수신되고, 인증되며 웹 페이지를 서버가 생성한다. 웹 페이지는 종단사용자가 요청한 채널 정보를 포함한다. 이 정보는 IPTV EPG 서버에 캐시되거나 메타데이터 생성자로부터 요구된다.

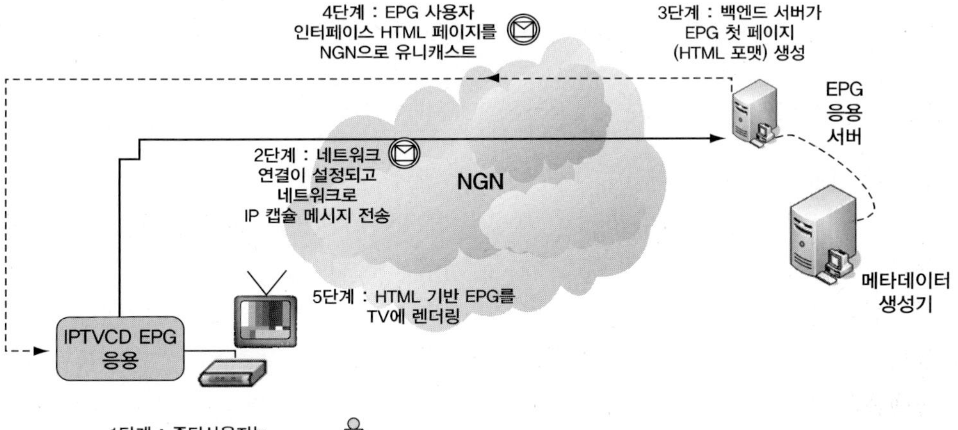

그림 11.4 IP 광대역 네트워크에 연결된 IPTVCD를 통한 EPG 실시

4단계 — IPTV EPG 서버는 종단사용자 요구의 결과를 클라이언트 EPG 브라우저 응용으로 보낸다.

5단계 — 결과가 수신되고, EPG 페이지가 사용자가 이용할 수 있도록 TV 화면에 배치된다.

위에서 기술된 EPG 네트워크 구조는 네트워크와 EPG 명령에 즉시 응답하는 백엔드 서버의 능력에 의존한다. 어떤 경우에 IPTV 종단사용자는 혼잡 현상이나 EPG 요청 처리를 느리게 하는 다른 이슈들로 인해 지연을 경험할 수 있다. 이러한 현상이 주기적으로 발생하면 서비스 제공자는 IPTVCD에서 국지적으로 EPG를 처리하는 구조를 사용할 수 있는 방법이 있다. 이러한 방식에서 기본적인 EPG 응용은 보통 IPTVCD 저장 시스템 내에 있고 IP 네트워크로부터 현재의 메타데이터를 액세스한다. EPG 응용의 지역 저장 장치는 종단사용자에 대한 응답 시간을 빠르게 하는데 그 이유는 IPTVCD에 전원이 공급되면 바로 작동하기 때문이다.

11.3.2 IP 기반 VoD

IPTV는 VoD와 함께 제공된다. 이름이 의미하듯이 VoD는 가입자가 IP 네트워크상에서 비디오 콘텐츠를 선택하고 다운로드하도록 하는 서비스이다. 콘텐츠는 보통 영화, 뮤직 비디오, 그리고 녹화된 텔레비전 프로그램들을 포함한다. VoD 시스템 구축은 다음 두 가지 커다란 부류로 나눌 수 있다:

(1) 다운로드 가능 — VoD 콘텐츠는 IP 셋톱박스로 전달되고 이 콘텐츠는 다운로드가 끝나면 볼 수 있다.
(2) 스트리밍 — IPTV 셋톱박스는 IP 스트림을 통해 콘텐츠를 수신한다.

IP-VoD 응용을 지원하는데 필요한 네트워킹 기반구조와 기술은 9장에서 설명한다.

11.3.3 IPTV 브라우징

많은 IPTV 네트워크 운영자들은 시청자에게 웹에 접근할 수 있도록 한다. 이는 TV-기반 웹 브라우징(WebTV)의 형태로 제공된다. TV-기반 웹 브라우징은 PC에서 브라우징하는 것과 유사하나 TV가 기반이라는 것이 다르다. 많은 웹 페이지들이 TV에서 보도록 만들어지지 않았기 때문에 어떤 네트워크 운영자들은 웹 페이지를 자동으로 변경하는 내장 브라우저를 IP 셋톱박스에 포함하고 있다. 이러한 소프트웨어는 미들웨어 플랫폼의 일부로 제공될 수 있다. 웹 연결을 위해 텔레비전 수상기를 사용하는 개념은 10여 년 전에 상업적으로 소개되었으며 이 이유로 인해 소비자들은 이러한 대화식 TV 응용의 사용을 거부해 왔다. IPTV와 웹 기술의 발전에 따라 TV응용을 통한 웹 콘텐츠 접속의 인기는 앞으로 지속적으로 성장할 것으로 예상된다.

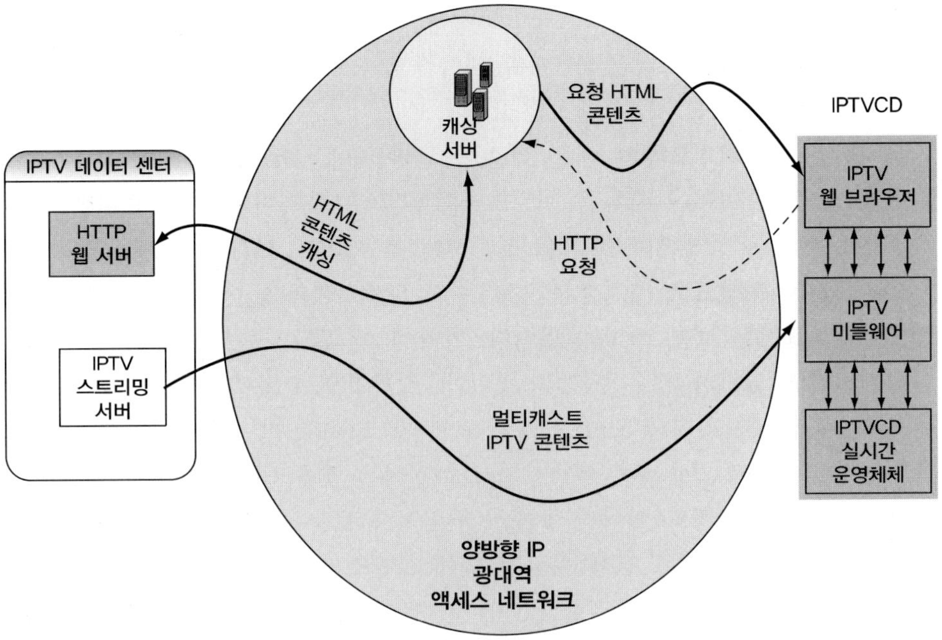

그림 11.5 IPTV 브라우징 시스템의 기술적 빌딩 블록

웹 브라우징은 IPTV 시스템의 주요 요소이다. 그림 11.5에서 IPTV 운영자가 고속 웹 접속을 가입자들에게 제공하기 위해 사용하는 일반적인 기반구조를 보여주고 있다.

보이는 바와 같이 종단 시스템은 다음을 포함한다: IPTVCD 웹 브라우저, HTTP 웹 서버, 캐싱 서버 그리고 인터넷으로의 고속 연결.

11.3.3.1 IPTVCD 브라우저

IPTVCD를 위한 브라우저는 데스크톱에서 사용하는 것과 같은 견고한 기능을 필요로 하고 하드웨어 자원의 일부에 대한 접속도 필요로 한다. 따라서, 브라우저는 셋톱박스, 이동전화, 그리고 인터넷 가능한 전기제품과 같은 자원이 제한된 플랫폼에서 수행되도록 최적화되어야 한다. 브라우저 소프트웨어는 하부 실시간 OS와 미들웨어 플랫폼 상에서 수행되고 보통 다음 기능을 제공한다:

웹 페이지 디스플레이 — 웹 페이지를 TV 스크린에 보이도록 하는 것은 컴퓨터 모니터에 같은 페이지를 보이도록 하는 것과 매우 다르다. 텔레비전은 백여 년간 존재해 왔다는 것을 기억해야 한다. 따라서, IPTVCD는 웹 페이지를 TV 스크린에 쉽게 보이도 보장하는 세련된 소프트웨어 브라우저를 채택한다. IPTVCD 브라우저는 낮은 해상도 장치에서 콘텐츠를 볼 때의 영향을 최소화하면서 텔레비전 스크린에 웹 페이지 내용을 압착한다. 이 과정을 트랜스코딩(transcoding)이라고

하고 표준 텔레비전에 디스플레이하기에 적당한 간단한 포맷으로 웹 콘텐츠를 재구성한다. 트랜스코딩은 두 개의 커다란 부류로 나눌 수 있다: HTML과 이미지 트랜스 코딩. HTML 콘텐츠의 트랜스코딩은 오류가 있는 지에 대하여 코드를 조사한다. HTML 오류의 예는 표준 웹 페이지에 </html> 태그가 없는 것이다. 트랜스코딩은 이러한 오류를 거르고 IPTVCD 브라우저가 쉽게 표현할 수 있는 HTML 버전을 생성한다. 오류를 조사하는 것 이외에, HTML 트랜스코딩 요소는 TV에 맞는 포맷으로 배치를 변경할 수도 있다. 예를 들어, 웹 브라우저의 디폴트 폰트 크기는 보통 10 포인트이다. 만약에 이 폰트 크기로 텔레비전 스크린에 보여진다면 읽기가 매우 어려울 것이다. 결과적으로 트랜스코딩 엔진은 자동으로 폰트 크기를 20이나 22 포인트로 크게 할 것이다. 이 방식은 컴퓨터 모니터에서보다 TV 스크린에 적은 텍스트가 보여진다는 것을 의미한다. 그러나 텔레비전에서 4 ~ 5 피트 정도 떨어진 곳에서 페이지를 보는 가입자가 읽기에는 더 쉽다. 폰트 크기를 자동으로 조절하는 것 외에 트랜스코딩은 TV 스크린의 좌우 폭에 맞도록 페이지 크기를 조절한다. 이미지 트랜스코딩은 인터넷에서 사용되는 여러 이미지 포맷을 IPTV 환경에 맞는 포맷으로 변환하는 책임을 진다. 균일 색상의 GIF는 JPEG나 PNG 보다 IPTVCD가 좀 더 쉽게 처리할 수 있다. 예를 들어 IPTV 가입자가 JPEG 이미지를 포함한 문서를 인터넷에서 요구하면 이미지 트랜스코더가 그 이미지를 GIF 포맷으로 변환할 수 있다. 파일 포맷 변환 이외에, 어떤 최신의 브라우저는 텔레비전 스크린을 위한 그래픽 포맷팅과 스케일링할 수도 있다. 이는 컬러 맵(color map) 조정, 테이블 내 셀(cell)의 크기 재조정, TV 스크린의 해상도에 맞도록 웹 페이지 이미지를 크기 조정 등을 포함한다. HTML 프로그래밍 코드의 파싱(parsing)과 배치는 커다란 처리 용량을 요구한다. 성능이 낮은 IPTVCD 클라이언트는 이러한 과정을 모두 처리할 수 없어서 여러 IPTV 시스템에서는 웹 콘텐츠를 전송하기 전에 트랜스코딩 서버가 웹 콘텐츠를 미리 처리한다.

인터페이싱과 IPTV 가입자로부터의 명령 해석 — 텔레비전에서의 웹 브라우징 시스템이 성공을 거두기 위해서는 사용하기가 편해야 한다. 이를 염두에 두고 IPTVCD 브라우저는 현재 텔레비전 스크린에서 리모트 컨트롤 혹은 무선 키보드로 접속할 수 있는 네비게이션 제어를 사용한다. IPTVCD 브라우저 사용자 인터페이스는 보통 IPTVCD에서 이용 가능하거나 백엔드 서버가 동적으로 생성하는 표준 HTML 페이지로 구성된다. 가입자는 TV 스크린상의 버튼과 메뉴 선택사항을 누르기 위해 리모트 컨트롤 혹은 무선 키보드 상의 화살표 키(위, 아래, 왼쪽 그리고 오른쪽)를 이용한다. 색깔로 표시된 박스는 선택된 옵션을 나타낸다. 네비게이션 버튼 중 어느 하나를 누르면 색깔로 표시된 박스가 가장 가까운 선택 가능한 옵션으로 이동한다. 이 선택 가능한 옵션이 하이퍼링크이고 가입자가 엔터 키를

누르면 브라우저는 이 링크와 연결된 웹 사이트나 콘텐츠를 보여준다.

지역 언어 번역 — 이 특성은 문화적으로 혹은 지리적으로 떨어진 세계의 여러 영역에 IPTV 서비스 구축을 지원한다.

개인화 — IPTVCD 브라우저는 "쿠키(cookies)"라고 하는 웹 개인화 기술을 지원할 수 있다. 쿠키는 서버로부터 브라우저로 전송되고 텍스트 파일로 클라이언트 쪽에 저장되는 메시지로 설명할 수 있다. 이 쿠키의 주요 목적은 IPTV 가입자의 습관을 인식하고 그에 맞는 강화된 TV 페이지를 설정하는 것이다.

설정 — 브라우저 사용자 인터페이스는 특정 로고와 다른 브랜드 요소들을 포함하도록 설정할 수 있다.

인터넷 표준에 기반한 콘텐츠에 대한 지원은 IPTV 서비스 제공자에게 고속 IP 기반 광대역 네트워크에서 기존 웹 콘텐츠와 서비스를 재사용하는 능력을 제공한다.

그림 11.6에 보이는 바와 같이 IPTVCD 브라우저는 여러 유형의 개방형 인터넷과 TV 중심의 콘텐츠 포맷을 처리하고 보여주는 표현 엔진(presentation engine)으로 구성되며, 다음을 포함한다:

HTML (Hyper Text Markup Language) 브라우저의 HTML 지원은 IPTVCD가 웹을 위해 개발된 다양한 콘텐츠를 처리하고 디스플레이할 수 있게 한다. HTML은 대화식 TV 개발자들에게 표제, 텍스트, 테이블, 리스트, 사진, 비디오 클립 그리고 삽화 등을 통합한 IP 기반 콘텐츠를 발행할 수 있는 능력을 주는 간단한 텍스트 기반 언어이다. IP 브라우저가 웹 페이지를 어떻게 처리하는지에 대한 개요를 다음에 설명한다:

(1) 일단 웹 페이지를 IP 네트워크로부터 수신하면, 브라우저는 HTML 코드를 분석하고 브라우저 개발사의 특정 데이터 표현을 생성한다.

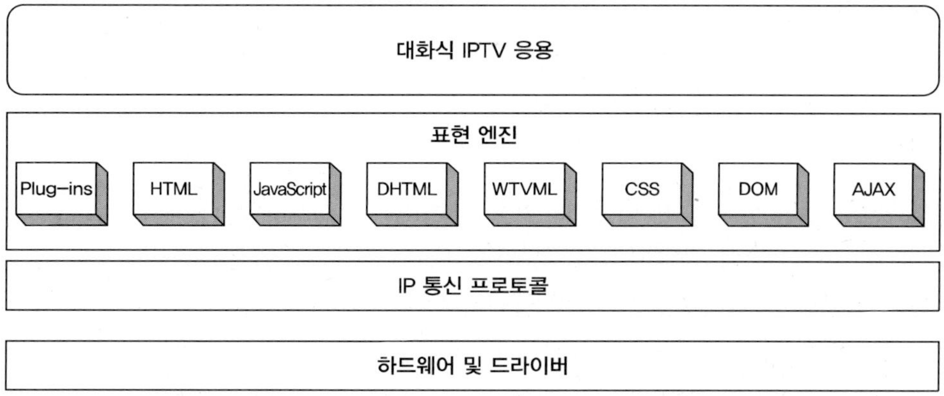

그림 11.6 IPTVCDs 자원 브라우저 포맷

(2) 여러 HTML 요소(이미지, 테이블, 텍스트 등)들을 포맷하고 자동으로 표준 텔레비전 스크린에서 보기 쉽도록 최적화한다.
(3) 페이지를 적절한 출력 포트로 보낸다.

여러 디지털 TV와 IPTV 표준 기구들은 HTML 언어에 텔레비전과 웹 콘텐츠가 같은 페이지 상에 공존하도록 하기 위해 여러 가지 TV 특성에 맞는 확장을 추가하였다. 코어 HTML 언어에 추가된 것들은 다음 특성들로 그룹화할 수 있다.

PIP (Picture In Picture) — 이 특성은 웹 페이지 내에서 생방송 비디오를 디스플레이하고 크기 조정하는 것을 지원한다.

오버레이 (Overlay) — 이 특성은 한 TV 채널 상에서 웹 페이지를 보여주는 것을 지원한다.

윈도화 (Windowing) — 정의의 따르면, 윈도화는 IPTV 가입자가 리모트 컨트롤을 사용하여 비디오스트림에 대해 크기 재조정, 닫기, 감추기 등을 할 수 있도록 한다.

투명성 (Transparency) — 이 기술을 지원하는 이미지 파일 포맷은 어떤 지정된 픽셀들이 전부 혹은 일부가 투명하게 할 수 있다. 그렇게 함으로써 배경 색깔 혹은 구성이 보이도록 한다. 이 특성과 연관된 HTML 태그는 IPTV 설계자가 웹 콘텐츠가 어떻게 표준 TV 스크린과 통합되는지를 제어할 수 있도록 해준다. 설계자가 사용하는 일반적인 기술은 텔레비전 스크린을 배경에 위치시키고 화면을 웹 콘텐츠와 오버레이하는 것이다. 투명성 태그를 이용하여, 설계자는 라이브 비디오의 특정 영역을 보여 줄 수 있다.

요소 배치 — 테이블과 특수 HTML 태그의 사용은 IPTV 콘텐츠 설계자에게 텔레비전 스크린에 멀티미디어와 텍스트 요소들을 정확한 위치에 보이도록 하는 많은 제어 기능을 제공한다.

자바스크립트 자바스크립트는 HTML 문서의 영향력을 확대하기 위해 생성된 개방형, 다중 플랫폼, 객체 기반 스크립팅 언어이다. 자바스크립트 요소는 IPTV 서비스 제공자와 콘텐츠 생성자들이 강력한 대화식 TV 서비스를 가입자들에게 전달할 수 있도록 허용한다.

CSS CSS(Cascading Style Sheet)는 IPTV 콘텐츠 개발자가 페이지를 어떻게 보이고 느끼게 할 수 있는지에 대한 보다 개선된 제어를 제공하는 HTML 언어의 확장이다. W3 컨소시엄은 1994년 소개된 이후 웹에서 CSS의 사용을 주도적으로 촉진해오고 있으며 최신의 IPTV 브라우저 버전과 통합된 3개의 주요 권고안(CSS1, CSS2 그리고 CSS-TV)을 만들었다. CSS-TV 명세서는 특히 IPTV 전문가들과 관련이 있는데 이유는 텔레비전 수상기에서 보기위한 웹 콘텐츠를 스타일링하는 여러 가이드라인을 정의

하고 있기 때문이다. CSS는 복잡한 주제를 다루고 있어서 이들 여러 요소들에 대한 자세한 설명은 이 책에서 다루는 것이 적절하지 않다. 따라서 이 기술에 대한 자세한 사항을 알기를 원하면 http://www.w3.org/를 방문해 볼 것을 제안한다.

DHTML DHTML(Dynamic HTML)은 HTML, 스타일 시트 그리고 문서에 애니메이션을 허용하는 스크립트의 결합을 기술하는데 사용되는 용어이다. DHTML은 자바스크립트와 같은 스크립팅 언어가 아니고 HTML에 대한 API이다. 이것은 IPTV 콘텐츠 저작자가 서버에 접속하지 않고 클라이언트에서 수정될 수 있는 페이지를 생성하는데 IPTVCD의 프로세싱 능력을 이용할 수 있도록 해준다. 또한 DHTML은 TV 콘텐츠 저작자에게 개선된 창의적 제어 기능을 제공하여 이들이 언제든지 TV 스크린 상에서 페이지 요소를 조작할 수 있게 한다.

WTVML WTVML은 XML 기반 마크업 언어이고 유럽 TV 시청자들을 위한 대화식 TV 콘텐츠를 포맷하는데 이용된다. WTVML 명세서는 인터넷 기술을 사용하며 ETSI가 표준화하였다.

DOM DOM(Document Object Model)은 웹 페이지 내의 객체들 — 텍스트, 이미지, 표제, 그리고 하이퍼링크 — 이 어떻게 표현되는지를 기술하는 W3C 권고안이다. DOM은 웹 페이지가 가입자의 IPTVCD 브라우저로 다운로드된 이후에 IPTV 콘텐츠 생성자가 웹 페이지의 외향을 동적으로 변화시키는데 사용된다. DOM 코드는 웹 문서 내에 내재화되어 있고 페이지의 HTML 코드와 함께 브라우저가 해석한다. W3C가 지난 몇 년간 발행한 여러 DOM 관련 명세서들은 서로 다른 수준으로 분류될 수 있다. 2006년까지 1수준, 2수준, 그리고 3수준의 3가지 수준이 존재하였다. IPTV 브라우저가 지원하는 수준의 수는 제작사마다 다르다.

AJAX AJAX(Asynchronous JavaScript and XML)은 웹 기반 IPTV 응용을 생성하기 위해 사용되는 기술 플랫폼이다. AJAX 사용의 주요 이점 중 하나는 종단사용자를 위한 TV-HTML 페이지 액세스에 대한 반응을 개선하는 것이다. 이를 달성하기 위해, AJAX 플랫폼은 백그라운드로 작은 양의 데이터를 전달하여 종단사용자로부터 명령을 수신할 때 전체 HTML 페이지를 다시 불러올 필요를 없애준다.

플러그-인 애니메이션과 멀티미디어 요소에 대한 추가적인 지원은 플러그-인을 사용하여 브라우저에 통합될 수 있다. 플러그-인은 특별한 서비스를 추가하는 소프트웨어 모듈이다. 예를 들어 새로운 아도비 플러그-인은 IPTVCD 브라우저가 플래시 기반 게임, 애니메이션, 영화, 그리고 대화식 표현을 보여줄 수 있게 한다.

메모리 제한으로 인하여 때때로 위에 기술된 모든 텔레비전과 인터네 기반 표준을 지원하는 IPTVCD 브라우저를 설계하는 것이 어려울 수 있다. W3C 기술을 IPTVCD 브라우저에 통합하는 것은 종단사용자와 IPTV 서비스 제공자 커뮤니티 모두에게 이점을 제공한다. 종단사용자의 경우 공중 인터넷에서 가용한 다양한 종류의 콘텐츠를 볼 수 있도록 해준다. 서비스 제공자의 경우에는 기존 웹 콘텐츠를 용도 변경하여 사용할 수 있도록 해주고 빠르게 대화식 TV 응용을 생성할 수 있게 해준다.

이 책을 출판할 시점에 적어도 3개의 다른 기구에서 IPTV 시스템에 관련된 콘텐츠와 하이퍼링킹 명세서를 정의하는 조직을 구성하였다. 다음 절은 이들 조직이 IPTV 브라우저 기술 분야에 기여한 것에 대한 자세한 사항들을 제공한다.

W3C HTML은 웹 문서를 출판하는 사실상의 표준 언어이다. 그러나 이것은 새롭고 좀 더 강력한 버전의 언어로 천천히 대체되었다—XHTML(Extensible HyperText Markup Language). 이 언어의 첫 번째 버전은 2000년에 W3C 권고안이 되었다. 2007년에 XHTML2 작업반이 차세대 XHTML 기술의 개발을 증진하기 위해 W3C 조직에 의해 형성되었다. IPTV 브라우저의 XHTML 사용은 대화식 IPTV 개발자가 오래된 텔레비전 수상기에서부터 현대 평판 스크린 디스플레이 패널에 이르기까지 해상도와 크기가 다른 디스플레이 스크린에 쉽게 표현할 수 있는 콘텐츠를 만들 수 있도록 해준다. 대부분의 IPTVCD 브라우저는 이러한 형태로 표현되는 IPTV 콘텐츠를 지원한다.

CEA W3C 콘텐츠 전달을 위한 HTML 표준 지원 이외에, IPTV 브라우저 공급자들은 새로운 CEA-2014라고 하는 가전협회 표준(Consumer Electronic Association)에 대한 지원도 시작하였다. Web4CE라고도 알려진 CEA-2014는 IPTV 가입자가 인터넷을 브라우즈하게 해주고 UPnP 기반 홈 네트워킹 장치를 원격 조정할 수 있도록 해준다.

ISMA ISMA는 2006년에 HV(Hyperlinked Video) 명세서를 출간하여 IPTV 브라우저 영역에서 활동하게 되었다. HV 명세서의 주요 특성들은 다음 사항들을 포함한다:

- 기존 IPTV 브라우저 표준과 호환되는 개방형 명세서이다.
- 주요 IPTV 스트림을 보완하는 여러 종류의 동작을 유발하기 위해 URL을 사용한다.
- IPTV 네트워크에서 사용하는 특별한 URL 문법과 구조를 권고한다. URL은 텍스트 스트링으로 포맷되고 다음과 같은 자세한 정보를 포함할 수 있다:
    - 타임스탬프 상세사항
    - URL이 어느 특정 시간에 IPTV 네트워크를 통해 전달될 것인지 아니면 사용자의 요청에 대한 응답으로 보내질 것인지에 대한 정보
    - URL의 목적지 주소
    - URL을 IPTVCD 브라우저 윈도에 표기할 것인지 안할 것인지를 정의하는 파라미터

위 특성들 이외에, 이 명세서는 RTP 프로토콜을 통해 URL을 전달하는 것도 허용하고 있다.

11.3.3.2 웹 서버

HTTP 서버라고도 알려진 웹 서버는 기본적으로 파일 서버이다. IPTV 네트워크 내에서 웹 서버의 주요 기능은 IPTV 클라이언트로부터의 HTTP 요청을 듣고 이에 응답하는 것이다. 요청이 수신될 때 서버는 브라우저와 연결을 개설하고 요청된 파일 혹은 웹 페이지를 보낸다. 요청을 서비스한 후에 서버는 대기 상태로 돌아가고 다음 HTTP 요청을 기다린다. HTTP는 매우 빠르다. HTTP의 개발자인 팀 버너스 리(Tim Berners-Lee)에 따르면 요청을 받고 응답을 하기까지의 시간이 약 100ms라고 한다. 겪게 되는 지연은 보통 IP 기반 네트워크상의 혼잡에 의한 결과이다. 브라우터로부터의 요청에 대한 응답 이외에, 웹 서버는 또한 다음과 같은 다른 작업에 대한 책임도 있다:

- IPTV 네트워크에서의 활동에 대한 기록(logging)
- 권한이 없는 사용자로부터 웹 페이지 보호
- 공중 인터넷상의 다른 웹 서버에게 요청 전송

웹 서버에 대한 하드웨어 요구사항은 IP 셋톱박스와 웹 서버 간의 상호작용 수준에 따라 다르다.

11.3.3.3 캐싱 서버

웹을 브라우징하기 위해 셋톱박스와 같은 자원이 제한된 장치를 사용할 때 전체적인 시스템 구조에 최적화된 캐싱을 통합하는 것이 좋다. 캐싱 서버는 코어 IP 백본 네트워크의 가장자리에 있는 IPTV 서비스 제공자의 지역국에 일반적으로 위치한다. IPTV 시스템이 채택한 캐싱 기술은 서버에 인기 있는 웹 페이지들을 저장한다. IPTV 브라우징 응용이 사용하는 여러 캐싱 서버들은 서로 통신하기 위해 표준 통신 프로토콜을 사용하여 로컬 웹 페이지가 최신 버전을 유지하도록 보증한다. 캐싱 서버는 크게 두 개의 부류로 나눌 수 있다: 표준 서버에서 동작하는 소프트웨어와 지정 하드웨어 플랫폼에서 동작하는 소프트웨어.

위의 기술들 외에, 공중 인터넷으로의 고속 그리고 견실한 연결이 IPTV 브라우징 서비스에 요구됨에 유의하라.

11.3.4 IPTV 전자메일

과거에 사람들은 서로 통신을 하기 위해 여러 시스템과 기술들을 사용해 왔다. 인터넷의 인기와 함께, 컴퓨터 사이의 통신을 위한 가장 인기 있는 수단은 전자메일(e-mail)

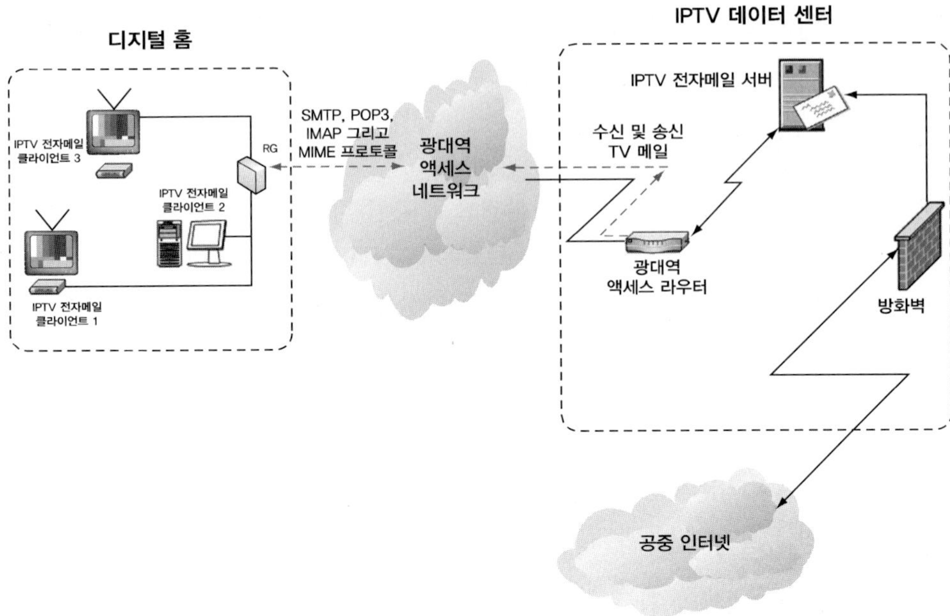

그림 11.7 종단 간 IPTV 전자메일 솔루션

이다. IPTV의 탄생과 더불어, 전자메일이 이제 거실까지 들어오게 되었다. 그림 11.7은 종단 간 IPTV 전자메일 솔루션이 어떤 형태를 갖는지를 보여주고 있다.

보이는 바와 같이 전체 종단 간 IPTV 전자메일 시스템의 주요요소는 IPTVCD에 있는 클라이언트 소프트웨어, 통신 프로토콜 스택, 서버 그리고 IPTV 데이터 센터에 위치한 방화벽을 포함한다.

11.3.4.1 IPTVCD 전자메일 클라이언트

상호작용 기능을 가진 IPTVCD를 가정에서 전자메일을 위한 자연스런 환경으로 자주 볼 수 있다. 클라이언트 전자메일 응용은 보통 IPTVCD 미들웨어와 통합되고 IPTV 데이터 센터와 통신을 위해 TCP/IP 프로토콜을 사용한다. 현대 IPTV 전자메일 응용은 다양한 기능을 수행하고 가입자들이 메일 송수신하는 것 이상의 것을 제공한다. 예를 들어, 전자메일에 파일을 첨부하는 것을 지원한다. 이것이 사소한 것처럼 들릴 수도 있으나 IPTV와 IPTVCD 클라이언트 세계에서 파일을 첨부하는 기능을 구현하는 것은 기술적 문제를 야기한다. 예를 들어, IP 셋톱박스는 첨부 파일을 여는데 필요한 인기 있는 프로그램을 수행하는데 필요한 처리 능력 혹은 저장 용량을 갖고 있지 않다. 따라서, IPTV 전자메일 클라이언트는 첨부파일을 HTML 포맷으로 변환할 필요가 있고 그 후에 파일을 디스플레이하기 위해 브라우저를 사용한다. IPTV 전자메일 클라이언트가 지원하는 다른 특성들은 개인 주소록과 암호화 지원을 포함한다.

11.3.4.2 네트워킹과 통신 프로토콜

전자 메일 메시지는 ASCII(American Standard Code for Information Interchange) 포맷으로 전송된다. ASCII 파일은 텍스트로만 된 파일이다. IPTV 환경에서의 전자메일 메시지 전송은 SMTP, MIME, IMAP4, 그리고 POP3와 같은 인터넷 메일 표준에 기반을 두고 있다.

SMTP — SMTP(Simple Mail Transfer Protocol)은 데이터 센터에 위치한 메일 서버로부터 인터넷상의 다른 메일 서버로 IPTV 메일을 전달하는데 사용되며, 신뢰적이고 효율적인 메일 전송을 위해 설계되었다. SMTP는 TCP/IP 프로토콜 스택의 일부를 구성하며 전자메일이 어떻게 전송 호스트에서 수신 호스트로 전달되어야 하는지에 대하여 명시하는데 이용된다.

MIME — MIME(Multipurpose Internet Mail Extensions)는 IPTV 전자메일 클라이언트가 자동으로 이진 파일을 원래 포맷에서 텔레비전 스크린에서 볼 수 있는 포맷으로 인코드와 디코드하도록 하는 인터넷 표준이다. 이것은 비ASCII 메시지가 어떻게 포맷되어야 하는지를 기술하면 그렇게 함으로써 이들이 공중 인터넷상으로 전달될 수 있게 한다. 비ASCII 메시지 예는 그래픽, 오디오 그리고 비디오 파일을 포함한다. 이 프로토콜은 IPTV 전자메일 시스템이 텍스트 메시지 이외의 많은 것들을 지원하도록 한다. JPEG 파일 그래픽과 PostScript 파일을 포함하는 여러 미리 정의된 MIME 포맷들이 있다.

POP3 — POP3(Post Office Protocol version 3)는 IPTVCD 전자메일 클라이언트가 메일 서버에 저장된 메시지를 액세스하는데 이용된다.

IMAP — IMAP(Internet Message Access Protocol)의 최신 버전 번호는 4이며, POP3와 유사한 기능을 갖고 있으나 IPTV 종단사용자들에게 유용한 추가적인 특성들을 가지고 있다. 전자메일이 서버에 유지된 상태에서 키워드를 사용하여 전자메일을 검색하는 기능은 POP3가 지원하지 않는 IMAP 특성의 한 예이다.

11.3.4.3 전자메일 서버

전자메일 서비스를 사용하는 모든 IPTV 가입자는 고유한 전자메일 주소와 메일박스를 부여받는다. 메일 박스는 IPTV 데이터 센터에 있는 메일서버 게이트웨이에 저장되고 관리된다. 이들 서버들은 인터넷에 연결되고 과금 목적으로 OBSS와 연결되어 있다. 메일 서버 게이트웨이는 메일 서버에서 수행되는 소프트웨어 프로그램이고 방화벽을 통해 IPTV 네트워크를 공중 인터넷에 연결한다.

11.3.5 디지털 비디오 녹화

DVR 기능을 지원하기 위해서는 하드 디스크가 IP 셋톱박스에 통합될 필요가 있다:

프로그램을 선택하고, 생방송 TV 콘텐츠를 로컬 하드 디스크에 디지털로 녹화하고 저장하는 기능. IPTVCD에 관한 5장은 이에 대해 더 자세한 사항들을 설명하고 있다.

11.3.6 WGP (Walled Garden Portal)

WGP는 TV 환경에 맞게 개발된 웹 포탈 혹은 준-웹 환경으로 가장 잘 정의된다. WGP에서 시청자는 별점, 뉴스, 조리법, 스포츠, 날씨, 그리고 전자메일과 채팅과 같은 인터넷 응용의 여러 콘텐츠를 액세스한다. 콘텐츠 제공 이외에, 좀 더 최신의 포털들은 다음 기능들을 제공한다:

- 여러 유형의 IPTV 콘텐츠 서비스에 대한 등록
- 종단사용자의 IPTV 콘텐츠 서비스 구매 허용
- 서비스 제공자의 프로모션 캠페인 수행 허용
- IPTV EPG가 제공하는 것과 유사한 콘텐츠 네비게이션 서비스 제공

콘텐츠는 플랫폼 제공자가 소유하고 제어하기 때문에 가입자는 TV를 통해서만 WGP를 액세스할 수 있다. 인터넷 사용자는 액세스할 수 없다. 어떤 경우에 IPTV 가입자는 WGP로부터 공중 인터넷을 액세스할 수 있다. WGP 내의 각 페이지는 TV를 위해 설계된다.

11.3.6.1 IPTV 기반 WGP 페이지 설계

IPTV 서비스 제공자와 콘텐츠 생성자는 먼저 TV와 PC의 차이, 즉 이들이 사용되는 환경과 IPTV 포털을 사용하는 고객들을 고려하여야 한다. TV를 시정하는 시청자의 그래픽적인 예가 그림 11.8에 나타나 있고 표 11.2에 기술되어 있다.

PC 사용자가 PC를 사용하는 설정의 그래픽적인 예가 그림 11.9에 나타나 있고 표 11.3에 기술되어 있다.

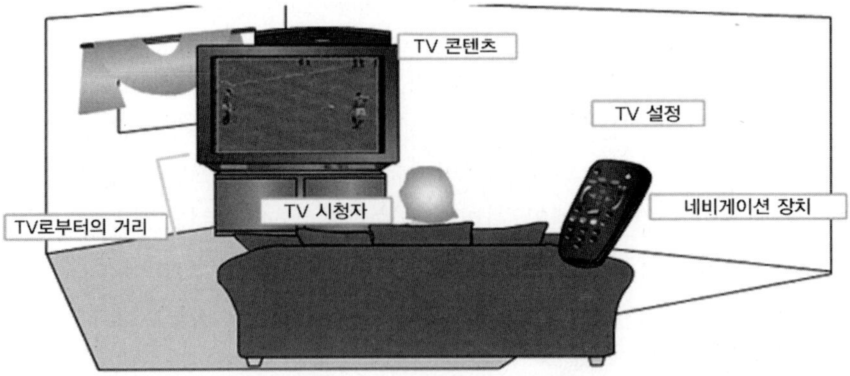

그림 11.8 사람이 TV를 시청하는 전형적인 세팅

표 11.2 TV 시청의 여러 특성에 대한 설명

특 성	설 명
TV 시청자	TV 시청자 • 문화적, 지적, 그리고 기술적으로 다양함 • 연령 프로파일은 모든 연련을 포함-어린이부터 연장자까지 • 주로 엔터테인먼트 목적으로 TV를 사용 • 상호작용을 기대하지 않음 • 평균적으로 낮은 수준의 컴퓨터 기술을 가짐
TV로부터의 거리	시청자는 보통 3 ~ 4.5m(10 ~ 15ft) 거리에서 시청. 스크린에 나타나는 모든 것이 5m 거리에서 시청자가 볼 수 있도록 충분히 커야함. 폰트 크기는 적어도 18p이어야 하고 스크린 요소들은 선명한 화면을 생성하기 위해 공간적으로 잘 분포되어야 함
TV 콘텐츠	시청자들은 음성과 함께 움직이는 콘텐츠의 끊김 없는 디스플레이에 익숙해 있음. 시청자는 점점 더 커다란 폰트로 프로그램 가이드 형태의 텍스트에 익숙해지고 있음. 유럽에서 많은 시청자들이 TV 화면에 겹쳐지는 텔레텍스트에 적응하고 있음. 이는 불투명, 반투명, 투명 설정 가능함
내비게이션 장치	TV 시청자는 내비게이션 장치로 리모트 컨트롤 혹은 무선 키보드를 사용. 리모트 컨트롤은 포켓 크기의 장치이고 상대적으로 저렴하기 때문에 보다 널리 사용됨. 키보드는 의자에 앉아 이용하는데 불편하지만 텍스트를 입력하는데 유용함
TV 위치	일반적으로 시청자들은 거실 혹은 댁내의 어느 지역에서 TV를 시청. 보통 이 영역은 휴식을 위한 환경을 만들기 위해 편안한 의자와 조명이 있는 안락한 지역임

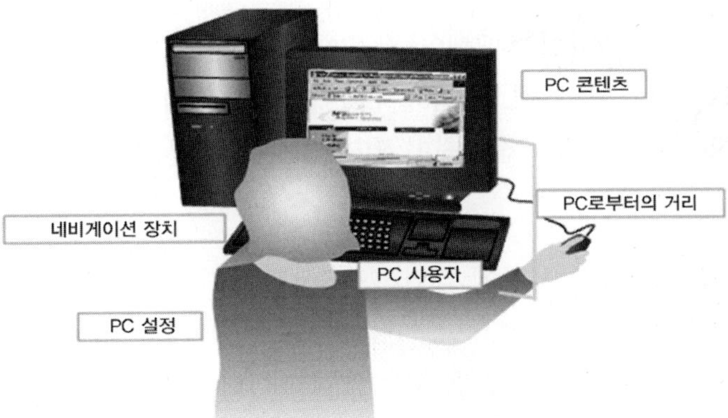

그림 11.9 사람이 PC를 사용하는 전형적인 세팅

테이블과 다이어그램에 보이는 바와 같이, IPTV WGP를 위해 웹 콘텐츠를 재사용할 때 여러 사항들을 고려하여야 한다. 다음 리스트는 새로운 IPTV 서비스를 위한 포털 사이트를 개발하는데 포함된 전문가들을 위한 가이드라인을 제공한다.

표 11.3 PC 사용과 관련된 여러 특성에 대한 설명

특 성	설 명
PC 사용자	PC 사용자는 • PC를 주로 정보와 통신(주로 작업 목적)을 위해 사용 • 많은 텍스트, 복잡성, 그리고 문제들을 기대 • 무언가를 다운로드하는데 자주 기다리는 것을 예상 • 중급에서 고급 컴퓨터 기술을 가짐
PC로부터의 거리	사용자와 PC 간의 거리는 보통 0.5m(2ft)임. 컴퓨터 스크린에 많은 상세사항을 제공하며 표준 텍스트 크기는 11 포인트임
PC 콘텐츠	사용자는 웹페이지에 정적, 선명, 그리고 색상을 가진 콘텐츠 디스플레이에 익숙함. 색상에 거의 제한이 없음. PC 웹 페이지는 메뉴, 서브 메뉴, 그리고 드롭-다운 메뉴로 구성; 11폰트 크기의 텍스트, 수직 및 수평 스크롤바, 여러 하이퍼링크, 검색 특성, 그래픽, 그리고 플러그인을 요구하는 오디오 및 비디오
내비게이션 장치	내비게이션 도구로 키보드와 마우스 사용
PC 설치	사용자들은 가정 혹은 사무실 같은 집중된 곳에서 웹 페이지를 시청하는 것에 익숙함. 그리고 "딱딱한" 의자, 책상에 앉아서 작업

비디오 화면을 배경으로 유지한다 TV 시청자를 위한 웹 페이지를 설계할 때 일관성을 유지하고 웹 페이지에 생기를 주기 위해서 TV 화면을 배경으로 하는 것이 좋다. IPTV 콘텐츠 생성자는 웹 페이지에 대한 반투명 혹은 불투명 배경의 선택을 제공해야 한다. 콘텐츠에 활력을 불어 넣기 위해(음악과 음성 설명 같은) 오디오, 비디오, 그리고 애니메이션을 사용하는 것도 가능하다.

콘텐츠를 간결하게 유지한다 매체와 시청자의 목적을 고려하여 웹 페이지의 콘텐츠는 길고 복잡하지 말아야 한다. 가급적 많은 양의 메뉴나 하이퍼링크는 피해야 한다. TV 시청자는 PC 사용자보다 참을성이 없기 때문에 빠른 다운로드와 반응 시간을 보장해야 한다.

네비게이션 선택 편안한 의자에 앉아서 PC 키보드를 이용하는 것이 어렵기 때문에 대화식 IPTV 응용을 위해 가장 많이 사용되는 네비게이션 장치가 리모트 컨트롤이다. 리모트 컨트롤은 가볍고 한 손에 잡기가 쉬어야 한다. 버튼은 보고 누르기 쉬어야 하며, 최대 30개 버튼이 최적이다. 대부분의 리모트 컨트롤은 방향 버튼과 선택 버튼을 갖고 있다. 스크린과 리모트 컨트롤 간에 명확한 관계가 있어야 한다: 이는 색깔을 가진 화면 상의 버튼과 동일한 리모트 컨트롤 기능 키를 연계시킴으로써 달성할 수 있다. IPTV 제공자는 리모트 컨트롤과 함께 무선 키보드를 제공하여 시청자가 전자메일, 채팅, T-상거래, 그리고 정보 요소와 같은 많은 특성을 이용할 수 있도록 한다. 무선 키보드는 PC 키보드에서 찾을 수 있는 대부분의 버튼을 갖고 있다. 또한 상표에 따라

다른 iTV 만의 특정 버튼을 갖고 있다. 모든 IPTV 시청자들이 무선 키보드를 갖고 있지 않으며 만약에 그렇다면 TV 설정이 성가신 일이 된다. 다음과 같이 하여 네비게이션을 도우는 것이 최선이다:

- 네비게이션을 간단하게 유지한다.
- 스크롤바를 피하거나 제한된 수직 스크롤링만 허용한다.
- 리스트에서 선택하도록 한다.
- 시청자가 타이핑하도록 하는 요구를 최소화한다.
- 리모트 컨트롤로 네비게이션 하도록 그리드 형태로 요소들을 배열한다(예 : EPG 그리드).
- 기능을 리모트 컨트롤 키에 연결한다.
- 다중 계층의 네비게이션 트리를 피한다.
- 중요하지 않은 링크와 옵션을 제거한다.
- 네비게이션 링크 대신에 풀-다운 메뉴를 사용한다.
- 상위에 사이트 네비게이션을 그리고 아래에 서브네비게이션을 놓는다.
- 각 페이지에 대해 앞과 뒤로 연결하는 링크를 추가한다.

웹 페이지들은 마우스로 제어되는 화면 상의 커서에 맞도록 작성되기 때문에, 같은 방식으로 TV 웹 페이지에서 네비게이션을 설계하는 것이 가능하지 않다.

IPTVCD의 제한된 메모리와 속도를 이해한다. 특히 IP 셋톱박스 셋톱박스는 CPU 성능, 운영체제, 그리고 메모리 용량에 있어서 다양하다. 그러나 평균적인 셋톱박스는 8MB의 RAM 그리고 400MHz의 처리 속도를 갖고 있다. 반면에 대부분의 PC는 적어도 1GB의 RAM, 100GB 하드 드라이브, 그리고 4GHz의 처리 속도를 갖고 있다. 시청자는 비록 이러한 차이를 알고 있다하더라도 로딩 시간에 참을성이 없다. 로딩과 반응 시간이 짧아야 한다.

아날로그 TV의 특성을 이해한다 해상도와 안전한 영역은 웹 페이지가 TV 스크린에서 어떻게 보이는지에 영향을 준다.

해상도 — 고해상도로 인해 컴퓨터 모니터에서의 화면 디스플레이는 아날로그 TV 디스플레이에 비해 훨씬 선명하고 안정적이다(예 : 색상). 해상도는 보통 픽셀로 측정된다. 디스플레이에 픽셀이 많으면 많을수록 더 좋은 해상도를 갖는다. 화면 디스플레이가 스크린에 전송되는 방식과 속도도 결정적인 요인이다.

TV 안전 영역 — 전체 화면의 콘텐츠가 오버스캐닝 혹은 TV 수상기의 테두리 때문에 분명하지 않을 수 있다. 이것이 스크린의 안전 영역을 결정하는 중요한 이유이다. 스크린의 안전 영역은 시청자가 TV 수상기의 상표나 스타일에 관계없이

콘텐츠를 볼 수 있도록 (예외가 있음) 보장하는 영역이다. TV 신호는 보통 디스플레이 가장자리로 오버스캔되어 TV 화면이 "주변 영역(fringe)"없이 나타나도록 한다. 추가적으로 TV 테두리가 차지하는 디스플레이 영역의 정도는 TV 수상기마다 다르다.

다운로드 시간을 최소화한다 다운로드 시간을 최소화하기 위해

(1) 다운로드되는 데이터양을 줄인다 — 다운로드되어야 하는 스크린상의 요소가 작다면, 전체 다운로드 시간은 줄어들 것이다.
(2) TV 스크린의 안전 영역 내에 맞도록 페이지를 설계한다 — 페이지들이 TV 스크린의 안전영역에 맞으며, IP 셋톱박스 브라우저는 커다란 이미지와 테이블에 대해 크기를 재조정하는데 시간을 소비할 필요가 없다.
(3) IPTV 시청자의 다음 페이지를 예측한다 — 시청자가 현재 페이지를 보고 있는 동안 다음 페이지를 다운로드 한다.
(4) 애니메이션에서 빠른 다운로드 소개 장면을 삽입한다 — 소개 화면이 플레이되는 동안 애니메이션의 나머지를 다운로드 할 수 있다.
(5) 텔레비전 혹은 색상을 배경으로 이용한다 — 웹 페이지에서 텔레비전 혹은 평이한 색상이 아닌 다른 것을 배경 이미지로 놓은 것을 피하는 것이 최선이다.

목적 텔레비전이 사용하는 신호의 유형을 식별한다 아날로그 텔레비전이 사용하는 두 가지 주요한 비디오 신호가 있다 : 혼성(composite) 그리고 S-비디오 입력. 혼성 비디오에서, 빨강, 녹색, 파랑(RG) 그리고 동기 정보가 TV로 입력되는 하나의 신호로 결합된다; 이 화면을 전송하기 위해, TV는 신호를 네 개의 요소로 분리해야 하는데 이로 인해 왜곡, 화면 품질 저하가 발생한다. S-비디오는 깨끗하고 선명한 화면을 제공하는 신호 전달의 개선된 방식을 제공한다. 콘텐츠 개발자는 IPTV 플랫폼에 맞도록 응용을 커스터마이즈할 때 이러한 차이를 알 필요가 있다.

색조 문제를 피하라 혼합신호를 사용하는 TV 수상기는 보통 시각적 인위적 구조물을 생성한다. 이는 사용하는 기술의 한계 혹은 고장으로 인한 디스플레이, 콘텐츠, 혹은 사운드의 왜곡들이다. 인위적 구조물은 별 것 아닐 수도 있고 큰 문제를 야기할 수도 있다. 그러한 인위적 구조물이 컴퓨터 모니터에서는 나타나지 않는다. 두 색깔 사이의 색차가 크다면 "채색 얼룩(chroma crawl)"이라고 하는 인위적 구조물이 혼합 비디오 신호에 생성된다. 두 개의 대비되는 색깔이 만날 때마다, 점(dot)들이 기어 다니는 것처럼 보인다. 때때로 이들은 형태를 가질 있고 화면의 좌우 혹은 아래로 이동한다. 이는 텍스트와 이미지가 명확하지 않고 왜곡되어 보이게 한다. 같은 색조(hue) 그러나 다른 휘도(luminance)를 가진 색깔을 사용하여 이러한 "채색 얼룩"현상을 피할 수 있다.

색조 문제를 최소화하라 채색 얼룩 제거를 위해 IPTV 콘텐츠 생성자는 색상 선택에 있어서 제한을 받는다. 그러나 여러 경우에 있어서, 그 효과를 최소화하는 것으로 충분하다. 채색 얼룩을 최소화하는 것은 이웃하는 색조 사이의 색차를 줄이는 것을 의미한다. 이는 선명한 색조를 파스텔 색조로 대체함으로써 가능하다. 채색 얼룩 이외에 고려해야할 다른 TV에서의 색조 문제는 다음과 같다:

- *핫 컬러* — 컬러가 과도하게 떠는 현상을 줄이기 위해, 채도를 80-85%로 줄인다.
- *블리딩*(bleeding) — 블리딩은 혼합 혹은 S-비디오 신호에서도 발견된다. 이웃 컬러들이 서로에게 겹쳐지는 것처럼 보인다. 블리딩은 크로마 크롤과 같은 방법으로 처리할 수 있다.
- *물결무늬*(moire) *효과* — 물결무늬 패턴은 대비되는 컬러(청어가시 무늬에서의 검정과 흰색)들이 가깝게 보일 때 인터레이스 (격행) 스캐닝에서 나타난다. 물결무늬 효과는 컬러에 따라 변한다. 이 패턴 주변 영역은 희미하게 반짝이는 효과를 보이거나 붉은 홍조를 띌 수 있다. 상세한 패턴을 피함으로써 물결무늬 효과를 피하는 것이 가능하다.
- *블루밍*(blooming) — 인터레이스 스캐닝에서, 밝은 스캔 라인은 어두운 것들보다 넓다. 따라서, 여러 밝고 어두운 스캔 라인들이 함께 그룹을 이루어 서로 교대로 스캔되면 세로축이 파도가 들어오고 나가는 것처럼 보인다. 블루밍은 표에서 세로줄이 있는 것처럼 세로줄이 있을 때 확연히 나타난다.
- *깜박거림*(flickering) — 깜박거림은 TV 디스플레이가 인터레이스되기 때문에 생긴다. 깜박거림 필터가 없으면 한 픽셀 두께의 얇은 가로줄이 깜박거리는 것으로 보인다. 가로줄은 적어도 넓이가 2개 픽셀 이상이어야 한다. 마찬가지로 두 개의 대비되는 컬러들 사이의 가로 줄도 떨리는 현상이 나타난다.

전 세계적으로 점차 오래된 아날로그 TV 수상기에서 더 좋은 화면, 사운드 그리고 전체적으로 안정감을 주는 디지털 그리고 고화질 텔레비전으로 이동하고 있다. 궁극적으로 이들이 전 세계적으로 전개될 것이다. 그렇게 되면 IPTV 웹 포털을 위한 웹 페이지 개발은 더욱 간편해 질 것이다. 이런 상황이 올 때가지, 콘텐츠 생성자는 위에 기술된 여러 가이드라인을 따를 필요가 있다. 시장의 요구 관점에서 TV 시청자는 화면에서 웹 페이지를 보는 것보다 TV를 시청하는 것에 익숙해 있다. 그러나 이 저자는 WGP이 이러한 현상을 따라 잡을 것으로 확신하며 IPTV가 이러한 응용의 인기를 증가시키는 주요인으로 작용할 것으로 믿는다.

11.3.7 인스턴트 IPTV 메시징

이 응용은 가입자가 텔레비전을 대화식 채팅 포럼에 참여할 수 있도록 하는 "현장

(presence) 기술"을 이용한다. 네트워크 서비스 제공자는 가입자에게 가용한 채팅 유형을 결정한다. 기술적 관점에서 IPTV 운영자는 헤드엔드에 강력한 채팅 서버를 구축할 필요가 있다. 채팅 서버는 쉽게 커스터마이즈할 수 있고 광고 배너와 부드럽게 통합될 수 있다. 클라이언트 IPTV 응용은 매우 적은 메모리와 프로세서 요구하며 IPTVCD에서 사용하는데 적합하도록 한다. 대부분의 IPTV 채팅은 일대일 그리고 일대다 통신 채널을 제공한다. IPTV 메시징 소프트웨어 응용의 새로운 버전은 대화식 TV 설계자가 TV 스크린을 두 개의 프레임으로 나눌 수 있도록 허용한다. 첫 번째 프레임에서는 포럼을 하고 두 번째 프레임은 관련 TV 프로그램을 보여준다.

11.3.8 IPTV 상거래

IPTV-상거래는 비즈니스 활동을 지원하고 시청자가 키보드와 IPTVCD 대신에 리모트 컨트롤을 이용하여 TV를 통해 상품을 구매할 수 있도록 한다. IPTV-상거래라는 용어는 온라인 쇼핑, 인스턴트 쇼핑, 온라인 베팅 그리고 홈뱅킹을 의미한다. 인스턴트 쇼핑의 경우, 종단사용자들은 자신들이 시청하고 있는 채널을 벗어나지 않고 광고에 나오는 제품을 구매할 수 있다. IPTV 플랫폼을 통해 전자상거래를 할 수 있도록 하는 기능은 서비스 제공자의 전체적인 매출을 증가시키는데 도움을 준다. PC 기반 전자상거래에 적용되는 보안 척도가 IPTV 상거래에도 적용된다. 이것은 PC를 이용하여 온라인 구매하는 것이 편하지 않은 사람들에게는 좋은 응용이다.

11.3.9 IPTV 소셜 네트워킹

인터넷 기반 소셜 네트워킹 사이트의 인기는 지난 몇 년간 매우 빠르게 증가하였다. IPTV는 소셜 네트워킹 현상의 팽창을 텔레비전에서 쉽게 할 수 있게 해주었다. TV 수상기에서의 소셜 네트워킹 환경을 구현하는 것은 IPTVCD와 백엔드 서버에 특별한 소프트웨어를 필요로 한다. 이러한 유형의 대화식 IPTV 응용이 지원하는 전형적인 특성들은 IPTV 가입자들이 자신의 친구들이 현재 텔레비전에서 어떤 채널을 시청하고 있는지를 볼 수 있도록 하는 것에서부터 같은 프로그램을 시청하면서 실시간으로 채팅하는 것에 이르기까지 다양하다.

11.3.10 TV에서의 발신자 ID

이 IPTV 응용은 전화회사를 통해 발신자 ID 서비스에 가입한 가입자가 텔레비전 스크린에서 발신자 정보를 볼 수 있도록 한다. 다시 말하면, 전화벨이 울릴 때 팝업 윈도가 걸려온 전화 발신자의 이름과 전화번호를 종단사용자에게 알려주기 위해 텔레비전에 나타난다. 이 IP 응용의 개선된 버전은 집안의 여러 PC와 TV 스크린에 발신자 ID

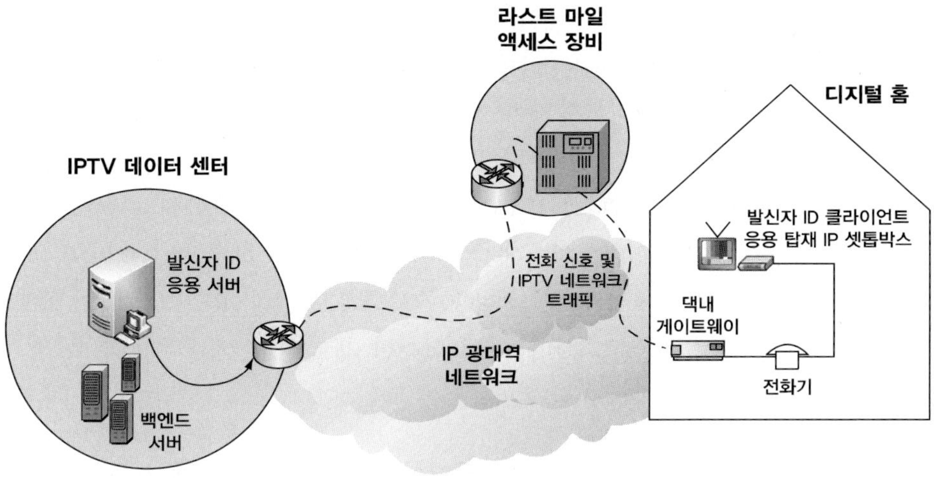

그림 11.10 종단 간 발신자 ID IPTV 응용의 요소

윈도가 동신에 팝업되도록 허용한다. IPTV 네트워크에서 발신자 ID 서비스를 구축하는데 필요한 두 가지 주요 요소에 대한 상위 수준의 개요를 그림 11.10에 보여주고 있으며 다음 절에 설명하고 있다.

응용 서버 — 이 서버는 IPT 데이터 센터에 위치하고 다양한 전기통신 프로토콜을 지원한다. 전화가 오면 그 신호가 이 서버로 라우팅되고 통신 세션이 IP 셋톱박스와 설정된다. 이 응용 서버의 추가적인 기능으로는 백오피스의 보조 그리고 관리 시스템과의 통신에서부터 네트워크에서의 데이터 전송 관리 등이 있다.

클라이언트 IPTVCD 소프트웨어 응용 — TV에 발신자 ID 상세사항을 보여주는 것은 IPTVCD에 특별한 소프트웨어를 설치하고 활성화하는 것을 필요로 한다. 이 소프트웨어 모듈은 IPTVCD 운영체제와 통합되고 IPTV 서비스 제공자의 소유로 되어 있다. 이 응용은 걸려오는 전화의 발신자에 대한 이름과 번호가 가입자의 TV 화면에 나타나도록 보증하는 책임이 있다.

발신자 ID 응용은 음성메일과 텍스트 메시지를 포함하는 다른 유형의 수신 메시지 서비스에 대한 통지를 보여주는데도 사용될 수 있다. TV를 위한 발신자 ID는 IPTV 가입자들의 매우 인기 있는 응용이고 융합 서비스가 미래에 사람들의 생활에 어떤 영향을 줄 것인지에 대한 실질적인 한 예이다.

11.3.11 IPTV 광고

광고를 전달하는 매체로서 대화식 TV의 사용은 주류 응용으로 빠르게 성장하고 있다. 광고주와 서비스 제공자가 가입자들에게 다양한 광고를 할 수 있게 한다는 사실은 이러한 유형의 IPTV 응용에 주요 동력으로 인식되고 있다. IPTV는 콘텐츠에 직접 내재된 광고와 통합 링크를 포함하는 다양한 IPTV 광고 포맷을 지원할 수 있다. 여러 광고 포맷뿐만 아니라 IPTV는 운영자가 표준 방송 프로그래밍 스트림과 증가하는 주문형 콘텐츠에 광고를 넣을 수 있도록 허용한다. IPTV 광고는 광고주가 가입자와의 일대일 연결을 제공할 뿐만 아니라 IPTV 서비스를 구축하는 전화회사들에게 상당한 매출 기회를 제공한다. IPTV 네트워크에서 수행되는 새로운 타깃 광고 기술이 세계적으로 다른 IPTV 구축 환경에서 이제 나타나기 시작하고 있다. RF 기반 네트워크에서 동작하는 전통적인 광고 시스템과 비교하여 이러한 새로운 IP 기반 시스템의 두 가지 주요 이점은 다음과 같다:

(1) *양방향 기능* — 모든 IPTV 구축이 양방향 광대역 네트워크에서 동작한다는 사실은 이들 새로운 광고 시스템이 광고에 대한 시청자의 반응을 실시간으로 모으고 모니터할 수 있다는 것이다. 이러한 특성은 광고주가 즉시 특정 마케팅 캠페인의 효율성을 측정할 수 있다.
(2) *개별 IPTVCD에 직접 주소지정을 할 수 있다* — IPTV 시스템에서 타깃 광고 삽입 기술의 구축은 서비스 제공자, 콘텐츠 프로그래머, 그리고 광고주가 광고 메시지를 개별 IPTV 시청자에 맞게 타게팅할 수 있게 해준다. 이는 현재 광고 시스템에 비교할 때 중요한 이점이다. 현재 시스템은 특정 지리적 영역에 상업적 타깃 광고를 하는 것에 제한이 있다.

이 응용이 제공하는 기능은 옵트인(opt-in) 기반으로 자신이 관심이 있는 제품과 서비스에 대한 광고만을 수신할 수 있도록 하면서 가입자가 비디오 콘텐츠 시청 체험에 대한 제어를 유지하도록 해준다. 광고주의 관점에서 정확한 사용자 데이터의 가용성은 광고주가 시청자의 관심에 초점을 두게 함으로써 광고 캠페인의 성공을 증대시키는데 도움을 준다. 서비스 제공자는 또한 새로운 텔레비전 광고 매출 스트림을 생성할 수 있도록 도와줌으로써 이러한 기능으로부터 이득을 볼 수 있다. 전체 광고 시스템의 여섯 가지 주요 하드웨어와 소프트웨어 요소들이 그림 11.11에 나타나 있고 다음 절에 이들에 대해 기술한다:

콘텐츠 수신 — IPTV 광고 시스템에서 이 텔레비전 채널은 오프-에어(off-air)로 받거나 위성으로부터 수신하여 삽입기(splicer)로 전달된다. 특수한 광고 마커(marker)가 이 스트림에 포함되기도 하는데 이는 광고 삽입을 위해 할당되는 비디오스트림의 영역들을 표시한다.
광고 서버 — 광고는 보통 미리 녹화되거나 IPTV 제공자의 데이터 센터에 위치한 특수 목적의 비디오 서버에 디지털로 저장된다. 서버는 이들 광고를 삽입기에게 전달한다.

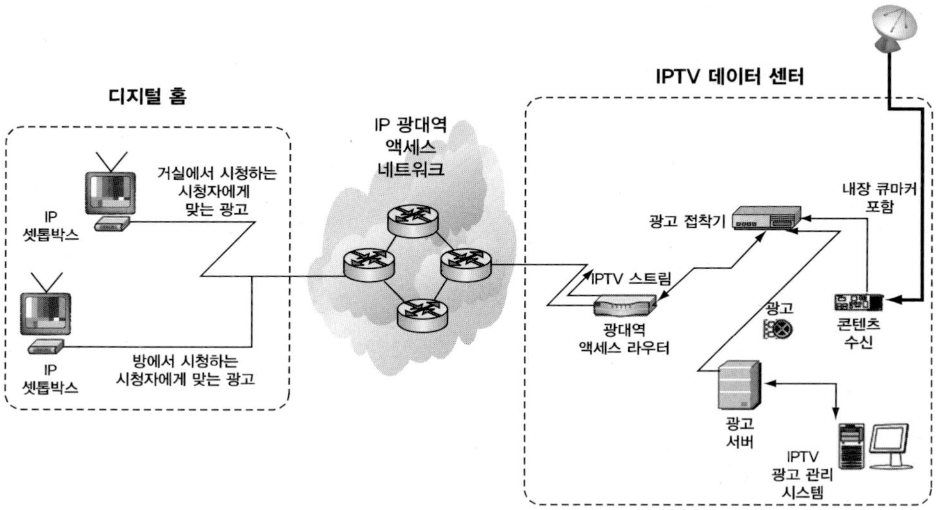

그림 11.11 IPTV 타깃 광고 시스템

광고 삽입기 — 이 하드웨어의 목적은 광고 서버로부터 추출한 광고를 IPTV 스트림에 삽입하는 것이다.

광고 관리 시스템 — 이것은 PC 혹은 서버에서 동작하는 소프트웨어이며, 명시된 시간 슬롯에 올바른 광고가 올바른 IPTV 스트림에 삽입되는 것을 보증한다. 좀 더 개선된 시스템들은 프로그래밍 유형, 지리, 그리고 인구학적 데이터와 같은 특별한 마케팅 캠페인 기반 파라미터들의 생성을 지원한다.

광대역 액세스 라우터 — 이 라우터는 내장 디지털 광고를 갖는 IP 비디오스트림을 코어와 액세스 IP 네트워크로 스트림한다.

IP 셋톱박스 — IPTV 네트워크에서의 타깃 광고는 자신들이 시청하기를 원하는 광고 유형을 약술하는 개인 프로파일을 생성하는 IPTV 인터페이스를 사용하는 가입자들로부터 시작한다. 이 프로파일 정보와 관련 시청 통계를 특정 분야의 제품과 서비스에 관심을 갖고 있는 IPTV 가입자에게 접근하기 위해 광고 회사들이 사용한다.

IPTV 타깃 광고 시스템의 구축은 독립적으로 구축되는 것이 아니고 여러 다른 시스템들과 연계하여 IPTV 데이터 센터 내에 통합되어 구축된다.

11.3.12 지역화된 비디오 콘텐츠

많은 전화회사들은 지역화된 비디오 콘텐츠의 개발을 IPTV를 다른 것들과 차별화하는 것으로 생각한다. 오늘날 매체가 전달하는 대부분의 콘텐츠는 전국적이거나 전 세계적인 것에 초점을 맞추고 있어서 특정 지역적인 커뮤니티에 국한된 지역적인 콘텐츠를 제공하는 것에 한계를 갖고 있다. 지역적인 콘텐츠 IPTV 응용은 보통 가입자가 그 지역의 날씨, 쓰레기 수거 스케줄, 학교 알림사항, 스포츠 시합 결과, 그리고 트래픽 비디오를 텔레비전에서 볼 수 있도록 허용한다.

11.3.13 GoD (Gaming on Demand)

IPTV 기술은 전화회사들이 고객들에게 대화식 TV 게임 응용을 제공하도록 해준다. IPTV 서비스의 목록에 온라인 게임 응용을 추가함으로써 전화회사는 추가적인 매출을 올릴 수 있으며 고객 이동을 줄일 수 있다. 가입 이외에 IPTV 제공자는 광고주와 종단사용자를 연결하는 IP 기반 게임에 광고를 넣을 수 있다. GoD 응용은 IPTV 가입자에게 다음을 허용한다:

- 집에서 편안하게 고품질의 고급 게임을 할 수 있다.
- 인터넷으로 연결된 다른 게이머와 플레이할 수 있다.
- 게임을 하면서 텍스트, 전화 혹은 이모티콘 메시징을 할 수 있다.

IP 기반 주문형 게임 시스템의 두 가지 주요 요소가 그림 11.12에 나타나 있다.

게임 서버 — 클라이언트-서버 컴퓨팅 구조가 이러한 유형의 IPTV 응용을 구축하는데 사용된다. 서버는 IPTV 데이터 센터에 위치하고 기존 VoD 기반구조와 자연스럽게 통합된다. 서버는 온라인 게임 개발에서 두 가지 작업에 포함될 수 있다: 여러 게임 타이틀 저장과 IP 셋톱박스로부터의 명령 해석.

온라인 게임 클라이언트 응용 — IPTV 게임 응용은 IPTVCD의 하드웨어 성능에 따라 지역에서 혹은 원격에서 수행된다. 리모트 컨트롤 혹은 특수 조이스틱이 게임을 하는데 이용된다. IPTVCD의 UDP/IP 프로토콜 계층이 클라이언트 IPTVCD로 업스트림 그리고 다운스트림 게임 콘텐츠를 전달하는데 이용된다.

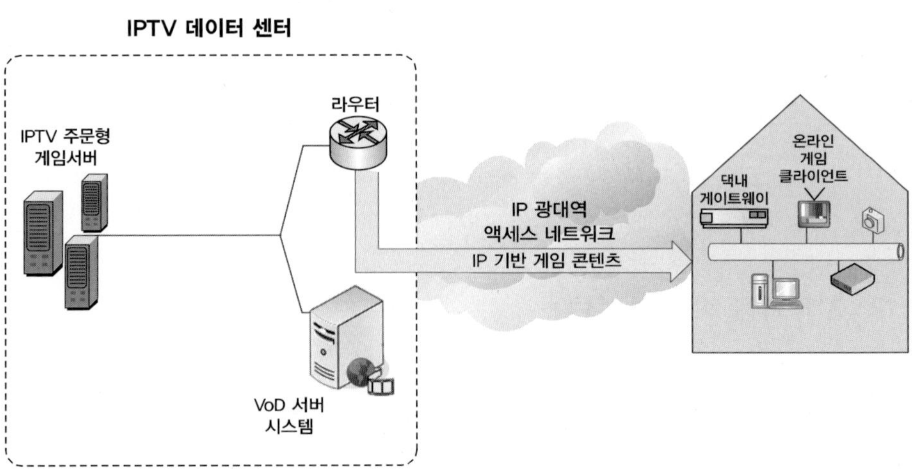

그림 11.12 IP 기반 주문형 게임 시스템

비록 IPTV 시스템이 구축한 게임들이 지정 게임 콘솔에서 플레이되는 최신의 게임에는 많이 미치지 못하지만 IPTV 게임이 사용하는 세련됨의 수준이 최근에 상당히 많이 개선되었고 이러한 경향은 앞으로도 계속될 것이다.

11.3.14 시청 제어

IPTV 네트워킹 플랫폼은 전화회사와 가입자가 어떤 주문형 타이틀 혹은 부적절한 콘텐츠를 담고 있는 방송 채널에 대한 접속을 제한할 수 있도록 하는 필터링 시스템을 포함할 수 있다. IPTV 가입자가 요청한 채널 혹은 VoD 타이틀을 부적적한 콘텐츠 데이터베이스에서 조사한다. 만약에 서버가 그 타이틀에 시청 불가 등급이면 그 비디오가 요청한 사람에게 전달되지 않도록 한다. 이 응용은 콘텐츠 필터링 규칙을 적용하기 위해 PIN 코드를 사용한다.

11.3.15 IPTV 기반 EAS

미국에서의 디지털 TV 시스템은 EAS(Emergency Alert System)이라고 하는 전국 시스템과 상호운용된다. 이 시스템은 FCC가 1990년대 후반에 만들었고 위험을 사람들에게 알린다. 지금까지, TV와 라디오가 이 메시지의 주요 전달자였으나 이제 IPTV 시스템이

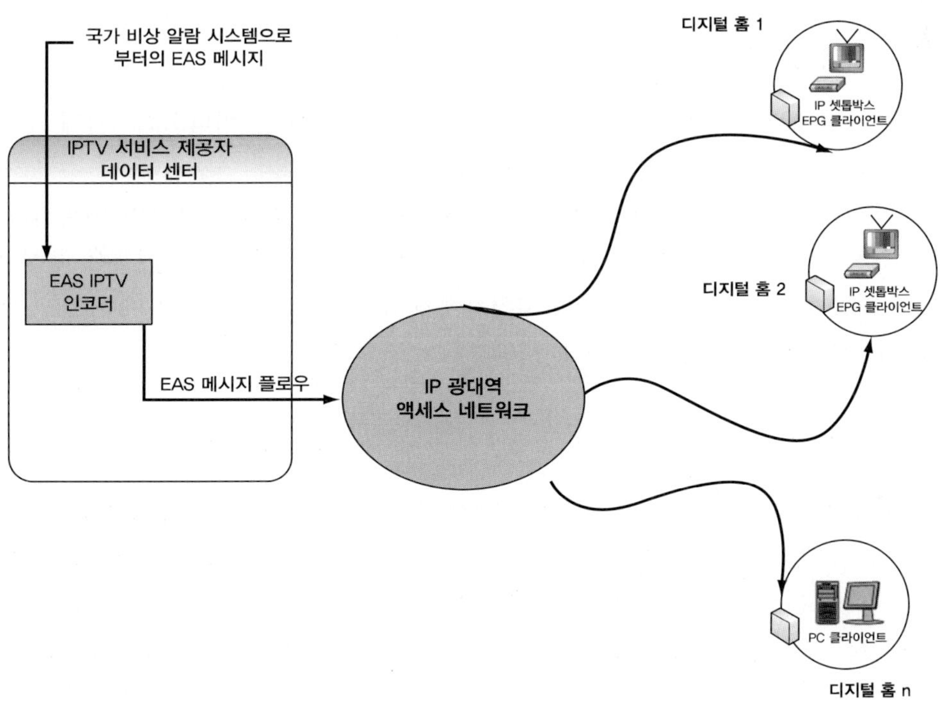

그림 11.13 IPTV 기반 EAS 네트워크 요소

가입자들에게 이러한 기능을 제공하기 시작하였다. 그림 11.13에 보이는 바와 같이 이 시스템은 IPTV 데이터 센터에 구축된 독립형 FCC 인증 EAS 수신기와 문자 생성기로 구성된다.

이 장치가 네트워크에서 작동하면, IPTV 종단사용자들에게 자동으로 텍스트와 디지털 오디오 기반 EAS 경고 메시지를 보낼 수 있다.

11.3.16 개인화 채널

가입자가 자신의 TV 프로그램을 생성하고 이를 개인화 채널로 방송하게 하는 IP 기반 기술은 IPTV를 전통적인 RF 기반 TV 서비스와 차별화할 수 있는 또 다른 응용이다.

11.4 IPTV 프로그램 관련 대화식 응용

iTV 응용 기반 프로그램들은 IPTV 가입자들이 비디오 프로그램을 시청하면서 수신되는 비디오스트림과 상호작용할 수 있도록 한다. 여론조사가 iTV 응용 관련 프로그램의 한 예이다. 비디오스트림과 IPTV 가입자 간에 상호작용을 제공하는 방식으로 대략 5가지 정도가 있다. 이들 방식에 대하여 아래에 설명한다.

11.4.1 데이터캐스팅

데이터캐스팅(datacasting)은 IPTV 서비스 제공자가 텔레비전 비디오스트림에 추가적인 정보를 제공하는 것을 의미한다. 이 정보는 프로그래밍과 연관된 거일 수 있거나 아닐 수도 있다. 프로그래밍에 연관된 데이터는 동기화될 필요가 있으며 연관되지 않은 데이터는 동기화될 필요가 없다. 데이터캐스팅은 IPTV 제공자가 매출을 생성하는데 유용한 수단일 수 있다. 방송국이 시청자에게 내보내는 정보는 트리거(trigger) 혹은 티커(ticker)의 형태로 TV 수상기에 도달한다.

11.4.2 대화식 프로그래밍

프로그래밍의 대화형식은 여러 가지로 특성을 가질 수 있다. 예를 들어, IPTV 가입자에게 투표의 형태로 그들의 의견을 물을 수 있고, 생방송 쇼에 전자메일이나 SMS로 반응할 수 있으며, 관련 채팅 방에 연결하고, 프로그램 관련 퀴드에 참여하고, 프로그램 관련 제품을 구매하고, 프로그램 관련 데이터를 액세스할 수 있다. iTV로 시청자는 실시간 퀴즈 쇼에 참여할 수 있는 기회를 가지며 방송국은 시청자에게 상품을 제공할 수 있다.

11.4.3 PIP (Picture In Picture)

PIP는 대화식 프로그래밍의 또 다른 특성이다. 이것은 IPTV 종단사용자가 어느 한 방송을 보거나 iTV 인터페이스와 상호작용하면서 TV 스크린의 한 윈도 내에서 또 다른 방송을 볼 수 있도록 하는 것이다. PIP는 대화식 스포츠 프로그램의 특성을 갖는다. 시청자는 시청을 위해 여러 게임을 동시에 선택할 수 있다. 다른 방식으로 시청자들은 동시에 여러 다른 각도에서 한 게임을 시청할 수 있다.

11.4.4 개인화 TV

개인화 TV, 다중 각도-카메라 이벤트 그리고 동기화 텔레비전은 좀 더 특정한 유형의 대화식 프로그래밍이다. 이들은 여러 디자인, 프로그래밍을 요구하고 서비스 제공자의 작업을 지원한다. 개인화 텔레비전은 시청자가 카메라 각도를 제어하고 더 많은 정보와 광고를 선택하고, 제품을 구매할 수 있는 강화된 iTV 프로그램이다. 데이터는 네트워크 제공자 쪽에서 모아지고 더 많은 정보가 시청자의 선호도에 따라 커스터마이즈되고 시청자에게 보내진다.

11.4.5 TV 동기 응용

TV 동기 응용은 방송국과 콘텐츠 제공자가 프로그램과 상호작용, 관련 콘텐츠를 동기화하도록 한다. 전형적으로 웹 페이지의 동적 콘텐츠를 프로그램과 동기화하거나 다른 대화식 정보를 동기화하는 것을 의미한다. 그러한 대화식 콘텐츠가 가용하다는 것을 사용자에게 알리는데 트리거를 사용할 수 있다. 방송국이 보내는 콘텐츠는 관련 데이터에서부터 여론조사와 퀴즈에 이르기까지 다양하다. 다른 유형의 대화식 엔터테인먼트는 다음을 포함한다:

- 잡지
- 음악 선택
- 게임

이들 각 각의 TV 동기 응용은 EPG를 통해서 액세스할 수 있음에 유의하라.

11.5 대화식 IPTV 응용 구축

iTV 응용을 구축하는데 사용되는 방식은 IPTVCD의 하드웨어 성능에 달렸다. 대화식 IPTV 응용을 수행하는 세 가지 공통된 방식이 있다.

11.5.1 내장형 응용

내장형 응용은 셋톱박스의 메모리에 구축된 프로그램 혹은 여러 프로그램이다. 이 응용은 응용의 반응성을 증가시키고 네트워크와 상호작용하는 필요성을 최소화하는데 도움을 준다. 전형적인 내장형 응용은 다음을 포함한다.

- 기본적인 네비게이션
- 긴급 경고 시스템
- 시청 제어
- 인터넷 브라우징
- 형상 설정 관리

이들 응용은 일반적으로 공개되지 않은 것이고 특정 하드웨어 플랫폼을 위해 작성된다. 이들 응용의 비공개적 특성 이외에, 내장형 프로그램은 로컬 하드웨어 플랫폼에서 가용한 부족한 컴퓨팅과 저장 자원으로 인해 그 성능이 제한된다.

11.5.2 네트워크 중심 응용

이 경우, 프로그램 코드는 TV 시청자의 요청에 대한 응답으로 네트워크에서 RAM으로 다운로드되고 디지털 셋톱박스에서 수행된다. iTV 응용과 연관된 파일들은 주기적으로 전송되고 셋톱박스는 이 파일들이 스트림에서 가용하게 될 때까지 기다린다. 네트워크와 상호작용하기 위해 셋톱박스가 사용하는 방법은 iTV 응용의 위치에 따라 달라진다. 두 가지 가능성이 있다:

데이터 카로우젤 내 — 데이터 카로우젤의 생성은 대화식 TV 응용 소스 코드와 데이터를 디지털 셋톱박스로 방송하는 한 가지 인기 있는 방식이다. 전통적인 TV 전송 시스템에서, 데이터와 코드는 전형적으로 헤드엔드로부터 DSM-CC 프로토콜을 이용하여 보내진다. DSM-CC는 카로우젤과 같은 유형에서 (파일과 디렉터리와 같은) 객체를 방송하는 방식을 제공한다. 일단 주기적 패턴으로 네트워크상에서 방송되면 디지털 셋톱박스는 SI 테이블에 있는 상세사항을 이용하여 특정한 대화식 TV 응용을 식별하고 위치를 찾아낸다. 다른 다운로드 프로토콜들과 비교할 때 DSM-CC 다운로드는 제한된 메모리를 포함하는 셋톱박스와 같은 장치들의 필요를 만족시키기 위해 가볍고 빠른 운영에 맞도록 설계되었다. DSM-CC는 물리 계층에 독립적이다.

OOB 채널 내 — OOB 채널은 비디오 전달 채널과는 분리되어 있다. 이는 제공자가 대화식 비디오 응용을 전달하는데 이 채널을 사용할 수 있게 허용한다. 가입자가 iTV 서비스를 요청하면 셋톱박스는 OOB 채널에 맞추도록 지시를 받는다. 대화식

TV 응용 파일을 검색하고 실행을 위해 메모리로 로드된다. 이 채널은 보통 표준 IP 기반 프로토콜을 이용한다.

네트워크 중심 iTV 응용은 일반적으로 역채널을 지원하지 않는 방송 네트워크에 구축됨에 유의하라.

11.5.3 서버 중심 iTV 응용

이 방식에서 ITVCD와 백엔드 서버 간의 상호작용은 클래식한 클라이언트-서버 컴퓨팅 모델을 따른다. 이 모델 하에서 대화식 IPTV 응용을 수행하는데 필요한 처리 작업은 셋톱박스에서 수행되는 클라이언트 응용과 서비스 제공자의 IPTV 데이터 센터에 위치한 한 개 이상의 응용 서버들 사이에 잘 나누어져 있다. 데이터베이스 액세스와 풍부한 멀티미디어 응용 추출과 같은 많은 백엔드 처리 작업은 응용 서버들이 수행한다. IPTVCD에서 수행되는 클라이언트 프로그램은 TV 시청자의 프런트엔드로 동작하고 응용 서버는 여러 유형의 요청에 응답한다. iTV 응용 서버와 IPTVCD 간의 통신은 고성능의 네트워크 연결을 필요로 함에 유의하라.

11.6 IPTV 서비스 접근성

전통적인 TV 시청과 마찬가지로, IPTV 서비스 전달은 특별한 요구와 장애를 가진 사람들이 액세스할 수 있어야 한다. 접근성이 특정한 대화식 IPTV 응용은 아니지만, 그 기능은 모든 IPTV 관련 서비스에서 가용해야 할 필요가 있다. 따라서, IPTV 네트워크 관리자는 자신의 시스템에서 대화식 IPTV 접근성 특성을 지원하는 기술을 고려하여야 한다.

요약

전화회사는 세련된 대화식 TV 응용을 지원하는 양방향 디지털 IP 기반 네트워크를 구축하고 있다. iTV 개념이 탄생한 1950년대 이후에 기술의 발전은 텔레비전이 방송되고 전달되는 방식의 개선에서부터 하드웨어, 네트워킹, 그리고 소프트웨어의 개선에 이르기까지 매우 크고 널리 확산되었다.

IPTV 서비스 제공자는 기존 케이블과 위성 방송 경쟁자들과의 차별화를 위해 자신의 서비스 목록에 대화식 TV 응용을 추가하고 있다. IP 기반 네트워크의 양방향 기능은 서비스 제공자들에게 대화식 TV 서비스를 가입자들에게 전달하는 훌륭한 플랫폼을 제공한다. 표 11.4에 보이는 바와 같이, IPTVCD는 가입자들에게 여러 다른 서비스

표 11.4 인기 있는 대화식 IPTV 응용

IPTV 응용	설 명
EPG	프로그램 선택을 돕기 위해, 고급 IPTVCD 특성은 가입자에게 많은 가용한 프로그램들을 알려주는 EPG를 통합. 디지털 EPG는 뱅킹, 쇼핑, 게임, 인터넷 응용 및 주문형 TV와 같은 대화식 디지털 서비스로의 게이트웨이임. EPG는 새로운 고객을 유인할 수 있고 기존 고객을 유지할 수 있도록 창의적이고 설득력이 있어야 함. 주 목적은 시청자들에게 공개될 TV 프로그램의 브라우징뿐만 아니라 현재 가용한 프로그램에 대한 개요를 제공하는 것임. 기본 및 고급 EPG는 IPTV의 미래를 결정하는 주요 요인임. 기본 EPG는 시청자에게 현재 무엇인 방송 중이고 다음에 무엇이 방송될 것인지를 알림. 고급 EPG는 시청자에게 프로그램, 채널 및 배우에 관한 상세한 정보를 제공. 다른 특성으로는 EPG를 가입자가 원하는 형태로 편집할 수 있는 기능이 포함됨
주문형 비디오 콘텐츠	종단사용자는 IPTVCD를 사용하여 기설정된 시간이 아닌 자신이 편한 시간에 비디오 콘텐츠를 액세스할 수 있음
IPTV 브라우징	인터넷 TV 시청이 디지털 TV 서비스 초창기에는 가능하지 않았지만 이제는 웹 브라우징이 IPTV 서비스 구축의 주요 부분이 되었음. IP 셋톱박스 브라우저는 차세대, 웹 기반 TV 서비스의 성공적인 구축의 필수 요소임. 이것의 주요 기능은 기존 웹 페이지를 TV에 표현하도록 조정하는 것임. IPTV 네트워크 특성 구축에 가용한 현재의 가용 브라우저는 최근 TV와 W3C 표준을 지원함. 국제표준 사용은 서비스 제공자가 기존 웹 콘텐츠를 IPTV 네트워킹 환경에서 전달하도록 용도를 변경할 수 있게 함
IPTV 전자메일	
디지털 비디오 녹화	키보드를 갖춘 고급 디지털 IPTVCD는 가입자가 전자메일을 액세스할 수 있는 방법을 제공
월 가든 포털	IPTVCD에 하드 디스크를 추가하는 것은 가입자가 생방송 비디오 콘텐츠를 녹화할 수 있도록 하고 나중에 시청할 수 있도록 디지털로 저장할 수 있게 함
인스턴트 IPTV 메시징	월 가든은 웹 포털을 에뮬레이트하도록 설계됨. 포털에 대한 인터페이스는 컬러링 방식과 IPTV 포털을 호스팅하는 네트워크 운영자의 로고로 나타냄
IPTV-상거래	통신 모드로서의 IM 사용은 최근에 많이 성장함. 그 결과 IM은 여러 상업적으로 가용한 IPTV 네트워킹 플랫폼에 통합됨
온 스크린 발신자 ID	IPTV는 TV를 통한 전자 상거래 기능을 제공함
	이 대화식 IPTV 응용은 비디오 콘텐츠를 전화 서비스와 결합함
목표 지향 대화식 TV 광고	서비스 제공자가 IP 기반 비디오 채널에 광고를 삽입하게 하여 추가적인 매출을 발생할 수 있게 함. 또한 광고주는 적절한 광고 메시지로 목표로 하는 가입자들에게 광고할 수 있으며 제품을 개별적인 IPTV 종단사용자에게 매칭시킬 수 있음
주문형 게임	TV 매체를 양방향 광대역 기능과 결합하여 주문형 게임 응용의 이상적인 플랫폼 제공
시청 제어	IPTV 네트워킹 환경에서의 시청 제어는 부모가 자녀가 시청하는 주문형 그리고 멀티캐스트 콘텐츠의 타입을 관리할 수 있게 함
IP 기반 비상 경보 시스템	주로 미국에서 폭풍과 테러리스트 공격과 같은 위급상황을 국민에게 알리는데 사용
IPTV 프로그램 관련 상호작용	시청자가 비디오 콘텐츠를 시청하면서 스크린에 추가적인 정보를 표현하는 것을 포함

표 11.5 iTV 응용 분류 개요

타 입	설 명
내장형	내장형 IPTV iTV 응용은 IPTVCD의 메모리에 내장된 프로그램임
네트워크 중심형	이러한 유형의 응용은 역경로를 제공하지 않는 네트워크에서 널리 사용됨. 대화식 응용은 특정 채널에서 방송되고 셋톱박스는 이 채널에 튜닝하고 메모리로 로드하고 실행함. DSM-CC, OOB 채널은 광대역 네트워크에서 멀티미디어 소프트웨어 응용은 전달하는 가장 많이 사용되는 두 가지 방식임
서버 중심형	전형적인 서버 중심 iTV 시스템은 여러 셋톱박스 클라이언트들에 연결된 하나 이상의 응용 서버임

들에 대한 액세스를 제공할 수 있다.

비록 IPTV 기술이 표 11.4에 있는 모든 응용을 지원할 수 있지만, IPTV의 초기 구축은 EPG와 TV 서비스에서의 발신자 ID와 같은 대화식 TV 서비스에 초점을 두고 있다.

iTV 응용은 크게 세 개의 부류로 나눌 수 있다: 내장형, 네트워크형, 그리고 서버 중심형. 표 11.5는 이들 시스템의 개요를 제공하고 있다.

C/h/a/p/t/e/r

12

IPTV 네트워크 관리

IPTV 네트워크상에서 TV 서비스를 제공하는 것은 여러 기술적이고 상업적인 과제를 안고 있다. 첫 번째 과제는 매일 IPTV 네트워크를 운영하는 동안 발생하는데 서비스 제공자는 비디오 트래픽과 IP 네트워크를 구성하는데 사용되는 여러 네트워크 요소들을 관리할 수 있어야 한다. 그러한 제어를 가능하게 하기 위해 IPTV 제공자들은 고객들에게 텔레비전 서비스를 제공하는데 영향을 미치는 문제들을 모니터하고 식별하는 네트워크 관리 시스템(NMS)이 필요하다. 또 다른 과제는 네트워크에 새로운 가입자 수용하고 서비스를 제공하는 것을 쉽게 해야 한다는 것이다. IPTV 서비스 설치는 상대적으로 복잡하고 서비스 제공자 자원에 부담을 준다. 따라서, 많은 운영자들은 설치하는데 필요한 시간을 줄이기 위한 노력으로 IPTV 서비스 설치와 제공을 자동화하기 위한 노력을 한다.

서비스의 관리와 제공 외에 IPTV 네트워크 운영자들은 또한 그들의 고객들이 케이블과 위성 TV 운영자들로부터 제공받는 다른 서비스들과 동등한 TV 서비스를 받을 수 있도록 보장할 필요가 있다. 가장 기본적인 수준에서 IPTV 운영자들은 그들의 고객이 채널 변경 요구에 적당한 반응을 느낄 수 있도록 보장할 필요가 있다. 이것이 가입자 관점에서의 기본적인 요구사항이다; 그러나 이러한 기능의 구현은, 특히 대형 IPTV 네트워크의 경우, 네트워크 운영자에게는 문제가 될 수 있다. 이러한 과제들을 충족시키기 위해, 이 장에서는 IPTV의 성공적인 설치에 중요한 여러 공학적 그리고 운영 기능들에 대한 개요를 제공한다.

12.1 IPTV 네트워크 관리 개요

네트워크 관리는 네트워크를 모니터링하고 제어하는데 사용되는 기술과 절차들을 정의한다. 이는 다양한 작업들을 포함한다:

- IPTV 네트워킹 관리 시스템 지원
- 설치, 서비스 문제 그리고 종료 관리

- 네트워크 테스팅과 모니터링
- 서비스 가용성 보장과 중복성 관리
- IP 주소 공간 관리
- 일상적인 IT 그리고 네트워크 관리 작업
- IPTV QoS 요구사항 관리
- IPTV 가입자 체험 관리
- 댁내 디지털 가입자 장치의 원격 관리
- IPTVCD로의 소프트웨어 업데이트 전달 스케줄링과 관리
- IPTV 문제 해결
- IPTV와 사업 지속성 계획

우리는 다음 절들에서 이러한 IPTV 네트워크 관리 작업들에 대하여 알아본다.

12.2 IPTV 네트워킹 관리 시스템 지원

현재의 IPTV 전달 네트워크는 다양한 새로운 매출을 이끌어 낼 수 있도록 운영자들에게 많은 기회를 제공한다. 그러나 종단 간 IPTV 시스템 관리는 힘겨운 작업이다! 때로 이들 시스템들은 IPTV 서비스 제공자들에게 심각한 영향을 주는 문제들을 야기할 수 있다. 네트워크 문제와 연관된 위험들을 최소화하기 위해, 운영자들은 종단 간 IPTV 네트워킹 기반구조를 능동적으로 모니터하는 네트워크 관리 시스템을 사용한다. 이들 도구들은 IPTV 종단 기반구조가 99.999% 이상의 지속적인 가용성을 제공하고 가입자들에게 고화질의 비디오 신호를 보장하는데 사용된다. 종단 간 IPTV 시스템과 관련된 다양한 기술과 장치들로 인해 전형적인 IPTV 네트워크 운영 센터는 네트워크의 여러 부분을 관리하는 많은 서로 다른 시스템들을 포함하고 있다. IPTV 관리 시스템들이 수행하는 기능들의 유형은 다음과 같은 기능들을 포함한다.

24/7 네트워크 가시성 유지 — NMS는 여러 가지 중요한 네트워크 요소들에 대한 상태 정보를 보여주는 그래픽 네트워크 맵을 포함한다.

- IPTV 데이터 센터 비디오 장비와 서버
- IP 코어 네트워크 장치
- IP 접속 네트워크 장치
- IPTVCD
- 홈 네트워크

네트워크 최적화 — NMS는 증가하는 여러 IP 기반 응용들을 지원하는 네트워크 자원들의 최적화 프로세스를 지원한다.

운영요원들이 문제를 해결하는데 도움을 준다 — NMS는 종단 간 IPTV 시스템을 구성하는 여러 요소들로부터 오류 메시지를 수집하고 매일 IPTV 네트워크 운영 중에 발생하는 문제들을 지원 요원들이 빠르게 식별하고 해결하는데 도움을 준다.

트러블 티켓팅 — 트러블 티켓팅을 지원하는 NMS 기능은 문제 해결과 수리 활동의 조정에 유용한 도구이다.

리포팅 — NMS는 정기적으로 여러 네트워크 요소들에 대한 통계를 수집하며 일반적으로 IPTV 네트워크 관리자가 다음과 같은 작업을 할 수 있도록 하는 보고 시스템을 포함한다.

- IPTV 서비스 중단을 추적하고 평가
- 여러 네트워크 요소들의 상태를 체크
- 트랜드 데이터 분석을 통한 네트워크상에서의 가능한 문제점들의 식별
- 특정 기간 동안의 네트워크 활용도 관찰

네트워크 요소의 그래픽 시각화 — 직관적 인터페이스는 일반적으로 종단 간 IPTV 네트워크를 구성하는 여러 요소들의 가용상태에 대한 그래픽 다이어그램 혹은 맵을 제공한다.

헤드엔드 서버 장애 관리 — IPTV 서버는 광대역 TV 네트워크에서 매우 중요한 전략적 역할을 한다. 서버가 동작을 하지 않게 되면 다중 IPTVCD들은 올바로 기능할 수 없게 되며 그 결과로 IPTV 운영자들은 매출 손실을 얻게 된다. 실시간으로 이들 서버들을 지속적으로 모니터링하는 것이 중단시간(downtime)을 줄이기 위해 필요하다. NMS는 관리요원들을 지원하기 위해 경고와 문제들에 대한 보고를 통해 이러한 모니터링을 지원한다.

형상 관리 — NMS는 IPTV 네트워크에 연결된 각각의 장치에 대한 형상 정보들을 데이터베이스에 저장한다. 정보의 유형은 IP 주소에서부터 각 IP 셋톱박스에서 동작하는 미들웨어의 버전에 이르기까지 다양하다. NMS는 기술직원들이 이들 파라미터를 수정할 수 있도록 한다.

대역폭 관리 — IPTV는 대역폭을 많이 필요로 하는 응용이다. 따라서, IP 비디오 기반 응용들이 소비하는 대역폭 양을 주의 깊게 모니터링할 필요가 있다. NMS는 서비스 제공자들이 네트워크 대역폭 사용에 대한 엄격한 제어와 IPTV 기반 응용에 대한 그들의 네트워크의 최적화를 할 수 있도록 한다.

트래픽 우선순위 — IPTV는 지연 민감 응용이다. 종단사용자에게 전달되는 서비스의 품질을 높이기 위해 NMS는 서비스 제공자가 인터넷 브라우징과 P2P 응용과

같은 지연에 덜 민감한 응용들보다 우선적으로 IP 기반 비디오 콘텐츠를 서비스 할 수 있도록 한다. 여러 개선된 NMS는 또한 하루 중 일정 시간 동안에 네트워크 트래픽을 우선순위화(피크시간 대 비 피크 시간)하는 것도 지원한다.

네트워크 로그(log) *관리* — 이 기능은 IPTV 네트워크 운영 기간 동안에 발생하는 로그를 기록하고 저장하는 책임을 진다. 저장되는 로그 정보 유형은 NMS마다 다르고 다음을 포함할 수 있다:

- IPTV 종단사용자 로그인과 로그아웃 관련 상세 정보
- 시스템과 IPTVCD 형상 변경에 관한 상세 정보
- 네트워크 장치 운영 상세 정보

IPTV 시스템 운영자들의 과제는 네트워크 성능에 대한 정확한 전체적인 상태를 얻기 위해 여러 NMS로부터 수집되는 데이터들을 관련시키는 것이다. 추가적으로 관리자들은 IPTV 데이터 센터에서 NMS 소프트웨어 패키지를 수행하는 여러 하드웨어 플랫폼을 지원할 수 있어야 한다. IPTV 관리 시스템은 네트워크에 연결된 장치들을 제어하고 모니터하기 위해 보통 SNMP(Simple Network Management Protocol)을 사용한다.

12.2.1 IPTV 네트워크를 관리하기 위해 SNMP 사용

SNMP는 TCP/IP 통신 프로토콜 스택상에서 동작한다. 대부분의 IPTV 네트워크 요소들은 SNMP 표준을 따른다. 이 프로토콜의 목적은 관리자가 라우터, 네트워크 스위치, 그리고 서버를 포함하는 여러 유형의 네트워킹 요소들에 대한 상태 정보를 모니터하고 추출하도록 허용하는 것이다.

SNMP는 여러 네트워크 장치로부터의 데이터를 추출하기 위해 관리 소프트웨어가 사용하는 응용 계층 프로토콜이다. IPTV 네트워크로부터 수집된 데이터 유형은 다음 세 가지 서로 다음 유형에 속한다:

(1) *경보* — 경보는 IPTV 데이터 센터에 있는 기술요원에게 네트워크상에 비정상적인 활동이 있음을 알려준다. 이러한 경보는 기술직원이 서비스 장애의 원인을 식별하는데 사용된다.

(2) *현재 상태* — 네트워크의 현 상태에 대한 데이터는 주기적으로 모아지고 여러 IPTV 요소들이 정상적으로 작동하는지 또는 안하는지를 결정하는데 이용된다.

(3) *통계* — 네트워크 트래픽 수준과 같은 네트워크 통계는 주기적으로 관리 시스템이 수집한다. IP 기반 네트워크는 정상적으로 혹은 비정상적으로 수행될 수 있다. 그리고 성능이 매우 낮은 것을 인식할 수 있는 것은 중요하다. 관리 시스템이

수집하는 통계 데이터는 기술 요원이 IPTV 네트워크 성능을 최적화하는데 사용된다. 최적화된 네트워크는 IPTV와 VoD 서비스에 대한 전달 속도를 개선한다.

전형적인 NMS는 응용과 서버에 저장되는 데이터베이스로 구성되고 다음 IPTV 네트워크 장치들과 통신하기 위해 이더넷을 사용한다.

- IPTV 서버
- IPTV 데이터 센터 비디오 처리 장비
- IPTVCD
- IP 라우터
- DSLAM
- CMTS

이 들 각 장치는 SNMP 관리 에이전트라고 하는 소프트웨어 모듈이 사전에 적재되어 있다. 이 에이전트의 주 기능은 IPTV 장치에 관한 정보를 서버 응용에게 제공하는 것이다. 이 정보는 장치 내에 있는 내장 데이터베이스에 저장되며 MIB(Management Information Base)라고 부른다. MIB 내의 정보는 표준화되어 여러 유형의 네트워크 관리 시스템이 이를 사용할 수 있다. IPTV NMS와 SNMP 에이전트 간의 상호작용을 나타내는 간략한 블록 다이어그램이 그림 12.1에 나타나 있다.

앞의 그림에서 서버와 에이전트 간의 통신은 여러 명령에 따른다. 일단 get 그리고 get next 명령을 IPTV NMS로부터 받으면, 에이전트는 요구대로 명령을 수행하고 요구된 정보를 역으로 보낸다. 요청된 정보를 받고 역전송하는 것 외에 SNMP 에이전트

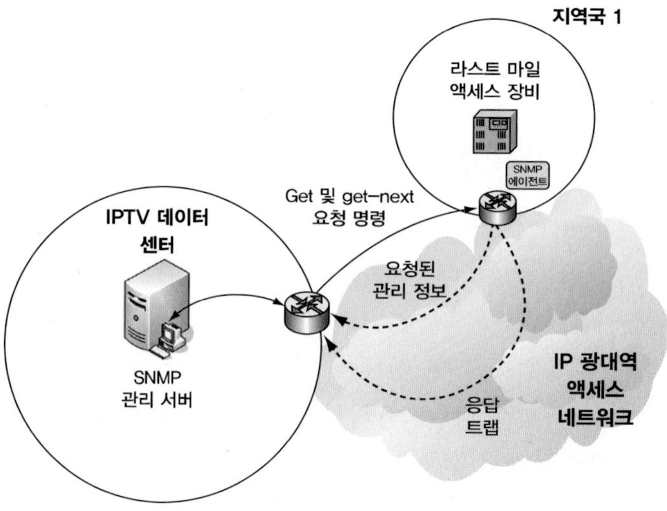

그림 12.1 IPTV 네트워크 관리 시스템 연결

소프트웨어는 NMS로부터 특정 명령을 수신하지 않고 경보를 보내는 책임도 맡고 있다. "트랩(trap)"이라고 하는 경보를 사용하여 SNMP 에이전트는 NMS에게 라우터에서 발생하는 이벤트 혹은 장애를 알릴 수 있다. 이는 IPTV 관리자가 능동적으로 네트워크 장치들을 관리할 수 있도록 한다.

12.3 설치, 서비스 문제, 그리고 종료 관리

IPTV 네트워크에 가용한 제품들의 복잡성과 선택으로 인해 설치, 서비스 문제 관리, 그리고 때로 서비스 종료는 전 세계적으로 네트워크 운영자에게 있어서 특히 도전적이고 비용이 많이 드는 처리 과정일 수 있다. 다음 절들에서 여러 서비스 제공자들이 이러한 기능들을 다루기 위해 채택하는 비즈니스 처리와 작업 과정에 대한 간단한 개요를 제공한다.

12.3.1 새로운 IPTV 서비스의 설치와 준비

IP 광대역 네트워크에 새로운 IPTV 가입자를 추가하는 것은 일반적으로 다음을 포함한다:

(1) 성공적인 판매와 마케팅에 이어 잠재 고객이 특정 IPTV 서비스에 대한 가입을 요청하기 위해 서비스 제공자에게 전화를 하거나 전자메일을 보낸다.
(2) 고객담당 서비스 직원이 주문을 받고 자세한 정보를 OBSS에 추가한다. 그리고 설치 날짜를 새로운 가입자에게 알려준다.
(3) IPTV 셋톱박스 그리고 어떤 경우에는 RG를 설치하기 위해 고객의 집으로 설치 기술자를 보내는 운영 부서로 상세 정보가 자동으로 전해진다.
(4) 가입자의 가정에서 기술자는 IP 셋톱박스가 들어 있는 박스를 해체하고 이 장치를 설치한다. 대부분의 IPTV 설치에는 댁내 케이블링이 필요한데 이는 모뎀과 TV가 보통 함께 위치해 있지 않기 때문이다.
(5) 일단 설치가 완료되면, 고객은 요청 서비스를 시청하기 위해 인증을 필요로 한다. 이는 설치 기술자가 고객관리자에게 전화하여 인증을 요청한다.
(6) 일단 인증이 완료되면 설치기술자는 다음 테스트 중 일부 혹은 모두를 실행한다:

- IPTV 데이터 센터에 있는 서버와 IP 연결을 확인
- 비디오 신호 수준 체크
- 수신스트림 품질 테스팅
- 새로운 IPTV 서비스 추가가 기존 IP 기반 서비스에 악영향을 미치지는 않는지

확인

(7) 테스트가 끝나면 비디오 채널을 설치기술자와 가입자가 보고 제대로 작동하는지와 약정된 품질 수준인지를 확인한다.

(8) 설치 갱신 기록을 수동 혹은 온라인으로 완료한다. 여기에는 다음과 같은 정보 사항들이 모두 혹은 일부가 포함된다:

- 가입자에 대한 상세 정보
- 트래킹 상세 정보
- 완료된 설비 작업
- 설치가 완료된 시간
- IPTVCD를 공급하는데 사용된 특정 데이터

가끔 설치가 계획한대로 진행되지 않을 수도 있음에 유의하라. 결과적으로 설치 기술자는 제대로 설치되지 않은 이유와 가입자와 상의한 다음 설치 날짜를 기술하는 오류 보고서를 작성한다.

(9) IPTV 서비스가 가입자가 만족하도록 설치가 되면 청구서가 발행된다.

위에 기술된 처리 과정은 이미 매일 규칙적으로 전화 서비스와 고속 데이터 연결 서비스 설치를 한 필드 서비스 기술자에게 상당한 작업부담을 줄 수 있다. 위의 가입 절차를 간략한 노력으로 IPTV 제공자들은 기계화된 설치와 특정 작업 흐름을 따르는 자동화된 설치 시스템을 구현하고 있다. 예를 들어 가입자의 설치장소로 기술자를 파견하기 전에 네트워크 이슈들을 식별하는 것이 가능할 수 있다. 아래 절에서는 현재의 셀프-프로비저닝 시스템의 기능을 설명한다.

12.3.2 IPTV 서비스 제공의 자동화

자동화된 설치 시스템의 구현은 두 가지 서로 다른 관점에서 설명될 필요가 있다. 우선 첫째로, 가입자는 자신들이 편하게 IPTV 서비스를 활성화 시키거나 비활성화시킬 수 있는 간단한 과정을 요구한다. 이러한 요구를 만족시키기 위해, 많은 IPTV 설치는 가입자 셀프-관리와 설치 응용을 포함하는데 이는 가입자가 자신의 TV 인터페이스를 사용하도록 하여 대화식으로 다음의 작업을 진행한다:

- 프로파일과 가입 상세 정보의 관리
- 청구서 체크와 지불
- 가용한 IPTV 서비스 유형과 비용 보기
- 프로그래밍 패키지의 갱신

전형적으로 PIN(Personal Identification Number)를 사용하여 셀프-서비스 인터렉티브 TV 포털 사이트로 로그인한다는 것에 유의하라.

또한 서비스 제공자들은 설치 시스템을 지원하는 기반구조를 갖고 있는지 확인할 필요가 있다. 일단 특정 제품을 활성화 혹은 비활성화하기로 선택을 하면, 명령이 백엔드 시스템으로 전달된다. 백엔드에서 여러 가지 작업이 진행된다:

(1) 요금시스템에 서비스 갱신이 통보된다. IPTV 서비스에 대한 요금 방식은 전화와 광대역 접속 서비스의 요금 방식에서 사용되지 않는 몇 가지 요구사항을 갖고 있다. 예를 들어, 이 시스템은 온-디멘드 콘텐츠를 구매하기로 결정한 가입자를 위한 페이-퍼-유즈(pay-per-use) 모델을 지원할 필요가 있다. 추가적으로 이들 시스템은 실시간 서비스에 대한 청구를 지원할 필요가 있다. 이는 기존 전통적인 유료 TV 운영에서 사용된 요금 시스템이 지원하지 않는 새로운 특성이다.
(2) 일단 요금시스템에 통보되면 가입자는 새로운 서비스에 대해서 청구될 수 있다.
(3) 여러 현대적인 시스템은 "전자 메일" 전송 서비스를 제공한다. 만약 이 기능이 제공되지 않으면, 가입자에게 갱신된 요구의 상태를 알리기 위한 전화를 한다.

12.3.3 서비스 문제 요청의 처리와 관리

종단사용자의 QoE(Quality of Experience)에 영향을 주는 IPTV 네트워크상에서 발생하는 여러 유형의 문제들은 다음과 같으며, 더 추가될 수도 있다:

- 가입자 가정에서 전체 혹은 일부 멀티캐스트 채널 중단
- IP VoD 시청 문제
- EPG 오작동
- VoIP 통화 시 간섭 문제
- 화면 왜곡과 동기화 이슈
- 전원차단
- 가입자가 요청한 서비스 품질의 저하
- 댁내에서의 네트워크 통신 곤란
- DRM 그리고 CA 보안 침해 이슈
- IPTV 데이터 센터에서 소스 콘텐츠 수집 문제

이러한 문제가 가입자 혹은 데이터 센터의 내부 모니터링 시스템으로부터 보고가 되면, 즉시 이러한 문제를 해결하는 것이 과제이다. 문제 해결 처리는 일반적으로 다음 정보 사항을 포함하는 트러블 티켓을 생성하는 것으로부터 시작된다.

- 보고의 식별 번호

- 문제가 탐지된 날짜와 시간
- 문제의 심각성 수준. 예를 들어 수백 명의 가입자에게 서비스를 제공하는 네트워크 링크 고장은 단일 IPTV 가입자로 격리되는 문제와 비교하여 높은 수준의 등급을 받는다.
- 정상적으로 작동하게 서비스를 재설정하는데 걸리는 목표 시간

이 티켓은 일반적으로 다른 부서(운영 혹은 기술)로 전해지고 이후에 문제를 진단하고 해결하는데 이용된다. 해결되면 트러블 티켓은 다음 정보 사항으로 갱신된다:

- 문제를 야기하는 서비스의 확인된 원인
- 정상 운영 서비스가 재가동된 날짜와 시간
- 문제를 해결하는데 요구된 장비와 시간

일단 트러블 티켓이 완료되면 네트워크 기술자와 관리자는 미래에 같은 문제가 재발하지 않도록 적절한 검증 프로시저를 구현한다.

12.3.4 IPTV 서비스 종료

새로운 IPTV 서비스의 설치와 준비에 대한 명확 프로시저를 정의하는 것뿐만 아니라, 서비스 제공자는 서비스의 종료를 지원하는 시스템을 갖추는 것도 매우 중요하다. 이러한 활동과 관련된 여러 가능한 단계들을 보여주는 플로우차트가 그림 12.2에 나타나 있으며 다음 절에서 설명하기로 한다.

(1) 가입자가 CSR 부서로 전화하여 서비스 종료를 요청한다.
(2) OBSS는 종료 요청 기록을 발생하고 실행을 위해 운영부서로 전달한다.
(3) 종료는 원격 혹은 현장에서 실행된다. 이는 가입자가 TPS(Triple Paly Service) 서비스 모두를 종료하느냐 아니면 IPTV 채널 접속만을 종료하느냐에 따라 다르게 처리한다.
(4) IPTVCD를 복원한다.
(5) OBSS상의 데이터베이스 기록을 갱신하여 종료 날짜로부터 서비스가 종료되었음이 효력을 발휘하도록 한다.
(6) 최종 요금 청구서를 포함하여 OBSS가 여러 문서 조항들을 생성하도록 한다.

12.4 네트워크 테스팅과 모니터링

IPTV 데이터 센터 시스템은 여러 복잡한 요소들로 구성된다. 이들 요소들이 더욱 더

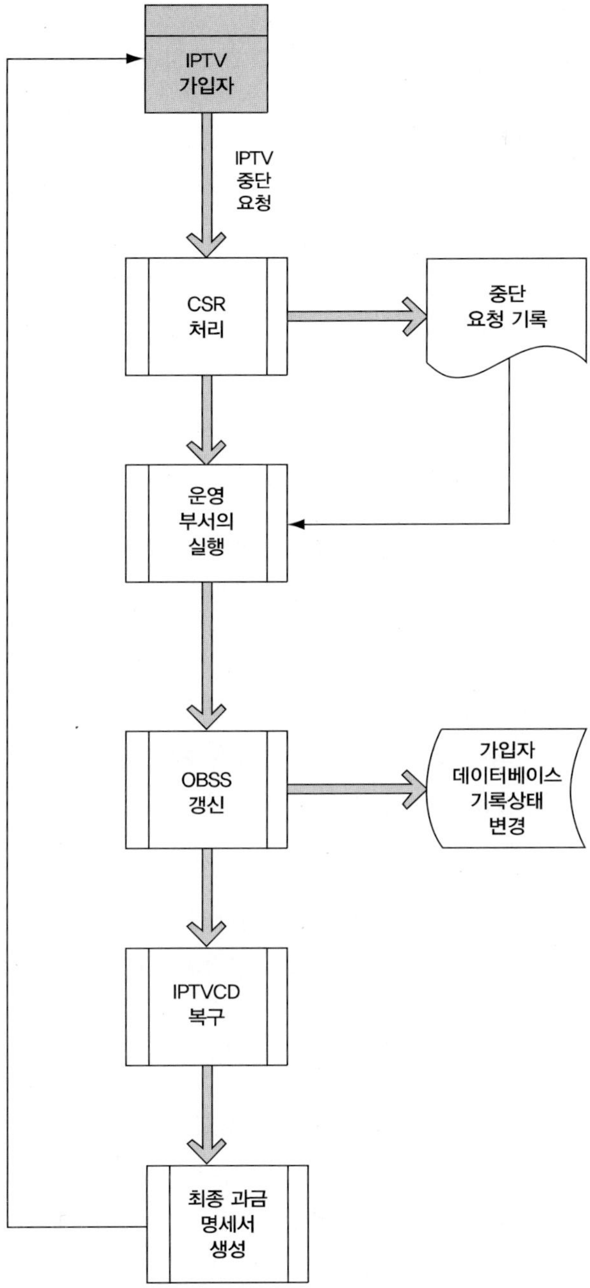

그림 12.2 IPTV 서비스 종료 플로우차트

많은 서비스를 다룸에 따라서 네트워크 문제들이 빠르게 탐지되고 해결될 것이다. 시스템 동작 시간을 최대화하고 고객에게 전달되는 서비스를 보장하기 위해 매우 고도의 주기적 테스팅과 모니터링이 IP 기반 네트워킹 기반구조상에서 수행될 필요가 있다. IPTV 네트워크의 정밀한 모니터링은 여러 이점을 갖고 있다:

- 네트워크 관리자가 이미지 품질이 곧 저하될 것임을 나타내는 네트워크 트래픽 패턴을 식별할 수 있게 한다. 잠재적 이슈의 조기 식별은 비디오 품질의 저하 가능성 발생을 줄여준다.
- 네트워크 서비스 중단을 즉시 찾아내는데 도움을 준다.
- 네트워크 문제가 발생하면 기술팀이 그 문제의 정도를 측정할 수 있게 해준다. 문제의 심각성 수준은 그 문제를 해결하는데 사용되는 자원을 지시해준다. 예를 들어, 문제가 비디오 신호 품질을 약간만 저하시키는 것이라면(시간당 일 초 정도 화면이 이상한 현상), 이 문제를 고치기 위한 전략은 IPTV 데이터 센터의 IP-VoD 서버가 고장난 경우와는 다를 것이다.
- 가입자의 동료를 줄일 수 있도록 도와준다. 왜냐하면 IPTV 종단사용자는 빈번한 서비스 중단을 참지 않을 것이기 때문이다.

IPTV 종단사용자가 고품질의 시청 경험을 하고 있음을 보장하기 위해 다음 IPTV 네트워크 요소들에 대해 여러 테스트를 수행하는 것이 가능하다.

라스트 마일 장비 — IPTV 종단사용자에 근접하게 설치된 네트워크 하드웨어와 소프트웨어 요소들이 IPTV 유니캐스트와 멀티캐스트 서비스의 전달을 위해 기대하는 대로 그리고 최적으로 작동하고 있음을 확인하기 위해 여러 가지 테스트를 실행한다. 이러한 요소들에 수행되는 전형적인 테스트로는 다음과 같은 것들이 포함된다:

- 라스트 마일 루프에서의 데이터 전송률 체크
- IPTVCM의 IP, 전송 그리고 비디오 패킷화 계층에서 발생하는 오류와 성능 이슈의 평가
- IGMP 메시지들이 즉각적으로 다루어지고 처리되는지에 대한 확인

IP 네트워크 코어 — 코어 네트워크에서 수행되는 테스트는 일반적으로 사용되는 모든 하드웨어와 소프트웨어 요소들이 기대대로 잘 수행하고 있는지 그리고 IPTV 서비스 전달을 위해 최적화되었는지를 확인하기 위해 실행된다. 네트워크 형상의 파라미터들은 자주 변경되며 이는 IPTV 스트림의 전달에 영향을 줄 수 있다. 따라서, IPTV 네트워크 관리자는 네트워크상에 변경이 있을 때 주기적으로 스트림의 성능 수준을 테스트하는 것이 중요하다. 변경은 네트워크에 스위치의 추가에서부터 장치의 펌웨어 수정에 이르기까지 다양하다. 코어 IP 네트워크 세그먼트에서 수행되는 또 다른 테스트들은 다음 항목들을 포함할 수 있다:

- 네트워크가 다중 멀티캐스트 채널 전달을 지원할 수 있는지 체크
- 패킷 손실이 발생하는지를 결정

- IP 코어 네트워크에서 나타나는 지연 측정

IPTV 데이터 센터 장비 — IPTV 데이터 센터에 설치된 여러 장비들이 여러 IPTVCD들에게 안전하고 효율적인 방식으로 다중 IPTV 서비스를 전달할 수 있는지 확인하기 위해 전체적으로 테스트할 필요가 있다. 테스트 계획은 또한 품질 수준이 약정된 파라미터를 잘 따르고 있는지를 확인하기 위해 외부 제공자가 제공하는 콘텐츠에 대해서도 주기적으로 구현할 필요가 있다.

IPTVCD — 종단사용자들 간 서비스를 액세스하도록 하는데 사용되는 여러 IPTVCD들이 여러 다양한 유형의 IP 서비스를 다룰 수 있어야 한다는 것을 아는 것이 중요하다. IPTVCD에서 수행되는 테스트 유형들은 시청자의 리모트 컨트롤이 요청하는 채널이 실제로 수신되고 있는 채널인지를 확인하는 것에서부터 많은 가입자들이 IPTV 스트리밍 서버에 연결되어 있을 때 채널 변경 시간이 짧은지를 확인하는 것에 이르기까지 다양할 수 있다. 다른 특별한 테스트들은 다음 사항들을 포함할 수 있다:

- IGMP 조인(join)과 연관된 지연 측정
- IGMP 탈퇴(leave)와 연관된 지연 측정
- 네트워크 지터(jitter) 측정

이들 IPTVCD 테스트는 내장 클라이언트 소프트웨어를 이용하여 모의실험 혹은 구현될 수 있음에 유의하라. 전체적인 테스팅 프로그램의 구현은 서비스 제공자들이 IPTV 콘텐츠의 전달을 위해 그들의 네트워크를 최적화할 수 있도록 도움을 준다.

12.5 중복성과 서비스 가용성 보장 관리

IPTV는 높은 가용성과 신뢰성의 요구사항을 갖고 있다. 서비스 단절을 방지하기 위해 네트워크와 IPTV 데이터 센터 장비는 장애를 일으키는 장비로부터 분리된 백업 장치로 빠른 전환을 지원할 필요가 있다. 전환에 필요한 시간은 장애가 서비스에 영향을 미치지 않도록 하기 위해 밀리 초 이내여야 한다. 때로는 서비스 제공자는 장애발생이 IPTV 종단사용자에게 미치는 영향을 최소화하기 위해 추가적인 하드웨어와 소프트웨어 중복을 채택한다.

그림 12.3은 네트워크 자체뿐만 아니라 IPTV 데이터 센터에서 개선된 수준의 중복성을 제공하는 네트워크 설계를 보여주고 있다. 보이는 바와 같이 네트워크는 여러 중복된 장치들로 구성된다.

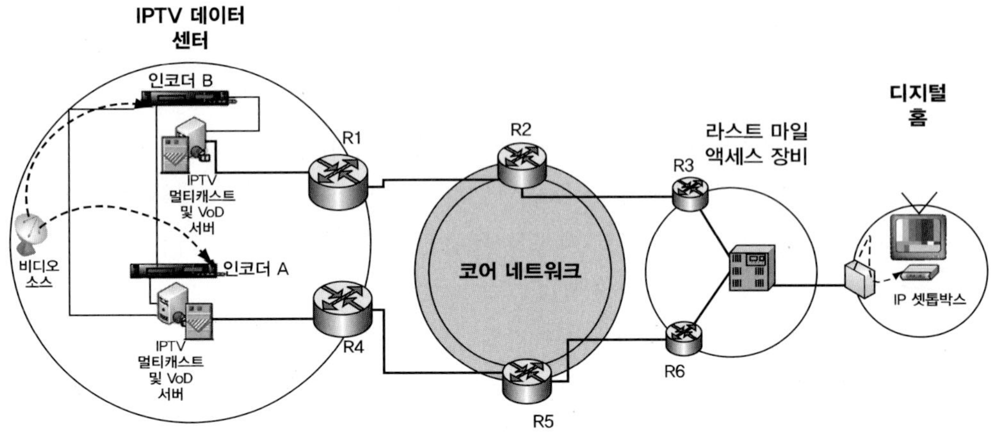

그림 12.3 중복성을 지원하는 네트워크 설계

- 대칭형의 링 토폴로지가 네트워크의 코어에서 IPTV 트래픽을 전달하기 위해 사용된다. 그래서 링의 임의의 곳에서 링크에 장애가 발생하면 IPTV 트래픽은 반대방향으로 링을 따라 재라우팅된다.
- 여러 비디오 기반구조 요소들이 중복된다. 이 예에서, VoD 서버, IPTV 멀티캐스트 스트리밍 서버, 그리고 인코더들이 모두 중복되어 있다.
- 중복 분배 라우터 또한 하나의 라우터가 장애가 있을 때 그 부하를 넘겨받도록 하기 위해 설치되어 있다.
- 각 인코더는 듀얼-IP 출력을 갖고 있다.
- 추가적인 중복 링크가 분배 라우터와 많은 수의 종단사용자들에게 IPTV를 제공하는 주변 라우터들 사이에 있다.

많은 개별적인 IPTV 네트워크 요소들은 이미 듀얼 프로세서 그리고 다중 장애극복 하드 디스크와 같은 내장 중복 특성을 갖고 있음에 유의하라.

IPTV 네트워크의 설계에 반영된 중복성 수준은 네트워크상에서 서비스되는 IPTV 서비스 유형에 따른다. 예로서 생방송 콘텐츠의 전달은 매우 높은 가용성 요구사항을 갖고 있는 반면에 IP-VoD는 낮은 수준의 가용성 요구사항을 갖고 있다. 그 이유는 가입자가 네트워크 문제가 해결되었을 때 장애가 발생한 지점으로 돌아가 재생을 할 수 있기 때문이다. 중복 그리고 백업 라우팅 경로의 수준은 IPTV 네트워킹 기반구조를 관리하는 기술팀의 책임이다.

네트워크의 다른 세그먼트에 대한 예방적 관리의 스케줄링은 IPTV 네트워킹 기반구조의 동작 시간의 최대화에 공통적으로 사용되는 다른 기술이다. 서비스 제공자들은 매일 그리고 주간의 관리 활동을 추적하기 위해 세련된 관리 시스템을 사용한다. 관리 활동 추적 이외에 이들 시스템들은 기술직원들에게 가용한 예비품들의 상세 정보도 유지하며 IPTV 네트워크 관리자가 미래 관리 활동을 분석하고 계획할 수 있도록 하는 개선된 보고 시스템을 채택하고 있다.

12.6 IP 주소 공간 관리

IP 주소 할당은 서비스 전달을 위해 네트워크를 어떻게 설계하느냐에 따른다. 예를 들어, TPS 서비스 환경에서 각각의 서비스에 대해 서로 다른 IP 서브네트로 형상화할 수 있다 — 음성, 인터넷 접속, 그리고 IPTV. 또한 세 가지 서비스에 대하여 DNS 관리, OBSS, 그리고 DHCP 서버와 같은 공통의 백엔드 기반구조 요소들의 공유를 지원하는 IP 주소 기법을 채택하는 것이 가능하다. 일단 IP 주소 기법이 공유 백엔드 요소들에 형상화되면, 그 다음에 각 TPS 서비스의 전달에 특정한 네트워크 자원에 대하여 각각의 IP 서브네트 혹은 주소 풀(pool)로 형상화하는 것이 가능하다. 예를 들어, VoD 서버와 가입자 댁내의 IP 셋톱박스 모두 IPTV 서비스 서브네트의 일부로 형상화된다. IPTV 네트워크에서 IP 주소의 할당은 DHCP 서버의 책임이다. DHCP는 IPTV 네트워크 관리자에게 많은 이점을 제공한다:

- DHCP를 사용함으로써, IPTVCD에 대한 모든 필요한 형상 상세 정보가 고정되고 종단사용자는 상세 정보를 알 필요가 없다.
- DHCP는 IP 주소의 중앙 관리를 제공한다.
- IPTV 네트워크상의 장치에게 주소를 자동으로 할당하기 위해 DHCP 서버를 설정하는 것은 간단하다.
- 특정 지리적 영역에 대한 가용 IP 주소의 범위를 명시하는 것이 가능하다.
- 새로운 IPTV 서비스 제공을 위해 DHCP 서버와 OBSS를 통합하는 것이 가능하다.

12.7 일상적인 IT 그리고 네트워크 관리 작업

IPTV 가입자의 기대수준은 매우 높다. 이러한 요구를 만족시키기 위해, IPTV 백엔드 서버와 네트워킹 기반구조는 부드럽게 동작해야 할 필요가 있다. 따라서, 지원 요원은 다음과 같은 분야에서 여러 유지 관리와 행정적 작업을 수행해야 한다.

12.7.1 백업과 복구

백엔드 IPTV 서버를 관리하는 가장 중요한 작업 중에 하나가 백업을 유지하는 것이다. 적절한 백업 시스템을 갖추면 IPTV 서비스 제공자는 데이터 센터에 재난이 발생했을 때 중요한 콘텐츠와 데이터를 복구할 수 있다.

12.7.2 디스크 공간 사용 모니터

압축된 비디오의 저장은 IPTV 서버에 커다란 저장 장치를 필요로 한다. 저장 공은은 자세히 모니터되어야 할 필요가 있다; 그렇지 않으며, IPTV 콘텐츠 서버의 하드 디스크 공간이 고갈될 수 있다.

12.7.3 네트워킹 기반구조 최적화

데이터 센터 내에서 콘텐츠 전달과 관련된 예측 가능하지 않은 트래픽 양과 높은 대역폭 요구는 중요한 IPTV 서버와 미들웨어 응용의 성능에 영향을 미칠 수 있다. 네트워킹 기반구조의 성능을 최적화하여 서버는 빠르고 효율적인 방식으로 IPTVCD와 상호작용할 수 있고 결과적으로 고객의 만족도를 높게 유지할 수 있다.

12.7.4 내부 IP 시스템의 보안

IPTV 데이터 센터의 보안을 유지하는 것은 중요하다. 보안 정책을 적용하는 것 외에 IPTV 네트워크 관리자는 그들의 네트워킹 기반구조에서 알려지지 않은 약점들을 식별할 필요가 있다. 바이러스, 스파이웨어, 그리고 멀웨어 모두 종단 간 IPTV 기반구조의 무결성에 심각한 위협을 제공한다.

12.7.5 응용 관리

각 IPTV 응용은 일반적으로 행정적인 목적으로 사용되는 소프트웨어 툴을 포함한다.

12.8 IPTV QoS 요구사항 관리

기존 유료 TV 제공자가 전달하는 비디오 시그널에 비교되거나 보다 개선된 비디오 신호를 전달하는 것은 IPTV 서비스를 전달하기 위한 주요 선결 조건 중에 하나이다. 서비스 제공자가 이러한 수준의 시청 경험을 얻기 위해, IPTV 네트워크 관리자는 네트워크가 QoS 시스템을 지원하도록 보장하는 것이 필요하다. QoS 시스템을 구축하는 것은 고품질의 고객 경험을 보장한다. IPTV 네트워크를 위한 QoS는 소스 스트리밍 서버로부터 목적지 클라이언트 IPTVCD로 장애 없이 IPTV 스트림이 전달되는 것을 보장하는데 요구되는 네트워크 자원과 파라미터들을 정의한다. 다시 말해서, 스트림의 품질이 네트워크를 가로질러 전달되는 동안에 저하되지 말아야 한다. QoS 기반구조를 기술하기에 앞서, IP 비디오 패킷들이 네트워크를 통해서 어떻게 라우트되는지를 이해하는 것이 도움이 될 것이다. 다음 절에서는 IP 비디오 트래픽의 서로 다른 트래픽 패턴을 간략히 설명하고 이들 서로 다른 패턴들이 네트워크 라우터와 스위치와 같은 중간 장치들에서 어떻게 처리되는지를 설명한다.

12.8.1 IPTV 패킷의 라우팅과 큐잉

IP 패킷이 IPTV 분배 네트워크로 전송될 때, 그 패킷은 라우터, 스위치, DSLAM, 그리고 네트워크상에서 사용되는 전송 기술에 맞는 여러 유형의 장치들과 같은 여러 네트워크 요소들을 통해 전달된다. 패킷이 "통해 전달(passing through)"된다는 것은 패킷이 특정 인터페이스를 통해 특정 장치로 들어가고, 메모리 버퍼에 저장되고, 네트워크 장치가 처리하고 그리고 특정 출력 인터페이스를 통해 경로상의 다음 장치로 보내지는 것을 의미한다. 이러한 활동 중에, 이 패킷이 처리되는 순서를 "큐잉(queuing)"이라고 한다. 패킷 데이터의 큐잉은 패킷 손실과 지터의 수준에 영향을 미치는 이유이다. IPTV 네트워크 트래픽이 특히 패킷 손실과 지터에 민감하기 때문에 큐잉 이슈는 자세하게 다룰 필요가 있다. 가장 기본적인 수준에서, IPTV 패킷의 큐잉은 라우터 혹은 스위치 장치 다른 IP 패킷을 처리하고 있는 동안 매우 짧은 기간 IP 데이터의 패킷을 저장하는 라우터 혹은 스위치를 필요로 한다. 일단 이들 IP 패킷이 처리되면, 네트워크 장치는 버퍼 큐에서 다음 패킷을 선택한다. 라우터가 지원하는 큐의 수는 네트워크에서 지원하는 서비스의 수에 따라 다르다. 큐에서 다음 패킷을 선택하는 방식은 QoS 우선순위 시스템에 따른다. 여기서 임의의 패킷 유형은 즉각적인 처리를 위해 선택되고, 다른 유형은 큐에서 대기하도록 남겨진다. TPS 환경에서 음성 혹은 비디오 콘텐츠를 포함하는 것으로 표기된 IP 패킷은 큐에서 높은 우선순위 등급을 받고 따라서 다른 유형의 비교적 덜 지연 민감한 IP 트래픽(웹 혹은 이메일 콘텐츠를 포함하는 패킷)에 앞서서 처리된다.

큐잉 패킷의 처리는 다음 예로 설명될 수 있다. 브로드캐스트 IP 스트리밍 서버가 H.264 압축 IPTV 멀티캐스트 채널을 분배 네트워크에 2.5Mbps의 고정 속도로 보내고 있다고 가정하자. 스트리밍 서버와 IPTV 종단사용자에 위치한 RG 사이의 가능한 네트워크 트래픽 패턴들이 그림 12.4에 보여지고 있다.

첫 번째 시나리오는 네트워크 조건이 이상적이고 패킷들이 1.5ms간격으로 떨어져 있는 것을 보여주고 있다. 이러한 환경에서 패킷 간 간격은 RG까지의 경로 상에서 각 네트워크 홉(hop)을 거치면서 일정하게 유지된다. 이러한 시나리오는 현실적인 환경에서는 발생하지 않을 것이다. 두 번째 시나리오에서, 두 개의 IPTV 패킷이 시간차 없이 분배 네트워크로 주입되었고 세 번째 패킷이 3.5ms 후에 주입되었다. 비록 큐가 발생하지는 않지만, 두 개의 패킷을 연달아 주입하여 미니-큐를 형성하였다. 세 번째

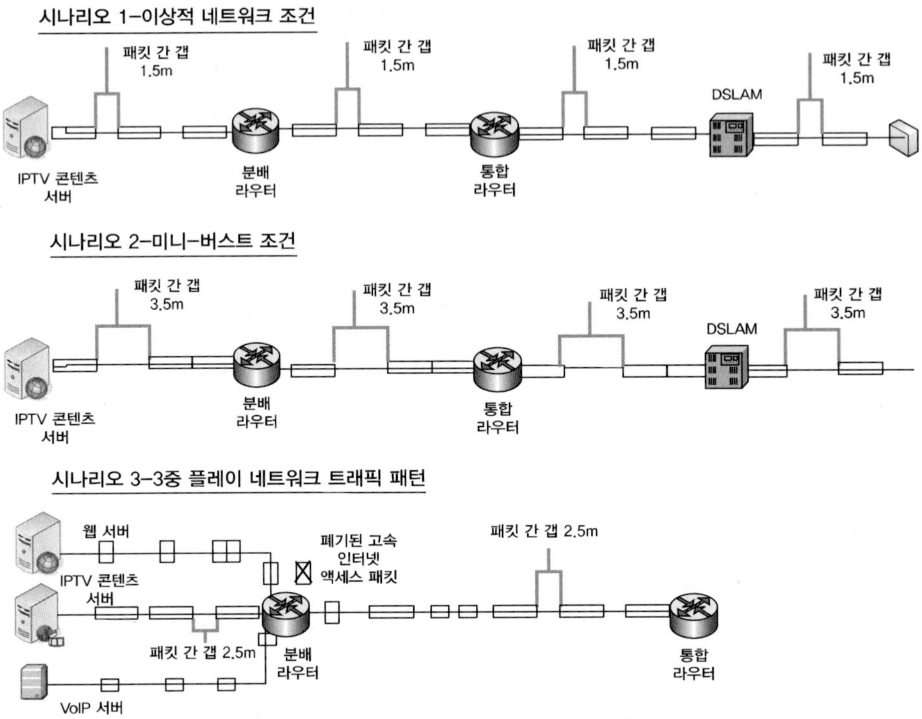

그림 12.4 가능한 IPTV 트래픽 패턴

시나리오는 TPS IP 서비스를 전달하는데 이용되는 네트워크를 거치면서 발생하는 것을 좀 더 잘 나타내고 있다. 이 마지막 시나리오에서, VoIP, IPTV 그리고 웹 서버들은 동시에 IP 패킷을 네트워크로 주입한다. 네트워크상에서 모든 세 개의 스트림이 동시에 세계의 다른 라우터 인터페이스에 도착한다. 라우터는 동시에 세 개의 스트림을 처리할 수 없다. 따라서, 큐가 형성되고 패킷들은 적정한 출력 포트로 전달되기 전에 메모리에서 일정 기간 동안 기다려야 한다. 이 예에서 큐가 오버플로우(overflow)되고 인터넷 접속 콘텐츠를 담고 있는 패킷이 버려진다. 반면에, VoIP와 IPTV 트래픽은 큐에서 특별한 처우를 받으며 패킷 간 간격은 라우터의 출력에서 같게 유지된다.

이는 IPTV 네트워크에서 개발할 수 있는 네트워크 패턴의 매우 간단한 모델이다. 서로 다른 네트워크 요소들로부터의 더욱 다양한 네트워크 트래픽이 주어진다면, 패킷 큐잉이 올바로 관리될 수 있도록 보장하기 위해 QoS 시스템을 네트워킹 기반구조에 적용하는 것이 매우 중요하다. DSA(Differentiated Services Architecture)와 MPLS-DiffServ라고 부르는 방법들이 시간 민감 유니캐스트와 멀티캐스트 IPTV 스트림 모두에 있어서 전달 성능의 향상 수단으로 점차 인정되고 있다.

12.8.1.1 DSA 이해

IP 네트워크는 근본적으로 데이터를 전달하는데 최선의 서비스(best effort)를 제공하는 것으로 설계되었다. 이는 IP 패킷을 올바른 순서대로 심지어는 패킷이 전달되는 것을 보장하지 않는다는 것을 의미한다. IPTV 트래픽의 전달을 더욱 복잡하게 하는 것으로 혼잡 발생 시에 네트워크 트래픽을 제어하기 위해 IP 네트워크가 사용하는 방식은 IP 패킷을 버리도록 한다. 마지막으로, IP는 모든 네트워크 트래픽을 똑같이 처리한다. 그래서 네트워크를 통해 전달될 때 같은 우선순위가 실시간 트래픽과 지연 비민감 트래픽 모두에게 주어진다. 이로 인해 IPTVCD에 IPTV 패킷이 도착하는데 패킷 손실과 지연이 발생한다. 패킷 지연을 극복하기 위해 대부분의 IPTV 네트워크는 충분한 대역폭 용량을 제공하여 최대의 QoS 수준을 만족하도록 하고 큐잉이 거의 발생하지 않도록 한다. 그러나 현재의 VoIP와 고속 인터넷 접속 제품에 IPTV 서비스를 추가하는 것을 지원할 수 있을 만큼의 충분한 네트워크 자원을 갖고 있지 못한 네트워크들도 있다. 그 결과 네트워크를 통해 전송하는 동안 다른 유형의 IP 패킷보다 IPTV 패킷에게 우선순위를 높게 주는 QoS 방식이 필요하다. 이는 IP 트래픽을 서로 다른 그룹으로 분류해서 할 수 있다. IPTV 네트워크에 대한 QoS 제공은 DSA라고 부르는 IETF 표준을 따름으로서 일반적으로 구현된다. DiffServ라고도 알려진 DSA는 가입자들에게 특정 수준의 QoS를 제공하고 관리하기 위해 몇 몇 IPTV 서비스 제공자들이 사용하고 있다. 기본적으로 DSA를 구현하는 것은 IPTV 트래픽에게 다른 유형의 IP 기반 트래픽보다 높은 우선순위를 제공함을 의미한다. DiffServ에 대한 명세서는 1998년 IETF가 출간하였고 RFC 2475에서 찾을 수 있다. DSA는 비슷한 QoS 정책으로 형상화된 여러 네트워크 장치들로 구성되고 도메인(domain)이라고 하는 논리적 단위로 결합된다. DSA는 네트워크 혼잡을 경험하는 물리적 링크에 연결된 모든 장치들은 DiffServ 기능을 구현할 수 있어야 한다고 요구하고 있다. 따라서, 라우터, 네트워크 스위치, DSLAM, (케이블 광대역 네트워크의 경우에는 CMTS), 그리고 댁내 게이트웨이들은 IPTV 네트워크상에서 DiffServ 구현을 다룬다. 이전에 기술한 바와 같이, DiffServ는 IPTV 서비스 제공자들이 다른 유형의 IP 트래픽보다 우선순위를 제공할 수 있도록 허용한다. 이는 네트워크 트래픽을 다른 클래스로 나누는 효과를 갖는다. 예를 들어, TPS 환경에서 무중단 데이터 플로우를 요구하는 실시간 멀티캐스트 트래픽은 인터럽트가 되도 괜찮은 데이터 플로우에 비해 우선순위를 갖는다. 이러한 우선순위 처리 과정은 네트워크 혼잡이 발생하는 경우에 활성화된다(그림 12.5).

IP-VoD 스트림과 멀티캐스트 스트림이 동시에 R1의 인터페이스에 도착하고 네트워크 혼잡이 발생하는 동안에 같은 출력포트로 향하는 간단한 예를 생각해보자. 라우터에 QoS 방식을 적용하지 않는 다면, 혼잡 기간 동안에 멀티캐스트 패킷은 큐에 대기하게 되고 결과적으로 패킷이 폐기(drop)되며 따라서 "실시간" 멀티캐스트 채널의 전달에 지연을 야기하게 된다. 이것이 멀티캐스트 TV에서의 중요 이슈이다. 왜냐하면 이러한 유형의 스트림은 폐기된 패킷에 대하여 매우 민감하다. 두 번째 샘플 형상에서 DiffServ를

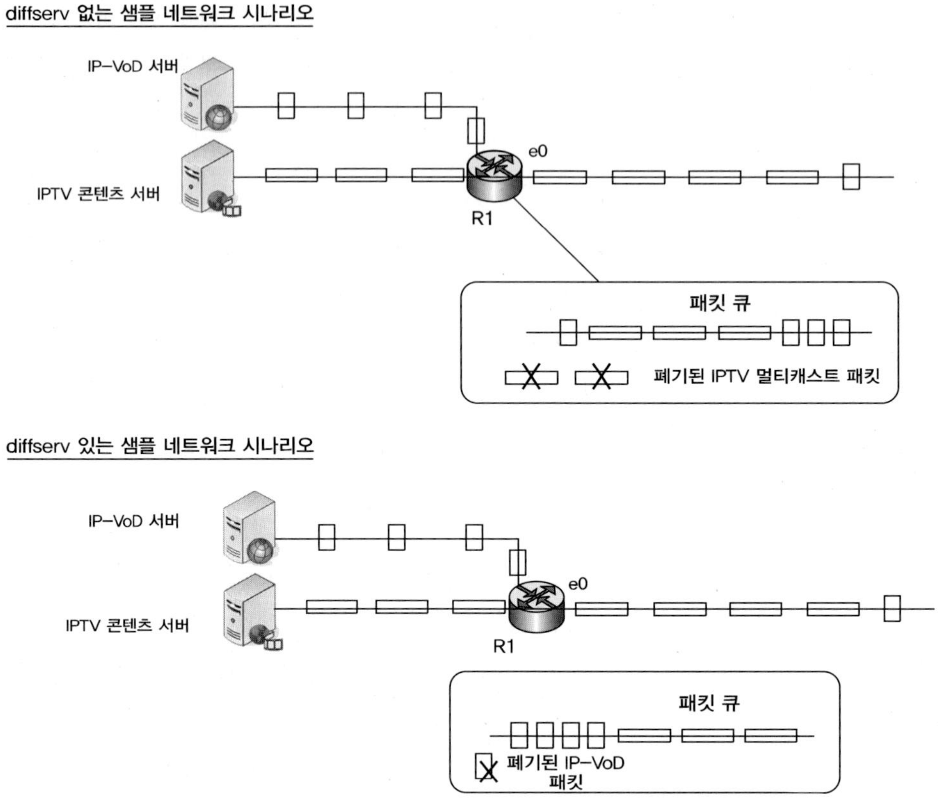

그림 12.5 혼잡 링크에서 DiffServ를 적용한 이점을 보여주는 간단한 예

적용하여 라우터는 멀티캐스트 IPTV 패킷을 먼저 보낼 수 있으며, IP-VoD 패킷은 혼잡이 완화될 때까지 큐에서 대기하게 된다. 이 경우 IP-VoD 패킷은 폐기된다. 비록 IP-VoD 서비스의 품질에 영향을 주지만, 종단사용자는 그러나 신호 품질이 저하되기 시작한 곳으로 되감기를 하도록 명령을 내릴 수 있다.

DiffServ는 IPTVCM의 IP 계층에서 동작하고 프로토콜 스택의 하위 계층과는 상호작용을 하지 않는다. IPTV 네트워크에서 DiffServ가 가능하도록 설정된 라우터는 IPTV 패킷들을 DSCP(Differentiated Services Code Point)라고 알려진 6비트 필드에 표기(marking)를 하여 패킷들을 클래스로 나눈다. DSCP는 표준 IP 헤더의 ToS(Type of Service) 필드를 대체한 것이다. 이 필드의 목적은 전송 경로 상의 라우터와 네트워크 스위치에게 전달을 위해 큐에서 대기하고 있는 동안에 이들을 어떻게 다루어야 하는지를 지시하는 것이다. 다시 말해, QoS의 관점에서 라우터에 있는 패킷의 행동을 정의하고 있다. 6비트를 사용함으로써 IPTV 패킷에 적용할 수 있는 "전달 방식"은 64가지이다. 이 다른 "전달 방식" 옵션은 PHB(Per-Hop Behavior)라고 부른다. 각 PHB는 특정 수준의 서비스를 제공한다. 64개의 가능한 옵션 중에서 IETF는 표 12.1에 요약된 14개의 PHB를 정의하고 있다.

표 12.1 IETF가 정의한 표준 PHB 세트

PHB 타입	할당 번호	설 명
BE(Best Effort)	1	IP 트래픽은 라우터에서 특별한 대우를 받지 않음. 이 PHB는 인터넷 액세스 트래픽에 적용됨. 이 PHB 구현은 라우터에서 하며 인터넷 액세스 트래픽이 네트워크를 통과하도록 하기 위해 최소의 용량을 보장함. 자세한 사항은 RFC 2474에서 찾아볼 수 있음
EF(Expedited Forwarding)	1	이 PHB가 할당된 IP 패킷 태그는 라우터에서 처리될 때 최소 지연을 겪음. IPTVCD에게 낮은 수준의 지연과 지터로 서버와의 연결을 제공. 낮은 지연과 지터 수준이 음성 서비스에 매우 중요하기 때문에 이 PHB는 주로 VoIP 서비스 구축에 이용됨. 이 PHB를 구현하기 위해 라우터는 특별한 알고리즘을 사용. 자세한 사항은 RFC 3246 참조
AF(Assured Forwarding)	12	지연과 지터는 음성 서비스에서와는 달리 IPTV 트래픽에서는 큰 문제가 아님. IPTV는 최소 패킷 손실을 요구함. 이는 현대 압축 알고리즘은 하나의 IPTV 패킷에 많은 양의 비디오를 넣을 수 있기 때문임. 따라서, 손실 혹은 오류 패킷은 IPTV 종단사용자 스크린에 보여지는 이미지 품질에 상당한 영향을 줌. AF PHB는 특정 비디오스트림에 일정 양의 대역폭을 보장하는데 사용됨. 대역폭 보장은 손실 패킷 확률을 낮추고, 이는 비디오 신호 품질에서 인식할 수 있는 품질 저하 가능성을 줄임. AF PHB는 주로 멀티캐스트 IPTV와 IP VoD 타입 서비스에서 사용됨. AF PHB의 다른 특성은 4가지 수준의 AF와 3가지 수준의 패킷 폐기 확률의 결합이 포함됨. 이는 전체적으로 12가지의 AF를 제공. 자세한 사항은 RFC 2597 참조

요약하면, DiffServ 구조는 네트워크 서비스 제공자가 IPTV 네트워크의 성능을 높이는데 유용한 기법이다. DiffServ는 전형적으로 MPLS와 같은 다른 네트워킹 기술들과 결합되어 운용된다.

12.8.1.2 MPLS-DiffServ QoS

2장에서 기술한 바와 같이 MPLS는 IP 라우팅 네트워크의 효율성을 증대시키는 트래픽 엔지니어링 시스템이다. MPLS의 여러 장점과 DiffServ의 QoS 보장을 결합하여 네트워크 운영자는 IPTV와 같이 엄격한 성능 보장을 요구하는 서비스를 구축할 수 있다. MPLS-DiffServ QoS 시스템이 사용하는 방식은 RFC 3270에 정의되어 있다.

이 절을 요약하면 네트워크 내에서 QoS를 시행하는 것은 도움이 되며, 결국에는 종단 간 사용자가 개선된 QoE를 얻게 할 수 있다는 것이다. 종단 간 QoS 시스템의 효율적인 구현은 적당한 네트워크 자원을 필요로 한다는 것을 이해하는 것 또한 중요하다.

12.9 IPTV 가입자의 체험 모니터링

네트워크상에 비디오를 전달하는데 있어서 전통적인 RF 전송 기술 대신에 IP를 사용하는 것은 그것만의 특이한 과제를 야기한다. IPTV 서비스로 이동하는 고객들은 높은 기대 수준을 갖고 있으며 시스템상에 약간의 결점도 지적하는 경향이 있다. IPTV 종단사용자들은 여러 기본적인 요구사항을 갖고 있다:

- 그들은 기존 케이블, 위성 그리고 심지어는 지상파 서비스로부터 고도의 가용성을 가진 고품질의 비디오 콘텐츠를 시청하는데 익숙해 있다.
- 그들은 다중 채널 TV에서부터 VoD 타이틀에 대한 실시간 액세스까지 다양한 비디오 서비스에 대한 액세스를 요구한다.
- 시스템은 모든 가족 구성원이 사용하고 접속하기 쉬워야 한다.

따라서, 가입자가 새로운 IPTV 서비스에 매우 만족하도록 보장하는 것은 서비스 제공자의 첫 번째 중요 과제이다. 높은 만족 수준을 얻기 위한 주요 요구사항 중 하나는 IPTV 종단사용자가 서비스에 대해 갖고 있는 인식을 자세히 모니터하고 벤치마크하는 QoE 측정 시스템을 구현하는 것이다. QoE라는 용어는 IPTV 서비스 시청과 관련된 경험을 의미한다. 이는 화면의 품질뿐만 아니라 즉시성(responsiveness)과 유용성(usability)과 같은 다른 분야도 포함한다. 이는 측정치가 단지 지터, 패킷 손실, 그리고 지연과 같은 네트워킹 파라미터에 기반하는 QoS와는 대조가 된다. 여러 QoE 측정 모델을 논하기 전에 IPTV 서비스 전달에 영향을 미치는 요인들을 이해하는 것이 도움이 된다. 다음 절은 시청자의 체험에 부정적으로 영향을 미치는 요소들을 간략히 살펴볼 것이다.

12.9.1 IPTV 서비스 전달에 영향을 미치는 요인

IPTV 서비스의 시각적 그리고 청각적 품질은 전통적인 RF 기반 TV 서비스보다 더 좋지는 않더라도 그와 같은 정도를 유지해야 한다. IPTV 품질에 영향을 미칠 수 있는 11가지 주요 요인들이 있는데 즉, 나쁜 품질의 소스 콘텐츠, IPTV 데이터 센터에서 사용하는 인코딩, GOP 길이, 패킷 손상(corruption), 순서대로 도착하지 않는 패, 폐기된 IP 패킷, 지연(latency), 그리고 비디오 지터, 다른 TPS와의 경쟁, 잘못된 형상 파라미터, 그리고 서버 혼잡. 이들 문제들을 다음 절에서 설명한다.

12.9.1.1 나쁜 품질의 소스 콘텐츠

낮은 품질의 소스 콘텐츠는 코딩 처리의 효율성을 낮추고 종단사용자에게 전달되는 콘텐츠의 품질에 부정적인 영향을 미친다.

12.9.1.2 인코딩

소스 비디오 요소를 인코드하는데 상용되는 방식은 IPTV 종단사용자에게 전달되는 신호 품질에 주요 영향을 미친다. IPTV 서비스 제공자는 IP 네트워킹 기반구조상으로 콘텐츠를 전달하기 전에 이 콘텐츠를 압축하기 위해 전형적으로 MPEG-2, H.264/AVC, 혹은 VC-1 인코딩 시스템을 사용한다. 이들 시스템들은 여러 가지 비율로 콘텐츠를 압축한다. 예를 들어 고도로 압축된 비디오 신호는 네트워크를 통해 콘텐츠를 전달하는데 요구되는 네트워크 대역폭 양을 줄인다; 그러나 인지되는 화면 품질이 높은 수준이 아닐 수 있다. 인코딩에 의한 이미지 왜곡 유형은 다음을 포함할 수 있다

타일링(tiling) — IPTV 비디오 타일링은 소스 비디오 이미지에 포함된 위치와 비교했을 때 잘못된 위치에 있는 화면 부분을 포함하는 비디오 이미지의 렌더링을 나타낸다.

비디오 블록의 왜곡 — 블록은 픽셀 매트릭스로 구성된 MPEG 비디오 이미지의 한 부분을 나타낸다. 인코딩하는 동안 어떤 경우에 비디오 블록의 품질을 왜곡할 수 있는 알고리즘을 이 매트릭스에 적용하며 왜곡이 발생할 때 이 블록은 소스 콘텐츠를 정확하게 표현할 수 없게 된다. 완벽한 화면을 구성하는데 여러 블록이 요구되기 때문에 작은 수의 블록이 포함된다면 비디오 블록 왜곡의 시각적 영향을 제한할 수 있다. 그러나 인코딩 과정이 많은 블록의 비디오 품질을 왜곡하기 시작하는 것이 이슈가 되고 있다.

양자화 잡음 — 비디오 신호의 디지털화 동안에 잡음으로 인한 오류가 발생할 수 있다. 많은 양의 양자화 잡음은 IPTVCD에서 재생될 때 비디오 콘텐츠에 나타나는 "눈 내리는 것 같은(snowy)" 현상으로 확인할 수 있다.

이미지 불규칙성(jerkiness) — IPTV 비디오스트림은 빠르게 TV 혹은 디스플레이 패널에 보여지는 일련의 이미지들로 구성된다. 종단사용자는 이러한 빠른 이미지 디스플레이의 변화를 알아차리지 못하게 되고 스트림은 "동작(motion)"으로 해석된다. 그러나 만약에 화면 변화가 어느 일정 속도로 늦추어 진다면 그 스트림은 일련의 스틸 화면 혹은 비디오 콘텐츠의 부드러운 움직임이 아닌 튀어 오르는(jumpy) 이미지로 인식된다. 불규칙성은 전형적으로 콘텐츠를 충분히 높은 수준의 프레임 비율로 압축하지 않는 인코더에 의해 나타난다. 이는 대역폭 가용성이 문제가 되고 콘텐츠가 매우 낮은 속도로 인코드되어야 하는 경우에는 필요할 수 있다.

스크린 객체의 정체 — 이 왜곡은 특정 객체 혹은 스크린의 부분이 비디오 순서가

변경되고 앞으로 이동했을 때 변경되지 않고 화면에 남아 있을 때 발생한다.

인코딩 단계에서 발생할 수 있는 여러 왜곡을 기술했으므로 IPTV 관리자는 압축 수준과 그들에게 가용한 네트워크 자원 간의 어떤 것에 중점을 둘 것인지를 결정하여야 한다.

12.9.1.3 GOP 길이

압축과 연관된 이슈들 외에, IPTV 스트림에서 사용되는 GOP의 구조는 비디오 품질에 관계가 있다. 예를 들어, 짧은 GOP는 높은 품질 수준을 제공하나 축소된 압축 비율 때문에 문제를 야기한다. IPTV 종단사용자를 위한 신호 품질을 최대화하기 위해 GOP 길이를 최적화하는 것은 IPTV 기술부서의 책임이다.

12.9.1.4 손상된 패킷

패킷의 손상은 IPTV 신호의 왜곡에 영향을 미치는 다른 요소이다. 손상은 일반적으로 전송 과정에 발생하고 원래의 IPTV 페이로드 혹은 헤더 데이터의 변경을 포함한다. 임펄스 전자기 잡음은 IPTV 환경에서의 패킷 손상의 주요 원인 중 하나이다. IPTVCM의 하위 계층에서의 오류 기술이 손상된 IPTV 패킷을 처리하기 위해 사용된다. 그래서 IPTVCD에 도달하는 손상된 패킷의 확률은 일반적으로 매우 낮다.

12.9.1.5 순서대로 도착하지 않는 패킷

IPTVCD에 잘못된 순서로 도착하는 패킷 그리고 잘못 라우트된 IP 패킷들은 네트워크 손상 때문에 발생한다. 패킷 버퍼링은 잘못된 순서로 도착하는 패킷 문제를 해결하기 위해 사용되는 한 가지 기술이다. 버퍼링은 임시로 도착하는 IP 패킷을 저장하기 위해 IPTVCD 메모리(보통 DRAM)의 일부를 할당한다. 패킷 장애가 액세스 네트워크상에서 발생하면 버퍼는 데이터의 일정량을 저장할 것이다. 버퍼의 저장 용량은 마이크로초부터 10초 정도까지 다양하며 각 구현마다 다르다. 버퍼가 케이블, 위성 그리고 지상 셋톱박스에서도 사용된 다른 것을 이해하는 것도 의미가 있다; 그러나 이들 장치의 버퍼 크기는 좀 작은 편인데 그 이유는 MPEG 패킷의 도착이 IP 데이터 패킷보다 좀 더 예측 가능하기 때문이다. 일단 잘못 라우트되거나 순서에 맞지 않는 IP 패킷들이 도착하면, 이들은 올바른 순서로 IPTV 비트스트림에 다시 삽입된다. 버퍼가 IP 패킷의 재전송을 지원하기 위해 IPTV 데이터 센터에 위치한 서버상에 형상화될 수 있음을 유의하라. 이러한 전반적은 과정은 동적으로 백엔드에서 완료되고 립싱크와 비디오 블록킹 문제를 줄여준다. UDP와 같은 네트워크 프로토콜도 순서에 맞지 않게 도착하는 패킷 문제에 추가될 수 있다. 왜냐하면 이 프로토콜은 순서에 맞지 않는 패킷을 탐지하는 기법을 지원하지 않기 때문이다. 그러나 RTP와 RTCP와 같은 제어 프로토콜들이 순서대로 도착하지 않는 IP 비디오 패킷과 연관된 문제를 인식하는데 사용될 수 있다.

12.9.1.6 폐기되고 손실된 IP 패킷

웹 브라우징과 전자메일 응용과 같은 응용에서는 어느 정도의 패킷 손실이 문제가 되지 않으며 사용자들은 보통 인식하지 못한다. 그러나 IPTV 네트워크에서의 폐기된 패킷은 비디오 콘텐츠의 높은 압축 특성으로 인해 전체적인 시청 체험 수준을 낮출 수 있다. VC-1과 H.264/AVC와 같은 압축 기술은 손실 패킷에 매우 민감하다. 예를 들어, IP 채널을 스트리밍 하는 동안에 패킷 손실은 TV 스크린이 선명하지 않게 되고, 정지화면 프레임 현상을 야기하고 어떤 경우에는 시청자가 순간적으로 몇 초간 화면이 나타나지 않는 현상을 보인다. 패킷 손실에 의해 영향을 받는 이미지 비율은 주로 패킷 내에 포함된 정보의 유형과 픽셀의 수에 따른다. 일반적으로 작은 양의 패킷 손실이 IPTV 비디오 혹은 오디오스트림의 많은 부분에 영향을 미칠 수 있다.

심각한 경우에 비디오 서버와 IPTVCD 간의 연결이 중단된다. 이것은 UDP로 전송하는 IPTV 콘텐츠의 경우 맞는 이야기이며, UDP에서는 패킷 재전송을 하지 않고 콘텐츠가 없어지기 때문이다. TCP도 별 혜택이 없는데 그 이유는 패킷의 새로운 사본을 요구하는데 시간이 걸리고 따라서 버퍼 언더플로우(underflow)가 발생하며 화면이 정지되는 현상이 발생한다. 가입자는 이러한 유형의 성능을 참을 수 없으며, 이러한 문제의 영향은 명약관화하다. 네트워크상에서의 패킷 손실의 원인은 IPTVCD 버퍼가 트래픽으로 넘쳐나는 것에서부터 오류가 발생할 수 있는 많은 구성요소들로 구성되는 거대한 네트워크에 이르기까지 다양하다. 표 12.2는 IPTV 네트워크에서 패킷 손실을 야기하는 여러 요소들을 요약하고 있다.

일반적으로 서비스 제공자는 IPTV 서비스에서 폐기된 패킷의 영향을 줄이기 위해 네트워크 관리 기술을 사용한다. 다음 절은 가장 인기 있는 5가지 기술에 대한 간략한 개요를 제시한다.

재전송 사용 3장에서 기술한 바와 같이, IPTVCM 전송 계층의 주요 기능 중 하나가 비디오 콘텐츠가 목적지로 신뢰적으로 전달되는 것을 보증하는 것이다. 어떤 경우에 네트워크에서 콘텐츠를 신뢰적으로 전송하는 것은 목적지에 도착하지 않은 패킷을 탐지하는 피드백 방식의 사용을 필요로 한다. IPTV 네트워크와 관계되는 TCP, RTP 그리고 RUTP 재전송 방식의 3가지 피드백 방식이 있다.

TCP를 이용한 ARQ 비록 TCP가 라이브 IPTV 비디오 콘텐츠의 전달에 적절하지 않지만 TCP의 재전송 기법이 네트워크에 콘텐츠를 유니캐스팅하는데 유용하다. TCP 연결로 사용될 때 ARQ(Automatic Repeat Request)라고 하는 프로토콜 스택이 손실 패킷을

표 12.2 패킷 손실의 전형적 원인

패킷 손실 원인	설 명
전기적 간섭	패킷 손실은 종단 간 IPTV 네트워킹 기반구조의 여러 곳에서 발생하는 전기적 간섭 때문임. 예, 홈 네트워크에 연결된 IPTVCD은 댁내 전력선 아웃렛과 접촉됨. 이들 전기적 소스는 전압의 단전 및 서지(surge)를 포함하는 여러 손상을 입을 수 있음. 이는 비트 오류를 야기하고, 그 결과 패킷 손실을 발생시킴
SNR(Signal-to-Noise)	SNR은 IPTV 유니캐스트 혹은 멀티캐스트 스트림의 전송 중에 손실 혹은 폐기되는 여러 IPTV 패킷에 영향을 주는 요인임. FTTH 네트워크에서 이 값은 매우 높으며 패킷 손실이 매우 낮음을 의미함. 이는 광 전송 기술이 사용되기 때문임. SNR이 매우 낮은 DSL 네트워크의 경우는 그 반대이며, 많은 패킷 손실이 발생 함. 이는 케이블 부식에서부터 긴 로컬 루프 길이에 이르기까지 다양한 요인 때문임
네트워크의 혼잡	혼잡은 패킷 손실의 주요 요인 중 하나임. 대부분의 IPTV 네트워킹 기반구조가 일정 기간 동안 혼잡을 경험하는 것이 일반적임. 혼잡 기간이 짧은 한, 잘 운영되는 네트워크에서의 패킷 손실은 매우 낮음

식별하는데 사용된다. 일단 패킷의 상태가 손실된 것으로 확인되면 재전송을 한다. 손실 패킷의 식별은 확인응답(acknowledgement) 시스템의 사용을 포함한다. 대부분의 기본 시스템은 Idle RQ 혹은 Stop-and-Go라고 하는 ARQ 프로토콜을 사용한다. 이 시스템의 원리는 IPTVCD가 각 패킷에 대해 확인응답을 하는 것이다. 소스 혹은 IPTV 전달 서버가 확인응답(ACK라고도 함)을 받으면, 네트워크로 다음 패킷을 전송한다. 어느 특정한 시간 내에 ACK를 수신하지 못한다면 소스는 패킷이 손실되었거나 폐기되었다고 가정하고 이어서 패킷을 재전송한다. 서버가 많은 수의 패킷이 손실되었다는 것을 탐지하게 되면 서버는 네트워크 혼잡이 발생하고 있다고 가정하고 패킷 전송 속도를 줄인다. Idle RQ 프로토콜이 상대적으로 간단하지만 ACK를 기다리는 시간이 길기 때문에 IPTV 환경에서는 사용하기가 어렵다. 그 결과, Idle RQ는 실시간 트래픽 전달에 거의 사용되지 않는다; 그러나 어떤 구현에서는 특정 유형의 비 실시간 IPTV 응용에 Continuous RQ라고 하는 또 다른 유형의 ARQ 프로토콜을 사용한다. Continuous RQ 프로토콜에서는 서버가 이미 보낸 패킷에 대한 ACK를 수신하기 전에 다른 패킷들을 송신하는 것이 허용된다. 이 방식이 고속으로 다중 패킷을 송신할 필요가 있는 IPTV 서비스와 같은 응용들에 좀 더 맞는 방식이다. 다중 IPTVCD로 손실 패킷들을 재전송하는 것이 많은 대역폭을 소비하기 때문에 ARQ 오류 제어 방식이 멀티캐스트 IPTV 네트워킹 환경에 적절하지 않지만 ITU와 IETF는 이 문제를 해결하기 위한 여러 가지의 ARQ 프로토콜을 개발하고 있다. TCP 재전송 기법은 네트워크 상태가 나쁘고 가입자가 자신의 IPTVCD로 비디오 콘텐츠를 다운로드하는 환경에 사용하면 좋다.

패킷 손실을 복구하는데 RTP 사용 품질 모니터링 정보를 제공하는 것 외에 RTP와 RTCP 프로토콜은 손실 패킷 복구도 지원한다. TCP가 사용하는 복구 기술과 같이 RTP 방식 또한 손실 패킷을 식별하기 위해 수신 IPTVCD로부터 피드백을 필요로 한다. RTP 복구 방식하에서 IPTVCD는 먼저 패킷 손실을 탐지해야 한다. 이는 RTP 패킷 번호 순서에서 간격(gap)을 확인하는 것으로 그 목적을 달성한다. 패킷이 손실된 것을 확인하면, NACK(Negative ACK)를 통해 서버로 상세 정보를 보낸다. RTCP NACK의 포맷은 그림 12.6에 나타나 있고 표 12.3에 기술되어 있다.

유니캐스트 RTCP 연결이 IPTVCD와 IPTV 데이터 센터에 있는 서버 사이에 NACK를 전달하는데 사용된다. 단일 RTCP 패킷 내에 다중 NACK를 지원하기 위해 오류 피드백 시스템을 형상화하는 것이 가능하다. NACK들을 결합(aggregate)하여 대역폭

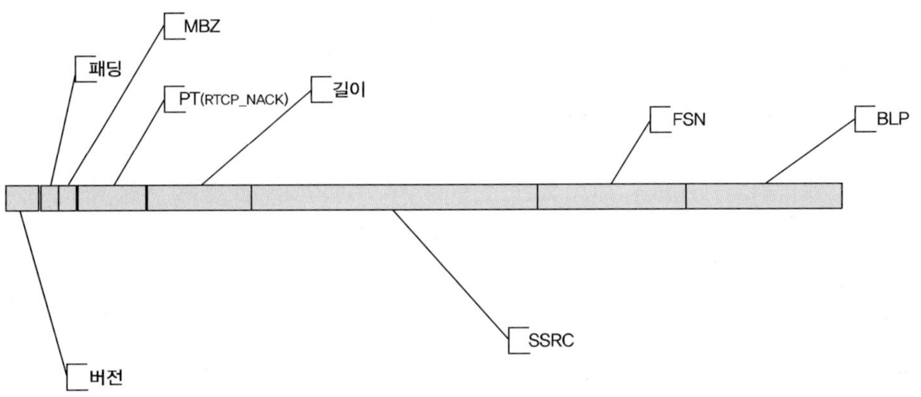

그림 12.6 RTCP NACK 패킷의 포맷

표 12.3 RTCP NACK 패킷의 구조

필드 이름	기능 설명
버전(V)	이 2비트 필드는 RTCP NACK 패킷에서 사용되는 RTP의 버전을 식별함
패딩(P)	패딩 옥텟이 RTCP NACK 패킷에 있는지 없는지를 정의
MBZ	미래 사용을 위해 예약됨
PT	이 패킷 타입 필드는 RTCP_NACK 식별자를 193으로 설정
길이	RTCP_NACK 패킷의 길이를 정의
SSRC	이 32 비트 필드의 목적은 IPTV 네트워크에서의 동기화 소스를 식별함. 때때로 IPTV 스트림에서 발생하는 문제를 조정하기 위해 순서 번호 필드와 함께 사용됨
FSN(First Sequence Number)	이 32비트 필드의 목적은 첫 순서 번호를 식별하는 것임
BLP(Bitmask of following lost packets)	해당 IPTV 패킷이 손실되면 1로 설정됨. 아니면 0으로 설정됨

요구량을 줄인다; 그러나 이 방법은 IPTVCD의 버퍼 요구량을 증가시킨다. 그 이유는 RTCP 패킷이 어떤 한계에 도달할 때까지 NACK들의 전송을 연기하기 때문이다. NACK를 서버가 수신하면 손실 패킷을 IPTVCD로 재전송한다. 예정된 디코딩 시간이 시작되기 전에 IPTVCD에 손실 패킷이 도착해야 하는 것이 중요하다.

손실 패킷에 대한 정보 수신의 즉시성은 멀티캐스트 IPTV 환경에서 매우 중요하다. 그 결과 IETF는 AVPF(Audio-Visual Profile with Feedback)라고 하는 RTCP 피드백 방식의 확장 버전을 개발하고 있다. 이 방식의 목적은 IPTV와 같은 응용에서 복구 기법에 기초한 피드백의 효율성과 속도를 개선하기 위한 것이다.

위에서 기술한 재전송 기법들은 다음 활동들로부터 제기되는 왕복 지연으로 인해 전달 지연을 갖는다는 것에 유의하라.

(1) IPTVCD에서 서버로 ACK 혹은 NACK를 보내는데 걸리는 시간
(2) 서버가 요구를 처리하고 요구에 응답하는데 걸리는 시간
(3) 손실 패킷을 IPTVCD로 다시 보내는데 걸리는 시간

그 결과 네트워크는 IPTV 서비스를 전달할 때 이러한 지연에 대처할 수 있도록 기술적 적용을 할 필요가 있다. 추가적으로 재전송 패킷 손실 완화 시스템은 소스 서버로 여러 ACK와 NACK 메시지를 보내기 위한 추가적인 대역폭을 필요로 한다. 예를 들어 NACK 메시지는 그 길이가 보통 50-60 바이트이다. 높은 수준의 패킷 손실이 있는 대형 IPTV 네트워크에서 생성되는 NACK의 수는 높은 수준의 대역폭 소비를 야기한다. 기술적 관점에서 이는 네트워크 설계에 영향을 줄 수 있다. 예를 들어 ACK와 NACK에 대한 네트워크 경로를 최소로 유지해야 한다. 그 결과 IPTV 데이터 센터에 있는 서버로 라우트되는 재전송 요구의 수를 줄이기 위해 보통 캐싱을 지역국에서 사용한다. 추가적으로 IPTV 서비스 제공자의 내부 시스템으로 해커가 야기할 수 있는 위험을 최소화하기 위해 표준 보안 방식도 요구된다.

RUDP 사용 RUDP(Reliable UDP)는 필드에 구축된 IPTVCD에 도착하지 않은 비디오 패킷들을 IPTV 제공자가 탐지하는데 사용할 수 있는 또 다른 재전송 기술이다. RUDP가 원래 IP 네트워크에서 전화 신호를 전송하기 위해 설계되었지만 이 프로토콜이 갖고 있는 유연성은 IP 비디오 콘텐츠 전달을 지원한다. RUDP는 IPTVCM의 4계층 위에 있고 선택사양인 RTP 계층 밑에 위치한다. RUDP 동작의 기본 방법은 클라이언트 장치에 여러 개의 같은 패킷을 보내는 것이다. 그렇게 함으로써 패킷 중 하나가 원하는 목적지에 도착할 가능성을 높이고 나머지 패킷들은 폐기하는 것이다. RUDP의 대역폭 비효율성이 IPTV 네트워킹 환경에서 바람직하지는 않지만 이 프로토콜의 혼잡 제어 특성은 여러 면에서 효율적일 수 있다.

지연 마스킹(감추기) 방법 IPTV 네트워크에서 패킷 손실을 극복하기 위한 다른 기술은 IPTV 종단사용자에게 패킷 손실의 영향을 감추는 것이다. 지연 마스킹 방법은 손실 패킷 혹은 화면 프레임을 예측한 패킷(혹은 프레임)으로 대체하는 것이다. 다시 말하면, 원래의 패킷 재전송을 요청하는 대신에 IPTVCD가 손실 패킷의 내용을 예측하고 원래의 패킷과 유사한 패킷으로 대체하는 것이다. 지연 마스킹 방법이 사용하는 정교함 수준은 구현에 따라 다르다. 감추어질 수 있는 패킷 손실로 인한 지연 길이는 수신되는 스트림에서 QoS 문제를 IPTV 사용자가 인지하기 전까지 유한하다. 그 결과로 이 기술은 보통 재전송 시스템과 FEC(Forward Error Correction)와 같은 다른 패킷 손실 완화 시스템과 연결되어 사용된다.

FEC와 인터리빙(interleaving) *사용* : FEC라고 하는 오류 제어 기술은 폐기된 IP 패킷의 영향을 제거하고 종단사용자의 IPTV 시청 체험을 개선하기 위해 인터리빙과 결합되어 사용된다. FEC 동작 원리는 알고리즘이 소스 서버로부터 데이터 재전송을 요청하지 않고 손실 패킷을 탐지할 수 있도록 하는 오류 정정 데이터를 생성하는 것이다. FEC 오류 제어 기술은 IPTV 서비슬 지원하기 위해 필요한 재전송 횟수를 줄인다; 그러나 각 패킷에 더해지는 추가적인 여분의 데이터는 네트워크의 전체적인 대역폭 요구를 증가시킨다. 전형적으로 FEC 사용은 IPTVCM의 물지 그리고 상위 계층들에 적용된다. 물리 계층에서 사용되는 FEC 기술은 리드-솔로몬(Reed-Solomon) 기법을 사용하여 개별 비트에 대한 오류 정정을 제공한다. 이 기법은 원래 1960년대에 고안되었고 각 IPTV 패킷을 네트워크로 전송하기 전에 추가 비트를 더한다. 연결의 수신 측에서 추가 비트들은 IPTVCD 디코더가 오류를 확인하고 손실된 원래 비트를 복원하는데 사용된다. 상위 계층에서의 FEC는 전형적으로 전체 패킷에 적용되고 기본 IPTV 스트림의 일부인 실제 패킷에 더하여 추가적인 "교정(repair)" 패킷을 보낸다는 원리에 기초한다. 이들 추가적인 패킷들은 IPTV 분배 네트워크를 지나는 동안에 손실된 원래 패킷을 대체하는데 사용된다. 손실 패킷의 재생을 위해 보내지는 추가적인 여분의 패킷 수는 "프레이밍(framing)"이라고 하는 파라미터에 의해 정의된다. 네트워킹 기반구조에 적용되는 프레이밍의 수준은 IPTV 네트워크 관리자가 정의한다. IP 멀티캐스트 환경에서 FEC가 어떻게 사용되는지에 대한 자세한 사항들은 RFC 3452에 기술되어 있다.

인터리빙 인터리빙은 서로 다른 시간 간격으로 네트워크에 비트들을 보내는 것이다. 이 방식은 여러 개의 FEC 블록에 비트들을 널리 펼치는 것이며, 이는 패킷 손실 발생 시 그 영향을 여러 블록으로 확산시키는 것을 의미한다.

ACM 구현 어떤 IPTV 운영자들에게 발생 가능한 피크(peak) 요구사항을 만족하도록 대역폭을 계속해서 증가시키는 것이 가능하지 않을 수 있다. 120개의 SD 채널과 20개의

HD 채널의 프로그램들을 인코드하기 위해 MPEG-2를 사용하는 서비스 제공자의 예를 들어보자. 동시에 이 모든 채널들을 전송하는데 필요한 대역폭 용량은 약 780Mbps이다.

이 용량이 서비스 제공자의 코어 네트워크에서는 가능할 수 있으나, 이러한 양의 대역폭이 코어 백본을 지역 DSLAM 혹은 CMT와 연결하는데 사용되는 하향스트림 링크들에서 가용하리라는 것을 기대하는 것은 비현실적이다. 그 결과 네트워크 기반구조가 과부하가 걸리는 것을 방지하기 위해 ACM(Admission Control Mechanism)이 사용될 수 있다. ACM은 각 IGMP 요구 혹은 RTSP 메시지를 조사하고 이러한 요구를 만족시킬 수 있는 충분한 네트워크 대역폭이 있는지를 조사한다. 만약에 네트워크가 이러한 요구를 만족할 수 없고 과부하되어 있으면 IPTVCD 요구를 네트워크가 거절한다. 실패한 요구로 인해 빈 화면이 TV 혹은 디스플레이 패널에 나타난다. 따라서, IPTV 종단사용자가 채널 변경을 요구할 때 발생하는 문제의 가능성을 최소화할 수 있을 정도로 ACM 한계를 설정하는 것이 중요하다. IPTV 환경에서 이들 수준은 특정 링크로 전달될 수 있도록 허용하는 스트림의 수를 정의한다. 통계적 분석과 운영 데이터는 네트워크의 여러 부분에서 스트림 한계를 결정하는데 주로 사용되는 두 가지 방식이다. ACM이 네트워크에서 발생하는 혼잡의 가능성을 줄이고 대역폭 사용의 특정 임계치 내를 유지하도록 보증하지만 채널 변경과 관련된 지연에 영향을 준다. 네트워크 혼잡 가능성을 줄이는 것 외에 ACM은 또한 네트워크 링크 고장이 IPTV 시청자에게 주는 영향을 탐지하고 최소화하는데 사용된다.

대역폭 요구를 정확히 처리 피크 요구 시간 동안에 IPTV 트래픽 부하를 처리하는데 충분한 대역폭을 가진 네트워크는 네트워크에서 발생하는 혼잡의 가능성을 많이 줄인다. 공학적으로 잘 조절하지 않으면 코어 네트워크는 특히 모든 트래픽 유형들이 이곳에서 모아지기 때문에 혼잡발생 가능성이 높다. 혼잡은 패킷 손실로 이어지고 궁극적으로 IPTV 가입자의 QoE를 낮춘다. 서비스 클래스를 정의와 각 IP 서비스에 대한 대역폭 할당 기술은 서비스 제공자가 코어 네트워크에서 발생하는 혼잡의 가능성을 줄이는데 사용하는 방법이다.

위에서 기술한 각 패킷 손실 완화 시스템은 여러 다른 네트워킹 조건에서 그들만의 장점과 단점을 가지고 있음을 인식하는 것이 중요하다. 따라서, 이들 여러 방식들의 적용은 네트워크마다 서로 다르다. 사실, 종단 간 네트워킹 기반구조의 서로 다른 영역에 대해 다른 패킷 손실 완화 시스템의 사용은 흔히 있은 일이다.

12.9.1.7 지연

지연은 IP 패킷이 IPTV 서버로부터 IPTVCD까지 전달되는데 걸리는 시간을 측정하는데 사용되는 파라미터이다. 모든 IPTV 네트워크에서 비디오 콘텐츠가 IPTVCD에 의해 디코드되어야 하기 때문에 약간의 지연 발생이 생긴다. 그러나 지연 길이는 네트워크 마다 다르다. 낮은 지연 수준은 IPTV 종단사용자에게 좋은 품질의 비디오 콘텐츠를 전달하는데 중요하다. 지연 값이 매우 높으면 종단사용자는 TV 화면에 훼손된 이미지, 화면 블록킹, 그리고 정지 프레임과 같은 결함을 보기 시작할 것이다. 지연의 원인은 IPTV 채널을 전달하는데 충분한 대역폭이 없는 경우에서부터 특정 한계 이상으로 대역폭 이용 수준을 증가시키는 고대역폭 IP 서비스에 이르기까지 다양하다. 비디오 트래픽에 추가적인 대역폭을 할당하는 것은 패킷 손실과 전송 지연과 같은 이슈들을 해결하기 위해 널리 사용되는 효율적인 방식들 중 하나이다.

12.9.1.8 비디오 지터

IPTV 서비스는 과부하가 걸린 서버, 라우팅, 네트워크 혼잡, 그리고 IP 비디오 패킷이 네트워크를 통해 전달되면서 발생하는 큐잉에 의해 발생하는 지연에 매우 민감하다. 비디오 신호의 품질은 고정 전송 속도로 손실 없이 IP 스트림을 전달하는 것에 많이 좌우된다. IPTVCD에 있는 디코더는 지속적이고 신뢰적인 수신 IP 스트림을 요구한다. 이는 IPTVCD 내의 디코더와 IPTV 데이터 센터의 인코더 사이에 발생하는 세련된 동기화와 클록킹(clocking) 처리를 통해 달성된다. 너무 일찍 혹은 너무 늦게 도착하는 패킷들과 연관된 시간 변동은 지터(jitter)라고 하는 행태를 야기한다. 그림 12.7은 지터가 IPTV 스트림에 줄 수 있는 영향을 나타내고 있다.

(1) 이 첫 번째 스트림 패턴은 이상적이고 종단사용자에게 고품질의 TV 신호를 전달할 것이다. 보이는 바와 같이 패킷들이 일정한 간격으로 전달되고 비트 속도가 네트워크 경로 상에서 일정하게 유지된다.
(2) 두 번째 패턴에 보이는 바와 같이 IPTV 데이터 플로우(flow) 속도가 너무 느리면 화면 시청 문제가 발생한다. 이는 버퍼가 충분히 빠르게 채워지지 않고 디코더로의 보급이 일정하지 않기 때문이다.
(3) 세 번째 패턴에서 패킷 스트림이 너무 빠른 경우를 보이고 있다. 따라서 IPTVCD 버퍼가 오버플로우가 되고 패킷들을 잃게 된다. 이러한 현상이 발생하기 시작하면, TV 스크린에 깜박거림과 같은 지터 효과와 IPTVCD 잠김 현상이 종단사용자에게 명확하게 나타난다. 이러한 영향은 IPTVCD에 대용량의 메모리 버퍼를 사용하거나 광대역 네트워크에 대역폭 용량을 증가하여 최소화할 수 있다. 대용량의 버퍼 사용이 지터를 최소화하는데 도움을 주지만 그러나 버퍼를 패킷으로 채우는데 추가적인 시간이 필요하기 때문에 지연을 야기한다. 버퍼의 크기는 IPTVCD의 유형에 따라 변한다. 예를 들어 IPTV 셋톱박스의 경우

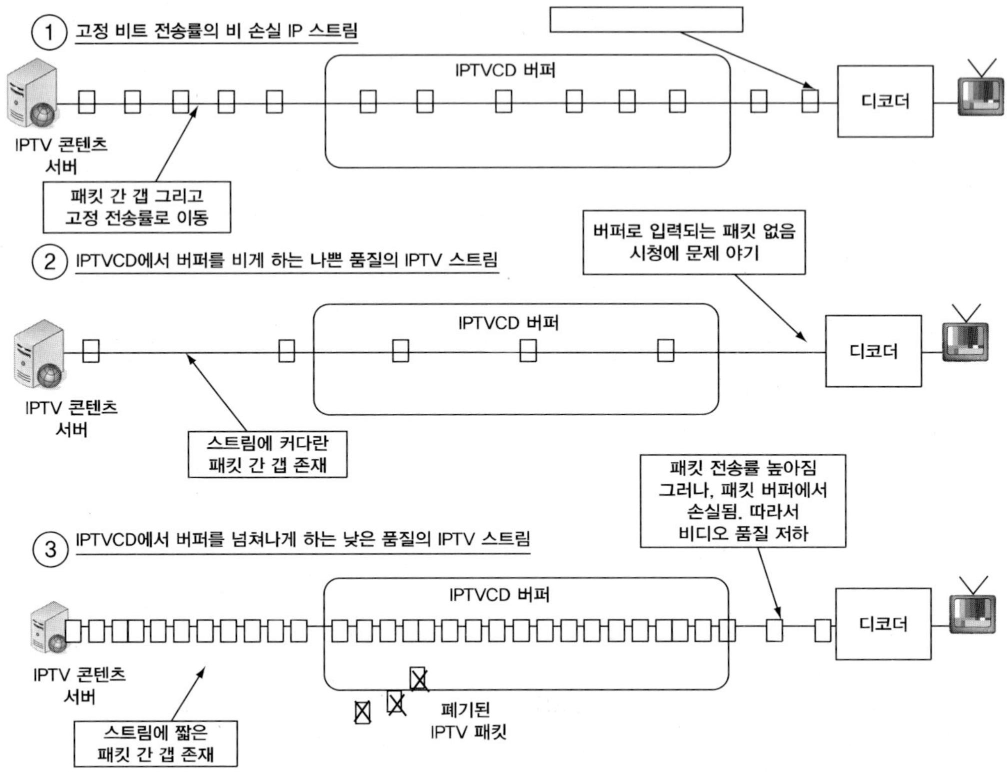

그림 12.7 IPTV 네트워크에서의 여러 지터 패턴

버퍼 크기는 디코더로 전달하기 전에 5초와 40초 사이에서 패킷들을 저장할 수 있는 크기이다.

효율적인 IPTV 네트워크에서의 지터는 밀리 초 단위로 측정된다.

12.9.1.9 다른 TPS와의 경쟁

비디오는 오늘날의 여러 운영자들이 제공하는 TP(Triple Play) IP 서비스 중 한 요소이다. 네트워킹 자원에 대한 음성, 비디오 그리고 고속 데이터 응용의 동시 요구는 IPTV 서비스에 품질 문제를 야기한다. 이러한 문제를 해결하기 위해 IPTV 제공자들은 IPTV 스트림의 지연과 왜곡을 방지하기 위해 비디오 트래픽 전달에 우선순위를 줄 수 있다.

12.9.1.10 잘못된 형상 파라미터

IPTV 서비스 전송을 지원하기 위해 네트워크 설계 시에 구현될 필요가 있는 여러 형상 파라미터들이 있다. I와 일반 프레임 속도가 QoS에 미치는 잠재적 영향 때문에 특별히 다루어야 하는 두 가지 특성이다.

I 프레임 전송률 선택된 비디오 전송 파라미터들은 신호 품질에 영향을 줄 수 있다. 예를 들어, IPTV 스트림이 많은 수의 P와 B 프레임을 이용한다면 그 스트림을 전송하는데 필요한 대역폭 양은 줄어든다. 대역폭 요구는 줄어들지만 이러한 유형의 형상은 오류가 네트워크에 발생하면 신호의 품질에 영향을 준다. 따라서, 데이터가 손실되면 IPTVCD는 다음 I 프레임이 IPTV 비디오 순서에서 가용할 때 까지 기다려야 한다. 만약에 많은 수의 P와 B 프레임이 그 스트림에 포함되어 있다면 대기 시간 주기가 길어지고 화면 멈춤과 같은 문제를 야기한다. I 프레임의 전송률을 높여서 이러한 문제를 완화하는 것이 가능하다. 수신스트림에서 I 프레임의 주기를 증가하는 것은 IPTVCD가 패킷 손실과 같은 문제로부터 회복하는데 걸리는 시간을 개선하도록 한다. 매 10 ~ 15 프레임마다 하나의 I 프레임을 삽입하면 오류 문제를 다루는데 있어서 좋은 성능을 제공한다는 것에 유의하라.

일반 프레임 전송률 IPTV 스트림 내에 비디오 콘텐츠의 프레임 전송률을 줄이면 대역폭 요구를 줄인다. 그러나 이러한 형상 방식은 비디오 신호 훼손을 야기하는데 특히 빠르게 변화하는 동작 장면의 경우에 그러하다.

12.9.1.11 서버 혼잡

IP-VoD와 멀티캐스트 IPTV 스트리밍 서버들은 그 하드웨어가 피크 시간에 종단사용자들의 요구를 만족할 만큼 올바르게 구성되지 않는다면 QoS에 부정적인 영향을 준다. 서버 혼잡의 주요 증상은 VoD 타이틀 혹은 멀티캐스트 채널을 시청하면서 발생하는 프레임 멈춤 현상이다.

12.9.2 IPTV 비디오 신호 QoS와 QoE 측정 시스템 개요

QoE의 목적 중 하나가 원래의 소스 신호 주요 특성들이 IPTVCD에서 반복되도록 보증하는 것이다. 이러한 목적을 달성하는 것은 IPTV 서비스 전달에서 발생할 수 있는 문제들을 어떻게 탐지하고 회피하느냐를 잘 이해해야 한다. QoE 측정 모델과 척도들이 종단사용자의 시청 체험에 직접적으로 영향을 줄 수 있는 요인들을 식별하는데 자주 사용된다. IPTV 스트림의 손상 유무를 확인하기 위해 IPTV 품질 측정 시스템이 사용하는 세 가지 주요 모델이 있는데 전체 참조(full reference), 비 참조(zero reference), 그리고 부분 참조(partial reference)가 그것이다.

12.9.2.1 FR (Full Reference) 기반 QoE 측정 시스템

이 시스템은 IPTVCD에 스트림의 사본을 만들고 비디오 콘텐츠 소스로부터 얻은 참조 신호와 비교를 한다. 신호의 크기는 측정 장비마다 다르고 보통 압축되지 않고

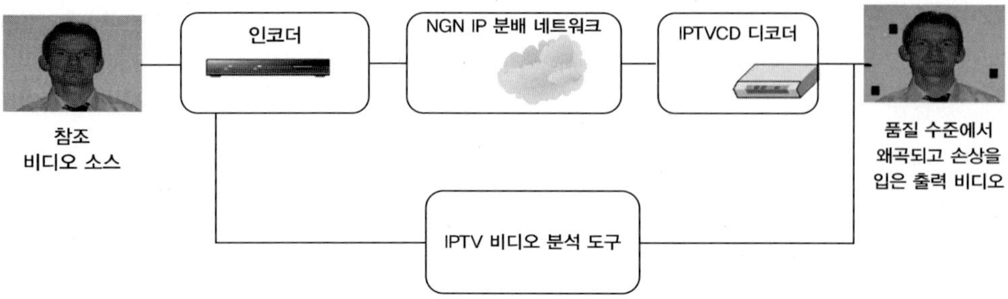

그림 12.8 FR(full reference) 기반 QoE 측정 시스템

비교적 크다는 것에 유의하라. 이 측정은 네트워크를 통한 원래의 비디오 콘텐츠 전송과 인코딩 과정에서 발생하는 왜곡과 감쇄의 수준을 결정하는 것이다. 그림 12.8은 원래의 신호와 IP 분배 네트워크를 통해 전송된 신호를 비교하는데 사용되는 기본 참조 토폴로지(topology)이다.

그다음 이 측정 시스템은 여러 다양한 왜곡 파라미터들에 대해 양 비디오 신호들 비교하는 알고리즘을 사용한다.

- 프레임 지연 차이
- 코딩 손상으로 인한 흐림 정도
- 색차와 밝기 수준
- 이미지의 갑작스런 움직임
- 이미지 블로킹

FR 방식은 IPTVCD가 각 픽셀들을 포함하는 매우 상세한 수준에서 양 신호를 비교하기 때문에 IPTVCD에서 수신된 비디오 품질의 매우 정확한 평가를 제공한다.

12.9.2.2 ZR (Zero Reference) 기반 QoE 측정 시스템

IPTV 스트림의 비디오 품질을 측정하는데 참조 비디오 신호를 필요로 하지 않는 시스템도 있다. 대신에 샘플 압축 신호를 실시간으로 소스가 아닌 IPTVCD로부터 받는다. ZR 시스템은 특히 실시간 IPTV 스트림을 측정하는데 적절하다. 왜냐하면 이 시스템은 FR 시스템에 적은 요소들을 분석하기 때문이다. ZR 측정 시스템은 IPTV 스트림에 포함된 비디오 프레임 헤더 분석과 PCR 오류의 수와 손상된 I 프레임의 수를 포함하는 다양한 주요 척도를 모니터링하는데 초점을 둔다.

12.9.2.3 PR (Partial Reference) 기반 QoE 측정 시스템

FR 시스템이 사용하는 방식과 유사하게 PR 측정 장비는 소스와 목적지 IPTVCD에서 샘플을 채취하고 그 신호들을 비교하여 척도를 출력하도록 설계되었다. PR 시스템은 FR 시스템과 비교하여 계산 복잡도가 덜하고 양 신호를 비교할 때 작은 참조 IPTV 스트림 샘플을 이용한다.

위 세 가지 모델 중에서 FR 기반 시스템이 IP 비디오 품질을 측정하는데 가장 정확한 것으로 알려져 있다.

12.9.3 IPTV QoS와 QoE 척도

IPTV QoS와 QoE 척도는 다음 두 가지 부류로 크게 나눌 수 있다: 주관적 그리고 객관적 척도.

12.9.3.1 주관적 중심의 척도

이 방식은 화면 품질에 등급을 매기고 평가하는데 참여자 그룹을 이용한다. 주관적 테스팅에 이용되는 환경과 사람들은 서비스 제공자 마다 다르다. 예를 들어 어떤 서비스 제공자는 단순히 IPTV 데이터 센터에서 화면 품질을 평가하는데 경험있는 기술자들을 이용하고 다른 제공자들은 여러 자격을 가진 비디오 품질 전문가들과 함께 특정 목적을 위한 테스팅 시설에서 테스트를 수행한다. IPTV 서비스에 대한 주관적 척도 식별에 관련된 전형적인 단계들을 다음을 포함한다:

(1) 테스트를 위한 일련의 비디오 순서들을 식별한다.
(2) 여러 형상 파라미터들을 선택한다.
(3) 바람직한 형상 파라미터들에 따라 테스팅 환경을 설정한다.
(4) 테스트에 참여할 여러 사람들을 모은다.
(5) 테스트를 수행하고 그 결과를 분석한다.

형식적인 테스팅 환경은 일반적으로 ITU가 정의한 MOS(Mean Opinion Score)라고 하는 여론 기반 시스템을 따른다. 이 등급 시스템은 다음 절에서 설명한다.

MOS QoE 시스템은 IPTV 종단사용자와 연관된 사용자들 요소도 고려하는 것을 필요로 한다. MOS 시스템은 여러 표본 테스트 참여자들에게 시청 체험의 인지된 품질을 1~5 사이의 숫자 값으로 평가하도록 한다(표 12.4 참조).

MOS 등급은 결과들을 평균하여 계산한다. 4가지 다른 MOS 변형이 있다:

MOS-V — 이 척도는 IPTV 스트림의 시청 품질에 점수를 매긴다.

MOS-A — MOS의 오디오 버전은 수신 IPTV 스트림의 오디오 부분을 평가하는데 이용된다.

표 12.4 IPTV 품질 수준을 측정하는데 사용되는 MOS 점수

IPTV 채널 인식	MOS 점수
E (excellent)	5
G (good)	4
F (fair)	3
P (poor)	2
B (bad)	1

MOS-AV — 이름이 내포하고 있듯이 이 척도는 IPTV 스트림의 전체적인 A/V 품질에 등급을 매긴다.

MOS-C — 이 척도는 IPTV 스트림과의 상호작용과 연관된 경험에 점수를 매긴다. 채널 변경과 EPG의 사용 등이 이 척도로 측정되는 상호작용의 예이다.

DSL 포럼의 TR-126과 같은 산업계의 명세서는 비디오 서비스 QoE를 결정하는 방법으로 MOS의 사용을 권고하고 있다.

12.9.3.2 객관적 중심 척도

이 방식에서 테스트 장비는 원래의 화면 프레임과 압축된 버전의 비교와 신호 품질의 감쇄 측정에 관하여 비디오 신호 품질을 측정하는데 사용된다. 공통적으로 사용되는 객관적 중심의 IPTV QoS와 QoE 척도는 PSNR, MPQM, VQEG, 그리고 MDI를 포함한다. 이들 IPTV QoE 척도들은 다음 절에서 설명한다.

PSNR 패킷 전달 문제와 연관 이슈들을 식별하는 것 외에, 인코딩과 네트워크를 통한 전송 후에 패킷 콘텐츠의 실제 품질을 측적하고 분석하는 것 또한 필요하다. PSNR(Peak Signal-to-Noise Ratio)이라고 하는 척도는 종단사용자가 인지하는 콘텐츠의 품질을 조사하고 등급을 매기는데 이용된다. 이는 비디오 신호의 세기와 전자기적 잡음의 세기간의 비율로서 데시벨(decibel)로 표현된다. 이 정보는 손상된 비디오 프레임을 식별하고 IPTV 서비스의 종단사용자가 경험한 품질을 나타내는 점수를 생성하는데 이용된다.

MPQM MPQM(Moving Pictures Quality Metric)은 MPEG 압축 비디오스트림의 품질을 평가하는데 사용된다. 관찰자의 경험을 복제하고 1 ~ 5 사이의 범위에서 IPTV 스트림에 등급을 매기는 기술을 포함한다. MPQM에 대한 품질 등급 기준은 표 12.5에 기술되어 있다.

NPQM은 특정 IPTV 스트림에 등급을 매길 때 네트워크와 비디오 압축 이슈 모두 고려함에 유의하라.

표 12.5 MPQM 비디오 품질 등급 기준

등 급	설 명
1	E (excellent)
2	G (good)
3	F (fair)
4	P (poor)
5	B (bad)

ITU-T J.144 ITU-T J.144는 객관적 중심의 비디오 품질 평가 기술에 관한 가이드라인을 제공한다.

MDI MDI(Media Delivery Index)라고 하는 측정 척도는 RFC 4445에 정의된 산업 표준이다. 이것은 데이터 센터를 포함하는 네트워크상의 여러 지점, 여러 네트워크 라우팅 그리고 스위칭 요소들, 그리고 IPTVCD에서 품질 수준을 측정하는데 이용된다. MDI는 비디오 품질 수준을 나타내고 종단사용자의 QoE에 영향을 주는 네트워크 요소들을 식별하는 채점 방식이다. 이는 IPTV 네트워크의 다른 지점들에서 발생하는 지터 수준과 패킷 손실을 측정하여 달성한다. 그래서 예를 들어 라우터의 입력포트에서의 MDI 값이 낮고 출력 포트에서의 값이 높으면 라우터가 스트림 품질에 악영향을 주는 여러 가지 어려움에 처해 있음을 강하게 나타내준다. MDI는 또한 네트워크 문제를 진단하는데도 이용된다. MDI 척도는 콜론(colon)으로 분리된 DF(Delay Factor)와 MLR(Media Loss Rate) 두 가지 값으로 디스플레이된다.

지연 요인(DF) 이 값은 네트워크에 있는 지터를 수용하는데 요구되는 버퍼링 시간 정도를 측정한다. 지터 값은 스트림 전송률에 대한 지연을 측정하여 얻는다. 다시 말하면, 스트림 서버의 출력 속도가 2.4Mbps이고 그 스트림이 IPTVCD에 똑같이 2.4Mbps의 전송률로 도착한다면 그때 이 이상적인 환경에서의 지터 값은 '0'이다. 지터 값이 '0'일 때, IPTVCD 디코더는 패킷들을 일정한 속도로 처리한다. 100ms 주기상에서 고정속도로 IPTV 패킷들을 디코딩하는 것을 보여주는 그래프가 그림 12.9에 나타나 있다. '0'이라는 지터 값은 스트림 경로상의 각 요소들이 지터의 여러 요인들에 기여를 하기 때문에 거의 발생하지 않는다. 따라서, '0'이 아닌 비디오 지터 값이 비트 전송속도가 여러 네트워크 요소들과 디코더에 패킷이 도착하는 시간의 변동에 의해 영향을 받을 때 발생한다. 스트림의 언더플로우 혹은 오버플로우를 수용하기 위해 버퍼가 사용된다. 그림 12.10 그래프는 지터가 있음을 보여준다. 이 그래프에서 패킷들이 변화하는 속도로 흐르고 있으며 이는 IPTVCD에서 발생하는 패킷 손실의 위험을 증가시킨다.

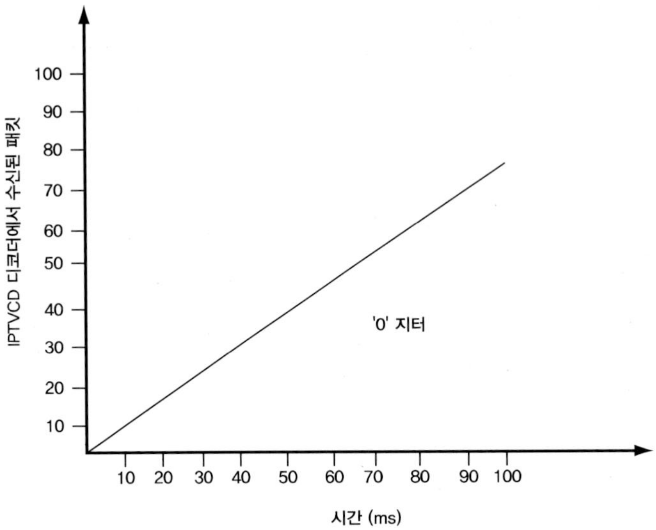

그림 12.9 지터 값이 '0'인 IPTV 네트워크

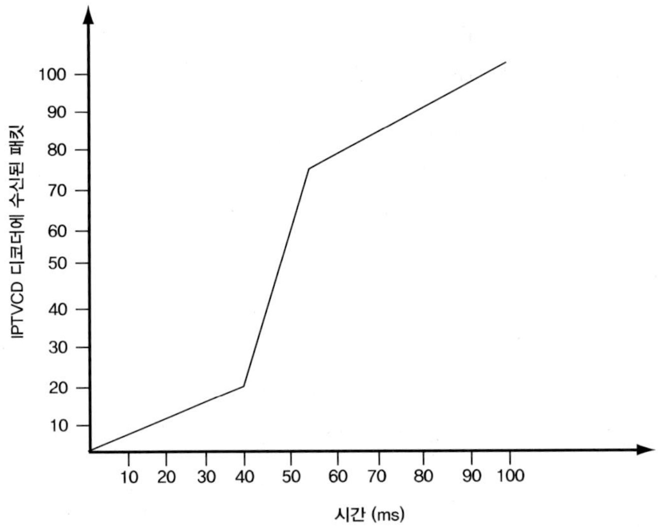

그림 12.10 지터가 존재하는 IPTV 네트워크

지터는 IPTV 패킷 내의 비디오 콘텐츠에 실제로 영향을 주지 않는다는 것을 유의하는 것이 중요하다. 따라서, 비디오 품질이 소스에서 좋다면 IPTVCD에서 디코드되는 콘텐츠도 같은 품질 수준을 가질 것이다. QoS 테스트와 측정 도구는 특정 네트워크 장치에 대한 DF 값을 계산하는데 주로 사용되고 다음 단계를 포함한다:

- 패킷이 도착하면 버퍼에 수신되고 패킷이 버퍼를 벗어나는 전송률 간의 시간 차이를 측정한다.

- 특정 시간 주기에 대해 최대 그리고 최소 시간 간격 혹은 이들 변동 시간의 차이를 측정한다.
- 그 결과를 IPTV 스트림 전송률로 나눈다.

일단 DF 값이 계산되면, IPTV 관리자는 네트워크상에 존재하는 비디오 지터를 수용하기 위해 각 네트워크 요소들에 필요한 버퍼 크기와 지연을 알게 된다. 그래서 예를 들어, 특정 IPTV 스트림이 40ms의 DF 값을 가지면 이 스트림을 디코드하는데 필요한 IPTVCD는 적어도 40ms의 스트림을 저장할 수 있는 버퍼를 필요로 한다. 높은 DF 값은 네트워크의 어느 부분에 혼잡이 발생하는 것을 강하게 나타낸다는 것에 유의하라.

MLR (Media Loss Rate) 이 두 번째 MDI 척도는 초당 IPTV 패킷 손실 혹은 폐기 수를 정의한다. 손실 패킷 외에, MLR은 또한 관리자에게 IPTVCD 디코더에 순서를 지키지 않고 도착하는 패킷 수에 대한 척도도 제공한다. '0'보다 큰 값의 MLR 값은 IPTV 종단사용자의 QoE에 영향을 미칠 수 있다.

실제 MDI 는 이들 두 값을 결합하고 최종적인 QoS를 DF:MLR로 표현한다. 시스템 QoS와 큐 성능 수준에 대한 보다 자세한 분석은 IPTV 기반구조의 여러 요소들에 대한 MDI 값이 함께 결합될 때 가능하다. 그림 12.11은 네트워크 경로 상의 여러 지점에서 생방송 IPTV 멀티캐스트 스트림에 대해 계산된 MDI 값들의 차이를 간략히 보여주고 있다.

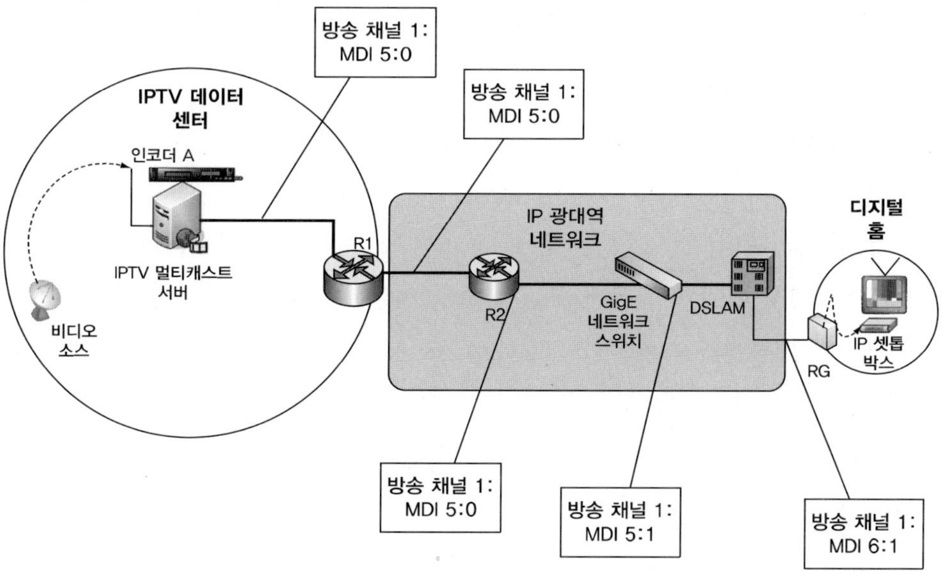

그림 12.11 실시간 MDI 계산 예

보이는 바와 같이, MDI 척도는 데이터 센터에서 RGR까지의 네트워크 루트를 따라 각 라우터 출력포트에서 취한다. 서버 출력포트에서의 방송 채널 1에 대한 MDI는 5:0이다. 따라서, 서버 버퍼링은 5ms의 지터 지연을 수용할 수 있어야 한다. 패킷 손실은 '0' 수준으로 유지된다. 다운스트림으로 이동하면 R1과 R2에서 MDI는 변경되지 않는다; 그러나 패킷 손실의 증가가 네트워크 스위치에서 발생한다. 이는 네트워크 스위치가 변경하는 트래픽 패턴과 부하를 다루는데 문제가 있음을 나타낸다. 이 문제에 대한 해결은 스위치를 업그레이드하는 것에서부터 입력 혹은 출력 링크의 대역폭 용량을 늘리는 거세 이르기까지 다양하다. 이 패킷 손실 이슈는 단계적 영향을 미치며 DSLAM과 RG 사이의 링크 상에도 존재한다.

스트림의 DF 값 혹은 "폭주(burstiness)"는 RG로의 마지막 홉에서 '6'의 값으로 증가한다. 이는 DSLAM이 자세히 살펴볼 필요가 있는 작은 지터를 야기했음을 나타낸다. DF 값의 증가에 대한 가장 가능성 있는 요인은 DSLAM에서의 긴 큐잉 지연이다. 따라서, MDI 사용은 관리자에게 QoS 측정 파라미터를 제공할 뿐만 아니라 여러 IPTV 스트림에 대해 문제들을 야기하는 네트워크 세그먼트를 고립시키는데도 도움을 준다. 일단 이슈들이 식별되면 종단 간 네트워킹 기반구조의 전체적인 QoS를 개선하기 위해 작업을 할 수 있다.

12.9.4 QoS와 QoE를 측정하고 분석하기 위한 도구

특화된 테스트와 측정 도구들은 서비스 제공자들이 나쁜 디지털 이미지 품질의 원인을 식별하기 위해 QoE와 QoS 테스트를 수행할 수 있게 해준다. 완전한 종단 간 테스트와 측정 시스템은 보통 여러 탐사와 중앙집중 서버 기반 시스템으로 구성된다. 그림 12.12는 이들 요소들이 어떻게 DSL 기반 네트워크에 설치되는지를 보여주고 있다.

12.9.4.1 네트워크 탐사

탐사의 목적은 여러 표준화질, 고화질, 그리고 온-디멘드 IPTV 채널을 모니터하고 계속해서 주요 파라미터들을 테스트 하는 것이다. 분석의 결과는 데이터베이스에 저장되고 나중에 IPTV 데이터 센터에 있는 서버로 전달된다. IPTV 스트림의 분석은 보통 비디오 패킷과 네트워크 프로토콜 계층 모두에 대한 깊이 있는 조사를 포함한다. 계층들은 다음을 포함하는 서로 다른 유형의 문제들을 일으킨다.

- *네트워크 계층* — 순서를 벗어난 패킷, 패킷 손실 그리고 지터
- *비디오 패킷 계층* — 비디오스트림 문제

그림 12.12에 나타난 바와 같이 두 개의 하드웨어 탐사가 네트워킹 기반구조의 서로 다른 입구(ingress)와 출구(egress) 지점에 설정된다. DSL 기반 네트워크에서의

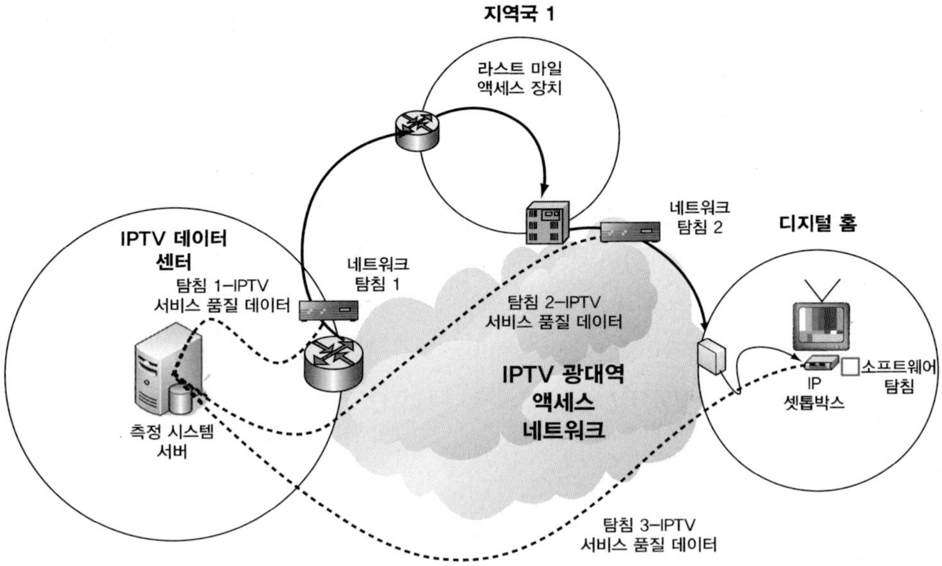

그림 12.12 종단 간 테스트와 특정 시스템 요소

탐사에 대한 일반적인 위치는 IPTV 데이터 센터, 코어 네트워크를 구성하는 중요 라우터, 그리고 지역국에 있는 스위치와 라우터와 같은 네트워크 가장자리이다. 이 예에서 비 강제적인(nonintrusive) 소프트웨어 탐사는 IPTVCD에서 실시간으로 데이터를 모은다. 이러한 유형의 탐사는 작은 양의 메모리와 작동하기 위한 처리 자원을 필요로 한다. 휴대용 탐사장치가 소프트웨어 탐사 대신에 종단사용자 가정에서 QoS와 QoE를 모니터하는데 사용될 수 있다. 탐사는 미리 정해놓은 네트워크 임계치 수준을 넘을 때 전자메일 혹은 문자 메시지 형태로 네트워크 관리자에게 통지를 보내도록 형상화된다. 그 임계치는 IPTV 품질이 나빠지고 있거나 신호 품질 수준이 허용할 수 있는 수준 이하로 떨어지고 있음을 나타내는 값이다. 이들 통지 메시지의 표본 구조는 그림 12.13에 나타나 있다.

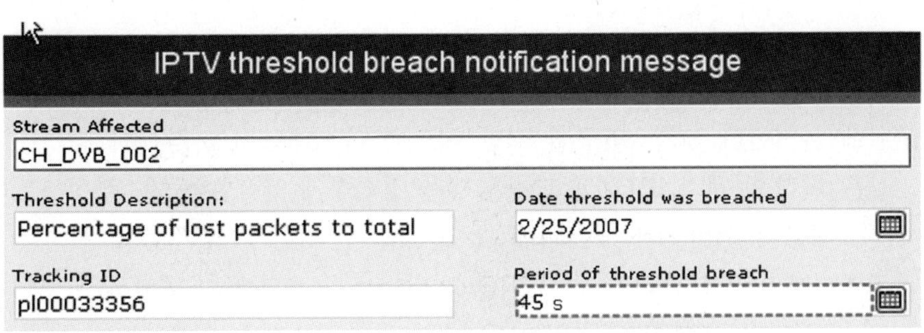

그림 12.13 임계치 탈피 알림 메시지 예

12.9.4.2 서버 응용

서버 응용의 목적은 경고와 같은 서비스 품질 실시간 데이터와 여러 네트워크 탐사 장치로부터 받은 임계치 수준을 연계시키는 것이다. 이 정보는 IPTV 관리자가 나쁜 이미지 품질의 원인을 찾아내는데 도움을 준다. 이는 여러 탐사로부터의 결과들을 이해하기 쉬운 형태로 보여주는데 네트워크 관리자가 IPTV 종단사용자의 시청 체험을 이해하는데 도움을 준다. 경고와 성능 상세사항 외에 어떤 탐사는 IGMP 가입(join)과 탈퇴(leave) 트랜잭션에 대한 통계적 정보를 중앙 서버에게 보내줄 수도 있다. 어떤 최신의 측정 시스템은 기존의 NMS와 연계된다. 서버와 탐사 장치 외에 MPEG 분석기라고 하는 테스트 장치도 IPTV 기술부에서 여러 QoS와 QoE 파라미터를 측정하는데 사용할 수 있다.

12.9.4.3 비디오 분석기

비디오 분석기는 IPTV 기사가 비디오 품질을 측정하는데 사용하는 전자 장치이다. 추가적은 이 분석기는 종단사용자의 QoE에 영향을 미치는 IPTV 스트림 손상을 확인하고 수정하는데 사용된다. 비디오 분석기의 특성들은 다음과 같은 기능을 갖고 있다.

- 실시간으로 MPEG-2, H.264/AVC 혹은 VC-1 IPTV 인코드 스트림 캡처(capture)
- 생방송 IPTV 스트림의 일부를 오프라인 분석을 위해 하드 디스크에 기록
- 프리임과 비트 전송률과 같은 스트림 파라미터 모니터
- 신호 QoS 수준에 영향을 주는 문제의 원인을 식별하기 위해 IPTV 스트림을 분석

비디오 분석기의 여러 진단 기능을 이용하여 IPTV 기술자들은 IPTV 종단사용자의 QoE와 QoS 감쇄에 영향을 미치는 간헐적인 이슈들을 빨리 찾아낼 수 있다.

12.9.5 TV와 IP-VoD 테스트 프로그램의 멀티캐스트

IPTV 네트워크가 설치되면 IPTV 네트워크 관리자는 종단사용자의 QoE를 테스트하고 평가하는 것이 중요하다. 이는 정기적으로 채널 변경과 IPTV 네트워크의 VoD 요소들의 성능 수준을 체크하여 달성한다. 실제 네트워크에서 테스트를 수행하는 것 외에 많은 기술부서에서는 여러 다른 형상으로 에뮬레이션할 수 있는 테스트 네트워크를 연구실에 설치한다. 이들 연구실 기반 네트워크는 네트워크 장애와 증가된 트래픽 부하와 같은 환경 하에서 IPTV 종단사용자가 경험하게 될 영향들을 결정하는데 사용될 수 있다. 새로운 서비스가 상용화될 때 발생할 수 있는 가능한 QoE 문제를 확인하기 위해 IPTV 네트워크 관리자가 여러 QoE 테스트 프로그램을 정의하는 것이 중요하다. 특화된 테스트와 측정 장비들은 이들 테스트 프로그램을 수행하는데 사용된다. 좀 더 인기 있는 QoE 프로그램들에 대한 설명을 다음 절에서 제공한다.

12.9.5.1 채널 변경 테스트 프로그램

종단 간 IPTV 기반구조 구축에서의 주요 과제 중 하나가 채널 변경 성능을 최적화하는 것이다. 이러한 과제를 만족시키기 위해 IPTV 네트워크 관리자는 상용망을 구축하기에 앞서 여러 테스트들을 계획하며 다음 활동들이 그에 포함된다.

IPTVCD 성능 척도 정의 IPTVCD에 대한 성능 척도를 정의할 필요가 있다. 테스트 동안에 모아지는 전형적인 성능 척도는 IGMP 가입과 탈퇴 지연, IPTVCD에서의 채널 변경 지연, 그리고 채널 오버랩 기간을 포함할 필요가 있다. 이들 척도들은 그림 12.14에 설명되어 있다.

테스트 계획을 수립 완벽한 테스트 계획 수립이 프로그램 테스트의 첫 단계이며 다음을 포함할 필요가 있다:

서로 다른 네트워크 부하 조건의 정의 — 서로 다른 네트워크 부하 시나리오의 설명이 만들어져야 한다. 각 시나리오는 테스트 네트워크로 보내지는 멀티캐스트 스트림의 수 그리고 이들 스트림을 액세스하는 모의 종단사용자의 수와 같은 파라미터들을 포함해야 한다. 좀 더 개선된 테스트 계획은 VoIP 그리고 고속 데이터 서비스와 같은 추가적인 트래픽의 IPTV 채널 변경 성능 수준에 대한 영향도 결정한다.

다른 채널 변경 패턴에 대한 기술 — 종단사용자 수를 정의하는 것 외에 테스트 계획은 각 IPTV 종단사용자에 대한 다른 채널 변경과 사용 패턴에 대한 상세사항도 포함한다. 특히 사용자의 채널 변경 행태는 크게 다를 수 있으며 비디오 서비스 전달을 책임지는 네트워크 자원에 직접적인 영향을 줄 수 있다. 예를 들어,

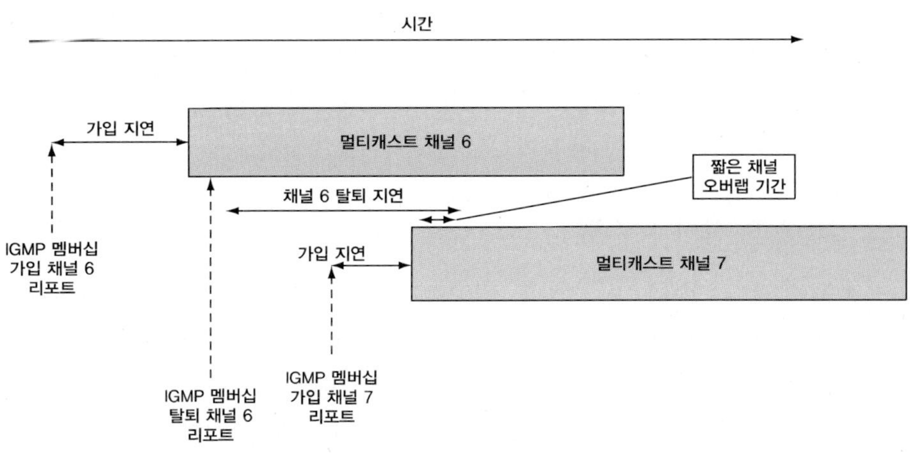

그림 12.14 IPTVCD에서의 성능을 분석하는데 상용되는 채널 변경 척도

어떤 IPTV 종단사용자는 TV를 보면서 빠른 속도로 채널을 순차적으로 이동할 것이며, 다른 사람들은 광고 방송이 나올 때만 채널 서핑을 할 것이다.

IGMP 형상 파라미터 — IGMP는 IPTV 멀티캐스트 서비스를 지원하는데 사용되는 산업 표준이다. 3장에서 기술한 바와 같이, 여러 다른 IGMP 버전들은 채널 변경 성능 수준에 여향을 주는 다른 특성들을 지원한다. 테스트 계획은 이들 파라미터들을 테스트할 수 있는 준비를 포함하여야 하며 실제 네트워크에 구축하기 전에 필요한 장단점들을 측정하여야 한다.

테스트 네트워크에 여러 입력들을 정의하는 것 외에, 계획은 또한 서비스 종단사용자에 대한 수용 가능한 QoE 수준을 구성하는 기본 파라미터들을 정의해야 한다.

테스트 네트워크 형상화 테스트 계획에 기술된 IGMP 프로토콜 상세사항과 부하 조건들은 테스트 네트워크를 형상화하는데 이용된다.

테스트 실행과 결과 분석 IPTV 종단사용자가 체험하는 채널 변경 시간 지연을 결정하기 위한 테스트를 수행한다. 테스트 결과는 다음과 같은 사항을 포함한다:

- 지터 수준
- 패킷 지연
- 평균 패킷 간 도착 시간
- 가입 지연
- 탈퇴 지연

일단 테스트 결과가 모아지고 분석되면 초기 테스트를 여러 번 반복 수행하는 것이 바람직하다. 이는 서로 다른 부하 요구사항과 채널 변경 행태 형상을 이용하여 달성한다.

네트워크 조정 일단 네트워크를 여러 네트워크 조건에 대해 에뮬레이트하고 분석한 후 종단사용자가 멀티캐스트 IPTV 서비스를 액세스할 때 수용 가능한 채널 변경 지연을 보증하도록 여러 네트워크 자원과 프로토콜을 조정한다.

12.9.5.2 IP-VoD 서버 테스팅

VoD 서버는 종단 간 IPTV 네트워킹 기반구조의 주요 요소이다. 그 결과 IPTV 네트워크 관리자는 변화하는 부하 조건에서 IP-VoD 서버의 성능을 측정하는 테스트 프로그램을 구현하는 것이 중요하다. 병행 연결의 수와 지터 수준과 같은 비디오 성능 척도들이 실제 네트워크 환경에서 동작할 때 VoD 서버의 성능을 결정하기 위해 테스트 기간 동안에 모아진다. 채널 변경 지연을 측정하는데 수행한 테스트와 유사하게 IP

VoD 서버의 성능 특성을 측정하기 위해 테스트 계획을 수립한다. IP VoD 서버의 스트레스 테스트에 사용되는 입력 파라미터 유형들을 다음과 같은 것들을 포함한다:

- IP-VoD 클라이언트 IPTVCD의 수
- 특정 주기 시간에 각 IP-VoD 클라이언트가 생성하는 VCR 명령의 수
- RTSP 프로토콜 파라미터
- 비디오스트림 형상(고정 비트율 혹은 혼합 비트율 스트림)

일단 네트워크가 테스트 계획에 포함된 파라미터들로 형상화 되면 여러 주요 서버 척도들이 테스트 수행 후에 모아지는데 다음과 같다:

- CPU 성능 수
- 메모리 사용량
- 디스크 액세스 속도
- 네트워크 인터페이스에서의 VoD 콘텐츠 스트리밍 전송률
- 패킷 손실과 지터가 발생하기 전의 병행 유니캐스트 스트림의 수

이 프로그램의 성능 결과는 서버가 상용화 환경에 구축되었을 때 종단사용자가 받게 되는 QoE를 결정하는데 사용된다.

12.9.5.3 비디오 콘텐츠 테스팅

압축률이 계속 증가함에 따라 IPTV 네트워크 관리자가 종단사용자에게 전달되는 실제 비디오 신호의 품질을 테스트 할 수 있는 것이 중요하다. 비디오스트림의 구조를 확인하고 분석하는데 개선된 테스트와 측정 장비들이 보통 사용된다. 이들 테스트는 스트림 내에 포함된 비디오 신호의 품질에 대한 다양한 통계 정보를 생성할 수 있다. 예를 들어, 스트림에 포함된 콘텐츠가 MPEG으로 압축된 것이며, 다음 필드들이 조사하여 어떤 QoE 문제들이 있는지를 결정할 수 있다:

- *동기화 바이트* — 이 바이트가 순서를 지키지 못한다면 IPTVCD는 비디오 패킷을 처리할 수 없을 것이다.
- *PCR* — 이 필드는 전송 네트워킹 기반구조가 생성하는 스트림 지터 수준을 나타낸다.
- *연속 카운터* — 이 필드는 종단사용자 QoE에 악영향을 줄 수 있는 손실 패킷을 식별하는데 도움을 준다.
- *PID 값* — 잘못된 PID는 IPTVCD 디코더에게 혼란을 야기하고 종단사용자의 QoE를 감소시킨다.

일단 전체적인 기술적 테스팅 프로그램이 갖추어지면 서비스 제공자는 신규 그리고 기존 IPTV 가입자에 대한 수용 가능한 수준의 QoE를 보장할 수 있다.

12.9.6 QoE와 SLA (Service Level Agreement)

SLA는 일정 수준의 서비스를 정의하는 두 당사자 간에 계약상의 약정이다. IPTV 네트워킹 환경 관점에서 SLA는 정상적인 동작과정에서 지켜져야 하는 여러 성능 수준을 정의한다. SLA는 세 가지 형태로 나누어 볼 수 있다.

12.9.6.1 IPTV 가입자 SLA

이 책을 집필할 때에는 널리 사용되지 않았지만 요금을 내는 가입자와 서비스 제공자 사이의 SLA 지원 수준은 시간에 따라 증가할 것으로 기대된다. 이 SLA의 목적은 서비스 제공자가 어떤 특정 품질 수준으로 서비스를 전달하는 것을 보증하는 것이다. 비디오 품질 수준 외 이러한 종류의 SLA는 최소 서비스 중단과 IPTVCD 수리에 필요한 시간을 공약하는 것과 같은 다른 유형의 성능 파라미터들도 포함된다.

12.9.6.2 내부 SLA

서비스 제공자가 어떤 수준의 품질을 만족하도록 보증하는 내부적인 SLA를 설정하는 것은 바람직한 사업적 수단이다. 이러한 형태의 내부적 SLA의 실질적 구현은 네트워크의 여러 부분에서 QoS와 QoE 파라미터의 측정을 포함한다.

12.9.6.3 제삼자 콘텐츠 제공자 SLA

앞서 기술한 바와 같이, 서비스 제공자는 대부분의 VoD 자산과 실시간 방송 스트림을 제삼의 콘텐츠 제공자로부터 구입한다. 그 결과 서비스 제공자는 제공받는 콘텐츠의 품질에 대한 최신의 정보를 유지하는 것이 매우 중요하다. 품질 수준을 높게 유지하기 위해서 SLA가 네트워크 제공자와 여러 소스 콘텐츠 공급자 간에 체결된다. 제삼자 중심의 SLA는 양자 간에 상호 동의하는 여러 QoS 요소들과 성능 수준을 정의한다. 제삼자 콘텐츠 제공자 SLA의 구현은 제공받는 소스 콘텐츠를 수집하는 동안에 발생한다. 이 시점에서 콘텐츠 품질과 관련 메타데이터를 측정하고 SLA에 정의된 참조 파라미터들과 비교한다. 패킷 손실 혹을 지터와 같은 손상이 탐지되면, 신호 감쇄 보고서가 생성되고 콘텐츠 제공자에게 전자메일로 보낸다. 신호 감쇄에 대한 샘플 보고서의 구조가 그림 12.15에 나타나 있다.

일단 SLA에 대한 위반이 탐지되면 즉각 콘텐츠 제공자는 그 문제를 해결하여야 한다. 그렇지 않으면 IPTV 종단사용자의 QoE가 심각하게 영향을 받을 수 있다. 이러한 보고서들은 향후 사용을 위해 모아진다.

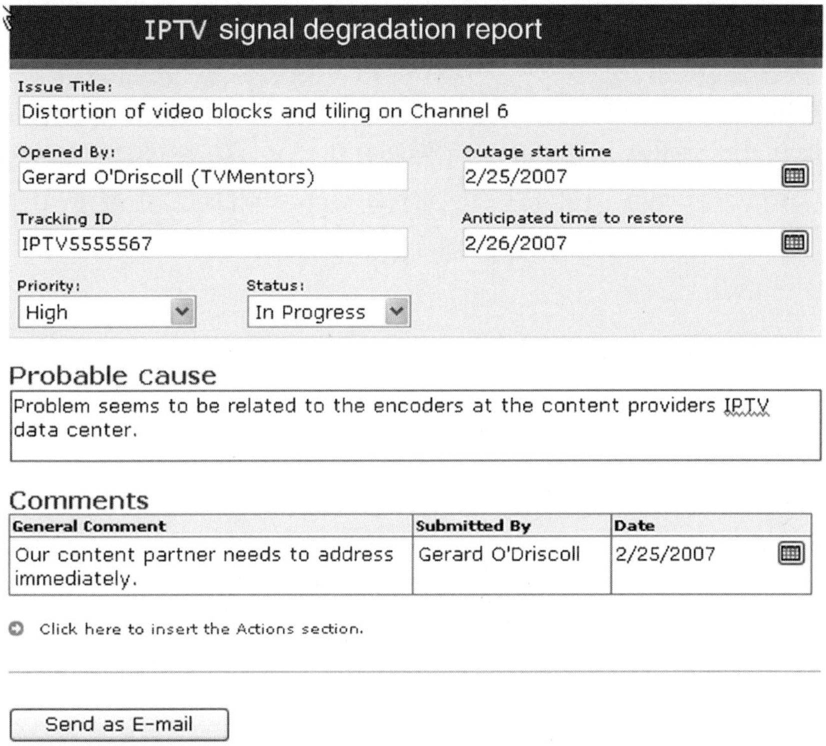

그림 12.15 IPTV 신호 감쇄 리포트 예

12.9.7 QoE와 KPI

KPI(Key Performance Indicator)는 IPTV 서비스 제공자에게 그들이 종단사용자에게 전달해하는 전반적인 서비스 품질에 대한 명확한 상황을 제시해 준다. KPI는 이 장의 앞 선 절들에서 논의된 품질 성능 결과들로부터 나온 척도로서 제삼자 제공자로부터 수신한 콘텐츠에 대한 품질 상세 정보를 갖고 있다. 높은 수준의 패킷 손실을 경험하는 세션의 백분율을 결정하는 척도가 KPI의 한 예이다. KPI는 다음 목적들을 위해 관리자가 사용할 수 있다:

(1) 서비스가 전체적으로 잘 되고 있는지를 결정한다.
(2) IPTV 콘텐츠의 품질을 평가한다.
(3) 여러 IP 비디오와 오디오스트림과 연계된 손상들을 분석한다.
(4) KPI 점수가 내부 SLA 혹은 제삼의 콘텐츠 공급자와 약정한 SLA에 설정된 요구사항들을 만족하기에 충분한지를 확인한다.
(5) 네트워킹 기반구조 개선과 관련한 장기적 전략 목표의 계획과 이 네트워크상으로 전달되는 서비스가 종단사용자에게 높은 QoE 수순으로 제공되는지를 보증한다.

여러 IPTV 서비스 제공자들은 KPI를 모니터하고 점수가 어떤 최소 그리고 최대 임계치에 도달했을 때 경고를 알리는 시스템을 구축하였다. 예를 들어 임계치를 벗어나는 것은 서비스 품질이 점차적으로 낮아지고 있다는 것을 나타낸다. 일단 이러한 상황이 발생하면 처리 과정이 진행되어 서비스 품질이 수용 가능한 수준으로 돌아가도록 개선된다. IPTV 네트워크 관리자는 주기적으로 KPI를 모니터하고 특정 임계치 값이 벗어났을 때 네트워크 요소들을 조정하는 것이 중요하다.

12.9.8 IPTV QoS와 QoE 산업 표준 기구

IPTV QoE와 QoS에 대한 표준을 설정하기 위한 산업계의 노력이 다음과 같은 조직에서 진행 중에 있다.

12.9.8.1 DSL 포럼

DSL 포럼 TR-126 명세서는 광대역 네트워크상으로 전송되는 여러 응용들의 QoE 요구사항들을 정의하고 있다. 즉, IPTV, 인터넷 액세스, 게임과 VoIP 등의 응용. TR-126에 대한 간략한 개요를 아래에 기술한다.

TR-126 보고서는 2006년 말에 DSL 포럼이 출간하였고 IP 광대역 네트워킹 기반구조상에서의 음성, 데이터와 비디오 서비스에 대한 기술자와 종단사용자 QoE 가이드라인을 정의한다. 상업적으로 이용 가능한 여러 비디오 서비스들을 다루는 것보다도 이 보고서는 멀티캐스트 IPTV 프로그래밍과 VoD와 같은 엔터테인먼트 비디오 응용에 초점을 두고 있다.

QoE를 감소시키는 여러 요소들을 정의하는 것 외에, TR-126은 IPTV 서비스에 대한 QoE를 측정하는 세 가지 방식, 즉 주관적, 객관적 그리고 간접적인 방법의 사용을 명시하고 있다. 더 나아가서 이 보고서는 인기 있는 IPTV 응용에 대한 인코딩 비트 전송률들을 정의하고 있다(표 12.6 참조).

이 보고서는 디지털 오디오스트림을 인코딩하기 위한 공학적 명세들도 권고하고 있음에 주목하라.

표 12.6 TR-126 비트 전송률 요약

IPTV 압축 분류	일반 SD 멀티캐스트 TV 서비스 – CBR (Mbps)	SD 프리미엄 및 VoD 콘텐츠 – CBR (Mbps)	HDTV – CBR (Mbps)
MPEG-2 – MP@ML	2.5	3.18	15
H.264/AVC – MP@L3	1.75	2.1	15
VC-1	1.75	2.1	10

12.9.8.2 ITU 제휴 VQEG (Video Quality Expert Group)

이 그룹은 비디오 품질 측정 기술을 개발하고 표준화하기 위해 1997년에 만들어졌다. 이 그룹은 ITU-T J.144 비디오 품질 측정 기술을 표준화했다.

12.9.8.3 케이블랩

이 조직은 HFC 네트워크상에 다운스트림 IP 멀티캐스트 트래픽 전달을 지원하는 DOCSIS 3.0 명세서의 QoE 프레임워크를 정의했다.

12.9.8.4 ATIS 그룹

1장에서 언급한 바와 같이 ATIS 그룹은 여러 유형의 IPTV 서비스에 대한 QoS 척도들을 모니터링하기 위한 프레임워크를 정의했다.

12.10 댁내 디지털 가입자 장치의 원격 관리

SD와 HD IPTV 서비스가 가입자의 가정에 들어가면 이들의 관리는 다음과 같은 고유의 문제점들을 갖는다:

- 가입자에게 가용한 여러 댁내 네트워킹 기술들은 댁내 네트워크의 일상 운영을 복잡하게 하고 여러 위치에 연결된 텔레비전들에게 분배되는 IPTV 콘텐츠 품질에 영향을 줄 수 있다.
- IPTV 콘텐츠를 수신하는 IP 셋톱박스 외에 전형적인 홈 네트워크는 PC와 Wi-Fi 액세스 포인트도 포함한다. 이들 장치들 혹은 네트워크 자체의 문제가 IPTV 서비스 전달에 영향을 주거나 완전히 이 서비스를 중단시킬 수 있다.
- 홈 네트워킹 문제를 해결하기 위해 기술자를 파견하는 것은 비용이 많이 든다.
- 이 문제의 재생이 때로는 어렵고 홈 네트워크를 다시 완전히 가동하는데 상당한 지연을 야기 할 수 있다.
- 화면의 갑작스런 움직임 같은 비디오 손상은 순간적이고 즉각적으로 사라진다. 이는 CSR 요원이 손상의 원인을 탐지하는데 어려움을 준다.
- 전화상으로 IPTV 종단사용자에게 문제를 진단하고 해결책을 주는 것이 어렵다. 많은 종단사용자들은 IPTV 서비스에서 현재 발생하는 비디오와 오디오 손상에 대한 상세한 사항을 기술할 수 없다.
- 비디오 품질의 감소와 같은 여러 성능 문제들은 경고 상황으로 탐지되지 않을 수 있다. 따라서 서비스 제공자는 단지 가입자가 전화를 해서 시스템상의 장애를 보고할 때 QoS 문제가 있다는 것을 인식할 수 있다.

IPTV 네트워크 관리자는 IPTV 시청자의 체험 품질에 영향을 주는 댁내 디지털 가입자 장치의 문제를 찾고 고칠 수 있는 위치에 있어야 한다. 이는 일반적으로 특별한 댁내 원격 관리 서버 소프트웨어 도구를 통해 달성할 수 있다. 홈 장치 관리 도구는 IPTV 관리자가 다음과 같은 일을 할 수 있게 도움을 준다:

- IPTV 가입자 홈 네트워크의 성능을 원격으로 모니터링하는 수단을 관리요원에게 제공
- 가정에서의 IPTV 서비스 품질 문제를 찾는데 사용되는 성능 데이터를 수집한다.
- CSR이 라스트 마일 광대역 연결 상에서의 신호 수준을 체크할 수 있게 한다.
- 관리자가 원격으로 문제를 해결할 수 있는 수단을 제공한다. 대부분의 경우, 이러한 기능은 기술요원을 가입자 가정으로 보내는 수고를 덜어 준다.
- 관리자에게 IPTV 가입자의 댁내 네트워크에 연결된 여러 장치들을 볼 수 있게 하고 WHMN 응용 정지와 같은 비정상적인 활동을 식별할 수 있게 한다.
- 관리자가 원격으로 IP 주소 형상을 제어할 수 있게 한다.
- 매일 홈 네트워크상에 발생하는 이벤트들을 보고할 수 있는 수단을 제공한다.
- 통계적 데이터를 수집하여 IPTV 제공자가 SLA을 지원할 수 있도록 특성들을 보고하도록 한다.
- 네트워크에 연결된 모든 IPTVCD의 하드웨어 재고와 소프트웨어 형상을 유지하도록 한다. 마지막으로 동작했던 홈 네트워킹 환경에 대한 상세한 형상 정보는 문제 해결 과정에서 매우 유용함에 주목하라.
- 예상치 못한 행태가 홈 네트워크에서 발생할 때 예외 사항 보고서를 생성한다.
- NMS와 OBSS을 포함하는 다른 시스템들과 연결한다.
- 장치들이 소프트웨어나 하드웨어 업그레이드를 필요로 하는지 결정하기 위한 IPTVCD 재고를 조사한다.
- 광대역 네트워크에 연결된 모든 IPTVCD들에 소프트웨어를 설치하고 업그레이드한다.
- 지원요원이 IPTVCD 소프트웨어 라이센스를 추적할 수 있는 소프트웨어 측정 기능을 제공한다.

댁내 장치 관리 도구의 사용은 IPTV 서비스 제공과 관련한 운영 비용을 낮출 수 있고 가입자 서비스를 개선할 수도 있다. 종단 간 홈 관리 시스템 구조의 네트워킹 기반구조가 그림 12.16에 나타나 있다.

그림에 나타난 바와 같이 댁내 디지털 장치들은 원격 관리 관점에서 피관리(managed) 혹은 비 관리(unmanaged) 장치들로 정의된다. 피관리 장치는 원격 관리 소프트웨어 클라이언트를 포함하고 비 관리 장치는 백엔드 홈 관리 서버와 상세 수준에서의

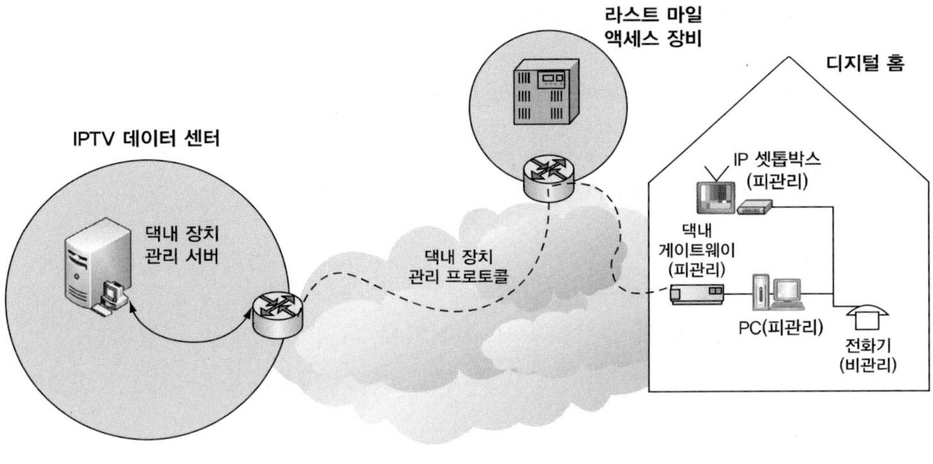

그림 12.16 종단 간 홈 관리 시스템 구조

상호작용을 요구하는 소프트웨어를 지원하지 않는다. DSL 포럼의 TR-069 표준가 이러한 유형의 클라이언트-서버 상호작용을 지원하는 소프트웨어 기반구조의 한 예이다. 그러나 어떤 경우에 비 관리 홈 장치들은 DHCP와 UPnP와 같은 다른 유형의 프로토콜들을 지원한다. 그림은 또한 IP 액세스와 코어 네트워크에서 홈 장치 관리 프로토콜의 사용을 보여주고 있다. IPTV 시스템의 특성상 공학적 어려움을 야기한다. 예를 들어, 어떤 가정에서 TV를 틀어 놓고 아무도 시청하지 않는 경우가 흔히 있다. 케이블 기반 네트워크의 경우 괜찮으나 IP 기반 네트워크의 경우에 시청하지 않는 TV는 귀중한 대역폭을 잡아먹는다.

12.11 IPTVCD로의 소프트웨어 업데이트 전달 스케줄링과 관리

분배 네트워크에 연결된 여러 IPTVCD들에서 수행되는 소프트웨어를 갱신하는 기능은 IPTV 서비스를 유지하고 지원하는 중요한 요소이다. 수천 대의 IPTVCD 유지의 효율성을 증대시키는 것 외에 소프트웨어 갱신은 고객의 만족을 증대시킬 수도 있다. IPTVCD의 특성들을 업그레이드하기 위해 기술요원들을 파견하는 것은 비용대비 효율적이지 못하다. 소프트웨어를 업그레이드하는 두 가지 방법이 있다. 첫 번째 방법은 수동으로 하는 것이고 가입자가 물리적으로 IPTVCD를 서비스 제공자에게 보내거나 기술요원을 각 가정으로 보내는 것이다. 이 방법은 소프트웨어 새 버전을 자주 전달해야하고 가입자의 일상생활을 어렵게 한다면 경제적인 관점에서 바람직하지 못하다. 두 번째 그리고 가장 흔히 사용되는 IPTVCD 운영체제와 내부 소프트웨어 응용들을 갱신 방법은 네트워크를 통해 소프트웨어를 안전하게 다운로드하는 것이다. 이 방법을

사용하여 서비스 제공자는 다음을 제공한다:

- 필드에 이미 구축된 IPTVCD로 소프트웨어 버그 수정 사항들을 다운로드한다.
- 기능 개선을 위한 새로운 버전의 소프트웨어로 IPTVCD들을 업그레이드하고 네트워크에 연결된 모든 IPTVCD들이 같은 버전의 소프트웨어를 갖고 있도록 보증한다.
- 새로운 소프트웨어 표준으로 변환하여 성능을 개선한다.
- 안전한 다운로드를 위해 소프트웨어 이미지에 디지털 서명을 적용한다.
- 새로운 IPTV 데이터 센터 비디오 인코더와 호환되도록 새로운 디코딩 소프트웨어를 다운로드한다.
- 모든 IPTVCD들이 동시에 같은 소프트웨어 업로드를 수신하도록 보장한다.

설치되고 운영되는 IPTVCD들로의 소프트웨어 다운로드 과정에 포함된 단계들이 그림 12.17에 나타나 있으며 다음 절에서 설명한다.

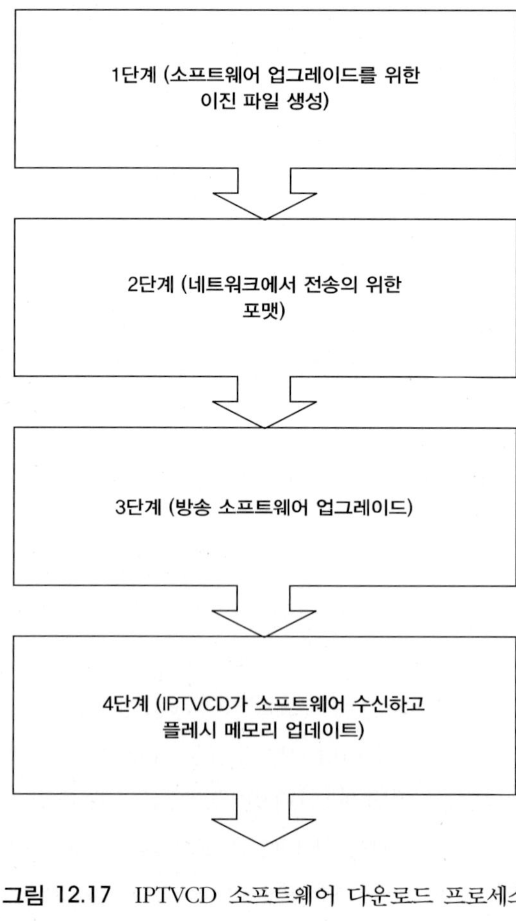

그림 12.17 IPTVCD 소프트웨어 다운로드 프로세스

1단계 (소프트웨어 업그레이드를 위한 이진 파일 생성) — 소프트웨어 다운로드 과정의 첫 단계는 업그레이드를 위한 이진 파일의 생성이다.

2단계 (네트워크로 전송을 위한 포맷) — 다음으로 이 파일들을 전송 네트워크상에서 사용하는 파일 시스템과 호환되도록 포맷하여 구조화한다. 파일을 포맷팅하는 것 외에, 어떤 운영자들은 유효한 소프트웨어 갱신만이 셋톱박스로 보내지도록 하기 위해 디지털 서명이나 인증서를 추가한다.

3단계 (소프트웨어 업그레이드 브로드캐스트) — 업그레이드에 필요한 파일들이 네트워크로 보내진다. 업그레이드 시점을 잘 계획할 필요가 있으며 피크 시간이 아닌 때를 이용한다. 일반적으로 TFTP(Trivial File Transfer Protocol)이 네트워크에 파일을 복사하는데 사용된다.

4단계 (IPTVCD가 소프트웨어를 수신하고 플래시 메모리를 갱신) — 일단 갱신 소프트웨어를 네트워크로부터 다운로드하면 IPTVCD 내에 있는 소프트웨어 모듈이 네트워크로 전달되는 동안 발생했을 수 있는 오류에 대해 코드를 테스트한다. 코드를 확인한 후에 IPTV 데이터 센터에 있는 서버와 신뢰적인 관계를 설정하도록 인증 과정을 수행한다. 확인과 인증 과정이 끝나면 IPTVCD의 업데이트를 실행한다. IPTVCD는 일반적으로 소프트웨어 다운로드가 완료되면 데이터 센터로 보고를 한다.

이 갱신은 전면(foreground) 혹은 후면(background)에서 수행될 수 있다. 전면 IPTVCD 소프트웨어 갱신은 시청하는데 방해를 준다. 시청자에게 소프트웨어 업데이트가 가능함을 알리는 메시지가 텔레비전 혹은 디스플레이 패널에 나타난다. IPTV 종단사용자가 갱신을 선택하면 IPTVCD가 소프트웨어 갱신을 시작하면서 그 메시지를 화면에서 지운다. 전면 갱신은 짧게는 약 2분 정도 혹은 길게는 약 30분 정도 걸리는데 이는 플래시 메모리의 쓰기 성능과 다운로드되는 소프트웨어 코드의 길이에 따른다. 전면 갱신을 위해 설계된 IPTVCD는 적은 용량의 플래시 메모리를 필요로 하고 보통 단일 플래시 요소에 의존한다. 반면에 후면 갱신은 시청자를 방해하지 않는다. 시청자는 심지어 갱신이 일어나고 있는 것을 인식하지 못한다. 이 경우 IPTVCD는 두 개의 플래시 메모리 장치를 포함한다. 첫 번째 것은 현재 코드를 저장하고 있고 두 번째 것은 갱신을 위해 사용한다. 시스템은 전원이 재생될 때 새로운 소프트웨어 코드를 갖고 있는 플래시 메모리로 전환된다. 디스플레이 화면에 새로운 특성들이 설치되었음을 알리는 메시지가 나타난다. 이러한 방식의 다운로드가 좀 더 세련된 반면에 당연히 비용이 더 든다. 일단 소프트웨어 갱신이 비휘발성 저장 장치에 쓰여지면 IPTVCD는 재부트된다. 일단 재부트되면 IPTVCD는 갱신된 소프트웨어를 사용하여 정상적인 동작을 수행한다. 어떤 것이 적당한 방법인지를 결정하는 것은 IPTV 서비스 제공자 마다 다르다. IPTV 서비스 제공자들이 자동의 소프트웨어 갱신을 분배하고 기존 네트워크 기반

구조에 패치(patch)할 수 있도록 하는 특별한 소프트웨어 응용들도 있다. 어떤 경우에 IPTVCD에 있는 소프트웨어를 다운그레이드(downgrade)하여 이전 소프트웨어 이미지로 돌아갈 필요가 있음에 주목하는 것이 중요하다. IPTVCD로의 소프트웨어 이미지 다운로드에 대한 표준이 없지만 케이블랩과 같은 조직들은 OpenCable 공통 다운로드 명세라고 하는 방식을 개발하였으며, 이는 미국에서 디지털 케이블 셋톱박스를 업그레이드하는데 사용된다.

12.12 IPTV 문제 해결

IPTV 가입자가 서비스에 대해 겪는 문제들은 일반적으로 CSR 부서로 전화를 해서 보고된다. 네트워크에 문제가 발생하면 이들을 빨리 해결하는 것이 중요하다. 지원요원과 관리자는 문제를 확인하고 해결할 수 있어야 한다. IPTV 네트워크 문제 해결은 다른 IP 기반 응용들의 문제 해결과 유사하다. 첫째 이 문제를 격리시킬 필요가 있고 문제의 본질과 정도에 의존한다. 다음 단계는 그 문제를 고치는 것이다. 이는 전형적으로 형상 변경을 하거나 장애가 발생한 네트워크 요소를 대체하는 것으로 달성한다. IPTV 네트워크에서의 가장 많이 발생하는 오류는 다음 다섯 가지로 분류할 수 있다: 네트워크, 백엔드 서버, IPTVCD, 가입자 홈 네트워크 그리고 외부 콘텐츠 제공자이다(표 12.7 참조).

특정 문제를 해결하는 것 외에, IPTV 서비스 제공자는 문제를 탐지하는 것에서부터 언제 그 문제를 해결하였는지에 이르기까지에 대하여 문서화 혹은 전자적 기록을 하는 과정을 갖는 것이 중요하다. 이는 일반적으로 장애를 탐지하였을 때 "문제 해결 보고서(trobleshooting reports)"를 생성하여 달성할 수 있다. RT의 내용은 문제의 위치에 따른다. 예를 들어 단일 IPTVCD의 문제를 기술하기 위해 생성된 TR의 포맷(그림 12.18의 샘플 TR)은 콘텐츠 제공자 쪽에서 발생한 장애(그림 12.19의 샘플 TR)를 문서화하는데 사용되는 TR과 다르다.

특정 네트워크 요소와 연관된 문제가 해결되면 문제 해결 과정의 마지막 단계는 TR의 상태를 완료로 변경하는 것이다.

12.12.1 TCP/IP 문제 해결 유틸리티

네트워크 관리자와 IPTV 지원요원은 IPTV 시스템 문제를 해결하기 위한 여러 기본적인 TCP/IP 문제 해결 기술들에 익숙해야 한다. TCP/IP 프로토콜 스택은 여러 기본 문제 해결 유틸리티들을 포함한다. 이들 유틸리티들은 TCP/IP를 지원하도록 형상화된 장치의 명령 프롬프트(prompt)에서 수행된다. IPTV 네트워크 관리자들에게 가장 인기 있는 유틸리티들은 다음을 포함한다:

표 12.7 IPTV 네트워크 오류

문제 영역	공통적인 장애 및 문제
네트워크	오류는 IP 스트림이 IPTVCD로 전송되는 동안에 네트워크의 여러 곳에서 발생. 네트워크 스나이퍼는 IPTV 기사가 네트워크로 전송되는 데이터를 조사하기 위해 사용. 전형적인 프로토콜 분석기는 PC, 네트워크 카드 그리고 네트워크에서의 문제를 분석하는 응용으로 구성됨. 실시간 네트워크 분석은 네트워크 장애와 성능 문제를 빨리 탐지하고 해결하는데 도움을 줌
백엔드 서버	특별한 서버 소프트웨어가 서버에서 발생하는 문제를 해결하는데 사용됨
IPTVCD	셋톱박스와 게이트웨이 장비와 같은 IPTVCD로부터 높은 수준의 신뢰성을 기대함. 따라서, IPTV 서비스 제공자는 IPTVCD로부터 오류 메시지를 모으고 이 정보를 이용하여 IPTV 서비스에서 발생하는 문제를 해결하기 위한 정교한 시스템을 개발하였음. 이 정보는 보통 댁내 장치 관리 응용에 저장되고 개별 가입자에 대하여 특별한 서비스 문제를 야기하는 원인을 식별하기 위해 IPTV 기사가 사용함. 공통적인 문제는 버퍼링, 하드웨어 고장, 그리고 소프트웨어 충돌의 문제를 포함함. 일단 문제 영역이 식별되면 다음 단계는 이를 해결하는 것임. 이는 다음 동작을 포함함: • IPTVCD에 대한 형상 변경 • 사용상의 문제인 경우, 사용자에게 직접 이야기하고 문제를 해결하는 방법을 제공. 문제 해결을 위한 통신 방식으로 전자메일 사용이 가능함 • 유선상으로 문제 해결이 안되면, 서비스 기사가 종단사용자 집을 방문함 • 장비를 교환함 로컬 문제 해결과 디버깅은 보통 제품의 물리적 인터페이스를 통해 실행됨
고객 댁내 네트워크	댁내 와이어링 불량, 낮은 품질 케이블, 바이러스 잘못된 IP 주소 설정 그리고 드라이버 오류와 같은 문제는 IPTV 서비스에 영향을 줄 수 있음. 전화 혹은 전자메일과 함께 원격 홈 관리 시스템이 가입자 홈 네트워크에서 발생하는 문제를 정정하는데 사용됨
외부 콘텐츠 제공자	수신 콘텐츠와 관련된 문제는 잘못 인코드된 비디오 자원에서부터 전송 문제를 포함함. 일단 문제가 확인되면 외부 콘텐츠 제공자에게 알리고 문제를 정정함

특정 문제를 해결하는 것 외에, IPTV 서비스 제공자는 문제를 탐지하는 것에서부터 언제 그 문제를 해결하였는지에 이르기까지에 대하여 문서화 혹은 전자적 기록을 하는 과정을 갖는 것이 중요하다. 이는 일반적으로 장애를 탐지하였을 때 "문제 해결 보고서(trobleshooting reports)"를 생성하여 달성할 수 있다. RT의 내용은 문제의 위치에 따른다. 예를 들어 단일 IPTVCD의 문제를 기술하기 위해 생성된 TR의 포맷(그림 12.18의 샘플 TR)은 콘텐츠 제공자 쪽에서 발생한 장애(그림 12.19의 샘플 TR)를

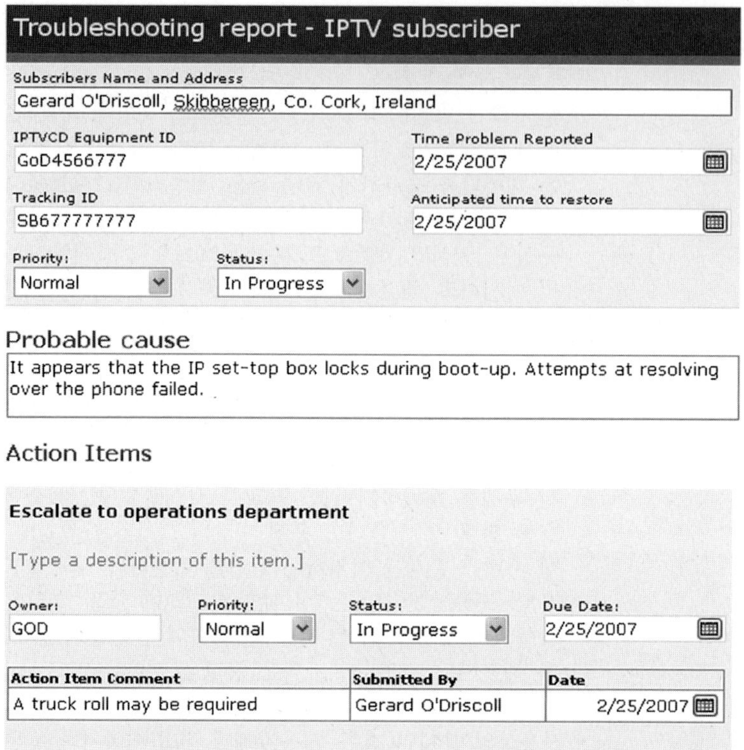

그림 12.18 가입자 댁내에 위치한 IP 셋톱박스가 식별한 장애에 대한 TR 예

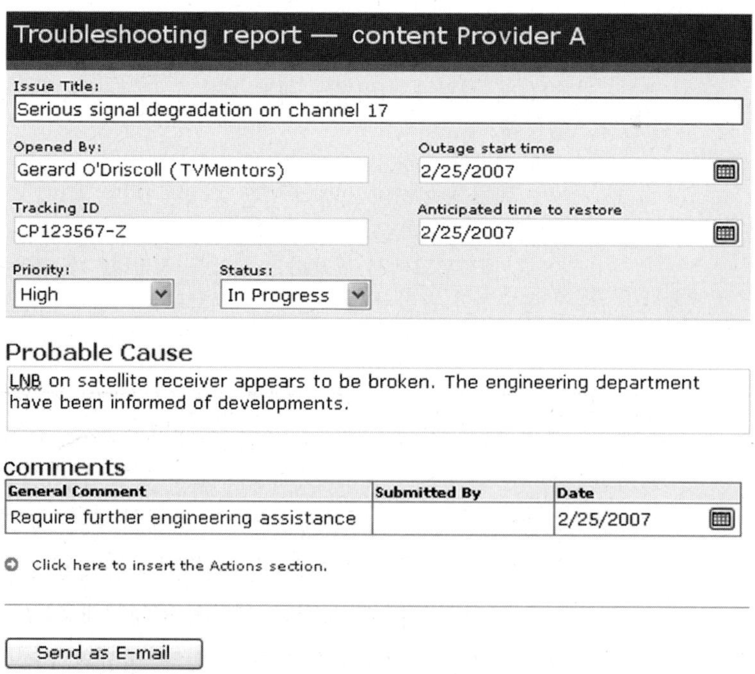

그림 12.19 콘텐츠 제공자로부터의 콘텐츠를 수집하면서 식별한 장애에 대한 TR 예

문서화하는데 사용되는 TR과 다르다.

특정 네트워크 요소와 연관된 문제가 해결되면 문제 해결 과정의 마지막 단계는 TR의 상태를 완료로 변경하는 것이다.

12.12.1 TCP/IP 문제 해결 유틸리티

네트워크 관리자와 IPTV 지원요원은 IPTV 시스템 문제를 해결하기 위한 여러 기본적인 TCP/IP 문제 해결 기술들에 익숙해야 한다. TCP/IP 프로토콜 스택은 여러 기본 문제 해결 유틸리티들을 포함한다. 이들 유틸리티들은 TCP/IP를 지원하도록 형상화된 장치의 명령 프롬프트(prompt)에서 수행된다. IPTV 네트워크 관리자들에게 가장 인기 있는 유틸리티들은 다음을 포함 한다:

12.12.1.1 Ping 유틸리티

ping 명령은 IPTV 네트워크에서 하드웨어 문제를 분리해내는데 사용되는 가장 기본적인 도구이다. 이 명령은 지원요원이 IPTV 네트워킹 기반구조의 여러 다른 부분에 대한 연결들을 확인하도록 지원한다. 이는 원격지로 ICMP(Internet Control Message Protocol) 패킷들을 보내고 그 응답 패킷들이 돌아오는 것을 기다림으로 해서 진행된다. 응답 패킷이 지정된 시간 내에 오지 않으면 ping 명령은 타임아웃된다. 이 명령은 IPTV 네트워크 관리자가 라우터, 게이트웨이, CMTS, DSLAM, 그리고 스위치들과 같은 요소들이 동작하고 있는지를 확인하는 데 사용된다.

12.12.1.2 Tracert 유틸리티

tracert는 IPTV 지원 요원이 IPTV 네트워크상의 임의의 목적지까지 상세한 경로를 화면에서 볼 수 있도록 하는 TCP/IP 유틸리티이다. tracert 유틸리티는 IPTV 네트워크 상에서 특정 목적지까지 ICMP 패킷들이 거치는 경로를 추적한다. 이 목적지는 원격 지역국 혹은 가입자의 홈 네트워크에 연결된 IPTCCD에서 동작하는 장비일 수 있다. ICMP 패킷이 여러 라우터를 거칠 때 마다 패킷 헤더에 있는 "TTL(Time to Live)" 값을 1씩 감소시키는 방식으로 동작한다. 감소 회수는 이 유틸리티에게 소스에서 목적지까지의 홉(hop)수를 제공한다. 나중에 이 경로가 화면에 보여진다. 홉 수 외에, tracert 유틸리티는 경로 상의 각 홉에 대해 왕복 시간을 화면에 보여준다. 이 정보는 IPTV 네트워크 관리자가 라우팅 불규칙성이나 네트워크 어느 곳에서 지연이 많이 발생하고 있는지를 결정하는데 도움을 준다.

12.12.1.3 PathPING

tracert가 라우팅에 대한 상세 정보를 제공하지만 또한 지연과 패킷 손실을 야기하는 링크들을 식별하기도 한다. PathPING라고 하는 마이크로소프트 유틸리티는 IPTV 네트워크 관리자에게 소스와 종단 목적지 사이의 각 링크에 대한 지연과 패킷 손실 통계를 제공하는데 사용될 수도 있다. 특정 기간 동안 네트워크 경로 상에 있는 여러 라우터들에게 다중 메시지를 보내고 이들 각각의 요구 메시지에 대한 응답으로 오는 패킷 수를 계산하는 방식으로 동작한다. 이러한 계산의 결과가 스크린에 나타난다. 이 데이터는 IPTV 기술자가 분배 네트워크의 어느 부분에서 문제가 발생하고 있는지를 결정할 수 있도록 한다.

12.12.1.4 ARP (Address Resolution Protocol)

이 유틸리티는 IPTV 기술자가 IP 주소를 하부 하드웨어 주소와 매치시킬 수 있도록 한다.

12.12.1.5 NETSTAT

이 유틸리티는 IPTV 네트워킹 환경에서의 특정 요소의 진행 중인 TCP 연결을 나타내준다. 라우팅 테이블과 여러 유형의 프로토콜 통계들에 대한 상세 사항들이 화면에 보여진다.

12.12.1.6 IPCONFIG

이름이 의미하는 바와 같이 이 유틸리티는 IPTV 기술자에게 특정 IPTV 네트워킹 장치의 형상에 대한 자세한 사항을 제공한다. 이 유틸리티는 일반적으로 윈도 기반 서버에서 사용된다. 이 유틸리티가 생성하는 정보 유형은 IP 주소, 서브네트 주소, 그리고 기계의 하드웨어 주소를 포함한다.

비록 모든 TCP/IP 유틸리티들이 여러 TCP/IP 문제들을 찾아내는데 유용하지만 IPTV 지원부서가 가장 널리 사용하는 명령은 ping과 tracert이다.

12.13 IPTV와 사업 지속성 계획

오늘날의 IPTV 데이터 센터는 매출을 늘리고 가입자의 만족을 유지하기 위해 100% 가동할 필요가 있다. IPTV 서비스의 중지, 특히 멀티캐스트 채널의 중단은 회사의 명성에 악영향을 주고 가입자가 다른 유료 TV 제공자로 이동하게 한다. 서비스 중단은 여러 가지 사건에 기인하는데 그 심각성에서 데이터 센터에서의 문제로부터 갑작스런 비디오 트래픽의 증가에 이르기까지 다양하다. 따라서, BCP(Business Continuity Planning) 분야가 IPTV 네트워킹 기반구조의 관리에 있어서 매우 중요한 부분이다.

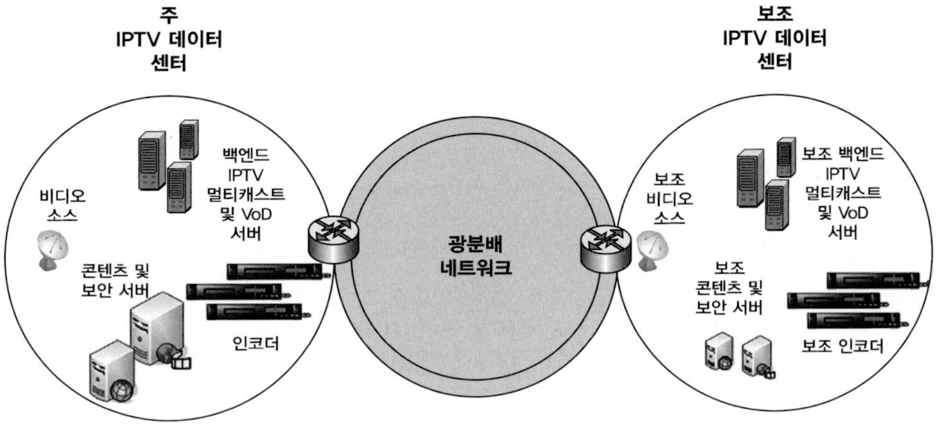

그림 12.20 BCP 목적 지원에 요구되는 IPTV 네트워크 구조 예

IPTV 환경에서의 BCP 목적은 시스템 장애 혹은 중요한 사건이 발생했을 때 정상적인 서비스로 복구하는 여러 절차들을 정의하는 것이다.

서비스를 복구하는 과정을 정의하는 운영 절차 외에 주된 IPTV 데이터 센터에 커다란 문제가 발생했을 때 주요 IPTV 서비스의 전달을 지원할 수 있는 제2의 사이트를 네트워크 설계 시에 고려하여야 한다. IPTV 콘텐츠의 무결성을 보호하고 IPTV 서비스의 가용성을 최적화하는데 사용되는 여러 기술들이 있다. 재난 복구를 하고 회사의 사업 지속성 목표를 만족하기 위한 백업 데이터 센터를 설정하는 IPTV 서비스 제공자를 보여주는 간단한 예로서 그림 12.20을 고려하자.

보이는 바와 같이, 각 데이터 센터는 두 개의 물리적으로 분리된 기반구조로 구성되고 양 센터를 연결하는데 광 케이블 링크가 사용된다. 데이터 센터 사이에 고속의 추가적인 연결성을 확보하는 것이 양 데이터 센터 간에 IP 비디오 데이터를 복사하고 미러링하기 위한 중요 요소이다. 주 데이터 센터에 장애가 발생하면 대기 서버와 비디오 처리 장비들이 온-디멘드 콘텐츠 라이브러리의 복사본을 유지하는데 사용된다. 따라서, 만약에 주 IP-VoD 혹은 스트리밍 서버가 사용할 수 없게 되면, 재난 복구 사이트에 있는 대기 서버가 빨리 IPTV 종단사용자의 요구를 서비스할 수 있도록 그 기능을 대신한다.

요약

고객은 IPTV 서비스 제공자로부터 높은 수준의 서비스 가용성을 기대하고 요구한다. 이러한 과제를 만족하기 위해 IPTV 네트워크 운영자는 종단 간 IPTV 시스템을 구성하는 여러 복잡한 요소들을 관리하기 위해 여러 네트워크 관리 과정을 채택한다. 표 12.8은 종단 간 IPTV 네트워킹 기반구조를 유지하는데 필요한 주요 기능들을 요약하고 있다.

표 12.8 IPTV 네트워킹 환경을 관리하고 지원하는 주요 기능

기능 이름	설 명
IPTV NMS 지원	종단 간 IPTV 네트워크 운영은 NMS에 의해 관리됨. NMS는 IPTV 네트워크 관리자가 네트워크 기반구조의 성능을 모니터하고 종단사용자에게 IPTV 서비스 전달에 영향을 주는 문제를 식별하게 함
설치, 서비스 문제 그리고 해지 관리	새로운 가입자와 관련 서비스를 제공하는 것이 IPTV 네트워크의 일상 운용을 관리하는 중요 작업 중 하나임. 이 프로비저닝 과정은 통합된 백엔드 운영과 과금 시스템을 필요로 함. 새로운 가입자 이외에, IPTV 서비스 제공자는 서비스 문제와 해지를 다루는 과정을 필요로 함
네트워크 테스팅과 모니터링	네트워크 모니터링은 IPTV 관리자가 전체 네트워크 장애를 일으키기 전에 문제를 식별하고 해결할 수 있게 함. 테스트와 측정 시스템은 네트워킹 기반구조의 상태를 파악하기 위해 서비스 제공자가 사용
서비스 가용성 보장과 중복성 관리	백업 시스템 관리와 중복 요소들은 IPTV 서비스를 종단사용자에게 전달하는 네트워크를 운용하는 주요 부분임
IP 주소 공간 관리	IP 주소 할당은 IPTV 네트워킹 기반구조 구축의 주요 부분임. 기반구조에 연결된 모든 장치는 IPTV 서비스를 액세스하기 위해 IP 주소를 필요로 함. DHCP서버가 이 주소를 제공함
일상적인 관리 작업	디스크 공간 모니터링 및 높은 보안 수준 유지는 IPTV 시스템 지원을 위한 주기적 작업의 예임
IPTV QoS 요구사항 관리	대부분의 IPTV 서비스는 사설 IP 광대역 네트워크에서 운용되기 때문에, 비디오 콘텐츠를 요금을 지불하는 가입자에게 전달할 때 QoS 정책을 구현하는 것이 가능함. QoS 정책 구현은 IPTV 트래픽에게 다른 유형의 IP 기반 트래픽보다 높은 우선순위가 주어짐을 의미함. QoS 시스템을 구현함으로써 높은 품질의 고객 경험을 원하는 가입자로부터 불평을 야기할 수 있음
IPTV 가입자 체감을 모니터링	IPTV의 성공은 종단사용자가 IPTV 품질에 대한 체감을 어떻게 인식하느냐에 달려 있음. 인식하는 품질은 다음 요인으로 결정됨: *비디오 및 오디오 품질*— 종단 간 지연 제거와 IP 셋톱박스 인터페이스에 IPTV 데이터 패킷이 규칙적이고 순서대로 도착하는 것을 보장하는 것이 시청자에게 고품질의 시청 체감을 제공하는데 중요함. 갑작스런 IP 트래픽과 손실 패킷은 심각한 화면 손상을 야기하고 사용자의 시청 체감을 훼손함 *방송과 VoD 타이틀 선택에 대한 반응 속도*— IP-VoD와 멀티캐스트 서비스를 선택하고 내비게이션 할 때 지연이 없기를 기대함 이러한 요인들을 잘 만족함으로써, 가입자에게 전달되는 비디오 서비스 품질의 저하를 막을 수 있음. QoE 척도가 IPTV 종단사용자의 만족도를 측정하는데 사용됨. QoE에 대한 네트워크 관리자의 높은 이해가 종단 간 IPTV 시스템이 효율적으로 운용되도록 보장하는데 중요함

(다음 페이지에 계속)

표 12.8 IPTV 네트워킹 환경을 관리하고 지원하는 주요 기능

기능 이름	설 명
댁내 디지털 가입자 장치의 원격 관리	원격 셋톱박스와 홈 네트워킹 관리 도구는 IPTV 네트워크 관리자에게 가입자의 댁내에 IPTV 서비스 전달을 관리하는데 필요한 기능을 제공함
IPTVCD로 소프트웨어 업데이트 전달의 스케줄링과 관리	IPTVCD를 구축할 때, 소프트웨어는 쉽고 경제적으로 업그레이드되어야 함. TFTP 서버가 IPTVCD 펌웨어와 소프트웨어 응용을 업그레이드하는데 이용됨. IPTV 기사가 이 과정을 관리하는 책임을 짐
IPTV 문제 해결	IPTV 하드웨어 및 소프트웨어 요소의 설치가 계획에 따라 설치된다는 사실에도 불구하고, 문제가 여전히 발생함. IPTV 기사의 책임 일부는 이러한 문제를 해결하는 것임
IPTV 및 BCP	많은 대형 IPTV 서비스 제공자는 한 곳에서의 장애 발생에 대비하여 적어도 두 개의 데이터 센터를 구축함. BCP 기능 구축은 IPTV 운영의 주요 과제임

찾아보기

기타

A

B

C

D

P

Q

R

S

T

U

V

W – X

ㄱ

ㄷ

ㄹ – ㅁ

ㅂ

ㅅ

한국어판 차세대 IPTV 서비스와 기술

인 쇄 일 : 2010년 2월 15일
발 행 일 : 2010년 2월 20일
저　　자 : Gerard O'Driscoll
역　　자 : 최 종 원
등록번호 : 제2008-20호
등 록 일 : 2008.10.13
발 행 자 : 박 주 옥
발 행 처 : 휴먼싸이언스
주　　소 : 서울시 도봉구 도봉동 613-14 숙진빌딩 B1
전　　화 : (02) 955-0244
팩　　스 : (02) 955-0245
e-mail : humansci@naver.com

정　　가 : **30,000원**

I S B N : 978-89-93712-09-4

역자와의 협의하에 인지생략